코레일
한국철도공사

고졸채용

통합기본서

시대에듀

시대에듀 All-New 코레일 한국철도공사 고졸채용 통합기본서

Always **with you**

사람의 인연은 길에서 우연하게 만나거나 함께 살아가는 것만을 의미하지는 않습니다.
책을 펴내는 출판사와 그 책을 읽는 독자의 만남도 소중한 인연입니다.
시대에듀는 항상 독자의 마음을 헤아리기 위해 노력하고 있습니다. 늘 독자와 함께하겠습니다.

머리말 PREFACE

국민의 안전과 생명을 지키는 사람 중심의 안전을 만들어 나가기 위해 노력하는 코레일 한국철도공사는 2025년에 고졸 신입사원을 채용할 예정이다. 코레일 한국철도공사 고졸채용은 「고졸 학교장 추천서 제출 ➡ 입사지원서 접수 ➡ 서류전형 ➡ 필기시험 ➡ 체력시험(해당분야) ➡ 실기시험(해당분야) ➡ 면접시험 ➡ 최종 합격자 발표」 순서로 이루어진다. 필기시험은 직업기초능력평가와 철도법령으로 진행된다. 그중 직업기초능력평가는 의사소통능력, 수리능력, 문제해결능력 총 3개의 영역을 평가하고, 철도법령은 철도산업발전기본법 · 시행령, 한국철도공사법 · 시행령, 철도사업법 · 시행령 총 6개의 영역을 평가한다. 2024년에는 피듈형으로 진행되었으며, 필기시험 고득점자 순으로 2배수를 선발하므로 고득점을 받기 위해 새로운 유형에 대한 폭넓은 학습과 기존 문제풀이 시간 관리에 철저한 준비가 필요하다.

코레일 한국철도공사 고졸채용 합격을 위해 시대에듀에서는 기업별 NCS 시리즈 누적판매량 1위의 출간경험을 토대로 다음과 같은 특징을 가진 도서를 출간하였다.

도서의 특징

❶ 코레일 4개년 기출복원문제를 통한 출제 유형 확인!
- 2024~2022년 코레일 샘플문제를 수록하여 코레일 출제경향을 확인할 수 있도록 하였다.
- 2024~2021년 코레일 4개년 기출문제를 복원하여 코레일 필기 유형을 확인할 수 있도록 하였다.

❷ 코레일 한국철도공사 고졸채용 필기시험 출제 영역 맞춤 문제를 통한 실력 상승!
- 직업기초능력평가 대표기출유형&기출응용문제를 수록하여 유형별로 대비할 수 있도록 하였다.
- 철도법령 이론&적중예상문제를 수록하여 철도법령을 철저하게 학습할 수 있도록 하였다.

❸ 최종점검 모의고사를 통한 완벽한 실전 대비!
- 철저한 분석을 통해 실제 유형과 유사한 최종점검 모의고사를 수록하여 자신의 실력을 점검할 수 있도록 하였다.

❹ 다양한 콘텐츠로 최종 합격까지!
- 코레일 한국철도공사 가이드와 면접 예상&기출질문을 수록하여 채용을 준비하는 데 부족함이 없도록 하였다.
- 온라인 모의고사를 무료로 제공하여 필기시험에 대비할 수 있도록 하였다.

끝으로 본 도서를 통해 코레일 한국철도공사 고졸채용을 준비하는 모든 수험생 여러분이 합격의 기쁨을 누리기를 진심으로 기원한다.

SDC(Sidae Data Center) 씀

◇ **미션**

사람 · 세상 · 미래를 잇는 대한민국 철도

◇ **비전**

새로 여는 미래교통 함께 하는 한국철도

◇ **경영슬로건**

철도표준을 선도하는 모빌리티 기업, 코레일!

◇ **핵심가치**

안전   혁신   소통   신뢰

◇ **경영목표 & 전략과제**

디지털 기반 안전관리 고도화	▶	• 디지털통합 안전관리 • 중대재해 예방 및 안전 문화 확산 • 유지보수 과학화
자립경영을 위한 재무건전성 제고	▶	• 운송수익 극대화 • 신성장사업 경쟁력 확보 • 자원운용 최적화
국민이 체감하는 모빌리티 혁신	▶	• 디지털 서비스 혁신 • 미래융합교통 플랫폼 구축 • 국민소통 홍보 강화
미래지향 조직문화 구축	▶	• ESG 책임경영 내재화 • 스마트 근무환경 및 상호존중 문화 조성 • 융복합 전문 인재 양성 및 첨단기술 확보

◇ **인재상**

사람지향 소통인

사람 중심의 사고와 행동을 하는 인성, 열린 마인드로 주변과 소통하고 협력하는 인재

고객지향 전문인

고객만족을 위해 지속적으로 학습하고 노력하는 인재

미래지향 혁신인

한국철도의 글로벌 경쟁력을 높이고 미래의 발전을 끊임없이 추구하는 인재

신입 채용 안내 INFORMATION

◇ 지원자격(공통)

❶ 학력 · 성별 · 어학 · 나이 · 거주지 : 제한 없음
> ※ 단, 18세 미만자 또는 공사 정년(만 60세) 초과자는 지원 불가

❷ 남성의 경우 군필 또는 면제자에 한함
> ※ 단, 전역일이 최종합격자 발표일 이전이며, 전형별 시험일에 참석 가능한 경우 지원 가능

❸ 철도 현장 업무수행이 가능한 자

❹ 한국철도공사 채용 결격사유에 해당되지 않는 자

❺ 최종합격자 발표일 이후부터 근무가 가능한 자

❻ 외국인의 경우 거주(F-2), 재외동포(F-4), 영주권자(F-5)에 한함

◇ 필기시험

과목	직렬	평가 내용	문항 수	시험 시간
직업기초능력평가	전 직렬	의사소통능력, 수리능력, 문제해결능력	50문항	70분
철도법령		철도산업발전기본법 · 시행령, 한국철도공사법 · 시행령, 철도사업법 · 시행령	10문항	

◇ 면접시험 및 인성검사

구분	시험 방식	시험 내용
면접시험	4대1 면접 (평가위원 4명, 면접응시자 1명)	NCS 기반 직무경험 및 상황면접 등을 종합적으로 평가
인성검사	면접시험 당일 인성검사 시행 (오프라인)	인성, 성격적 특성에 대한 검사로 적격 · 부적격 판정 ※ 인성검사 결과 부적격인 경우 면접시험 결과와 관계없이 불합격 처리

❖ 위 채용 안내는 2024년 하반기 채용공고를 기준으로 작성하였으므로 세부사항은 확정된 채용공고를 확인하기 바랍니다.

2024년 하반기 기출분석 ANALYSIS

총평

코레일 한국철도공사 고졸채용 필기시험은 피듈형으로 출제되었으며, 난이도는 평이했다는 후기가 많았다. 의사소통능력과 수리능력의 경우 다양한 유형의 문제가 고루 출제되었고, 모듈형 문제가 다수 출제되었으므로 평소 모듈이론에 대한 철저한 준비를 해두는 것이 좋겠다. 또한 수리능력에서는 자료 변환 문제가 출제되었으므로 표·그래프에 대한 다양한 유형을 연습하는 것이 필요해 보인다. 철도법령 문제 역시 난이도가 무난한 편이었으므로 철도법령 관련 용어나 개념과 같은 기본적인 학습을 충분히 하는 것이 중요해 보인다.

◇ **영역별 출제 비중**

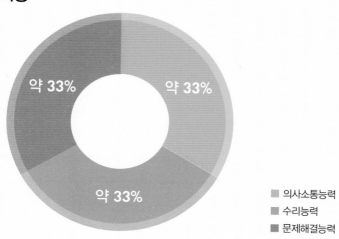

약 33% 약 33% 약 33%

■ 의사소통능력
■ 수리능력
■ 문제해결능력

구분	출제 특징	출제 키워드
의사소통능력	• 문서 내용 이해 문제가 출제됨 • 내용 추론 문제가 출제됨 • 빈칸 삽입 문제가 출제됨 • 경청·의사 표현 문제가 출제됨	• 비즈니스 메모, 브레인스토밍, 해석의 오류, 의사 표현 기법 등
수리능력	• 응용 수리 문제가 출제됨 • 수열 규칙 문제가 출제됨 • 자료 이해 문제가 출제됨 • 자료 변환 문제가 출제됨	• 세 자리 수, 제곱 곱셈, 부등호, 거속시, 일률, 그래프, 도형패턴 등
문제해결능력	• 명제 추론 문제가 출제됨 • 규칙 적용 문제가 출제됨 • 자료 해석 문제가 출제됨	• 범인, 비밀번호 찾기, 카드 위치 맞추기 등

NCS 문제 유형 소개 NCS TYPES

PSAT형

04 다음은 신용등급에 따른 아파트 보증률에 대한 사항이다. 자료와 상황에 근거할 때, 갑(甲)과 을(乙)의 보증료의 차이는 얼마인가?(단, 두 명 모두 대지비 보증금액은 5억 원, 건축비 보증금액은 3억 원이며, 보증서 발급일로부터 입주자 모집공고 안에 기재된 입주 예정 월의 다음 달 말일까지의 해당 일수는 365일이다)

- (신용등급별 보증료)=(대지비 부분 보증료)+(건축비 부분 보증료)
- 신용평가 등급별 보증료율

구분	대지비 부분	건축비 부분				
		1등급	2등급	3등급	4등급	5등급
AAA, AA	0.138%	0.178%	0.185%	0.192%	0.203%	0.221%
A⁺		0.194%	0.208%	0.215%	0.226%	0.236%
A⁻, BBB⁺		0.216%	0.225%	0.231%	0.242%	0.261%
BBB⁻		0.232%	0.247%	0.255%	0.267%	0.301%
BB⁺ ~ CC		0.254%	0.276%	0.296%	0.314%	0.335%
C, D		0.404%	0.427%	0.461%	0.495%	0.531%

※ (대지비 부분 보증료)=(대지비 부분 보증금액)×(대지비 부분 보증료율)×(보증서 발급일로부터 입주자 모집공고 안에 기재된 입주 예정 월의 다음 달 말일까지의 해당 일수)÷365

※ (건축비 부분 보증료)=(건축비 부분 보증금액)×(건축비 부분 보증료율)×(보증서 발급일로부터 입주자 모집공고 안에 기재된 입주 예정 월의 다음 달 말일까지의 해당 일수)÷365

- 기여고객 할인율 : 보증료, 거래기간 등을 기준으로 기여도에 따라 6개 군으로 분류하며, 건축비 부분 요율에서 할인 가능

구분	1군	2군	3군	4군	5군	6군
차감률	0.058%	0.050%	0.042%	0.033%	0.025%	0.017%

〈상황〉

- 갑 : 신용등급은 A⁺이며, 3등급 아파트 보증금을 내야 한다. 기여고객 할인율에서는 2군으로 선정되었다.
- 을 : 신용등급은 C이며, 1등급 아파트 보증금을 내야 한다. 기여고객 할인율은 3군으로 선정되었다.

① 554,000원
② 566,000원
③ 582,000원
④ 591,000원
⑤ 623,000원

특징 ▶ 대부분 의사소통능력, 수리능력, 문제해결능력을 중심으로 출제(일부 기업의 경우 자원관리능력, 조직이해능력을 출제)
▶ 자료에 대한 추론 및 해석 능력을 요구

대행사 ▶ 엑스퍼트컨설팅, 커리어넷, 태드솔루션, 한국행동과학연구소(행과연), 휴노 등

모듈형

41 문제해결절차의 문제 도출 단계는 (가)와 (나)의 절차를 거쳐 수행된다. 다음 중 (가)에 대한 설명으로 적절하지 않은 것은?

| 문제해결능력

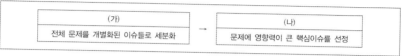

(가)		(나)
전체 문제를 개별화된 이슈들로 세분화	→	문제에 영향력이 큰 핵심이슈를 선정

① 문제의 내용 및 영향 등을 파악하여 문제의 구조를 도출한다.
② 본래 문제가 발생한 배경이나 문제를 일으키는 메커니즘을 분명히 해야 한다.
③ 현상에 얽매이지 말고 문제의 본질과 실제를 봐야 한다.
④ 눈앞의 결과를 중심으로 문제를 바라봐야 한다.
⑤ 문제 구조 파악을 위해서 Logic Tree 방법이 주로 사용된다.

특징
▶ 이론 및 개념을 활용하여 푸는 유형
▶ 채용 기업 및 직무에 따라 NCS 직업기초능력평가 10개 영역 중 선발하여 출제
▶ 기업의 특성을 고려한 직무 관련 문제를 출제
▶ 주어진 상황에 대한 판단 및 이론 적용을 요구

대행사
▶ 인트로맨, 휴스테이션, ORP연구소 등

피듈형(PSAT형 + 모듈형)

07 다음 자료를 근거로 판단할 때, 연구모임 A ~ E 중 세 번째로 많은 지원금을 받는 모임은?

| 자원관리능력

〈지원계획〉

• 지원을 받기 위해서는 한 모임당 5명 이상 9명 미만으로 구성되어야 한다.
• 기본지원금은 모임당 1,500천 원을 기본으로 지원한다. 단, 상품개발을 위한 모임의 경우는 2,000천 원을 지원한다.
• 추가지원금

등급	상	중	하
추가지원금(천 원/명)	120	100	70

※ 추가지원금은 연구 계획 사전평가결과에 따라 달라진다.
• 협업 장려를 위해 협업이 인정되는 모임에는 위의 두 지원금을 합한 금액의 30%를 별도로 지원한다.

〈연구모임 현황 및 평가결과〉

특징
▶ 기초 및 응용 모듈을 구분하여 푸는 유형
▶ 기초인지모듈과 응용업무모듈로 구분하여 출제
▶ PSAT형보다 난도가 낮은 편
▶ 유형이 정형화되어 있고, 유사한 유형의 문제를 세트로 출제

대행사
▶ 사람인, 스카우트, 인크루트, 커리어케어, 트리피, 한국사회능력개발원 등

주요 공기업 적중 문제 TEST CHECK

패스워드 ▶ 키워드

50 K씨는 인터넷뱅킹 사이트에 가입하기 위해 가입절차에 따라 정보를 입력하는데, 패스워드 만드는 과정이 까다로워 계속 실패 중이다. 사이트 가입 시 패스워드 〈조건〉이 다음과 같을 때, 적절한 패스워드는 무엇인가?

조건
- 패스워드는 7자리이다.
- 알파벳 대문자와 소문자, 숫자, 특수기호를 적어도 하나씩 포함해야 한다.
- 숫자 0은 다른 숫자와 연속해서 나열할 수 없다.
- 알파벳 대문자는 다른 알파벳 대문자와 연속해서 나열할 수 없다.
- 특수기호를 첫 번째로 사용할 수 없다.

① a?102CB   ② 7!z0bT4
③ #38Yup0   ④ ssng99&
⑤ 6LI◇234

빈칸 삽입 ▶ 유형

18 다음 글의 빈칸에 들어갈 내용으로 가장 적절한 것은?

상품을 만들어 파는 사람이 그 수고의 대가를 받고 이익을 누리는 것은 당연하다. 하지만 그 이익이 다른 사람의 고통을 무시하고 얻어진 경우에는 정당하지 않을 수 있다. 제3세계에 사는 많은 환자가, 신약 가격을 개발국인 선진국의 수준으로 유지하는 거대제약회사의 정책 때문에 고통 속에서 죽어가고 있다. 그 약값을 감당할 수 있는 선진국이 보기에도 이는 이익이란 명분 아래 발생하는 끔찍한 사례이다. 비난의 목소리가 높아지자 제약회사의 대규모 투자자 중 일부는 자신들의 행동이 윤리적인지 고민하기 시작했다. 사람들이 약값 때문에 약을 구할 수 없다는 것은 분명히 잘못된 일이다. 하지만 그렇다고 해서 국가가 제약회사들에 손해를 감수하라는 요구를 할 수는 없다는 데 사태의 복잡성이 있다. 신약을 개발하는 일에는 막대한 비용과 시간이 들며, 그 안전성 검사가 법으로 정해져 있어서 추가 비용이 발생한다. 이를 상쇄하기 위해 제약회사들은 시장에서 최대한 이익을 뽑아내려 한다. 얼마나 많은 환자가 신약을 통해 고통에서 벗어나는가에 대한 관심을 이들에게 기대하긴 어렵다. 그러나 만약 제약회사들이 존재하지 않는다면 신약개발도 없을 것이다. 상업적 고려와 인간의 건강 사이에 존재하는 긴장을 어떻게 해소해야 할까? 제3세계의 환자를 치료하는 일은 응급 사항이며, 제약회사들이 자선하리라고 기대하는 것은 비현실적이다. 그렇다면 그 대안은 명백하다. _____ 물론 여기에도 문제는 있다. 이 대안이 왜 실현되기 어려운 걸까? 그 이유가 무엇인지는 우리가 자신의 주머니에 손을 넣어 거기에 필요한 돈을 꺼내는 순간 분명해질 것이다.

① 제3세계에 제공되는 신약 가격을 선진국과 같도록 해야 한다.
② 제3세계 국민에게 필요한 신약을 선진국 국민이 구매하여 전달해야 한다.
③ 선진국들은 자국의 제약회사가 제3세계에 신약을 저렴하게 공급하도록 강제해야 한다.
④ 각국 정부는 거대 제약회사의 신약 가격 결정에 자율권을 주어 개발 비용을 보상받을 수 있게 해야 한다.
⑤ 거대 제약회사들이 제3세계 국민들을 위한 신약 개발에 주력하도록 선진국 국민이 압력을 행사해야 한다.

확률 ▶ 유형

12 K학교의 학생은 A과목과 B과목 중 한 과목만을 선택하여 수업을 받는다고 한다. A과목과 B과목을 선택한 학생의 비율이 각각 전체의 40%, 60%이고, A과목을 선택한 학생 중 여학생은 30%, B과목을 선택한 학생 중 여학생은 40%라고 하자. K학교의 3학년 학생 중에서 임의로 뽑은 학생이 여학생일 때, 그 학생이 B과목을 선택한 학생일 확률은?

① $\dfrac{1}{3}$

② $\dfrac{2}{3}$

③ $\dfrac{1}{4}$

④ $\dfrac{3}{4}$

자리 배치 ▶ 유형

29 K기업의 영업1팀은 강팀장, 김대리, 이대리, 박사원, 유사원으로 이루어져 있었으나, 최근 인사이동으로 인해 팀원의 변화가 일어났고, 이로 인해 자리를 새롭게 배치하려고 한다. 〈조건〉이 다음과 같을 때, 항상 옳은 것은?

─〈조건〉─
- 영업1팀의 김대리는 영업2팀의 팀장으로 승진하였다.
- 이번 달 영업1팀에 김사원과 이사원이 새로 입사하였다.
- 자리는 일렬로 위치해 있으며, 영업1팀은 영업2팀과 마주하고 있다.
- 자리의 가장 안 쪽 옆은 벽이며, 반대편 끝자리의 옆은 복도이다.
- 각 팀의 팀장은 가장 안 쪽인 왼쪽 끝에 앉는다.
- 이대리는 영업2팀 김팀장의 대각선에 앉는다.
- 박사원의 양 옆은 신입사원이 앉는다.
- 김사원의 자리는 이사원의 자리보다 왼쪽에 있다.

① 이대리는 강팀장과 인접한다.

② 박사원의 자리는 유사원의 자리보다 왼쪽에 있다.

③ 이사원의 양 옆 중 한쪽은 복도이다.

④ 김사원은 유사원과 인접하지 않는다.

매출액 ▶ 키워드

2024년 적중

18 다음 표는 D회사 구내식당의 월별 이용자 수 및 매출액에 대한 자료이고, 보고서는 D회사 구내식당 가격인상에 대한 내부검토 자료이다. 이를 토대로 '2024년 1월의 이용자 수 예측'에 대한 그래프로 옳은 것은?

〈2023년 D회사 구내식당의 월별 이용자 수 및 매출액〉

(단위 : 명, 천 원)

구분	특선식		일반식		총매출액
	이용자 수	매출액	이용자 수	매출액	
7월	901	5,406	1,292	5,168	10,574
8월	885	5,310	1,324	5,296	10,606
9월	914	5,484	1,284	5,136	10,620
10월	979	5,874	1,244	4,976	10,850
11월	974	5,844	1,196	4,784	10,628
12월	952	5,712	1,210	4,840	10,552

※ 총매출액은 특선식 매출액과 일반식 매출액의 합이다.

〈보고서〉

2023년 12월 D회사 구내식당은 특선식(6,000원)과 일반식(4,000원)의 두 가지 메뉴를 판매하고 있다. 2023년 11월부터 구내식당 총매출액이 감소하고 있어 지난 2년 동안 동결되었던 특선식과 일반식 중 한 가지 메뉴의 가격을 2024년 1월부터 1,000원 인상할지를 검토하였다.

메뉴 가격에 변동이 없을 경우, 일반식 이용자와 특선식 이용자의 수가 모두 2023년 12월에 비해 감소하여 2024년 1월의 총매출액은 2023년 12월보다 감소할 것으로 예측된다.

특선식 가격만을 1,000원 인상하여 7,000원으로 할 경우, 특선식 이용자 수는 2023년 7월 이후 최저치 이하로 감소하지만, 가격 인상의 영향 등으로 총매출액은 2023년 10월 이상으로 증가할 것으로 예측된다.

일반식 가격만을 1,000원 인상하여 5,000원으로 할 경우, 일반식 이용자 수는 2023년 12월 대비 10% 이상 감소하며, 특선식 이용자 수는 2023년 10월보다 증가하지는 않으리라 예측된다.

참 / 거짓 ▶ 유형

2024년 적중

06 A ~ D는 한 판의 가위바위보를 한 후 그 결과에 대해 각각 두 가지의 진술을 하였다. 두 가지의 진술 중 하나는 반드시 참이고, 하나는 반드시 거짓이라고 할 때, 다음 중 항상 참인 것은?

A : C는 B를 이길 수 있는 것을 냈고, B는 가위를 냈다.
B : A는 C와 같은 것을 냈지만, A가 편 손가락의 수는 나보다 적었다.
C : B는 바위를 냈고, 그 누구도 같은 것을 내지 않았다.
D : A, B, C 모두 참 또는 거짓을 말한 순서가 동일하다. 이 판은 승자가 나온 판이었다.

① B와 같은 것을 낸 사람이 있다.
② 보를 낸 사람은 1명이다.
③ D는 혼자 가위를 냈다.
④ B가 기권했다면 가위를 낸 사람이 지는 판이다.

국가철도공단

맞춤법 ▶ 유형

01 다음 중 밑줄 친 부분의 맞춤법이 옳은 것은?

① 그는 손가락으로 북쪽을 <u>가르켰다</u>.
② 뚝배기에 담겨 나와서 시간이 지나도 식지 않았다.
③ 열심히 하는 것은 좋은데 <u>촛점</u>이 틀렸다.
④ 몸이 너무 약해서 보약을 <u>다려</u> 먹어야겠다.

속력 ▶ 유형

03 유속 10m/s로 흐르는 강물에서 유진이는 일정한 속력으로 움직이는 배를 타고 있다. 배가 내려올 때의 속력이 반대로 올라갈 때의 1.5배라면, 유속을 제외한 배 자체의 속력은 몇 m/s인가?

① 45m/s   ② 50m/s
③ 55m/s   ④ 60m/s

직접비와 간접비 ▶ 키워드

32 다음은 직접비와 간접비에 대한 설명이다. 이를 참고할 때 〈보기〉의 인건비와 성격이 가장 유사한 것은?

> 어떤 활동이나 사업의 비용을 추정하거나 예산을 잡을 때에는 추정해야 할 많은 유형의 비용이 존재한다. 그중 대표적인 것이 직접비와 간접비이다. 직접비란 간접비용에 상대되는 용어로서, 제품 생산 또는 서비스를 창출하기 위해 직접 소비된 것으로 여겨지는 비용을 말한다. 이와 반대로 간접비란 제품을 생산하거나 서비스를 창출하기 위해 소비된 비용 중에서 직접비용을 제외한 비용으로, 제품 생산에 직접 관련되지 않은 비용을 말하는데, 이는 매우 다양하기 때문에 많은 사람들이 간접비용을 정확하게 예측하지 못해 어려움을 겪는 경우가 많다.

보기

> 인건비란 제품 생산 또는 서비스 창출을 위한 업무를 수행하는 사람들에게 지급되는 비용으로, 계약에 의해 고용된 외부 인력에 대한 비용도 인건비에 포함된다. 이러한 인건비는 일반적으로 전체 비용 중 가장 큰 비중을 차지하게 된다.

① 통신비   ② 출장비
③ 광고비   ④ 보험료

도서 200% 활용하기 STRUCTURES

1 기출복원문제로 출제경향 파악

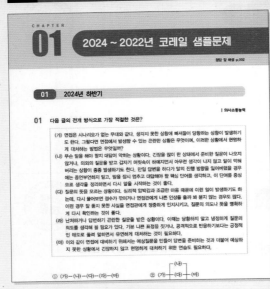
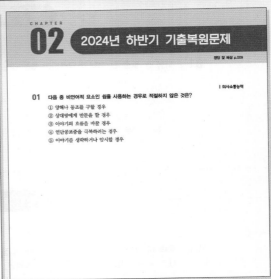

▶ 2024~2022년 코레일 샘플문제를 수록하여 코레일 출제경향을 확인할 수 있도록 하였다.
▶ 2024~2021년 코레일 4개년 기출문제를 복원하여 코레일 필기 유형을 파악할 수 있도록 하였다.

2 출제 영역 맞춤 문제로 필기시험 완벽 대비

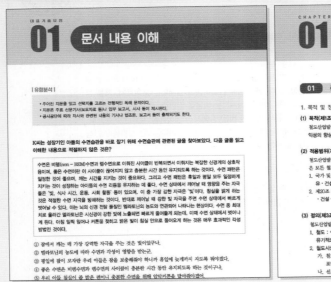

▶ 직업기초능력평가 대표기출유형&기출응용문제를 수록하여 유형별로 대비할 수 있도록 하였다.
▶ 철도법령 이론 및 적중예상문제를 수록하여 철도법령을 철저하게 학습할 수 있도록 하였다.

3 최종점검 모의고사 + OMR을 활용한 실전 연습

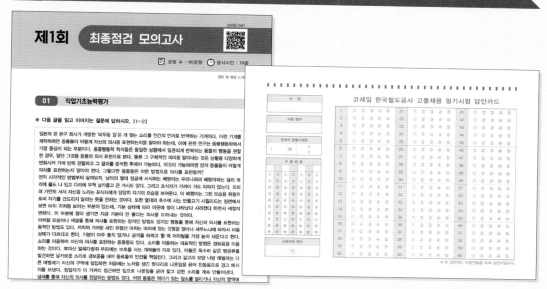

▶ 최종점검 모의고사와 OMR 답안카드를 수록하여 실제로 시험을 보는 것처럼 마무리 연습을 할 수 있도록 하였다.
▶ 모바일 OMR 답안채점/성적분석 서비스를 통해 필기시험에 대비할 수 있도록 하였다.

4 인성검사부터 면접까지 한 권으로 최종 마무리

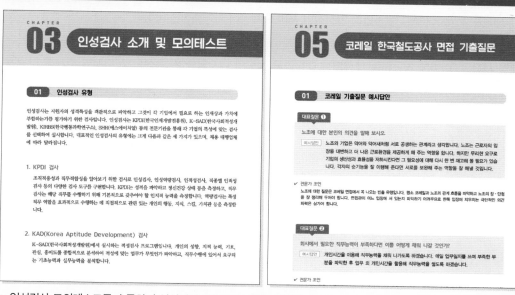

▶ 인성검사 모의테스트를 수록하여 인성검사 유형 및 문항을 확인할 수 있도록 하였다.
▶ 코레일 한국철도공사 면접 예상&기출질문을 통해 실제 면접에서 나오는 질문을 미리 파악하고 연습할 수 있도록 하였다.

뉴스 & 이슈 NEWS&ISSUE

2025.04.24.(목)

코레일 한국철도공사,
최첨단 IT센터(한국철도 IT센터) 아산서 착공

한국철도공사(이하 코레일)가 철도 IT센터 신축 부지에서 '한국철도 IT센터' 착공식을 개최했다고 밝혔다. 이날 착공식에는 코레일 사장을 비롯해 충남도지사, 아산시장 등 관계자 150여명이 참석했다.

한국철도 IT센터는 27년 2월 준공을 목표로 연면적 7,107㎡(약 2,159평)에 지상 4층, 지하 1층 규모로 설립된다. KTX부터 수도권 전철까지 모든 열차의 승차권 예매와 운행 정보 등 80여 개 철도정보시스템을 제공하게 된다. 특히 인공지능(AI), 사물인터넷(IoT) 등 첨단 IT기술로 전국의 철도 데이터를 통합·분석해 제공한다. 이를 통해 고객 맞춤형 서비스와 유지보수 자동화에 따른 예방 안전 체계 확립 등 디지털 중심의 철도서비스가 더욱 업그레이드될 예정이다. 또한, 소프트웨어 중심 데이터센터(SDDC) 기반의 하이브리드 클라우드 구축으로 정보 처리 속도가 더욱 빨라진다. 새로운 IT센터가 들어서면 현재 운영 중인 서울 IT센터의 시스템 이원화로 화재, 침수 등 재난이나 장애가 발생하더라도 중단 없이 안정적인 서비스 제공이 가능해질 전망이다.

코레일 사장은 "이번에 착공하는 IT센터는 대한민국 철도의 디지털 전환을 선도할 '디지털 컨트롤 타워'로 자리매김할 것"이라며, "첨단 IT기술을 적극 활용해 안전한 철도 이용과 더 나은 서비스 제공을 위해 노력하겠다."라고 밝혔다.

Keyword

▶ 하이브리드 클라우드 : 내부 클라우드(기업 핵심 데이터)와 외부 클라우드(공용 데이터) 두 개로 운영하는 방식을 말한다.

예상 면접 질문

▶ 코레일의 첨단 IT 산업의 기대 효과에 대해 설명해 보시오.
▶ 첨단 IT기술의 활용 방안에 대해 말해 보시오.

2025.03.13.(목)

코레일 한국철도공사,
차세대 고속차량 혁신적 설계로 고속철도의 미래 연다

한국철도공사(이하 코레일)가 '차세대 고속차량 설계방향 토론회'에서 차세대 고속차량의 '설계전략 방향'과 '주행 핵심성능'을 논의했다고 밝혔다. 차세대 고속차량은 2033년 기대수명이 도래하는 초기 KTX를 대체하기 위한 고속열차로, 세계 고속철도 트렌드를 반영해 안전성, 에너지 저감, 편의성 등을 혁신하고 주행 핵심성능을 개선한다.

안전성 강화를 위해 인공지능 등 첨단 IT기술이 적용된다. 열차운행 관련 모든 기기의 상태진단을 위한 상태기반유지보수(CBM; Condition Based Maintenance)의 고도화 진동과 승차감을 실시간 측정하는 주행안정시스템, 탈선 감지 시 자동으로 비상제동을 체결하고 선로에서 이탈하지 않도록 하는 안전가이드 등이 도입된다. 또한, 기존보다 공기저항을 15% 줄이는 유선형 디자인과 차체 경량화, 경제적 운전을 유도하는 운전자 보조시스템(DAS; Driver Advisory System), 에너지 고효율의 영구자석형 동기전동기 등을 구현한다. 이용객 편의성도 대폭 향상된다. 좌석과 수화물 칸 확대 등 여행객 맞춤형 공간, 화장실 고급화, 3개 등급 좌석 등 프리미엄 서비스를 제공하기 위한 편의설비를 갖춘다.

코레일 차량본부장은 "기계적 성능과 첨단 소프트웨어까지 국내 고속철도의 미래 청사진을 그리는 차세대 고속차량 제작을 위해 설계전략의 고도화에 힘쓰겠다."라고 말했다.

Keyword

▶ 상태기반유지보수(CBM; Condition Based Maintenance) : 차량(장치) 상태를 실시간 모니터링 및 분석하는 기술을 말한다.
▶ 운전자 보조시스템(DAS; Driver Advisory System) : 소비전력을 절약하는 운전 가이드 제공 등의 운전자 보조시스템을 말한다.

예상 면접 질문

▶ 코레일의 미래 발전 방향에 대해 설명해 보시오.
▶ 코레일의 에너지 저감 기술에 대해 아는 대로 말해 보시오.

2024.10.18.(금)

코레일 한국철도공사,
몽골 울란바토르철도와 상호협력 양해각서 체결

한국철도공사(이하 코레일)가 서울역에서 몽골 울란바토르철도(UBTZ)와 상호협력을 위한 양해각서(MOU)를 체결했다. 이번 협약은 2015년부터 이어온 두 기관의 협력관계를 더욱 공고히 하는 한편, 발전된 철도현황을 반영하고 미래지향적 사업 발굴에 힘을 모으기 위해 마련되었다.

코레일과 UBTZ는 기존의 교류 위주 협력에서 철도 개량, 운영과 유지보수, 교육훈련 사업 등 한국철도의 몽골진출 확대를 위한 발전적 협력관계로 만들어 가기로 했다. 특히 철도 개량, 운영, 유지보수 사업 추진, 전문가 상호방문, 세미나 개최 등 지식공유, 해외철도시장 공동 진출, 친환경 철도기술, 혁신 분야 등에 협력하기로 했다. 이번 협약으로 두 기관은 최근 몽골에서 추진하고 있는 철도 공적개발원조(ODA) 사업과 함께 몽골철도에서 원하는 철도 인프라 분야의 신규사업을 발굴, 추진할 계획이다.

코레일 사장은 "한국철도의 기술력과 몽골철도의 인프라가 만나 두 국가의 철도사업을 더욱 발전시키고 세계철도 시장에도 적극 진출할 수 있도록 협력관계를 확대하겠다."라고 말했다.

Keyword

▶ 양해각서(MOU) : 국가 간의 외교 교섭 결과나 서로 수용하기로 한 내용들을 확인하고 기록하기 위하여 정식 계약 체결에 앞서 작성하는 문서로, 조약과 같은 효력을 가진다.
▶ 공적개발원조(ODA) : 공공기반원조 또는 정부개발원조라고도 하며, 선진국의 정부 또는 공공기관이 개발도상국의 발전과 복지증진을 주된 목적으로 하여 공여하는 원조를 의미한다. 주로 증여, 차관, 기술 원조 등의 형태로 제공된다.

예상 면접 질문

▶ 국제사회에서 코레일이 기여할 수 있는 부분에 대해 말해 보시오.
▶ 코레일의 국제적 협력 활동의 이상적인 추진 방향을 제시해 보시오.

2024.09.30.(월)

코레일 한국철도공사,
'업사이클링 작업모' 취약계층에 기부

한국철도공사(이하 코레일)가 폐안전모를 업사이 클링한 작업모 1,000개를 폐지와 공병을 줍는 어르신 등 취약계층에 기부했다.

코레일은 사회적기업 '우시산'과 함께 직원들이 사용하던 안전모와 투명 페트병 원사를 활용해 벙거지 모자 형태의 가벼운 안전모로 제작했다. 코레일은 지난달 30일 오후 대전 동구청에 대전 지역의 어르신 등 취약계층을 위한 업사이클링 작업모 200개를 전달했다. 이 기부를 시작으로 전국 19개 코레일 봉사단은 10월 말까지 각 지자체와 협력해 모두 1,000개의 안전모를 전달할 예정이다.

한편 코레일은 지난 2022년부터 작업복, 안전모, 페트병 등을 양말과 이불 등 새로운 제품으로 제작해 기부하는 '업사이클링 캠페인'을 이어오고 있다.

코레일 홍보문화실장은 "사회적기업과의 협력으로 취약계층을 지원하고 지역사회와 환경을 지키는 ESG 경영에 앞장설 수 있도록 최선을 다하겠다."라고 말했다.

▌Keyword

▶ 업사이클링 : 기존에 버려지는 제품을 단순히 재활용하는 차원을 넘어서 디자인을 가미하는 등 새로운 가치를 더하여 다른 제품으로 재탄생시키는 것을 의미한다.
▶ ESG 경영 : 환경(Environment) · 사회(Social) · 지배구조(Governance)를 뜻하는 경영 패러다임으로, 이윤추구라는 기존의 경영 패러다임 대신에 기업이 환경적, 사회적 책임을 다하고, 지배구조의 공정성을 목표로 지속가능경영을 위해 노력하는 경영방식이다.

▌예상 면접 질문

▶ 코레일의 ESG 경영을 위한 활동에 대해 아는 대로 말해 보시오.
▶ 코레일이 사회적 취약계층을 위해 할 수 있는 일에 대해 말해 보시오.

이 책의 차례 CONTENTS

PART 1

코레일 4개년 기출복원문제

01   2024년 하반기

│ 의사소통능력

01   다음 글의 전개 방식으로 가장 적절한 것은?

(가) 면접은 시나리오가 없는 무대와 같다. 생각지 못한 상황에 빠져들어 당황하는 상황이 발생하기도 한다. 그렇다면 면접에서 발생할 수 있는 곤란한 상황은 무엇이며, 이러한 상황에서 현명하게 대처하는 방법은 무엇일까?

(나) 무슨 말을 해야 할지 대답이 막히는 상황이다. 긴장을 많이 한 상태에서 준비한 질문이 나오지 않거나, 의외의 질문을 받고 갑자기 머릿속이 하얘지면서 아무런 생각이 나지 않고 말이 막혀버리는 상황이 종종 발생하기도 한다. 만일 답변을 하다가 말의 진행 방향을 잃어버렸을 경우에는 중언부언하지 말고, 말을 잠시 멈추고 대답해야 할 핵심 단어를 생각하고, 이 단어를 중심으로 생각을 정리하면서 다시 말을 시작하는 것이 좋다.

(다) 질문의 뜻을 모르는 상황이다. 심리적 압박감과 조급한 마음 때문에 이런 일이 발생하기도 하는데, 다시 물어보면 점수가 깎이거나 면접관에게 나쁜 인상을 줄까 봐 묻지 않는 경우도 많다. 이런 경우 잘 듣지 못한 사실을 면접관에게 정중하게 인지시키고, 질문의 의도나 뜻을 명확하게 다시 확인하는 것이 좋다.

(라) 난처하거나 답변하기 곤란한 질문을 받은 상황이다. 이때는 당황하지 말고 냉정하게 질문의 의도를 생각해 볼 필요가 있다. 기분 나쁜 표정을 짓거나, 공격적으로 반응하기보다는 긍정적인 태도로 돌려 말하면서 유연하게 대처하는 것이 필요하다.

(마) 이와 같이 면접에 대비하기 위해서는 예상질문을 만들어 답변을 준비하는 것과 더불어 예상하지 못한 상황에서 긴장하지 않고 현명하게 대처하기 위한 연습도 필요하다.

① (가) ─ (나) ─ (다) ─ (라) ─ (마)

② (가) ┬ (나)
　　　 ├ (다) ─ (마)
　　　 └ (라)

③ (가) ┬ (나) ┬ (라)
　　　 └ (다) └ (마)

④ (가) ─ (나) ─ (다) ┬ (라)
　　　　　　　　　　└ (마)

⑤ (가) ─ (나) ┬ (다)
　　　　　　　└ (라) ─ (마)

02 다음 빈칸에 들어갈 용어로 가장 적절한 것은?

> 기획서는 소통능력, 추진력, _____을/를 한눈에 보여주는 업무 성적표이다. 기획서의 사전적 의미는 '프로젝트의 기획 의도, 개요, 일시, 추진 일정, 소요 비용 등 프로젝트를 추진하기 위한 기본 계획을 기술한 문서'라고 할 수 있다.

① 업무평가
② 업무성과
③ 재무평가
④ 기회비용
⑤ 기대효과

03 서로 다른 무게를 가진 A∼C물건이 있다. A물건 10개의 무게는 B물건 5개와 C물건 1개의 무게의 합과 같고, B물건 7개는 A물건 3개와 C물건 3개의 무게의 합과 같다. 이때 A물건 15개의 무게와 같은 것은?

① B물건 8개
② B물건 9개
③ B물건 10개
④ C물건 4개
⑤ C물건 5개

04 다음은 우리나라의 노후 준비 방법에 대한 자료이다. 이에 대한 설명으로 옳지 않은 것은?

〈노후 준비 방법〉

(단위 : %)

구분	준비하고 있음	소계	국민 연금	기타 공적연금	사적 연금	퇴직금	예금·적금· 저축성 보험	부동산 운용	주식· 채권	기타
전국	72.9	100	52.5	7.8	11.3	4.6	17.4	5.3	0.6	0.5
도시	75.7	100	53.1	7.8	11.6	4.6	16.9	5.1	0.6	0.3
농어촌	60.1	100	49	8.2	9.3	4.3	20.8	6.9	0.3	1.2
남자	79.4	100	53.7	8.3	10.8	5	16.2	5.1	0.6	0.3
여자	53.4	100	47.4	5.9	13.4	2.6	22.8	6.3	0.4	1.2
19~29세	59.1	100	53.9	3.7	10.2	4.4	25.5	1.3	1.0	-
30~39세	87.1	100	53.1	6.6	14.5	5.1	17.6	2.2	0.9	-
40~49세	85.7	100	54	7.6	14.5	4.5	14.6	4.1	0.6	0.1
50~59세	80.2	100	58.6	7.2	9.5	4.2	15.7	4.2	0.4	0.2
60세 이상	51.6	100	42.3	10.9	6.3	4.8	21.3	12.2	0.4	1.8

① 노후 준비 방법으로 가장 많이 사용되는 방법은 국민연금이다.
② 연령대가 높을수록 부동산 운용을 통한 노후 준비 비중이 높다.
③ 여성은 남성에 비교해 예금·적금·저축성 보험을 통한 노후 준비 방법을 선호한다.
④ 연령대가 낮을수록 안전 자산을 통한 노후 준비 방법을 선호한다.
⑤ 60세 이상의 연령에 대한 노후 준비 지원이 필요하다.

05 5명의 친구 A ~ E가 카드 게임을 하고 있다. 각 친구는 처음에 20장의 카드를 가지고 시작하며 이 게임의 목표는 최대한 빨리 자신의 카드 수를 0으로 만드는 것이다. 게임과 관련된 규칙이 다음 과 같을 때, 한 명도 남지 않고 게임이 종료되는 라운드는?

〈규칙〉
• 라운드별로 A부터 E까지 순서대로 차례가 돌아가며 자신의 차례에 3장의 카드를 버린다. 단, 카 드가 3장 미만으로 남은 라운드에서는 남은 카드를 모두 버린다. 예를 들어 3라운드에서 3장의 카드를 버려서 2장 혹은 1장이 남았다면 남은 카드를 해당 라운드에서 모두 버린다.
• 다음 라운드가 시작되면 다시 A부터 E까지 순서대로 각자 가지고 있는 카드를 3장씩 버린다.
• 카드를 모두 버린 친구는 더 이상 게임에 참여하지 않고 남은 친구들끼리 게임을 계속 진행하며 한 명도 남지 않을 때 게임이 종료된다.

① 4라운드
② 5라운드
③ 6라운드
④ 7라운드
⑤ 8라운드

06 한 철도 회사는 A도시에서 B도시까지 5대의 다른 열차를 운행한다. A도시에서 B도시까지의 거리 는 600km이며 각 열차의 운행 속도와 정차 정보는 다음 〈조건〉과 같다. 이때 A도시에서 B도시까 지 가장 빨리 도착한 열차는?

조건
• 열차 1 : 시속 100km로 운행하며 중간에 2번 정차한다(각각 10분 정차).
• 열차 2 : 시속 120km로 운행하며 중간에 3번 정차한다(각각 5분, 8분, 7분 정차).
• 열차 3 : 시속 150km로 운행하며 중간에 1번 정차한다(15분 정차).
• 열차 4 : 시속 200km로 운행하며 중간에 2번 정차한다(각각 10분 정차).
• 열차 5 : 시속 300km로 운행하며 중간에 1번 정차한다(10분 정차).

① 열차 1
② 열차 2
③ 열차 3
④ 열차 4
⑤ 열차 5

01 다음 문단에 이어질 문장을 논리적 순서대로 바르게 나열한 것은?

> 혈압이란 혈액이 혈관 벽에 가해지는 힘을 뜻한다. 혈압을 읽을 때에는 수축기 혈압과 확장기 혈압으로 각각 나누어 읽는다. 수축기 혈압은 심장이 수축하면서 혈액을 내보낼 때 혈관이 받는 압력을 말하고, 확장기 혈압은 심장이 확장하며 피를 받아들일 때 혈관이 받는 압력을 말한다. 여러 차례에 걸쳐 측정한 혈압의 평균치가 수축기 혈압 140mmHg 이상 혹은 확장기 혈압 90mmHg 이상이면 이를 고혈압이라고 한다. 이 중 특별한 원인 질환이 발견되지 않는 고혈압을 본태성 고혈압이라고 한다.

> (가) 그러나 고혈압은 합병증이 없는 한 증상이 거의 없어서 '조용한 살인자'라고도 부른다.
> (나) 고혈압의 90% 정도는 원인 질환이 발견되지 않는 본태성 고혈압이다. 본태성 고혈압이 생기는 근본적인 이유는 심박출량 혹은 말초 혈관저항의 증가에 의한 것으로 추측되고 있다.
> (다) 고혈압과 관련된 위험요인으로는 흡연, 음주, 비만, 운동 부족 및 스트레스 등 환경적, 심리적 요인이 있다.
> (라) 만약 가족 성향이 있어서 부모가 모두 고혈압 환자라면 자녀의 80%가 고혈압 환자가 될 수 있으며 한쪽이 고혈압 환자이면 자녀의 25 ~ 50%가 고혈압 환자가 될 수 있다.
> (마) 또한 고혈압의 나머지 5 ~ 10%는 혈관이상, 부신질환, 신장이상 혹은 갑상선 질환 등으로 혈압이 증가하는 이차성 고혈압으로, 이차성 고혈압의 경우 원인 질환을 찾아 치료하면 혈압이 정상화된다.

① (가) – (나) – (다) – (라) – (마)
② (나) – (가) – (다) – (라) – (마)
③ (나) – (다) – (라) – (마) – (가)
④ (나) – (라) – (가) – (다) – (마)
⑤ (다) – (나) – (라) – (마) – (가)

02 다음 중 '언즉시야(言卽是也)'의 뜻으로 가장 적절한 것은?

① 말하는 것이 사리에 맞는다.

② 매일 내 몸을 세 번 반성한다.

③ 가난하여 끼니를 많이 거른다.

④ 인재를 얻기 위해 끈기 있게 노력한다.

⑤ 은혜가 사무쳐 죽어서도 잊지 않고 갚는다.

03 다음은 지역별 신재생에너지 산업의 사업체 수에 대한 자료이다. 이에 대한 설명으로 옳은 것은?

〈신재생에너지 산업별 사업체 수〉

(단위 : 개, %)

구분	제조업	건설업	발전·열공급업	서비스업	합계	비중
전체	524	2,143	115,241	1,036	118,944	100
서울	28	136	415	187	766	0.6
부산	25	65	545	61	696	0.6
대구	20	106	838	18	982	0.8
인천	19	40	618	42	719	0.6
광주	24	183	1,361	29	1,597	1.3
대전	15	102	478	26	621	0.5
울산	13	23	412	16	464	0.4
세종	2	22	375	11	410	0.3
경기	137	297	8,811	183	9,428	7.9
강원	16	115	7,239	45	7,415	6.2
충북	40	91	8,502	43	8,676	7.3
충남	24	108	15,695	50	15,877	13.3
전북	37	336	26,681	58	27,112	22.8
전남	36	198	17,329	98	17,661	14.8
경북	34	183	16,548	59	16,824	14.1
경남	44	118	7,918	79	8,159	6.9
제주	4	20	1,449	31	1,504	1.3
기타	6	–	27	–	33	0

① 발전·열공급업 사업체가 신재생에너지 산업에서 가장 많은 비중을 차지하고 있다.

② 신재생에너지를 통해 가장 많은 전력을 발생시키는 지역은 전북이다.

③ 신재생에너지 산업은 전국적으로 균일하게 분포되어 있다.

④ 발전·열공급업의 부가가치 생산액이 가장 높다.

⑤ 신재생에너지 산업에 대한 정부의 정책은 확대될 것이다.

04 A씨는 출장을 위해 항공권을 40% 할인받아 5장 구입하였다. 다음 〈조건〉을 참고할 때, 항공권 1장의 정가는 얼마인가?

> **조건**
> • 항공권을 취소할 경우 출발 1일 전까지는 30%, 출발 전 당일에는 40%의 환불 수수료가 발생한다.
> • A씨는 출발 5일 전 항공권 5장을 구매한 후, 2일 전에 3장을 취소하고 88,200원을 돌려받았다.

① 60,000원　　　　　　　　　② 65,000원

③ 70,000원　　　　　　　　　④ 75,000원

⑤ 80,000원

05 다음은 고객만족도 조사 결과에 대한 브리핑의 일부이다. 이를 토대로 도출한 해결 방안을 바르게 제시하지 않은 사람은?

> 지난 분기 고객만족도 조사 결과에 대해 발표하겠습니다. 매장 서비스의 종합적인 만족도는 큰 변화가 없었습니다. 하지만 세부 지표를 보면 많은 고객이 직원의 친절도에 대해서는 높은 평가를 주었지만, 대기시간 상승에 따른 불만족이 높게 나타났습니다. 또한, 제품에 대한 종합적인 만족도는 높은 수준이었습니다. 특히 제품에 대해서는 가격 대비 품질에 대해 만족한다는 의견이 많았습니다. 다만 제품의 다양성이 부족하다는 일부 고객들의 지적이 있었고, 프로모션 및 할인 정보에 대한 접근성이 낮다는 점을 아쉬워했습니다. 최근에 개설한 온라인몰에 대한 의견도 있었는데, 온라인 구매 시스템이 복잡하다는 의견이 다수 있었습니다.

① 지수 : 직원들을 추가로 배치하여 대기시간을 줄이는 것이 필요하다.

② 성준 : 제품 라인업을 확장하여 고객의 선택지를 넓히는 것이 필요하다.

③ 태호 : 직원 교육 프로그램을 강화하여 서비스 품질을 높이는 것이 필요하다.

④ 민지 : 온라인 구매 시스템의 인터페이스를 개선하여 사용자 경험을 높이는 것이 필요하다.

⑤ 성민 : 프로모션 및 할인 정보를 고객에게 보다 적극적으로 알릴 필요가 있다.

06 A ~ E 5개 팀이 춘계 워크숍에 참여하기로 하였다. 다음 워크숍 시간표와 상황을 참고할 때 옳지 않은 것은?

〈상황〉
• 하나의 프로그램에는 동시에 최대 2개 팀이 참여할 수 있다.
• 이번 워크숍에는 마케팅1팀, 운영1팀, 운영2팀, 영업1팀, 영업2팀의 다섯 팀이 참여했다.
• 동일 직무의 1 ~ 2팀은 동시에 같은 프로그램에 참여할 수 없다(단, 휴식은 무관하다).
• 3가지 이상의 프로그램에 참여해야 한다.
• 프로그램에 참여하지 않는 시간은 휴식을 취하면 된다.

〈워크숍 시간표〉

시간	아트 테라피	쿠킹 클래스	방탈출 게임	어드벤처	휴식
10:30 ~ 12:00	D	A, B		C, E	
12:00 ~ 13:30	점심식사				
13:30 ~ 15:00	A		B, E	D	C
15:00 ~ 16:30	B	C	D	A	E
16:30 ~ 18:00	E	D	A, C		B
18:00 ~ 20:00	저녁시간				
20:00 이후	자유시간				

① A팀과 D팀이 같은 직무이면, B팀과 C팀은 항상 같은 직무이다.
② C팀과 D팀이 같은 직무이면, A팀과 E팀은 항상 같은 직무이다.
③ B팀과 D팀이 같은 직무이면, E팀과 A팀은 항상 같은 직무이다.
④ D팀과 E팀이 같은 직무이면, B팀과 C팀은 항상 같은 직무이다.
⑤ B팀과 C팀이 같은 직무이면, D팀과 E팀은 항상 같은 직무이다.

※ 한국철도공사 R직원은 윤리실천주간에 대한 기사를 살펴보고 있다. 이어지는 질문에 답하시오. **[1~2]**

한국철도공사는 '기업윤리의 날'을 맞아 5월 30일부터 6월 5일까지 전 직원이 참여하는 '윤리실천주간'을 운영한다고 밝혔다. ㉠ 한국철도공사의 윤리실천주간은 윤리경영에 대한 임직원의 이해와 공감을 끌어내 조직 내에 윤리문화를 정착시키기 위해 마련되었다. 이 기간 동안 한국철도공사는 직원 윤리의식 진단, 윤리 골든벨, CEO의 윤리편지, 윤리실천다짐, 윤리특강, 인권존중 대국민 캠페인, 윤리・인권경영 사내 워크숍으로 총 7가지 프로그램을 해당 기간 동안 차례대로 진행할 예정이다.

한국철도공사는 먼저 임직원 설문조사를 통해 윤리의식을 진단하고, 윤리상식을 확인하는 골든벨 행사를 갖는다. 또한, 윤리경영 추진 의지와 당부 사항을 담은 CEO 편지도 직원 개개인에게 발송할 예정이다. ㉡ 윤리 골든벨은 임직원의 행동강령 및 기타 청렴업무 관련 문항으로 구성되어 있고, 사내 포털에서 문항을 확인한 후에 정답을 담당자 사내메일로 회신하면 참여가 가능하다. 우수 정답자에게는 포상금 지급 및 청렴 마일리지를 부과할 계획이다. 그 이후에는 이해충돌방지법 시행 등의 변화에 맞춰 개정한 윤리헌장으로 '윤리실천다짐' 결의를 갖고, 기업윤리 실천 방안을 주제로 전문 강사의 특강을 진행한다. ㉢ 덧붙여 한국철도공사는 국민을 대상으로 하는 인권존중 캠페인을 진행한다. 또한, 공사 내 준법・윤리경영 체계를 세우고 인권경영 지원을 위한 정책 공유와 토론의 시간을 갖는 사내 워크숍도 진행한다. ㉣ 마지막으로 반부패 청렴문화 확산을 위해 대국민 슬로건 공모전을 추진하며 '윤리실천주간'을 마무리할 예정이다.

한국철도공사 윤리경영처장은 "윤리에 대해 쉽고 재미있게 풀어내기 위해 전 직원이 참여하는 '윤리실천주간'을 운영한다."라며 "임직원 모두가 윤리문화를 체득할 수 있도록 노력하겠다."라고 말했다. 한국철도공사 사장은 "이해충돌방지법 시행으로 공공기관의 사회적 책임과 공직자 윤리가 더욱 중요해졌다."라며 "윤리경영을 통해 도덕적이고 신뢰받는 공공기관으로 거듭날 수 있도록 힘쓰겠다."라고 밝혔다. ㉤ 한편, 한국철도공사는 20년 9월부터 윤리경영 전담조직인 윤리경영처를 신설해 윤리경영체계 확립, 마스터플랜 수립, 3無(부패행위, 갑질・괴롭힘, 성비위) 근절 운동 추진 등 윤리적인 조직문화 개선을 위해 노력해왔다. 지난해 12월에는 ○○부 산하 공공기관 최초로 준법경영시스템 국제인증을 획득하기도 하였다.

01 다음 중 R직원이 윗글을 이해한 내용으로 적절하지 않은 것은?

① '윤리실천주간'은 1주일 동안 진행된다.

② 전문 강사의 특강은 개정된 윤리헌장을 주제로 기업윤리 실천 방안에 대해 다룬다.

③ 공공기관의 사회적 책임과 공직자 윤리는 이해충돌방지법 시행으로 더욱 중요해졌다.

④ 윤리·인권경영 워크숍에는 인권경영 지원을 위한 정책 공유와 토론 시간을 갖는다.

⑤ 한국철도공사는 ○○부 산하 공공기관 최초로 준법경영시스템 국제인증을 획득하였다.

02 윗글의 맥락을 고려했을 때, 밑줄 친 ㉠~㉤ 중 적절하지 않은 것은?

① ㉠

② ㉡

③ ㉢

④ ㉣

⑤ ㉤

※ 한국철도공사 A직원은 환경지표에 대한 통계자료를 열람하고 있다. 이어지는 질문에 답하시오. **[3~4]**

〈녹색제품 구매 현황〉

(단위 : 백만 원)

구분	총구매액(A)	녹색제품 구매액(B)	비율
2020년	1,800	1,700	94%
2021년	3,100	2,900	㉠%
2022년	3,000	2,400	80%

※ 지속가능한 소비를 촉진하고 친환경경영 실천을 강화하기 위해 환경표지인증 제품 등의 녹색제품 구매를 적극 실천함
※ 비율은 (B÷A)×100으로 계산하며, 소수점 첫째 자리에서 반올림함

〈온실가스 감축〉

구분	2020년	2021년	2022년
온실가스 배출량(tCO_2eq)	1,604,000	1,546,000	1,542,000
에너지 사용량(TJ)	30,000	29,000	30,000

※ 온실가스 및 에너지 감축을 위한 전사 온실가스 및 에너지 관리 체계를 구축하여 운영하고 있음

〈수질관리〉

(단위 : m^3)

구분	2020년	2021년	2022년
오수처리량(객차)	70,000	61,000	27,000
폐수처리량	208,000	204,000	207,000

※ 철도차량 등의 수선, 세차, 세척과정에서 발생되는 폐수와 열차 화장실에서 발생되는 오수, 차량검수시설과 역 운영시설 등에서 발생되는 생활하수로 구분되며, 모든 오염원은 처리시설을 통해 기준 이내로 관리함

03 다음 중 A직원이 자료를 이해한 내용으로 옳지 않은 것은?

① ㉠에 들어갈 수치는 94이다.

② 온실가스 배출량은 2020년부터 매년 줄어들었다.

③ 폐수처리량이 가장 적었던 연도에 오수처리량도 가장 적었다.

④ 2020 ~ 2022년 동안 녹색제품 구매액의 평균은 약 23억 3,300만 원이다.

⑤ 에너지 사용량의 전년 대비 증감률의 절댓값은 2021년보다 2022년이 더 크다.

04 다음 〈조건〉은 환경지표점수 산출 기준이다. 가장 점수가 높은 연도와 그 점수를 바르게 짝지은 것은?

> **조건**
>
> • 녹색제품 구매액 : 20억 원 미만이면 5점, 20억 원 이상이면 10점
> • 에너지 사용량 : 30,000TJ 이상이면 5점, 30,000TJ 미만이면 10점
> • 폐수처리량 : 205,000m^3 초과이면 5점, 205,000m^3 이하이면 10점

① 2020년 : 25점   ② 2021년 : 20점

③ 2021년 : 30점   ④ 2022년 : 25점

⑤ 2022년 : 30점

※ 한국철도공사 Y직원은 철도차량 중정비에 대한 자료를 살펴보고 있다. 이어지는 질문에 답하시오.
[5~6]

〈철도차량 중정비〉

▶ 중정비 정의 및 개요
- 철도차량 전반의 주요 시스템과 부품을 차량으로부터 분리하여 점검하고 교체·검사하는 것으로, 철도차량 정비장에 입장하여 시행하는 검수이다.
- 철도차량 분리와 장치 탈거, 부품 분해, 부품 교체, 시험 검사 및 측정, 시험 운전 등 전 과정을 시행한다.
- 3 ~ 4년 주기로 실시하며, 약 한 달간의 기간이 소요된다.
- 이 기간 중 차량 운행은 불가능하다.

▶ 필요성
- 철도차량의 사용기간이 경화됨에 따라 차량을 구성하고 있는 각 부품의 상태와 성능이 점차 저하되고 있다. 따라서 일정 사용기간이 경과하면 이에 대한 검수가 반드시 필요하다.

분해 및 부품 교체	시험 검사 및 측정
• 부품 취거 • 배유 및 분해 • 각 부품 정비 • 검사 • 부품 조립	• 절연저항 시험 • 논리회로 분석기 • 고저온 시험기 • 열화상 카메라 • 제동거리 측정기

※ 고저온 시험기와 열화상 카메라는 온도를 사용하는 기기임

▶ 절차

구분	내용
1단계	기능 및 상태 확인
2단계	정비개소 유지보수 시행 및 보고
3단계	기능시험 및 출장검사
4단계	본선 시운전
5단계	보완사항 점검 조치
6단계	최종 확인 및 결제
7단계	운용 소속 인계

▶ 최근 유지보수 시스템
- RAMS 기술을 활용한 RAM 기반 철도차량 유지보수 모니터링 시스템을 활용한다.
- 디지털 트윈 기술을 활용해 철도차량 운행상태를 수집하여 3차원 디지털 정보로 시각화한다.
- 데이터에 기반한 사전 혹은 실시간 유지보수가 가능하다.

▶ 중정비 정기 점검 기준

운행 연차	정기 점검 산정 방식
5년 초과	(열차 등급별 정기 점검 산정 횟수)×5
3년 이상 5년 이하	(열차 등급별 정기 점검 산정 횟수)×3
3년 미만	(열차 등급별 정기 점검 산정 횟수)×2

※ 열차 등급별 정기 점검 산정 횟수 : A등급의 경우 1회/년, B등급의 경우 2회/년, C등급의 경우 3회/년

05 다음 중 Y직원이 자료를 이해한 내용으로 적절하지 않은 것은?

① 중정비 중인 열차는 운행할 수 없다.

② 온도와 관련된 기기를 사용하여 시험 검사 및 측정을 실시한다.

③ 중정비 절차는 총 7단계로, 기능시험 및 출장검사는 3단계이다.

④ 중정비는 철도차량 전체의 주요 시스템과 부품을 점검하는 작업이다.

⑤ 철도차량 운행상태를 3차원 디지털 정보로 시각화하는 기술은 RAMS 기술이다.

06 C등급의 열차가 4년째 운행 중일 때, 다음 중 해당 열차가 1년 동안 받아야 할 정기 점검 산정 횟수로 옳은 것은?

① 1회   ② 3회

③ 5회   ④ 9회

⑤ 12회

┃ 의사소통능력

01 다음 글에서 알 수 있는 내용으로 적절하지 않은 것은?

> 인공 지능이 일자리에 미칠 영향에 대한 논의는 2013년 영국 옥스퍼드 대학의 경제학자 프레이 교수와 인공 지능 전문가 오스본 교수의 연구 이후 본격화되었다. 이들의 연구는 데이비드 오토 등이 선구적으로 연구한 정형화·비정형화 업무의 분석들을 이용하되, 여기에서 한걸음 더 나아갔다. 인공 지능의 발전으로 대부분의 비정형화된 업무도 컴퓨터로 대체될 수 있다고 본 것이 핵심적인 관점의 변화이다. 이들은 10~20년 후에도 인공 지능이 대체하기 힘든 업무를 '창의적 지능', '사회적 지능', '감지 및 조작' 등 3가지 병목 업무로 국한하고, 이를 미국 직업 정보시스템에서 조사하는 9개 직능 변수를 이용해 정량화했다. 직업별로 3가지 병목 업무의 비율에 따라 인공 지능에 의한 대체 정도가 달라진다고 본 것이다. 프레이와 오스본의 분석에 따르면, 미국 일자리의 47%가 향후 10~20년 후에 인공 지능에 의해 자동화될 가능성이 높은 고위험군으로 나타났다.
>
> 프레이와 오스본의 연구는 전 세계 연구자들 사이에서 반론과 재반론을 불러일으키며 논쟁의 중심에 섰다. OECD는 인공 지능이 직업 자체를 대체하기보다는 직업을 구성하는 과업의 일부를 대체할 것이라며, 프레이와 오스본의 연구가 자동화 위험을 과대 추정하고 있다고 비판했다. OECD의 분석에 따르면, 미국의 경우 9%의 일자리만이 고위험군에 해당한다. 데이비드 오토는 각 직업에 포함된 개별적인 직업을 기술적으로 분리하여 자동화할 수 있더라도 대면 서비스를 더 선호하는 소비자로 인해 완전히 자동화되는 일자리 수는 제한적일 것이라고 주장했다.
>
> 컨설팅 회사 PwC는 OECD의 방법론이 오히려 자동화 위험을 과소평가하고 있다고 주장하고, OECD의 연구 방법을 수정하여 다시 분석하였다. 그 결과 미국의 고위험 일자리 비율이 OECD에서 분석한 9% 수준에서 38%로 다시 높아졌다. 같은 방법으로 영국, 독일, 일본의 고위험군 비율을 계산한 결과도 OECD의 연구에 비해서 최소 14%p 이상 높은 것으로 나타났다.
>
> 매킨지는 직업별로 필요한 업무 활동에 투입되는 시간을 기준으로 자동화 위험을 분석하였다. 그 결과 모든 업무 활동이 완전히 자동화될 수 있는 일자리의 비율은 미국의 경우 5% 이하에 불과하지만, 근로자들이 업무에 쓰는 시간의 평균 46%가 자동화될 가능성이 있는 것으로 나타났다. 우리나라의 경우 52%의 업무 활동 시간이 자동화 위험에 노출될 것으로 나타났는데, 이는 독일(59%)과 일본(56%)보다는 낮고, 미국(46%)과 영국(43%)보다는 높은 수준이다.

① 인공 지능이 일자리에 미칠 영향에 대한 논의가 본격화된 것은 2010년대에 들어와서였다.

② 프레이와 오스본의 연구가 선구적인 연구와 다른 점은 인공 지능의 발전으로 정형화된 업무뿐만 아니라 비정형화된 업무도 모두 컴퓨터로 대체될 수 있다고 본 것이다.

③ OECD에서는 인공 지능이 직업 자체보다는 직업을 구성하는 과업의 일부를 대체할 것이라고 하며, 미국의 경우 10% 미만의 일자리가 고위험군에 속한다고 주장하였다.

④ PwC가 OECD의 주장을 반박하며 연구 방법을 수정하여 재분석한 결과, 미국의 고위험 일자리 비율은 OECD의 결과보다 4배 이상 높았고 다른 나라도 최소 14%p 이상 높게 나타났다.

⑤ 매킨지는 접근 방법을 달리하여 자동화에 의해 직업별로 필요한 업무 활동에 투입되는 시간이 어떻게 달라지는지 분석하였고, 그 결과 분석 대상인 국가들의 업무 활동 시간이 약 40~60% 정도 자동화 위험에 노출될 것으로 나타났다.

02 다음 글의 문맥상 빈칸에 들어갈 단어로 가장 적절한 것은?

> 서울은 물길이 많은 도시이다. 도심 한가운데 청계천이 흐른다. 도성의 북쪽 백악산, 인왕산과 남쪽 목멱산에서 흘러내린 냇물이 청계천과 합류한다. 냇물은 자연스럽게 동네와 동네의 경계를 이뤘다. 물길을 따라 만들어진 길은 도시와 어울리며 서울의 옛길이 됐다. 서울의 옛길은 20세기 초반까지 _____됐다. 하지만 일제강점기를 거치며 큰 변화가 일어났다. 일제가 도심 내 냇물 복개를 진행하면서 옛길도 사라졌다. 최근 100년 동안의 산업화와 도시화로 서울은 많은 변화를 겪었다.

① 유래(由來)   ② 전파(傳播)
③ 유지(維持)   ④ 전래(傳來)
⑤ 답지(遝至)

03 K씨는 주기적으로 그림의 종류와 위치를 바꾸고, 유리창의 커튼을 바꿔 응접실 인테리어를 교체하고 있다. 응접실의 구조와 현재 보유한 그림과 커튼의 수가 다음 〈조건〉과 같을 때, 가능한 인테리어는 모두 몇 가지인가?

> **조건**
> • 보유하고 있는 커튼은 총 3종, 그림은 총 7종이다.
> • 응접실 네 면 중 한 면은 전체가 유리창으로 되어 있고 커튼만 달 수 있으며, 나머지 세 면은 콘크리트 벽으로 되어 있고 그림을 1개만 걸 수 있다.
> • 콘크리트 벽 세 면에는 서로 다른 그림을 걸어야 한다.
> • 같은 그림이라도 그림을 거는 콘크리트 면이 바뀌면 인테리어가 교체된 것으로 간주한다.

① 10가지   ② 36가지
③ 105가지   ④ 210가지
⑤ 630가지

04 다음은 주요 대도시 환경소음도를 나타낸 자료이다. 이에 대한 설명으로 옳지 않은 것은?

〈주요 대도시 주거지역(도로) 소음도〉

(단위 : dB)

구분	2017년		2018년		2019년		2020년		2021년	
	낮	밤	낮	밤	낮	밤	낮	밤	낮	밤
서울	68	65	68	66	69	66	68	66	68	66
부산	67	62	67	62	67	62	67	62	68	62
대구	68	63	67	63	67	62	65	61	67	61
인천	66	62	66	62	66	62	66	62	66	61
광주	64	59	63	58	63	57	63	57	62	57
대전	60	54	60	55	60	56	60	54	61	55

※ 소음환경기준 : 사람의 건강을 보호하고 쾌적한 환경을 조성하기 위한 환경정책의 목표치로, 생활소음 줄이기 종합대책을 수립 및 추진하는 데 활용하고 있으며, 소음도가 낮을수록 쾌적한 환경임을 의미함
※ 주거지역(도로) 소음환경기준 : 낮(06:00 ~ 22:00) 65dB 이하, 밤(22:00 ~ 06:00) 55dB 이하

① 광주와 대전만이 조사기간 중 매해 낮 시간대 소음환경기준을 만족했다.

② 2020년도에 밤 시간대 소음도가 소음환경기준을 만족한 도시는 대전뿐이다.

③ 2019 ~ 2021년 동안 모든 주요 대도시의 낮 시간대 소음도의 증감 폭은 1dB 이하이다.

④ 조사기간 중 밤 시간대 평균 소음도가 가장 높았던 해는 2018년이며, 이때 소음환경기준보다 6dB 더 높았다.

⑤ 조사기간 중 낮 시간대 주거지역 소음의 평균이 가장 높은 대도시는 서울이며, 밤에도 낮 시간대 소음환경기준 이상의 소음이 발생했다.

05 K씨는 병원 진료를 위해 메디컬빌딩을 찾았다. 다음 〈조건〉을 토대로 바르게 추론한 것은?

> **조건**
>
> • 메디컬빌딩은 5층 건물이고, 1층에는 약국과 편의점만 있다.
> • K씨는 이비인후과와 치과를 가야 한다.
> • 메디컬빌딩에는 내과, 산부인과, 소아과, 안과, 이비인후과, 정형외과, 치과, 피부과가 있다.
> • 소아과와 피부과 바로 위층에는 정형외과가 있다.
> • 이비인후과가 있는 층에는 진료 과가 2개 더 있다.
> • 산부인과는 약국 바로 위층에 있으며, 내과 바로 아래층에 있다.
> • 산부인과와 정형외과는 각각 1개 층을 모두 사용하고 있다.
> • 안과와 치과는 같은 층에 있으며, 피부과보다 높은 층에 있다.

① 산부인과는 3층에 있다.
② 안과와 이비인후과는 같은 층에 있다.
③ 피부과가 있는 층은 진료 과가 2개이다.
④ 이비인후과는 산부인과 바로 위층에 있다.
⑤ K씨가 진료를 위해 찾아야 하는 곳은 4층이다.

06 A ~ D 4명은 동일 제품을 수리받기 위해 같은 날 수리전문점 3곳을 방문했다. 4명의 사례가 〈조건〉과 같을 때, 다음 중 반드시 참인 것은?

> **조건**
>
> ㄱ. A는 신도림점을 방문하였으며 수리를 받지 못했다.
> ㄴ. B는 세 지점을 모두 방문하였으며 수리를 받았다.
> ㄷ. C는 영등포점과 여의도점을 방문하였으며 수리를 받지 못했다.
> ㄹ. D는 신도림점과 여의도점을 방문하였으며 수리를 받았다.

① ㄱ, ㄴ의 경우만 고려한다면, 이날 수리할 수 있었던 지점은 여의도점뿐이다.
② ㄱ, ㄹ의 경우만 고려한다면, 이날 영등포점과 여의도점은 해당 제품을 수리할 수 있었다.
③ ㄴ, ㄷ의 경우만 고려한다면, 이날 수리할 수 있었던 지점은 신도림점뿐이다.
④ ㄴ, ㄹ의 경우만 고려한다면, 이날 세 지점 모두 수리가 가능한 지점이었다.
⑤ ㄷ, ㄹ의 경우만 고려한다면, 이날 신도림점의 수리 가능 여부는 알 수 없다.

01 다음 글에서 궁극적으로 전달하고자 하는 바로 가장 적절한 것은?

> 과학이 무신론이고 윤리와는 거리가 멀다는 견해는 스페인의 철학자 오르테가 이 가세트가 말하는 '문화인'들 사이에서 과학에 대한 반감을 더욱 부채질하곤 했다. 사실 과학자도 신의 존재를 믿을 수 있고, 더 나아가 신의 존재에 대한 과학적 증거를 찾으려 할 수도 있다. 무신론자들에게는 이것이 지루한 과학과 극단적 기독교의 만남 정도로 보일지도 모른다. 그러나 어느 누구도 제임스 클러스 멕스웰 같이 저명한 과학자가 분자 구조를 이용해서 신의 존재를 증명하려 했던 것을 비웃을 수는 없다.
>
> 물론 과학자들 중에는 무신론자도 많이 있다. 동물학자인 리처드 도킨스는 모든 종교가 무한히 복제되는 정신적 바이러스일지도 모른다는 의심을 품고 있었다. 그러나 확고한 유신론자들의 관점에서는 이 모든 과학적 발견 역시 신에 의해 계획된 것을 발견한 것이므로 종교적 지식이라고 할 수도 있다. 따라서 과학의 본질을 무조건 비종교적이라고 간주할 수는 없을 것이다.
>
> 오히려 과학자나 종교학자가 모두 진리를 찾으려고 한다는 점에서 과학과 신학은 동일한 목적을 추구한다고도 할 수 있다. 과학이 물리적 우주에 대한 진리를 찾는 것이라면, 신학은 신에 대한 진리를 찾는 것이다. 그러나 신학자들이나 어느 정도 신학적인 관점을 가진 사람들은 신이 우주를 창조했다고 믿고 우주를 통해 신과 만날 수 있다고 믿기 때문에 신과 우주가 근본적으로는 뚜렷이 구분되는 대상이 절대 아니라고 생각한다.
>
> 사실 과학자들이 과학과 종교는 서로 대립하는 개념이라고 주장하기도 한다. 신경 심리학자인 리처드 그레고리는 '과학이 전통적인 믿음을 받아들이기보다는 모든 것에 질문을 던지기 때문에 과학과 종교는 근본적으로 다른 반대의 자세를 가지고 있다.'고 주장한 바가 있다. 그러나 이것은 종교가 가지고 있는 변화의 능력을 과소평가한 것이다. 유럽에서 일어난 모든 종교 개혁 운동은 전통적 믿음을 받아들이지 않으려는 시도였다.
>
> 과학은 증거에 의존하는 반면, 종교는 계시된 사실에 의존한다는 점에서 이들 간 극복할 수 없는 차이점이 존재한다는 반론을 제기할 수도 있다. 그러나 종교인들에게는 계시된 사실이 바로 증거이다. 지속적으로 신에 대한 증거들에 대해 회의하고 재해석하려고 한다는 점에서 신학을 과학이라고 간주하더라도 결코 모순은 아니다. 사실 그것을 신학이라고 부르기 때문에 신의 존재를 전제하는 것처럼 보인다. 그러나 우리가 본 바와 같이 과학적 연구가 몇몇 과학자를 신에게 인도했던 것처럼, 신학 연구가 그 신학자를 무신론자로 만들지 않을 이유는 없다.

① 과학이 종교와 양립할 수 없다는 의견은 타당하지 않다.

② 과학자와 종교학자는 진리 탐구라는 공통 목적을 추구한다.

③ 과학은 존재하는 모든 것에 대해 회의적 질문을 던지는 학문이다.

④ 신학은 신에 대한 증거들을 의심하고 재해석하고자 하는 학문이다.

⑤ 신학은 신의 존재를 입증하기 위해 과학과는 다른 방법론을 적용한다.

02 다음 밑줄 친 ㉠ ~ ㉤ 중 맥락상 쓰임이 적절하지 않은 것은?

> 코레일은 위치정보 기반 IT 기술을 활용해 부정 승차의 ㉠ 소지를 없애고 승차권 반환 위약금을 줄여 고객의 이익을 보호할 수 있는 '열차 출발 후 코레일톡 승차권 직접 변환' 서비스를 시범 ㉡ 운영한다. 그동안 코레일은 열차 안에서 승무원의 검표를 받고 나서 승차권을 반환하는 얌체족들의 부정승차를 막기 위해 열차가 출발하고 나면 역 창구에서만 반환 접수를 하였다. 그러나 반환 기간이 경과함에 따라 고객의 위약금이 늘어나 ㉢ 부수적인 피해가 발생하기도 했다. 이를 개선하기 위해 코레일은 열차에 설치된 내비게이션의 실시간 위치정보와 이용자의 스마트폰 GPS 정보를 비교하는 기술을 ㉣ 개발했다. 이용자의 위치가 열차 안이 아닐 경우에만 '출발 후 반환' 서비스를 제공하는 방법으로 문제를 해결한 것이다. 열차 출발 후 '코레일톡'으로 승차권을 반환하려면 먼저 스마트폰의 GPS 기능을 켜고 코레일톡 앱의 위치정보 접근을 ㉤ 준용해야 한다.

① ㉠

② ㉡

③ ㉢

④ ㉣

⑤ ㉤

03 A씨는 집에서 회사로 가던 도중 중요한 서류를 두고 온 것을 깨닫고 집으로 돌아가게 되었다. 다음 〈조건〉에 따라 A씨가 회사에 제시간에 도착하려면 승용차를 최소 몇 km/h로 운전해야 하는가? (단, 모든 운송수단은 각각 일정한 속도로 이동하고, 동일한 경로로 이동한다)

> **조건**
> • 집에서 버스를 타고 60km/h의 속도로 15분 동안 이동하였다. 버스를 타고 이동한 거리는 집에서 회사까지 거리의 절반이었다.
> • 버스에서 내리자마자 서류를 가져오기 위해 집에 택시를 타고 75km/h의 속도로 이동하였다. 택시를 탔을 때의 시각은 8시 20분이었다.
> • 집에서 서류를 챙겨서 자신의 승용차를 타기까지 3분의 시간이 걸렸다. 승용차를 타자마자 회사를 향해 운전하였으며, 회사에 도착해야 하는 시각은 9시이다.

① 68km/h

② 69km/h

③ 70km/h

④ 71km/h

⑤ 72km/h

04 K기업에 새로 채용된 직원 9명은 각각 기획조정부, 홍보부, 인사부로 발령받는다. 이들은 자신이 발령받고 싶은 부서를 1지망, 2지망, 3지망으로 지원해야 한다. 각 부서에 대한 직원 9명의 지원 현황이 다음 〈조건〉과 같을 때, 적절하지 않은 것은?

> **조건**
> • 인사부를 3지망으로 지원한 직원은 없다.
> • 인사부보다 홍보부로 발령받고 싶어하는 직원은 2명이다.
> • 2지망으로 기획조정부를 지원한 직원이 2지망으로 홍보부를 지원한 직원보다 2명 더 많다.
> • 인사부보다 기획조정부로 발령받고 싶어하는 직원은 3명이다.

① 인사부를 1지망으로 지원한 직원은 4명이다.
② 홍보부를 1지망으로 지원한 직원이 가장 적다.
③ 홍보부를 3지망으로 지원한 직원이 가장 많다.
④ 기획조정부를 3지망으로 지원한 직원은 6명이다.
⑤ 홍보부를 2지망으로 지원한 직원과 3지망으로 지원한 직원의 수는 다르다.

01 ▌의사소통능력

다음 중 비언어적 요소인 쉼을 사용하는 경우로 적절하지 않은 것은?

① 양해나 동조를 구할 경우
② 상대방에게 반문을 할 경우
③ 이야기의 흐름을 바꿀 경우
④ 연단공포증을 극복하려는 경우
⑤ 이야기를 생략하거나 암시할 경우

02 ▌의사소통능력

다음 밑줄 친 부분에 해당하는 키슬러의 대인관계 의사소통 유형은?

> 의사소통 시 이 유형의 사람은 따뜻하고 인정이 많고 자기희생적이나 타인의 요구를 거절하지 못하므로 타인과의 정서적인 거리를 유지하는 노력이 필요하다.

① 지배형   ② 사교형
③ 친화형   ④ 고립형
⑤ 순박형

03 다음 글을 통해 알 수 있는 철도사고 발생 시 행동요령으로 적절하지 않은 것은?

철도사고는 지하철, 고속철도 등 철도에서 발생하는 사고를 뜻한다. 많은 사람이 한꺼번에 이용하며 무거운 전동차가 고속으로 움직이는 특성상 철도사고가 발생할 경우 인명과 재산에 큰 피해가 발생한다.

철도사고는 다양한 원인에 의해 발생하며 사고 유형 또한 다양하게 나타나는데, 대표적으로는 충돌사고, 탈선사고, 열차화재사고가 있다. 이 사고들은 철도안전법에서 철도교통사고로 규정되어 있으며, 많은 인명피해를 야기하므로 철도사업자는 반드시 이를 예방하기 위한 조치를 취해야 한다. 또한 승객들은 위험으로부터 빠르게 벗어나기 위해 사고 시 대피요령을 파악하고 있어야 한다.

국토교통부는 철도사고 발생 시 인명과 재산을 보호하기 위한 국민행동요령을 제시하고 있다. 이 행동요령에 따르면 지하철에서 사고가 발생할 경우 가장 먼저 객실 양 끝에 있는 인터폰으로 승무원에게 사고를 알려야 한다. 만약 화재가 발생했다면 곧바로 119에 신고하고, 여유가 있다면 객실 양 끝에 비치된 소화기로 불을 꺼야 한다. 반면 화재의 진화가 어려울 경우 입과 코를 젖은 천으로 막고 화재가 발생하지 않은 다른 객실로 이동해야 한다. 전동차에서 대피할 때는 안내방송과 승무원의 안내에 따라 질서 있게 대피해야 하며 이때 부상자, 노약자, 임산부가 먼저 대피할 수 있도록 배려하고 도와주어야 한다. 만약 전동차의 문이 열리지 않으면 반드시 열차가 멈춘 후에 안내방송에 따라 비상핸들이나 비상콕크를 돌려 문을 열고 탈출해야 한다. 전동차가 플랫폼에 멈췄을 경우 스크린도어를 열고 탈출해야 하는데, 손잡이를 양쪽으로 밀거나 빨간색 비상바를 밀고 탈출해야 한다. 반대로 역이 아닌 곳에서 멈췄을 경우 감전의 위험이 있으므로 반드시 승무원의 안내에 따라 반대편 선로의 열차 진입에 유의하며 대피 유도등을 따라 침착하게 비상구로 대피해야 한다.

이와 같이 승객들은 철도사고 발생 시 신고, 질서 유지, 빠른 대피를 중점적으로 유념하여 행동해야 한다. 철도사고는 사고 자체가 일어나지 않도록 철저한 안전관리와 예방이 필요하지만, 다양한 원인으로 예상치 못하게 발생한다. 따라서 철도교통을 이용하는 승객 또한 평소에 안전 수칙을 준수하고 비상 상황에서 침착하게 대처하는 훈련이 필요하다.

① 침착함을 잃지 않고 승무원의 안내에 따라 대피해야 한다.
② 화재사고 발생 시 규모가 크지 않다면 빠르게 진화 작업을 해야 한다.
③ 선로에서 대피할 경우 승무원의 안내와 대피 유도등을 따라 대피해야 한다.
④ 전동차에서 대피할 때는 탈출이 어려운 사람부터 대피할 수 있도록 도와야 한다.
⑤ 철도사고 발생 시 탈출을 위해 우선 비상핸들을 돌려 열차의 문을 개방해야 한다.

04 다음 글을 읽고 알 수 있는 하향식 읽기 모형의 사례로 적절하지 않은 것은?

> 글을 읽는 것은 단순히 책에 쓰인 문자를 해독하는 것이 아니라 그 안에 담긴 의미를 파악하는 과정이다. 그렇다면 사람들은 어떤 방식으로 글의 의미를 파악할까? 세상의 모든 어휘를 알고 있는 사람은 없을 것이다. 그러나 대부분의 사람들, 특히 고등교육을 받은 성인들은 자신이 잘 모르는 어휘가 있더라도 글의 전체적인 맥락과 의미를 파악할 수 있다. 이를 설명해 주는 것이 바로 하향식 읽기 모형이다.
>
> 하향식 읽기 모형은 독자가 이미 알고 있는 배경지식과 경험을 바탕으로 글의 전체적인 맥락을 먼저 파악하는 방식이다. 하향식 읽기 모형은 독자의 능동적인 참여를 활용하는 읽기로, 여기서 독자는 단순히 글을 받아들이는 수동적인 존재가 아니라 자신의 지식과 경험을 활용하여 글의 의미를 구성해 나가는 주체적인 역할을 한다. 이때 독자는 글의 내용을 예측하고 추론하며, 심지어 자신의 생각을 더하여 글에 대한 이해를 넓혀갈 수 있다.
>
> 하향식 읽기 모형의 장점은 빠르고 효율적인 독서가 가능하다는 것이다. 글의 전체적인 맥락을 먼저 파악하기 때문에 글의 핵심 내용을 빠르게 파악할 수 있고, 배경지식을 활용하여 더 깊이 있는 이해를 얻을 수 있다. 또한 예측과 추론을 통한 능동적인 독서는 독서에 대한 흥미를 높여 주는 효과도 있다.
>
> 그러나 하향식 읽기 모형은 독자의 배경지식에 의존하여 읽는 방법이므로 배경지식이 부족한 경우 글의 의미를 정확하게 파악하기 어려울 수 있으며, 배경지식에 의존하여 오해를 할 가능성도 크다. 또한 글의 내용이 복잡하다면 많은 배경지식을 가지고 있더라도 글의 맥락을 적극적으로 가정하거나 추측하기 어려운 것 또한 하향식 읽기 모형의 단점이 된다.
>
> 하향식 읽기 모형은 글의 내용을 빠르게 이해하고 독자 스스로 내면화할 수 있으므로 독서 능력 향상에 유용한 방법이다. 그러나 모든 글에 동일하게 적용할 수 있는 읽기 모델은 아니므로 글의 종류와 독자의 배경지식에 따라 적절한 읽기 전략을 사용해야 한다. 따라서 하향식 읽기 모형과 함께 상향식 읽기(문자의 정확한 해독), 주석 달기, 소리 내어 읽기 등 다양한 읽기 전략을 활용하여야 한다.

① 기사의 헤드라인을 먼저 읽어 기사의 내용을 유추한 뒤 상세 내용을 읽었다.

② 회의 자료를 읽기 전 회의 주제를 먼저 파악하여 회의 안건을 예상하였다.

③ 제품 설명서를 읽어 제품의 기능과 각 버튼의 용도를 파악하고 기계를 작동시켰다.

④ 요리법의 전체적인 조리 과정을 파악하고 단계별로 필요한 재료와 순서를 확인하였다.

⑤ 서문이나 목차를 통해 책의 전체적인 흐름을 파악하고 관심 있는 부분을 집중적으로 읽었다.

05 농도가 15%인 소금물 200g과 농도가 20%인 소금물 300g을 섞었을 때, 섞인 소금물의 농도는?

① 17%　　　　　　　　　　　　　② 17.5%

③ 18%　　　　　　　　　　　　　④ 18.5%

⑤ 19%

06 남직원 A, B, C, 여직원 A, B, C 모두 6명이 일렬로 앉고자 한다. 동성끼리 인접하지 않고, 여직원 A와 남직원 B가 서로 인접하여 앉는 경우의 수는?

① 12가지　　　　　　　　　　　　② 20가지

③ 40가지　　　　　　　　　　　　④ 60가지

⑤ 120가지

07 다음과 같이 일정한 규칙으로 수를 나열할 때 빈칸에 들어갈 수로 옳은 것은?

| | −23 | −15 | −11 | 5 | 13 | 25 | ( ) | 45 | 157 | 65 |

① 49　　　　　　　　　　　　　　② 53

③ 57　　　　　　　　　　　　　　④ 61

⑤ 65

08 다음은 K시의 유치원, 초·중·고등학교, 고등교육기관의 취학률 및 초·중·고등학교의 상급학교 진학률에 대한 자료이다. 이에 대한 설명으로 옳지 않은 것은?

〈유치원, 초·중·고등학교, 고등교육기관 취학률〉

(단위 : %)

구분	2014년	2015년	2016년	2017년	2018년	2019년	2020년	2021년	2022년	2023년
유치원	45.8	45.2	48.3	50.6	51.6	48.1	44.3	45.8	49.7	52.8
초등학교	98.7	99	98.6	98.9	99.3	99.6	98.1	98.1	99.5	99.9
중학교	98.5	98.6	98.1	98	98.9	98.5	97.1	97.6	97.5	98.2
고등학교	95.3	96.9	96.2	95.4	96.2	94.7	92.1	93.7	95.2	95.6
고등교육기관	65.6	68.9	64.9	66.2	67.5	69.2	70.8	71.7	74.3	73.5

〈초·중·고등학교 상급학교 진학률〉

(단위 : %)

구분	2014년	2015년	2016년	2017년	2018년	2019년	2020년	2021년	2022년	2023년
초등학교	100	100	100	100	100	100	100	100	100	100
중학교	99.7	99.7	99.7	99.7	99.7	99.7	99.7	99.7	99.7	99.6
고등학교	93.5	91.8	90.2	93.2	91.7	90.5	91.4	92.6	93.9	92.8

① 중학교의 취학률은 매년 97% 이상이다.

② 매년 취학률이 가장 높은 기관은 초등학교이다.

③ 고등교육기관의 취학률이 70%를 넘긴 해는 2020년부터이다.

④ 2023년에 중학교에서 고등학교로 진학하지 않은 학생의 비율은 전년 대비 감소하였다.

⑤ 고등교육기관의 취학률이 가장 낮은 해와 고등학교의 상급학교 진학률이 가장 낮은 해는 같다.

09 다음은 A기업과 B기업의 2024년 1 ~ 6월 매출액에 대한 자료이다. 이를 그래프로 옮겼을 때의 개형으로 옳은 것은?

〈2024년 1 ~ 6월 A, B기업 매출액〉

(단위 : 억 원)

구분	2024년 1월	2024년 2월	2024년 3월	2024년 4월	2024년 5월	2024년 6월
A기업	307.06	316.38	315.97	294.75	317.25	329.15
B기업	256.72	300.56	335.73	313.71	296.49	309.85

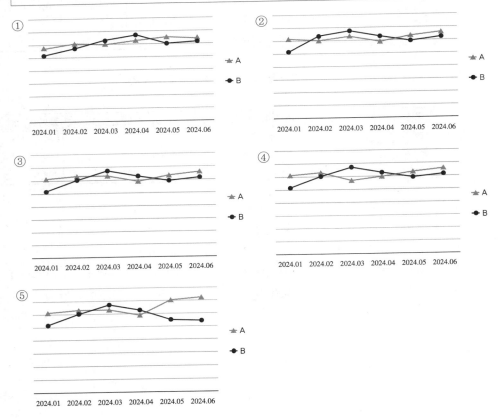

10 다음 대화에서 공통적으로 나타나는 논리적 오류로 가장 적절한 것은?

> A : 반려견 출입 금지라고 쓰여 있는 카페에 갔는데 거절당했어. 반려견 출입 금지면 고양이는 괜찮은 거 아니야?
> B : 어제 직장동료가 "조심히 들어가세요."라고 했는데 집에 들어갈 때만 조심하라는 건가?
> C : 친구가 비가 와서 우울하다고 했는데, 비가 안 오면 행복해지겠지?
> D : 이웃을 사랑하라는 선생님의 가르침을 실천하기 위해 사기를 저지른 이웃을 숨겨 주었어.
> E : 의사가 건강을 위해 채소를 많이 먹으라고 하던데 앞으로는 채소만 먹으면 되겠어.
> F : 긍정적인 생각을 하면 좋은 일이 생기니까 아무리 나쁜 일이 있어도 긍정적으로만 생각하면 될 거야.

① 무지의 오류
② 연역법의 오류
③ 과대해석의 오류
④ 허수아비 공격의 오류
⑤ 권위나 인신공격에 의존한 논증

11 A ~ E열차를 운행거리가 가장 긴 순서대로 나열하려고 한다. 운행시간 및 평균 속력이 다음과 같을 때, C열차는 몇 번째로 운행거리가 긴 열차인가?(단, 열차 대기시간은 고려하지 않는다)

〈A ~ E열차 운행시간 및 평균 속력〉

구분	운행시간	평균 속력
A열차	900분	50m/s
B열차	10시간 30분	150km/h
C열차	8시간	55m/s
D열차	720분	2.5km/min
E열차	10시간	2.7km/min

① 첫 번째
② 두 번째
③ 세 번째
④ 네 번째
⑤ 다섯 번째

12 다음은 스마트팜을 운영하는 K사에 대한 SWOT 분석 결과이다. 이에 따른 전략이 나머지와 다른 것은?

<K사 스마트팜 SWOT 분석 결과>

구분		분석 결과
내부환경요인	강점 (Strength)	• 차별화된 기술력 : 기존 스마트팜 솔루션과 차별화된 센서 기술, AI 기반 데이터 분석 기술 보유 • 젊고 유연한 조직 : 빠른 의사결정과 시장 변화에 대한 적응력 • 정부 사업 참여 경험 : 스마트팜 관련 정부 사업 참여 가능성
	약점 (Weakness)	• 자금 부족 : 연구개발, 마케팅 등에 필요한 자금 확보 어려움 • 인력 부족 : 다양한 분야의 전문 인력 확보 필요 • 개발력 부족 : 신규 기술 개발 속도 느림
외부환경요인	기회 (Opportunity)	• 스마트팜 시장 성장 : 스마트팜에 대한 관심 증가와 이에 따른 정부의 적극적인 지원 • 해외 시장 진출 가능성 : 글로벌 스마트팜 시장 진출 기회 확대 • 활발한 관련 연구 : 스마트팜 관련 공동연구 및 포럼, 설명회 등 정보 교류가 활발하게 논의
	위협 (Threat)	• 경쟁 심화 : 후발 주자의 등장과 기존 대기업의 시장 장악 가능성 • 기술 변화 : 빠르게 변화하는 기술 트렌드에 대한 대응 어려움 • 자연재해 : 기후 변화 등 예측 불가능한 자연재해로 인한 피해 가능성

① 정부 지원을 바탕으로 연구개발에 필요한 자금을 확보
② 스마트팜 관련 공동연구에 참가하여 빠르게 신규 기술을 확보
③ 스마트팜에 대한 높은 관심을 바탕으로 온라인 펀딩을 통해 자금을 확보
④ 포럼 등 설명회에 적극적으로 참가하여 전문 인력 확충을 위한 인맥을 확보
⑤ 스마트팜 관련 정부 사업 참여 경험을 바탕으로 정부의 적극적인 지원을 확보

13 다음 글에서 나타난 문제해결 절차의 단계로 가장 적절한 것은?

> K대학교 기숙사는 최근 학생들의 불만이 끊이지 않고 있다. 특히, 식사의 질이 낮고, 시설이 노후화
> 되었으며, 인터넷 연결 상태가 불안정하다는 의견이 많았다. 이에 K대학교 기숙사 운영위원회는 문
> 제해결을 위해 긴급회의를 소집했다.
> 회의에서 학생 대표들은 식단의 다양성 부족, 식재료의 신선도 문제, 식당 내 위생 상태 불량 등을
> 지적했다. 또한, 시설 관리 담당자는 건물 외벽의 균열, 낡은 가구, 잦은 누수 현상 등 시설 노후화
> 문제를 강조했다. IT 담당자는 기숙사 내 와이파이 연결 불안정, 인터넷 속도 저하 등 통신환경 문
> 제를 제기했다.
> 운영위원회는 이러한 다양한 의견을 종합하여 문제를 더욱 구체적으로 분석하기로 결정했다. 먼저,
> 식사 문제의 경우 학생들의 식습관 변화에 따른 메뉴 구성의 문제점, 식자재 조달 과정의 비효율성,
> 조리 시설의 부족 등의 문제점을 파악했다. 시설 문제는 건물의 노후화로 인한 안전 문제, 에너지
> 효율 저하, 학생들의 편의성 저하 등으로 세분화했다. 마지막으로, 통신환경 문제는 기존 네트워크
> 장비의 노후화, 학생 수 증가에 따른 네트워크 부하 증가 등의 세부 문제가 제시되었다.

① 문제 인식 ② 문제 도출
③ 원인 분석 ④ 해결안 개발
⑤ 실행 및 평가

14 다음은 철도산업발전기본법상 철도산업발전기본계획의 수립 등에 대한 설명이다. 밑줄 친 경미한
변경에 해당하는 기간은 철도시설투자사업 기간의 몇 년 이내인가?

> **철도산업발전기본계획의 수립 등(철도산업발전기본법 제5조 제4항)**
> 국토교통부장관은 기본계획을 수립하고자 하는 때에는 미리 기본계획과 관련이 있는 행정기관의 장
> 과 협의한 후 제6조에 따른 철도산업위원회의 심의를 거쳐야 한다. 수립된 기본계획을 변경(대통령
> 령으로 정하는 경미한 변경은 제외한다)하고자 하는 때에도 또한 같다.

① 1년 ② 2년
③ 3년 ④ 4년
⑤ 5년

15 철도산업발전기본법에서 정의하는 철도차량 중 특수차에 해당하지 않는 것은?

① 동력차　　　　　　　　　　　② 굴삭차

③ 가선차　　　　　　　　　　　④ 궤도검측차

⑤ 선로점검차

16 한국철도공사법상 사채의 발행액은 공사의 자본금과 적립금을 합한 금액의 최대 몇 배까지 가능한가?

① 3배　　　　　　　　　　　　② 4배

③ 5배　　　　　　　　　　　　④ 7배

⑤ 10배

17 다음 중 〈보기〉의 철도자산을 운영자산과 시설자산으로 바르게 구분한 것은?

> **보기**
>
> ㄱ. 선로　　　　　　　　　ㄴ. 역사
> ㄷ. 철도차량　　　　　　　ㄹ. 터널
> ㅁ. 차량기지

	운영자산	시설자산
①	ㄱ, ㄴ, ㄷ	ㄹ, ㅁ
②	ㄱ, ㄴ, ㅁ	ㄷ, ㄹ
③	ㄴ, ㄷ, ㄹ	ㄱ, ㅁ
④	ㄴ, ㄷ, ㅁ	ㄱ, ㄹ
⑤	ㄷ, ㄹ, ㅁ	ㄱ, ㄴ

18 다음 중 한국철도공사법상 옳지 않은 것은?

① 공사의 자본금은 22조 원이며, 전부 정부가 출자한다.

② 공사의 주된 사무소의 소재지는 정관에 따라 정한다.

③ 공사는 주된 사무소의 소재지에서 설립등기를 함으로써 성립한다.

④ 국가가 공사에 출자를 할 때에는 국유재산의 현물출자에 관한 법률에 따른다.

⑤ 한국철도공사법의 목적은 철도시설의 건설 및 관리와 사업을 효율적으로 시행하는 것이다.

19 다음은 철도사업법상 국토교통부장관이 사업계획의 변경을 제한할 수 있는 경우에 대한 설명이다. 빈칸에 들어갈 기간으로 옳은 것은?

> 철도사업자가 노선 운행중지, 운행제한, 감차 등을 수반하는 사업계획 변경명령을 받은 후 _____이 지나지 아니한 경우 국토교통부장관은 사업계획의 변경을 제한할 수 있다.

① 1개월   ② 6개월

③ 1년   ④ 1년 6개월

⑤ 2년

20 다음 중 철도사업법상 철도사업을 목적으로 설치하거나 운영하는 철도는?

① 전용철도   ② 운영용철도

③ 기관용철도   ④ 사업용철도

⑤ 설치용철도

21 다음 중 철도사업법상 K사에 부과되는 벌금의 최대 액수는?

> K사는 국토교통부장관의 면허를 받아 철도사업을 경영하고 있다. 오랜 시간이 지나고 국토교통부
> 장관은 K사에 원활한 철도운송, 서비스의 개선 및 운송의 안전과 공공복리의 증진을 위하여 철도차
> 량 및 운송 관련 장비·시설의 개선을 명하였다. 그러나 K사는 자금난을 이유로 개선명령을 무시하
> 였고, 이에 국토교통부장관은 K사에 6개월 동안 사업의 전부 정지를 명하였지만, K사는 불복하여
> 계속 철도사업을 경영하였다.

① 1천만 원   ② 1천 5백만 원

③ 2천만 원   ④ 2천 5백만 원

⑤ 3천만 원

| 의사소통능력

01 다음 글에서 화자의 태도로 가장 적절한 것은?

> 거친 밭 언덕 쓸쓸한 곳에
> 탐스러운 꽃송이 가지 눌렀네.
> 매화비 그쳐 향기 날리고
> 보리 바람에 그림자 흔들리네.
> 수레와 말 탄 사람 그 누가 보아 주리
> 벌 나비만 부질없이 엿보네.
> 천한 땅에 태어난 것 스스로 부끄러워
> 사람들에게 버림받아도 참고 견디네.
>
> — 최치원, 「촉규화」

① 임금에 대한 자신의 충성을 드러내고 있다.
② 사랑하는 사람에 대한 그리움을 나타내고 있다.
③ 현실에 가로막힌 자신의 처지를 한탄하고 있다.
④ 사람들과의 단절로 인한 외로움을 표현하고 있다.
⑤ 역경을 이겨내기 위한 자신의 노력을 피력하고 있다.

02 다음 글에 대한 설명으로 적절하지 않은 것은?

중국 연경(燕京)의 아홉 개 성문 안팎으로 뻗은 수십 리 거리에는 관청과 아주 작은 골목을 제외하고는 대체로 길 양옆으로 모두 상점이 늘어서 휘황찬란하게 빛난다.

우리나라 사람들은 중국 시장의 번성한 모습을 처음 보고서는 "오로지 말단의 이익만을 숭상하고 있군."이라고 말하였다. 이것은 하나만 알고 둘은 모르는 소리이다. 대저 상인은 사농공상(士農工商) 사민(四民)의 하나에 속하지만, 이 하나가 나머지 세 부류의 백성을 소통시키기 때문에 열에 셋의 비중을 차지하지 않으면 안 된다.

사람들은 쌀밥을 먹고 비단옷을 입고 있으면 그 나머지 물건은 모두 쓸모없는 줄 안다. 그러나 무용 지물을 사용하여 유용한 물건을 유통하고 거래하지 않는다면, 이른바 유용하다는 물건은 거의 대부분이 한 곳에 묶여서 유통되지 않거나 그것만이 홀로 돌아다니다 쉽게 고갈될 것이다. 따라서 옛날의 성인과 제왕께서는 이를 위하여 주옥(珠玉)과 화폐 등의 물건을 조성하여 가벼운 물건으로 무거운 물건을 교환할 수 있도록 하셨고, 무용한 물건으로 유용한 물건을 살 수 있도록 하셨다.

지금 우리나라는 지방이 수천 리이므로 백성들이 적지 않고, 토산품이 구비되어 있다. 그럼에도 산이나 물에서 생산되는 이로운 물건이 전부 세상에 나오지 않고, 경제를 윤택하게 하는 방법도 잘 모르며, 날마다 쓰는 것을 팽개친 채 그것에 대해 연구하지 않고 있다. 그러면서 중국의 거마, 주택, 단청, 비단이 화려한 것을 보고서는 대뜸 "사치가 너무 심하다."라고 말해 버린다.

그렇지만 중국이 사치로 망한다고 할 것 같으면, 우리나라는 반드시 검소함으로 인해 쇠퇴할 것이다. 왜 그러한가? 검소함이란 물건이 있음에도 불구하고 쓰지 않는 것이지, 자기에게 없는 물건을 스스로 끊어 버리는 것을 일컫지는 않는다. 현재 우리나라에는 진주를 캐는 집이 없고 시장에는 산호 같은 물건의 값이 정해져 있지 않다. 금이나 은을 가지고 점포에 들어가서는 떡과 엿을 사 먹을 수가 없다. 이런 현실이 정말 우리의 검소한 풍속 때문이겠는가? 이것은 그 재물을 사용할 줄 모르기 때문이다. 재물을 사용할 방법을 알지 못하므로 재물을 만들어 낼 방법을 알지 못하고, 재물을 만들어 낼 방법을 알지 못하므로 백성들의 생활은 날이 갈수록 궁핍해진다.

재물이란 우물에 비유할 수가 있다. 물을 퍼내면 우물에는 늘 물이 가득하지만, 물을 길어내지 않으면 우물은 말라 버린다. 이와 같은 이치로 화려한 비단옷을 입지 않으므로 나라에는 비단을 짜는 사람이 없고, 그로 인해 여인이 베를 짜는 모습을 볼 수 없게 되었다. 그릇이 찌그러져도 이를 개의치 않으며, 기교를 부려 물건을 만들려고 하지도 않아 나라에는 공장(工匠)과 목축과 도공이 없어져 기술이 전해지지 않는다. 더 나아가 농업도 황폐해져 농사짓는 방법이 형편없고, 상업을 박대하므로 상업 자체가 실종되었다. 사농공상 네 부류의 백성이 누구나 할 것 없이 다 가난하게 살기 때문에 서로를 구제할 길이 없다.

지금 종각이 있는 종로 네거리에는 시장 점포가 연이어 있다고 하지만 그것은 1리도 채 안 된다. 중국에서 내가 지나갔던 시골 마을은 거의 몇 리에 걸쳐 점포로 뒤덮여 있었다. 그곳으로 운반되는 물건의 양이 우리나라 곳곳에서 유통되는 것보다 많았는데, 이는 그곳 가게가 우리나라보다 더 부유해서 그러한 것이 아니고 재물이 유통되느냐 유통되지 못하느냐에 따른 결과인 것이다.

－ 박제가, 『시장과 우물』

① 재물이 적절하게 유통되지 않는 현실을 비판하고 있다.
② 재물을 유통하기 위한 성현들의 노력을 근거로 제시하고 있다.
③ 경제의 규모를 늘리기 위한 소비의 중요성을 강조하고 있다.
④ 조선의 경제가 윤택하지 못한 이유를 생산량의 부족으로 보고 있다.
⑤ 산업의 발전을 위해 적당한 사치가 있어야 함을 제시하고 있다.

03 다음 중 한자성어의 뜻이 바르게 연결되지 않은 것은?

① 水魚之交 : 아주 친밀하여 떨어질 수 없는 사이
② 結草報恩 : 죽은 뒤에라도 은혜를 잊지 않고 갚음
③ 靑出於藍 : 제자나 후배가 스승이나 선배보다 나음
④ 指鹿爲馬 : 윗사람을 농락하여 권세를 마음대로 함
⑤ 刻舟求劍 : 말로는 친한 듯 하나 속으로는 해칠 생각이 있음

04 다음 중 밑줄 친 부분의 띄어쓰기가 옳지 않은 것은?

① 운전을 어떻게 해야 <u>하는지</u> 알려 주었다.
② 오랫동안 <u>애쓴 만큼</u> 좋은 결과가 나왔다.
③ 모두가 떠나가고 남은 사람은 고작 <u>셋 뿐이다.</u>
④ 참가한 사람들은 누구의 키가 <u>큰지 작은지</u> 비교해 보았다.
⑤ 민족의 큰 명절에는 온 나라 방방곡곡에서 <u>씨름판이</u> 열렸다.

05 다음 중 밑줄 친 부분의 표기가 옳지 않은 것은?

① 늦게 온다던 친구가 <u>금세</u> 도착했다.
② 변명할 틈도 없이 그에게 일방적으로 <u>채였다.</u>
③ 못 본 사이에 그의 얼굴은 <u>핼쑥하게</u> 변했다.
④ 빠르게 변해버린 고향이 <u>낯설게</u> 느껴졌다.
⑤ 문제의 정답을 찾기 위해 <u>곰곰이</u> 생각해 보았다.

06 다음 중 단어와 그 발음법이 바르게 연결되지 않은 것은?

① 결단력 – [결딴녁]

② 옷맵시 – [온맵씨]

③ 몰상식 – [몰상씩]

④ 물난리 – [물랄리]

⑤ 땀받이 – [땀바지]

07 다음 식을 계산하여 나온 수의 백의 자리, 십의 자리, 일의 자리를 순서대로 바르게 나열한 것은?

$$865 \times 865 + 865 \times 270 + 135 \times 138 - 405$$

① 0, 0, 0

② 0, 2, 0

③ 2, 5, 0

④ 5, 5, 0

⑤ 8, 8, 0

08 길이가 200m인 A열차가 어떤 터널을 60km/h의 속력으로 통과하였다. 잠시 후 길이가 300m인 B열차가 같은 터널을 90km/h의 속력으로 통과하였다. A열차와 B열차가 이 터널을 완전히 통과할 때 걸린 시간의 비가 10 : 7일 때, 이 터널의 길이는?

① 1,200m

② 1,500m

③ 1,800m

④ 2,100m

⑤ 2,400m

※ 다음과 같이 일정한 규칙으로 수를 나열할 때, 빈칸에 들어갈 수를 고르시오. [9~10]

09

• 7	13	4	63
• 9	16	9	( )

① 45
② 51
③ 57
④ 63
⑤ 69

10

$$-2 \quad 1 \quad 6 \quad 13 \quad 22 \quad 33 \quad 46 \quad 61 \quad 78 \quad 97 \quad (\quad)$$

① 102
② 106
③ 110
④ 114
⑤ 118

11

K중학교 2학년 A ~ F 6개의 학급이 체육대회에서 줄다리기 경기를 다음과 같은 토너먼트로 진행하려고 한다. 이때, A반과 B반이 모두 2번의 경기를 거쳐 결승에서 만나게 되는 경우의 수는?

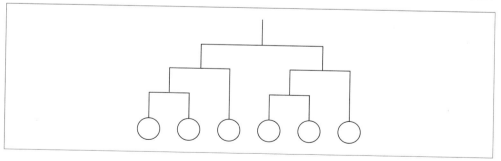

① 6가지
② 24가지
③ 120가지
④ 180가지
⑤ 720가지

12 다음은 전자제품 판매업체 3사를 다섯 가지 항목으로 나누어 평가한 자료이다. 이를 토대로 3사의 항목별 비교 및 균형을 쉽게 파악할 수 있도록 나타낸 그래프로 옳은 것은?

〈전자제품 판매업체 3사 평가표〉

(단위 : 점)

구분	디자인	가격	광고 노출도	브랜드 선호도	성능
A사	4.1	4.0	2.5	2.1	4.6
B사	4.5	1.5	4.9	4.0	2.0
C사	2.5	4.5	0.6	1.5	4.0

①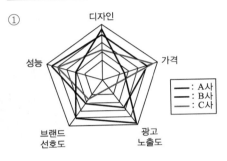

②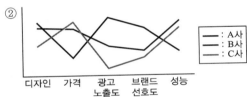

③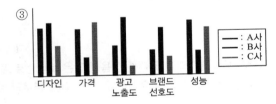

④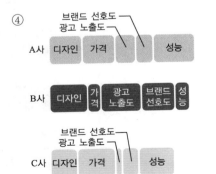

⑤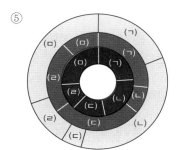

	: A사
	: B사
	: C사

(ㄱ) – 디자인
(ㄴ) – 가격
(ㄷ) – 광고 노출도
(ㄹ) – 브랜드 선호도
(ㅁ) – 성능

13 다음은 2023년 K톨게이트를 통과한 차량에 대한 자료이다. 이에 대한 설명으로 옳지 않은 것은?

〈2023년 K톨게이트 통과 차량〉

(단위 : 천 대)

구분	승용차			승합차			대형차		
	영업용	비영업용	합계	영업용	비영업용	합계	영업용	비영업용	합계
1월	152	3,655	3,807	244	2,881	3,125	95	574	669
2월	174	3,381	3,555	222	2,486	2,708	101	657	758
3월	154	3,909	4,063	229	2,744	2,973	139	837	976
4월	165	3,852	4,017	265	3,043	3,308	113	705	818
5월	135	4,093	4,228	211	2,459	2,670	113	709	822
6월	142	3,911	4,053	231	2,662	2,893	107	731	838
7월	164	3,744	3,908	237	2,721	2,958	117	745	862
8월	218	3,975	4,193	256	2,867	3,123	115	741	856
9월	140	4,105	4,245	257	2,913	3,170	106	703	809
10월	135	3,842	3,977	261	2,812	3,073	107	695	802
11월	170	3,783	3,953	227	2,766	2,993	117	761	878
12월	147	3,730	3,877	243	2,797	3,040	114	697	811

① 전체 승용차 수와 전체 승합차 수의 합이 가장 많은 달은 9월이고, 가장 적은 달은 2월이다.

② 4월을 제외하고 K톨게이트를 통과한 비영업용 승합차 수는 월별 300만 대 미만이었다.

③ 전체 대형차 수 중 영업용 대형차 수의 비율은 모든 달에서 10% 이상이다.

④ 영업용 승합차 수는 모든 달에서 영업용 대형차 수의 2배 이상이다.

⑤ 승용차가 가장 많이 통과한 달의 전체 승용차 수에 대한 영업용 승용차 수의 비율은 3% 이상이다.

14 다음은 연령대별로 도시와 농촌에서의 여가생활 만족도 평가 점수를 조사한 자료이다. 〈조건〉에 따라 빈칸 ㄱ ~ ㄹ에 들어갈 수를 순서대로 바르게 나열한 것은?

〈연령대별 도시 · 농촌 여가생활 만족도 평가〉

(단위 : 점)

구분	10대 미만	10대	20대	30대	40대	50대	60대	70대 이상
도시	1.6	ㄱ	3.5	ㄴ	3.9	3.8	3.3	1.7
농촌	1.3	1.8	2.2	2.1	2.1	ㄷ	2.1	ㄹ

※ 매우 만족 : 5점, 만족 : 4점, 보통 : 3점, 불만 : 2점, 매우 불만 : 1점

조건

• 도시에서 여가생활 만족도는 모든 연령대에서 같은 연령대의 농촌보다 높았다.
• 도시에서 10대의 여가생활 만족도는 농촌에서 10대의 2배보다 높았다.
• 도시에서 여가생활 만족도가 가장 높은 연령대는 40대였다.
• 농촌에서 여가생활 만족도가 가장 높은 연령대는 50대지만, 3점을 넘기지 못했다.

	ㄱ	ㄴ	ㄷ	ㄹ
①	3.8	3.3	2.8	3.5
②	3.5	3.3	3.2	3.5
③	3.8	3.3	2.8	1.5
④	3.5	4.0	3.2	1.5
⑤	3.8	4.0	2.8	1.5

15 가격이 500,000원일 때 10,000개가 판매되는 K제품이 있다. 이 제품의 가격을 10,000원 인상할 때마다 판매량은 160개 감소하고, 10,000원 인하할 때마다 판매량은 160개 증가한다. 이때, 총 판매금액이 최대가 되는 제품의 가격은?(단, 가격은 10,000원 단위로만 인상 또는 인하할 수 있다)

① 520,000원
② 540,000원
③ 560,000원
④ 580,000원
⑤ 600,000원

16 면접 참가자 A ~ E 5명은 〈조건〉과 같이 면접장에 도착했다. 동시에 도착한 사람은 없다고 할 때, 다음 중 항상 참인 것은?

> **조건**
> - B는 A 바로 다음에 도착했다.
> - D는 E보다 늦게 도착했다.
> - C보다 먼저 도착한 사람이 1명 있다.

① E는 가장 먼저 도착했다.
② B는 가장 늦게 도착했다.
③ A는 네 번째로 도착했다.
④ D는 가장 먼저 도착했다.
⑤ D는 A보다 먼저 도착했다.

17 다음 논리에서 나타난 형식적 오류로 옳은 것은?

> - 전제 1 : TV를 오래 보면 눈이 나빠진다.
> - 전제 2 : 철수는 TV를 오래 보지 않는다.
> - 결론 : 그러므로 철수는 눈이 나빠지지 않는다.

① 사개명사의 오류
② 전건 부정의 오류
③ 후건 긍정의 오류
④ 선언지 긍정의 오류
⑤ 매개념 부주연의 오류

※ 서울역 근처 K공사에 근무하는 A과장은 팀원 4명과 함께 열차를 타고 부산으로 출장을 가려고 한다. 다음 자료를 보고 이어지는 질문에 답하시오. **[18~19]**

〈서울역 → 부산역 열차 시간표〉

구분	출발시각	정차역	다음 정차역까지 소요시간	총주행시간	성인 1인당 요금
KTX	8:00	−	−	2시간 30분	59,800원
ITX-청춘	7:20	대전	40분	3시간 30분	48,800원
ITX-마음	6:40	대전, 울산	40분	3시간 50분	42,600원
새마을호	6:30	대전, 울산, 동대구	60분	4시간 30분	40,600원
무궁화호	5:30	대전, 울산, 동대구	80분	5시간 40분	28,600원

※ 위의 열차 시간표는 1월 10일 운행하는 열차 종류별 승차권 구입이 가능한 가장 빠른 시간표임
※ 총주행시간은 정차·대기시간을 제외한 열차가 실제로 달리는 시간임

〈운행 조건〉

• 정차역에 도착할 때마다 대기시간 15분을 소요한다.
• 정차역에 먼저 도착한 열차가 출발하기 전까지 뒤에 도착한 열차는 정차역에 들어오지 않고 대기한다.
• 정차역에 먼저 도착한 열차가 정차역을 출발한 후, 5분 뒤에 대기 중인 열차가 정차역에 들어온다.
• 정차역에 2종류 이상의 열차가 동시에 도착하였다면, ITX-청춘 → ITX-마음 → 새마을호 → 무궁화호 순으로 정차역에 들어온다.
• 목적지인 부산역은 먼저 도착한 열차로 인한 대기 없이 바로 역에 들어온다.

| 문제해결능력

18 다음 중 자료에 대한 설명으로 옳지 않은 것은?

① ITX-청춘보다 ITX-마음이 목적지에 더 빨리 도착한다.
② 부산역에 가장 늦게 도착하는 열차는 12시에 도착한다.
③ ITX-마음은 먼저 도착한 열차로 인한 대기시간이 없다.
④ 부산역에 가장 빨리 도착하는 열차는 10시 30분에 도착한다.
⑤ 무궁화호는 울산역, 동대구역에서 다른 열차로 인해 대기한다.

19 다음 〈조건〉에 따라 승차권을 구입할 때, A과장과 팀원 4명의 총요금은?

> **조건**
>
> - A과장과 팀원 1명은 7시 30분까지 K공사에서 사전 회의를 가진 후 출발하며, 출장 인원이 모두 같이 이동할 필요는 없다.
> - 목적지인 부산역에는 11시 30분까지 도착해야 한다.
> - 열차 요금은 가능한 한 저렴하게 한다.

① 247,400원
② 281,800원
③ 312,800원
④ 326,400원
⑤ 347,200원

20 다음 글에 나타난 논리적 사고의 구성요소로 가장 적절한 것은?

> A는 동업자 B와 함께 신규 사업을 시작하기 위해 기획안을 작성하여 논의하였다. 그러나 B는 신규 기획안을 읽고 시기나 적절성에 대해 부정적인 입장을 보였다. A가 B를 설득하기 위해 B의 의견을 정리하여 생각해 보니 B는 신규 사업을 시작하는 데 있어 다른 경쟁사보다 늦게 출발하여 경쟁력이 부족하다는 점 때문에 신규 사업에 부정적이라는 것을 알게 되었다. 이에 A는 경쟁력을 높이기 위한 다양한 아이디어를 추가로 제시하여 B를 다시 설득하였다.

① 설득
② 구체적인 생각
③ 생각하는 습관
④ 타인에 대한 이해
⑤ 상대 논리의 구조화

┃ 의사소통능력

01 다음 글을 읽고 보인 반응으로 적절하지 않은 것은?

> 열차 내에서의 범죄가 급격하게 증가함에 따라 한국철도공사는 열차 내에서의 범죄 예방과 안전 확보를 위해 2023년까지 현재 운행하고 있는 열차의 모든 객실에 CCTV를 설치하고, 모든 열차 승무원에게 바디 캠을 지급하겠다고 밝혔다.
> CCTV는 열차 종류에 따라 운전실에서 비상시 실시간으로 상황을 파악할 수 있는 '네트워크 방식'과 각 객실에서의 영상을 저장하는 '개별 독립 방식'이라는 2가지 방식으로 사용 및 설치가 진행될 예정이며, 객실에는 사각지대를 없애기 위해 4대가량의 CCTV가 설치된다. 이 중 2대는 휴대 물품 도난 방지 등을 위해 휴대 물품 보관대 주변에 위치하게 된다.
> 이에 따라 한국철도공사는 CCTV 제품 품평회를 가져 제품의 형태와 색상, 재질 등에 대한 의견을 나누고 각 제품이 실제로 열차 운행 시 진동과 충격 등에 적합한지 시험을 거친 후 도입할 예정이다.

① 현재는 모든 열차에 CCTV가 설치되어 있진 않을 것이다.
② 과거에 비해 승무원에 대한 승객의 범죄행위 증거 취득이 유리해질 것이다.
③ CCTV의 설치를 통해 인적 피해와 물적 피해 모두 예방할 수 있을 것이다.
④ CCTV의 설치를 통해 실시간으로 모든 객실을 모니터링할 수 있을 것이다.
⑤ CCTV의 내구성뿐만 아니라 외적인 디자인도 제품 선택에 영향을 줄 수 있을 것이다.

02 다음 중 빈칸 (가) ~ (다)에 들어갈 접속어를 순서대로 바르게 나열한 것은?

무더운 여름 기차나 지하철을 타면 "실내가 춥다는 민원이 있어 냉방을 줄인다."라는 안내방송을 손쉽게 들을 수 있을 정도로 우리는 쾌적한 기차와 지하철을 이용할 수 있는 시대에 살고 있다. _____(가)_____ 이러한 쾌적한 환경을 누리기 시작하게 된 것은 그리 오래되지 않은 일이다. 1825년 세계 최초로 영국의 증기기관차가 시속 16km로 첫 주행을 시작하였고, 이 당시까지만 해도 열차 내의 유일한 냉방 수단은 창문뿐이었다. 열차에 에어컨이 설치되기 시작된 것은 100년이 더 지난 1930년대 초반 미국에서였고, 우리나라는 이보다 훨씬 후인 1969년에 지금의 새마을호라 불리는 '관광호'에서였다. 이는 국내에 최초로 철도가 개통된 1899년 이후 70년 만으로, '관광호' 이후 국내에 도입된 특급열차들은 대부분 전기 냉난방시설을 갖추게 되었다.

_____(나)_____ 지하철의 에어컨 도입은 열차보다 훨씬 늦었는데, 이는 우리나라뿐만 아니라 해외도 마찬가지였으며, 실제로 영국의 경우 아직도 지하철에 에어컨이 없다.

우리나라는 1974년 서울 지하철이 개통되었는데, 이 당시 객실에는 천장의 달린 선풍기가 전부였기 때문에 한여름에는 땀 냄새가 가득한 찜통 지하철이 되었다. _____(다)_____ 1983년이 되어서야 에어컨이 설치된 지하철이 등장하기 시작하였고, 기존에 에어컨이 설치되지 않았던 지하철들은 1989년이 되어서야 선풍기를 떼어 내고 에어컨으로 교체하기 시작하였다.

	(가)	(나)	(다)
①	따라서	그래서	마침내
②	하지만	반면	마침내
③	하지만	왜냐하면	그래서
④	왜냐하면	반면	마침내
⑤	반면	왜냐하면	그래서

03 다음 글의 내용으로 가장 적절한 것은?

> 한국철도공사는 철도시설물 점검 자동화에 '스마트글라스'를 활용하겠다고 밝혔다. 스마트글라스란 안경처럼 착용하는 스마트 기기로, 검사와 판독, 데이터 송수신과 보고서 작성까지 모든 동작이 음성인식을 바탕으로 작동한다. 이를 활용하여 작업자는 스마트글라스 액정에 표시된 내용에 따라 철도시설물을 점검하고, 음성 명령을 통해 시설물의 사진을 촬영한 후 해당 정보와 검사 결과를 전송해 보고서로 작성한다.
>
> 작업자들은 스마트글라스의 사용으로 직접 자료를 조사하고 측정한 내용을 바탕으로 시스템 속에서 여러 단계에 거쳐 수기 입력하던 기존 방식으로부터 벗어날 수 있게 되었고, 이 일련의 과정들을 중앙 서버를 통해 한 번에 처리할 수 있게 되었다.
>
> 이와 같이 스마트 기기의 도입은 중앙 서버의 효율적 종합 관리를 가능하게 할 뿐만 아니라 작업자의 안전도 향상에도 크게 기여하였다. 이는 작업자들이 음성인식이 가능한 스마트글라스를 사용함으로써 두 손이 자유로워져 추락 사고를 방지할 수 있게 되었기 때문이며, 또한 스마트글라스 내부 센서가 충격과 기울기를 감지할 수 있어 작업자에게 위험한 상황이 발생하면 지정된 컴퓨터로 바로 통보되는 시스템을 갖추었기 때문이다.
>
> 한국철도공사는 주요 거점 현장을 시작으로 스마트글라스를 보급하여 성과 분석을 거치고 내년부터는 보급 현장을 확대하겠다고 밝혔으며, 국내 철도 환경에 맞춰 스마트글라스 시스템을 개선하기 위해 현장 검증을 진행하고 스마트글라스를 통해 측정된 데이터를 총괄 제어할 수 있도록 안전점검 플랫폼 망도 마련할 예정이다.
>
> 더불어 스마트글라스를 통해 기존의 인력 중심 시설 점검을 간소화시켜 효율성과 안전성을 향상시키고 나아가 철도에 맞춤형 스마트 기술을 도입시켜 시설물 점검뿐만 아니라 유지보수 작업도 가능하도록 철도기술 고도화에 힘쓰겠다고 전했다.

① 작업자의 음성인식을 통해 철도시설물의 점검 및 보수 작업이 가능해졌다.
② 스마트글라스의 도입으로 철도시설물 점검의 무인작업이 가능해졌다.
③ 스마트글라스의 도입으로 철도시설물 점검 작업 안전사고 발생 횟수가 감소하였다.
④ 스마트글라스의 도입으로 철도시설물 작업 시간 및 인력이 감소하고 있다.
⑤ 스마트글라스의 도입으로 작업자의 안전사고 발생을 바로 파악할 수 있게 되었다.

04 다음 글에 대한 설명으로 적절하지 않은 것은?

2016년 4월 27일 오전 7시 20분경 임실역에서 익산으로 향하던 열차가 전기 공급 중단으로 멈추는 사고가 발생해 약 50여 분간 열차 운행이 중단되었다. 원인은 바로 전차선에 지은 까치집 때문이었는데, 까치가 집을 지을 때 사용하는 젖은 나뭇가지나 철사 등이 전선과 닿거나 차로에 떨어져 합선과 단전을 일으키게 된 것이다.

비록 이번 사고는 단전에서 끝났지만, 고압 전류가 흐르는 전차선인 만큼 철사와 젖은 나뭇가지만으로도 자칫하면 폭발사고로 이어질 우려가 있다. 지난 5년간 까치집으로 인한 단전사고는 한 해 평균 3 ~ 4건이 발생하고 있으며, 한국철도공사는 사고 방지를 위해 까치집 방지 설비를 설치하고 설비가 없는 구간은 작업자가 육안으로 까치집 생성 여부를 확인해 제거하고 있는데, 이렇게 제거해 온 까치집 수가 연평균 8,000개에 달하고 있다. 하지만 까치집은 빠르면 불과 4시간 만에 완성되어 작업자들에게 큰 곤욕을 주고 있다.

이에 한국철도공사는 전차선로 주변 까치집 제거의 효율성과 신속성을 높이기 위해 인공지능(AI)과 사물인터넷(IoT) 등 첨단 기술을 활용하기에 이르렀다. 열차 운전실에 영상 장비를 설치해 달리는 열차에서 전차선을 촬영한 화상 정보를 인공지능으로 분석해 까치집 등의 위험 요인을 찾아 해당 위치와 현장 이미지를 작업자에게 실시간으로 전송하는 '실시간 까치집 자동 검출 시스템'을 개발한 것이다. 하지만 시속 150km로 빠르게 달리는 열차에서 까치집 등의 위험 요인을 실시간으로 판단해 전송하는 것이다 보니 그 정확도는 65%에 불과했다.

이에 한국철도공사는 전차선과 까치집을 정확하게 식별하기 위해 인공지능이 스스로 학습하는 '딥러닝' 방식을 도입했고, 전차선을 구성하는 복잡한 구조 및 까치집과 유사한 형태를 빅데이터로 분석해 이미지를 구분하는 학습을 실시한 결과 까치집 검출 정확도는 95%까지 상승했다. 또한 해당 이미지를 실시간 문자메시지로 작업자에게 전송해 위험 요소와 위치를 인지시켜 현장에 적용할 수 있다는 사실도 확인했다. 현재는 이와 더불어 정기열차가 운행하지 않거나 작업자가 접근하기 쉽지 않은 차량 정비 시설 등에 드론을 띄워 전차선의 까치집을 발견 및 제거하는 기술도 시범 운영하고 있다.

① 인공지능도 학습을 통해 그 정확도를 향상시킬 수 있다.
② 빠른 속도에서 인공지능의 사물 식별 정확도는 낮아진다.
③ 사람의 접근이 불가능한 곳에 위치한 까치집의 제거도 가능해졌다.
④ 까치집 자동 검출 시스템을 통해 실시간으로 까치집 제거가 가능해졌다.
⑤ 인공지능 등의 스마트 기술 도입으로 까치집 생성의 감소를 기대할 수 있다.

05 작년 K대학교에 재학 중인 학생 수는 6,800명이었고 남학생과 여학생의 비는 8 : 9이었다. 올해 남학생 수와 여학생 수의 비가 12 : 13만큼 줄어들어 7 : 8이 되었다고 할 때, 올해 K대학교의 전체 재학생 수는?

① 4,440명   ② 4,560명

③ 4,680명   ④ 4,800명

⑤ 4,920명

06 다음은 철도운임의 공공할인 제도에 대한 내용이다. 장애의 정도가 심하지 않은 A씨가 보호자 1명과 함께 열차를 이용하여 주말여행을 다녀왔다. 두 사람은 왕복 운임의 몇 %를 할인받았는가?(단, 열차의 종류와 노선 길이가 동일한 경우 요일에 따른 요금 차이는 없다고 가정한다)

- A씨와 보호자의 여행 일정
  - 2023년 3월 11일(토) 서울 → 부산 : KTX
  - 2023년 3월 13일(월) 부산 → 서울 : KTX
- 장애인 공공할인 제도(장애의 정도가 심한 장애인은 보호자 포함)

구분	KTX	새마을호	무궁화호 이하
장애의 정도가 심한 장애인	50%	50%	50%
장애의 정도가 심하지 않은 장애인	30% (토·일·공휴일 제외)	30% (토·일·공휴일 제외)	50%

① 7.5%   ② 12.5%

③ 15%   ④ 25%

⑤ 30%

07 다음 자료에 대한 설명으로 가장 적절한 것은?

• KTX 마일리지 적립

  - KTX 이용 시 결제금액의 5%가 기본 마일리지로 적립됩니다.

  - 더블적립(×2) 열차로 지정한 열차는 추가로 5%가 적립(결제금액의 총 10%)됩니다.

    ※ 더블적립 열차는 홈페이지 및 코레일톡 애플리케이션에서만 승차권 구매 가능

  - 선불형 교통카드 Rail+(레일플러스)로 승차권을 결제하는 경우 1% 보너스 적립도 제공되어 최대 11% 적립이 가능합니다.

  - 마일리지를 적립받고자 하는 회원은 승차권을 발급받기 전에 코레일 멤버십 카드 제시 또는 회원번호 및 비밀번호 등을 입력해야 합니다.

  - 해당열차 출발 후에는 마일리지를 적립받을 수 없습니다.

• 회원 등급 구분

구분	등급 조건	제공 혜택
VVIP	• 반기별 승차권 구입 시 적립하는 마일리지가 8만 점 이상 고객 또는 기준일부터 1년간 16만 점 이상 고객 중 매년 반기 익월 선정	• 비즈니스 회원 혜택 기본 제공 • KTX 특실 무료 업그레이드 쿠폰 6매 제공 • 승차권 나중에 결제하기 서비스 (열차 출발 3시간 전까지)
VIP	• 반기별 승차권 구입 시 적립하는 마일리지가 4만 점 이상 고객 또는 기준일부터 1년간 8만 점 이상 고객 중 매년 반기 익월 선정	• 비즈니스 회원 혜택 기본 제공 • KTX 특실 무료 업그레이드 쿠폰 2매 제공
비즈니스	• 철도 회원으로 가입한 고객 중 최근 1년간 온라인에서 로그인한 기록이 있거나, 회원으로 구매실적이 있는 고객	• 마일리지 적립 및 사용 가능 • 회원 전용 프로모션 참가 가능 • 열차 할인상품 이용 등 기본서비스와 멤버십 제휴서비스 등 부가서비스 이용
패밀리	• 철도 회원으로 가입한 고객 중 최근 1년간 온라인에서 로그인한 기록이 없거나, 회원으로 구매실적이 없는 고객	• 멤버십 제휴서비스 및 코레일 멤버십 라운지 이용 등의 부가서비스 이용 제한 • 휴면 회원으로 분류 시 별도 관리하며, 본인 인증 절차로 비즈니스 회원으로 전환 가능

  - 마일리지는 열차 승차 다음 날 적립되며, 지연료를 마일리지로 적립하신 실적은 등급 산정에 포함되지 않습니다.

  - KTX 특실 무료 업그레이드 쿠폰 유효기간은 6개월이며, 반기별 익월 10일 이내에 지급됩니다.

  - 실적의 연간 적립 기준일은 7월 지급의 경우 전년도 7월 1일부터 당해 연도 6월 30일까지 실적이며, 1월 지급은 전년도 1월 1일부터 전년도 12월 31일까지의 실적입니다.

  - 코레일에서 지정한 추석 및 설 명절 특별수송 기간의 승차권은 실적 적립 대상에서 제외됩니다.

  - 회원 등급 조건 및 제공 혜택은 사전 공지 없이 변경될 수 있습니다.

  - 승차권 나중에 결제하기 서비스는 총 편도 2건 이내에서 제공되며, 3회 자동 취소 발생(열차 출발 전 3시간 내 미결제) 시 서비스가 중지됩니다. 리무진+승차권 결합 발권은 2건으로 간주되며, 정기권, 특가상품 등은 나중에 결제하기 서비스 대상에서 제외됩니다.

---

① 코레일에서 운행하는 모든 열차는 이용할 때마다 결제금액의 최소 5%가 KTX 마일리지로 적립된다.

② 회원 등급이 높아져도 열차 탑승 시 적립되는 마일리지는 동일하다.

③ 비즈니스 등급은 기업회원을 구분하는 명칭이다.

④ 6개월간 마일리지 4만 점을 적립하더라도 VIP 등급을 부여받지 못할 수 있다.

⑤ 회원 등급이 높아도 승차권을 정가보다 저렴하게 구매할 수 있는 방법은 없다.

※ 다음 자료를 보고 이어지는 질문에 답하시오. [8~10]

〈2023년 한국의 국립공원 기념주화 예약 접수〉

- 우리나라 자연환경의 아름다움과 생태 보전의 중요성을 널리 알리기 위해 K공사는 한국의 국립공원 기념주화 3종(설악산, 치악산, 월출산)을 발행할 예정임
- 예약 접수일 : 3월 2일(목) ~ 3월 17일(금)
- 배부 시기 : 2023년 4월 28일(금)부터 예약자가 신청한 방법으로 배부
- 기념주화 상세

화종	앞면	뒷면
은화Ⅰ - 설악산		
은화Ⅱ - 치악산		
은화Ⅲ - 월출산		

- 발행량 : 화종별 10,000장씩 총 30,000장
- 신청 수량 : 단품 및 3종 세트로 구분되며 단품과 세트에 중복 신청 가능
  - 단품 : 1인당 화종별 최대 3장
  - 3종 세트 : 1인당 최대 3세트
- 판매 가격 : 액면금액에 판매 부대비용(케이스, 포장비, 위탁판매수수료 등)을 부가한 가격
  - 단품 : 각 63,000원(액면가 50,000원＋케이스 등 부대비용 13,000원)
  - 3종 세트 : 186,000원(액면가 150,000원＋케이스 등 부대비용 36,000원)
- 접수 기관 : 우리은행, 농협은행, K공사
- 예약 방법 : 창구 및 인터넷 접수
  - 창구 접수
    신분증[주민등록증, 운전면허증, 여권(내국인), 외국인등록증(외국인)]을 지참하고 우리·농협은행 영업점을 방문하여 신청
  - 인터넷 접수
    ① 우리·농협은행의 계좌를 보유한 고객은 개시일 9시부터 마감일 23시까지 홈페이지에서 신청
    ② K공사 온라인 쇼핑몰에서는 가상계좌 방식으로 개시일 9시부터 마감일 23시까지 신청
- 구입 시 유의사항
  - 수령자 및 수령지 등 접수 정보가 중복될 경우 단품별 10장, 3종 세트 10세트만 추첨 명단에 등록
  - 비정상적인 경로나 방법으로 접수할 경우 당첨을 취소하거나 배송을 제한

08 다음 중 한국의 국립공원 기념주화 발행 사업의 내용으로 옳은 것은?

① 국민들을 대상으로 예약 판매를 실시하며, 외국인에게는 판매하지 않는다.

② 1인당 구매 가능한 최대 주화 수는 10장이다.

③ 기념주화를 구입하기 위해서는 우리·농협은행 계좌를 사전에 개설해 두어야 한다.

④ 사전예약을 받은 뒤, 예약 주문량에 맞추어 제한된 수량만 생산한다.

⑤ K공사를 통한 예약 접수는 온라인에서만 가능하다.

09 외국인 A씨는 이번에 발행되는 기념주화를 예약 주문하려고 한다. 다음 상황을 참고하여 A씨가 기념주화 구매 예약을 할 수 있는 방법으로 옳은 것은?

〈외국인 A씨의 상황〉

• A씨는 국내 거주 외국인으로 등록된 사람이다.
• A씨의 명의로 국내은행에 개설된 계좌는 총 2개로, 신한은행과 한국씨티은행에 1개씩이다.
• A씨는 우리은행이나 농협은행과는 거래이력이 없다.

① 여권을 지참하고 우리은행이나 농협은행 지점을 방문한다.

② K공사 온라인 쇼핑몰에서 신용카드를 사용한다.

③ 계좌를 보유한 신한은행이나 한국씨티은행의 홈페이지를 통해 신청한다.

④ 외국인등록증을 지참하고 우리은행이나 농협은행 지점을 방문한다.

⑤ 우리은행이나 농협은행의 홈페이지에서 신청한다.

10 다음은 기념주화를 예약한 5명의 신청내역이다. 이 중 가장 많은 금액을 지불한 사람의 구매 금액은?

(단위 : 세트, 장)

구매자	3종 세트	단품		
		은화Ⅰ - 설악산	은화Ⅱ - 치악산	은화Ⅲ - 월출산
A	2	1	-	-
B	-	2	3	3
C	2	1	1	-
D	3	-	-	-
E	1	-	2	2

① 558,000원

② 561,000원

③ 563,000원

④ 564,000원

⑤ 567,000원

▌의사소통능력

01 다음 글의 주제로 가장 적절한 것은?

> 이제 2023년 6월부터 민법과 행정 분야에서 나이를 따질 때 기존 계산하는 방식에 따라 1 ~ 2살까지 차이가 났던 우리나라 특유의 나이 계산법이 국제적으로 통용되는 '만 나이'로 일원화된다. 이는 태어난 해를 0살로 보고 정확하게 1년이 지날 때마다 한 살씩 더하는 방식을 말한다.
> 이에 대해 여론은 대체적으로 긍정적이나, 일각에서는 모두에게 익숙한 관습을 벗어나 새로운 방식에 적응해야 한다는 점을 우려하고 있다. 특히 지금 받고 있는 행정서비스에 급격한 변화가 일어나 혹시라도 손해를 보거나 미리 따져 봐야 할 부분이 있는 건 아닌지, 또 다른 혼선이 야기되는 건 아닌지 하는 것들이 이에 해당한다.
> 한국의 나이 기준은 우리가 관습적으로 쓰는 '세는 나이'와 민법 등에서 법적으로 규정한 '만 나이', 일부 법령이 적용하고 있는 '연 나이' 등 세 가지로 되어 있다. 이처럼 국회가 법적 나이 규정을 만 나이로 정비한 이유는 한 사람의 나이가 계산 방식에 따라 최대 2살이 달라져 '나이 불일치'로 인한 각종 행정서비스 이용과 계약체결 과정에서 혼선과 법적 다툼이 발생했기 때문이다.
> 더군다나 법적 나이를 규정한 민법에서조차 표현상으로 만 나이와 일반 나이가 혼재되어 있어 문구를 통일해야 한다는 지적이 나왔다. 표현상 '만 ○○세'로 돼 있지 않아도 기본적으로 만 나이로 보는 게 관례이지만, 법적 분쟁 발생 시 이는 해석의 여지를 줄 수 있기 때문이다. 다른 법에서 특별히 나이의 기준을 따로 두지 않았다면 민법의 나이 규정을 따르도록 되어 있는데, 실상은 민법도 명확하지 않았던 것이다.
> 정부는 내년부터 개정된 법이 시행되면 우선 그동안 문제로 지적됐던 법적·사회적 분쟁이 크게 줄어들 것으로 기대하고 있지만, 국민 전체가 일상적으로 체감하는 변화는 크지 않을 것으로 보고 있다. 이번 법 개정의 취지 자체가 나이 계산법 혼용에 따른 분쟁을 해소하는 데 맞춰져 있고, 오랜 세월 확립된 나이에 대한 사회적 인식이 법 개정으로 단번에 바뀔 수 있는 건 아니기 때문이다. 또한 여야와 정부는 연 나이를 채택해 또래 집단과 동일한 기준을 적용하는 것이 오히려 혼선을 막을 수 있고 법 집행의 효율성이 담보된다고 합의한 병역법, 청소년보호법, 민방위기본법 등 52개 법령에 대해서는 연 나이 규정의 필요성이 크다면 굳이 만 나이 적용을 하지 않겠다고 밝혔다.

① 연 나이 계산법 유지의 필요성
② 우리나라 나이 계산법의 문제점
③ 기존 나이 계산법 개정의 필요성
④ 나이 계산법 혼용에 따른 분쟁 해소 방안
⑤ 나이 계산법의 변화로 달라지는 행정서비스

02 다음 글의 내용으로 가장 적절한 것은?

> 미디어 플랫폼의 다변화로 콘텐츠 이용에 대한 선택권이 다양해졌지만, 장애인은 OTT로 콘텐츠 하나 보기가 어려운 현실이다.
>
> 지난 장애인 미디어 접근 콘퍼런스에서 한국시각장애인연합회 정책팀장은 "올해 한 기사를 보니 한 시각장애인 분이 OTT는 넷플릭스나 유튜브로 보고 있다고 되어 있었는데, 두 가지가 다 외국 플랫폼이었다는 것이 마음이 아팠다. 외국과 우리나라에서 장애인을 바라보는 시각의 차이가 바로 이런 것이구나 생각했다."라며 "장애인을 소비자로 보느냐 시혜대상으로 보느냐, 사업자가 어떤 생각을 갖고 있느냐에 따라 콘텐츠를 어떻게 제작할 것인가의 차이가 있다고 본다."라고 말했다.
>
> 실제 시각장애인은 OTT의 기본 기능도 이용하기 어렵다. 국내 OTT에서는 동영상 재생 버튼을 설명하는 대체 텍스트(문구)가 제공되지 않아 시각장애인들이 재생 버튼을 선택할 수 없었으며, 동영상 시청 중에는 일시 정지할 수 있는 버튼, 음량 조정 버튼, 설정 버튼 등이 화면에서 사라졌다. 재생 버튼에 대한 설명이 제공되는 넷플릭스도 영상 재생 시점을 10초 앞으로 또는 뒤로 이동하는 버튼은 이용하기 어렵다.
>
> 이에 국내 OTT 업계의 경우 장애인 이용을 위한 기술을 개발 및 확대한다는 계획을 밝히며 정부 지원이 필요하다고 덧붙였다. 정부도 규제와 의무보다는 사업자의 자율적인 부분을 인정해 주고 사업자 노력을 드라이브 걸 수 있는 지원책을 마련하여야 한다. 이는 OTT 시장이 철저한 자본에 의한 경쟁시장이며, 자본이 있는 만큼 서비스가 고도화되고 그 고도화를 통해 이용자 편의성을 높일 수 있기 때문이다.

① 외국 OTT 플랫폼은 장애인을 위한 서비스를 활발히 제공하고 있다.

② 국내 OTT 플랫폼은 장애인을 위한 서비스를 제공하고 있지 않다.

③ 외국 OTT 플랫폼은 국내 플랫폼보다 장애인을 시혜대상으로 바라보고 있다.

④ 우리나라 장애인의 경우 외국 장애인보다 상대적으로 OTT 플랫폼의 이용이 어렵다.

⑤ 정부는 OTT 플랫폼에 장애인 편의 기능을 마련할 것을 촉구했지만 지원책은 미비했다.

03 다음 글의 빈칸 ㉠ ~ ㉤에 들어갈 내용으로 가장 적절한 것은?

추석 연휴 첫날이던 지난 9일은 장기 기증의 날이었다. 한 명의 장기 기증으로 9명의 생명을 살릴 수 있다는 의미로, 사랑의장기기증운동본부가 매년 9월 9일을 기념하고 있다. 하지만 장기 기증의 필요성에 비해 제도적 지원은 여전히 미흡한 실정이다. 특히 국내 장기 기증의 상당수를 차지하는 ___㉠___ 공여자에 대한 지원이 절실하다는 지적이 나온다.

2020년 질병관리청이 공개한 연구 결과에 따르면 신장이나 간을 기증한 공여자에게서 만성 신·간 부전의 위험이 확인됐다. 그러나 관련 지원은 여전히 부족한 실정이다. 기증 후 1년간 정기 검진 진료비를 지원하는 제도가 있긴 하지만, ___㉡___ 이/가 있는데다 가족 등에 의한 기증은 여기에서도 제외된다. 아무 조건 없이 ___㉢___ 에게 기증하는 '순수 기증'만 해당되는데, 정작 국내 순수 기증은 2019년 1건을 마지막으로 맥이 끊긴 상태이다.

장기를 이식받은 환자와 공여자를 아우르는 통합적 정신건강 관리가 필요하다는 목소리도 꾸준히 나온다. 기증 전 단계의 고민은 물론이고 막상 기증한 뒤에 ___㉣___ 와/과 관계가 소원해지거나 우울감에 빠질 수 있기 때문이다.

공여자들은 해마다 늘어가는 장기 이식 대기 문제를 해결하기 위해서는 제도적 개선이 필요하다고 입을 모은다. 뇌사·사후 기증만으로는 당장 ___㉤___ 을/를 감당할 수 없다는 것이다. 한국장기조직기증원이 뇌사 기증을 전담 관리하듯 생체 공여도 별도 기관을 통해 심도 있게 관리 및 지원해야 한다는 목소리도 나온다.

① ㉠ : 사체
② ㉡ : 하한액
③ ㉢ : 특정인
④ ㉣ : 수혜자
⑤ ㉤ : 공급

04 다음 글을 읽고 밑줄 친 부분에 해당하는 내용으로 적절하지 않은 것은?

> 우리나라가 양성평등의 사회로 접어든 후 과거에 비해 여성의 지위가 많이 향상되고 여성이 경제활동에 참여하는 비율은 꾸준히 높아졌지만, 여전히 노동 현장에서 여성은 사회적으로 불평등의 대상이 되고 있다.
>
> 여성 노동자가 노동 시장에서 남성에 비해 차별받는 원인은 갈등론적 측면에서 볼 때, 남성 노동자들이 자신이 누리고 있던 자원의 독점과 기득권을 빼앗기지 않기 위해 여성에게 경제적 자원을 나누어 주지 않으려는 기존 기득권층의 횡포에 의한 것이라고 할 수 있다.
>
> 또한 여성 노동자에 대한 편견으로 인해서도 차별의 원인이 나타난다. 여성 노동자가 제대로 일하지 못한다거나 결혼과 출산, 임신을 한 여성 노동자는 조직 전체에 부정적인 영향을 준다고 인식하는 경향이 강한데, 이러한 편견들이 여성 노동자에 대한 차별로 이어지게 된 것이다.
>
> 여성 노동자를 차별한 결과 여성들은 남성 노동자들보다 저임금을 받아야 하고 비교적 질이 좋지 않은 일자리에서 일해야 하며 고위직으로 올라가는 것 역시 힘들고 임금 차별이 나타나게 된다. 여성 노동자가 많이 근무하는 서비스업 등의 직업군의 경우 임금 자체가 상당히 낮게 책정되어 있어 남성에 비하여 많은 임금을 받지 못하는 구조로 되어 있는 것이다.
>
> 또한 여성 노동자들을 노동자 그 자체로 보기보다는 여성으로 바라보는 남성들의 잘못된 시선으로 인해 여성 노동자는 신성한 노동의 현장에서 성희롱을 당하고 있으며, 취업과 승진 등 모든 인적자원관리 측면에서 불이익을 경험하는 경우가 많다. 특히 여성들이 임신과 출산을 경험하는 경우 같은 직장의 노동자들에게 따가운 시선을 받는 것을 감수해야 한다.
>
> 이와 같은 여성 노동자가 경험하는 차별 문제를 해결하기 위해서는 여성 노동자 역시 남성 노동자와 마찬가지의 권리를 가지고 있다는 점을 사회 전반에 인식할 수 있도록 해야 하고, 여성이라는 이유만으로 취업과 승진 등에 불이익을 받지 않도록 <u>인식과 정책을 개선</u>해야 한다.

① 결혼과 출산, 임신과 같은 가족 계획을 지지하는 환경을 만들어야 한다.
② 여성 노동자가 주로 종사하는 직종의 임금체계를 합리적으로 변화시켜야 한다.
③ 여성들이 종사하는 다양한 직업군에서 양질의 정규직 일자리를 만들어야 한다.
④ 임신으로 인한 공백 문제 등이 발생하지 않도록 공백 기간에 대한 법을 개정 및 규제하여야 한다.
⑤ 여성 노동자들을 여성이 아닌 정당하게 노동력을 제공하고 그에 맞는 임금을 받을 권리를 가진 노동자로 바라보아야 한다.

05 다음 문단을 논리적 순서대로 바르게 나열한 것은?

> (가) 물론 이전과 달리 노동 시장에서 여성이라서 채용하지 않는 식의 직접적 차별은 많이 감소했지
> 만, 실질적으로 고학력 여성들이 면접 과정에서 많이 탈락하거나 회사에 들어간 후에도 승진을
> 잘 하지 못하고 있다. 이는 여성이 육아 휴직 등을 사용하는 경우가 많아 회사가 여성을 육아와
> 가사를 신경 써야 하는 존재로 간주해 여성의 생산성을 낮다고 판단하고 있기 때문이다.
>
> (나) 한국은 직종(Occupation), 직무(Job)와 사업장(Establishment)이 같은 남녀 사이의 임금 격
> 차 또한 다른 국가들에 비해 큰 것으로 나타났는데, 영국의 한 보고서의 따르면 한국은 조사국
> 14개국 중 직종, 직무, 사업장별 남녀 임금 격차에서 상위권에 속했다. 즉, 한국의 경우 같은
> 직종에 종사하며 같은 직장에 다니면서 같은 업무를 수행하더라도 성별에 따른 임금 격차가
> 다른 국가들에 비해 상대적으로 높다는 이야기다.
>
> (다) OECD가 공개한 '성별 간 임금 격차(Gender Wage Gap)'에 따르면 지난해 기준 OECD 38개
> 회원국들의 평균 성별 임금 격차는 12%였다. 이 중 한국의 성별 임금 격차는 31.1%로 조사국
> 들 중 가장 컸으며, 이는 남녀 근로자를 각각 연봉 순으로 줄 세울 때 정중앙인 중위 임금을
> 받는 남성이 여성보다 31.1%를 더 받았다는 뜻에 해당한다. 한국은 1996년 OECD 가입 이래
> 26년 동안 줄곧 회원국들 중 성별 임금 격차 1위를 차지해 왔다.
>
> (라) 이처럼 한국의 남녀 간 성별 임금 격차가 크게 유지되는 이유로 노동계와 여성계는 연공서열제
> 와 여성 경력 단절을 꼽고 있다. 이에 대해 A교수는 노동 시장 문화에는 여성 경력 단절이 일어
> 나도록 하는 여성 차별이 있어 여성이 중간에 떨어져 나가거나 승진을 못하는 것이 너무나 자
> 연스러운 일처럼 보인다고 말했다.
>
> 이에 정부는 여성 차별적 노동 문화의 체질을 바꾸기 위해서는 정책적으로 여성에게만 혜택을 더
> 주는 것으로 보이는 시혜적 정책은 지양하되, 여성 정책이 여성한테 무언가를 해 주기보다는 남녀
> 간 평등을 촉진하는 방향으로 나아갈 수 있도록 해야 할 것이다.

① (나) - (가) - (다) - (라) ② (나) - (다) - (가) - (라)

③ (나) - (다) - (라) - (가) ④ (다) - (나) - (가) - (라)

⑤ (다) - (나) - (라) - (가)

06 다음 글의 빈칸에 들어갈 내용으로 가장 적절한 것은?

> 제주 한라산 천연보호구역에 있는 한 조립식 건물에서 불이 나 3명의 사상자가 발생했다. 이 건물은 무속 신을 모시는 신당으로, 수십 년 동안 운영된 곳이었으나 실상은 허가 없이 지은 불법 건축물에 해당되었다. 특히 해당 건물은 조립식 샌드위치 패널로 지어져 있어 이번 화재는 자칫 대형 산불로 이어져 한라산까지 타버릴 아찔한 사고였으나 행정당국은 불이 난 뒤에야 이 건축물의 존재를 파악했다. 해당 건물에서의 화재는 30여 분 만에 빠르게 진화되었지만, 건물 안에 있던 40대 남성이 숨지고, 60대 여성 2명이 화상을 입어 병원으로 이송되었다. 이는 해당 건물이 _____ _____ 불이 삽시간에 번져 나갔기 때문이었다.
> 행정당국은 서귀포시는 산림이 울창하고 인적이 드문 곳이어서 관련 신고가 접수되지 않는 등 단속에 한계가 있다고 밝히며 행정의 손이 미치지 않는 취약한 지역, 산지나 으슥한 지역은 관련 부서와 협의를 거쳐 점검할 필요가 있다고 말했다.

① 화재에 취약한 구조로 지어져 있어
② 산지에 위치해 기후가 건조했기 때문에
③ 안정성을 검증받지 못한 가건물에 해당되어
④ 소방시설과 거리가 있는 곳에 위치하고 있어
⑤ 인적이 드문 지역에 위치하여 발견이 쉽지 않아

07 세현이의 몸무게는 체지방량과 근육량을 합하여 65kg이었다. 세현이는 운동을 하여 체지방량을 20% 줄이고, 근육량은 25% 늘려서 전체적으로 몸무게를 4kg 줄였다. 운동을 한 후 세현이의 체지방량과 근육량을 각각 구하면?

① 36kg, 25kg
② 36kg, 23kg
③ 36kg, 22kg
④ 32kg, 23kg
⑤ 32kg, 22kg

08 가로의 길이가 140m, 세로의 길이가 100m인 직사각형 모양의 공터 둘레에 일정한 간격으로 꽃을 심기로 했다. 네 모퉁이에 반드시 꽃을 심고 심는 꽃의 수를 최소로 하고자 할 때, 꽃은 몇 송이를 심어야 하는가?

① 21송이
② 22송이
③ 23송이
④ 24송이
⑤ 25송이

09 K공장에서 생산되는 제품은 50개 중 1개의 불량품이 발생한다고 한다. 이 공장에서 생산되는 제품 중 2개를 고른다고 할 때, 2개 모두 불량품일 확률은?

① $\dfrac{1}{25}$

② $\dfrac{1}{50}$

③ $\dfrac{1}{250}$

④ $\dfrac{1}{1,250}$

⑤ $\dfrac{1}{2,500}$

10 두 비커 A, B에는 각각 농도가 6%, 8%인 소금물 300g씩 들어 있다. A비커에서 소금물 100g을 퍼서 B비커에 옮겨 담고, 다시 B비커에서 소금물 80g을 퍼서 A비커에 옮겨 담았다. 이때, A비커에 들어 있는 소금물의 농도는?(단, 소수점 둘째 자리에서 반올림한다)

① 5.2%

② 5.6%

③ 6.1%

④ 6.4%

⑤ 7.2%

11 1 ~ 5의 숫자가 각각 적힌 5장의 카드에서 3장을 뽑아 세 자리 정수를 만들 때, 216보다 큰 정수는 모두 몇 가지인가?

① 41가지

② 42가지

③ 43가지

④ 44가지

⑤ 45가지

12 손난로 생산 공장에서 생산한 20개의 제품 중 2개의 제품이 불량품이라고 한다. 20개의 제품 중 3개를 꺼낼 때, 적어도 1개가 불량품일 확률은?

① $\dfrac{24}{95}$

② $\dfrac{27}{95}$

③ $\dfrac{11}{111}$

④ $\dfrac{113}{121}$

⑤ $\dfrac{49}{141}$

| 의사소통능력

01 다음 글을 참고할 때, 문법적 형태소가 가장 많이 포함된 문장은?

> 문법형태소(文法形態素)는 문법적 의미가 있는 형태소로, 어휘형태소와 함께 쓰여 그들 사이의 관계를 나타내는 기능을 하는 형태소를 말한다. 한국어에서는 조사와 어미가 이에 해당한다. 의미가 없고 문장의 형식 구성을 보조한다는 의미에서 형식형태소(形式形態素)라고도 한다.

① 동생이 나 몰래 사탕을 먹었다.
② 우리 오빠는 키가 작았다.
③ 봄이 오니 산과 들에 꽃이 피었다.
④ 나는 가게에서 김밥과 돼지고기를 샀다.
⑤ 지천에 감자꽃이 가득 피었다.

| 의사소통능력

02 다음 중 밑줄 친 단어가 문맥상 적절하지 않은 것은?

① 효율적인 회사 운영을 위해 회의를 <u>정례화(定例化)</u>해야 한다는 주장이 나왔다.
② 그 계획은 아무래도 <u>중장기적(中長期的)</u>으로 봐야 할 필요가 있다.
③ 그 문제를 해결하기 위해서는 표면적이 아닌 <u>피상적(皮相的)</u>인 이해가 필요하다.
④ 환경을 고려한 신제품을 출시하는 기업들의 <u>친환경(親環境)</u> 마케팅이 유행이다.
⑤ 인생의 중대사를 정할 때는 충분한 <u>숙려(熟慮)</u>가 필요하다.

| 의사소통능력

03 다음 문장 중 어법상 옳은 것은?

① 오늘은 날씨가 추우니 옷의 지퍼를 잘 잠거라.
② 우리 집은 매년 김치를 직접 담궈 먹는다.
③ 그는 다른 사람의 만류에도 서슴지 않고 악행을 저질렀다.
④ 염치 불구하고 이렇게 부탁드리겠습니다.
⑤ 우리집 뒷뜰에 개나리가 예쁘게 피었다.

04 다음 문단을 논리적 순서대로 바르게 나열한 것은?

(가) 천일염 안전성 증대 방안 5가지가 '2022 K-농산어촌 한마당'에서 소개됐다. 첫째, 함수(농축한 바닷물)의 청결도를 높이기 위해 필터링(여과)을 철저히 하고, 둘째, 천일염전에 생긴 이끼 제거를 위해 염전의 증발지를 목제 도구로 완전히 뒤집는 것이다. 그리고 셋째, 염전의 밀대・운반 도구 등을 식품 용기에 사용할 수 있는 소재로 만들고, 넷째, 염전 수로 재료로 녹 방지 기능이 있는 천연 목재를 사용하는 것이다. 마지막으로 다섯째, 염전 결정지의 바닥재로 장판 대신 타일(타일염)이나 친환경 바닥재를 쓰는 것이다.

(나) 한편, 천일염과 찰떡궁합인 김치도 주목을 받았다. 김치를 담글 때 천일염을 사용하면 김치의 싱싱한 맛이 오래 가고 식감이 아삭아삭해지는 등 음식궁합이 좋다. 세계김치연구소는 '발효과학의 중심, 김치'를 주제로 관람객을 맞았다. 세계김치연구소 박사는 "김치는 중국・일본 등 다른 나라의 채소 절임 식품과 채소를 절이는 단계 외엔 유사성이 전혀 없는 매우 독특한 식품이자 음식 문화"라고 설명했다.

(다) K-농산어촌 한마당은 헬스경향・K농수산식품유통공사에서 공동 주최한 박람회이다. 해양수산부 소속 국립수산물품질관리원은 천일염 부스를 운영했다. 대회장을 맡은 국회 농림축산식품해양수산위원회 소속 의원은 "갯벌 명품 천일염 생산지인 전남 신안을 비롯해 우리나라의 천일염 경쟁력은 세계 최고 수준"이라며 "이번 한마당을 통해 국산 천일염의 우수성이 더 많이 알려지기를 기대한다."라고 말했다.

---

① (가) – (나) – (다)
② (가) – (다) – (나)
③ (나) – (다) – (가)
④ (다) – (가) – (나)
⑤ (다) – (나) – (가)

05 K교수는 실험 수업을 진행하기 위해 화학과 학생들을 실험실에 배정하려고 한다. 실험실 한 곳에 20명씩 입실시키면 30명이 들어가지 못하고, 25명씩 입실시키면 실험실 2개가 남는다. 이를 만족하기 위한 최소한의 실험실은 몇 개인가?(단, 실험실의 개수는 홀수이다)

① 11개   ② 13개
③ 15개   ④ 17개
⑤ 19개

06 2022년 새해를 맞아 K공사에서는 직사각형의 사원증을 새롭게 제작하려고 한다. 기존의 사원증은 개당 제작비가 2,800원이고 가로와 세로의 비율이 1 : 2이다. 기존의 디자인에서 크기를 변경할 경우, 가로의 길이가 0.1cm 증감할 때마다 제작비용은 12원이 증감하고, 세로의 길이가 0.1cm 증감할 때마다 제작비용은 22원이 증감한다. 새로운 사원증의 길이가 가로 6cm, 세로 9cm이고, 제작비용은 2,420원일 때, 디자인을 변경하기 전인 기존 사원증의 둘레는 얼마인가?

① 30cm   ② 31cm
③ 32cm   ④ 33cm
⑤ 34cm

07 K사는 동일한 제품을 A공장과 B공장에서 생산한다. A공장에서는 시간당 1,000개의 제품을 생산하고, B공장에서는 시간당 1,500개의 제품을 생산하며, 이 중 불량품은 A공장과 B공장에서 매시간 45개씩 발생한다. 지난 한 주간 A공장에서는 45시간, B공장에서는 20시간 동안 이 제품을 생산하였을 때, 생산된 제품 중 불량품의 비율은 얼마인가?

① 3.7%   ② 3.8%
③ 3.9%   ④ 4.0%
⑤ 4.1%

08 K강사는 월요일부터 금요일까지 매일 4시간 동안 수업을 진행한다. 다음 〈조건〉에 따라 주간 NCS 강의 시간표를 짤 때, 가능한 경우의 수는 모두 몇 가지인가?(단, 4교시 수업과 다음날 1교시 수업은 연속된 수업으로 보지 않는다)

> **조건**
> • 문제해결능력 수업은 4시간 연속교육으로 진행해야 하며, 주간 총 교육시간은 4시간이다.
> • 수리능력 수업은 3시간 연속교육으로 진행해야 하며, 주간 총 교육시간은 9시간이다.
> • 자원관리능력 수업은 2시간 연속교육으로 진행해야 하며, 주간 총 교육시간은 4시간이다.
> • 의사소통능력 수업은 1시간 교육으로 진행해야 하며, 주간 총 교육시간은 3시간이다.

① 40가지   ② 80가지

③ 120가지   ④ 160가지

⑤ 200가지

09 어느 공연장은 1층 200석, 2층 100석으로 이루어져 있으며, 이 공연장의 주말 매표 가격은 평일 매표 가격의 1.5배로 판매되고 있다. 지난 일주일간 진행된 공연에서 1층 주말 매표 가격은 6만 원으로 책정되었으며, 모든 좌석이 매진되어 총 매표 수익만 8,800만 원에 달하였다고 할 때, 지난주 2층 평일 매표 가격은 얼마인가?

① 2만 원   ② 3만 원

③ 4만 원   ④ 5만 원

⑤ 6만 원

10 K사는 본사 A팀의 직원 9명 중 동일한 성별의 2명을 뽑아 지사로 출장을 보내기로 하였다. A팀의 남자 직원이 여자 직원의 두 배라고 할 때, 가능한 경우의 수는 모두 몇 가지인가?

① 18가지   ② 36가지

③ 45가지   ④ 72가지

⑤ 180가지

11 다음 〈조건〉에 따를 때, K사 채용공고 지원자 120명 중 회계부서 지원자는 몇 명인가?

> **조건**
> • K사는 기획, 영업, 회계부서에서 채용모집을 공고하였으며, 전체 지원자 중 신입직은 경력직의 2배였다.
> • 신입직 중 기획부서에 지원한 사람은 30%이다.
> • 신입직 중 영업부서와 회계부서에 지원한 사람의 비율은 3 : 10이다.
> • 기획부서에 지원한 경력직은 전체의 5%이다.
> • 전체 지원자 중 50%는 영업부서에 지원하였다.

① 14명

② 16명

③ 28명

④ 30명

⑤ 34명

12 강원도에서 시작된 장마전선이 시속 32km의 속도로 304km 떨어진 인천을 향해 이동하고 있다. 이때, 인천에 장마전선이 도달한 시각이 오후 9시 5분이라면 강원도에서 장마전선이 시작된 시각은 언제인가?(단, 장마전선은 강원도에서 발생과 동시에 이동하였다)

① 오전 10시 35분

② 오전 11시

③ 오전 11시 35분

④ 오후 12시

⑤ 오후 12시 35분

13 어느 물놀이 용품 제조공장에서 기계 A와 기계 B를 가동하여 튜브를 생산하고 있는데, 기계 A는 하루 최대 200개를 생산할 수 있고 불량률은 3%이며, 기계 B는 하루 최대 300개를 생산할 수 있고 불량률은 x%이다. 기계 A와 B를 동시에 가동하여 총 1,000개의 튜브를 만들었을 때 발생한 불량품이 39개라면, 기계 B의 불량률은 얼마인가?(단, 기계 A와 기계 B는 계속하여 가동하였다)

① 0.9%

② 4.5%

③ 4.8%

④ 5.25%

⑤ 11%

14 어느 강의실에 벤치형 의자를 배치하려고 하는데, 7인용 의자를 배치할 경우 4명이 착석하지 못하고, 10인용 의자를 배치할 경우 의자 2개가 남는다. 이때, 가능한 최대 인원과 최소 인원의 차이는 얼마인가?(단, 7인용 의자에는 각 의자 모두 7인이 앉아있으며, 10인용 의자 중 한 개의 의자에는 10인 미만의 인원이 앉아있고, 2개의 의자는 비어있다)

① 7명   ② 14명

③ 21명   ④ 28명

⑤ 70명

15 갑은 월요일부터 목요일 동안 1시부터 6시까지 학생들의 과외를 다음 〈조건〉에 따라 진행하려고 한다. 이때, 가능한 경우의 수는 모두 몇 가지인가?

> **조건**
> • 매 수업은 정각에 시작하며, 첫 수업은 1시에 시작하고, 모든 수업은 6시 이전에 종료한다.
> • 모든 학생은 주 1회 수업을 한다.
> • 초등학생은 1시간, 중학생은 2시간, 고등학생은 3시간을 연속하여 수업을 진행한다.
> • 갑이 담당하는 학생은 초등학생 3명, 중학생 3명, 고등학생 2명이다.
> • 각 학년의 수업과 수업 사이에는 1시간의 휴게시간을 가지며, 휴게시간은 연속하여 가질 수 없다.

① 48가지   ② 864가지

③ 1,728가지   ④ 3,456가지

⑤ 10,368가지

16 다음 기사의 내용으로 미루어 볼 때, 청년 고용시장에 대한 〈보기〉의 정부 관계자들의 태도로 가장
적절한 것은?

> 정부가 향후 3 ~ 4년을 청년실업 위기로 판단한 것은 에코세대(1991 ~ 1996년생·베이비부머의
> 자녀세대)의 노동시장 진입 때문이었다. 에코세대가 본격적으로 취업전선에 뛰어들면서 일시적으로
> 청년실업 상황이 더 악화될 것이라고 생각했다.
> 2021년을 기점으로 청년인구가 감소하기 시작하면 청년실업 문제가 일부 해소될 것이라는 정부의
> 전망도 이런 맥락에서 나왔다. 고용노동부 고용정책실장은 "2021년 이후 인구문제와 맞물리면 청년
> 고용시장 여건은 좀 더 나아질 것이라 생각한다."라고 말했다.
> 그러나 청년인구 감소가 청년실업 문제 완화로 이어질 것이란 생각은 지나치게 낙관적이라는 지적
> 도 나오고 있다. 한국노동연구원 부연구위원은 "지금의 대기업과 중소기업, 정규직과 비정규직 간
> 일자리 질의 격차를 해소하지 않는 한 청년실업 문제는 더 심각해질 수 있다."라고 우려했다. 일자
> 리 격차가 메워지지 않는 한 질 좋은 직장을 구하기 위해 자발적 실업상황조차 감내하는 현 청년들
> 의 상황이 개선되지 않을 것이기 때문이다.
> 한국보다 먼저 청년실업 사태를 경험한 일본을 비교 대상으로 거론하는 것도 적절하지 않다는 지적
> 이 나온다. 일본의 경우 청년인구가 줄면서 청년실업 문제는 상당 부분 해결됐다. 하지만 이는 '단카
> 이 세대(1947 ~ 1949년에 태어난 일본의 베이비부머)'가 노동시장에서 빠져나오는 시점과 맞물렸
> 기 때문에 가능했다. 베이비부머가 1 ~ 2차에 걸쳐 넓게 포진된 한국과는 상황이 다르다는 것이다.
> 한국노동연구원 부연구위원은 "일본에서도 (일자리) 질적 문제는 나타나고 있다."라며 "일자리 격차
> 가 큰 한국에선 문제가 더 심각하게 나타날 수 있어 중장기적 대책이 필요하다."라고 말했다.

보기

> • 기재부 1차관 : '구구팔팔(국내 사업체 중 중소기업 숫자가 99%, 중기 종사자가 88%란
>   뜻)'이란
>   말이 있다. 중소기업을 새로운 성장 동력으로 만들어야 한다. 취업에서 중소기업 선호도는 높지
>   않다. 여러 가지 이유 중 임금 격차도 있다. 청년에게 중소기업에 취업하고자 하는 유인을 줄 수
>   있는 수단이 없다. 그 격차를 메워 의사 결정의 패턴을 바꾸자는 것이다. 앞으로 에코세대가 노동
>   시장에 진입하는 4년 정도가 중요한 시기이다.
> • 고용노동부 고용정책실장 : 올해부터 3 ~ 4년은 인구 문제가 크고, 그로 인한 수요·공급 문제가
>   있다. 개선되는 방향으로 가더라도 '에코세대' 대응까지 맞추기 쉽지 않다. 때문에 집중투자를 해
>   야 한다. 3 ~ 4년 후에는 격차를 줄여가기 위한 대책도 병행하겠다. 이후부터는 청년의 공급이
>   줄어들기 때문에 인구 측면에서 노동시장에 유리한 조건이 된다.

① 올해를 가장 좋지 않은 시기로 평가하고 있다.

② 현재 회복국면에 있다고 판단하고 있다.

③ 실제 전망은 어둡지만, 밝은 면을 강조하여 말하고 있다.

④ 에코세대의 노동시장 진입을 통해 청년실업 위기가 해소될 것으로 기대하고 있다.

⑤ 한국의 상황이 일본보다 낫다고 평가하고 있다.

17 다음 중 보도자료의 내용으로 가장 적절한 것은?

이용자도 보행자도 안전하게, 전동킥보드 관련 규정 강화

개인형 이동장치 관련 **강화된 도로교통법 시행**
무면허 운전 10만 원, 안전모 미착용 2만 원, 2인 이상 탑승 4만 원 범칙금 부과
안전한 이용 문화 정착 위해 캠페인·교육 등 집중홍보 및 단속 실시

국무조정실, 국토부, 행안부, 교육부, 경찰청은 전동킥보드 등 개인형 이동장치 운전자의 안전을 강화한 도로교통법개정안이 시행됨에 따라, 개인형 이동장치의 안전한 이용문화 정착을 위해 범정부적으로 안전단속 및 홍보활동 등을 강화해 나간다고 밝혔습니다.

정부는 개인형 이동장치(PM; Personal Mobility)가 최근 새로운 교통수단으로 이용자가 증가함에 따라 안전한 운행을 유도하기 위해 지난해부터 안전기준을 충족한 개인형 이동장치에 한해 자전거 도로통행을 허용했고, 그에 맞춰 자전거와 동일한 통행방법과 운전자 주의의무 등을 적용해 왔습니다. 다만, 청소년들의 개인형 이동장치 이용 증가에 대한 우려와 운전자 주의의무 위반에 대한 제재가 없어 실효성이 없다는 문제 제기가 있었고, 지난해 강화된 도로교통법이 국회를 통과하였습니다. 이번에 시행되는 개인형 이동장치와 관련된 법률의 세부 내용은 다음과 같습니다.

• (운전 자격 강화) 원동기 면허 이상 소지한 운전자에 대해서만 개인형 이동장치를 운전할 수 있도록 하고, 무면허 운전 시 10만 원의 범칙금을 부과합니다.
• (처벌 규정 신설) 인명 보호 장구 미착용(범칙금 2만 원), 승차정원 초과 탑승(범칙금 4만 원) 및 어린이(13세 미만) 운전 시 보호자(과태료 10만 원)에게 범칙금·과태료를 부과함으로써 개인형 이동장치 운전자 주의의무에 대한 이행력을 강화하였습니다.

정부는 강화된 법률의 시행을 계기로 안전한 개인형 이동장치 이용문화가 정착될 수 있도록 단속 및 캠페인 등 대국민 홍보를 강화해 나갈 계획입니다. 관계부처 – 지자체 – 유관기관 등과 함께 개인형 이동장치 이용이 많은 지하철 주변, 대학교, 공원 등을 중심으로 안전 캠페인을 실시하고, 경찰청을 중심으로 보도 통행 금지, 인명 보호 장구 미착용, 승차정원 초과 등 주요 법규 위반 행위에 대해 단속과 계도를 병행함과 동시에 홍보 활동을 진행할 예정입니다. 그리고 초·중·고 학생을 대상으로 '찾아가는 맞춤형 교육'을 실시하고, 학부모 대상 안내문을 발송하는 등 학생들이 강화된 도로교통법을 준수할 수 있도록 학교·가정에서 교육을 강화해 나갈 계획입니다. 또한, 공유 개인형 이동장치 어플 내에 안전수칙 팝업 공지, 주·정차 안내 등 개인형 이동장치 민·관 협의체와의 협력을 강화해 나갈 예정입니다. 아울러, 개인형 이동장치 안전 공익광고 영상을 TV·라디오 등에 송출하고, 카드뉴스·웹툰 등 온라인 홍보물을 제작하여 유튜브·SNS 등을 통해 확산해 나가는 한편, KTX·SRT역, 전광판, 아파트 승강기 모니터 등 국민 생활 접점 매체를 활용한 홍보도 추진해 나갈 예정입니다.

정부 관계자는 새로운 교통수단으로 개인형 이동장치의 이용객이 증가함에 따라 관련 사고*도 지속적으로 증가하는 만큼 반드시 안전수칙을 준수할 것을 당부하였습니다. 특히, 개인형 이동장치는 친환경적이고 편리한 교통수단으로, 앞으로도 지속해서 이용자가 증가할 것으로 전망되는 만큼 개인형 이동장치의 안전한 이용문화 확립이 무엇보다 중요하며, 올바른 문화가 정착할 수 있도록 국민들의 많은 관심과 참여를 강조하였습니다.

*최근 3년 PM 관련 사고(사망) 건수 : 2018년 : 225건(4명) → 2019년 : 447건(8명) → 2020년 : 897건(10명)

① 산업부는 지난해부터 안전기준을 충족한 개인형 이동장치의 자전거도로 주행을 허용하였다.
② 개인형 이동장치 중 전동킥보드는 제약 없이 자전거도로를 자유롭게 이용할 수 있다.
③ 개인형 이동장치로 인한 사망사고는 점차 감소하고 있다.
④ 13세 이상인 사람은 모두 개인형 이동장치를 운전할 수 있다.
⑤ 일반인을 대상으로 한 전동킥보드 운행 규정 관련 홍보를 진행할 예정이다.

| 의사소통능력

01 다음 글의 핵심 내용으로 가장 적절한 것은?

> BMO 금속 및 광업 관련 리서치 보고서에 따르면 최근 가격 강세를 지속해 온 알루미늄, 구리, 니켈 등 산업금속들이 4분기 중 공급부족 심화와 가격 상승세가 전망된다. 산업금속이란 산업에 필수적으로 사용되는 금속들을 말하는데, 앞서 제시한 알루미늄, 구리, 니켈뿐만 아니라 비교적 단단한 금속에 속하는 은이나 금 등도 모두 산업에 많이 사용될 수 있는 금속이므로 산업금속의 카테고리에 속한다고 할 수 있다. 이러한 산업금속은 물품을 생산하는 기계의 부품으로서 필요하기도 하고, 전자제품 등의 소재로 쓰이기도 하기 때문에 특정 분야의 산업이 활성화되면 특정 금속의 가격이 뛰거나 심각한 공급난을 겪기도 한다.
>
> 지난 4일 금융투자업계에 따르면 최근 전세계적인 경제 회복 조짐과 함께 탈 탄소 트렌드, 즉 '그린 열풍'에 따른 수요 증가로 산업금속 가격이 초강세이다. 런던금속거래소에서 발표한 자료에 따르면 올해 들어 지난달까지 알루미늄은 20.7%, 구리는 47.8%, 니켈은 15.9% 정도로 가격이 상승했다. 자료에서도 알 수 있듯이 구리 수요를 필두로 알루미늄, 니켈 등 전반적인 산업금속 섹터의 수요량이 증가하였다. 이는 전기자동차 산업의 확충과 관련이 있다. 전기자동차의 핵심적인 부품인 배터리를 만드는 데 구리와 니켈이 사용되기 때문이다. 이때, 배터리 소재 중 니켈의 비중을 높이면 배터리의 용량을 키울 수 있으나 배터리의 안정성이 저하된다. 기존의 전기자동차 배터리는 니켈의 사용량이 높았기 때문에 더욱 안정성 문제가 제기되어 왔다. 그래서 연구 끝에 적정량의 구리를 배합하는 것이 배터리 성능과 안정성을 모두 향상시키기 위해서 중요하다는 것을 밝혀냈다. 구리가 전기자동차 산업의 핵심 금속인 셈이다.
>
> 이처럼 전기자동차와 배터리 등 친환경 산업에 필수적인 금속들의 수요가 증가하는 반면, 세계 각국의 환경 규제 강화로 인해 금속의 생산은 오히려 감소하고 있기 때문에 산업금속에 대한 공급난과 가격 인상이 우려되고 있다.

① 전기자동차의 배터리 성능을 향상하는 기술
② 세계적인 '그린 열풍' 현상 발생의 원인
③ 필수적인 산업금속 공급난으로 인한 문제
④ 전기자동차 확충에 따른 구리 수요의 증가 상황
⑤ 탈 탄소 산업의 대표 주자인 전기자동차 산업

02 다음 글의 논지를 강화하기 위한 내용으로 적절하지 않은 것은?

> 뉴턴은 이렇게 말했다. "플라톤은 내 친구이다. 아리스토텔레스는 내 친구이다. 하지만 진리야말로 누구보다 소중한 내 친구이다." 케임브리지에서 뉴턴에게 새로운 전환점을 준 사람이 있다. 수학자 이며 당대 최고의 교수였던 아이작 바로우(Isaac Barrow)였다. 바로우는 뉴턴에게 수학과 기하학을 가르치고 그의 탁월함을 발견하여 후원자가 됐다. 이처럼 뉴턴은 타고난 천재가 아니라, 자신의 피나는 노력과 위대한 스승들의 도움을 통해 후천적으로 키워진 것이다.
>
> 뉴턴이 시대를 관통하는 천재로 여겨진 것은 "사과는 왜 땅에 수직으로 떨어질까?"라는 질문에서 시작했다. 이 질문을 던진 지 20여 년이 지나고 마침내 모든 물체가 땅으로 떨어지는 것은 지구 중력에 의한 만유인력이라는 개념을 발견한 것이 계기가 되었다. 사과가 떨어지는 것을 관찰하여 온갖 질문을 던지고, 새로운 가설을 만든 후에 그것을 증명하기 위해 오랜 시간 연구하고 실험을 한 결과가 위대한 발견으로 이어진 것이다. 위대한 발명이나 발견은 어느 한 순간 섬광처럼 오는 것이 아니다. 시작 단계의 작은 아이디어가 질문과 논쟁을 통해 점차 다른 아이디어들과 충돌하고 합쳐지면서 숙성의 시간을 갖고, 그런 후에야 세상에 유익한 발명이나 발견이 나오는 것이다.
>
> 이전부터 천재가 선천적인 것인지, 후천적인 것인지에 대한 논란은 계속되어 왔다. 과거에는 천재가 신적인 영감을 받아 선천적으로 탄생한다는 주장이 힘을 얻었다. 플라톤의 저서 『이온』에도 음유 시인이 기술이나 지식이 아닌 신적인 힘과 영감을 받는 존재임이 언급된다. 그러나 아리스토텔레스의 『시학』은 『이온』과 조금 다른 관점을 취하고 있다. 기본적으로 시가 모방미학이라는 입장은 같지만, 아리스토텔레스는 이것이 신적인 힘을 모방한 것이 아닌 인간의 모방이라고 믿었다.
>
> 최근 연구에 의하면 천재라 불리는 모든 사람들이 선천적으로 타고난 것이 아니고 후천적인 학습을 통해 수준을 점차 더 높은 단계로 발전시켰다고 한다. 선천적 재능과 후천적 학습을 모두 거친 절충적 천재가 각광받는 것이다. 이것이 우리에게 주는 시사점은 비록 지금은 창의적이지 않더라도 꾸준히 포기하지 말고 창의성을 개발하고 실현하는 방법을 배워서 실천한다면 모두가 창의적인 사람이 될 수 있다는 교훈이다. 타고난 천재가 아니고 훈련과 노력으로 새롭게 태어나는 창재(창의적인 인재)로 거듭나야 한다.

① 칸트는 천재가 선천적인 것이라고 하였다.

② 세계적인 발레리나 강수진은 고된 연습으로 발이 기형적으로 변해버렸다.

③ 신적인 것보다 연습이 영감을 가져다주는 경우가 있다.

④ 뉴턴뿐만 아니라 아인슈타인 역시 끊임없는 연구와 노력을 통해 천재로 인정받았다.

⑤ 1만 시간의 법칙은 한 분야에서 전문가가 되기 위해서는 최소 1만 시간의 훈련이 필요하다는 것이다.

03 다음 글에서 공공재·공공자원의 실패에 대한 해결책으로 적절하지 않은 것은?

재화와 서비스는 소비를 막을 수 있는지에 따라 배제성이 있는 재화와 배제성이 없는 재화로 분류한다. 또 어떤 사람이 소비하면 다른 사람이 소비할 기회가 줄어드는지에 따라 경합성이 있는 재화와 경합성이 없는 재화로 구분한다. 공공재는 배제성과 경합성이 없는 재화이며, 공공자원은 배제성이 없으면서 경합성이 있는 재화이다.

공공재는 수많은 사람에게 일정한 혜택을 주는 것으로, 사회적으로 반드시 생산돼야 하는 재화이다. 하지만 공공재는 '무임 승차자' 문제를 낳는다. 무임 승차자 문제란 사람들이 어떤 재화와 서비스의 소비로 일정한 혜택을 보지만, 어떤 비용도 지불하지 않는 것을 말한다. 이런 공공재가 가진 무임 승차자 문제 때문에 공공재는 사회 전체가 필요로 하는 수준보다 부족하게 생산되거나 아예 생산되지 않을 수 있다. 어떤 사람이 막대한 비용을 들여 누구나 공짜로 소비할 수 있는 국방 서비스, 치안 서비스 같은 공공재를 제공하려고 하겠는가.

공공재와 마찬가지로 공공자원 역시 원하는 사람이면 누구나 공짜로 사용할 수 있다. 그러나 어떤 사람이 공공자원을 사용하면 다른 사람은 사용에 제한을 받는다. 배제성은 없으나 재화의 경합성만이 존재하는 이러한 특성 때문에 공공자원은 '공공자원의 비극'이라는 새로운 형태의 문제를 낳는다. 공공자원의 비극이란 모두가 함께 사용할 수 있는 공공자원을 아무도 아껴 쓰려고 노력하지 않기 때문에 머지않아 황폐해지고 마는 현상이다.

바닷속의 물고기는 어느 특정한 사람의 소유가 아니기 때문에 누구나 잡을 수 있다. 먼저 잡는 사람이 임자인 셈이다. 하지만 물고기의 수량이 한정되어 있다면 나중에 잡는 사람은 잡을 물고기가 없을 수도 있다. 이런 생각에 너도 나도 앞다투어 물고기를 잡게 되면 얼마 가지 않아 물고기는 사라지고 말 것이다. 이른바 공공자원의 비극이 발생하는 것이다. 공공자원은 사회 전체가 필요로 하는 수준보다 지나치게 많이 자원을 낭비하는 결과를 초래한다.

이와 같은 공공재와 공공자원이 가지는 문제를 해결하는 방안은 무엇일까? 공공재는 사회적으로 매우 필요한 재화와 서비스인데도 시장에서 생산되지 않는다. 정부는 공공재의 특성을 가지는 재화와 서비스를 직접 생산해 공급한다. 예를 들어 정부는 국방, 치안 서비스 등을 비롯해 철도, 도로, 항만, 댐 등 원활한 경제 활동을 간접적으로 뒷받침해 주는 사회간접자본을 생산한다. 이때 사회간접자본의 생산량은 일반적인 상품의 생산량보다 예측이 까다로울 수 있는데, 이용하는 사람이 국민 전체이기 때문에 그 수가 절대적으로 많을 뿐만 아니라 배제성과 경합성이 없는 공공재로서의 성격을 띄기 때문에 그러한 면도 있다. 이러한 문제를 해결하기 위해서 국가는 공공투자사업 전 사회적 편익과 비용을 분석하여 적절한 사업의 투자 규모 및 진행 여부를 결정한다.

공공자원은 어느 누구의 소유도 아니다. 너도 나도 공공자원을 사용하면 금세 고갈되고 말 것이다. 정부는 각종 규제로 공공자원을 보호한다. 공공자원을 보호하기 위한 규제는 크게 사용 제한과 사용 할당으로 구분할 수 있다. 사용 제한은 공공자원을 민간이 이용할 수 없도록 막아두는 것이다. 예를 들면 주인이 없는 산을 개발 제한 구역으로 설정하여 벌목을 하거나 개발하여 수익을 창출하는 행위를 할 수 없도록 하는 것이다. 사용 할당은 모두가 사용하는 것이 아닌, 일정 기간에 일정한 사람만 사용할 수 있도록 이용 설정을 해두는 것을 말한다. 예를 들어 어부가 포획할 수 있는 수산물의 수량과 시기를 정해 놓는 법이 있다. 이렇게 되면 무분별하게 공공자원이 사용되는 것을 피하고 사회적으로 필요한 수준에서 공공자원을 사용할 수 있다.

① 항상 붐비는 공용 주차장을 요일별로 이용 가능한 자동차를 정하여 사용한다.

② 주인 없는 목초지에서 풀을 먹일 수 있는 소의 마리 수를 제한한다.

③ 치안 불안 해소를 위해 지역마다 CCTV를 설치한다.

④ 가로수의 은행을 따는 사람들에게 벌금을 부과한다.

⑤ 국립공원에 사는 야생동물을 사냥하지 못하도록 하는 법을 제정한다.

ㅣ 의사소통능력

04 다음 (가) ~ (마) 문단에 대한 설명으로 가장 적절한 것은?

> (가) 현재 각종 SNS 및 동영상 게재 사이트에서 흔하게 접할 수 있는 콘텐츠 중 하나가 ASMR이다. 그러다 보니 자주 접하는 ASMR의 이름의 뜻에 대해 다수의 네티즌들이 궁금해 하고 있다. ASMR은 자율감각 쾌락반응으로, 뇌를 자극해 심리적인 안정을 유도하는 것을 말한다.
>
> (나) 힐링을 얻고자 하는 청취자들이 ASMR의 특정 소리를 들으면 이 소리가 일종의 트리거(Trigger)로 작용해 팅글(Tingle : 기분 좋게 소름 돋는 느낌)을 느끼게 한다. 트리거로 작용하는 소리는 사람에 따라 다를 수 있다. 이는 청취자마다 삶의 경험이나 취향 등에서 뚜렷한 차이를 보이기 때문이다.
>
> (다) ASMR 현상은 시각적, 청각적 혹은 인지적 자극에 반응한 뇌가 신체 뒷부분에 분포하는 자율 신경계에 신경 전달 물질을 촉진하며 심리적 안정감을 느끼게 한다. 일상생활에서 편안하게 느꼈던 소리를 들으면, 그때 느낀 긍정적인 감정을 다시 느끼면서 스트레스 정도를 낮출 수 있고 불면증과 흥분 상태 개선에 도움이 되며 안정감을 받을 수 있다. 소곤소곤 귓속말하는 소리, 자연의 소리, 특정 사물을 반복적으로 두드리는 소리 등이 담긴 영상 속 소리 등을 예로 들 수 있다.
>
> (라) 최근 유튜버를 비롯한 연예인들이 ASMR 코너를 만들어 대중과 소통 중이다. 요즘은 청포도 젤리나 쿄호 젤리 등 식감이나 씹는 소리가 좋은 음식으로 먹방 ASMR을 하기도 한다. 많은 사람이 ASMR을 진행하기 때문에 인기 있는 ASMR 콘텐츠가 되기 위해서는 세분화된 분야를 공략하거나 다른 사람들과 차별화하는 전략이 필요하게 되었다.
>
> (마) 독특한 ASMR 채널로 대중의 사랑을 받고 있는 것은 공감각적인 ASMR이다. 공감각은 시각, 청각, 촉각 등 우리의 오감 중에서 하나의 감각만을 자극하는 것이 아니라, 2개 이상의 감각이 결합하여 자극받을 수 있도록 하는 것이다. 공감각적인 ASMR이 많은 인기를 끌고 있는 만큼 앞으로의 ASMR 콘텐츠들은 공감각적인 콘텐츠로 대체될 것이라는 이야기가 대두되었다.

① (가) : ASMR을 자주 접하는 사람들의 특징은 일상에 지친 현대인이다.

② (나) : 많은 사람이 선호하는 트리거는 소곤거리는 소리이다.

③ (다) : 신체의 자율 신경계가 뇌에 특정 신경 전달 물질을 전달한다.

④ (라) : 연예인들은 일반인보다 ASMR에 많이 도전하는 경향이 있다.

⑤ (마) : 공감각적인 경험을 바탕으로 한 ASMR로 대체될 전망이다.

05   다음 글의 빈칸 (가) ~ (마)에 들어갈 내용으로 적절하지 않은 것은?

> "언론의 잘못된 보도나 마음에 들지 않는 논조조차도 그것이 토론되는 과정에서 옳은 방향으로 흘러 가게끔 하는 것이 옳은 방향이다." 문재인 대통령이 야당 정치인이었던 2014년, 서울외신기자클럽 (SFCC) 토론회에 나와 마이크에 대고 밝힌 공개 입장이다. 언론은 _____(가)_____ 해야 한다. 이것이 지역 신문이라 할지라도 언론이 표준어를 사용하는 이유이다.
>
> 2021년 8월 25일, 언론중재법 개정안이 국회 본회의를 통과할 것이 확실시된다. 정부 침묵으로 일 관해 왔다. 청와대 핵심 관계자들은 이 개정안에 대한 입장을 묻는 국내 일부 매체에 영어 표현인 "None of My Business"라는 답을 내놨다고 한다.
>
> 그사이 이 개정안에 대한 국제 사회의 _____(나)_____ 은/는 높아지고 있다. 이 개정안이 시대착오적 이며 대권의 오남용이고 더 나아가 아이들에게 좋지 않은 영향을 줄 수 있다는 것이 논란의 요지이 다. SFCC는 지난 20일 이사회 전체 명의로 성명을 냈다. 그 내용을 그대로 옮기면 다음과 같다. "_____(다)_____ 내용을 담은 언론중재법 개정안을 국회에서 강행 처리하려는 움직임에 깊은 우려를 표한다."라며 "이 법안이 국회에서 전광석화로 처리되기보다 '돌다리도 두들겨 보고 건너라.'는 한국 속담처럼 심사숙고하며 _____(라)_____ 을/를 기대한다."라고 밝혔다.
>
> 다만, 언론이 우리 사회에서 발생하는 다양한 전투만을 중계하는 것으로 기능하는 건 _____(마)_____ 우리나라뿐만 아니라 일본 헌법, 독일 헌법 등에서 공통적으로 말하는 것처럼 언론이 자유를 가지고 대중에게 생각할 거리를 끊임없이 던져주어야 한다. 이러한 언론의 기능을 잘 수행하기 위해서는 언론의 힘과 언론에 가해지는 규제의 정도가 항상 적절하도록 절제하는 법칙이 필요하다.

① (가) : 모두가 읽기 쉽고 편향된 어조를 사용하는 것을 지양

② (나) : 규탄의 목소리

③ (다) : 언론의 자유를 심각하게 위축시킬 수 있는

④ (라) : 보편화된 언어 사용

⑤ (마) : 바람직하지 않다.

06 다음 중 그리스 수학에 대한 내용으로 가장 적절한 것은?

> '20세기 최고의 수학자'로 불리는 프랑스의 장피에르 세르 명예교수는 경북 포항시 효자동에 위치한 포스텍 수리과학관 3층 교수 휴게실에서 '수학이 우리에게 왜 필요한가.'를 묻는 첫 질문에 이같이 대답했다.
> "교수님은 평생 수학의 즐거움, 학문(공부)하는 기쁨에 빠져 있었죠. 후회는 없나요? 수학자가 안 됐으면 어떤 인생을 살았을까요?"
> "내가 굉장히 좋아했던 선배 수학자가 있었어요. 지금은 돌아가셨죠. 그분은 라틴어와 그리스어 등 언어에 굉장히 뛰어났습니다. 그만큼 재능이 풍부했지만 본인은 수학 외엔 다른 일을 안 하셨어요. 나보다 스무 살 위의 앙드레 베유 같은 이는 뛰어난 수학적 재능을 타고 태어났습니다. 하지만 나는 수학적 재능은 없는 대신 호기심이 많았습니다. 누가 써놓은 걸 이해하려 하기보다 새로운 걸 발견 하는 데 관심이 있었죠. 남이 이미 해놓은 것에는 별로 흥미가 없었어요. 수학 논문들도 재미있어 보이는 것만 골라서 읽었으니까요."
> "학문이란 과거의 거인들로부터 받은 선물을 미래의 아이들에게 전달하는 일이라고 누군가 이야기 했습니다. 그 비유에 대해 어떻게 생각하세요?"
> "학자의 첫 번째 임무는 새로운 것을 발견하려는 진리의 추구입니다. 전달(교육)은 그다음이죠. 우 리는 발견한 진리를 혼자만 알고 있을 게 아니라, 출판(Publish : 넓은 의미의 '보급'에 해당하는 원로학자의 비유)해서 퍼트릴 의무는 갖고 있습니다."
> 장피에르 교수는 고대부터 이어져 온 고대 그리스 수학자의 정신을 잘 나타내고 있다고 볼 수 있다. 그가 생각하는 학자에 대한 입장처럼 고대 그리스 수학자들에게 수학과 과학은 사람들에게 새로운 진리를 알려주고 놀라움을 주는 것이었다. 이때의 수학자들에게 수학이라는 학문은 순수한 앎의 기 쁨을 깨닫게 해 주는 것이었다. 그래서 고대 그리스에서는 수학을 연구하는 다양한 학파가 등장했을 뿐만 아니라 많은 사람의 연구를 통해 짧은 시간에 폭발적인 혁신을 이룩할 수 있었다.

① 그리스 수학을 연구하는 학파는 그리 많지 않았다.
② 그리스의 수학자들은 학문적 성취보다는 교육을 통해 후대를 양성하는 것에 집중했다.
③ 그리스 수학은 장기간에 걸쳐 점진적으로 발전하였다.
④ 고대 수학자들에게 수학은 새로운 사실을 발견하는 순수한 학문적 기쁨이었다.
⑤ 그리스 수학은 도형 위주로 특히 폭발적인 발전을 했다.

07 다음 글의 내용으로 가장 적절한 것은?

> 미국 로체스터대 교수 겸 노화연구센터 공동책임자인 베라 고부노바는 KAIST 글로벌전략연구소가 '포스트 코로나, 포스트 휴먼 – 의료·바이오 혁명'을 주제로 개최한 제3차 온라인 국제포럼에서 "대다수 포유동물보다 긴 수명을 가진 박쥐는 바이러스를 체내에 보유하고 있으면서도 염증 반응이 일어나지 않는다."라며 "박쥐의 염증 억제 전략을 생물학적으로 이해하면 코로나19는 물론 자가면역질환 등 다양한 염증 질환 치료제에 활용할 수 있을 것"이라고 말했다.
> 박쥐는 밀도가 높은 군집 생활을 한다. 또한, 포유류 중 유일하게 날개를 지닌 생물로서 뛰어난 비행 능력과 비행 중에도 고온의 체온을 유지하는 것 등의 능력으로 먼 거리까지 무리를 지어 날아다니기 때문에 쉽게 질병에 노출되기도 한다. 그럼에도 오랜 기간 지구상에 존재하며 바이러스에 대항하는 면역 기능이 발달된 것으로 추정된다. 박쥐는 에볼라나 코로나바이러스에 감염돼도 염증 반응이 일어나지 않기 때문에 대표적인 바이러스 숙주로 지목되고 있다.
> 고부노바 교수는 "인간이 도시에 모여 산 것도, 비행기를 타고 돌아다닌 것도 사실상 약 100년 정도로 오래되지 않아 박쥐만큼 바이러스 대항 능력이 강하지 않다."라며 "박쥐처럼 약 6,000 ~ 7,000만 년에 걸쳐 진화할 수도 없다."라고 설명했다. 그러면서 "박쥐 연구를 통해 박쥐의 면역체계를 이해하고 바이러스에 따른 다양한 염증 반응 치료제를 개발하는 전략이 필요하다."라고 강조했다.
> 고부노바 교수는 "이 같은 비교생물학을 통해 노화를 억제하고 퇴행성 질환에 대응하기 위한 방법을 찾을 수 있다."라며 "안전성이 확인된 연구 결과물들을 임상에 적용해 더욱 발전해 나가는 것이 필요하다."라고 밝혔다.

① 박쥐의 수명은 긴 편이지만 평균적인 포유류 생물의 수명보다는 짧다.
② 박쥐는 날개가 있는 유일한 포유류지만 짧은 거리만 날아서 이동이 가능하다.
③ 박쥐는 현재까지도 바이러스에 취약한 생물이지만 긴 기간 지구상에 존재할 수 있었다.
④ 박쥐가 많은 바이러스를 보유하고 있는 것은 무리생활과 더불어 수명과도 관련이 있다.
⑤ 박쥐의 면역은 인간에 직접 적용할 수 없기에 연구가 무의미하다.

08   다음 글의 서술 방식상 특징으로 가장 적절한 것은?

> 현대의 도시에서는 정말 다양한 형태를 가진 건축물들을 볼 수 있다. 형태뿐만 아니라 건물 외벽에 주로 사용된 소재 또한 유리나 콘크리트 등 다양하다. 이렇듯 현대에는 몇 가지로 규정하는 것이 아예 불가능할 만큼 다양한 건축양식이 존재한다. 그러나 다양하고 복잡한 현대의 건축양식에 비해 고대의 건축양식은 매우 제한적이었다.
>
> 그리스 시기에는 주주식, 주열식, 원형식 신전을 중심으로 몇 가지의 공통된 건축양식을 보인다. 이러한 신전 중심의 그리스 건축양식은 시기가 지나면서 다른 건축물에 영향을 주었다. 신전에만 쓰이던 건축양식이 점차 다른 건물들의 건축에도 사용이 되며 확대되었던 것이다. 대표적으로 그리스 연못으로 신전에 쓰이던 기둥의 양식들을 바탕으로 회랑을 구성하기도 하였다.
>
> 헬레니즘 시기를 맞이하면서 건축양식을 포함하여 예술 분야가 더욱 발전하며 고대 그리스 시기에 비해 다양한 건축양식이 생겨났다. 뿐만 아니라 건축 기술이 발달하면서 조금 더 다양한 형태의 건축이 가능해졌다. 다층구조나 창문이 있는 벽을 포함한 건축양식 등 필요에 따라서 실용적이고 실측적인 건축양식이 나오기 시작한 것이다. 또한 연극의 유행으로 극장이나 무대 등의 건축양식도 등장하기 시작하였다.
>
> 로마 시대에 이르러서는 원형 경기장이나 온천, 목욕탕 등 특수한 목적을 가진 건축물들에도 아름다운 건축양식이 적용되었다. 현재에도 많은 사람들이 관광지로서 찾을 만큼, 로마시민들의 위락시설들에는 다양하고 아름다운 건축양식들이 적용되었다.

① 역사적 순서대로 주제의 변천에 대해서 서술하고 있다.
② 전문가의 말을 인용하여 신뢰도를 높이고 있다.
③ 비유적인 표현 방법을 사용하여 문학적인 느낌을 주고 있다.
④ 현대에서 찾을 수 있는 건축물의 예시를 들어 독자의 이해를 돕고 있다.
⑤ 시대별 건축양식을 비교하여 서술하고 있다.

09 다음 중 밑줄 친 부분이 의미하는 내용으로 가장 적절한 것은?

사진이 아주 강력한 힘을 발휘할 때가 있다. 사람의 눈으로 도저히 볼 수 없는 세계를 펼쳐 보일 때이다. 영월에서 열리는 동강국제사진제(7월 5일 ~ 9월 29일)에서도 이런 사진을 보았다. 독일 예술대학에 처음으로 사진학과를 창설한 쿤스트아카데미 뒤셀도르프(베어학파) 출신 작가들의 사진이 전시된 국제주제전에 걸린 클라우디아 페렌켐퍼의 사진에 나는 압도당했다. 소형 곤충 사진인데, 눈으로는 관측 불가능한 영역이 거대하게 확대되어 포착되었다. 이런 사진을 '포토 매크로그래피'라 부르는데 요즘 유행하는 예술적인 과학 사진의 가장 흔한 형태 중 하나이다. 쉽게 현미경 사진이라 생각하면 된다. 요즘은 수백만 배를 확대해 원자도 관측이 가능하다.

인류는 수많은 사진을 찍었지만 세상을 바꾼 사진의 목록에는 과학 사진이 다수를 차지한다. 1915년 알베르트 아인슈타인은 '일반 상대성 이론'을 발표해 중력이 공간을 휘게 한다고 주장했다. 아인슈타인은 수성의 근일점에 매우 미세한 차이가 있고 이것은 바로 중력이 빛을 휘어지게 하기 때문이라고 했다. 아직은 가설이었다. 영국 왕립천문학회 소속 천문학자 아서 스탠리 에딩턴이 검증에 나섰다. 그는 1919년 대형 카메라와 탐사대를 이끌고 아프리카의 오지 섬 프린시페로 배를 타고 가 한 달간 촬영 준비를 한 끝에 6분간 일식 사진을 찍었다. 이 사진을 통해 별빛이 태양에 의해 휜다는 것을 포착했다. '과학 사진이 바로 이런 것이다.'라고 증명한 쾌거였다. 이 사진으로 아인슈타인의 주장은 가설에서 이론이 되었다.

그 후로도 인류에 큰 영향을 끼친 과학 사진은 많았다. 그중에서도 우주배경복사의 불균일성을 발견한 사진이 압권이었다. 우주 생성은 늘 과학자들의 연구 대상이었다. '빅뱅 이론'은 우주가 대폭발로 생겼다고 본다. 어떻게 증명할 것인가? 먼저 러시아 출신의 미국 물리학자 조지 가모는 대폭발 이후 광자의 형태로 방출된 복사(우주배경복사)의 일부가 우주에 남아 있다는 가설을 제시했다. 1964년 미국 벨연구소의 아노 펜지어스와 로버트 윌슨은 4,080MHz 대역에서 들려오는 초단파 잡음이 우주에서 온다는 것을 알면서 우주배경복사를 발견했다. 그런데 우리 우주에 항성과 행성이 있기에 우주배경복사는 균일하지 않아야 한다. 과학자들의 다음 목표는 우주배경복사의 미세한 온도 차이 확인이었다. 이를 위해 1989년 미국 물리학자 조지 스무트가 주도한 '코비 프로젝트'가 시작되었다. 미국 항공우주국(나사)이 쏘아 올린 우주망원경 코비가 사진을 전송했고, 그 사진에서 10만 분의 1 정도 온도 차를 발견했다. 이 사진은 우리가 보는 가시광선이 아니라 '태초의 빛'의 흔적인 마이크로파를 찍은 것이었다. 이런 과학 사진을 비가시광선 사진이라 부른다.

과학 사진은 생경하다. 인간이 전에 본 일이 없기 때문이다. 그래서 아름답다. 이 또한 전에 느껴보지 못한 아름다움이다. <u>이런 미학</u>은 재빠르게 기존 예술의 틈으로 파고들어 갈 것이다. 사진이 회화에 비해 압도적으로 유리한 자리를 차지할 수 있는 분야이기도 하다.

① 과학의 힘으로 세상이 변화하는 모습
② 한 장의 사진에서 느껴지는 사진사의 의도
③ 가시광선에 의한 색감의 조화
④ 인간의 눈으로 확인할 수 없는 세계가 지닌 아름다움
⑤ 인간의 눈에서 보이는 자연 그대로의 모습

10 다음 글의 중심 내용으로 가장 적절한 것은?

> 그리스 철학의 집대성자라고도 불리는 철학자 아리스토텔레스는 자연의 모든 물체는 '자연의 사다리'에 의해 계급화되어 있다고 생각했다. 자연의 사다리는 아래서부터 무생물, 식물, 동물, 인간, 그리고 신인데, 이러한 계급에 맞춰 각각 일정한 기준을 부여했다. 18세기 유럽 철학계와 과학계에서는 이러한 자연의 사다리 사상이 크게 유행했으며, 사다리의 상층인 신과 인간에게는 높은 이성과 가치가 있고, 그 아래인 동물과 식물에게는 인간보다 낮은 가치가 있다고 보기 시작했다.
> 이처럼 서양의 자연관은 인간과 자연을 동일시하던 고대에서 벗어나 인간만이 영혼이 있으며, 이에 따라 인간만이 자연을 지배할 수 있다고 믿는 기독교 중심의 중세시대를 지나, 철학자들을 거쳐 점차 인간이 자연보다 우월한 자연지배관으로 모습이 바뀌기 시작했다. 이러한 자연관을 토대로 서양에서는 자연스럽게 산업혁명 등을 통한 대량소비와 대량생산의 경제 성장구조와 가치체계가 발전되어 왔다.
> 동양의 자연관 역시 동양철학과 불교 등의 이념과 함께 고대에서 중세시대를 지나게 되었다. 하지만 서양의 인간 중심 철학과 달리 동양철학과 불교에서는 자연과 인간을 동일선상에 놓거나 둘의 조화를 중요시하여 합일론을 주장했다. 이들의 사상은 노자와 장자의 무위자연의 도, 불교의 윤회사상 등에서 살펴볼 수 있다. 대량소비와 대량생산으로 대표되는 자본주의의 한계와 함께 지구온난화, 자원고갈, 생태계 파괴가 대두되는 요즘 동양의 자연관이 주목받고 있다.

① 서양철학에서 나타나는 부작용
② 자연의 사다리와 산업혁명
③ 철학과 지구온난화의 상관관계
④ 서양의 자연관과 동양의 자연관의 차이
⑤ 서양철학의 문제점과 동양철학을 통한 해결법

---

11 다음 중 경량전철에 대비되는 PRT의 장점으로 적절하지 않은 것은?

> PRT(Personal Rapid Transit : 소형궤도차량)는 무인 경량전철처럼 제어시스템을 활용하여 무인으로 운행되는 전기차량으로, 소위 개인형 고속 전철이나 무인 고속 택시로 불린다. 전체적인 형태는 놀이동산 등에서 볼 수 있는 모노레일과 비슷하다. PRT의 특징은 저소음인 동시에 배기가스 배출이 없다는 점이며, 설치비 또한 경량전철에 비하여 2분의 1에서 4분의 1가량으로 크게 낮은 수준이다.
>
> 크기도 지하철 및 무인 경량전철보다 작으므로 복잡한 도심 속에서도 공간을 확보하기 쉬우며, 자연스럽게 지상에서의 접근성 또한 용이하다. 대개 경량전철의 경우 3층 이상 높이에서 운행되기 때문에 이들을 이용하기 위해서는 계단으로 걸어 올라갈 필요가 있으나, PRT의 경우 2층 높이로 엘리베이터를 통해 승강장까지 오르내리기 쉽다.
>
> PRT의 장점은 운행방식에서도 나타난다. 정해진 시간에 역과 정류소에 정차하는 일반적인 경량전철과 달리 PRT는 승차자가 나타날 경우 차량이 2～30초 내 도착하는 등 택시와 같이 탑승과정이 신속하고 개인적이다. 운행시간에서도 일정시간 동안만 무인 혹은 유인운전으로 운행되는 경량전철과 달리 PRT는 24시간 무인운전을 통해 운행된다는 장점을 내세우고 있다.
>
> 이러한 PRT의 강점이 최초로 주목받기 시작했던 것은 1970년대 미국이었다. 당시 미국에서는 꿈의 교통수단으로 많은 기대를 모았으나, 정작 당시의 철도기술로는 수백 대가 넘는 PRT 차량이 원하는 장소까지 논스톱으로 주행 가능한 무인제어 환경을 구축하는 것이 불가능했고, 수송인원 또한 버스나 지하철에 비해 한정되었기에 상업화가 지연된 상황이었다. 하지만 최근에는 IT기술의 눈부신 발전과 함께 친환경 문제가 대두되며 PRT가 다시금 주목을 받고 있다.

① 탑승자를 원하는 지점에 신속하고 정확하게 데려다 줄 수 있다.
② 경량전철에 비하여 최대 4분의 1가량 설치비가 저렴하다.
③ 무인운전을 통해 운행되기 때문에 무인 경량전철에 비해 많은 인건비를 절감할 수 있다.
④ 소음이 적고 경량전철보다 작기 때문에 복잡한 도심 속에서도 운행이 가능하다.
⑤ 탑승자의 접근성이 경량전철에 비해 용이하다.

12 다음 중 민속문화와 대중문화의 차이로 적절하지 않은 것은?

문화는 하나의 집단을 이루는 사람들의 독특한 전통을 구성하는 관습적 믿음, 사회적 형태, 물질적 특성으로 나타나는 일종의 실체이다. 문화는 모든 사람들의 일상생활에서의 생존활동, 즉 의식주와 관련된 활동들로부터 형성된다. 지리학자들은 특정 사회관습의 기원과 확산, 그리고 특정 사회관습과 다른 사회적 특성들의 통합을 연구한다. 이는 크게 고립된 촌락 지역에 거주하는 규모가 작고 동질적인 집단에 의해 전통적으로 공유되는 민속문화(Folk Culture), 특정 관습을 공유하는 규모가 크고 이질적인 사회에서 나타나는 대중문화(Popular Culture)로 구분된다.

다수의 민속문화에 의해 지배되는 경관은 시간의 흐름에 따라 거의 변화하지 않는다. 이에 비해 현대의 통신매체는 대중적 관습이 자주 변화하도록 촉진시킨다. 결과적으로 민속문화는 특정 시기에 장소마다 다양하게 나타나는 경향이 있지만, 대중문화는 특정 장소에서 시기에 따라 달라지는 경향이 크다.

사회적 관습은 문화의 중심지역, 즉 혁신의 발상지에서 유래한다. 민속문화는 흔히 확인되지 않은 기원자를 통해서, 잘 알려지지 않은 시기에, 출처가 밝혀지지 않은 미상의 발상지로부터 발생한다. 민속문화는 고립된 장소로부터 독립적으로 기원하여 여러 개의 발상지를 가질 수 있다. 예를 들어, 민속 노래는 보통 익명으로 작곡되며 구두로 전파된다. 노래는 환경 조건의 변화에 따라 다음 세대로 전달되며 변형되지만, 그 소재는 대다수 사람들에게 익숙한 일상생활의 사건들로부터 빈번하게 얻어진다.

민속문화와 달리 대중문화는 대부분이 선진국, 특히 북아메리카, 서부 유럽, 일본의 산물이다. 대중음악과 패스트푸드가 대중문화의 좋은 예이다. 대중문화는 산업기술의 진보와 증가된 여가시간이 결합하면서 발생한 것이다. 오늘날 우리가 알고 있는 대중음악은 1900년경에 시작되었다. 그 당시 미국과 서부 유럽에서 대중음악에 의한 엔터테인먼트는 영국에서 뮤직 홀(Music Hall)로 불리고, 미국에서 보드빌(Vaudeville)이라고 불린 버라이어티쇼였다. 음악 산업은 뮤직홀과 보드빌에 노래를 제공하기 위해 뉴욕의 틴 팬 앨리(Tin Pan Alley)라고 알려진 구역에서 발달하였다. 틴 팬 앨리라는 명칭은 송 플러거(Song Plugger : 뉴욕의 파퓰러 송 악보 출판사가 고용한 선전 담당의 피아니스트)라고 불린 사람들이 악보 출판인들에게 음악의 곡조를 들려주기 위해 격렬하게 연타한 피아노 사운드로부터 유래하였다.

많은 스포츠가 고립된 민속문화로 시작되었으며, 다른 민속문화처럼 개인의 이동을 통해 확산되었다. 그러나 현대의 조직된 스포츠의 확산은 대중문화의 특징을 보여준다. 축구는 11세기 잉글랜드에서 민속문화로 시작되었으며, 19세기 전 세계 대중문화의 일부가 되었다. 축구의 기원은 명확하지 않다. 1863년 다수의 브리티시 축구 클럽들이 경기 규칙을 표준화하고, 프로 리그를 조직하기 위해 풋볼협회(Football Association)를 결성하였다. 풋볼 협회의 'Association' 단어가 축약되어 'Assoc'으로, 그리고 조금 변형되어 마침내 'Soccer'라는 용어가 만들어졌다. 여가시간 동안 조직된 위락 활동을 공장 노동자들에게 제공하기 위해 클럽들이 교회에 의해 조직되었다. 영국에서 스포츠가 공식적인 조직으로 만들어진 것은 축구가 민속문화에서 대중문화로 전환된 것을 나타낸다.

① 민속문화는 규모가 작고, 동질적인 집단에 의해 전통적으로 공유된다.

② 대중문화는 서부 유럽이나 북아메리카 등 선진국에서 발생하였다.

③ 민속문화는 출처가 밝혀지지 않은 미상의 발상지로부터 발생한다.

④ 민속문화는 대중문화로 변하기도 한다.

⑤ 민속문화는 특정 장소에서 시기마다 달라지는 경향이 있지만, 대중문화는 특정 시기에서 장소에 따라 다양해지는 경향이 크다.

※ 다음은 N스크린(스마트폰, VOD, PC)의 영향력을 파악하기 위한 방송사별 통합시청점유율과 기존시청
점유율에 대한 자료이다. 이어지는 질문에 답하시오. **[13~14]**

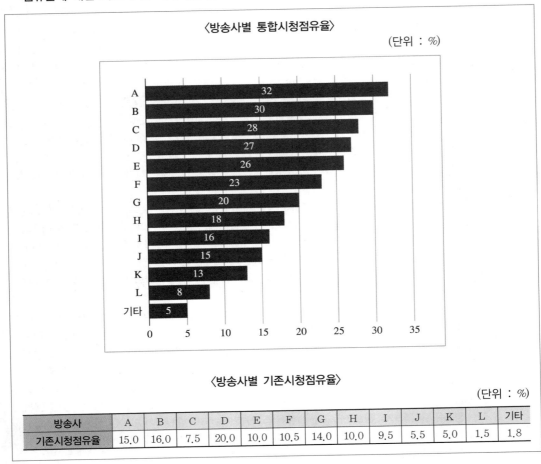

〈방송사별 통합시청점유율〉
(단위 : %)

〈방송사별 기존시청점유율〉
(단위 : %)

방송사	A	B	C	D	E	F	G	H	I	J	K	L	기타
기존시청점유율	15.0	16.0	7.5	20.0	10.0	10.5	14.0	10.0	9.5	5.5	5.0	1.5	1.8

ㅣ 수리능력

13 다음 중 방송사별 시청점유율에 대한 설명으로 옳지 않은 것은?

① 통합시청점유율 순위와 기존시청점유율 순위가 같은 방송사는 B, J, K이다.

② 기존시청점유율이 가장 높은 방송사는 D이다.

③ 기존시청점유율이 다섯 번째로 높은 방송사는 F이다.

④ 기타를 제외한 통합시청점유율과 기존시청점유율의 차이가 가장 작은 방송사는 G이다.

⑤ 기타를 제외한 통합시청점유율과 기존시청점유율의 차이가 가장 큰 방송사는 A이다.

14 다음은 N스크린 영향력의 범위를 표시한 그래프이다. (가) ~ (마)의 범위에 포함될 방송국을 바르게 짝지은 것은?

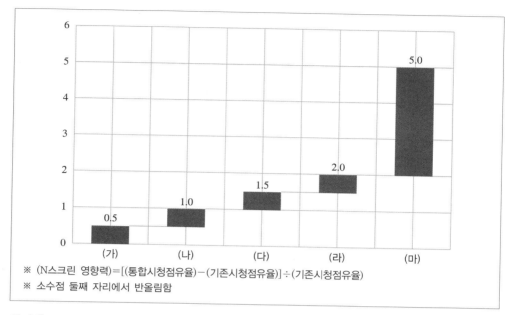

※ (N스크린 영향력)=[(통합시청점유율)−(기존시청점유율)]÷(기존시청점유율)
※ 소수점 둘째 자리에서 반올림함

① (가)=A

② (나)=C

③ (다)=F

④ (라)=H

⑤ (마)=K

15 K씨는 TV를 구매하였다. TV의 가로와 세로 비율은 4 : 3이고 대각선은 40인치이다. 이 TV의 가로와 세로 길이의 차이는 몇 cm인가?(단, 1인치는 2.5cm이다)

① 10cm

② 20cm

③ 30cm

④ 40cm

⑤ 50cm

16 회사 전체 사원을 대상으로 한 명을 뽑았을 때, 신입사원이면서 남자일 확률은?

> • 전체 사원 중 한 명을 뽑았을 때, 신입사원일 확률은 0.8이다.
> • 기존 사원 중 한 명을 뽑았을 때, 여자일 확률은 0.6이다.
> • 전체 사원 중 한 명을 뽑았을 때, 남자일 확률은 0.4이다.

① 20%   ② 30%

③ 40%   ④ 50%

⑤ 60%

17 다음 〈조건〉을 토대로 K씨가 하루에 섭취할 수 있는 카페인으로 마실 수 있는 커피의 경우의 수는?(단, 최소한 한 가지 종류의 커피만을 마시는 경우까지 포함한다)

> **조건**
> • K씨는 하루에 400mg의 카페인을 섭취할 수 있다.
> • K씨는 오늘 이미 200mg의 카페인을 섭취하였다.
> • 인스턴트 커피의 카페인 함유량은 50mg이다.
> • 핸드드립 커피의 카페인 함유량은 75mg이다.

① 6가지   ② 7가지

③ 8가지   ④ 9가지

⑤ 10가지

18 M씨는 뒷산에 등산을 갔다. 오르막길 A는 1.5km/h로 이동하였고, 내리막길 B는 4km/h로 이동하였다. A로 올라가 정상에서 쉬고, B로 내려오는 데 총 6시간 30분이 걸렸으며, 정상에서는 30분 동안 휴식을 하였다. 오르막길과 내리막길이 총 14km일 때, 오르막길 A의 거리는?

① 2km   ② 4km

③ 6km   ④ 8km

⑤ 10km

19 K병원은 다음과 같은 내용으로 저소득층 지원 사업을 시행하려고 한다. 〈보기〉 중 이 사업의 지원을 받을 수 있는 사람을 모두 고르면?

〈저소득층 지원 사업〉

• 사업개요
  저소득층을 대상으로 K병원에서 자체적으로 시행하는 의료 지원 사업
• 지원내역
  – 진료비 전액 지원(입원비 제외)
  – 출장 진료 가능
  – 약, 수술 등의 비용은 제외
• 지원대상
  – A지역 거주민만 해당
  – 차상위계층
  – 장애인
  – 기초생활 수급자
  – 한부모 가정
  – 청소년 가장
• 유의점
  – 한 가구에 한 명만 지원받을 수 있습니다.
  – 지원대상의 부양가족도 지원받을 수 있습니다.

보기

ㄱ. 저는 A지역에서 살다가 B지역으로 이사한 고등학생입니다. 이번에 몸이 아파서 진찰을 받으려고 합니다.
ㄴ. A지역에서 홀로 할아버지를 모시고 사는 청년입니다. 차상위계층에 속하는데 할아버지께서 거동이 불편하셔서 출장 진료를 부탁하려 합니다.
ㄷ. 혼자 애를 기르고 있는 사람으로, A지역에 거주합니다. 아기가 열이 많이 나서 K병원에 입원시키려고 합니다.
ㄹ. 기초생활 수급을 받고 있는 A지역의 4인 가족입니다. 단체로 진료를 받고 가장 진료비가 많이 나온 가족의 비용을 지원받고 싶습니다.

① ㄱ, ㄴ   ② ㄱ, ㄷ
③ ㄴ, ㄷ   ④ ㄴ, ㄹ
⑤ ㄷ, ㄹ

※ 어떤 의사는 다음 규칙으로 회진을 한다. 이를 보고 이어지는 질문에 답하시오. [20~21]

〈병실 위치〉

101호	102호	103호	104호
105호	106호	107호	108호

〈환자 정보〉

환자	호실	일정
A	101호	09:00 ~ 09:40 정기 검사
B	107호	11:00 ~ 12:00 오전 진료
C	102호	10:20 ~ 11:00 오전 진료
D	106호	10:20 ~ 11:00 재활 치료
E	103호	10:00 ~ 10:30 친구 문병
F	101호	08:30 ~ 09:45 가족 문병

〈회진 규칙〉

- 회진은 한 번에 모든 환자를 순서대로 순회한다.
- 101호부터 회진을 시작한다.
- 같은 방에 있는 환자는 연속으로 회진한다.
- 회진은 9시 30분부터 12시까지 완료한다.
- 환자의 일정이 있는 시간은 기다린다.
- 회진은 환자 한 명마다 10분이 소요된다.
- 각 방을 이동할 때 옆방(예 105호 옆방은 106호)은 행동 수치 1이, 마주보는 방(예 104호 마주보는 방은 108호)은 행동 수치 2가 소요된다(시간에 적용하지는 않는다).
- 방을 이동하는 데 소요되는 행동 수치가 가장 적게 되도록 회진한다.

▎문제해결능력

20 다음 중 의사가 세 번째로 회진하는 환자는?(단, 주어진 규칙 외의 다른 조건은 고려하지 않는다)

① B환자
② C환자
③ D환자
④ E환자
⑤ F환자

▎문제해결능력

21 다음 중 의사의 회진에 대한 설명으로 옳은 것은?

① 의사가 마지막으로 회진하는 환자는 E환자이다.
② 의사가 네 번째로 회진하는 환자는 B환자이다.
③ 회진은 11시 전에 모두 마칠 수 있다.
④ E환자의 회진 순서는 B환자보다 먼저이다.
⑤ 10시부터 회진을 시작하면 마지막에 회진받는 환자가 바뀐다.

22 다음은 직원 A의 퇴직금에 대한 자료이다. 직원 A가 받을 퇴직금은 얼마인가?(단, 직원 A는 퇴직금 조건을 모두 만족하고, 주어진 조건 외에는 고려하지 않으며, 1,000원 미만은 절사한다)

〈퇴직금 산정기준〉

• 근무한 개월에 따라 1년 미만이라도 정해진 기준에 따라 지급한다.
• 평균임금에는 기본급과 상여금, 기타수당 등이 포함된다.
• 실비에는 교통비, 식비, 출장비 등이 포함된다.
• 1일 평균임금은 퇴직일 이전 3개월간에 지급받은 임금총액을 퇴직일 이전 3개월간의 근무일수의 합으로 나눠서 구한다.
• 1일 평균임금 산정기간과 총 근무일수 중 육아휴직 기간이 있는 경우에는 그 기간과 그 기간 중에 지급된 임금은 평균임금 산정기준이 되는 기간과 임금의 총액에서 각각 뺀다.
• 실비는 평균임금에 포함되지 않는다.
• (퇴직금)=(1일 평균임금)$\times 30$일$\times \dfrac{(총\ 근무일수)}{360일}$

〈직원 A의 월급 명세서〉

(단위 : 만 원)

구분	월 기본급	상여금	교통비	식비	기타수당	근무일수	기타
1월	160	–	20	20	25	31일	–
2월	160	–	20	20	25	28일	–
3월	160	–	20	20	25	31일	–
4월	160	–	20	20	25	22일	–
5월	160	–	20	20	–	16일	육아휴직 (10일)
6월	160	160	20	20	25	22일	7월 1일 퇴직

① 1,145,000원
② 1,289,000원
③ 1,376,000원
④ 1,596,000원
⑤ 1,675,000원

23 오늘 철도씨는 종합병원에 방문하여 A ~ C과 진료를 모두 받아야 한다. 〈조건〉이 다음과 같을 때, 가장 빠르게 진료를 받을 수 있는 경로는?(단, 주어진 조건 외에는 고려하지 않는다)

조건

• 모든 과의 진료와 예약은 오전 9시 시작이다.
• 모든 과의 점심시간은 오후 12시 30분부터 1시 30분까지이다.
• A과와 C과는 본관에 있고 B과는 별관동에 있다. 본관과 별관동 이동에는 셔틀로 약 30분이 소요되며, 점심시간에는 셔틀이 운행하지 않는다.
• A과는 오전 10시부터 오후 3시까지만 진료를 한다.
• B과는 점심시간 후에 사람이 몰려 약 1시간의 대기시간이 필요하다.
• A과 진료는 단순 진료로 30분 정도 소요될 예정이다.
• B과 진료는 치료가 필요하여 1시간 정도 소요될 예정이다.
• C과 진료는 정밀 검사가 필요하여 2시간 정도 소요될 예정이다.

---

① A − B − C
② A − C − B
③ B − C − A
④ C − A − B
⑤ C − B − A

| 의사소통능력

01 다음 자료를 보고 추론한 내용으로 적절하지 않은 것은?

구분	올더스 헉슬리	조지 오웰
경고	스스로 압제를 환영하며, 사고력을 무력화하는 테크놀로지를 떠받들 것이다.	외부의 압제에 지배당할 것이다.
두려움	굳이 서적을 금지할 이유가 없어지는 것에 대한 두려움	서적 금지에 대한 두려움
	지나친 정보 과잉으로 수동적이고 이기적인 존재가 될 것 같은 두려움	정보 통제에 대한 두려움
	비현실적 상황에 진실이 압도당할 것에 대한 두려움	진실 은폐에 대한 두려움
	가상현실, 약물중독 따위에 몰두함으로 인해 하찮은 문화로 전락할 것에 대한 두려움	통제에 의한 문화가 감옥이 될 것에 대한 두려움
	우리가 좋아서 집착하는 것이 오히려 우리를 파괴할 것에 대한 두려움	우리가 증오하는 것이 우리를 파괴할 것 같은 두려움
통제	즐길 거리를 통해서	고통을 가해서

– 닐 포스트먼, 『죽도록 즐기기』

① 조지 오웰은 개인의 자유가 침해되는 상황을 경계하였다.
② 올더스 헉슬리는 개인들이 통제를 기꺼이 받아들일 것이라고 전망했다.
③ 조지 오웰은 사람들이 너무 많은 정보를 접하는 상황에 대해 두려워했다.
④ 올더스 헉슬리는 쾌락을 통해 사람들을 움직일 수 있다고 보았다.
⑤ 두 사람 모두 사람들은 자기 파멸에 대해 두려움을 느꼈다.

02 다음 글의 내용으로 가장 적절한 것은?

4차 산업혁명에서 '혁명'은 말 그대로 큰 변화를 가져오는 것을 의미한다. 좀 더 풀어 설명하면 산업혁명은 '기술의 등장으로 인한 사회의 큰 변화'를 의미하는 것으로 이해할 수 있다. 사회적인 변화가 있었기 때문에 도시 모습도 당연히 변화됐다. 좀 더 엄밀히 말하면 특정 기술이 사회와 도시 모습을 바꾼 것이다.

1차 산업혁명은 열에너지 기술 등장으로 인한 교통수단과 생산이 자동화되는 시기이다. 이때 철도를 움직이게 하기 위한 교통기반 시설이 갖춰지게 됐다. 2차 산업혁명은 전기 에너지 기반의 컨베이어 벨트 체계가 들어서기 시작할 때이다. 이 시기에는 도시에 공장이 들어섬으로 인해 대량생산이 일어나게 된다. 3차 산업혁명은 '인터넷'이 등장한 시기이다. 전 세계가 연결되고 정보 공유가 활발히 일어났다. 도시 모델 역시 '정보 공유형'의 특성을 가졌다. 이러한 도시를 유 시티(U – City)라고 한다. 유 시티는 '유비쿼터스 시티(Ubiquitous City)'의 줄임말로, 유비쿼터스는 '어디에나 존재하는'이라는 뜻을 가지고 있다. 정리하면 유 시티는 '장소와 시간에 구애받지 않고 시민들에게 정보를 제공하는 도시'로 정의할 수 있는데 인터넷 기술이 도시 모습에 영향을 미쳤음을 알 수 있다.

그렇다면 4차 산업혁명은 무엇이고, 스마트 시티는 기존 유 시티와 어떻게 다를까? 4차 산업혁명은 한마디로 산업 전 분야와 정보통신기술(ICT) 융합으로 생겨난 혁명으로, 핵심기술은 ICBM(IoT·Cloud·BigData·Mobile)이다. ICBM은 사물인터넷, 클라우드, 빅데이터 그리고 모바일이 결합한 기술로 정의하는데, 센서 역할을 하는 사물인터넷이 정보를 모아서 클라우드에 보낸다. 그러면 빅데이터는 이를 분석하고 사용자에게 서비스 형태로 모바일로 제공한다. 얼핏 들으면 기존 인터넷 시대와 다른 점이 없어 보인다. 그러나 두 가지 관점에서 명확히 다르다. 우선 연결 범위가 넓어졌다. 사물인터넷 등장으로 연결되는 기기 수가 증가하고 있다. 과거 인터넷 시대에는 컴퓨터, 휴대전화만 연결 대상이었다. 그러나 지금은 자동차, 세탁기 등이 연결 대상이 되어가고 있다. 참고로 시장 조사 전문 기관 '스태티스타(Statista)'에 따르면 사물인터넷 수는 2020년에 300억 기기가 인터넷으로 연결될 전망이다. 또 하나 인터넷 시대와 다른 점은 정보의 가공 수준이다. 빅데이터는 3V로 정의할 수 있는데, Velocity(속도), Volume(규모) 그리고 Variety(다양성)이다. 실제로는 속도와 규모로 빅데이터 여부를 나누는 것은 애매하다. 중요 부분은 '다양성'이라고 할 수 있는데, 빅데이터는 기계학습을 기반으로 비정형 데이터도 분석할 수 있다는 장점이 있다. 기존 분석 방식은 사람이 입력한 공식에 따라 처리하게 하는 '지식공학'이었다면, 현재 주목받는 기계학습 방식은 데이터를 주면 시스템이 알아서 공식을 만들고 문제를 푸는 방식이다. 이러한 방식은 적용 범위를 넓게 할 뿐만 아니라 분석 수준도 깊게 했다. 예를 들어 고양이를 비교하는 시스템을 개발한다고 해 보자. 사람이 고양이를 정의하는 공식을 만들어내는 것은 매우 복잡하고 오차 범위가 넓어서 적용이 어렵다. 반면에 시스템에 수많은 고양이 사진을 주고 스스로 고양이의 정의를 내리게 한다면 어떨까? 바둑 천재 이세돌을 이긴 알파고를 예로 더 들어보자. 사람이 바둑으로 이세돌을 이길 수 있게 공식을 짤 수 있을까? 개발자가 이세돌보다 바둑을 더 잘 두지 않는 이상 어려울 것이다. 정리하면 4차 산업혁명은 '초연결'과 '지능화'라는 특성을 가진다. 그리고 이러한 특성은 스마트 시티에 그대로 적용되는 것이다.

스마트 시티 추진을 위해 반드시 염두에 둬야 할 점은 반드시 '시민'을 중심으로 이뤄져야 한다는 것이다. 두바이는 스마트 시티의 평가지표로 '행복계량기'를 설치해 시민이 행복 정도를 입력할 수 있도록 했다. 한 발 더 나아가 미국 뉴욕시는 뉴욕시민이 'NYC BIG' 앱을 통해 뉴욕의 문제점을 지적하고 서로 논의할 수 있게 했으며, 싱가포르는 '버추얼 싱가포르(3차원 가상도시 플랫폼)'를 통해 국민들에게 정보를 공유하고 제안할 수 있게 하였다.

스마트 시티의 성공은 '인공지능'과의 접목을 통한 기술 향상이 아니다. 스마트 시티 추진의 목적은 바로 시민의 '행복'이다.

① 1차 산업혁명 때는 컨베이어 벨트를 이용한 자동화 기술이 들어섰다.
② 과거 인터넷 시대에는 자동차, 세탁기에만 인터넷 연결이 가능했다.
③ 4차 산업혁명 시대의 도시는 '정보 공유형' 특성을 가진다.
④ 빅데이터는 속도, 규모, 연결성으로 정의할 수 있다.
⑤ 스마트 시티는 인공지능 기술 향상만으로 성공할 수 없다.

03 다음 글을 읽고 추론할 수 없는 것은?

삼국통일을 이룩한 신라는 경덕왕(742~765) 대에 이르러 안정된 왕권과 정치제도를 바탕으로 문화적 황금기를 맞이하게 되었다. 불교문화 역시 융성기를 맞이하여 석굴암, 불국사를 비롯한 많은 건축물과 조형물을 건립함으로써 당시의 문화적 수준과 역량을 지금까지 전하고 있다.

석탑에 있어서도 시원 양식과 전형기를 거치면서 성립된 양식이 이때에 이르러 통일된 수법으로 정착되어, 이후 건립되는 모든 석탑의 근원적인 양식이 되고 있다. 건립된 석탑으로는 나원리 오층석탑, 구황동 삼층석탑, 장항리 오층석탑, 불국사 삼층석탑, 갈항사지 삼층석탑, 원원사지 삼층석탑 그리고 경주 외에 청도 봉기동 삼층석탑과 창녕 술정리 동삼층석탑 등이 있다. 이들은 대부분 불국사 삼층석탑의 양식을 모형으로 건립되었다. 이러한 석탑이 경주에 밀집되어 있는 이유는 통일된 석탑 양식이 지방으로까지 파급되지 못하였음을 보여주고 있다.

이 통일된 수법을 가장 대표하는 석탑이 불국사 삼층석탑이다. 부재의 단일화를 통해 규모는 축소되었으나, 목조건축의 양식을 완벽하게 재현하고 있고, 양식적인 면에서도 초기적인 양식을 벗어나 높은 완성도를 보이고 있다. 그 특징을 살펴보면 첫 번째로 이층기단으로 상·하층기단부가 모두 2개의 탱주와 1개의 우주로 이루어져 있다. 하층기단갑석의 상면에는 호각형 2단의 상층기단면석 받침이, 상층기단갑석의 상면에는 각형 2단의 1층 탑신석 받침이 마련되었고, 하면에는 각형 1단의 부연이 마련되었다. 두 번째로 탑신석과 옥개석은 각각 1석으로 구성되어 있으며, 1층 탑신에 비해 2·3층 탑신이 낮게 만들어져 체감율에 있어 안정감을 주고 있다. 옥개석은 5단의 옥개받침과 각형 2단의 탑신받침을 가지고 있으며, 낙수면의 경사는 완만하고, 처마는 수평을 이루다가 전각에 이르러 날렵한 반전을 보이고 있다. 세 번째로 상륜부는 대부분 결실되어 노반석만 남아 있다.

① 경덕왕 때 불교문화가 번창할 수 있었던 것은 안정된 정치 체제가 바탕이 되었기 때문이다.
② 장항리 오층석탑은 불국사 삼층석탑과 동일한 양식으로 지어졌다.
③ 경덕왕 때 통일된 석탑 양식은 경주뿐만 아니라 전 지역으로 유행했다.
④ 이전에는 시원 양식을 사용해 석탑을 만들었다.
⑤ 탑신부에서 안정감이 느껴지는 것은 아래층보다 위층을 낮게 만들었기 때문이다.

04 다음 글의 내용으로 가장 적절한 것은?

먹거리의 안전에 대한 고민

원산지 표시제, 더 나아가 먹거리에 대한 표시제의 이점은 무엇일까? 원산지나 지리적 표시 제품의 경우, 소비자 입장에서는 더 친근하게 여길 뿐만 아니라 품질에 대한 믿음 역시 강해져 구매로 이어질 가능성이 높다. 표시제는 단순한 제도 차원이 아닌 표시제의 실체에 대한 공감이 전제되어야 하며, 그 실체가 해당 품목의 부류를 대표할 수 있는 전형성을 갖추고 있어야 한다. 이러한 제품이 반복적・지속적으로 소비자들에게 노출될 경우 자연스럽게 뇌에 각인될 수 있다. 바로 단순노출효과가 나타나기 때문이다.

그런데 특히 먹거리가 그 대상이라면 좀 더 복잡해진다. 먹거리는 생명과 직결될 정도로 품질에 대한 관여가 높고, 사람들마다 그 평가기준이 상이하며, 똑같은 개인일지라도 처해있는 상황에 따라 그 기준이 달라진다.

원산지 효과는 선택의 스트레스를 줄여준다

소비자는 불확실한 상황에서 제품이나 서비스 구매에 따른 의사결정을 하는 과정에서 선택의 스트레스를 많이 받게 된다. 흔히 겪게 되는 이와 같은 선택에 따른 스트레스를 야기시키는 주된 이유 중 하나는 선택의 폭이 넓을 때 발생한다. 즉, 제품의 종류가 대여섯 가지일 때보다 20여 가지인 경우, 대안 선택을 결정하기 어려울 뿐 아니라 선택에 따른 후회감 역시 커지게 된다. 비록 최선의 선택 혹은 적어도 차선의 선택일지라도, 선택에서 제외된 나머지 대안들에 대한 미련이 강하게 남아 있기 때문에 후회감으로 나타나게 마련이다.

특히 구입하는 제품이 공산품이 아닌 먹거리인 경우 이러한 스트레스는 더욱 커지게 마련이다. 이때 상당수의 주부들은 마트에서 식료품을 구입하면서 원산지와 생산자 등이 명시된 제품을 주로 선택하게 된다. 그만큼 가시적으로 구분하기 어려운 상황에서 원산지는 하나의 믿음에 대한 징표로 작용된다고 여기기 때문이다.

원산지 효과는 유명 브랜드에 버금가

일반적으로 원산지나 생산자 정보와 같은 생산여건이 소비자의 선택에 미치는 영향은 어느 정도일까? 일반적으로 명품이나 브랜드를 보고 구입하는 것과 유사한 양상을 띨까? 과연 원산지 효과는 어느 정도일까? 이에 대한 대답은 원산지나 생산자 정보가 선택에 따른 스트레스를 얼마나 줄여줄 수 있으며, 이로 인해 의사결정을 얼마나 신속하게 진행시킬 수 있느냐에 달려 있다. 선택에 따른 스트레스는 우리들로 하여금 선택을 망설이게 하거나 잘못된 대안을 선택하게 만들기 때문이다.

더 비싸더라도 원산지 표시 제품을 사는 이유

원산지나 지리적 표시제 혹은 환경인증제를 포함한 각종 인증 마크가 있는 경우, 일반 제품에 비해 가격이 10% 정도 비싸지만 판매량은 더 높다고 한다. 이처럼 소비자가 그 비용을 흔쾌히 감수하려는 이유는 뭘까? 또 소비자들이 비싸게 주면서 얻고자 하는 것은 뭘까? 이 역시 선택의 스트레스를 줄이려는 노력과 무관치 않다. 제품으로부터 얻게 될 이득보다 혹시나 발생할지 모르는 손실이나 손해를 더 두려워하는 소비자의 심리 때문이다.

소비자들은 원산지나 지리적 표시제를 시행하는 농수산물이 10% 정도 더 비싸더라도 손쉽게 손이 간다. 특히 먹거리인 경우에는 가시적 품질지표가 부족하기 때문에 손실회피성향이 더 강하게 나타날 수 있기 때문이다. 더욱이 먹거리는 사람의 생명이나 가족의 건강과도 직결되는 제품 특성으로 인해 품질이나 신뢰에 대한 관여가 높다. 따라서 비록 10% 더 비싼 가격을 치르더라도 혹여나 있을지 모를 손실을 회피할 수 있는 안전장치로 가시적 표시인 원산지나 지리적 표시제를 선호하게 된다. 뿐만 아니라 소비자는 가격 – 품질의 연상 인식이 강하게 작용하기 때문에 비싼 만큼 품질 역시 더 좋을 것이라고 쉽게 믿게 된다.

원산지와 지리적 표시제에는 더 큰 책임감이 따른다

만약 원산지 효과가 소비자에게 부정적으로 비춰질 경우, 특히 이러한 제품이 먹거리일 경우 소비자들이 겪게 되는 심리적 고통은 이만저만이 아니다. 일반 제품에 대한 소비자들의 불만이나 불신은 제품 불매운동처럼 극단적인 상황으로 이어질 가능성이 상대적으로 낮다. 하지만 먹거리처럼 원산지 표시가 매우 중요한 판단 지표로 작용되는 제품인 경우 소비자들의 불신은 매우 커진다. 단순히 불평불만에 그치지 않고 이보다 더 강력한 불평 행동을 하게 된다. 물론 재구매는 꿈도 꾸기 어려운 상황일 것이다. 품질이나 디자인이 조금 맘에 들지 않는다면 험담이나 회사에 불평을 제기하거나 환불 / 교환 등을 하겠지만, 원산지를 속인 먹거리는 두 번 다시 구매목록에 오르지 못할 것이다. 따라서 원산지나 지리적 표시제를 시행하는 생산자 입장에서는 소비자들의 믿음과 신뢰를 얻기 위해서 더욱 막강한 책임감이 필수적이다.

원산지 표시제는 이와 같이 익명성을 탈피시켜 궁극적으로 사회적 태만을 줄일 수 있는 방안이다. 결국 원산지나 지리적 표시제는 생산자에게 유리한 브랜드자산 구축의 계기를 줄 수 있는 동시에, 생산자로 하여금 대소비자 책임감 부여라는 '양날의 칼'로 다가올 것이다.

① 먹거리는 불특정 다수를 상대로 단순노출효과를 이끌어 내기에 효과적이다.
② 소비자는 최선의 선택을 하게 될 경우 후회감이 0이 된다.
③ 소비자의 선택에 따른 스트레스를 줄여 주는 제품은 다른 제품보다 매출량이 높을 것이다.
④ 생산자는 원산지 표시제를 통해 사회적 태만을 소비자에게 전가한다.
⑤ 일반 제품보다 비싼 원산지 표시 제품을 구매할 때, 보통 소비자들은 선택의 스트레스를 더 많이 받는다.

05 다음 글의 내용으로 적절하지 않은 것은?

흰 눈이 센 바람에 휘몰아치며, 영하 20 ~ 40°C를 넘나드는 히말라야 산을 등반하는 산악인들의 인내심과 위험을 무릅쓰면서도 한발씩 내딛는 용기에는 저절로 고개를 숙여 경의를 표하게 된다. 이런 얘기를 들으면서도, 필자는 조금은 다른 면을 생각하면서 고개를 갸웃거린 적이 있었다. 그런 힘든 등반을 하면서 입고 간 옷이 너무 무거웠다거나 보온이 덜 되어 추위를 견디기 힘들었다고, 또 통기성이 충분하지 못해 옷이 땀에 흠뻑 젖었다는 불평을 하는 것을 들어본 적이 없다. 이런 문제가 비교적 잘 해결되고 있는 것을 보면, 등반가들이 입은 옷은 무언가 특수한 처리가 되어 있는 것이 아닐까? 특히 방수와 통기성이라는 서로 모순인 조건을 만족시키는 것을 보면, 등산복에 사용하는 특수한 천의 정체가 궁금해진다.

특수한 기능을 가진 옷감은 주로 고분자의 화학적, 물리적 특성을 이용해 만든다. 이런 옷감들의 제조에는 섬유를 만드는 고분자 재료의 화학 구조는 물론 물리적 구조 또한 매우 중요하다. 방수 – 통기성 의복에 사용된 천의 과학적 디자인은 바람, 비, 체열 손실로부터 우리 신체를 보호해 준다. 이런 기능뿐만 아니라 입은 특수복이 편하게 느껴져야 함도 필수적이다. 방수와 수분 투과성을 동시에 지니는 직물은 크게 세 가지 종류가 있다. 첫 번째가 고밀도 천, 두 번째가 수지 코팅 천, 마지막이 필름 적층 천이다.

고밀도 천으로 방수와 통기성을 지닌 천을 만들 때는 흔히 면이나 합성섬유의 가는 장섬유를 사용하며, 능직법(綾織法)을 사용한다. 면은 물에 젖으므로 방수력이 폴리에스테르(폴리에스터)보다는 뒤지지만, 가는 면사를 사용해 능직법으로 짠 천은 물에 젖더라도 면섬유들이 횡축 방향으로 팽윤해 천의 세공 크기를 줄여 물이 쉽게 투과하지 못해 방수력이 늘어난다. 고밀도 천으로는 2차 세계대전 중 영국 맨체스터에서 개발된 벤타일(Ventail)이 유명하다. 면과 다른 소수성 합성섬유의 경우에는 실의 굵기와 직조법으로 세공 크기를 조절하여 방수력을 늘린다.

고밀도 천과는 다르게, 수지 코팅 천은 고분자 물질을 기본 천 표면에 코팅하여 만든다. 코팅하는 막은 미세 동공막 모양을 가지고 있는 소수성 수지나 동공막을 지니지 않는 친수성 막을 사용하는데, 미세 동공의 크기는 수증기 분자는 통과할 수 있으나 아주 작은 물방울은 통과할 수 없을 정도로 조절한다. 주로 사용되는 코팅 재질은 폴리우레탄이다.

마지막으로 적층 방수 – 통기성 천은 얇은 막층[최대 두께 : $10\mu m(1\mu m=10^{-6}m)$]이 천 가운데에 있으며, 이 적층이 방수 – 통기성을 컨트롤한다. 적층으로 사용하는 막에는 마이크로 세공막과 친수성 막이 널리 사용되고 있다. 마이크로 세공막의 세공 크기는 작은 물방울 크기의 20,000분의 1 정도로 작아 물방울은 통과하지 못하지만, 수증기 분자는 쉽게 통과한다. 마이크로 세공막으로는 폴리테트라플루오로에틸렌과 폴리플루오르화비닐리덴이라는 플루오린(불소, 플루오르)계 합성수지 박막이 주로 사용되며, 대표적 천으로는 널리 알려진 고어 – 텍스(Gore – Tex)가 있다. 친수성 막으로는 흔히 폴리에스테르나 폴리우레탄 고분자 내부에 친수성이 큰 폴리산화에틸렌을 포함할 수 있도록 화학적으로 변형을 가해 사용한다.

방수 – 통기성 직물재료 이야기는 일단 여기서 잠깐 중단하고 이제는 직물 내에서 수증기가 어떻게 움직이는지 알아보자. 수분이 직물을 통해 이동하는 메커니즘은 모세관을 타고 액체기둥이 올라가는 모세관 현상과 같은 원리이다. 모세관의 지름과 내면의 표면에너지에 따라 올라가는 액체기둥의 높이가 결정된다. 지름이 작을수록 액체가 모세관을 따라 잘 올라가는데, 직물에서 섬유가닥 사이의 작은 공간이 모세관 노릇을 하기 때문에 미세 섬유일수록 모세관의 크기가 작아 모세관 현상이 잘 일어난다. 모세관 내부 벽의 표면에너지는 화학구조가 결정하며, 친수성 섬유의 표면은 소수성 섬유 표면보다 표면에너지가 커 수분을 더 쉽게 흡수하지만, 소수성 섬유는 반대로 수분을 흡수하지 않는다.

등산복과 같은 기능성 특수복에서 수분의 제거는 체온을 조절하며 근육의 운동을 돕고, 피로를 지연시키기 때문에 매우 중요하다. 면 같은 천연섬유는 운동량이 약할 때에는 적합하지만, 운동량이 클 때는 폴리에스테르나 나일론 같은 합성섬유가 더 좋다. 합성섬유가 면보다 흡습성이 낮지만 오히려 모세관 현상으로 운동할 때 생기는 땀이 쉽게 제거되기 때문이다.

나일론을 기초 직물로 한 섬유는 폴리에스테르보다 수분에 더 빨리 젖지만, 극세사로 천을 짜면 공기 투과성이 낮아 체온보호 성능이 우수하다. 이런 이유 때문에 등산복보다는 수영복, 사이클링복에 많이 쓰인다. 운동 시 생기는 땀을 피부에서 빨리 제거하려면 흡습성이 좋은 면이나 비스코스 레이온 등이 유리해 보이지만, 이들은 수분을 붙들고 있으려는 특성이 강해 잘 마르지 않는다는 단점도 있다. 이런 이유 때문에 모양이 잘 변하지 않고, 속히 마르는 합성섬유가 기초 직물로 더 넓게 쓰인다.

① 벤타일과 같이 능직법으로 짠 천은 물에 젖게 되면 방수력이 늘어난다.

② 수지 코팅 천은 미세 동공의 크기는 수증기 분자는 통과할 수 있으나 아주 작은 물방울은 통과할 수 없을 정도로 조절한다.

③ 고어 – 텍스와 같은 천은 세공막의 세공 크기가 작은 물방울 크기의 20,000분의 1 정도로 작아 물방울은 통과하지 못하지만, 수증기 분자는 쉽게 통과한다.

④ 폴리에스테르나 나일론 같은 합성섬유는 운동량이 약할 때에는 적합하지만, 운동량이 클 때는 수분에 더 빨리 젖기 때문에 땀이 쉽게 제거되지 않는다.

⑤ 나일론을 기초 직물로 한 섬유는 폴리에스테르보다 수분에 더 빨리 젖으며 수영복이나 사이클링 복에 많이 쓰인다.

※ 다음은 코레일의 맞춤형 우대예약 서비스에 대한 자료이다. 이어지는 질문에 답하시오. **[6~7]**

〈맞춤형 우대예약 서비스(원콜 서비스)〉

- 경로고객 및 장애인 등 인터넷 예약이 어려운 고객을 위한 우대예약 서비스입니다.
- 대상고객
  만 65세 이상의 경로고객, 장애인, 상이등급이 있는 국가유공자
- 가입 방법
  역에 대상자 자격을 확인할 수 있는 신분증, 복지카드, 유공자증 등을 제시하고 서비스를 신청하시기 바랍니다.
- 신청 방법
  역 방문 → 대상자 확인(주민등록증, 복지카드, 국가유공자 등) → 신청서 작성 및 제출 → 개인정보 입력 및 활용 동의 → 결제 신용카드 정보 등록
  ※ 기존 우대서비스 대상자는 추가등록 없이 서비스 이용이 가능함
- 제공서비스
  1. 철도고객센터로 전화 시 상담원 우선 연결
  2. 승차권 대금 결제기한을 열차 출발 20분 전까지 유보
  3. 원콜(One – Call) : 전화상으로 결제·발권(전화 예약 후 역에서 발권하는 불편 개선)

원콜(One – Call) 서비스란?
- 맞춤형 우대서비스 대상자가 철도고객센터에서 전화 예약 후 역에서 대기 후 승차권을 구매해야 하는 불편함을 개선하고, 보다 쉽고 편리하게 열차 이용이 가능하도록 전화상으로 결제·발권이 가능한 원스톱 예약·발권 서비스를 개발
- 대상 고객이 결제·발권까지 원하는 경우
  일반휴대폰 / 코레일톡 미설치자 : '승차권 대용문자' 발권
  코레일톡 설치자(스마트폰) : 승차권 대용문자+스마트폰 티켓 혼용 발권
  ※ 승차권 대용문자 : 승차권 대신 사용이 가능하도록 휴대폰으로 전송하는 문자메시지(열차 내에서는 승차권에 표시된 대상자 이름과 승무원 단말기에 표시된 이름과 신분증을 같이 확인하여 유효한 승차권 여부 및 대상자임을 확인)
  ※ 1회 예약 및 발권 가능 매수는 2매임
  ※ 공공할인(경로, 장애인, 어린이 등)과 중복할인이 되지 않음
- 주의사항
  승차권 전화 예약 후 결제기한 3회 초과로 자동 취소 시 6개월 간 서비스 제한
  ☞ 1월 1일과 7월 1일 기준으로 반기별 예약 부도 실적이 3회 이상인 경우 다음 산정일까지 우대서비스 제한
- 원콜(One – Call) 서비스를 이용한 전화 결제·발권 방법
  ① 철도고객센터 전화 → ② 상담원 자동·우선연결 → ③ 대상자 유형에 따라 예약 안내 → ④ 승차권 예약(상담원) → ⑤ 사전등록된 신용카드 정보로 결제(ARS) → ⑥ 고객의 선택에 따라 상담원 안내에 맞춰 승차권 대용문자 단독 발권 또는 승차권 대용문자+스마트폰 티켓 혼용발권 선택 → ⑦ 발권완료(☞ 고객의 휴대폰으로 승차권과 동일하게 대용으로 사용이 가능한 문자 전송)
  - 코레일톡 사용가능 여부에 따라 '승차권 대용문자' or '승차권 대용문자'+'스마트폰 티켓' 선택
  - 휴대폰을 이용한 승차권 발권을 원하지 않는 경우 전화 예약 후 역창구 발권 가능
  - 열차 내에서는 승차권 대용 문자의 운송정보와 승객의 신분증, 승무원 이동단말기 정보를 동시에 확인하여 정당한 이용 대상자임을 확인(대상자 외 타인 이용 적발 시, 무임승차 적용)

---

06 다음 중 맞춤형 우대예약 서비스에 대한 설명으로 가장 적절한 것은?

① 모든 국가유공자는 해당 서비스를 이용할 수 있다.

② 전화를 통해서는 맞춤형 우대예약 서비스를 이용할 수 없다.

③ 신청을 위해서는 반드시 신분증을 지참하여야 한다.

④ 원콜 서비스를 이용하기 위해서는 반드시 신용카드를 사전등록하여야 한다.

⑤ 해당 서비스 이용에 따른 발권 방식은 이용자가 선택할 수 없다.

07 A씨는 맞춤형 우대예약 서비스를 이용하여 서울에서 대전으로 가는 KTX를 예매하고자 한다. A씨가 전화를 통한 발권 및 결제를 희망한다고 할 때, 다음 〈보기〉에서 적절하지 않은 것을 모두 고르면?

> **보기**
>
> ㄱ. A씨는 철도고객센터에 전화한 후, ARS를 통해서만 승차권 예약이 가능하다.
> ㄴ. 예약한 승차권은 복수의 방식으로 발급받을 수 있다.
> ㄷ. 예약한 승차권은 별도 신청을 통해 타인에게 양도할 수 있다.
> ㄹ. 예약 부도가 반복되는 경우, 서비스 이용이 제한될 수 있다.

① ㄱ, ㄴ   ② ㄱ, ㄷ

③ ㄴ, ㄷ   ④ ㄴ, ㄹ

⑤ ㄷ, ㄹ

08 다음 글의 제목으로 가장 적절한 것은?

요즘은 대체의학의 홍수시대라고 하여도 지나친 표현이 아니다. 우리가 먹거나 마시는 대부분의 비타민제나 건강음료 및 건강보조식품이 대체의학에서 나오지 않은 것이 없을 정도이니 말이다. 이러한 대체요법의 만연으로 한의계를 비롯한 제도권 의료계에서는 많은 경제적 위협을 받고 있다. 대체의학에 대한 정의는 일반적으로 현대의학의 표준화된 치료 이외에 환자들이 이용하는 치료법으로써 아직 증명되지는 않았으나, 혹은 일반 의료의 보조요법으로 과학자나 임상의사의 평가에 의해 증명되지는 않았으나 현재 예방, 진단, 치료에 사용되는 어떤 검사나 치료법 등을 통틀어 지칭하는 용어로 알려져 있다.

그러나 요즈음 우리나라에서 말하는 대체의학은 한마디로 정의하여 전통적인 한의학과 서양의학이 아닌 그 외의 의학을 통틀어 대체의학이라 부르고 있다. 원래는 1970년대 초반 동양의학의 침술이 미국의학계와 일반인들에게 유입되고 특별한 관심을 불러일으키면서 서양의학자들은 이들의 혼잡을 정리하기 위해 서양의학 이외의 다양한 전통의학과 민간요법을 통틀어 '대체의학'이라 부르기 시작했다. 그런 이유로 구미 각국에서는 한의학도 대체의학에 포함시키고 있으나 의료 이원화된 우리나라에서만은 한의학도 제도권 내의 공식 의학에 속하기 때문에 대체의학에서는 제외되고 있다. 서양에서 시작된 대체의학은 서양의 정통의학에서 부족한 부분을 보완하거나 대체할 새로운 치료의학에 대한 관심으로 시작하였으나 지금의 대체의학은 질병을 관찰함에 있어 부분적이기보다는 전일 (全一)적이며 질병 중심적이기보다는 환자 중심적이고 인위적이기보다는 자연적인 치료를 주장하는 인간 중심의 한의학에 관심을 갖게 되면서 전반적인 상태나 영양 등은 물론 환자의 정신적, 사회적, 환경적인 부분까지 관찰하여 조화와 균형을 이루게 하는 치료법으로 거듭 진화하고 있으며 현재는 보완대체의학에서 보완통합의학으로, 다시 통합의학이라는 용어로 변모되어가고 있다.

대체의학을 분류하는 방법이 다양하지만 서양에서 분류한 세 가지 유형으로 구분하여 대표적인 것들을 소개하자면 다음과 같다. 첫째, 동양의학적 보완대체요법으로는 침술, 기공치료, 명상요법, 요가, 아유르베다 의학, 자연요법, 생약요법, 아로마요법, 반사요법, 봉침요법, 접촉요법, 심령치료법, 기도요법 등이 있으며, 둘째, 서양의학적 보완대체요법으로는 최면요법, 신경 – 언어 프로그램 요법, 심상유도 요법, 바이오피드백 요법(생체되먹이 요법), 분자정형치료, 응용운동학, 중금속제거요법, 해독요법, 영양보충 요법, 효소요법, 산소요법, 생물학적 치과치료법, 정골의학, 족부의학, 근자극요법, 두개천골자극 요법, 에너지의학, 롤핑요법, 세포치료법, 테이핑요법, 홍채진단학 등이 있고, 셋째, 동서의학 접목형 보완대체요법으로는 동종요법, 양자의학, 식이요법, 절식요법, 주스요법, 장요법, 수치료, 광선요법, 뇨요법 등의 치료법이 있고, 요즘은 여기에다 미술치료, 음악치료 등의 새로운 치료법이 대두되고 있으며, 이미 일부의 양·한방 의료계에서는 이들 중의 일부를 임상에 접목시키고 있다.

그러나 한의학으로 모든 질병을 정복하려는 우를 범해서는 아니 된다. 한의학으로 모든 질병이 정복되어진다면 서양의학이 존재할 수 없으며 대체의학이 새롭게 21세기를 지배할 이유가 없다. 한의학은 대체의학이 아니다. 마찬가지로 대체의학 역시 한의학이 아니며 서양의학도 아니다. 대체의학은 새로운 의학이다. 우리가 개척하고 정복해야 할 미지의 의학이다.

① 대체의학의 의미와 종류 　　　　② 대체의학이 지니는 문제점
③ 대체의학에 따른 부작용 사례 　　④ 대체의학의 한계와 개선방향
⑤ 대체의학의 연구 현황과 미래

09 다음 글을 읽은 반응으로 가장 적절한 것은?

플라톤의 '파이드로스'에는 소크라테스가 파이드로스에게 문자의 발명에 대한 옛 이야기를 하는 대목이 있다. 이 옛 이야기에 따르면 문자뿐 아니라 숫자와 여러 문명의 이기를 고안해 낸 발명의 신(토이트)이 이집트의 왕(타무스)에게 자신이 발명한 문자를 온 백성에게 사용하게 하면 이집트 백성이 더욱더 현명하게 될 것이라는 이야기를 한다. 그러나 타무스왕은 문자는 인간을 더욱 이성적이게하고 인간의 기억을 확장시킬 도구라는 토이트신의 주앙에 대해 강한 거부감을 표현한다. '죽은' 문자는 백성들을 현명하게 만들기는커녕 도리어 생동감 있고 살아있는 기억력을 퇴보시킬 것이고, 문자로 적혀진 많은 글을 다른 여타의 상황 해석 없이 그저 글로 적혀진 대로만 읽게 되어 원뜻과는 동떨어지게 된다는 오해의 소지가 다분하다는 것이다.

우리 시대의 주요한 화두이기도 한 구어문화(Orality)에 대립되는 문자문화(Literacy)의 비역동성과 수동성에 대한 비판은 이제 막 알파벳이 보급되고 문자문화가 전래의 구술적 신화문화를 대체한 플라톤 시기에 이미 논의되어진 것이다. 실제의 말과 사고는 본질적으로 언제나 실제 인간끼리 주고받는 콘텍스트하에 존재하는데, 문자와 글쓰기는 이러한 콘텍스트를 떠나 비현실적이고 비자연적인 세계 속에서 수동적으로 이뤄진다. 글쓰기와 마찬가지로 인쇄술과 컴퓨터는 끊임없이 동적인 소리를 정지된 공간으로 환원하고, 말을 그 살아있는 현재로부터 분리시키고 있다.

물론 인류의 문자화가 결코 '폐해'만을 낳았던 것은 아니라는 주장도 만만치 않다. 지난 20년간 컴퓨터공학과 인터넷의 발전이 얼마나 우리의 주변을 변화시켰던가. 고대의 신화적이고 구어문화 중심적인 사회에서 문자사회로의 이행기에 있어서 문자의 사용은 신이나 지배자의 명령하는 목소리에 점령되지 않는 자유공간을 만들어 내기도 했다는 주장에 주목할 필요가 있을 것이다.

이러한 주장의 근저에는 마치 소크라테스의 입을 통해서 플라톤이 주장하는 바와 맥이 닿는 것이 아닐까? 언어 행위의 근간이 되는 변증법적 작용을 무시하는 언술행위의 문자적 고착화에 대한 비판은 궁극적으로 우리가 살아가는 세상은 결코 어떠한 규정적인 개념화와 그 기계적인 강제로도 담아낼 수 없다는 것이다. 역으로 현실적인 층위에서의 물리적인 강제의 억압에 의해 말살될 위기에 처한 진리의 소리는 기념비적인 언술행위의 문자화를 통해서 저장되어야 한다는 것이 아닐까?

이러한 문화적 기억력의 여과과정은 결국 삶의 의미에 대한 성찰에 기반한 문화적 구성원들의 가치 판단에 의해서 이뤄질 몫이다. 문화적 기억력에 대한 성찰과 가치 판단이 부재한 시대의 새로운 매체는 단지 댓글 파노라마에 불과할 것이기 때문이다.

① 타무스 왕은 문자를 살아있고 생동감 있는 것으로, 기억력을 죽은 것으로 생각했어.
② 플라톤 시기는 문자문화가 구술적 신화문화를 대체하기 시작한 시기였어.
③ 문자와 글쓰기는 항상 콘텍스트하에서 이뤄지는 행위야.
④ 문자문화로 인해 진리의 소리는 물리적인 강제의 억압에 의해 말살되었어.
⑤ 문화적 기억력이 바탕에 있다면 새로운 매체는 댓글 파노라마로 자리잡을 거야.

10 다음 글의 내용으로 가장 적절한 것은?

> 개인의 소득을 결정하는 데에는 다양한 요인들이 작용한다. 가장 중요한 변수가 어떤 직업일 것이다. 일반적으로 전문직의 경우 고소득이 보장되며 단순노무직의 경우 저소득층의 분포가 많다. 직업의 선택에 영향을 미치는 요인 가운데 가장 중요한 것이 개인의 학력과 능력일 것이다. 그러나 개인의 학력과 능력을 결정하는 배경변수로 무수히 많은 요인들이 작용한다. 그 가운데에서는 개인의 노력이나 선택과 관련된 요인들이 있고 그것과 무관한 환경적 요인들이 있다. 상급학교에 진학하기 위해 얼마나 공부를 열심히 했는가, 어떤 전공을 선택했는가, 직장에서 요구하는 숙련과 지식을 습득하기 위해 얼마나 노력을 했는가 하는 것들이 전자에 해당된다. 반면 부모가 얼마나 자식의 교육을 위해 투자했는가, 어떤 환경에서 성장했는가, 개인의 성이나 연령은 무엇인가 등은 개인의 선택과 무관한 대표적인 환경적 요인일 것이다. 심지어 운(불운)도 개인의 직업과 소득을 결정하는 데 직·간접적으로 작용한다.
>
> 환경적 요인에 대한 국가의 개입이 정당화될 수 있는 근거는 그러한 요인들이 개인의 통제를 벗어난 (Beyond One's Control) 요인이라는 것이다. 따라서 개인이 어찌할 수 없는 이유로 발생한 불리함 (저소득)에 대해 전적으로 개인에게 책임을 묻는 것은 분배정의론의 관점에서 정당하다고 보기 힘들다. 부모의 학력은 전적으로 개인(자녀)이 선택할 수 없는 변수이다. 그런데 부모의 학력은 부모의 소득과 직결되기 쉽고 따라서 자녀에 대한 교육비지출 등 교육투자의 격차를 발생시키기 쉽다. 동일한 능력을 가졌다고 가정했을 때, 가난한 부모에게서 태어나고 성장한 자녀들은 부유한 부모에게서 태어나서 성장한 사람에 비해 본인의 학력과 직업적 능력을 취득할 기회를 상대적으로 박탈당했다고 볼 수 있다. 그 결과 저소득층 자녀들은 고소득층 자녀에 비해 상대적으로 낮은 소득을 얻을 확률이 높다. 이러한 현상이 극단적으로 심화된다면 이른바 빈부격차의 대물림 현상이 나타날 것이다. 이와 같이 부모의 학력이 자녀 세대의 소득에 영향을 미친다면, 자녀 세대의 입장에서는 본인의 노력과 무관한 요인에 의해 경제적 불이익을 당하는 것이다. 기회의 균등 원칙은 이러한 분배적 부정의를 해소하기 위한 정책적 개입을 정당화한다.
>
> 외국의 경우와 비교하여 볼 때, 사회민주주의 국가의 경우에는 이미 현재의 조세 정책으로도 충분히 기회균등화 효과를 거두고 있음을 확인하였다. 반면 미국, 이탈리아, 스페인 등 영미권이나 남유럽 국가의 경우 우리나라의 경우와 유사하거나 더 심한 기회의 불평등 양상을 보여주었다.
>
> 따라서 부모의 학력이 자녀의 소득에 영향을 미치는 효과를 차단하기 위해서는 더욱 적극적인 재정 정책이 필요하다. 세율을 보다 높이고 대신 이전지출의 크기를 늘리는 것이 세율을 낮추고 이전지출을 줄이는 것에 비해 재분배 효과가 더욱 있으리라는 것은 자명한 사실이다. 기회균등화의 관점에서 볼 때 우리나라의 재분배 정책은 훨씬 강화되어야 한다는 시사점을 얻을 수 있다.

① 개인의 학력과 능력은 개인의 노력이나 선택에 의해서 결정된다.

② 사회민주주의 국가의 경우 더 심한 기회의 불평등 양상이 나타나는 것으로 확인된다.

③ 이전지출을 줄이는 것은 세율을 낮추는 것보다 재분배 효과가 더욱 클 것으로 전망된다.

④ 분배정의론의 관점에서 개인의 선택에 의한 불리함에 대해 개인에게 책임을 묻는 것은 정당하지 않다.

⑤ 부모의 학력이 자녀의 소득에 영향을 미치는 현상이 심화된다면 빈부격차의 대물림 현상이 나타날 것이다.

11 다음은 2019년 철도종합시험선로에 대한 글이다. 이를 추론한 내용으로 적절하지 않은 것은?

국토교통부는 3월 15일 오송 철도시설기지에서 철도종합시험선로의 준공식을 개최했다. 준공식에는 국토교통부 철도국장을 비롯해 한국철도시설공단, 한국철도기술연구원 등 국내 유관기관뿐만 아니라 Attila Kiss 국제철도협력기구(OSJD) 사무총장, 미국·중국·러시아 철도연구원 등 국내·외 관계자 300여 명이 참석했다.

준공식을 하루 앞선 14일에는 서울 코엑스 아셈볼룸에서 한국철도기술연구원이 철도종합시험선로의 준공 등을 기념하는 국제 심포지엄을 개최하기도 했다. 그동안 프랑스·독일·미국 등 해외 철도선진국에서는 시험용 철도선로를 구축·운영하여 개발품에 대한 성능시험을 안전하고 신속하게 실시할 수 있도록 지원해 온 반면, 우리나라는 개발품에 대한 성능시험을 시험용 철도선로가 아닌 KTX·전동차 등이 운행하고 있는 영업선로에서 실시함으로써 시험 중 사고의 위험에 노출되어 있고, 충분한 시험시간 확보도 곤란한 문제가 있었다.

이에 따라 국토교통부는 2014년부터 철도종합시험선로 구축사업에 착수하였으며, 2018년까지 총 2,399억 원을 투입해 충북 청원군 ~ 세종시 전동면 일대에 13km 연장의 시험용 선로를 구축했다. 철도종합시험선로에는 급곡선(회전반경 250m)·급구배(경사 35‰) 및 교량(9개)·터널(6개) 등을 설치하여 국내·외에서 요구하는 다양한 종류의 성능시험이 모두 가능하도록 하였으며, 특히, 1개 교량은 새로운 교량형식·공법에 대한 시험이 가능하도록 교량의 교각·상부가 자유롭게 변경될 수 있는 구조로 구축했다.

또한 세계 최초로 고속·일반철도 차량용 교류전력(AC)과 도시철도 전동차용 직류전력(DC)을 모두 공급할 수 있도록 하고, 각종 철도신호·통신장치를 설치함으로써 KTX·전동차 등 다양한 철도차량이 주행할 수 있다. 철도종합시험선로를 구축하고 본격적으로 운영함에 따라 우리나라 철도기술개발을 촉진하고 기술경쟁력을 제고하는 데 기여할 것으로 기대된다. 개발자는 철도종합시험선로에서 원하는 시간에 신속히 기술을 검증할 수 있고, 철도운영기관은 충분히 검증된 기술을 도입함으로써 기술 결함으로 인한 철도사고·장애 등 위험을 최소화할 수 있다. 또한 기존에는 개발자가 해외 수출을 위해 현지에서 실시하던 성능시험을 앞으로는 철도종합시험선로에서 실시함으로써 성능시험에 소요되는 비용과 시간을 절감할 수 있다.

2019년에는 종합시험선로에서 우리나라 기업이 호주에 수출할 전동차량에 대한 주행시험을 실시할 예정으로, 당초 호주 현지에서 실시하기로 했던 시험을 국내에서 실시함으로써 제품의 완성도를 더욱 높이고, 시험 시간도 단축할 수 있을 것으로 예상된다. 국토교통부 관계자는 "철도종합시험선로가 15일 준공식을 시작으로 운영이 본격화되면 철도의 안전 확보와 철도산업 발전에 핵심적인 역할을 할 것으로 기대된다."라고 밝혔다.

① 준공식 하루 전에는 코엑스에서 기념행사가 열렸다.

② 이전에는 실제 승객이 타고 있는 열차와의 사고 위험성이 존재했다.

③ 다른 나라의 시험선로에서는 교류전력과 직류전력이 모두 공급되지 않는다.

④ 시험선로 설치 이전에는 해외에서 시험을 실시해야 하는 경우도 있었다.

⑤ 15일부터 종합시험선로가 운행될 예정이다.

※ 다음 글에 대한 설명으로 가장 적절한 것을 고르시오. [12~13]

12

국토교통부는 도로로 운송하던 화물을 철도로 전환하여 운송하는 사업자 또는 화주들에게 보조금을 지급하기 위한 지원 사업 대상자 선정 공모를 3월 18일(목) ~ 28일(일) 11일간 실시한다. 그리고 공모에 신청한 사업자들의 도로 → 철도 전환물량 등 운송계획 등을 검토한 후 4월 중 지원 대상자를 선정할 계획이라고 밝혔다.

2021년 보조금 지원 총액은 28.8억 원이며, 지원 대상자는 전환화물의 규모 등에 따라 선정하되, 우수물류기업과 중소기업은 각각 예산의 50%와 20% 범위 내에서 우선 선정할 계획이다. 올해에는 최근 철도화물 운송량 지속 감소 등을 감안하여 보조금 지급 기준을 낮추어 지원할 계획이다.

이에 따라 예년보다 철도전환 물량이 늘어난 경우에는 공제율 없이 증가 물량의 100%를 지원 대상으로 산정하도록 제도도 개선하였다. 철도 전환교통 지원 사업은 지구온난화, 에너지위기 등에 대응하여 탄소 배출량이 적고 에너지 효율이 높은 철도물류의 활성화를 위해 철도와 도로의 물류비 차액을 보조, 지급하는 제도이다. 2010년부터 시행하고 있는 본 사업은 작년까지 총 325억 원의 보조금 지원을 통해 76억 톤·km의 화물을 도로에서 철도로 전환하여 약 194만 톤의 탄소 배출을 줄인 바 있다. 이는 약 1백만 대의 화물자동차 운행을 대체한 수치로, 약 3억 그루의 나무심기 효과라고 할 수 있다.

국토교통부 철도운영과는 "온실가스 배출 저감을 실천할 수 있는 전환교통사업에 물류사업자 분들의 적극적인 참여를 기대한다."라면서, "2050 탄소중립을 위해 철도물류의 역할이 어느 때보다 중요한 만큼 재정당국과 협의하여 관련 예산 규모와 지원대상 기업 등을 지속적으로 확대해 나갈 계획이다."라고 밝혔다.

※ 76억 톤·km=총운송량 2,583만 톤×평균 운송거리 295km
※ 화물자동차 1백만 대=총운송량 2,583만 톤÷화물자동차 운송량 24톤/대

① 대상자는 공모가 끝나는 3월 28일에 발표된다.
② 우수물류기업의 경우 예산 20% 내에서 우선 선정할 계획이다.
③ 작년에는 올해보다 대상자에 선정되기가 까다로웠다.
④ 전년보다 철도전환 물량이 늘어난 기업의 경우 전체 물량의 100%를 지원 대상으로 산정한다.
⑤ 이 사업을 통해 작년에만 약 194만 톤의 탄소 배출량이 감소했다.

13

마스크 5부제는 대한민국 정부가 2020년 3월 5일 내놓은 '마스크 수급 안정화 대책'에 포함된 내용이다. 코로나바이러스감염증19 확진자 증가로 마스크 수요가 급증함에도 수급이 불안정한 상황에 따른 대책으로, 2020년 3월 9일부터 5월 31일까지 시행되었다. 원활하지 않은 마스크의 공급으로 인해 구매가 어려워지자 지정된 날에 공적 마스크를 1인당 최대 2개까지만 구입할 수 있도록 제한하였고(2020년 4월 27일부터는 총 3장까지 구매가 가능해졌다), 구매 이력은 전산에 별도 등록되어 같은 주에는 중복 구매가 불가능하며, 다음 주에 구매가 가능했다.

마스크를 구매하기 위해서는 주민등록증이나 운전면허증, 여권 등 법정신분증을 제시해야 했으며, 외국인이라면 건강보험증과 외국인등록증을 함께 보여줘야 했다. 미성년자의 경우 부모의 신분증과 주민등록등본을 지참하여 부모가 동행해서 구매하거나 여권, 청소년증, 혹은 학생증과 주민등록등본을 제시해야 했으며, 본인 확인이 불가능하다면 마스크를 혼자 구매할 수 없었다.

다만, 만 10세 이하의 아이, 80세 이상의 어르신, 장기요양 수급자, 임신부의 경우에는 대리 구매가 가능했다. 함께 사는 만 10살 이하의 아이, 80세 이상의 어르신의 몫을 대신 구매하려면 대리 구매자의 신분증과 주민등록등본 혹은 가족관계증명서를 함께 제시해야 했다. 장기요양 수급자의 경우 대리 구매 시 장기요양인증서를, 장애인은 장애인등록증을 지참하면 되었다. 임신부의 경우 대리 구매자의 신분증과 주민등록등본, 임신확인서를 제시해 대리 구매를 할 수 있었다.

① 4월 27일부터는 날짜에 관계없이 인당 3개의 마스크를 구매할 수 있다.
② 7살인 자녀의 마스크를 구매하기 위해선 가족관계증명서만 지참하면 된다.
③ 마스크를 이미 구매했더라도 대리 구매를 통해 추가로 마스크 구매가 가능하다.
④ 외국인이 마스크를 구매하기 위해선 외국인등록증과 건강보험증을 제시해야 한다.
⑤ 임신부가 사용할 마스크를 대리 구매하기 위해선 총 2개의 증명서를 지참해야 한다.

PART 1

14 다음 글을 읽고 추론한 내용으로 가장 적절한 것은?

> 지난해 12만 마리 이상의 강아지가 버려졌다는 조사 결과가 나왔다. 동물보호 관련 단체는 강아지 번식장 등에 대한 적절한 규제가 필요하다고 주장했다.
>
> 27일 동물권 단체 동물구조119가 동물보호관리시스템 데이터를 분석해 발표한 자료에 따르면 유기견은 2016년에 8만 8,531마리, 2017년에 10만 840마리, 2018년에 11만 8,710마리, 2019년에 13만 3,504마리로 꾸준히 증가하다가 지난해 12만 8,719마리로 감소했다. 단체는 "유기견 발생 수가 작년 대비 소폭 하락했으나 큰 의미를 부여하긴 힘들다."라고 지적했다.
>
> 지난해 유기견 발생 지역은 경기도가 2만 6,931마리로 가장 많았다. 경기 지역의 유기견은 2018년부터 매해 2만 5,000 ~ 2만 8,000마리 수준을 유지하고 있다. 단체는 "시골개, 떠돌이개 등이 지속적으로 유입됐기 때문"이라며 "중성화가 절실히 필요하다."라고 강조했다.

① 경기 지역에서의 유기견 수는 항상 2만 5,000마리 이상을 유지했다.

② 경기 지역은 항상 버려지는 강아지가 가장 많이 발견되는 지역이다.

③ 매년 전체 유기견 수는 증가하는 추세이다.

④ 경기 지역 유기견 수가 감소하지 않는 것은 타 지역에서 지속적인 유입이 있었기 때문이다.

⑤ 적절한 유기견 관련 규제를 마련했음에도 지속적인 문제가 발생하고 있다.

15 A ~ C 세 팀에 대한 근무 만족도 조사를 한 결과 근무 만족도 평균이 다음 〈조건〉과 같을 때 이에 대한 설명으로 옳은 것은?

> **조건**
> • A팀은 근무 만족도 평균이 80이다.
> • B팀은 근무 만족도 평균이 90이다.
> • C팀은 근무 만족도 평균이 40이다.
> • A팀과 B팀의 근무 만족도 평균은 88이다.
> • B팀과 C팀의 근무 만족도 평균은 70이다.

① C팀의 사원 수는 짝수이다.

② A팀의 근무 만족도 평균이 가장 낮다.

③ B팀의 사원 수는 A팀 사원 수의 2배이다.

④ C팀의 사원 수는 A팀 사원 수의 3배이다.

⑤ A ~ C팀의 근무 만족도 평균은 70이 넘지 않는다.

16 다음 자료에 대한 〈보기〉의 설명 중 옳은 것을 모두 고르면?

〈결혼할 의향이 없는 1인 가구의 비중〉

(단위 : %)

구분	2019년		2020년	
	남성	여성	남성	여성
20대	8.2	4.2	15.1	15.5
30대	6.3	13.9	18.8	19.4
40대	18.6	29.5	22.1	35.5
50대	24.3	45.1	20.8	44.9

〈1인 생활 지속기간 예상〉

(단위 : %)

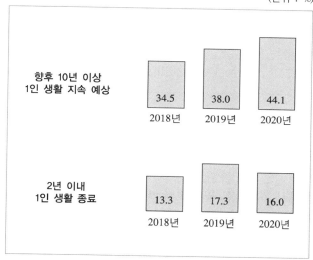

보기

ㄱ. 20대 남성은 30대 남성보다 1인 가구의 비중이 더 높다.
ㄴ. 30대 이상에서 결혼할 의향이 없는 1인 가구의 비중은 여성이 더 높다.
ㄷ. 2020년에서는 40대 남성이 남성 중 제일 높은 1인 가구 비중을 차지한다.
ㄹ. 2년 이내 1인 생활을 종료하는 1인 가구의 비중은 2018년부터 꾸준히 증가하였다.

① ㄱ

② ㄴ

③ ㄱ, ㄴ

④ ㄴ, ㄷ

⑤ ㄷ, ㄹ

※ 다음 자동차 수출 자료를 보고 이어지는 질문에 답하시오. [17~18]

〈자동차 수출액〉

(단위 : 백만 달러)

구분	2019년		2020년		
	3분기	4분기	1분기	2분기	3분기
A사	342	452	163	263	234
B사	213	312	153	121	153
C사	202	153	322	261	312
D사	351	264	253	273	312
E사	92	134	262	317	324

〈자동차 수출 대수〉

(단위 : 백 대)

구분	2019년		2020년		
	3분기	4분기	1분기	2분기	3분기
A사	551	954	532	754	642
B사	935	845	904	912	845
C사	253	242	153	125	164
D사	921	955	963	964	954
E사	2,462	1,816	2,201	2,365	2,707

┃ 수리능력

17 다음 〈보기〉에서 옳지 않은 것은 모두 몇 개인가?(단, 회사별 한 종류의 차만 판매하였다)

보기

ㄱ. 2019년 3분기 전체 자동차 수출액은 2020년 3분기 전체 자동차 수출액보다 적다.

ㄴ. 2020년 1분기에 가장 고가의 차를 수출한 회사는 A사이다.

ㄷ. C사의 자동차 수출 대수는 2019년 3분기 이후 계속 감소하였다.

ㄹ. E사의 자동차 수출액은 2019년 3분기 이후 계속 증가하였다.

① 없음
② 1개
③ 2개
④ 3개
⑤ 4개

18 다음은 자동차 수출 자료를 토대로 만든 표이다. ㉠+㉡+㉢의 값을 구하면?(단, 2020년 4분기 자동차 수출 대수는 2분기 자동차 수출 대수와 같으며, 2019년 1분기와 2분기의 자동차 수출액 합은 2019년 3분기와 4분기의 합과 같다)

〈자료〉

(전체 수출액 단위 : 백만 달러, 전체 수출 대수 단위 : 백 대)

구분	2019년		2020년		
	3분기	4분기	1분기	2분기	3분기
전체 수출액					
전체 수출 대수			㉠		

구분		A사	B사	C사	D사	E사
2019년	전체 수출액	㉡				
	전체 수출 대수					
2020년	전체 수출액					
	전체 수출 대수					㉢

① 13,312

② 15,979

③ 16,197

④ 17,253

⑤ 20,541

19 다음은 사거리 신호등에 대한 정보이다. 오전 8시 정각에 좌회전 신호가 켜졌다면, 오전 9시 정각의 신호로 옳은 것은?

- 정지 신호는 1분 10초 동안 켜진다.
- 좌회전 신호는 20초 동안 켜진다.
- 직진 신호는 1분 40초 동안 켜진다.
- 정지 신호 다음에 좌회전 신호, 좌회전 신호 다음에 직진 신호, 직진 신호 다음에 정지 신호가 켜진다.
- 세 가지 신호는 계속 반복된다.

① 정지 신호가 켜진다.
② 좌회전 신호가 켜진다.
③ 직진 신호가 켜진다.
④ 정지 신호가 켜져 있다.
⑤ 직진 신호가 켜져 있다.

20 K기업에서는 보안을 위해서 8자리의 비밀번호 입력을 요구하고 있다. 비밀번호는 알파벳과 숫자, 특수문자가 각각 1개 이상 구성이 되어있어야 하며 연속된 숫자들은 소수로 구성이 되어야 한다. 다음 중 비밀번호가 될 수 없는 수는?

① Acelot3@

② 17@@ab31

③ 59a41b@@

④ 2a3b5c7!

⑤ 73a@91b@

21 다음은 자동차 등록 대수에 대한 자료이다. 이에 대한 설명으로 옳지 않은 것은?(단, 자동차 1대당 인구 수는 소수점 둘째 자리에서 반올림한다)

〈자동차 등록 대수〉

국가	자동차 등록 대수(만 대)	인구 수(만 명)	자동차 1대당 인구 수(명)
미국	25,034	30,041	1.2
일본	7,625	12,963	1.7
중국	4,735	134,001	( )
독일	4,412	8,383	1.9
이탈리아	4,162	5,827	1.4
러시아	3,835	14,190	3.7
프랑스	3,726	6,334	1.7
영국	3,612	6,140	( )
스페인	2,864	4,582	1.6
브라질	2,778	19,446	7
멕시코	2,557	10,739	4.2
캐나다	2,134	3,414	1.6
폴란드	1,926	3,852	( )
한국	1,687	4,892	( )

① 중국의 자동차 1대당 인구 수는 멕시코의 자동차 1대당 인구 수의 6배 이상이다.

② 폴란드의 자동차 1대당 인구 수는 2명이다.

③ 한국의 자동차 1대당 인구 수는 미국과 일본의 자동차 1대당 인구 수의 합과 같다.

④ 폴란드의 자동차 1대당 인구 수는 러시아와 스페인 전체 인구에서의 자동차 1대당 인구 수보다 적다.

⑤ 한국의 자동차 1대당 인구 수는 러시아와 스페인 전체 인구에서의 자동차 1대당 인구 수보다 적다.

※ 다음은 방송 서비스 시장 매출액에 대한 자료이다. 이어지는 질문에 답하시오. **[22~23]**

〈방송 서비스 시장 매출액〉

(단위 : 십억 원)

통계분류별 매출액		2020년
방송사 매출액	소계	942,790
	판매수입	913,480
	라이선스 수입	7,577
	간접광고 수입	5,439
	협찬	5,726
	기타	10,568
방송사 이외 매출액	소계	588,632
	판매수입	430,177
	기타	158,455
합계		1,531,422

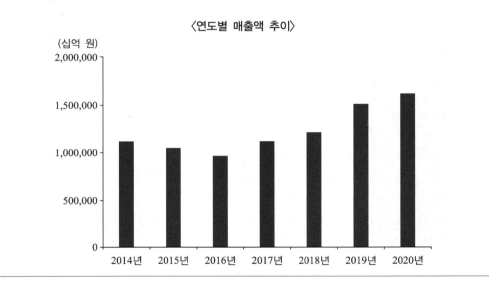

〈연도별 매출액 추이〉

22 다음 자료를 보고 판단한 내용으로 옳지 않은 것은?(단, 소수점 둘째 자리에서 반올림한다)

① 방송사 매출액은 전체 매출액의 60% 이상이다.

② 라이선스 수입은 전체 매출액의 약 0.5%이다.

③ 방송사 이외 매출액은 전체 매출액의 25% 이상이다.

④ 방송사의 기타수입은 방송사 매출액의 약 0.7%이다.

⑤ 매출액은 2016년이 가장 낮다.

23 2018 ~ 2019년 방송 서비스 시장 매출액 정보이다. 이에 대한 설명으로 옳지 않은 것은?

〈2018 ~ 2019년 방송 서비스 시장 매출액〉

(단위 : 십억 원)

통계분류별 매출액		2018년	2019년
합계		(가)	(나)
방송사 매출액	소계	748,208	(다)
	판매수입	( )	819,351
	라이선스 수입	6,356	4,881
	간접광고 수입	3,413	22,793
	협찬	(라)	5,601
	기타	4,818	3,248
방송사 이외 매출액	소계	395,290	572,939
	판매수입	182,949	404,403
	기타	(마)	168,536

① (가)는 (나)보다 작다.

② (다)와 2018년 방송사 매출액의 차이는 100,000십억 원 이상이다.

③ (라)는 2020년 협찬 매출액보다 작다.

④ (마)는 2020년 방송사 이외 판매수입보다 작다.

⑤ 2019년 방송사 매출액 판매수입은 (마)의 3배 이상이다.

24 K씨의 부서는 총 7명이며, 회사 차를 타고 미팅 장소로 이동하려고 한다. 운전석에는 운전면허증을 가진 사람이 앉고, 한 대의 차량으로 모두 이동한다. 다음 〈조건〉에 따라 회사 차에 앉을 때 K씨가 부장님의 옆자리에 앉지 않을 확률은?

> **조건**
> • 운전면허증을 가지고 있는 사람은 K씨를 포함하여 3명이다.
> • K씨 부서의 부장님은 1명이다.
> • 부장님은 운전면허증을 가지고 있지 않으며 조수석인 ★ 자리에 앉지 않는다.
>
> 〈회사 차 좌석〉
>
>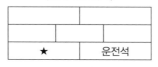

① 0.3   ② 0.45
③ 0.5   ④ 0.7
⑤ 0.84

25 K사진사는 다음과 〈조건〉과 같이 사진을 인화하여 고객에게 배송하려고 한다. 5×7 사이즈 사진은 최대 몇 장을 인화할 수 있는가?

> **조건**
> • 1장 인화하는 가격은 4×6 사이즈는 150원, 5×7 사이즈는 300원, 8×10 사이즈는 1,000원이다.
> • 사진을 인화하는 데 드는 총비용은 21,000원이며, 배송비는 무료이다.
> • 각 사진 사이즈는 적어도 1장 이상 인화한다.

① 36장   ② 42장
③ 48장   ④ 59장
⑤ 61장

26 K씨는 마스크 5부제에 따라 3월 9일이 월요일인 주의 평일에 공적마스크를 구매했다. K씨가 다음에 구입할 수 있는 날짜와 출생 연도 끝자리가 바르게 연결된 것은?

- 공적마스크를 구매하는 인원을 제한하기 위해 마스크 5부제를 실시하고 있다.
- 마스크를 1차로 구매하고, 36일 이후에 마스크를 2차로 구매했다.
- 주중에 구매하지 못한 사람은 주말에 구매할 수 있다.
- 주말은 토요일, 일요일이다.

〈마스크 구매 가능 요일〉

태어난 연도의 끝자리	구매 가능 요일	태어난 연도의 끝자리	구매 가능 요일
1, 6	월요일	2, 7	화요일
3, 8	수요일	4, 9	목요일
5, 0	금요일	–	–

① 4월 7일 − 2

② 4월 23일 − 4

③ 5월 7일 − 9

④ 5월 13일 − 3

⑤ 5월 15일 − 0

27 K기업의 1 ~ 3년 차 근무를 마친 사원들은 인사이동 시기를 맞아 근무지를 이동해야 한다. 근무지 이동 규정과 각 사원들이 근무지 이동을 신청한 내용이 다음과 같을 때, 이에 대한 설명으로 옳지 않은 것은?

<근무지 이동 규정>

- 수도권 지역은 여의도, 종로, 영등포이고, 지방 지역은 광주, 제주, 대구이다.
- 2번 이상 같은 지역을 신청할 수 없다. 예 여의도 → 여의도(×)
- 3년 연속 같은 수도권 지역이나 지방 지역을 신청할 수 없다.
- 2, 3년 차보다 1년 차 신입 및 1년 차 근무를 마친 직원이 신청한 내용을 우선적으로 반영한다.
- 1년 차 신입은 전년도 평가 점수를 100점으로 한다.
- A ~ E직원은 서로 다른 곳에 배치된다.
- 같은 지역으로의 이동을 신청한 경우 전년도 평가 점수가 더 높은 사람이 우선적으로 이동한다.
- 규정에 부합하지 않게 이동 신청을 한 경우, 신청한 곳에 배정받을 수 없다.

<근무지 이동 신청>

직원	1년 차 근무지	2년 차 근무지	3년 차 근무지	신청지	전년도 평가
A	대구	–	–	종로	–
B	여의도	광주	–	영등포	92
C	종로	대구	여의도	미정	88
D	영등포	종로	–	여의도	91
E	광주	영등포	제주	여의도	89

① B는 영등포로 이동하게 될 것이다.
② C는 지방 지역으로 이동하고, E는 여의도로 이동하게 될 것이다.
③ A는 대구를 1년 차 근무지로 신청하였을 것이다.
④ D는 자신의 신청지로 이동하게 될 것이다.
⑤ C가 제주로 이동한다면, D는 광주나 대구로 이동하게 된다.

※ 다음은 원탁 테이블 3개가 있는 어느 카페의 하루 방문자 현황이다. 이어지는 질문에 답하시오.
[28~29]

- 카페에서 보유한 원탁에 대한 정보는 다음과 같으며, 카페는 각 원탁을 1개씩 보유하고 있다.
  - 2인용 원탁 : 1 ~ 2인만 앉을 수 있음
  - 4인용 원탁 : 1 ~ 4인만 앉을 수 있음
  - 6인용 원탁 : 3 ~ 6인만 앉을 수 있음
- 방문한 인원수에 맞추어 원탁을 배정하며 가능한 작은 원탁을 우선 배정한다.
- 함께 온 일행은 같이 앉을 수 있는 자리가 없다면 입장할 수 없다.
- 함께 온 일행들은 함께 앉을 수 있으면 같은 원탁에 앉고, 항상 함께 온 일행과 함께 나간다.
- 한 번 들어온 손님은 반드시 1시간 동안 머문 후 나간다.
- 카페 영업시간은 오전 9시부터 오후 10시까지이다.
- 시각별로 새로운 고객 입장 및 새로운 고객 입장 전 기존 고객에 대한 정보는 다음과 같다. 이 외에 새로운 고객은 없다.

시각	새로운 고객	기존 고객	시각	새로운 고객	기존 고객
09:20	2	0	15:10	5	
10:10	1		16:45	2	
12:40	3		17:50	5	
13:30	5		18:40	6	
14:20	4		19:50	1	

※ 새로운 고객은 같이 온 일행임

28 다음 중 오후 3시 15분에 카페에 앉아 있는 손님은 총 몇 명인가?

① 1명
② 4명
③ 5명
④ 7명
⑤ 9명

29 다음 〈보기〉의 설명 중 옳지 않은 것을 모두 고르면?

> **보기**
>
> ㄱ. 오후 6시 정각에 카페에 있는 손님은 5명이다.
> ㄴ. 카페를 방문한 손님 중 돌아간 일행은 없다.
> ㄷ. 오전에는 총 3명의 손님이 방문하였다.
> ㄹ. 오후 2시 정각에는 2인용 원탁에 손님이 앉아 있었다.

① ㄱ, ㄴ
② ㄱ, ㄷ
③ ㄴ, ㄷ
④ ㄴ, ㄹ
⑤ ㄷ, ㄹ

※ 다음은 A~E약물에 대한 자료이다. 〈조건〉을 바탕으로 이어지는 질문에 답하시오. [30~31]

약 종류	1주 복용 횟수	복용 시기	혼용하면 안 되는 약	복용 우선순위
A	4회	식후	B, C, E	3
B	4회	식후	A, C	1
C	3회	식전	A, B	2
D	5회	식전	–	5
E	4회	식후	A	4

조건

- S씨는 모든 약을 복용해야 한다.
- 혼용하면 안 되는 약은 한 끼니를 전후하여 혼용해서는 안 된다.
  - 아침 전후 or 점심 전후 or 저녁 전후는 혼용 불가
- 약은 우선순위대로 최대한 빨리 복용하여야 한다.
- 식사는 아침, 점심, 저녁만 해당한다.
- 하루 최대 6회까지 복용할 수 있다.
- 약은 한번 복용하기 시작하면 해당 약을 모두 먹을 때까지 중단 없이 복용하여야 한다.
- 모든 약은 하루 최대 1회 복용할 수 있다.

| 문제해결능력

30 다음 중 〈조건〉을 고려할 때, 모든 약의 복용이 완료되는 시점은?

① 4일 차 점심   ② 4일 차 저녁
③ 5일 차 아침   ④ 5일 차 저녁
⑤ 6일 차 아침

| 문제해결능력

31 다음 〈보기〉 중 S씨의 A~E약물 복용에 대한 설명으로 옳은 것을 모두 고르면?

보기

ㄱ. 하루에 A~E를 모두 복용할 수 있다.
ㄴ. D는 점심에만 복용한다.
ㄷ. 최단 시일 내에 모든 약을 복용하기 위해서는 A는 저녁에만 복용하여야 한다.
ㄹ. A와 C를 동시에 복용하는 날은 총 2일이다.

① ㄱ, ㄴ   ② ㄱ, ㄷ
③ ㄴ, ㄷ   ④ ㄴ, ㄹ
⑤ ㄷ, ㄹ

※ 택배기사 A씨는 다음 〈조건〉을 토대로 근무를 한다. 이를 보고 이어지는 질문에 답하시오. [32~33]

조건

- 한 번 배송을 다녀오면 10분간 휴식한다.
- 한 번 배송으로 소요되는 총 시간은 50분을 초과할 수 없다.
- 같은 물류창고에 있는 물건은 3개까지 가져갈 수 있다.
- 특수택배 물품의 배송이 모두 완료되어야 보통택배 물품을 배송할 수 있다.
- 특수택배의 배송번호는 '특'으로 시작하며, 보통택배의 배송번호는 '보'로 시작한다.
- 2개를 동시에 가져가서 배송하면, 상품별 왕복 배송시간의 총합에서 5분이 감소하고, 3개를 동시에 가져가서 배송하면 10분이 감소한다.

〈배송표〉

배송번호	물류창고	왕복 배송시간
특01	가	10분
특02	나	15분
특03	나	10분
보01	가	10분
보02	나	15분
보03	다	20분
보04	다	10분
보05	다	25분
보06	가	10분

┃문제해결능력

32 다음 〈보기〉의 설명 중 옳지 않은 것을 모두 고르면?

보기

ㄱ. 나 창고에 있는 택배 물품은 한 번에 전부 가지고 나가서 배송할 수 있다.
ㄴ. 특수택배 상품을 모두 배송하는 데에 최소 30분이 소요된다.
ㄷ. 다 창고에 있는 보통택배를 한 번에 배송할 수 있다.

① ㄱ   ② ㄱ, ㄴ
③ ㄱ, ㄷ   ④ ㄴ, ㄷ
⑤ ㄱ, ㄴ, ㄷ

┃문제해결능력

33 A씨가 근무를 오전 9시에 시작한다고 할 때, 가장 빨리 모든 택배의 배송을 완료한 시간은?

① 10시   ② 10시 5분
③ 10시 25분   ④ 10시 45분
⑤ 11시 15분

※ B씨는 여름휴가철을 맞아 휴가를 다녀오려고 한다. 이어지는 질문에 답하시오. **[34~35]**

34 다음 〈보기〉에서 옳은 것을 모두 고르면?

> **보기**
>
> ㄱ. 인천에서 중국을 경유해서 베트남으로 갈 경우 싱가포르로 직항해서 가는 것보다 편도 비용이
>   15만 원 이상 저렴하다.
> ㄴ. 직항 항공편만을 선택할 때, 왕복 항공편 비용이 가장 적게 드는 여행지로 여행을 간다면 베트
>   남으로 여행을 갈 것이다.
> ㄷ. 베트남으로 여행을 다녀오는 경우, 왕복 항공편 최소 비용은 60만 원 미만이다.

① ㄱ

② ㄱ, ㄴ

③ ㄱ, ㄷ

④ ㄴ, ㄷ

⑤ ㄱ, ㄴ, ㄷ

35 B씨는 여행지 선정 기준을 바꾸어 태국, 싱가포르, 베트남 중 왕복 소요시간이 가장 짧은 곳을
여행지로 선정하기로 하였다. 다음 중 B씨가 여행지로 선정할 국가와 그 국가에 대한 왕복 소요시
간이 바르게 연결된 것은?

	여행지	왕복 소요시간
①	태국	8시간 20분
②	싱가포르	7시간 50분
③	싱가포르	8시간 10분
④	베트남	7시간 50분
⑤	베트남	9시간 40분

PART 2

직업기초능력평가

CHAPTER 01
의사소통능력

합격 CHEAT KEY

의사소통능력은 평가하지 않는 공사·공단이 없을 만큼 필기시험에서 중요도가 높은 영역으로, 세부 유형은 문서 이해, 문서 작성, 의사 표현, 경청, 기초 외국어로 나눌 수 있다. 문서 이해·문서 작성과 같은 지문에 대한 주제 찾기, 내용 일치 문제의 출제 비중이 높으며, 문서의 특성을 파악하는 문제도 출제되고 있다.

01 문제에서 요구하는 바를 먼저 파악하라!

의사소통능력에서 가장 중요한 것은 제한된 시간 안에 빠르고 정확하게 답을 찾아내는 것이다. 의사소통능력에서는 지문이 아니라 문제가 주인공이므로 지문을 보기 전에 문제를 먼저 파악해야 하며, 문제에 따라 전략적으로 빠르게 풀어내는 연습을 해야 한다.

02 잠재되어 있는 언어 능력을 발휘하라!

세상에 글은 많고 우리가 학습할 수 있는 시간은 한정적이다. 이를 극복할 수 있는 방법은 다양한 글을 접하는 것이다. 실제 시험장에서 어떤 내용의 지문이 나올지 아무도 예측할 수 없으므로 평소에 신문, 소설, 보고서 등 여러 글을 접하는 것이 필요하다.

03   상황을 가정하라!

업무 수행에 있어 상황에 따른 언어 표현은 중요하다. 같은 말이라도 상황에 따라 다르게 해석될 수 있기 때문이다. 그런 의미에서 자신의 의견을 효과적으로 전달할 수 있는 능력을 평가하는 것이다. 업무를 수행하면서 발생할 수 있는 여러 상황을 가정하고 그에 따른 올바른 언어표현을 정리하는 것이 필요하다.

04   말하는 이의 입장에서 생각하라!

잘 듣는 것 또한 하나의 능력이다. 상대방의 이야기에 귀 기울이고 공감하는 태도는 업무를 수행하는 관계 속에서 필요한 요소이다. 그런 의미에서 다양한 상황에서 듣는 능력을 평가하는 것이다. 말하는 이가 요구하는 듣는 이의 태도를 파악하고, 이에 따른 판단을 할 수 있도록 언제나 말하는 사람의 입장이 되는 연습이 필요하다.

문서 내용 이해

| 유형분석 |

- 주어진 지문을 읽고 선택지를 고르는 전형적인 독해 문제이다.
- 지문은 주로 신문기사(보도자료 등)나 업무 보고서, 시사 등이 제시된다.
- 공사공단에 따라 자사와 관련된 내용의 기사나 법조문, 보고서 등이 출제되기도 한다.

K씨는 성장기인 아들의 수면습관을 바로 잡기 위해 수면습관에 관련된 글을 찾아보았다. 다음 글을 읽고 이해한 내용으로 적절하지 않은 것은?

> 수면은 비렘(non - REM)수면과 렘수면으로 이뤄진 사이클이 반복되면서 이뤄지는 복잡한 신경계의 상호작용이며, 좋은 수면이란 이 사이클이 끊어지지 않고 충분한 시간 동안 유지되도록 하는 것이다. 수면 패턴은 일정한 것이 좋으며, 깨는 시간을 지키는 것이 중요하다. 그리고 수면 패턴은 휴일과 평일 모두 일정하게 지키는 것이 성장하는 아이들의 수면 리듬을 유지하는 데 좋다. 수면 상태에서 깨어날 때 영향을 주는 자극들은 '빛, 식사 시간, 운동, 사회 활동' 등이 있으며, 이 중 가장 강한 자극은 '빛'이다. 침실을 밝게 하는 것은 적절한 수면 자극을 방해하는 것이다. 반대로 깨어날 때 강한 빛 자극을 주면 수면 상태에서 빠르게 벗어날 수 있다. 이는 뇌의 신경 전달 물질인 멜라토닌의 농도와 연관되어 나타나는 현상이다. 수면 중 최대치로 올라간 멜라토닌은 시신경이 강한 빛에 노출되면 빠르게 줄어들게 되는데, 이때 수면 상태에서 벗어나게 된다. 아침 일찍 일어나 커튼을 젖히고 밝은 빛이 침실 안으로 들어오게 하는 것은 매우 효과적인 각성 방법인 것이다.

① 잠에서 깨는 데 가장 강력한 자극을 주는 것은 빛이었구나.
② 멜라토닌의 농도에 따라 수면과 각성이 영향을 받는군.
③ 평일에 잠이 모자란 우리 아들은 잠을 보충해줘야 하니까 휴일에 늦게까지 자도록 둬야겠다.
④ 좋은 수면은 비렘수면과 렘수면의 사이클이 충분한 시간 동안 유지되도록 하는 것이구나.
⑤ 우리 아들 침실이 좀 밝은 편이니 충분한 수면을 위해 암막커튼을 달아줘야겠어.

정답 ③
수면 패턴은 휴일과 평일 모두 일정하게 지키는 것이 성장하는 아이들의 수면 리듬을 유지하는 데 좋다. 따라서 휴일에 늦잠을 자는 것은 적절하지 않다.

풀이 전략!

> 주어진 선택지에서 키워드를 체크한 후, 지문의 내용과 비교해 가면서 내용의 일치 유무를 빠르게 판단한다.

01 다음 글의 내용으로 가장 적절한 것은?

> 휴대전화를 새것으로 바꾸기 위해 대리점에 간 소비자가 있다. 대리점에 가면서 휴대전화 가격으로 30만 원을 예상했다. 그런데 마음에 드는 것을 선택하니 가격이 25만 원이라고 하였다. 소비자는 흔쾌히 구입을 결정했다. 그러면서 뜻밖의 이익이 생겼음에 좋아할지도 모른다. 처음 예상했던 휴대전화의 가격과 실제 지불한 금액의 차이, 즉 5만 원의 이익을 얻었다고 보는 것이다. 경제학에서는 이것을 '소비자잉여(消費者剩餘)'라고 부른다. 어떤 상품에 대해 소비자가 최대한 지불해도 좋다고 생각하는 가격에서 실제로 지불한 가격을 뺀 차액이 소비자잉여인 셈이다. 결국 낮은 가격으로 상품을 구입하면 할수록 소비자잉여는 커질 수밖에 없다.
>
> 휴대전화를 구입하고 나니, 대리점 직원은 휴대전화의 요금제를 바꾸라고 권유했다. 현재 이용하고 있는 휴대전화 서비스보다 기본요금이 조금 더 비싼 대신 분당 이용료가 싼 요금제로 바꾸는 것이 더 이익이라는 설명도 덧붙였다. 소비자는 지금까지 휴대전화의 요금이 기본요금과 분당 이용료로 나누어져 있는 것을 당연하게 생각해 왔다. 그런데 곰곰이 생각해 보니, 이건 정말 특이한 가격 체계였다. 다른 제품이나 서비스는 보통 한 번만 값을 지불하면 되는데, 왜 휴대전화 요금은 기본요금과 분당 이용료의 이원 체제로 이루어져 있는 것일까?
>
> 휴대전화 회사는 기본요금과 분당 이용료의 이원 체제 전략, 즉 '이부가격제(二部價格制)'를 채택하고 있다. 이부가격제는 소비자가 어떤 상품을 사려고 할 때, 우선적으로 그 권리에 상응하는 가치를 값으로 지불하고, 실제 상품을 구입할 때 그 사용량에 비례하여 또 값을 지불해야 하는 체제를 말한다. 이부가격제를 적용하면 휴대전화 회사는 소비자의 통화량과 관계없이 기본 이윤을 확보할 수 있다.
>
> 이부가격제를 적용하는 또 다른 예로 놀이 공원을 들 수 있다. 이전에는 놀이 공원에 갈 때 저렴한 입장료를 지불했고, 놀이 기구를 이용할 때마다 표를 구입했다. 그렇기 때문에 놀이 기구를 골라서 이용하여 사용료를 절약할 수 있었고, 구경만 하고 사용료를 지불하지 않는 것도 가능했다. 그러나 요즘의 놀이 공원은 입장료를 이전보다 엄청나게 비싸게 하고 놀이 기구의 사용료를 상대적으로 낮게 했다. 게다가 '빅3'니 '빅5'니 하는 묶음표를 만들어 놀이 기구 이용자로 하여금 가격의 부담이 적은 것처럼 느끼게 만들었다. 결국 놀이 공원의 가격 전략은 사용료를 낮추고 입장료를 높게 받는 이부가격제로 굳어지고 있는 것이다. 여기서 놀이 공원의 입장료는 상품을 살 수 있는 권리를 얻기 위해 지불해야 하는 금액에 해당한다. 그리고 입장료를 내고 들어간 사람들이 놀이 기구를 이용할 때마다 내는 요금은 상품의 가격에 해당하는 부분이다. 우리가 모르는 가운데 기업의 이윤 극대화를 위한 모색은 계속되고 있다.

① 놀이 공원의 '빅3'나 '빅5' 등의 묶음표는 이용자를 위한 가격제이다.
② 소비자잉여의 크기는 구입한 상품에 대한 소비자의 만족감과 반비례한다.
③ 이부가격제는 이윤 극대화를 위해 기업이 채택할 수 있는 가격 제도이다.
④ 휴대전화 요금제는 기본요금과 분당 이용료가 비쌀수록 소비자에게 유리하다.
⑤ 가정으로 배달되는 우유를 한 달 동안 먹고 지불하는 값에는 이부가격제가 적용됐다.

02 다음 글의 내용으로 적절하지 않은 것은 〈보기〉에서 모두 몇 개인가?

> 2024년 10월 기준 러시아의 자동차 시장에서 국내의 K자동차 기업이 자국 업체와 유명 해외 기업들을 제치고 23.7%의 점유율로 시장 1위를 차지했다. K기업이 뒤늦게 뛰어든 러시아 시장에서 선두에 오를 수 있었던 비결로는 무엇보다 뚝심 있는 현지화 전략이 꼽힌다.
>
> 2017년 294만 대에 달했던 러시아의 자동차 시장은 2019년 우크라이나 사태로 인한 경제제재 등을 겪으며 2021년 시장 규모가 143만 대로 주저앉았다. 시장이 반토막 나자 미국의 B기업은 2020년에, 독일의 C기업은 지난 6월에 공장을 폐업했다. 일본의 D기업은 물론 러시아의 자국 업체도 대대적인 인원 감축에 들어갔다. 그러나 K기업은 오히려 2019년 2,204명이었던 직원을 지난해 2,309명으로 늘리는 등 러시아 시장에 대한 변함없는 신뢰를 보여줬다.
>
> 러시아의 추운 기후와 소비자 특성 등 시장의 여건을 면밀히 분석해 최적화된 현지전략 모델을 투입·생산한 점도 판매 1위 비결이다. K기업의 한 관계자는 "러시아 직원이 '도난이 많아 차량 구매가 망설여진다.'고 말할 정도로 인기"라며, "다른 모델은 언제 나오느냐는 문의도 자주 받는다."라고 말했다. 러시아에서 가파른 성장세를 보이는 K기업은 오는 2025년 10월 양산을 목표로 연간 24만 대 규모의 엔진공장도 설립할 계획이다. K기업 측은 엔진공장 건설을 통해 현재 평균 46% 수준인 부품의 현지화율이 높아질 경우 수익성도 크게 상승할 것으로 기대하고 있다.

보기

ㄱ. K기업은 다른 해외 기업들보다 먼저 러시아 시장에 진출하였다.
ㄴ. 2024년 러시아의 자동차 시장은 2014년에 비해 150만 대가량 규모가 축소되었다.
ㄷ. K기업은 2020년부터 2023년까지 100명 이상의 직원을 더 채용하였다.
ㄹ. K기업은 지난 10월 엔진공장을 설립하여 부품의 현지화율을 평균 46%까지 높였다.

① 없음   ② 1개
③ 2개   ④ 3개
⑤ 4개

03 다음 글의 내용으로 가장 적절한 것은?

쿤이 말하는 과학혁명의 과정을 명확하게 하기 위해 세 가지 질문을 던져보자. 첫째, 새 이론을 제일 처음 제안하고 지지하는 소수의 과학자들은 어떤 이유에서 그렇게 하는가? 기존 이론이 이상 현상 때문에 위기에 봉착했다고 판단했기 때문이다. 기존 이론은 이미 상당한 문제해결능력을 증명한 바 있다. 다만 기존 이론이 몇 가지 이상 현상을 설명할 능력이 없다고 판단한 과학자들이 나타났을 뿐이다. 이런 과학자들 중 누군가가 새 이론을 처음 제안했을 때 기존 이론을 수용하고 있는 과학자 공동체는 새 이론에 호의적이지 않을 것이다. 당장 새 이론이 기존 이론보다 더 많은 문제를 해결할 리가 없기 때문이다. 그럼에도 불구하고 기존 이론이 설명하지 못하는 이상 현상을 새 이론이 설명한다는 것이 과학혁명의 출발점이다.

둘째, 다른 과학자들은 어떻게 기존 이론을 버리고 새로 제안된 이론을 선택하는가? 새 이론은 여전히 기존 이론보다 문제 해결의 성과가 부족하다. 하지만 선구적인 소수 과학자들의 연구활동과 그 성과에 자극을 받아 새 이론을 선택하는 과학자들은 그것이 앞으로 점점 더 많은 문제를 해결하리라고, 나아가 기존 이론의 문제해결능력을 능가하리라고 기대한다. 이러한 기대는 이론의 심미적 특성 같은 것에 근거한 주관적 판단이고, 그와 같은 판단은 개별 과학자의 몫이다. 물론 이러한 기대는 좌절될 수도 있고, 그 경우 과학혁명은 좌초된다.

셋째, 과학혁명이 일어날 때 과학자 공동체가 기존 이론을 버리고 새 이론을 선택하도록 하는 결정적인 요인은 무엇인가? 이 물음에서 선택의 주체는 더 이상 개별 과학자가 아니라 과학자 공동체이다. 하지만 과학자 공동체는 결국 개별 과학자로 이루어져 있다. 그렇다면 문제는 과학자 공동체를 구성하는 과학자들이 어떻게 이론을 선택하는가이다. 하지만 이 단계에서 모든 개별 과학자의 선택 기준은 더 이상 새 이론의 심미적 특성이나 막연한 기대가 아니다. 과학자들은 새 이론이 해결하는 문제의 수와 범위가 기존 이론의 그것보다 크다고 판단할 경우 새 이론을 선택할 것이다. 과학자 공동체의 대다수 과학자가 이렇게 판단하게 되면 그것은 과학자 공동체가 새 이론을 선택한 것이고, 이로써 쿤이 말하는 과학혁명이 완성된다.

① 과학혁명 초기 과정은 소수의 과학자들이 문제 해결의 성과가 큰 새 이론을 선택하는 것이다.
② 기존 이론과 새 이론이 어떤 현상을 모두 설명하면 과학자들은 새 이론을 선택할 확률이 높다.
③ 과학혁명의 계기는 기존의 이론이 설명하지 못하는 현상이 존재할 때이다.
④ 과학자들은 어떤 이론을 판단할 때 심미적 특성과 같은 주관적 판단을 철저히 배제한다.
⑤ 과학자 공동체의 움직임은 권위 있는 과학자들의 의견에 따른 것이기 때문에 개별 과학자의 입장과 차이가 있다.

04 다음 글의 내용으로 적절하지 않은 것은?

모든 동물은 생리적 장치들이 제대로 작동하기 위해서 체액의 농도를 어느 정도 일정하게 유지해야 한다. 이를 위해 수분의 획득과 손실의 균형을 조절하는 작용을 삼투 조절이라 한다. 동물은 서식지와 체액의 농도, 특히 염도 차이가 있을 경우, 삼투 현상에 따라 체내 수분의 획득과 손실이 발생하기 때문에, 이러한 상황에서 체액의 농도를 일정하게 유지하는 것이 중요한 생존 과제이다.

삼투 현상이란 반(半)투과성 막을 사이에 두고 농도가 다른 양쪽의 용액 중, 농도가 낮은 쪽의 용매가 농도가 높은 쪽으로 옮겨 가는 현상이다. 소금물에서는 물에 녹아 있는 소금을 용질, 그 물을 용매라고 할 수 있는데, 반투과성 막의 양쪽에 농도가 다른 소금물이 있다면, 농도가 낮은 쪽의 물이 높은 쪽으로 이동하게 된다. 이때 양쪽의 농도가 같다면, 용매의 순이동은 없다고 한다.

동물들은 이러한 삼투 현상에 대응하여 수분 균형을 어떻게 유지하느냐에 따라 삼투 순응형과 삼투 조절형으로 분류된다. 먼저 삼투 순응형 동물은 모두 해수(海水) 동물로 체액과 해수의 염분 농도, 즉 염도가 같기 때문에 수분의 순이동은 없다. 게나 홍합, 갯지네 등이 여기에 해당한다. 이와 달리 삼투 조절형 동물은 체액의 염도와 서식지의 염도가 달라, 체액의 염도가 변하지 않도록 삼투 조절을 하며 살아간다.

삼투 조절형 동물 중 해수에 사는 대다수 어류의 체액은 해수에 비해 염도가 낮기 때문에 체액의 수분이 빠져나갈 수 있다. 그래서 표피는 비투과성이지만, 아가미의 상피세포를 통해 물을 쉽게 빼앗긴다. 이렇게 삼투 현상에 의해 빼앗긴 수분을 보충하기 위하여 이들은 계속 바닷물을 마시게 된다. 이로 인해 이들의 창자에서 바닷물의 70 ~ 80%가 혈관 속으로 흡수되는데, 이때 염분도 혈관 속으로 들어간다. 그러면 아가미의 상피 세포에 있는 염분 분비 세포를 작동시켜 과도해진 염분을 밖으로 내보낸다.

담수에 사는 동물들이 직면한 삼투 조절의 문제는 해수 동물과 정반대이다. 담수 동물의 체액은 담수에 비해 염도가 높기 때문에 아가미를 통해 수분이 계속 유입될 수 있다. 그래서 담수 동물들은 물을 거의 마시지 않고 많은 양의 오줌을 배출하여 문제를 해결하고 있다. 이들의 비투과성 표피는 수분의 유입을 막기 위한 것이다.

한편 육상에 사는 동물들 또한 다양한 경로를 통해 수분이 밖으로 빠져나간다. 오줌, 대변, 피부, 가스교환 기관의 습한 표면 등을 통해 수분을 잃기 때문이다. 그래서 육상 동물들은 물을 마시거나 음식을 통해, 그리고 세포호흡으로 물을 생성하여 부족한 수분을 보충한다.

① 동물들은 체액의 농도가 크게 달라지면 생존하기 어렵다.
② 동물들이 삼투 현상에 대응하는 방법은 서로 다를 수 있다.
③ 동물의 체액과 서식지 물의 농도가 같으면 삼투 현상에 의한 수분의 순이동은 없다.
④ 담수 동물은 육상 동물과 마찬가지로 많은 양의 오줌을 배출하여 체내 수분을 일정하게 유지한다.
⑤ 육상 동물들은 세포호흡을 통해서도 수분을 보충할 수 있다.

05 다음 글의 내용으로 가장 적절한 것은?

'청렴(淸廉)'은 현대 사회에서 좁게는 반부패와 동의어로 사용되며 넓게는 투명성과 책임성 등을 포괄하는 통합적 개념으로 사용되고 있다. 유학자들은 청렴을 효제와 같은 인륜의 덕목보다는 하위에 두었지만 군자라면 마땅히 지켜야 할 일상의 덕목으로 중시하였다. 조선의 대표적 유학자였던 이황과 이이는 청렴을 사회 규율이자 개인 처세의 지침으로 강조하였다. 특히 공적 업무에 종사하는 사람이라면 사회 규율로서의 청렴이 개인의 처세와 직결된다는 점에 유념해야 한다고 보았다.

청렴에 대한 논의는 정약용의 『목민심서』에서 본격적으로 나타난다. 정약용은 청렴이야말로 목민관이 지켜야 할 근본적인 덕목이며 목민관의 직무는 청렴이 없이는 불가능하다고 강조하였다. 정약용은 청렴을 당위의 차원에서 주장하는 기존의 학자들과 달리 행위자 자신에게 실질적 이익이 된다는 점을 들어 설득하고자 한다. 그는 청렴은 큰 이득이 남는 장사라고 말하며, 지혜롭고 욕심이 큰 사람은 청렴을 택하지만 지혜가 짧고 욕심이 작은 사람은 탐욕을 택한다고 설명한다. 정약용은 "지자(知者)는 인(仁)을 이롭게 여긴다."라는 공자의 말을 빌려 "지혜로운 자는 청렴함을 이롭게 여긴다."라고 하였다. 비록 재물을 얻는 데 뜻이 있더라도 청렴함을 택하는 것이 결과적으로는 지혜로운 선택이라고 정약용은 말한다. 목민관의 작은 탐욕은 단기적으로 보면 눈 앞의 재물을 취하여 이익을 얻을 수 있겠지만 궁극에는 개인의 몰락과 가문의 불명예를 가져올 수 있기 때문이다.

정약용은 청렴을 지키는 것은 두 가지 효과가 있다고 보았다. 첫째, 청렴은 다른 사람에게 긍정적 효과를 미친다. 목민관이 청렴할 경우 백성을 비롯한 공동체 구성원에게 좋은 혜택이 돌아갈 것이다. 둘째, 청렴한 행위를 하는 것은 목민관 자신에게도 좋은 결과를 가져다 준다. 청렴은 그 자신의 덕을 높이는 것일 뿐 아니라 자신의 가문에 빛나는 명성과 영광을 가져다 줄 것이다.

① 정약용은 청렴이 목민관이 반드시 지켜야 할 덕목임을 당위론 차원에서 정당화하였다.
② 정약용은 탐욕을 택하는 것보다 청렴을 택하는 것이 이롭다는 공자의 뜻을 계승하였다.
③ 정약용은 청렴한 사람은 욕심이 작기 때문에 재물에 대한 탐욕에 빠지지 않는다고 보았다.
④ 정약용은 청렴이 백성에게 이로움을 줄 뿐 아니라 목민관 자신에게도 이로운 행위라고 보았다.
⑤ 이황과 이이는 청렴을 개인의 처세에 있어 주요 지침으로 여겼으나 사회 규율로는 보지 않았다.

02 내용 추론

| 유형분석 |

- 주어진 지문을 바탕으로 도출할 수 있는 내용을 찾는 문제이다.
- 선택지의 내용을 정확하게 확인하고 지문의 정보와 비교하여 추론하는 능력이 필요하다.

다음 글을 통해 추론할 수 없는 것은?

> 제약 연구원이란 제약 회사에서 약을 만드는 과정에 참여하는 사람을 말한다. 제약 연구원은 이러한 모든 단계에 참여하지만, 특히 신약 개발 단계와 임상 시험 단계에서 가장 중점적인 역할을 한다. 일반적으로 약을 만드는 과정은 새로운 약품을 개발하는 신약 개발 단계, 임상 시험을 통해 개발된 신약의 약효를 확인하는 임상 시험 단계, 식약처에 신약이 판매될 수 있도록 허가를 요청하는 약품 허가 요청 단계, 마지막으로 의료진과 환자를 대상으로 신약에 대해 홍보하는 영업 및 마케팅의 단계로 나눈다.
>
> 제약 연구원이 되기 위해서는 일반적으로 약학을 전공해야 한다고 생각하기 쉽지만, 약학 전공자 이외에도 생명 공학, 화학 공학, 유전 공학 전공자들이 제약 연구원으로 활발하게 참여하고 있다. 만일 신약 개발의 전문가가 되고 싶다면 해당 분야에서 오랫동안 연구한 경험이 필요하기 때문에 대학원에서 석사나 박사 학위를 취득하는 것이 유리하다.
>
> 제약 연구원이 되기 위해서는 전문적인 지식도 중요하지만, 사람의 생명과 관련된 일인 만큼 무엇보다도 꼼꼼함과 신중함, 책임 의식이 필요하다. 또한 제약 회사라는 공동체 안에서 일을 하는 것이므로 원만한 일의 진행을 위해서 의사소통능력도 필수적으로 요구된다. 오늘날 제약 분야가 빠르게 성장하고 있다는 점을 고려할 때, 일에 대한 도전 의식, 호기심과 탐구심 등도 제약 연구원에게 필요한 능력으로 꼽을 수 있다.

① 제약 연구원은 약품 허가 요청 단계에 참여한다.

② 오늘날 제약 연구원에게 요구되는 능력이 많아졌다.

③ 생명이나 유전 공학 전공자도 제약 연구원으로 일할 수 있다.

④ 신약 개발 전문가가 되려면 반드시 석사나 박사를 취득해야 한다.

⑤ 제약 연구원과 관련된 정보가 부족하다면 약학을 전공해야만 제약 연구원이 될 수 있다고 생각할 수 있다.

정답 ④

제시문에 따르면 신약 개발의 전문가가 되기 위해서는 해당 분야에서 오랫동안 연구한 경험이 필요하므로 석사나 박사 학위를 취득하는 것이 유리하다고 하였다. 그러나 석사나 박사 학위는 신약 개발 전문가가 되는 데 도움을 준다는 것일 뿐이므로 반드시 필요한 필수 조건인지는 알 수 없다. 따라서 ④는 제시문을 통해 추론할 수 없다.

풀이 전략!

주어진 지문이 어떠한 내용을 다루고 있는지 파악한 후 선택지의 키워드를 확실하게 체크하고, 지문의 정보에서 도출할 수 있는 내용을 찾는다.

01 다음 글을 읽고 추론할 수 있는 내용으로 가장 적절한 것은?

> 조선이 임진왜란 중에도 필사적으로 보존하고자 한 서적이 바로 조선왕조실록이다. 실록은 원래 서울의 춘추관과 성주 · 충주 · 전주 4곳의 사고(史庫)에 보관되었으나, 임진왜란 이후 전주 사고의 실록만 온전한 상태였다. 전란이 끝난 후 단 1벌 남은 실록을 다시 여러 벌 등서하자는 주장이 제기되었다. 우여곡절 끝에 실록의 인쇄가 끝난 시기는 1606년이었다. 재인쇄 작업의 결과 원본을 포함해 모두 5벌의 실록을 갖추게 되었다. 원본은 강화도 마니산에 봉안하고 나머지 4벌은 서울의 춘추관과 평안도 묘향산, 강원도의 태백산과 오대산에 봉안했다.
>
> 이 5벌 중에서 서울 춘추관의 것은 1624년 이괄의 난 때 불에 타 없어졌고, 묘향산의 것은 1633년 후금과의 관계가 악화되자 전라도 무주의 적상산에 사고를 새로 지어 옮겼다. 강화도 마니산의 것은 1636년 병자호란 때 청군에 의해 일부 훼손되었던 것을 현종 때 보수하여 숙종 때 강화도 정족산에 다시 봉안했다. 결국 내란과 외적 침입으로 인해 5곳 가운데 1곳의 실록은 소실되었고, 1곳의 실록은 장소를 옮겼으며, 1곳의 실록은 손상을 입었던 것이다.
>
> 정족산, 태백산, 적상산, 오대산 4곳의 실록은 그 후 안전하게 지켜졌다. 그러나 일본이 다시 여기에 손을 대었다. 1910년 조선 강점 이후 일제는 정족산과 태백산에 있던 실록을 조선총독부로 이관하고, 적상산의 실록은 구황궁 장서각으로 옮겼으며, 오대산의 실록은 일본 동경제국대학으로 반출했다. 일본으로 반출한 것은 1923년 관동 대지진 때 거의 소실되었다. 정족산과 태백산의 실록은 1930년에 경성제국대학으로 옮겨져 지금까지 서울대학교에 보존되어 있다. 한편 장서각의 실록은 6 · 25 전쟁 때 북한으로 옮겨져 현재 김일성종합대학에 소장되어 있다.

① 재인쇄하였던 실록은 모두 5벌이다.

② 태백산에 보관하였던 실록은 현재 일본에 있다.

③ 현재 한반도에 남아 있는 실록은 모두 4벌이다.

④ 적상산에 보관하였던 실록은 일부가 훼손되었다.

⑤ 현존하는 실록 중에서 가장 오래된 것은 서울대학교에 있다.

02 다음 글에서 추론할 수 없는 것은?

동물의 행동을 선하다거나 악하다고 평가할 수 없는 이유는 동물이 단지 본능적 욕구에 따라 행동할 뿐이기 때문이다. 오직 인간만이 욕구와 감정에 맞서서 행동할 수 있다. 인간만이 이성을 가지고 있다. 그러나 인간이 전적으로 이성적인 존재는 아니다. 다른 동물과 마찬가지로 인간 또한 감정과 욕구를 가진 존재다. 그래서 인간은 이성과 감정의 갈등을 겪게 된다.

그러한 갈등에도 불구하고 인간이 도덕적 행위를 할 수 있는 까닭은 이성이 우리에게 도덕적인 명령을 내리기 때문이다. 도덕적 명령에 따를 때에야 비로소 우리는 의무에서 비롯된 행위를 한 것이다. 만약 어떤 행위가 이성의 명령에 따른 것이 아닐 경우 그것이 결과적으로 의무와 부합할지라도 의무에서 나온 행위는 아니다. 의무에서 나온 행위가 아니라면 심리적 성향에서 비롯된 행위가 되는데, 심리적 성향에서 비롯된 행위는 도덕성과 무관하다. 불쌍한 사람을 보고 마음이 아파서 도움을 주었다면 이는 결국 심리적 성향에 따라 행동한 것이다. 그것은 감정과 욕구에 따른 것이기 때문에 도덕적 행위일 수가 없다.

감정이나 욕구와 같은 심리적 성향에 따른 행위가 도덕적일 수 없는 또 다른 이유는 그것이 상대적이기 때문이다. 감정이나 욕구는 주관적이어서 사람마다 다르며, 같은 사람이라도 상황에 따라 변하기 마련이다. 때문에 이는 시공간을 넘어 모든 인간에게 적용될 수 있는 보편적인 도덕의 원리가 될 수 없다. 감정이나 욕구가 어떠하든지 간에 이성의 명령에 따르는 것이 도덕이다. 이러한 입장이 사랑이나 연민과 같은 감정에서 나온 행위를 인정하지 않는다거나 가치가 없다고 평가하는 것은 아니다. 단지 사랑이나 연민이 도덕적 차원의 문제가 아닐 뿐이다.

① 동물의 행위는 도덕적 평가의 대상이 아니다.
② 감정이나 욕구는 보편적인 도덕의 원리가 될 수 없다.
③ 심리적 성향에서 비롯된 행위는 도덕적 행위일 수 없다.
④ 이성의 명령에 따른 행위가 심리적 성향에 따른 행위와 일치하는 경우는 없다.
⑤ 인간의 행위 중에는 심리적 성향에서 비롯된 것도 있고 의무에서 나온 것도 있다.

03 다음 글을 통해 추론할 수 있는 내용으로 가장 적절한 것은?

> 옛날 사람들은 그저 활과 창과 검으로만 싸웠을까? 그 당시에도 로켓과 같은 병기가 있었다면 쉽게 전투에서 승리를 거두지 않았을까? 수백 년 전 우리나라에도 이러한 병기가 있었을까? 이런 의문에 많은 사람은 그러한 병기는 없었을 것이라고 생각할 것이다. 그러나 실제 우리나라에는 지금의 로켓과 같은 첨단 병기가 있었다. 고려 말 화통도감에서 활약한 최무선에 의해 개발된 '달리는 불'이라는 뜻을 가진 '주화(走火)'가 그것이다. 주화는 우리나라 최초의 로켓 병기라고 할 수 있는데, 신기하게도 지금의 로켓과 유사한 구조와 동작 원리를 갖추고 있다.
>
> 주화는 1448년(세종 30년) 이전에 불린 이름이고, 그 이후에는 '신기전(神機箭)'으로 불렸다. 〈병기도설〉에는 신기전을 대신기전, 산화신기전, 중신기전, 소신기전으로 나누어 그 크기와 구조를 자세히 설명하였다. 그중 가장 큰 형태인 대신기전은 당시의 실제 전투에서 큰 위력을 발휘하였다.
>
> 대신기전은 발화통과 약통으로 구분된다. 이 발화통과 약통은 쇠 촉이 부착되지 않은 대나무의 위 끝부분에 묶어 놓았으며, 아래 끝부분에는 발사체가 안정적으로 날아갈 수 있도록 균형을 유지해 주는 날개를 달아 놓았다. 폭발물인 발화통과 달리 약통은 목표물을 향해 날아가게 하는 역할을 한다.
>
> 대신기전의 몸체 역할을 하는 대나무의 맨 위에는 폭탄인 발화통을 장착하고, 그 발화통의 아래 부분에는 화약을 넣어 위 끝을 종이로 여러 겹 접어 막은 약통을 연결한다. 약통 밑부분의 점화선에 불을 붙이면 점화선이 타들어 가면서 약통 속의 화약에 불이 붙어 연소 가스를 만들고 이 연소 가스는 약통 아래에 뚫려 있는 분사 구멍을 통하여 약통 밖으로 내뿜어진다. 이때 만들어지는 힘이 추진력이다. 그리고 약통의 윗면과 발화통 아랫면의 중앙에 각각 구멍을 뚫어 둘을 도화선으로 연결한다. 이와 같이 약통의 윗면에 폭탄인 발화통을 부착시켜 놓고 도화선으로 연결하는 것은 목표 지점으로 신기전이 날아가는 도중이거나 거의 날아갔을 즈음에 폭탄인 발화통이 자동으로 폭발하게 하기 위함이다. 이 발화통이 신기전의 핵심적인 폭발체라고 할 수 있는데, 발화통 안에 화약 무게의 약 27% 정도에 해당하는 거친 쇳가루를 섞기 때문에 이 쇳가루가 파편 역할을 한다.
>
> 발화통까지 포함된 대신기전은 전체 길이가 약 5.6m의 대형 로켓으로 한 번에 여러 개를 날릴 수 있는 화차를 개발하여 사용하였다. 화차에는 바퀴가 달려 있어 적진의 위치에 따라 이동해 가는 데 매우 편리했다.

① 대신기전의 맨 위에 있는 약통 바로 아래에는 발화통과 날개가 순서대로 구성되어 있다.
② 약통이 없어도 발화통의 폭발만 있다면 대신기전은 목표물을 향해 날아갈 수 있다.
③ 고려 말에 개발된 주화는 태조의 조선 건국 이후에도 주화로 불리며 사용되었다.
④ 대신기전의 추진력은 연결된 도화선을 통해 발화통이 폭발할 때 만들어진다.
⑤ 발화통의 길이가 1m라면 대신기전의 전체 길이는 6.6m이다.

04 다음 글을 읽고 이를 비판하기 위한 근거로 적절하지 않은 것은?

> 태어날 때부터 텔레비전을 좋아하거나 싫어하는 아이는 없다. 다만, 좋아하도록 습관이 들 뿐이다. 이 사실은 부모가 텔레비전을 시청하는 태도나 시청하는 시간을 잘 선도하면 바람직한 방향으로 습관이 형성될 수도 있다는 점을 시사해 준다. 텔레비전을 많이 보는 아이들보다 적게 보는 아이들이 행실이 바르고, 지능이 높으며, 학업 성적도 좋다는 사실을 밝혀낸 연구 결과가 있다. 부모의 시청 시간과 아이들의 시청 행위 사이에도 깊은 관계가 있다. 일반적으로 텔레비전을 장시간 시청하는 가족일수록 가족 간의 대화나 가족끼리 하는 공동 행위가 적다. 결과적으로 텔레비전과 거리가 멀수록 좋은 가정이 된다는 말이다.

① 가족끼리 저녁 시간에 같은 텔레비전 프로그램을 보면서 대화하는 경우도 많다.
② 텔레비전 프로그램에는 교육적인 요소도 많이 있고 학습을 위한 전문방송도 있다.
③ 여가 시간에 텔레비전을 시청하는 것은 개인의 휴식에 도움이 된다.
④ 텔레비전을 통해 정보와 지식을 습득하여 학업에 이용하는 학생들도 증가하고 있다.
⑤ 가족 내에서도 개인주의가 만연하는 시대에 드라마를 시청하는 시간만이라도 가족들이 모이는 시간을 가질 수 있다.

05 다음 글의 주장에 대한 반박으로 가장 적절한 것은?

> 인공 지능 면접은 더 많이 활용되어야 한다. 인공 지능을 활용한 면접은 인터넷에 접속하여 인공 지능과 문답하는 방식으로 진행되는데, 지원자는 시간과 공간에 구애받지 않고 면접에 참여할 수 있는 편리성이 있어 면접 기회가 확대된다. 또한 회사는 면접에 소요되는 인력을 줄여 비용 절감 측면에서 경제성이 크다. 실제로 인공 지능을 면접에 활용한 K회사는 전년 대비 2억 원 정도의 비용을 절감했다. 그리고 기존 방식의 면접에서는 면접관의 주관이 개입될 가능성이 큰 데 반해, 인공 지능을 활용한 면접에서는 빅데이터를 바탕으로 한 일관된 평가 기준을 적용할 수 있다. 이러한 평가의 객관성 때문에 많은 회사가 인공 지능 면접을 도입하는 추세이다.

① 빅데이터는 사회에서 형성된 정보가 축적된 결과물이므로 왜곡될 가능성이 적다.
② 인공 지능을 활용한 면접은 기술적으로 완벽하기 때문에 인간적 공감을 떨어뜨린다.
③ 면접관의 주관적인 생각이나 견해로는 지원자의 잠재력을 판단하기 어렵다.
④ 회사의 특수성을 고려해 적합한 인재를 선발하려면 오히려 해당 분야의 경험이 축적된 면접관의 생각이나 견해가 면접 상황에서 중요한 판단 기준이 되어야 한다.
⑤ 회사 관리자 대상의 설문 조사에서 인공 지능을 활용한 면접을 신뢰한다는 비율이 높게 나온 것으로 보아 기존의 면접 방식보다 지원자의 잠재력을 판단하는 데 더 적합하다.

06 다음 글에서 추론할 수 없는 것은?

언어는 배우는 아이들이 있어야 지속된다. 그러므로 성인들만 사용하는 언어가 있다면 그 언어의 운명은 어느 정도 정해진 셈이다. 언어학자들은 이런 방식으로 추리하여 인류 역사에 드리워진 비극에 대해 경고한다. 한 언어학자는 현존하는 북미 인디언 언어의 약 80%인 150개 정도가 빈사 상태에 있다고 추정한다. 알래스카와 시베리아 북부에서는 기존 언어의 90%인 40개 언어, 중앙아메리카와 남아메리카에서는 23%인 160개 언어, 오스트레일리아에서는 90%인 225개 언어, 그리고 전 세계적으로는 기존 언어의 50%인 3,000개의 언어들이 소멸해 가고 있다고 한다. 이 중 사용자 수가 10만 명을 넘는 약 600개의 언어들은 비교적 안전한 상태에 있지만, 그 밖의 언어는 21세기가 끝나기 전에 소멸할지도 모른다.

언어가 이처럼 대규모로 소멸하는 원인은 중첩적이다. 토착 언어 사용자들의 거주지가 파괴되고, 종족 말살과 동화(同化)교육이 이루어지며, 사용 인구가 급격히 감소하는 것 외에 '문화적 신경가스'라고 불리는 전자 매체가 확산되는 것도 그 원인이 된다. 물론 우리는 소멸을 강요하는 사회적, 정치적 움직임들을 중단시키는 한편, 토착어로 된 교육 자료나 문학작품, 텔레비전 프로그램 등을 개발함으로써 언어 소멸을 어느 정도 막을 수 있다. 나아가 소멸 위기에 처한 언어라도 20세기의 히브리어처럼 지속적으로 공식어로 사용할 의지만 있다면 그 언어를 부활시킬 수도 있다.

합리적으로 보자면, 우리가 지구상의 모든 동물이나 식물종을 보존할 수 없는 것처럼 모든 언어를 보존할 수는 없으며, 어쩌면 그래서는 안 되는지도 모른다. 가령, 어떤 언어 공동체가 경제적 발전을 보장해 주는 주류 언어로 돌아설 것을 선택할 때, 그 어떤 외부 집단이 이들에게 토착 언어를 유지하도록 강요할 수 있겠는가? 또한, 한 공동체 내에서 이질적인 언어가 사용되면 사람들 사이에 심각한 분열을 초래할 수도 있다. 그러나 이러한 문제가 있더라도 전 세계 언어의 50% 이상이 빈사 상태에 있다면 이를 보고만 있을 수는 없다.

① 현재 소멸해 가고 있는 전 세계 언어 중 약 2,400여 개의 언어들은 사용자 수가 10만 명 이하이다.

② 소멸 위기에 있는 언어라도 사용자들의 의지에 따라 유지될 수 있다.

③ 소멸 위기 언어 사용자가 처한 현실적인 문제는 언어의 다양성을 보존하기 어렵게 만들 수 있다.

④ 언어 소멸은 지구상의 동물이나 식물종 수의 감소와 같이 자연스럽고 필연적인 현상이다.

⑤ 타의적·물리적 압력에 의해서만 언어 소멸이 이루어지는 것은 아니다.

03 빈칸 삽입

| 유형분석 |

- 주어진 지문을 바탕으로 빈칸에 들어갈 내용을 찾는 문제이다.
- 선택지의 내용을 정확하게 확인하고 빈칸 앞뒤 문맥을 파악하는 능력이 필요하다.

다음 글의 빈칸에 들어갈 내용으로 가장 적절한 것은?

미세먼지와 황사는 여러모로 비슷하면서도 뚜렷한 차이점을 지니고 있다. 삼국사기에도 기록되어 있는 황사는 중국 내륙 내몽골 사막에 강풍이 불면서 날아오는 모래와 흙먼지를 일컫는데, 장단점이 존재했던 과거와 달리 중국 공업지대를 지난 황사에 미세먼지와 중금속 물질이 더해지며 심각한 환경문제로 대두되었다. 이와 달리 미세먼지는 일반적으로는 대기오염물질이 공기 중에 반응하여 형성된 황산염이나 질산염 등 이온성분, 석탄·석유 등에서 발생한 탄소화합물과 검댕, 흙먼지 등 금속화합물의 유해성분으로 구성된다.

미세먼지의 경우 통념적으로는 먼지를 미세먼지와 초미세먼지로 구분하고 있지만, 대기환경과 환경 보전을 목적으로 하는 환경정책기본법에서는 미세먼지를 PM(Particulate Matter)이라는 단위로 구분한다. 즉, 미세먼지(PM_{10})의 경우 입자의 크기가 $10\mu m$ 이하인 먼지이고, 미세먼지($PM_{2.5}$)는 입자의 크기가 $2.5\mu m$ 이하인 먼지로 정의하고 있다. 이에 비해 황사는 통념적으로는 입자 크기로 구분하지 않으나 주로 지름 $20\mu m$ 이하의 모래로 구분하고 있다. 때문에 _____

① 황사 문제를 해결하기 위해서는 근본적으로 황사의 발생 자체를 억제할 필요가 있다.

② 황사와 미세먼지의 차이를 입자의 크기만으로 구분 짓긴 어렵다.

③ 미세먼지의 역할 또한 분명히 존재함을 기억해야 할 것이다.

④ 황사와 미세먼지의 근본적인 구별법은 그 역할에서 찾아야 할 것이다.

⑤ 초미세먼지를 차단할 수 있는 마스크라 해도 황사와 초미세먼지를 동시에 차단하긴 어렵다.

정답 ②

미세먼지의 경우 최소 $10\mu m$ 이하의 먼지로 정의되고 있지만, 황사의 경우 주로 지름 $20\mu m$ 이하의 모래로 구분하되 통념적으로는 입자 크기로 구분하지 않는다. 따라서 $10\mu m$ 이하의 황사의 경우 크기만으로 미세먼지와 구분 짓기는 어렵다.

오답분석

①·⑤ 제시문을 통해서 알 수 없는 내용이다.

③ 미세먼지의 역할에 대한 설명을 찾을 수 없다.

④ 제시문에서 설명하는 황사와 미세먼지의 근본적인 구별법은 구성성분의 차이이다.

풀이 전략!

빈칸 앞뒤의 문맥을 파악한 후 선택지에서 가장 어울리는 내용을 찾는다. 빈칸 앞에 접속사가 있다면 이를 활용한다.

※ 다음 글의 빈칸에 들어갈 내용으로 가장 적절한 것을 고르시오. **[1~5]**

01

조선 시대의 금속활자는 제작 방법이나 비용의 문제로 민간에서 제작하기도 어려웠지만, 그의 제작 및 소유를 금지하였다. 때문에 금속활자는 왕실의 위엄과 권위를 상징하는 것이었고 조선의 왕들은 금속활자 제작에 각별한 관심을 가졌다. 태종이 1403년 최초의 금속활자인 계미자(癸未字)를 주조한 것을 시작으로 조선은 왕의 주도하에 수십 차례에 걸쳐 활자를 제작하였고, 특히 정조는 금속활자 제작에 많은 공을 들였다. 세손 시절 영조에게 건의하여 임진자(壬辰字) 15만 자를 제작하였고, 즉위 후에도 정유자(丁酉字), 한구자(韓構字), 생생자(生生字) 등을 만들었으며 이들 활자를 합하면 100만 자가 넘는다. 정조가 많은 활자를 만들고 관리하는 데 신경을 쓴 것 역시 권위와 관련이 있다. 정조가 만든 수많은 활자 중에서도 정리자(整理字)는 이러한 측면을 가장 잘 보여주는 활자라 할 수 있다. 정리(整理)라는 말은 조선 시대에 국왕이 바깥으로 행차할 때 호조에서 국왕이 머물 행궁을 정돈하고 수리해서 새롭게 만드는 일을 의미한다. 1795년 정조는 어머니인 혜경궁 홍씨의 회갑을 기념하기 위해 대대적인 화성 행차를 계획하였다. 행사를 마친 후 행사와 관련된 여러 사항을 기록한 의궤를 『원행을묘정리의궤(園幸乙卯整理儀軌)』라 이름하였고, 이를 인쇄하기 위해 제작한 활자가 바로 정리자이다. 왕실의 행사를 기록한 의궤를 금속활자로 간행했다는 것은 그만큼 이 책을 널리 보급하겠다는 뜻이며, 왕실의 위엄을 널리 알리겠다는 것으로 받아들여진다. 이후 정리자는 『화성성역의궤(華城城役儀軌)』, 『진작의궤(進爵儀軌)』, 『진찬의궤(進饌儀軌)』의 간행에 사용되어 왕실의 위엄과 권위를 널리 알리는 효과를 발휘하였다. 정리자가 주조된 이후에도 고종 이전에는 과거 합격자를 기록한 『사마방목(司馬榜目)』을 대부분 임진자로 간행하였는데, 화성 행차가 있었던 을묘년 식년시의 방목만은 유독 정리자로 간행하였다. 이 역시 화성 행차의 의미를 부각하고자 했던 것으로 생각된다. 정조가 세상을 떠난 후 출간된 그의 문집 『홍재전서(弘齋全書)』를 정리자로 간행한 것은 아마도 이 활자가 _____

① 희귀하였기 때문이 아닐까?

② 정조를 가장 잘 나타내기 때문이 아닐까?

③ 문집 제작에 널리 쓰였기 때문이 아닐까?

④ 문집 제작에 적절한 서체였기 때문이 아닐까?

⑤ 정조가 가장 중시한 활자이기 때문이 아닐까?

PART 2

02

스마트팩토리는 인공지능(AI), 사물인터넷(IoT) 등 다양한 기술이 융합된 자율화 공장으로, 제품 설계와 제조, 유통, 물류 등의 산업 현장에서 생산성 향상에 초점을 맞췄다. 이곳에서는 기계, 로봇, 부품 등의 상호 간 정보 교환을 통해 제조 활동을 하고, 모든 공정 이력이 기록되며, 빅데이터 분석으로 사고나 불량을 예측할 수 있다. 스마트팩토리에서는 컨베이어 생산 활동으로 대표되는 산업 현장의 모듈형 생산이 컨베이어를 대체하고 IoT가 신경망 역할을 한다. 센서와 기기 간 다양한 데이터를 수집하고, 이를 서버에 전송하면 서버는 데이터를 분석해 결과를 도출한다. 서버는 AI 기계학습 기술이 적용돼 빅데이터를 분석하고 생산성 향상을 위한 최적의 방법을 제시한다.

스마트팩토리의 대표 사례로는 고도화된 시뮬레이션 '디지털 트윈'을 들 수 있다. 디지털 트윈은 데이터를 기반으로 가상공간에서 미리 시뮬레이션하는 기술이다. 시뮬레이션을 위해 빅데이터를 수집하고 분석과 예측을 위한 통신·분석 기술에 가상현실(VR), 증강현실(AR)과 같은 기술을 더한다. 이를 통해 산업 현장에서 작업 프로세스를 미리 시뮬레이션하고, VR·AR로 검증함으로써 실제 시행에 따른 손실을 줄이고, 작업 효율성을 높일 수 있다.

한편 '에지 컴퓨팅'도 스마트팩토리의 주요 기술 중 하나이다. 에지 컴퓨팅은 산업 현장에서 발생하는 방대한 데이터를 클라우드로 한 번에 전송하지 않고, 에지에서 사전 처리한 후 데이터를 선별해서 전송한다. 서버와 에지가 연동해 데이터 분석 및 실시간 제어를 수행하여 산업 현장에서 생산되는 데이터가 기하급수로 늘어도 서버에 부하를 주지 않는다. 현재 클라우드 컴퓨팅이 중앙 데이터센터와 직접 소통하는 방식이라면 에지 컴퓨팅은 기기 가까이에 위치한 일명 '에지 데이터 센터'와 소통하며, 저장을 중앙 클라우드에 맡기는 형식이다. 이를 통해 데이터 처리 지연 시간을 줄이고 즉각적인 현장 대처를 가능하게 한다.

이러한 스마트팩토리의 발전은 _____ 최근 선진국에서 나타나는 주요 현상 중의 하나는 바로 '리쇼어링'의 가속화이다. 리쇼어링이란 인건비 등 각종 비용 절감을 이유로 해외에 나간 자국 기업들이 다시 본국으로 돌아오는 현상을 의미하는 용어이다. 2000년대 초반까지는 국가적 차원에서 세제 혜택 등의 회유책을 통해 추진되어 왔지만, 스마트팩토리의 등장으로 인해 자국 내 스마트팩토리에서의 제조 비용과 중국이나 멕시코와 같은 제3국에서 제조 후 수출 비용에 큰 차이가 없어 리쇼어링 현상은 더욱 가속화되고 있다.

① 공장의 제조 비용을 절감시키고 있다.
② 공장의 세제 혜택을 사라지게 하고 있다.
③ 공장의 위치를 변화시키고 있다.
④ 수출 비용을 줄이는 데 도움이 된다.
⑤ 공장의 생산성을 높이고 있다.

03

오늘날 인류가 왼손보다 오른손을 선호하는 경향은 어디서 비롯되었을까? 오른손을 귀하게 여기고 왼손을 천대하는 현상은 어쩌면 산업화 이전 사회에서 배변 후 사용할 휴지가 없었다는 사실과 관련이 있을 법하다. 맨손으로 배변 뒤처리를 하는 것은 불쾌할 뿐더러 병균을 옮길 위험을 수반하는 일이었다. 이런 위험성을 낮추는 간단한 방법은 음식을 먹거나 인사할 때 다른 손을 사용하는 것이었다. 기술 발달 이전의 사회는 대개 왼손을 배변 뒤처리에, 오른손을 먹고 인사하는 일에 사용했다. 나는 이런 배경이 인간 사회에 널리 나타나는 '오른쪽'에 대한 긍정과 '왼쪽'에 대한 반감을 어느 정도 설명해 줄 수 있으리라고 생각했다. 그러나 이 설명은 왜 애초에 오른손이 먹는 일에, 그리고 왼손이 배변 처리에 사용되었는지 설명해 주지 못한다. ＿＿＿＿＿＿＿＿＿＿＿＿＿＿＿＿＿＿ 따라서 근본적인 설명은 다른 곳에서 찾아야 할 것 같다.

한쪽 손을 주로 쓰는 경향은 뇌의 좌우반구의 기능 분화와 관련되어 있는 것으로 보인다. 보고된 증거에 따르면, 왼손잡이는 읽기와 쓰기, 개념적·논리적 사고 같은 좌반구 기능에서 오른손잡이보다 상대적으로 미약한 대신 상상력, 패턴 인식, 창의력 등 전형적인 우반구 기능에서는 상대적으로 기민한 경우가 많다.

나는 이성 대 직관의 힘겨루기, 뇌의 두 반구 사이의 힘겨루기가 오른손과 왼손의 힘겨루기로 표면화된 것이 아닐까 생각한다. 즉, 원래 오른손이 왼손보다 더 능숙했기 때문이 아니라 뇌의 좌반구가 인간의 행동을 지배하는 권력을 갖게 되었기 때문에 오른손 선호에 이르렀다는 생각이다.

① 동서양을 막론하고 왼손잡이 사회는 확인된 바 없기 때문이다.
② 기능적으로 왼손이 오른손보다 섬세하기 때문이다.
③ 모든 사람이 오른쪽을 선호하는 것이 아니기 때문이다.
④ 양손의 기능을 분담시키지 않는 사람이 존재할 수도 있기 때문이다.
⑤ 현대사회에 들어서 왼손잡이가 늘어나고 있기 때문이다.

04

MZ세대 직장인을 중심으로 '조용한 사직'이 유행하고 있다. '조용한 사직'이라는 신조어는 2022년 7월 한 미국인이 SNS에 소개하면서 큰 호응을 얻은 것으로 실제로 퇴사하진 않지만 최소한의 일만 하는 업무 태도를 말한다. 실제로 MZ세대 직장인은 적당히 하자라는 생각으로 주어진 업무는 하되 더 찾아서 하거나 스트레스 받을 수준으로 많은 일을 맡지 않고, 사내 행사도 꼭 필요할 때만 참여해 일과 삶을 철저히 분리하고 있다.

한 채용플랫폼의 설문조사 결과에 따르면 직장인 10명 중 7명이 '월급 받는 만큼만 일하면 끝'이라고 답했고, 20대 응답자 중 78.5%, 30대 응답자 중 77.1%가 '받은 만큼만 일한다.'라고 답했다. 설문조사 결과 연령대가 높아질수록 그 비율은 감소해 젊은 층을 중심으로 이 같은 인식이 확산하고 있음을 짐작할 수 있다.

이러한 인식이 확산하는 데는 인플레이션으로 인한 임금 감소, '돈을 많이 모아도 집 한 채를 살 수 있을까?' 등 전반적인 경제적 불만이 기저에 있다고 전문가들은 말했다. 또한 MZ세대가 '노력에 상응하는 보상을 받고 있는지'에 민감하게 반응하는 특성을 가지고 있는 것도 한 몫 하고 있다. 문제점은 이러한 '조용한 사직' 분위기가 기업의 전반적인 생산성 저하로 이어지고 있는 것이다. 이에 맞서 기업도 '조용한 사직'으로 대응해 게으른 직원에게 업무를 주지 않는 '조용한 해고'를 하는 상황이 발생하고 있다. 이에 전문가들은 MZ세대 직장인을 나태하다고 구분 짓는 사고방식은 잘못되었다고 지적하며, 기업 차원에서는 "_____"이, 개인 차원에서는 "스스로 일과 삶을 잘 조율하는 현명함을 만드는 것"이 필요하다고 언급했다.

① 직원이 일한 만큼 급여를 올려주는 것
② 직원이 스트레스를 받지 않게 적당량의 업무를 배당하는 것
③ 젊은 세대의 채용을 신중히 하는 것
④ 젊은 세대의 특성을 이해하고 온전히 받아들이는 것
⑤ 젊은 세대가 함께할 수 있도록 분위기를 만드는 것

05

태양은 지구의 생명체가 살아가는 데 필요한 빛과 열을 공급해 준다. 태양은 어떻게 이런 막대한 에너지를 계속 내놓을 수 있을까?

16세기 이전까지는 태양을 포함한 별들이 지구상의 물질을 이루는 네 가지 원소와 다른, 불변의 '제5원소'로 이루어졌다고 생각했다. 하지만 밝기가 변하는 신성(新星)이 별 가운데 하나라는 사실이 알려지면서 별이 불변이라는 통념은 무너지게 되었다. 또한, 태양의 흑점 활동이 관측되면서 태양 역시 불덩어리일지도 모른다고 생각하기 시작했다. 그 후 섭씨 5,500℃로 가열된 물체에서 노랗게 보이는 빛이 나오는 것을 알게 되면서 유사한 빛을 내는 태양의 온도도 비슷할 것이라고 추측하게 되었다.

19세기에는 에너지 보존 법칙이 확립되면서 새로운 에너지 공급이 없다면 태양의 온도가 점차 낮아져야 한다는 결론을 내렸다. 그렇다면 과거에는 태양의 온도가 훨씬 높았어야 했고, 지구의 바다가 펄펄 끓어야 했을 것이다. 하지만 실제로는 그렇지 않았고, 사람들은 태양의 온도를 일정하게 유지해 주는 에너지원이 무엇인지에 대해 생각하게 되었다.

20세기 초 방사능이 발견되면서 방사능 물질의 붕괴에서 나오는 핵분열 에너지를 태양의 에너지원으로 생각하였다. 그러나 태양빛의 스펙트럼을 분석한 결과 태양에는 우라늄 등의 방사능 물질 대신 수소와 헬륨이 있다는 것을 알게 되었다. 즉, 방사능 물질의 붕괴에서 나오는 핵분열 에너지가 태양의 에너지원이 아니었던 것이다.

현재 태양의 에너지원은 수소 원자핵 네 개가 헬륨 원자핵 하나로 융합하는 과정의 질량 결손으로 인해 생기는 핵융합 에너지로 알려져 있다. 태양은 엄청난 양의 수소 기체가 중력에 의해 뭉쳐진 것으로, 그 중심으로 갈수록 밀도와 압력, 온도가 증가한다. 태양에서의 핵융합은 천만℃ 이상의 온도를 유지하는 중심부에서만 일어난다. 원자핵들은 높은 온도에서 높은 운동 에너지를 가지게 되며, 그 결과로 원자핵들 사이의 반발력을 극복하고 융합되기에 충분히 가까운 거리로 근접할 수 있기 때문이다. 태양빛이 핵융합을 통해 나온다는 사실은 태양으로부터 온 중성미자가 관측됨으로써 더 확실해졌다.

중심부의 온도가 올라가 핵융합 에너지가 늘어나면 그 에너지로 인한 압력으로 수소를 밖으로 밀어내어 중심부의 밀도와 온도를 낮추게 된다. 이렇게 온도가 낮아지면 방출되는 핵융합 에너지가 줄어들며, 그 결과 압력이 낮아져서 수소가 중심부로 들어오게 되어 중심부의 밀도와 온도를 다시 높인다. 이렇듯 태양 내부에서 중력과 핵융합 반응의 평형 상태가 유지되기 때문에 ＿＿＿＿＿＿＿＿＿＿＿＿ 태양은 이미 50억 년간 빛을 냈고, 앞으로도 50억 년 이상 더 빛날 것이다.

① 태양의 핵융합 에너지가 폭발적으로 증가할 수 있게 된다.
② 태양 외부의 밝기가 내부 상태에 따라 변할 수 있게 된다.
③ 태양이 오랫동안 안정적으로 빛을 낼 수 있게 된다.
④ 태양이 일정한 크기를 유지할 수 있었다.
⑤ 과거와 달리 태양이 일정한 온도를 유지할 수 있게 된다.

04 경청·의사 표현

| 유형분석 |

- 경청이나 의사 표현과 관련된 이론을 바탕으로 하는 문제이다.
- 제시된 상황이나 지문을 파악하여 문제에서 묻고 있는 이론을 빠르게 파악하는 능력이 필요하다.

다음 중 의사소통에 대한 설명으로 적절하지 않은 것은?

① 두 사람 이상의 사람들 사이에서 일어나는 의사의 전달이 이루어지는 것이다.

② 적절한 의사소통을 조직 내에서 형성한다는 것은 결코 쉬운 일이 아니다.

③ 직업생활의 의사소통은 정보를 전달하려는 목적만을 가지고 있다.

④ 의사소통은 상대방이 어떻게 받아들일 것인가에 대한 고려가 바탕이 되어야 한다.

⑤ 의사소통이 이루어져 상호 간에 공감하게 된다면 직장의 팀워크는 높아질 수 있다.

정답 ③

직업생활에 있어서의 의사소통이란 공식적인 조직 안에서의 의사소통을 의미한다. 직업생활에서의 의사소통은 조직의 생산성을 높이고, 사기를 진작시키고 정보를 전달하며, 설득하려는 목적이 있다.

풀이 전략!

주로 상황이나 제시문이 함께 주어지므로 이를 빠르게 파악하여 필요한 이론을 바탕으로 문제를 풀이해야 한다.

01 다음 글에서 나타나는 경청을 방해하는 C씨의 습관은?

> C씨는 상대방이 상담을 요청하면 상담자의 말에 빠르게 대답한다. 상대방이 "나 요즘 너무 힘들어."라고 하면, 바로 "그래. 네 말이 맞아." 또는 "미안해요. 앞으로 안 그럴게요."라고 바로 대답하는 등 상대방이 걱정이나 불안을 말하자마자 지지하고 동의하는 데 치중해서 상대방에게 자신의 생각이나 감정을 충분히 표현할 시간을 주지 않는다.

① 걸러내기
② 다른 생각하기
③ 조언하기
④ 자존심 세우기
⑤ 비위 맞추기

02 다음 중 의사소통능력 개발 과정에서의 피드백에 대한 설명으로 적절하지 않은 것은?

> 피드백(Feedback)이란 상대방에게 그의 행동의 결과가 어떠한지에 대하여 정보를 제공해 주는 것을 말한다. 즉, 그의 행동이 나의 행동에 어떤 영향을 미치고 있는가에 대하여 상대방에게 솔직하게 알려주는 것이다. 말하는 사람 또는 전달자는 피드백을 이용하여 메시지의 내용이 실제로 어떻게 해석되고 있는가를 조사할 수 있다.

① 대인관계에 있어서의 행동을 개선할 수 있는 기회를 제공해 줄 수 있다.
② 의사소통의 왜곡에서 오는 오해와 부정확성을 줄일 수 있다.
③ 상대방의 긍정적인 면뿐만 아니라 부정적인 면도 솔직하게 전달해야 한다.
④ 말뿐만 아니라 얼굴 표정 등으로 정확한 반응을 얻을 수 있다.
⑤ 효과적인 개선을 위해서는 긍정적인 면보다 부정적인 면을 강조하여 전달해야 한다.

CHAPTER 02
수리능력

수리능력은 사칙 연산·통계·확률의 의미를 정확하게 이해하고 이를 업무에 적용하는 능력으로, 기초 연산과 기초 통계, 도표 분석 및 작성의 문제 유형으로 출제된다. 수리능력 역시 채택하지 않는 공사·공단이 거의 없을 만큼 필기시험에서 중요도가 높은 영역이다.

특히, 난이도가 높은 공사·공단의 시험에서는 도표 분석, 즉 자료 해석 유형의 문제가 많이 출제되고 있고, 응용 수리 역시 꾸준히 출제하는 공사·공단이 많기 때문에 기초 연산과 기초 통계에 대한 공식의 암기와 자료 해석 능력을 기를 수 있는 꾸준한 연습이 필요하다.

01 응용 수리의 공식은 반드시 암기하라!

응용 수리는 공사·공단마다 출제되는 문제는 다르지만, 사용되는 공식은 비슷한 경우가 많으므로 자주 출제되는 공식을 반드시 암기하여야 한다. 문제에서 묻는 것을 정확하게 파악하여 그에 맞는 공식을 적절하게 적용하는 꾸준한 노력과 공식을 암기하는 연습이 필요하다.

02 자료의 해석은 자료에서 즉시 확인할 수 있는 지문부터 확인하라!

수리능력 중 도표 분석, 즉 자료 해석 능력은 많은 시간을 필요로 하는 문제가 출제되므로, 증가·감소 추이와 같이 눈으로 확인이 가능한 지문을 먼저 확인한 후 복잡한 계산이 필요한 지문을 확인하는 방법으로 문제를 풀이한다면 시간을 조금이라도 아낄 수 있다. 또한, 여러 가지 보기가 주어진 문제 역시 지문을 잘 확인하고 문제를 풀이한다면 불필요한 계산을 생략할 수 있으므로 항상 지문부터 확인하는 습관을 들여야 한다.

03 도표 작성에서 지문에 작성된 도표의 제목을 반드시 확인하라!

도표 작성은 하나의 자료 혹은 보고서와 같은 수치가 표현된 자료를 도표로 작성하는 형식으로 출제되는데, 대체로 표보다는 그래프를 작성하는 형태로 많이 출제된다. 지문을 살펴보면 각 지문에서 주어진 도표에도 소제목이 있는 경우가 대부분이다. 이때, 자료의 수치와 도표의 제목이 일치하지 않는 경우 함정이 존재하는 문제일 가능성이 높으므로 도표의 제목을 반드시 확인하는 것이 중요하다.

01 응용 수리

| 유형분석 |

- 문제에서 제공하는 정보를 파악한 뒤, 사칙연산을 활용하여 계산하는 전형적인 수리문제이다.
- 문제를 풀기 위한 정보가 산재되어 있는 경우가 많으므로 주어진 조건 등을 꼼꼼히 확인해야 한다.

대학 서적을 도서관에서 빌리면 10일간 무료이고, 그 이상은 하루에 100원의 연체료가 부과되며 한 달 단위로 연체료는 두 배로 늘어난다. 1학기 동안 대학 서적을 도서관에서 빌려 사용하는 데 얼마의 비용이 드는가?(단, 1학기의 기간은 15주이고, 한 달은 30일로 정한다)

① 18,000원 ② 20,000원

③ 23,000원 ④ 25,000원

⑤ 28,000원

정답 ④

- 1학기의 기간 : 15×7=105일
- 연체료가 부과되는 기간 : 105-10=95일
- 연체료가 부과되는 시점에서부터 한 달 동안의 연체료 : 30×100=3,000원
- 첫 번째 달부터 두 번째 달까지의 연체료 : 30×100×2=6,000원
- 두 번째 달부터 세 번째 달까지의 연체료 : 30×100×2×2=12,000원
- 95일(3개월 5일) 연체료 : 3,000+6,000+12,000+5×(100×2×2×2)=25,000원

따라서 1학기 동안 대학 서적을 도서관에서 빌려 사용한다면 25,000원의 비용이 든다.

풀이 전략!

문제에서 묻는 바를 정확하게 확인한 후, 필요한 조건 또는 정보를 구분하여 신속하게 풀어 나간다. 단, 계산에 착오가 생기지 않도록 유의한다.

01 농도가 10%인 소금물 200g에 농도가 15%인 소금물을 섞어서 13%인 소금물을 만들려고 한다. 이때, 농도가 15%인 소금물은 몇 g이 필요한가?

① 150g

② 200g

③ 250g

④ 300g

⑤ 350g

02 12층에 사는 수진이는 출근하려고 나왔다가 중요한 서류를 깜빡한 것이 생각나 다시 집에 다녀오려고 한다. 엘리베이터 고장으로 계단을 이용해야 할 때, 1층부터 6층까지 쉬지 않고 올라가면 35초가 걸리고, 7층부터는 한 층씩 올라갈 때마다 5초씩 쉬려고 한다. 수진이가 1층부터 12층까지 올라가는 데 걸린 시간은?(단, 6층에서는 쉬지 않는다)

① 102초

② 107초

③ 109초

④ 112초

⑤ 114초

03 대리 혼자서 프로젝트를 진행하면 완료하기까지 16일이 걸리고 사원 혼자 진행하면 48일이 걸릴 때, 두 사람이 함께 프로젝트를 진행하는 데 소요되는 기간은?

① 12일

② 13일

③ 14일

④ 15일

⑤ 16일

04 직선상에 있는 A지점부터 B지점까지 일정한 간격으로 나무를 심으려고 한다. 현재 가지고 있는 나무를 10m 간격으로 심으면 10그루가 남고 5m 간격으로 심으면 5그루가 모자란다고 할 때, A지점과 B지점 사이의 거리는?(단, A와 B지점에도 나무를 심는다)

① 100m
② 150m
③ 200m
④ 250m
⑤ 300m

05 길이가 40m인 열차가 200m의 터널을 통과하는 데 10초가 걸렸다. 이 열차가 320m인 터널을 통과하는 데 걸리는 시간은 몇 초인가?

① 15초
② 16초
③ 18초
④ 20초
⑤ 22초

06 두 자연수 a, b에 대하여 a가 짝수일 확률은 $\dfrac{2}{3}$, b가 짝수일 확률은 $\dfrac{3}{5}$이다. 이때 a와 b의 곱이 짝수일 확률은?

① $\dfrac{1}{3}$
② $\dfrac{11}{15}$
③ $\dfrac{4}{5}$
④ $\dfrac{13}{15}$
⑤ $\dfrac{14}{15}$

07 어머니와 아버지를 포함한 6명의 가족이 원형 식탁에 둘러앉아 식사를 할 때, 어머니와 아버지가 서로 마주 보고 앉는 경우의 수는?

① 21가지

② 22가지

③ 23가지

④ 24가지

⑤ 25가지

08 A ~ C 세 사람은 주기적으로 집 청소를 한다. A는 6일마다, B는 8일마다, C는 9일마다 청소할 때, 세 명이 9월 10일에 모두 같이 청소를 했다면 다음에 같이 청소하는 날은 언제인가?

① 11월 5일

② 11월 12일

③ 11월 16일

④ 11월 21일

⑤ 11월 29일

09 K고등학교 운동장은 다음과 같이 양 끝이 반원 모양이다. 한 학생이 운동장 가장자리를 따라 한 바퀴를 달린다고 할 때, 학생이 달린 거리는 몇 m인가?(단, 원주율 $\pi \doteqdot 3$으로 계산한다)

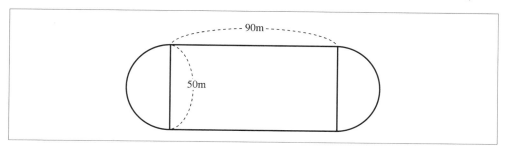

① 300m

② 310m

③ 320m

④ 330m

⑤ 340m

| 유형분석 |

- 나열된 수의 규칙을 찾아 해결하는 문제이다.
- 등차·등비수열 등 다양한 수열 규칙에 대한 사전 학습이 요구된다.

다음과 같이 일정한 규칙으로 수를 나열할 때, 빈칸에 들어갈 수는?

	0	3	5	10	17	29	48	( )

① 55   ② 60

③ 71   ④ 79

⑤ 83

정답 ④

n을 자연수라 하면 $(n+1)$항에서 n항을 더하고 $+2$를 한 값인 $(n+2)$항이 되는 수열이다.

따라서 ( )$=48+29+2=79$이다.

풀이 전략!

- 수열을 풀이할 때는 다음과 같은 규칙이 적용되는지를 순차적으로 판단한다.
  1) 각 항에 일정한 수를 사칙연산($+$, $-$, $\times$, $\div$)하는 규칙
  2) 홀수 항, 짝수 항 규칙
  3) 피보나치 수열과 같은 계차를 이용한 규칙
  4) 군수열을 활용한 규칙
  5) 항끼리 사칙연산을 하는 규칙

주요 수열 규칙

구분	내용
등차수열	앞의 항에 일정한 수를 더해 이루어지는 수열
등비수열	앞의 항에 일정한 수를 곱해 이루어지는 수열
피보나치 수열	앞의 두 항의 합이 그 다음 항의 수가 되는 수열
건너뛰기 수열	두 개 이상의 수열 또는 규칙이 일정한 간격을 두고 번갈아가며 적용되는 수열
계차수열	앞의 항과 차가 일정하게 증가하는 수열
군수열	일정한 규칙성으로 몇 항씩 묶어 나눈 수열

※ 다음과 같이 일정한 규칙으로 수를 나열할 때, 빈칸에 들어갈 수를 고르시오. **[1~3]**

01

| 10 | 8 | 16 | 13 | 39 | 35 | ( ) |

① 90   ② 100
③ 120   ④ 140
⑤ 150

02

| 1 | 4 | 13 | 40 | 121 | ( ) | 1,093 |

① 351   ② 363
③ 364   ④ 370
⑤ 392

03

| 1 | 2 | 2 | 6 | 4 | 18 | ( ) |

① 8   ② 9
③ 10   ④ 12
⑤ 15

03 자료 이해

| 유형분석 |

- 제시된 자료를 분석하여 선택지의 정답 유무를 판단하는 문제이다.
- 표의 수치 등을 통해 변화량이나 증감률, 비중 등을 비교하여 판단하는 문제가 자주 출제된다.
- 지원하고자 하는 기업이나 산업과 관련된 자료 등이 문제의 자료로 많이 다뤄진다.

다음은 A ~ E 5개국의 경제 및 사회 지표 자료이다. 이에 대한 설명으로 옳지 않은 것은?

〈주요 5개국의 경제 및 사회 지표〉

구분	1인당 GDP(달러)	경제성장률(%)	수출(백만 달러)	수입(백만 달러)	총인구(백만 명)
A	27,214	2.6	526,757	436,499	50.6
B	32,477	0.5	624,787	648,315	126.6
C	55,837	2.4	1,504,580	2,315,300	321.8
D	25,832	3.2	277,423	304,315	46.1
E	56,328	2.3	188,445	208,414	24.0

※ (총 GDP)=(1인당 GDP)×(총인구)

① 경제성장률이 가장 큰 나라가 총 GDP는 가장 작다.
② 총 GDP가 가장 큰 나라의 GDP는 가장 작은 나라의 GDP보다 10배 이상 더 크다.
③ 5개국 중 수출과 수입에 있어서 규모에 따라 나열한 순위는 서로 일치한다.
④ A국이 E국보다 총 GDP가 더 크다.
⑤ 1인당 GDP에 따른 순위와 총 GDP에 따른 순위는 서로 일치한다.

정답 ⑤

1인당 GDP 순위는 E>C>B>A>D이다. 그런데 1인당 GDP가 가장 큰 E국은 1인당 GDP가 2위인 C국보다 1% 정도밖에 높지 않은 반면, 인구는 C국의 $\frac{1}{10}$ 이하이므로 총 GDP 역시 C국보다 작다. 따라서 1인당 GDP 순위와 총 GDP 순위는 일치하지 않는다.

풀이 전략!

평소 변화량이나 증감률, 비중 등을 구하는 공식을 알아두고 있어야 하며, 지원하는 기업이나 산업에 관한 자료 등을 확인하여 비교하는 연습 등을 한다.

01 다음은 2014 ~ 2024년 국내 5급 공무원과 7급 공무원 채용인원 현황에 대한 자료이다. 이에 대한 설명으로 옳은 것을 〈보기〉에서 모두 고르면?(단, 비율은 소수점 둘째 자리에서 반올림한다)

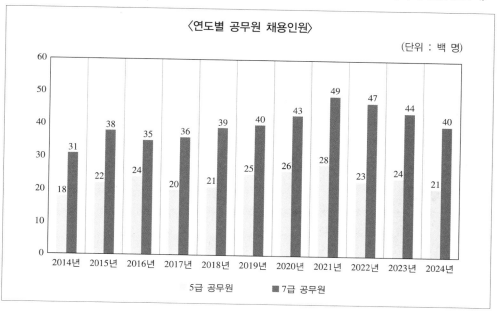

〈연도별 공무원 채용인원〉

(단위 : 백 명)

보기

ㄱ. 2017 ~ 2022년 동안 5급 공무원과 7급 공무원 채용인원의 증감추이는 동일하다.

ㄴ. 2014 ~ 2024년 동안 채용인원이 가장 적은 해와 가장 많은 해의 인원 차이는 5급 공무원이 7급 공무원보다 크다.

ㄷ. 2015 ~ 2024년 동안 전년 대비 채용인원의 증감량이 가장 많은 해는 5급 공무원과 7급 공무원 모두 동일하다.

ㄹ. 2014 ~ 2024년 동안 매년 7급 공무원 채용인원이 5급 공무원 채용인원의 2배 미만이다.

① ㄱ
② ㄷ
③ ㄱ, ㄴ
④ ㄱ, ㄷ
⑤ ㄷ, ㄹ

02 다음은 A ~ D국의 성별 평균소득과 대학진학률의 격차지수로 계산한 간이 성평등지수에 대한 자료이다. 이에 대한 설명으로 옳은 것을 〈보기〉에서 모두 고르면?(단, 격차지수와 간이 성평등지수는 소수점 셋째 자리에서 반올림한다)

〈A ~ D국의 성별 평균소득, 대학진학률 및 간이 성평등지수〉

(단위 : 달러, %)

항목 국가	평균소득			대학진학률			간이 성평등지수
	여성	남성	격차지수	여성	남성	격차지수	
A	8,000	16,000	0.50	68	48	1.00	0.75
B	36,000	60,000	0.60	( )	80	( )	( )
C	20,000	25,000	0.80	70	84	0.83	0.82
D	3,500	5,000	0.70	11	15	0.73	0.72

※ 격차지수는 남성 항목값 대비 여성 항목값의 비율로 계산하며, 그 값이 1을 넘으면 1로 함
※ 간이 성평등지수는 평균소득 격차지수와 대학진학률 격차지수의 산술 평균임

> **보기**
>
> ㄱ. A국의 여성 평균소득과 남성 평균소득이 각각 1,000달러씩 증가하면 A국의 간이 성평등지수는 0.80 이상이 된다.
> ㄴ. B국의 여성 대학진학률이 85%이면 간이 성평등지수는 B국이 C국보다 높다.
> ㄷ. D국의 여성 대학진학률이 4%p 상승하면 D국의 간이 성평등지수는 0.80 이상이 된다.

① ㄱ   ② ㄴ
③ ㄷ   ④ ㄱ, ㄴ
⑤ ㄱ, ㄷ

03 다음은 청소년의 경제의식에 대한 설문조사 결과이다. 이에 대한 설명으로 옳은 것은?

〈경제의식에 대한 설문조사 결과〉

(단위 : %)

설문 내용	구분	전체	성별		학교별	
			남	여	중학교	고등학교
용돈을 받는지 여부	예	84.2	82.9	85.4	87.6	80.8
	아니오	15.8	17.1	14.6	12.4	19.2
월간 용돈 금액	5만 원 미만	75.2	73.9	76.5	89.4	60
	5만 원 이상	24.8	26.1	23.5	10.6	40
금전출납부 기록 여부	기록	30	22.8	35.8	31	27.5
	미기록	70	77.2	64.2	69.0	72.5

① 용돈을 받는 남학생의 비율이 용돈을 받는 여학생의 비율보다 높다.

② 월간 용돈을 5만 원 미만으로 받는 비율은 중학생이 고등학생보다 높다.

③ 고등학생 전체 인원을 100명이라 한다면, 월간 용돈을 5만 원 이상 받는 학생은 40명이다.

④ 금전출납부는 기록하는 비율이 기록 안 하는 비율보다 높다.

⑤ 용돈을 받지 않는 중학생 비율이 용돈을 받지 않는 고등학생 비율보다 높다.

04 다음은 어느 나라의 2023년과 2024년의 노동 가능 인구구성의 변화를 나타낸 자료이다. 2023년도와 비교한 2024년도의 상황으로 옳은 것은?

〈노동 가능 인구구성의 변화〉

구분	취업자	실업자	비경제활동인구
2023년	55%	25%	20%
2024년	43%	27%	30%

① 이 자료에서 실업자의 수는 알 수 없다.

② 실업자의 비율은 감소하였다.

③ 경제활동인구는 증가하였다.

④ 취업자 비율의 증감폭이 실업자 비율의 증감폭보다 작다.

⑤ 비경제활동인구의 비율은 감소하였다.

05 다음은 K국가의 A~C지역 가구 구성비를 나타낸 자료이다. 이에 대한 설명으로 옳은 것은?

〈A~C지역 가구 구성비〉

(단위 : %)

구분	부부 가구	2세대 가구		3세대 이상 가구	기타 가구	전체
		(부모)+(미혼자녀)	(부모)+(기혼자녀)			
A	5	65	16	2	12	100
B	16	55	10	6	13	100
C	12	40	25	20	3	100

※ 기타 가구 : 1인 가구, 형제 가구, 비친족 가구
※ 핵가족 : 부부 또는 (한)부모와 그들의 미혼 자녀로 이루어진 가족
※ 확대가족 : (한)부모와 그들의 기혼 자녀로 이루어진 2세대 이상의 가족

① 핵가족 가구의 비중이 가장 높은 지역은 A이다.
② 1인 가구의 비중이 가장 높은 지역은 B이다.
③ 확대가족 가구 수가 가장 많은 지역은 C이다.
④ A~C지역 모두 핵가족 가구 수가 확대가족 가구 수보다 많다.
⑤ 부부 가구의 구성비는 C지역이 가장 높다.

06 화물 출발지와 도착지 간 거리가 A기업은 100km, B기업은 200km이며, 운송량은 A기업은 5톤, B기업은 1톤이다. 국내 운송 시 수단별 요금체계가 다음과 같을 때, A기업과 B기업에 최소 운송비용 측면에서 가장 저렴한 운송수단은?(단, 다른 조건은 동일하다)

〈국내 운송 시 수단별 요금〉

구분		화물자동차	철도	연안해송
운임	기본운임	200,000원	150,000원	100,000원
	km·톤당 추가운임	1,000원	900원	800원
km·톤당 부대비용		100원	300원	500원

① A, B 모두 화물자동차 운송이 가장 저렴하다.
② A는 화물자동차가 가장 저렴하고, B는 모든 수단이 동일하다.
③ A는 모든 수단이 동일하고, B는 연안해송이 가장 저렴하다.
④ A, B 모두 철도운송이 가장 저렴하다.
⑤ A는 연안해송, B는 철도운송이 가장 저렴하다.

07 다음은 K회사의 구성원을 대상으로 2024년 전·후로 가장 선호하는 언론매체를 조사한 결과 자료이다. 이에 대한 설명으로 옳은 것은?

〈2024년 전·후로 선호하는 언론매체별 K회사의 구성원 수〉

(단위 : 명)

2024년 이전 \ 2024년 이후	TV	인터넷	라디오	신문
TV	40	55	15	10
인터넷	50	30	10	10
라디오	40	40	15	15
신문	35	20	20	15

① 2024년 이후에 인터넷을 선호하는 구성원 모두 2022년 이전에도 인터넷을 선호했다.
② 2024년 전·후로 가장 선호하지 않는 언론매체는 라디오이다.
③ 2024년 이후에 가장 선호하는 언론매체는 인터넷이다.
④ 2024년 이후에 가장 선호하는 언론매체를 신문에서 인터넷으로 바꾼 구성원은 20명이다.
⑤ TV에서 라디오를 선호하게 된 구성원 수는 인터넷에서 라디오를 선호하게 된 구성원 수와 같다.

08 K회사에서는 업무효율을 높이기 위해 근무여건 개선방안에 대하여 논의하고자 한다. A씨는 논의 자료를 위하여 전 사원의 야간근무 현황을 조사하였다. 다음 중 조사 내용으로 옳지 않은 것은?

〈야간근무 현황(주 단위)〉

(단위 : 일, 시간)

구분	임원	부장	과장	대리	사원
평균 야근 빈도	1.2	2.2	2.4	1.8	1.4
평균 야근 시간	1.8	3.3	4.8	6.3	4.2

※ 60분의 3분의 2 이상을 채울 시 1시간으로 야근 수당을 계산함

① 과장급 사원은 한 주에 평균적으로 2.4일 정도 야간근무를 한다.
② 전 사원의 주 평균 야근 빈도는 1.8일이다.
③ 평사원은 한 주 동안 평균 4시간 12분 정도 야간근무를 하고 있다.
④ 1회 야간근무 시 평균적으로 가장 긴 시간 동안 일하는 사원은 대리급 사원이다.
⑤ 야근수당이 시간당 10,000원이라면 과장급 사원은 주 평균 50,000원을 받는다.

04 자료 변환

| 유형분석 |

- 문제에 주어진 자료를 도표로 변환하는 문제이다.
- 주로 자료에 있는 수치와 그래프 또는 표에 있는 수치가 서로 일치하는지의 여부를 판단한다.

갑 ~ 무 5명의 직원을 대상으로 신년회를 위한 A ~ E장소에 대한 만족도 조사를 하였다. 5점 만점을 기준으로 장소별 직원들의 점수를 바르게 시각화한 것은?

〈장소별 만족도〉

(단위 : 점)

구분	갑	을	병	정	무	평균
A	2.5	5.0	4.5	2.5	3.5	3.6
B	3.0	4.0	5.0	3.5	4.0	3.9
C	4.0	4.0	3.5	3.0	5.0	3.9
D	3.5	3.5	3.5	4.0	3.0	3.5
E	5.0	3.0	1.0	1.5	4.5	3.0

①
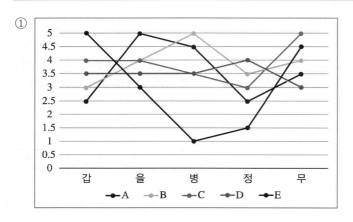

②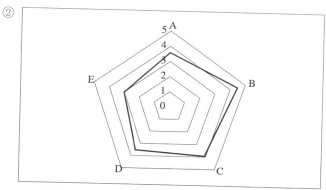

③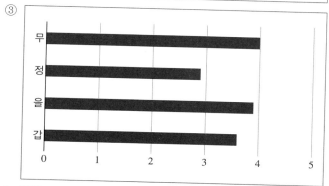

④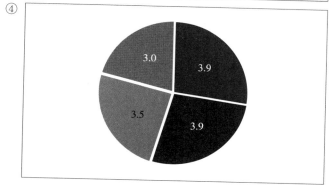

정답 ①

갑, 을, 병, 정, 무 5명의 직원들의 A~E장소에 대한 만족도 점수가 그래프에 바르게 나타나 있다.

오답분석

② B장소의 평균 만족도가 3.9점이지만 4.0점 이상으로 나타나 있다.

③ 병의 A~E장소에 대한 평균 만족도가 없고, 직원별 A~E장소 평균 만족도는 자료의 목적과는 거리가 멀다.

④ A~E장소에 대한 평균 만족도에서 표와의 수치를 비교해 보면 3.6점인 A장소가 없고, 수치가 각각 어느 장소의 평균 만족도를 나타내는지 알 수 없다.

풀이 전략!

각 선택지에 도표의 제목이 제시된 경우 제목을 먼저 확인한다. 그다음 어떠한 정보가 필요한지 확인한 후, 문제에서 주어진 자료를 빠르게 확인하여 일치 여부를 판단한다.

01 다음은 난민 통계 현황에 대한 자료이다. 이를 나타낸 그래프로 옳지 않은 것은?

〈난민 신청자 현황〉

(단위 : 명)

구분		2021년	2022년	2023년	2024년
성별	남자	1,039	1,366	2,403	4,814
	여자	104	208	493	897
국적	파키스탄	242	275	396	1,143
	나이지리아	102	207	201	264
	이집트	43	97	568	812
	시리아	146	295	204	404
	중국	3	45	360	401
	기타	178	471	784	2,687

〈난민 인정자 현황〉

(단위 : 명)

구분		2021년	2022년	2023년	2024년
성별	남자	39	35	62	54
	여자	21	22	32	51
국적	미얀마	18	19	4	32
	방글라데시	16	10	2	12
	콩고DR	4	1	3	1
	에티오피아	4	3	43	11
	기타	18	24	42	49

① 난민 신청자 연도 · 국적별 현황

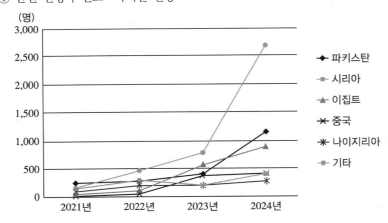

② 전년 대비 난민 인정자 증감률(2022 ~ 2024년)

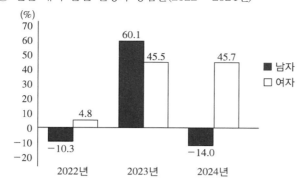

③ 난민 신청자 현황

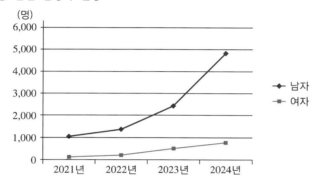

④ 난민 인정자 비율

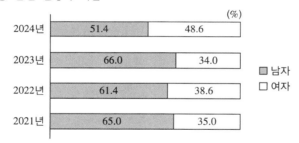

⑤ 2024년 국가별 난민 신청자 비율

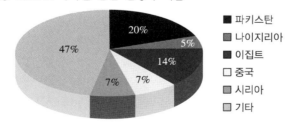

02 K은행의 경제연구소에 근무하는 L씨는 금융기관 수익성 분석 파트에 수록할 보고서를 작성하고 있다. 보고서 초안을 검토한 L씨는 데이터를 가시적으로 파악할 수 있도록 그래프를 첨부하라는 지시를 받았다. 다음 중 L씨가 금융기관 총자산순이익률 자료를 토대로 작성한 그래프로 옳지 않은 것은?

〈금융기관 총자산순이익률(ROA)〉

(단위 : %)

구분		보험	상호금융	증권	카드	저축은행
2022년	1/4분기	0.8	0.4	0.4	1.1	−4.3
	2/4분기	0.7	0.3	0.4	1.0	−2.3
	3/4분기	0.7	0.3	0.2	1.1	−1.6
	4/4분기	0.6	0.4	0.1	1.7	−2.1
2023년	1/4분기	0.7	0.4	0.0	1.6	−1.7
	2/4분기	0.7	0.4	0.1	1.6	−1.2
	3/4분기	0.7	0.4	0.4	1.6	−0.9
	4/4분기	0.7	0.4	0.6	1.8	0.3
2024년	1/4분기	0.7	0.4	0.8	1.8	0.8
	2/4분기	0.8	0.4	1.1	1.7	1.3
	3/4분기	0.7	0.4	1.0	1.6	1.7

① 보험회사 총자산순이익률(%)

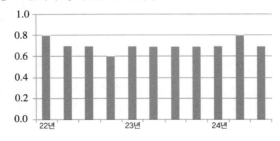

② 상호금융 총자산순이익률(%)

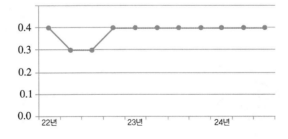

③ 증권회사 총자산순이익률(%)

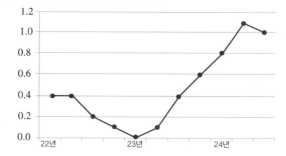

④ 카드회사 총자산순이익률(%)

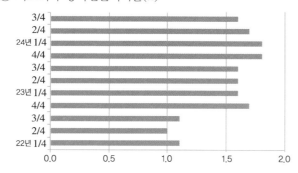

⑤ 저축은행 총자산순이익률(%)

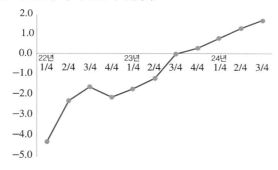

CHAPTER 03
문제해결능력

문제해결능력은 업무를 수행하면서 여러 가지 문제 상황이 발생하였을 때, 창의적이고 논리적인 사고를 통하여 이를 올바르게 인식하고 적절히 해결하는 능력으로, 하위 능력에는 사고력과 문제처리능력이 있다.

문제해결능력은 NCS 기반 채용을 진행하는 대다수의 공사・공단에서 채택하고 있으며, 다양한 자료와 함께 출제되는 경우가 많아 어렵게 느껴질 수 있다. 특히, 난이도가 높은 문제로 자주 출제되기 때문에 다른 영역보다 더 많은 노력이 필요할 수는 있지만 그렇기에 차별화를 할 수 있는 득점 영역이므로 포기하지 말고 꾸준하게 노력해야 한다.

01 질문의 의도를 정확하게 파악하라!

문제해결능력은 문제에서 무엇을 묻고 있는지 정확하게 파악하여 먼저 풀이 방향을 설정하는 것이 가장 효율적인 방법이다. 특히, 조건이 주어지고 답을 찾는 창의적・분석적인 문제가 주로 출제되고 있기 때문에 처음에 정확한 풀이 방향이 설정되지 않는다면 문제를 제대로 풀지 못하게 되므로 첫 번째로 출제 의도 파악에 집중해야 한다.

02 중요한 정보는 반드시 표시하라!

출제 의도를 정확히 파악하기 위해서는 문제의 중요한 정보를 반드시 표시하거나 메모하여 하나의 조건, 단서도 잊고 넘어가는 일이 없도록 해야 한다. 실제 시험에서는 시간의 압박과 긴장감으로 정보를 잘못 적용하거나 잊어버리는 실수가 많이 발생하므로 사전에 충분한 연습이 필요하다.

03 반복 풀이를 통해 취약 유형을 파악하라!

문제해결능력은 특히 시간관리가 중요한 영역이다. 따라서 정해진 시간 안에 고득점을 할 수 있는 효율적인 문제 풀이 방법을 찾아야 한다. 이때, 반복적인 문제 풀이를 통해 자신이 취약한 유형을 파악하는 것이 중요하다. 정확하게 풀 수 있는 문제부터 빠르게 풀고 취약한 유형은 나중에 푸는 효율적인 문제 풀이를 통해 최대한 고득점을 맞는 것이 중요하다.

01 명제 추론

| 유형분석 |

- 주어진 문장을 토대로 논리적으로 추론하여 참 또는 거짓을 구분하는 문제이다.
- 대체로 연역추론을 활용한 명제 문제가 출제된다.
- 자료를 제시하고 새로운 결과나 자료에 주어지지 않은 내용을 추론해 가는 형식의 문제가 출제된다.

어느 도시에 있는 병원의 공휴일 진료 현황은 다음과 같다. 공휴일에 진료하는 병원의 수는?

- B병원이 진료를 하지 않으면 A병원은 진료를 한다.
- B병원이 진료를 하면 D병원은 진료를 하지 않는다.
- A병원이 진료를 하면 C병원은 진료를 하지 않는다.
- C병원이 진료를 하지 않으면 E병원이 진료를 한다.
- E병원은 공휴일에 진료를 하지 않는다.

① 1곳   ② 2곳
③ 3곳   ④ 4곳
⑤ 5곳

정답 ②

제시된 진료 현황을 각각의 명제로 보고 이들을 수식으로 설명하면 다음과 같다(단, 명제가 참일 경우 그 대우도 참이다).
- B병원이 진료를 하지 않으면 A병원이 진료한다(~B → A / ~A → B).
- B병원이 진료를 하면 D병원은 진료를 하지 않는다(B → ~D / D → ~B).
- A병원이 진료를 하면 C병원은 진료를 하지 않는다(A → ~C / C → ~A).
- C병원이 진료를 하지 않으면 E병원이 진료한다(~C → E / ~E → C).

이를 하나로 연결하면 D병원이 진료를 하면 B병원이 진료를 하지 않고, B병원이 진료를 하지 않으면 A병원은 진료를 한다. A병원이 진료를 하면 C병원은 진료를 하지 않고, C병원이 진료를 하지 않으면 E병원은 진료를 한다(D → ~B → A → ~C → E). 명제가 참일 경우 그 대우도 참이므로 ~E → C → ~A → B → ~D가 된다. E병원은 공휴일에 진료를 하지 않으므로 위의 명제를 참고하면 C와 B병원만이 진료를 하는 경우가 된다. 따라서 공휴일에 진료를 하는 병원은 2곳이다.

풀이 전략!

명제와 관련한 기본적인 논법에 대해서는 미리 학습해 두며, 이를 바탕으로 각 문장에 있는 핵심단어 또는 문구를 기호화하여 정리한 후, 선택지와 비교하여 참 또는 거짓을 판단한다.

01 다음 명제가 모두 참일 때, 빈칸에 들어갈 내용으로 가장 적절한 것은?

> 전제1. 약속을 지키지 않으면 다른 사람에게 신뢰감을 줄 수 없다.
> 전제2. 메모하는 습관이 없다면 약속을 지킬 수 없다.
> 결론. _____

① 약속을 지키지 않으면 메모하는 습관이 없다.

③ 다른 사람에게 신뢰감을 줄 수 없으면 약속을 지키지 않는다.

③ 메모하는 습관이 없으면 다른 사람에게 신뢰감을 줄 수 있다.

④ 메모하는 습관이 있으면 다른 사람에게 신뢰감을 줄 수 있다.

⑤ 다른 사람에게 신뢰감을 주려면 메모하는 습관이 있어야 한다.

02 상준이는 월요일부터 일요일까지 3일을 선택하여 오전 또는 오후에 운동을 하기로 했다. 다음 〈조건〉을 토대로 상준이가 운동을 시작한 첫 주 월요일부터 일요일까지 운동한 날은 언제인가?

> **조건**
> • 운동을 하려면 마지막 운동을 한 지 최소 12시간이 지나야 한다.
> • 상준이는 주말에 약속이 있어서 운동을 하지 못했다.
> • 상준이는 금요일 오후에 운동을 했다.
> • 상준이는 금요일을 제외한 나머지 날 오후에 운동을 하지 못했다.
> • 금요일, 월요일을 제외한 두 번은 이틀 연속으로 했다.

① 월요일 오전, 화요일 오후, 금요일 오후

② 화요일 오전, 화요일 오후, 금요일 오후

③ 화요일 오전, 수요일 오전, 금요일 오후

④ 수요일 오전, 목요일 오전, 토요일 오후

⑤ 목요일 오후, 금요일 오후, 토요일 오전

03 다음 명제를 통해 빈칸에 들어갈 내용으로 가장 적절한 것은?

> - 모든 손님은 A와 B 중에서 하나만을 주문했다.
> - A를 주문한 손님 중에서 일부는 C를 주문했다.
> - B를 주문한 손님들만 추가로 주문할 수 있는 D도 많이 판매되었다.
> - _____

① A와 D를 동시에 주문하는 손님도 있었다.
② B를 주문한 손님은 C를 주문하지 않았다.
③ D를 주문한 손님은 C를 주문하지 않았다.
④ D를 주문한 손님은 A를 주문하지 않았다.
⑤ C를 주문한 손님은 모두 A를 주문했다.

04 K회사에서는 근무 연수가 1년씩 높아질수록 사용할 수 있는 여름 휴가 일수가 하루씩 늘어난다. K회사에 근무하는 A ~ E사원은 각각 서로 다른 해에 입사하였고, 최대 근무 연수가 4년을 넘지 않는다고 할 때, 다음 〈조건〉을 토대로 바르게 추론한 것은?

> **조건**
> - 올해로 3년 차인 A사원은 여름 휴가일로 최대 4일을 사용할 수 있다.
> - B사원은 올해 여름 휴가로 5일을 모두 사용하였다.
> - C사원이 사용할 수 있는 여름 휴가 일수는 A사원의 휴가 일수보다 짧다.
> - 올해 입사한 D사원은 1일을 여름 휴가일로 사용할 수 있다.
> - E사원의 여름 휴가 일수는 D사원보다 길다.

① E사원은 C사원보다 늦게 입사하였다.
② 근무한 지 1년이 채 되지 않으면 여름휴가를 사용할 수 없다.
③ C사원의 올해 근무 연수는 2년이다.
④ B사원의 올해 근무 연수는 4년이다.
⑤ 근무 연수가 높은 순서대로 나열하면 'B - A - C - E - D'이다.

05 K베이커리에서는 A ~ D단체에 우유식빵, 밤식빵, 옥수수식빵, 호밀식빵을 다음 〈조건〉에 따라 한 종류씩 납품하려고 한다. 이때 반드시 참인 것은?

> **조건**
> • 한 단체에 납품하는 빵의 종류는 겹치지 않도록 한다.
> • 우유식빵과 밤식빵은 A에 납품된 적이 있다.
> • 옥수수식빵과 호밀식빵은 C에 납품된 적이 있다.
> • 옥수수식빵은 D에 납품된다.

① 우유식빵은 B에 납품된 적이 있다.
② 옥수수식빵은 A에 납품된 적이 있다.
③ 호밀식빵은 A에 납품될 것이다.
④ 우유식빵은 C에 납품된 적이 있다.
⑤ 호밀식빵은 D에 납품된 적이 있다.

06 A씨는 최근 빅데이터에 관심이 생겨 관련 도서를 빌리기 위해 도서관에 갔다. 다음 〈조건〉에 따라 A씨가 빌리고자 하는 도서가 있는 곳은?

> **조건**
> • 1층은 어린이 문헌정보실과 가족 문헌정보실이다.
> • 제1문헌정보실은 엘리베이터로 이동이 가능하다.
> • 일반 열람실은 엘리베이터로 이동이 가능하다.
> • 5층은 보존서고실로 직원들만 이용이 가능하다.
> • 제1문헌정보실에는 인문, 철학, 역사 등의 도서가 비치되어 있다.
> • 제2문헌정보실에는 정보통신, 웹, 네트워크 등의 도서가 비치되어 있다.
> • 3층은 2층에 연결된 계단을 통해서만 이동할 수 있다.
> • 일반 열람실은 보존서고실의 바로 아래층에 있다.

① 1층   ② 2층
③ 3층   ④ 4층
⑤ 5층

| 유형분석 |

- 주어진 상황과 규칙을 종합적으로 활용하여 풀어가는 문제이다.
- 일정, 비용, 순서 등 다양한 내용을 다루고 있어 유형을 한 가지로 단일화하기 어렵다.

갑은 다음 규칙을 참고하여 알파벳 단어를 숫자로 변환하고자 한다. 규칙을 적용한 〈보기〉의 단어에서 알파벳 Z에 해당하는 자연수들을 모두 더한 값은?

〈규칙〉

① 알파벳 'A'부터 'Z'까지 순서대로 자연수를 부여한다.

  [예] A=2라고 하면 B=3, C=4, D=5이다.

② 단어의 음절에 같은 알파벳이 연속되는 경우 ①에서 부여한 숫자를 알파벳이 연속되는 횟수만큼 거듭제곱한다.

  [예] A=2이고 단어가 'AABB'이면 AA는 '2^2'이고, BB는 '3^2'이므로 '49'로 적는다.

보기

㉠ AAABBCC는 100000010201104040로 변환된다.

㉡ CDFE는 3465로 변환된다.

㉢ PJJYZZ는 1712126729로 변환된다.

㉣ QQTSR은 625282726으로 변환된다.

① 154
② 176
③ 199
④ 212
⑤ 234

정답 ④

㉠ A=100, B=101, C=102이다. 따라서 Z=125이다.

㉡ C=3, D=4, E=5, F=6이다. 따라서 Z=26이다.

㉢ P가 17임을 볼 때, J=11, Y=26, Z=27이다.

㉣ Q=25, R=26, S=27, T=28이다. 따라서 Z=34이다.

따라서 해당하는 Z값을 모두 더하면 125+26+27+34=212이다.

풀이 전략!

문제에 제시된 조건이나 규칙을 정확히 파악한 후, 선택지나 상황에 적용하여 문제를 풀어나간다.

※ K아파트의 자전거 보관소에서는 입주민들의 자전거를 편리하게 관리하기 위해 다음과 같은 방법으로 자전거에 일련번호를 부여한다. 이어지는 질문에 답하시오. [1~2]

• 일련번호 순서

종류	무게	동	호수				−	등록순서
A	L	1	1	1	0	1	−	1

• 자전거 종류 구분

일반 자전거			전기 자전거
성인용	아동용	산악용	
A	K	T	B

• 자전거 무게 구분

10kg 이하	10kg 초과 20kg 미만	20kg 이상
S	M	L

• 동 구분 : 101동부터 110동까지의 끝자리를 1자리 숫자로 기재(예 101동 − 1)
• 호수 : 4자리 숫자로 기재(예 1101호 − 1101)
• 등록순서 : 동일 세대주당 자전거 등록순서를 1자리로 기재

01 다음 중 자전거의 일련번호가 바르게 표기된 것은?

① MT1109−2
② AM2012−2
③ AB10121−1
④ KS90101−2
⑤ BL82002−01

02 다음 중 일련번호가 'TM41205−2'인 자전거에 대한 설명으로 옳은 것은?

① 전기 모터를 이용해 주행할 수 있다.
② 자전거의 무게는 10kg 이하이다.
③ 204동 1205호에 거주하는 입주민의 자전거이다.
④ 자전거를 2대 이상 등록한 입주민의 자전거이다.
⑤ 해당 자전거의 소유자는 더 이상 자전거를 등록할 수 없다.

03 A팀과 B팀은 보안등급 상에 해당하는 문서를 나누어 보관하고 있다. 이에 따라 두 팀은 보안을 위해 규칙에 따라 각 팀의 비밀번호를 지정하였다. 다음 중 A팀과 B팀에 들어갈 수 있는 암호배열은?

〈규칙〉
• 1 ~ 9까지의 숫자로 (한 자릿수)×(두 자릿수)=(세 자릿수)=(두 자릿수)×(한 자릿수) 형식의 비밀번호로 구성한다.
• 가운데에 들어갈 세 자릿수의 숫자는 156이며 숫자는 중복 사용할 수 없다. 즉, 각 팀의 비밀번호에 1, 5, 6이란 숫자가 들어가지 않는다.

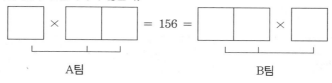

① 23
② 27
③ 29
④ 37
⑤ 39

04 다음 〈조건〉에 따라 〈보기〉를 계산한 값은?

조건
연산자 A, B, C, D는 다음과 같이 정의한다.
• A : 좌우에 있는 두 수를 더한다. 단, 더한 값이 10 미만이면 좌우에 있는 두 수를 곱한다.
• B : 좌우에 있는 두 수 가운데 큰 수에서 작은 수를 뺀다. 단, 두 수가 같거나 뺀 값이 10 미만이면 두 수를 곱한다.
• C : 좌우에 있는 두 수를 곱한다. 단, 곱한 값이 10 미만이면 좌우에 있는 두 수를 더한다.
• D : 좌우에 있는 두 수 가운데 큰 수를 작은 수로 나눈다. 단, 두 수가 같거나 나눈 값이 10 미만이면 두 수를 곱한다.
※ 연산은 '( )', '[ ]'의 순으로 함

보기
$$[(1A5)B(3C4)]D6$$

① 10
② 12
③ 90
④ 210
⑤ 360

05 K과장은 자동차도로 고유번호 부여 규정을 토대로 도로에 노선번호를 부여할 계획이다. 다음 그림에서 점선은 '영토'를, 실선은 '고속국도'를 표시한 것이며, (가) ~ (라)는 '간선노선'을 (마), (바)는 '보조간선노선'을 나타낸 것이다. 다음 중 노선번호를 바르게 부여한 것은?

〈자동차도로 고유번호 부여 규정〉

자동차도로는 관리상 고속국도, 일반국도, 특별광역시도, 지방도, 시도, 군도, 구도의 일곱 가지로 구분된다. 이들 각 도로에는 고유번호가 부여되어 있고, 이는 지형도상의 특정 표지판 모양 안에 표시되어 있다. 그러나 군도와 구도는 구간이 짧고 노선 수가 많아 노선번호가 중복될 우려가 있어 표지상에 번호를 표기하지 않는다.

고속국도 가운데 간선노선의 경우 두 자리 숫자를 사용하며, 남북을 연결하는 경우는 서에서 동으로 가면서 숫자가 증가하는데 끝자리에 5를 부여하고, 동서를 연결하는 경우는 남에서 북으로 가면서 숫자가 증가하는데 끝자리에 0을 부여한다.

보조간선노선은 간선노선 사이를 연결하는 고속국도로, 이 역시 두 자리 숫자로 표기한다. 그런데 보조간선노선이 남북을 연결하는 모양에 가까우면 첫자리는 남쪽 시작점의 간선노선 첫자리를 부여하고 끝자리에는 5를 제외한 홀수를 부여한다. 한편 동서를 연결하는 모양에 가까우면 첫자리는 동서를 연결하는 간선노선 가운데 해당 보조간선노선의 바로 아래쪽에 있는 간선노선의 첫자리를 부여하며, 이때 끝자리는 0을 제외한 짝수를 부여한다.

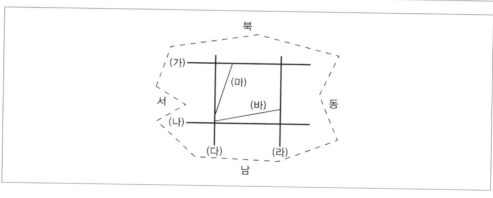

	(가)	(나)	(다)	(라)	(마)	(바)
①	20	10	15	25	17	12
②	20	10	15	25	18	14
③	20	15	15	25	17	14
④	25	15	10	20	19	12
⑤	25	15	20	10	17	12

| 유형분석 |

- 주어진 자료를 해석하고 활용하여 풀어가는 문제이다.
- 꼼꼼하고 분석적인 접근이 필요한 다양한 자료들이 출제된다.

다음 중 정수장 수질검사 현황에 대해 바르게 설명한 사람은?

<정수장 수질검사 현황>

급수 지역	항목						검사결과	
	일반세균 100 이하 (CFU/mL)	대장균 불검출 (수/100mL)	NH3-N 0.5 이하 (mg/L)	잔류염소 4.0 이하 (mg/L)	구리 1 이하 (mg/L)	망간 0.05 이하 (mg/L)	적합 여부	기준 초과
함평읍	0	불검출	불검출	0.14	0.045	불검출	적합	없음
이삼읍	0	불검출	불검출	0.27	불검출	불검출	적합	없음
학교면	0	불검출	불검출	0.13	0.028	불검출	적합	없음
엄다면	0	불검출	불검출	0.16	0.011	불검출	적합	없음
나산면	0	불검출	불검출	0.12	불검출	불검출	적합	없음

① A사원 : 함평읍의 잔류염소는 가장 낮은 수치를 보였고, 기준치에 적합하네.
② B사원 : 모든 급수지역에서 일반세균이 나오지 않았어.
③ C사원 : 기준치를 초과한 곳은 없었지만 적합하지 않은 지역은 있어.
④ D사원 : 대장균과 구리가 검출되면 부적합 판정을 받는구나.
⑤ E사원 : 구리가 검출되지 않은 지역은 세 곳이야.

정답 ②

오답분석

① 잔류염소에서 가장 낮은 수치를 보인 지역은 나산면(0.12mg/L)이고, 함평읍(0.14mg/L)은 세 번째로 낮다.
③ 기준치를 초과한 곳도 없고, 모두 적합 판정을 받았다.
④ 함평읍과 학교면, 엄다면은 구리가 검출되었지만 적합 판정을 받았다.
⑤ 구리가 검출되지 않은 지역은 이삼읍과 나산면으로 두 곳이다.

풀이 전략!

문제 해결을 위해 필요한 정보가 무엇인지 먼저 파악한 후, 제시된 자료를 분석적으로 읽고 해석한다.

01 다음은 K공사 체육대회 종목별 대진표 및 중간경기결과와 종목별 승점 배점표이다. 남은 경기결과에 따른 최종 대회성적에 대한 설명으로 옳지 않은 것은?(단, 모든 경기에 무승부는 없다)

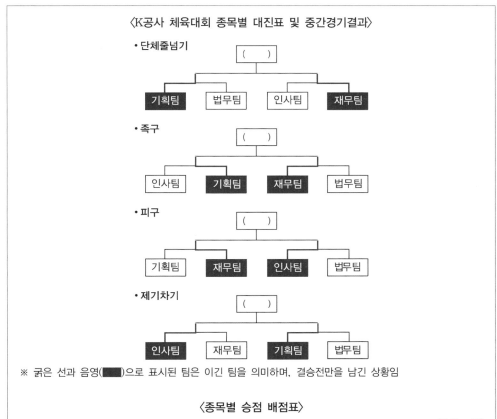

〈K공사 체육대회 종목별 대진표 및 중간경기결과〉

※ 굵은 선과 음영(■)으로 표시된 팀은 이긴 팀을 의미하며, 결승전만을 남긴 상황임

〈종목별 승점 배점표〉

(단위 : 점)

순위 \ 종목	단체줄넘기	족구	피구	제기차기
1위	120	90	90	60
2위	80	60	60	40
3 · 4위	40	30	30	20

※ 최종 대회성적은 종목별 승점합계가 가장 높은 팀이 종합 우승, 두 번째로 높은 팀이 종합 준우승임
※ 승점합계가 동일한 팀이 나올 경우, 단체줄넘기 종목의 순위가 높은 팀이 최종 순위가 높음

① 법무팀은 남은 경기결과와 상관없이 종합 우승을 할 수 없다.
② 재무팀이 남은 경기 중 2종목에서 이기더라도 기획팀이 종합 우승을 할 수 있다.
③ 기획팀이 남은 경기에서 모두 지면 재무팀이 종합 우승을 한다.
④ 재무팀이 남은 경기에서 모두 지더라도 재무팀은 종합 준우승을 한다.
⑤ 인사팀이 남은 경기에서 모두 이기더라도 인사팀은 종합 우승을 할 수 없다.

02 다음은 A ~ E리조트의 1박 기준 일반요금 및 회원할인율에 대한 자료이다. 이에 대한 설명으로 옳은 것을 〈보기〉에서 모두 고르면?

〈비수기 및 성수기 일반요금(1박 기준)〉

(단위 : 천 원)

구분 \ 리조트	A	B	C	D	E
비수기	300	250	200	150	100
성수기	500	350	300	250	200

〈비수기 및 성수기 회원할인율(1박 기준)〉

(단위 : %)

구분	회원유형 \ 리조트	A	B	C	D	E
비수기 회원할인율	기명	50	45	40	30	20
	무기명	35	40	25	20	15
성수기 회원할인율	기명	35	30	30	25	15
	무기명	30	25	20	15	10

※ $[회원할인율(\%)] = \dfrac{(일반요금)-(회원요금)}{(일반요금)} \times 100$

ㄱ. 리조트 1박 기준 성수기 일반요금이 낮은 리조트일수록 성수기 무기명 회원요금이 낮다.
ㄴ. 리조트 1박 기준 B리조트의 회원요금 중 가장 비싼 값과 가장 싼 값의 차이는 125,000원이다.
ㄷ. 리조트 1박 기준 각 리조트의 기명 회원요금은 성수기가 비수기의 2배를 넘지 않는다.
ㄹ. 리조트 1박 기준 비수기 기명 회원요금과 비수기 무기명 회원요금 차이가 가장 작은 리조트는 성수기 기명 회원요금과 성수기 무기명 회원요금 차이도 가장 작다.

① ㄱ, ㄴ
② ㄱ, ㄷ
③ ㄷ, ㄹ
④ ㄱ, ㄴ, ㄹ
⑤ ㄴ, ㄷ, ㄹ

03 다음은 2025년 1분기 품목별 주요 수출 애로요인이다. 이에 대해 옳은 설명을 한 사람을 〈보기〉에서 모두 고르면?(단, 구성비는 업종별 기업들이 여러 애로요인 중 가장 개선이 시급한 사항으로 응답한 비율이며, 기타 사유는 없다)

〈2025년 1분기 품목별 주요 수출 애로요인〉

(단위 : %)

업종	1위		2위	
	사유	구성비	사유	구성비
농수산물	원화환율 변동성 확대	17.5	원재료 가격상승	14.2
철강 및 비철금속 제품	원재료 가격상승	16.0	수출대상국의 경기부진	12.7
가전제품	원재료 가격상승	19.4	물류비용 상승	13.9
기계류	수출 대상국의 경기부진	15.7	바이어의 가격인하 요구	13.9
반도체	원재료 가격상승	18.7	바이어의 가격인하 요구	12.0
전기·전자 제품	원재료 가격상승	16.4	수출대상국의 경기부진	14.0
생활용품	수출대상국의 경기부진	14.2	원재료 가격상승	13.8

보기

김대리 : 기계류와 반도체를 모두 생산하는 K기업은 주요 수출 애로요인 1순위로 원재료 가격상승을 뽑았을 거야.

유주임 : 반도체 업종의 기업 중 주요 수출 애로요인으로 수출대상국의 경기부진을 꼽은 기업의 구성비는 전기·전자제품에 비해 낮아.

최사원 : 생활용품에 비해 농수산물이 환율 변화에 크게 영향을 받는 업종이네.

박과장 : 조사에 참여한 모든 기업 중 가장 많은 기업이 애로요인으로 뽑은 항목은 원재료 가격상승이야.

① 김대리, 유주임
② 김대리, 최사원
③ 유주임, 최사원
④ 유주임, 박과장
⑤ 최사원, 박과장

04 다음은 A, B사원의 직업기초능력을 평가한 결과이다. 이에 대한 설명으로 옳은 것은?

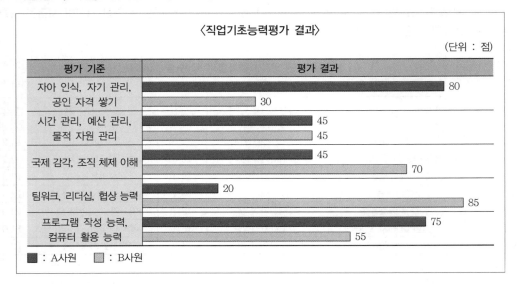

〈직업기초능력평가 결과〉

(단위 : 점)

평가 기준	평가 결과
자아 인식, 자기 관리, 공인 자격 쌓기	A사원 80 / B사원 30
시간 관리, 예산 관리, 물적 자원 관리	A사원 45 / B사원 45
국제 감각, 조직 체제 이해	A사원 45 / B사원 70
팀워크, 리더십, 협상 능력	A사원 20 / B사원 85
프로그램 작성 능력, 컴퓨터 활용 능력	A사원 75 / B사원 55

■ : A사원   ▨ : B사원

① A사원은 B사원보다 스스로를 관리하고 개발하는 능력이 우수하다.
② A사원은 B사원보다 조직의 체제와 경영을 이해하는 능력이 우수하다.
③ B사원은 A사원보다 정보를 검색하고 정보기기를 활용하는 능력이 우수하다.
④ A사원은 B사원보다 업무 수행 시 만나는 사람들과 원만하게 지내는 능력이 우수하다.
⑤ B사원은 A사원보다 업무 수행에 필요한 시간, 자본 등의 자원을 예측 계획하여 할당하는 능력이 우수하다.

05 다음은 청년가구를 대상으로 하는 주거지원 프로그램을 정리한 자료이다. 이를 참고하여 응대한 내용으로 옳지 않은 것은?

<table>
<tr><th colspan="3" style="text-align:center">〈청년가구 대상 주거지원 프로그램〉</th></tr>
<tr><th>구분</th><th>프로그램</th><th>주요내용</th></tr>
<tr><td rowspan="4">신규공급</td><td>행복주택</td><td>• 일반형, 산업단지형 구분
• 일반형에서 대학생, 사회초년생, 신혼부부 물량을 80% 공급
• $45m^2$ 이하의 면적
• 시세의 60 ~ 80%</td></tr>
<tr><td>행복 기숙사</td><td>• 대학생 공공주거복지 실현 목적</td></tr>
<tr><td>사회적 주택</td><td>• 쉐어하우스형
• 졸업 후 2년 이내 취준생 포함 5년 이내 사회초년생 대상
• 시세의 50% 이하</td></tr>
<tr><td>신혼부부 특별공급</td><td>• 혼인기간 5년 이내 자녀출산 무주택 세대
• 공공임대 할당</td></tr>
<tr><td rowspan="3">기존주택
활용</td><td>집주인 리모델링임대</td><td>• 대학생에게 저렴한 임대주택 공급
• 시세의 80%</td></tr>
<tr><td>청년 전세임대</td><td>• 타 시군 출신 대학생 및 졸업 2년 이내 취업준비생 주거 독립 지원</td></tr>
<tr><td>신혼부부 전세임대</td><td>• 신혼부부 임대보증금 지원
• 지역별 차등
• 저리대출</td></tr>
<tr><td rowspan="2">자금대출</td><td>버팀목 대출</td><td>• 19세 이상 세대주 주택임차보증금 지원
• 지역별 차등</td></tr>
<tr><td>주거안정 월세대출</td><td>• 주거급여 비대상 무주택자 중 취업준비생, 사회초년생 대상
• 월 최대 30만 원씩 2년 대출</td></tr>
</table>

① 행복주택은 일반형과 산업단지형을 구분하고 있으니 참고하시기 바랍니다.

② 공공주거복지의 목적으로 행복 기숙사가 있으니 대학생들은 누구나 이용할 수 있습니다.

③ 사회적 주택은 쉐어하우스형으로 시세의 50% 이하 가격으로 이용할 수 있습니다.

④ 신혼부부들이 전세임대를 할 경우 보증금을 지원받을 수 있으며, 지원 금액은 지역별로 차등 지원하므로 해당 주민센터에 문의하시기 바랍니다.

⑤ 버팀목 대출로 주택임차보증금을 지원받을 수 있으며, 월 최대 30만 원씩 2년간 대출이 가능합니다.

MEMO

PART 3

철도법령

CHAPTER 01 철도산업발전기본법

※ 수록 기준 : 법제처 법률 제18693호(시행 2022.7.5.)

01 총칙

1. 목적 및 정의

(1) 목적(제1조)

철도산업발전기본법은 철도산업의 경쟁력을 높이고 발전기반을 조성함으로써 **철도산업의 효율성 및 공익성의 향상과 국민경제의 발전에 이바지함**을 목적으로 한다.

(2) 적용범위(제2조)

철도산업발전기본법은 다음 각 호의 어느 하나에 해당하는 철도에 대하여 적용한다. 다만, 제2장의 규정은 모든 철도에 대하여 적용한다.

1. 국가 및 한국고속철도건설공단법에 의하여 설립된 한국고속철도건설공단("고속철도건설공단")이 소유·건설·운영 또는 관리하는 철도
2. 제20조 제3항에 따라 설립되는 **국가철도공단** 및 제21조 제3항에 따라 설립되는 **한국철도공사**가 소유·건설·운영 또는 관리하는 철도

(3) 정의(제3조)

철도산업발전기본법에서 사용하는 용어의 정의는 다음 각 호와 같다.

1. **철도** : 여객 또는 화물을 운송하는 데 필요한 **철도시설과 철도차량** 및 이와 관련된 운영·지원체계가 유기적으로 구성된 운송체계를 말한다.
2. **철도시설** : 다음 각 목의 어느 하나에 해당하는 시설(부지를 포함한다)을 말한다.
   가. 철도의 선로(선로에 부대되는 시설을 포함한다), 역시설(물류시설·환승시설 및 편의시설 등을 포함한다) 및 철도운영을 위한 건축물·건축설비
   나. 선로 및 철도차량을 보수·정비하기 위한 선로보수기지, 차량정비기지 및 차량유치시설
   다. 철도의 전철전력설비, 정보통신설비, 신호 및 열차제어설비
   라. 철도노선간 또는 다른 교통수단과의 연계운영에 필요한 시설
   마. 철도기술의 개발·시험 및 연구를 위한 시설
   바. 철도경영연수 및 철도전문인력의 교육훈련을 위한 시설
   사. 그 밖에 철도의 건설·유지보수 및 운영을 위한 시설로서 대통령령으로 정하는 시설
3. **철도운영** : 철도와 관련된 다음 각 목의 어느 하나에 해당하는 것을 말한다.
   가. 철도 여객 및 화물 운송
   나. 철도차량의 정비 및 열차의 운행관리
   다. 철도시설·철도차량 및 철도부지 등을 활용한 부대사업개발 및 서비스

4. **철도차량** : 선로를 운행할 목적으로 제작된 동력차·객차·화차 및 특수차를 말한다.

5. **선로** : 철도차량을 운행하기 위한 궤도와 이를 받치는 노반 또는 공작물로 구성된 시설을 말한다.

6. **철도시설의 건설** : 철도시설의 신설과 기존 철도시설의 직선화·전철화·복선화 및 현대화 등 철도시설의 성능 및 기능향상을 위한 철도시설의 개량을 포함한 활동을 말한다.

7. **철도시설의 유지보수** : 기존 철도시설의 현상유지 및 성능향상을 위한 점검·보수·교체·개량 등 일상적인 활동을 말한다.

8. **철도산업** : 철도운송·철도시설·철도차량 관련산업과 철도기술개발관련산업 그 밖에 철도의 개발·이용·관리와 관련된 산업을 말한다.

9. **철도시설관리자** : 철도시설의 건설 및 관리 등에 관한 업무를 수행하는 자로서 다음 각 목의 어느 하나에 해당하는 자를 말한다.

　가. 제19조에 따른 관리청

　나. 제20조 제3항에 따라 설립된 국가철도공단

　다. 제26조 제1항에 따라 철도시설관리권을 설정받은 자

　라. 가목부터 다목까지의 자로부터 철도시설의 관리를 대행·위임 또는 위탁받은 자

10. **철도운영자** : 제21조 제3항에 따라 설립된 한국철도공사 등 철도운영에 관한 업무를 수행하는 자를 말한다.

11. **공익서비스** : 철도운영자가 영리목적의 영업활동과 관계없이 국가 또는 지방자치단체의 정책이나 공공목적 등을 위하여 제공하는 철도서비스를 말한다.

---

02 철도산업 발전기반의 조성

1. 철도산업시책의 수립 및 추진체제

(1) 시책의 기본방향(제4조)

① 국가는 철도산업시책을 수립하여 시행하는 경우 **효율성과 공익적 기능을** 고려하여야 한다.

② 국가는 에너지이용의 효율성, 환경친화성 및 수송효율성이 높은 철도의 역할이 국가의 건전한 발전과 국민의 교통편익 증진을 위하여 필수적인 요소임을 인식하여 **적정한 철도수송분담의 목표를** 설정하여 유지하고 이를 위한 **철도시설을 확보**하는 등 철도산업발전을 위한 여러 시책을 마련하여야 한다.

③ 국가는 철도산업시책과 철도투자·안전 등 관련 시책을 효율적으로 추진하기 위하여 필요한 조직과 인원을 확보하여야 한다.

(2) 철도산업발전기본계획의 수립 등(제5조)

① 국토교통부장관은 철도산업의 육성과 발전을 촉진하기 위하여 5년 단위로 **철도산업발전기본계획("기본계획")을** 수립하여 시행하여야 한다.

② 기본계획에 포함되어야 하는 사항

　1. 철도산업 육성시책의 기본방향에 관한 사항

　2. 철도산업의 여건 및 동향전망에 관한 사항

　3. 철도시설의 투자·건설·유지보수 및 이를 위한 재원확보에 관한 사항

　4. 각종 철도 간의 연계수송 및 사업조정에 관한 사항

5. 철도운영체계의 개선에 관한 사항
　　6. 철도산업 전문인력의 양성에 관한 사항
　　7. 철도기술의 개발 및 활용에 관한 사항
　　8. 그 밖에 철도산업의 육성 및 발전에 관한 사항으로서 대통령령으로 정하는 사항
③ 기본계획은 국가통합교통체계효율화법 제4조에 따른 국가기간교통망계획, 같은 법 제6조에 따른 중기 교통시설투자계획 및 국토교통과학기술 육성법 제4조에 따른 국토교통과학기술 연구개발 종합계획과 조화를 이루도록 하여야 한다.

> **더 알아보기**
>
> 국가기간교통망계획의 수립 등(국가통합교통체계효율화법 제4조 제1항)
> 국토교통부장관은 국가의 균형발전 및 효율적인 교통체계 구축을 위하여 20년 단위로 국가기간교통망에 관한 계획("국가기간교통망계획")을 수립하여야 한다. 다만, 국토교통부장관은 5년마다 국가기간교통망계획을 검토하고, 필요한 경우 국가기간교통망계획을 변경하여야 한다.
>
> 중기 교통시설투자계획의 수립(국가통합교통체계효율화법 제6조 제1항)
> 국토교통부장관은 국가기간교통망계획에서 정한 국가기간교통시설 개발사업 및 이와 연계되는 지방자치단체 소관 교통시설의 신설·확장 또는 정비사업("지방교통시설 개발사업") 등을 효과적으로 추진하기 위하여 5년 단위로 중기 교통시설투자계획("중기투자계획")을 수립하여야 한다.
>
> 종합계획의 수립·시행(국토교통과학기술 육성법 제4조 제1항)
> 국토교통부장관은 국토교통과학기술의 효율적·체계적 육성을 위하여 10년 단위의 국토교통과학기술 연구개발 종합계획("종합계획")을 5년마다 수립·시행하여야 한다.

④ 기본계획의 수립 : 국토교통부장관은 기본계획을 수립하고자 하는 때에는 미리 기본계획과 관련이 있는 행정기관의 장과 협의한 후 제6조에 따른 **철도산업위원회의 심의**를 거쳐야 한다. 수립된 기본계획을 변경(대통령령으로 정하는 경미한 변경은 제외한다)하고자 하는 때에도 또한 같다.
⑤ 공표 방법 : 국토교통부장관은 제4항에 따라 기본계획을 수립 또는 변경한 때에는 이를 관보에 고시하여야 한다.
⑥ 시행계획의 제출 : 관계 행정기관의 장은 수립·고시된 기본계획에 따라 연도별 시행계획을 수립·추진하고, 해당 연도의 계획 및 전년도의 추진실적을 **국토교통부장관에게 제출**하여야 한다.
⑦ 제6항에 따른 연도별 시행계획의 수립 및 시행절차에 관하여 필요한 사항은 **대통령령**으로 정한다.

(3) 철도산업위원회(제6조)
① 철도산업에 관한 기본계획 및 중요정책 등을 심의·조정하기 위하여 **국토교통부**에 **철도산업위원회**("위원회")를 둔다.
② 위원회가 심의·조정하는 사항
　　1. 철도산업의 육성·발전에 관한 중요정책 사항
　　2. 철도산업구조개혁에 관한 중요정책 사항
　　3. 철도시설의 건설 및 관리 등 철도시설에 관한 중요정책 사항
　　4. 철도안전과 철도운영에 관한 중요정책 사항

5. 철도시설관리자와 철도운영자 간 상호협력 및 조정에 관한 사항
6. 철도산업발전기본법 또는 다른 법률에서 위원회의 심의를 거치도록 한 사항
7. 그 밖에 철도산업에 관한 중요한 사항으로서 위원장이 회의에 부치는 사항
③ 위원회의 구성 : 위원회는 위원장을 포함한 25인 이내의 위원으로 구성한다.
④ 분과위원회 : 위원회에 상정할 안건을 미리 검토하고 위원회가 위임한 안건을 심의하기 위하여 위원회에 분과위원회를 둔다.
⑤ 철도산업발전기본법에서 규정한 사항 외에 위원회 및 분과위원회의 구성·기능 및 운영에 관하여 필요한 사항은 대통령령으로 정한다.

2. 철도산업의 육성

(1) 철도시설 투자의 확대(제7조)

① 국가는 철도시설 투자를 추진하는 경우 사회적·환경적 편익을 고려하여야 한다.
② 국가는 각종 국가계획에 철도시설 투자의 목표치와 투자계획을 반영하여야 하며, 매년 교통시설 투자예산에서 철도시설 투자예산의 비율이 지속적으로 높아지도록 노력하여야 한다.

(2) 철도산업의 지원(제8조)

국가 및 지방자치단체는 철도산업의 육성·발전을 촉진하기 위하여 철도산업에 대한 재정·금융·세제·행정상의 지원을 할 수 있다.

(3) 철도산업전문인력의 교육·훈련 등(제9조)

① 국토교통부장관은 철도산업에 종사하는 자의 자질향상과 새로운 철도기술 및 그 운영기법의 향상을 위한 교육·훈련방안을 마련하여야 한다.
② 국토교통부장관은 국토교통부령으로 정하는 바에 의하여 철도산업전문연수기관과 협약을 체결하여 철도산업에 종사하는 자의 교육·훈련프로그램에 대한 행정적·재정적 지원 등을 할 수 있다.
③ 제2항에 따른 철도산업전문연수기관은 매년 전문인력수요조사를 실시하고 그 결과와 전문인력의 수급에 관한 의견을 국토교통부장관에게 제출할 수 있다.
④ 국토교통부장관은 새로운 철도기술과 운영기법의 향상을 위하여 특히 필요하다고 인정하는 때에는 정부투자기관·정부출연기관 또는 정부가 출자한 회사 등으로 하여금 새로운 철도기술과 운영기법의 연구·개발에 투자하도록 권고할 수 있다.

(4) 철도산업교육과정의 확대 등(제10조)

① 국토교통부장관은 철도산업전문인력의 수급의 변화에 따라 철도산업교육과정의 확대 등 필요한 조치를 관계 중앙행정기관의 장에게 요청할 수 있다.
② 국가는 철도산업종사자의 자격제도를 다양화하고 질적 수준을 유지·발전시키기 위하여 필요한 시책을 수립·시행하여야 한다.
③ 국토교통부장관은 철도산업 전문인력의 원활한 수급 및 철도산업의 발전을 위하여 특성화된 대학 등 교육기관을 운영·지원할 수 있다.

(5) 철도기술의 진흥 등(제11조)

① 국토교통부장관은 철도기술의 진흥 및 육성을 위하여 철도기술전반에 대한 연구 및 개발에 노력하여야 한다.

② 국토교통부장관은 제1항에 따른 연구 및 개발을 촉진하기 위하여 이를 전문으로 연구하는 기관 또는 단체를 지도·육성하여야 한다.

③ 국가는 철도기술의 진흥을 위하여 철도시험·연구개발시설 및 부지 등 국유재산을 과학기술분야정부출연연구기관 등의 설립·운영 및 육성에 관한 법률에 의한 한국철도기술연구원에 무상으로 대부·양여하거나 사용·수익하게 할 수 있다.

(6) 철도산업의 정보화 촉진(제12조)

① 철도산업정보화기본계획 : 국토교통부장관은 철도산업에 관한 정보를 효율적으로 처리하고 원활하게 유통하기 위하여 대통령령으로 정하는 바에 의하여 철도산업정보화기본계획을 수립·시행하여야 한다.

② 철도산업정보센터 : 국토교통부장관은 철도산업에 관한 정보를 효율적으로 수집·관리 및 제공하기 위하여 대통령령으로 정하는 바에 의하여 철도산업정보센터를 설치·운영하거나 철도산업에 관한 정보를 수집·관리 또는 제공하는 자 등에게 필요한 지원을 할 수 있다.

(7) 국제협력 및 해외진출 촉진(제13조)

① 국토교통부장관은 철도산업에 관한 국제적 동향을 파악하고 국제협력을 촉진하여야 한다.

② 국가는 철도산업의 국제협력 및 해외시장 진출을 추진하기 위하여 다음 각 호의 사업을 지원할 수 있다.
  1. 철도산업과 관련된 기술 및 인력의 국제교류
  2. 철도산업의 국제표준화와 국제공동연구개발
  3. 그 밖에 국토교통부장관이 철도산업의 국제협력 및 해외시장 진출을 촉진하기 위하여 필요하다고 인정하는 사업

(8) 협회의 설립(제13조의2)

① 철도산업에 관련된 기업, 기관 및 단체와 이에 관한 업무에 종사하는 자는 철도산업의 건전한 발전과 해외진출을 도모하기 위하여 철도협회("협회")를 설립할 수 있다.

② 협회는 법인으로 한다.

③ 협회는 국토교통부장관의 인가를 받아 주된 사무소의 소재지에 설립등기를 함으로써 성립한다.

④ 협회의 업무 : 협회는 철도 분야에 관한 다음 각 호의 업무를 한다.
  1. 정책 및 기술개발의 지원
  2. 정보의 관리 및 공동활용 지원
  3. 전문인력의 양성 지원
  4. 해외철도 진출을 위한 현지조사 및 지원
  5. 조사·연구 및 간행물의 발간
  6. 국가 또는 지방자치단체 위탁사업
  7. 그 밖에 정관으로 정하는 업무

⑤ 국가, 지방자치단체 및 공공기관의 운영에 관한 법률에 따른 철도 분야 공공기관은 협회에 위탁한 업무의 수행에 필요한 비용의 전부 또는 일부를 예산의 범위에서 지원할 수 있다.

⑥ 협회의 정관은 **국토교통부장관의 인가**를 받아야 하며, 정관의 기재사항과 협회의 운영 등에 필요한 사항은 **대통령령**으로 정한다.

⑦ 협회에 관하여 철도산업발전기본법에 규정한 것 외에는 민법 중 **사단법인**에 관한 규정을 준용한다.

03 철도안전 및 이용자 보호

1. 철도안전

(1) 철도안전(제14조)

① 국가는 **국민의 생명·신체 및 재산을 보호**하기 위하여 철도안전에 필요한 **법적·제도적 장치**를 마련하고 이에 필요한 재원을 확보하도록 노력하여야 한다.

② 철도시설관리자는 그 시설을 설치 또는 관리할 때에 법령에서 정하는 바에 따라 해당 시설의 **안전한 상태를 유지**하고, 해당 시설과 이를 이용하려는 철도차량 간의 **종합적인 성능 검증 및 안전상태 점검** 등 안전확보에 필요한 조치를 하여야 한다.

③ 철도운영자 또는 철도차량 및 장비 등의 제조업자는 법령에서 정하는 바에 따라 철도의 안전한 운행 또는 그 제조하는 철도차량 및 장비 등의 **구조·설비 및 장치의 안전성을 확보**하고 이의 향상을 위하여 노력하여야 한다.

④ 국가는 객관적이고 공정한 철도사고조사를 추진하기 위한 **전담기구와 전문인력**을 확보하여야 한다.

2. 이용자 보호

(1) 철도서비스의 품질 개선 등(제15조)

① 철도운영자는 제공하는 철도서비스의 품질을 개선하기 위하여 노력하여야 한다.

② 국토교통부장관은 철도서비스의 품질을 개선하고 이용자의 편익을 높이기 위하여 철도서비스의 품질을 평가하여 시책에 반영하여야 한다.

③ 제2항에 따른 철도서비스 품질평가의 절차 및 활용 등에 관하여 필요한 사항은 **국토교통부령**으로 정한다.

(2) 철도이용자의 권익보호 등(제16조)

국가는 철도이용자의 권익보호를 위하여 다음 각 호의 시책을 강구하여야 한다.

1. 철도이용자의 권익보호를 위한 홍보·교육 및 연구
2. 철도이용자의 생명·신체 및 재산상의 위해 방지
3. 철도이용자의 불만 및 피해에 대한 신속·공정한 구제조치
4. 그 밖에 철도이용자 보호와 관련된 사항

1. 기본시책

(1) 철도산업구조개혁의 기본방향(제17조)

① 국가는 철도산업의 경쟁력을 강화하고 발전기반을 조성하기 위하여 **철도시설 부문과 철도운영 부문을 분리하는 철도산업의 구조개혁**을 추진하여야 한다.

② 국가는 **철도시설 부문과 철도운영 부문 간의 상호 보완적 기능**이 발휘될 수 있도록 **대통령령으로** 정하는 바에 의하여 상호협력체계 구축 등 필요한 조치를 마련하여야 한다.

(2) 철도산업구조개혁기본계획의 수립 등(제18조)

① 국토교통부장관은 철도산업의 구조개혁을 효율적으로 추진하기 위하여 **철도산업구조개혁기본계획**("구조개혁계획")을 수립하여야 한다.

② **구조개혁계획에 포함되어야 할 사항**
   1. 철도산업구조개혁의 목표 및 기본방향에 관한 사항
   2. 철도산업구조개혁의 추진방안에 관한 사항
   3. 철도의 소유 및 경영구조의 개혁에 관한 사항
   4. 철도산업구조개혁에 따른 대내외 여건조성에 관한 사항
   5. 철도산업구조개혁에 따른 자산·부채·인력 등에 관한 사항
   6. 철도산업구조개혁에 따른 철도관련 기관·단체 등의 정비에 관한 사항
   7. 그 밖에 철도산업구조개혁을 위하여 필요한 사항으로서 대통령령으로 정하는 사항

③ **구조개혁계획의 수립** : 국토교통부장관은 구조개혁계획을 수립하고자 하는 때에는 미리 구조개혁계획과 관련이 있는 **행정기관의 장과 협의**한 후 제6조에 따른 **위원회의 심의**를 거쳐야 한다. 수립한 구조개혁계획을 변경(대통령령으로 정하는 경미한 변경은 제외한다)하고자 하는 경우에도 또한 같다.

④ **공표 방법** : 국토교통부장관은 제3항에 따라 구조개혁계획을 수립 또는 변경한 때에는 이를 **관보에 고시**하여야 한다.

⑤ **시행계획의 제출** : 관계 행정기관의 장은 수립·고시된 구조개혁계획에 따라 **연도별 시행계획을 수립·추진**하고, 해당 연도의 계획 및 전년도의 추진실적을 **국토교통부장관에게 제출**하여야 한다.

⑥ 제5항에 따른 연도별 시행계획의 수립 및 시행 등에 관하여 필요한 사항은 **대통령령으로** 정한다.

(3) 관리청(제19조)

① 철도의 관리청은 **국토교통부장관**으로 한다.

② **관리업무의 대행** : 국토교통부장관은 철도산업발전기본법과 그 밖의 철도에 관한 법률에 규정된 철도시설의 건설 및 관리 등에 관한 그의 업무의 일부를 대통령령으로 정하는 바에 의하여 제20조 제3항에 따라 설립되는 **국가철도공단으로 하여금 대행**하게 할 수 있다. 이 경우 대행하는 업무의 범위·권한의 내용 등에 관하여 필요한 사항은 **대통령령으로** 정한다.

③ 제20조 제3항에 따라 설립되는 국가철도공단은 제2항에 따라 국토교통부장관의 업무를 대행하는 경우에 그 대행하는 범위 안에서 철도산업발전기본법과 그 밖의 철도에 관한 법률을 적용할 때에는 그 철도의 관리청으로 본다.

(4) 철도시설(제20조)

① **철도시설의 소유** : 철도산업의 구조개혁을 추진하는 경우 철도시설은 **국가가 소유하는 것을 원칙으로** 한다.

② **철도시설의 수립·시행** : 국토교통부장관은 철도시설에 대한 다음 각 호의 시책을 수립·시행한다.

　1. 철도시설에 대한 투자 계획수립 및 재원조달

　2. 철도시설의 건설 및 관리

　3. 철도시설의 유지보수 및 적정한 상태 유지

　4. 철도시설의 안전관리 및 재해대책

　5. 그 밖에 다른 교통시설과의 연계성 확보 등 철도시설의 공공성 확보에 필요한 사항

③ **국가철도공단** : 국가는 철도시설 관련 업무를 체계적이고 효율적으로 추진하기 위하여 그 **집행조직**으로서 철도청 및 고속철도건설공단의 관련 조직을 통·폐합하여 특별법에 의하여 **국가철도공단("국가철도공단")**을 설립한다.

(5) 철도운영(제21조)

① **철도운영의 영위** : 철도산업의 구조개혁을 추진하는 경우 철도운영 관련 사업은 시장경제원리에 따라 국가 외의 자가 영위하는 것을 원칙으로 한다.

② **철도운영의 수립·시행** : 국토교통부장관은 철도운영에 대한 다음 각 호의 시책을 수립·시행한다.

　1. 철도운영 부문의 경쟁력 강화

　2. 철도운영서비스의 개선

　3. 열차운영의 안전진단 등 예방조치 및 사고조사 등 철도운영의 안전 확보

　4. 공정한 경쟁여건의 조성

　5. 그 밖에 철도이용자 보호와 열차운행원칙 등 철도운영에 필요한 사항

③ **한국철도공사** : 국가는 철도운영 관련 사업을 효율적으로 경영하기 위하여 철도청 및 고속철도건설공단의 관련 조직을 전환하여 특별법에 의하여 **한국철도공사("철도공사")**를 설립한다.

2. 자산·부채 및 인력의 처리

(1) 철도자산의 구분 등(제22조)

① **철도자산의 구분** : 국토교통부장관은 철도산업의 구조개혁을 추진하는 경우 철도청과 고속철도건설공단의 철도자산을 다음 각 호와 같이 구분하여야 한다.

　1. **운영자산** : 철도청과 고속철도건설공단이 철도운영 등을 주된 목적으로 취득하였거나 관련 법령 및 계약 등에 의하여 취득하기로 한 재산·시설 및 그에 관한 권리

　2. **시설자산** : 철도청과 고속철도건설공단이 철도의 기반이 되는 시설의 건설 및 관리를 주된 목적으로 취득하였거나 관련 법령 및 계약 등에 의하여 취득하기로 한 재산·시설 및 그에 관한 권리

　3. **기타자산** : 제1호 및 제2호의 철도자산을 제외한 자산

② 국토교통부장관은 제1항에 따라 철도자산을 구분하는 때에는 **기획재정부장관과 미리 협의하여** 그 기준을 정한다.

(2) 철도자산의 처리(제23조)

① **철도자산의 처리계획 수립** : 수국토교통부장관은 대통령령으로 정하는 바에 의하여 철도산업의 구조개혁을 추진하기 위한 **철도자산의 처리계획**("철도자산처리계획")을 위원회의 심의를 거쳐 수립하여야 한다.

② 국가는 국유재산법에도 불구하고 철도자산처리계획에 의하여 철도공사에 운영자산을 **현물출자**한다.

③ 철도공사는 제2항에 따라 현물출자받은 운영자산과 관련된 **권리와 의무를 포괄**하여 승계한다.

④ 국토교통부장관은 철도자산처리계획에 의하여 철도청장으로부터 다음 각 호의 철도자산을 이관받으며, 그 관리업무를 **국가철도공단, 철도공사, 관련 기관 및 단체 또는 대통령령으로 정하는 민간법인**에 위탁하거나 그 자산을 사용·수익하게 할 수 있다.
  1. 철도청의 시설자산(건설 중인 시설자산은 제외한다)
  2. 철도청의 기타자산

⑤ 국가철도공단은 철도자산처리계획에 의하여 다음 각 호의 철도자산과 그에 관한 **권리와 의무를 포괄하여 승계**한다. 이 경우 제1호 및 제2호의 철도자산이 완공된 때에는 국가에 귀속된다.
  1. 철도청이 건설 중인 시설자산
  2. 고속철도건설공단이 건설 중인 시설자산 및 운영자산
  3. 고속철도건설공단의 기타자산

⑥ 철도청장 또는 고속철도건설공단이사장이 제2항부터 제5항까지의 규정에 의하여 철도자산의 인계·이관 등을 하고자 하는 때에는 그에 관한 서류를 작성하여 **국토교통부장관의 승인**을 얻어야 한다.

⑦ 제6항에 따른 철도자산의 인계·이관 등의 시기와 해당 철도자산 등의 평가방법 및 평가기준일 등에 관한 사항은 **대통령령**으로 정한다.

(3) 철도부채의 처리(제24조)

① **철도부채의 구분** : 국토교통부장관은 기획재정부장관과 미리 협의하여 철도청과 고속철도건설공단의 철도부채를 다음 각 호로 구분하여야 한다.
  1. **운영부채** : 제22조 제1항 제1호에 따른 운영자산과 직접 관련된 부채
  2. **시설부채** : 제22조 제1항 제2호에 따른 시설자산과 직접 관련된 부채
  3. **기타부채** : 제1호 및 제2호의 철도부채를 제외한 부채로서 철도사업특별회계가 부담하고 있는 철도부채 중 공공자금관리기금에 대한 부채

② **철도부채의 승계** : 운영부채는 철도공사가, 시설부채는 국가철도공단이 각각 포괄하여 승계하고, **기타부채는 일반회계**가 포괄하여 승계한다.

③ 제1항 및 제2항에 따라 철도청장 또는 고속철도건설공단이사장이 철도부채를 인계하고자 하는 때에는 인계에 관한 서류를 작성하여 **국토교통부장관의 승인**을 얻어야 한다.

④ 제3항에 따라 철도부채를 인계하는 시기와 인계하는 철도부채 등의 평가방법 및 평가기준일 등에 관한 사항은 **대통령령**으로 정한다.

(4) 고용승계 등(제25조)

① 철도공사 및 국가철도공단은 철도청 직원 중 **공무원 신분을 계속 유지하는 자를 제외한** 철도청 직원 및 고속철도건설공단 직원의 고용을 포괄하여 승계한다.

② 국가는 제1항에 따라 철도청 직원 중 철도공사 및 국가철도공단 직원으로 고용이 승계되는 자에 대하여는 근로여건 및 퇴직급여의 불이익이 발생하지 않도록 필요한 조치를 한다.

3. 철도시설관리권 등

(1) 철도시설관리권(제26조)

① 국토교통부장관은 철도시설을 관리하고 그 철도시설을 사용하거나 이용하는 자로부터 **사용료를 징수**할 수 있는 권리("철도시설관리권")를 설정할 수 있다.

② 제1항에 따라 철도시설관리권의 설정을 받은 자는 대통령령으로 정하는 바에 따라 **국토교통부장관**에게 **등록**하여야 한다. 등록한 사항을 변경하고자 하는 때에도 또한 같다.

(2) 철도시설관리권의 성질(제27조)

철도시설관리권은 이를 **물권**으로 보며, 이 법에 특별한 규정이 있는 경우를 제외하고는 민법 중 부동산에 관한 규정을 준용한다.

(3) 저당권 설정의 특례(제28조)

저당권이 설정된 철도시설관리권은 그 저당권자의 동의가 없으면 처분할 수 없다.

(4) 권리의 변동(제29조)

① 철도시설관리권 또는 철도시설관리권을 목적으로 하는 저당권의 설정·변경·소멸 및 처분의 제한은 국토교통부에 비치하는 **철도시설관리권등록부에 등록**함으로써 그 **효력**이 발생한다.

② 제1항에 따른 철도시설관리권의 등록에 관하여 필요한 사항은 **대통령령**으로 정한다.

(5) 철도시설 관리대장(제30조)

① 철도시설을 관리하는 자는 그가 관리하는 **철도시설의 관리대장을 작성·비치**하여야 한다.

② 철도시설 관리대장의 작성·비치 및 기재사항 등에 관하여 필요한 사항은 **국토교통부령**으로 정한다.

(6) 철도시설 사용료(제31조)

① **철도시설의 사용** : 철도시설을 사용하고자 하는 자는 대통령령으로 정하는 바에 따라 **관리청의 허가**를 받거나 철도시설관리자와 시설사용계약을 체결하거나 그 시설사용계약을 체결한 자("시설사용계약자")의 승낙을 얻어 사용할 수 있다.

② **철도시설의 사용료** : 철도시설관리자 또는 시설사용계약자는 제1항에 따라 철도시설을 사용하는 자로부터 사용료를 징수할 수 있다. 다만, 국유재산법 제34조에도 불구하고 지방자치단체가 직접 공용·공공용 또는 비영리 공익사업용으로 철도시설을 사용하고자 하는 경우에는 **대통령령**으로 정하는 바에 따라 그 사용료의 전부 또는 일부를 면제할 수 있다.

사용료의 감면(국유재산법 제34조)
① 중앙관서의 장은 다음 각 호의 어느 하나에 해당하면 대통령령으로 정하는 바에 따라 그 사용료를 면제할 수 있다.
   1. 행정재산으로 할 목적으로 기부를 받은 재산에 대하여 기부자나 그 상속인, 그 밖의 포괄승계인에게 사용허가하는 경우
   1의2. 건물 등을 신축하여 기부채납을 하려는 자가 신축기간에 그 부지를 사용하는 경우
   2. 행정재산을 직접 공용·공공용 또는 비영리 공익사업용으로 사용하려는 지방자치단체에 사용허가하는 경우
   3. 행정재산을 직접 비영리 공익사업용으로 사용하려는 대통령령으로 정하는 공공단체에 사용허가하는 경우
② 사용허가를 받은 행정재산을 천재지변이나 재난 및 안전관리 기본법 제3조 제1호의 재난으로 사용하지 못하게 되면 그 사용하지 못한 기간에 대한 사용료를 면제할 수 있다.
③ 중앙관서의 장은 행정재산의 형태·규모·내용연수 등을 고려하여 활용성이 낮거나 보수가 필요한 재산 등 대통령령으로 정하는 행정재산을 사용 허가하는 경우에는 대통령령으로 정하는 바에 따라 사용료를 감면할 수 있다.

③ 제2항에 따라 철도시설 사용료를 징수하는 경우 **철도의 사회경제적 편익과 다른 교통수단과의 형평성** 등이 고려되어야 한다.
④ 철도시설 사용료의 징수기준 및 절차 등에 관하여 필요한 사항은 **대통령령**으로 정한다.

4. 공익적 기능의 유지

(1) 공익서비스비용의 부담(제32조)

① 철도운영자의 공익서비스 제공으로 발생하는 비용("공익서비스비용")은 대통령령으로 정하는 바에 따라 국가 또는 해당 철도서비스를 직접 요구한 자("원인제공자")가 부담하여야 한다.
② 원인제공자가 부담하는 공익서비스비용의 범위
   1. 철도운영자가 다른 법령에 의하거나 국가정책 또는 공공목적을 위하여 철도운임·요금을 감면할 경우 그 감면액
   2. 철도운영자가 경영개선을 위한 적절한 조치를 취하였음에도 불구하고 철도이용수요가 적어 수지균형의 확보가 극히 곤란하여 벽지의 노선 또는 역의 철도서비스를 제한 또는 중지하여야 되는 경우로서 공익목적을 위하여 기초적인 철도서비스를 계속함으로써 발생되는 경영손실
   3. 철도운영자가 국가의 특수목적사업을 수행함으로써 발생되는 비용

(2) 공익서비스 제공에 따른 보상계약의 체결(제33조)

① 원인제공자는 철도운영자와 공익서비스비용의 보상에 관한 계약("보상계약")을 체결하여야 한다.
② 공익서비스비용의 보상계약에 포함되어야 할 사항
   1. 철도운영자가 제공하는 철도서비스의 기준과 내용에 관한 사항
   2. 공익서비스 제공과 관련하여 원인제공자가 부담하여야 하는 보상내용 및 보상방법 등에 관한 사항
   3. 계약기간 및 계약기간의 수정·갱신과 계약의 해지에 관한 사항
   4. 그 밖에 원인제공자와 철도운영자가 필요하다고 합의하는 사항
③ 원인제공자는 철도운영자와 보상계약을 체결하기 전에 계약내용에 관하여 **국토교통부장관 및 기획재정부장관**과 미리 협의하여야 한다.

④ 산정 및 평가 등의 업무 : 국토교통부장관은 공익서비스비용의 객관성과 공정성을 확보하기 위하여 필요한 때에는 국토교통부령으로 정하는 바에 의하여 **전문기관을** 지정하여 그 기관으로 하여금 공익 서비스비용의 산정 및 평가 등의 업무를 담당하게 할 수 있다.

⑤ 협의 조정 : 보상계약체결에 관하여 원인제공자와 철도운영자의 협의가 성립되지 아니하는 때에는 원인제공자 또는 철도운영자의 신청에 의하여 **위원회가** 이를 조정할 수 있다.

(3) 특정노선 폐지 등의 승인(제34조)

① 철도시설관리자와 철도운영자("승인신청자")는 다음 각 호의 어느 하나에 해당하는 경우에 **국토교통 부장관의 승인을 얻어** 특정노선 및 역의 폐지와 관련 철도서비스의 제한 또는 중지 등 필요한 조치를 취할 수 있다.

1. 승인신청자가 철도서비스를 제공하고 있는 노선 또는 역에 대하여 철도의 경영개선을 위한 적절한 조치를 취하였음에도 불구하고 수지균형의 확보가 극히 곤란하여 경영상 어려움이 발생한 경우
2. 제33조에 따른 보상계약체결에도 불구하고 공익서비스비용에 대한 적정한 보상이 이루어지지 아니한 경우
3. 원인제공자가 공익서비스비용을 부담하지 아니한 경우
4. 원인제공자가 제33조 제5항에 따른 조정에 따르지 아니한 경우

② 승인신청서의 제출 : 승인신청자는 다음 각 호의 사항이 포함된 승인신청서를 **국토교통부장관에게** 제출하여야 한다.

1. 폐지하고자 하는 특정노선 및 역 또는 제한·중지하고자 하는 철도서비스의 내용
2. 특정노선 및 역을 계속 운영하거나 철도서비스를 계속 제공하여야 할 경우의 원인제공자의 비용 부담 등에 관한 사항
3. 그 밖에 특정노선 및 역의 폐지 또는 철도서비스의 제한·중지 등과 관련된 사항

③ 공표 방법 : 국토교통부장관은 제2항에 따라 승인신청서가 제출된 경우 원인제공자 및 관계 행정기관 의 장과 협의한 후 위원회의 심의를 거쳐 **승인여부를 결정**하고 그 **결과를 승인신청자에게 통보**하여야 한다. 이 경우 승인하기로 결정된 때에는 그 사실을 **관보에 공고**하여야 한다.

④ 대체수송수단의 마련 : 국토교통부장관 또는 관계 행정기관의 장은 승인신청자가 제1항에 따라 특정 노선 및 역을 폐지하거나 철도서비스의 제한·중지 등의 조치를 취하고자 하는 때에는 **대통령령으로** 정하는 바에 의하여 대체수송수단의 마련 등 필요한 조치를 하여야 한다.

(4) 승인의 제한 등(제35조)

① 국토교통부장관은 제34조 제1항 각 호의 어느 하나에 해당되는 경우에도 다음 각 호의 어느 하나에 해당하는 경우에는 같은 조 제3항에 따른 승인을 하지 아니할 수 있다.

1. 제34조에 따른 노선 폐지 등의 조치가 공익을 현저하게 저해한다고 인정하는 경우
2. 제34조에 따른 노선 폐지 등의 조치가 대체교통수단 미흡 등으로 교통서비스 제공에 중대한 지장 을 초래한다고 인정하는 경우

② 국토교통부장관은 제1항 각 호에 따라 승인을 하지 아니함에 따라 철도운영자인 승인신청자가 경영상 중대한 영업손실을 받은 경우에는 그 손실을 보상할 수 있다.

(5) 비상사태 시 처분(제36조)

① 국토교통부장관은 천재·지변·전시·사변, 철도교통의 심각한 장애, 그 밖에 이에 준하는 사태의 발생으로 인하여 철도서비스에 중대한 차질이 발생하거나 발생할 우려가 있다고 인정하는 경우에는 필요한 범위 안에서 철도시설관리자·철도운영자 또는 철도이용자에게 다음 각 호의 사항에 관한 조정·명령 등의 그 밖의 필요한 조치를 할 수 있다.

1. 지역별·노선별·수송대상별 수송 우선순위 부여 등 수송 통제
2. 철도시설·철도차량 또는 설비의 가동 및 조업
3. 대체수송수단 및 수송로의 확보
4. 임시열차의 편성 및 운행
5. 철도서비스 인력의 투입
6. 철도이용의 제한 또는 금지
7. 그 밖에 철도서비스의 수급안정을 위하여 대통령령으로 정하는 사항

② 국토교통부장관은 제1항에 따른 조치의 시행을 위하여 관계 행정기관의 장에게 필요한 협조를 요청할 수 있으며, 관계 행정기관의 장은 이에 협조하여야 한다.

③ 국토교통부장관은 제1항에 따른 조치를 한 사유가 소멸되었다고 인정하는 때에는 지체 없이 이를 해제하여야 한다.

05 보칙

1. 비용부담

(1) 철도건설 등의 비용부담(제37조)

① 비용의 부담 : 철도시설관리자는 지방자치단체·특정한 기관 또는 단체가 철도시설건설사업으로 인하여 현저한 이익을 받는 경우에는 국토교통부장관의 승인을 얻어 그 이익을 받는 자("수익자")로 하여금 그 비용의 일부를 부담하게 할 수 있다.

② 협의 조정 : 제1항에 따라 수익자가 부담하여야 할 비용은 철도시설관리자와 수익자가 협의하여 정한다. 이 경우 협의가 성립되지 아니하는 때에는 철도시설관리자 또는 수익자의 신청에 의하여 위원회가 이를 조정할 수 있다.

2. 권한의 위임 및 위탁

(1) 권한의 위임 및 위탁(제38조)

국토교통부장관은 철도산업발전기본법에 따른 권한의 일부를 대통령령으로 정하는 바에 따라 특별시장·광역시장·도지사·특별자치도지사 또는 지방교통관서의 장에 위임하거나 관계 행정기관·국가철도공단·철도공사·정부출연연구기관에게 위탁할 수 있다. 다만, 철도시설유지보수 시행업무는 철도공사에 위탁한다.

3. 청문

(1) 청문(제39조)

국토교통부장관은 제34조에 따른 특정노선 및 역의 폐지와 이와 관련된 철도서비스의 제한 또는 중지에 대한 승인을 하고자 하는 때에는 청문을 실시하여야 한다.

---

06 벌칙

1. 벌칙

(1) 벌칙(제40조)

① 제34조의 규정을 위반하여 국토교통부장관의 승인을 얻지 아니하고 특정노선 및 역을 폐지하거나 철도서비스를 제한 또는 중지한 자는 3년 이하의 징역 또는 5천만 원 이하의 벌금에 처한다.
② 다음 각 호의 어느 하나에 해당하는 자는 2년 이하의 징역 또는 3천만 원 이하의 벌금에 처한다.
  1. 거짓이나 그 밖의 부정한 방법으로 제31조 제1항에 따른 허가를 받은 자
  2. 제31조 제1항에 따른 허가를 받지 아니하고 철도시설을 사용한 자
  3. 제36조 제1항 제1호부터 제5호까지 또는 제7호에 따른 조정·명령 등의 조치를 위반한 자

> **더 알아보기**
>
> 철도시설 사용료(철도산업발전기본법 제31조 제1항)
> 철도시설을 사용하고자 하는 자는 대통령령으로 정하는 바에 따라 관리청의 허가를 받거나 철도시설관리자와 시설 사용계약을 체결하거나 그 시설사용계약을 체결한 자("시설사용계약자")의 승낙을 얻어 사용할 수 있다.
>
> 비상사태 시 처분(철도산업발전기본법 제36조 제1항)
> 국토교통부장관은 천재·지변·전시·사변, 철도교통의 심각한 장애, 그 밖에 이에 준하는 사태의 발생으로 인하여 철도서비스에 중대한 차질이 발생하거나 발생할 우려가 있다고 인정하는 경우에는 필요한 범위 안에서 철도시설관리자·철도운영자 또는 철도이용자에게 다음 각 호의 사항에 관한 조정·명령 등의 그 밖의 필요한 조치를 할 수 있다.
> 1. 지역별·노선별·수송대상별 수송 우선순위 부여 등 수송 통제
> 2. 철도시설·철도차량 또는 설비의 가동 및 조업
> 3. 대체수송수단 및 수송로의 확보
> 4. 임시열차의 편성 및 운행
> 5. 철도서비스 인력의 투입
> 6. 철도이용의 제한 또는 금지
> 7. 그 밖에 철도서비스의 수급안정을 위하여 대통령령으로 정하는 사항

2. 양벌규정 및 과태료

(1) 양벌규정(제41조)

법인의 대표자나 법인 또는 개인의 대리인, 사용인, 그 밖의 종업원이 그 법인 또는 개인의 업무에 관하여 제40조의 위반행위를 하면 그 행위자를 벌하는 외에 그 법인 또는 개인에게도 해당 조문의 벌금형을 과(科)한다. 다만, 법인 또는 개인이 그 위반행위를 방지하기 위하여 해당 업무에 관하여 상당한 주의와 감독을 게을리 하지 아니한 경우에는 그러하지 아니하다.

(2) 과태료(제42조)

① 제36조 제1항 제6호의 규정을 위반한 자에게는 1천만 원 이하의 과태료를 부과한다.

> **더 알아보기**
>
> 비상사태 시 처분(철도산업발전기본법 제36조 제1항 제6호)
> 국토교통부장관은 천재·지변·전시·사변, 철도교통의 심각한 장애, 그 밖에 이에 준하는 사태의 발생으로 인하여 철도서비스에 중대한 차질이 발생하거나 발생할 우려가 있다고 인정하는 경우에는 필요한 범위 안에서 철도시설관리자·철도운영자 또는 철도이용자에게 다음 각 호의 사항에 관한 조정·명령 등의 그 밖의 필요한 조치를 할 수 있다.
> 6. 철도이용의 제한 또는 금지

② 제1항에 따른 과태료는 대통령령으로 정하는 바에 따라 **국토교통부장관**이 부과·징수한다.

CHAPTER 02 철도산업발전기본법 시행령

※ 수록 기준 : 법제처 대통령령 제32759호(시행 2022.7.5.)

1. 목적 및 철도산업발전기본계획

(1) 목적(제1조)

이 영은 철도산업발전기본법에서 위임된 사항과 그 시행에 관하여 필요한 사항을 규정함을 목적으로 한다.

(2) 철도시설(제2조)

철도산업발전기본법("법") 제3조 제2호 사목에서 "대통령령이 정하는 시설"이라 함은 다음 각 호의 시설을 말한다.

1. 철도의 건설 및 유지보수에 필요한 자재를 가공·조립·운반 또는 보관하기 위하여 당해 사업기간 중에 사용되는 시설
2. 철도의 건설 및 유지보수를 위한 공사에 사용되는 진입도로·주차장·야적장·토석채취장 및 사토장과 그 설치 또는 운영에 필요한 시설
3. 철도의 건설 및 유지보수를 위하여 당해 사업기간 중에 사용되는 장비와 그 정비·점검 또는 수리를 위한 시설
4. 그 밖에 철도안전관련시설·안내시설 등 철도의 건설·유지보수 및 운영을 위하여 필요한 시설로서 국토교통부장관이 정하는 시설

(3) 철도산업발전기본계획의 내용(제3조)

법 제5조 제2항 제8호에서 "대통령령이 정하는 사항"이라 함은 다음 각 호의 사항을 말한다.

1. 철도수송분담의 목표
2. 철도안전 및 철도서비스에 관한 사항
3. 다른 교통수단과의 연계수송에 관한 사항
4. 철도산업의 국제협력 및 해외시장 진출에 관한 사항
5. 철도산업시책의 추진체계
6. 그 밖에 철도산업의 육성 및 발전에 관한 사항으로서 국토교통부장관이 필요하다고 인정하는 사항

(4) 철도산업발전기본계획의 경미한 변경(제4조)

법 제5조 제4항 후단에서 "대통령령이 정하는 경미한 변경"이라 함은 다음 각 호의 변경을 말한다.

1. 철도시설투자사업 규모의 100분의 1의 범위 안에서의 변경
2. 철도시설투자사업 총투자비용의 100분의 1의 범위 안에서의 변경
3. 철도시설투자사업 기간의 2년의 기간 내에서의 변경

(5) 철도산업발전시행계획의 수립절차 등(제5조)

① 당해 연도의 시행계획 : 관계행정기관의 장은 법 제5조 제6항의 규정에 의한 당해 연도의 시행계획을 전년도 11월 말까지 국토교통부장관에게 제출하여야 한다.

② 전년도 시행계획 : 관계행정기관의 장은 전년도 시행계획의 추진실적을 매년 2월 말까지 국토교통부 장관에게 제출하여야 한다.

2. 철도산업위원회

(1) 철도산업위원회의 구성(제6조)

① 법 제6조의 규정에 의한 철도산업위원회("위원회")의 위원장은 국토교통부장관이 된다.

② 위원회의 위원 : 위원회의 위원은 다음 각 호의 자가 된다.

　　1. 기획재정부차관·교육부차관·과학기술정보통신부차관·행정안전부차관·산업통상자원부차관· 고용노동부차관·국토교통부차관·해양수산부차관 및 공정거래위원회부위원장

　　2. 법 제20조 제3항의 규정에 따른 국가철도공단("국가철도공단")의 이사장

　　3. 법 제21조 제3항의 규정에 의한 한국철도공사("한국철도공사")의 사장

　　4. 철도산업에 관한 전문성과 경험이 풍부한 자중에서 위원회의 위원장이 위촉하는 자

③ 위원의 임기 : 제2항 제4호의 규정에 의한 위원의 임기는 2년으로 하되, 연임할 수 있다.

(2) 위원의 해촉(제6조의2)

위원회의 위원장은 제6조 제2항 제4호에 따른 위원이 다음 각 호의 어느 하나에 해당하는 경우에는 해당 위원을 해촉(解囑)할 수 있다.

1. 심신장애로 인하여 직무를 수행할 수 없게 된 경우

2. 직무와 관련된 비위사실이 있는 경우

3. 직무태만, 품위손상이나 그 밖의 사유로 인하여 위원으로 적합하지 아니하다고 인정되는 경우

4. 위원 스스로 직무를 수행하는 것이 곤란하다고 의사를 밝히는 경우

(3) 위원회의 위원장의 직무(제7조)

① 위원장의 직무 : 위원회의 위원장은 위원회를 대표하며, 위원회의 업무를 총괄한다.

② 직무의 대행 : 위원회의 위원장이 부득이한 사유로 직무를 수행할 수 없는 때에는 위원회의 위원장이 미리 지명한 위원이 그 직무를 대행한다.

(4) 회의(제8조)

① 회의 소집 : 위원회의 위원장은 위원회의 회의를 소집하고, 그 의장이 된다.

② 의결 정족수 : 위원회의 회의는 재적위원 과반수의 출석과 출석위원 과반수의 찬성으로 의결한다.

③ 회의록 : 위원회는 회의록을 작성·비치하여야 한다.

(5) 간사(제9조)

위원회에 간사 1인을 두되, 간사는 국토교통부장관이 국토교통부소속공무원 중에서 지명한다.

(6) 실무위원회의 구성 등(제10조)

① 실무위원회 : 위원회의 심의·조정사항과 위원회에서 위임한 사항의 실무적인 검토를 위하여 위원회에 실무위원회를 둔다.

② 실무위원회의 구성 : 실무위원회는 위원장을 포함한 20인 이내의 위원으로 구성한다.

③ 위원장 : 실무위원회의 위원장은 국토교통부장관이 국토교통부의 3급 공무원 또는 고위공무원단에 속하는 일반직공무원 중에서 지명한다.

④ 실무위원회의 위원 : 실무위원회의 위원은 다음 각 호의 자가 된다.

1. 기획재정부·교육부·과학기술정보통신부·행정안전부·산업통상자원부·고용노동부·국토교통부·해양수산부 및 공정거래위원회의 3급 공무원, 4급 공무원 또는 고위공무원단에 속하는 일반직공무원 중 그 소속기관의 장이 지명하는 자 각 1인
2. 국가철도공단의 임직원 중 국가철도공단이사장이 지명하는 자 1인
3. 한국철도공사의 임직원 중 한국철도공사사장이 지명하는 자 1인
4. 철도산업에 관한 전문성과 경험이 풍부한 자중에서 실무위원회의 위원장이 위촉하는 자

⑤ 임기 : 제4항 제4호의 규정에 의한 위원의 임기는 2년으로 하되, 연임할 수 있다.

⑥ 간사 : 실무위원회에 간사 1인을 두되, 간사는 국토교통부장관이 국토교통부소속 공무원 중에서 지명한다.

⑦ 제8조의 규정은 실무위원회의 회의에 관하여 이를 준용한다.

(7) 실무위원회 위원의 해촉 등(제10조의2)

① 제10조 제4항 제1호부터 제3호까지의 규정에 따라 위원을 지명한 자는 위원이 다음 각 호의 어느 하나에 해당하는 경우에는 그 지명을 철회할 수 있다.

1. 심신장애로 인하여 직무를 수행할 수 없게 된 경우
2. 직무와 관련된 비위사실이 있는 경우
3. 직무태만, 품위손상이나 그 밖의 사유로 인하여 위원으로 적합하지 아니하다고 인정되는 경우
4. 위원 스스로 직무를 수행하는 것이 곤란하다고 의사를 밝히는 경우

② 실무위원회의 위원장은 제10조 제4항 제4호에 따른 위원이 제1항 각 호의 어느 하나에 해당하는 경우에는 해당 위원을 해촉할 수 있다.

(8) 철도산업구조개혁기획단의 구성 등(제11조)

① 철도산업구조개혁기획단의 업무 : 위원회의 활동을 지원하고 철도산업의 구조개혁 그 밖에 철도정책과 관련되는 다음 각 호의 업무를 지원·수행하기 위하여 국토교통부장관소속하에 철도산업구조개혁기획단("기획단")을 둔다.

1. 철도산업구조개혁기본계획 및 분야별 세부추진계획의 수립
2. 철도산업구조개혁과 관련된 철도의 건설·운영주체의 정비
3. 철도산업구조개혁과 관련된 인력조정·재원확보대책의 수립
4. 철도산업구조개혁과 관련된 법령의 정비
5. 철도산업구조개혁추진에 따른 철도운임·철도시설 사용료·철도수송시장 등에 관한 철도산업정책의 수립
6. 철도산업구조개혁추진에 따른 공익서비스비용의 보상, 세제·금융지원 등 정부지원정책의 수립

7. 철도산업구조개혁추진에 따른 철도시설건설계획 및 투자재원조달대책의 수립

8. 철도산업구조개혁추진에 따른 전기·신호·차량 등에 관한 철도기술개발정책의 수립

9. 철도산업구조개혁추진에 따른 철도안전기준의 정비 및 안전정책의 수립

10. 철도산업구조개혁추진에 따른 남북철도망 및 국제철도망 구축정책의 수립

11. 철도산업구조개혁에 관한 대외협상 및 홍보

12. 철도산업구조개혁추진에 따른 각종 철도의 연계 및 조정

13. 그 밖에 철도산업구조개혁과 관련된 철도정책 전반에 관하여 필요한 업무

② **구성** : 기획단은 단장 1인과 단원으로 구성한다.

③ **기획단의 단장** : 기획단의 단장은 **국토교통부장관**이 **국토교통부**의 3급 공무원 또는 고위공무원단에 속하는 일반직공무원 중에서 임명한다.

④ **파견** : 국토교통부장관은 기획단의 업무수행을 위하여 필요하다고 인정하는 때에는 관계 행정기관, 한국철도공사 등 관련 공사, 국가철도공단 등 특별법에 의하여 설립된 공단 또는 관련 연구기관에 대하여 소속 공무원·임직원 또는 연구원을 **기획단으로 파견**하여 줄 것을 요청할 수 있다.

⑤ 기획단의 조직 및 운영에 관하여 필요한 세부적인 사항은 **국토교통부장관**이 정한다.

(9) 관계 행정기관 등에의 협조요청 등(제12조)

위원회 및 실무위원회는 그 업무를 수행하기 위하여 필요한 때에는 관계 행정기관 또는 단체 등에 대하여 자료 또는 의견의 제출 등의 협조를 요청하거나 관계 공무원 또는 관계 전문가 등을 위원회 및 실무위원회에 참석하게 하여 의견을 들을 수 있다.

(10) 수당 등(제13조)

위원회와 실무위원회의 위원 중 공무원이 아닌 위원 및 위원회와 실무위원회에 출석하는 관계 전문가에 대하여는 예산의 범위 안에서 수당·여비 그 밖의 필요한 경비를 지급할 수 있다.

(11) 운영세칙(제14조)

이 영에서 규정한 사항 외에 위원회 및 실무위원회의 운영에 관하여 필요한 사항은 위원회의 의결을 거쳐 위원회의 위원장이 정한다.

3. 철도산업정보화기본계획

(1) 철도산업정보화기본계획의 내용 등(제15조)

① 법 제12조 제1항의 규정에 의한 철도산업정보화기본계획에는 다음 각 호의 사항이 포함되어야 한다.

1. 철도산업정보화의 여건 및 전망

2. 철도산업정보화의 목표 및 단계별 추진계획

3. 철도산업정보화에 필요한 비용

4. 철도산업정보의 수집 및 조사계획

5. 철도산업정보의 유통 및 이용활성화에 관한 사항

6. 철도산업정보화와 관련된 기술개발의 지원에 관한 사항

7. 그 밖에 국토교통부장관이 필요하다고 인정하는 사항

② 국토교통부장관은 법 제12조 제1항의 규정에 의하여 철도산업정보화기본계획을 수립 또는 변경하고 자 하는 때에는 위원회의 심의를 거쳐야 한다.

(2) 철도산업정보센터의 업무 등(제16조)

① 법 제12조 제2항의 규정에 의한 철도산업정보센터는 다음 각 호의 업무를 행한다.
  1. 철도산업정보의 수집・분석・보급 및 홍보
  2. 철도산업의 국제동향 파악 및 국제협력사업의 지원
② 국토교통부장관은 법 제12조 제2항의 규정에 의하여 철도산업에 관한 **정보를 수집・관리** 또는 제공하 는 자에게 예산의 범위 안에서 운영에 소요되는 **비용을 지원**할 수 있다.

※ 제17 ~ 22조 삭제 〈2008.10.20〉

4. 철도산업구조개혁

(1) 업무절차서의 교환 등(제23조)

① 업무절차서의 교환 : 철도시설관리자와 철도운영자는 법 제17조 제2항의 규정에 의하여 철도시설관 리와 철도운영에 있어 상호협력이 필요한 분야에 대하여 **업무절차서**를 작성하여 정기적으로 이를 교환하고, 이를 변경한 때에는 **즉시 통보**하여야 한다.
② 합동점검 : 철도시설관리자와 철도운영자는 상호협력이 필요한 분야에 대하여 **정기적으로 합동점검** 을 하여야 한다.

(2) 선로배분지침의 수립 등(제24조)

① 선로배분지침의 수립 : 국토교통부장관은 법 제17조 제2항의 규정에 의하여 철도시설관리자와 철도 운영자가 안전하고 효율적으로 선로를 사용할 수 있도록 하기 위하여 **선로용량의 배분에 관한 지침** ("선로배분지침")을 수립・고시하여야 한다.
② 선로배분지침에 포함되어야 하는 사항
  1. 여객열차와 화물열차에 대한 선로용량의 배분
  2. 지역 간 열차와 지역 내 열차에 대한 선로용량의 배분
  3. 선로의 유지보수・개량 및 건설을 위한 작업시간
  4. 철도차량의 안전운행에 관한 사항
  5. 그 밖에 선로의 효율적 활용을 위하여 필요한 사항
③ 철도시설관리자・철도운영자 등 선로를 관리 또는 사용하는 자는 제1항의 규정에 의한 선로배분지침 을 준수하여야 한다.
④ 철도교통관제시설 : 국토교통부장관은 철도차량 등의 운행정보의 제공, 철도차량 등에 대한 운행통 제, 적법운행 여부에 대한 지도・감독, 사고발생시 사고복구 지시 등 철도교통의 안전과 질서를 유지 하기 위하여 필요한 조치를 할 수 있도록 **철도교통관제시설을 설치・운영**하여야 한다.

(3) 철도산업구조개혁기본계획의 내용(제25조)

법 제18조 제2항 제7호에서 "대통령령이 정하는 사항"이라 함은 다음 각 호의 사항을 말한다.

1. 철도서비스 시장의 구조개편에 관한 사항
2. 철도요금·철도시설 사용료 등 가격정책에 관한 사항
3. 철도안전 및 서비스 향상에 관한 사항
4. 철도산업구조개혁의 추진체계 및 관계기관의 협조에 관한 사항
5. 철도산업구조개혁의 중장기 추진방향에 관한 사항
6. 그 밖에 국토교통부장관이 철도산업구조개혁의 추진을 위하여 필요하다고 인정하는 사항

(4) 철도산업구조개혁기본계획의 경미한 변경(제26조)

법 제18조 제3항 후단에서 "대통령령이 정하는 경미한 변경"이라 함은 철도산업구조개혁기본계획 추진기간의 1년의 기간 내에서의 변경을 말한다.

(5) 철도산업구조개혁시행계획의 수립절차 등(제27조)

① 당해 연도의 시행계획 : 관계 행정기관의 장은 법 제18조 제5항의 규정에 의한 당해 연도의 시행계획을 전년도 11월 말까지 국토교통부장관에게 제출하여야 한다.
② 전년도 시행계획 : 관계 행정기관의 장은 전년도 시행계획의 추진실적을 매년 2월 말까지 국토교통부장관에게 제출하여야 한다.

(6) 관리청 업무의 대행범위(제28조)

국토교통부장관이 법 제19조 제2항의 규정에 의하여 국가철도공단으로 하여금 대행하게 하는 경우 그 대행업무는 다음 각 호와 같다.

1. 국가가 추진하는 철도시설 건설사업의 집행
2. 국가 소유의 철도시설에 대한 사용료 징수 등 관리업무의 집행
3. 철도시설의 안전유지, 철도시설과 이를 이용하는 철도차량간의 종합적인 성능검증·안전상태점검 등 철도시설의 안전을 위하여 국토교통부장관이 정하는 업무
4. 그 밖에 국토교통부장관이 철도시설의 효율적인 관리를 위하여 필요하다고 인정한 업무

5. 자산·부채 및 인력의 처리

(1) 철도자산처리계획의 내용(제29조)

법 제23조 제1항의 규정에 의한 철도자산처리계획에는 다음 각 호의 사항이 포함되어야 한다.

1. 철도자산의 개요 및 현황에 관한 사항
2. 철도자산의 처리방향에 관한 사항
3. 철도자산의 구분기준에 관한 사항
4. 철도자산의 인계·이관 및 출자에 관한 사항
5. 철도자산처리의 추진일정에 관한 사항
6. 그 밖에 국토교통부장관이 철도자산의 처리를 위하여 필요하다고 인정하는 사항

(2) 철도자산 관리업무의 민간위탁계획(제30조)

① 민간법인 : 법 제23조 제4항 각 호 외의 부분에서 "대통령령이 정하는 민간법인"이라 함은 민법에 의하여 설립된 비영리법인과 상법에 의하여 설립된 주식회사를 말한다.

② 민간위탁계획의 수립 : 국토교통부장관은 법 제23조 제4항의 규정에 의하여 철도자산의 관리업무를 민간법인에 위탁하고자 하는 때에는 위원회의 심의를 거쳐 민간위탁계획을 수립하여야 한다.

③ 민간위탁계획에 포함되어야 하는 사항
  1. 위탁대상 철도자산
  2. 위탁의 필요성·범위 및 효과
  3. 수탁기관의 선정절차

④ 국토교통부장관이 제2항의 규정에 의하여 민간위탁계획을 수립한 때에는 이를 고시하여야 한다.

(3) 민간위탁계약의 체결(제31조)

① 위탁계약의 체결 : 국토교통부장관은 법 제23조 제4항의 규정에 의하여 철도자산의 관리업무를 위탁하고자 하는 때에는 제30조 제4항의 규정에 의하여 고시된 민간위탁계획에 따라 사업계획을 제출한 자 중에서 당해 철도자산을 관리하기에 적합하다고 인정되는 자를 선정하여 위탁계약을 체결하여야 한다.

② 위탁계약에 포함되어야 하는 사항
  1. 위탁대상 철도자산
  2. 위탁대상 철도자산의 관리에 관한 사항
  3. 위탁계약기간(계약기간의 수정·갱신 및 위탁계약의 해지에 관한 사항을 포함한다)
  4. 위탁대가의 지급에 관한 사항
  5. 위탁업무에 대한 관리 및 감독에 관한 사항
  6. 위탁업무의 재위탁에 관한 사항
  7. 그 밖에 국토교통부장관이 필요하다고 인정하는 사항

(4) 철도자산의 인계·이관 등의 절차 및 시기(제32조)

① 서류의 제출 : 철도청장 또는 한국고속철도건설공단이사장은 법 제23조 제6항의 규정에 의하여 철도자산의 인계·이관 등에 관한 승인을 얻고자 하는 때에는 인계·이관 자산의 범위·목록 및 가액이 기재된 승인신청서에 인계·이관에 필요한 서류를 첨부하여 국토교통부장관에게 제출하여야 한다.

② 철도자산의 인계·이관 시기 : 법 제23조 제7항의 규정에 의한 철도자산의 인계·이관 등의 시기는 다음 각 호와 같다.
  1. 한국철도공사가 법 제23조 제2항의 규정에 의한 철도자산을 출자받는 시기 : 한국철도공사의 설립등기일
  2. 국토교통부장관이 법 제23조 제4항의 규정에 의한 철도자산을 이관받는 시기 : 2004년 1월 1일
  3. 국가철도공단이 법 제23조 제5항의 규정에 의한 철도자산을 인계받는 시기 : 2004년 1월 1일

③ 평가기준일 : 인계·이관 등의 대상이 되는 철도자산의 평가기준일은 제2항의 규정에 의한 인계·이관 등을 받는 날의 전일로 한다. 다만, 법 제23조 제2항의 규정에 의하여 한국철도공사에 출자되는 철도자산의 평가기준일은 국유재산법이 정하는 바에 의한다.

④ **평가가액** : 인계·이관 등의 대상이 되는 철도자산의 평가가액은 제3항의 규정에 의한 **평가기준일의 자산의 장부가액으로 한다.** 다만, 법 제23조 제2항의 규정에 의하여 한국철도공사에 출자되는 철도자산의 평가방법은 국유재산법이 정하는 바에 의한다.

(5) 철도부채의 인계절차 및 시기(제33조)

① **서류의 제출** : 철도청장 또는 한국고속철도건설공단이사장이 법 제24조 제3항의 규정에 의하여 철도부채의 인계에 관한 승인을 얻고자 하는 때에는 인계 부채의 범위·목록 및 가액이 기재된 승인신청서에 인계에 필요한 서류를 첨부하여 **국토교통부장관에게 제출하여야 한다.**

② **철도부채의 인계 시기** : 법 제24조 제4항의 규정에 의한 철도부채의 인계 시기는 다음 각 호와 같다.

    1. 한국철도공사가 법 제24조 제2항의 규정에 의하여 **운영부채를** 인계받는 시기 : **한국철도공사의 설립등기일**

    2. 국가철도공단이 법 제24조 제2항의 규정에 의하여 **시설부채를** 인계받는 시기 : 2004년 1월 1일

    3. 일반회계가 법 제24조 제2항의 규정에 의하여 **기타부채를** 인계받는 시기 : 2004년 1월 1일

③ **평가기준일** : 인계하는 철도부채의 평가기준일은 제2항의 규정에 의한 인계일의 전일로 한다.

④ **평가가액** : 인계하는 철도부채의 평가가액은 **평가기준일의 부채의 장부가액으로 한다.**

(6) 철도시설의 사용허가(제34조)

법 제31조 제1항에 따른 관리청의 허가 기준·방법·절차·기간 등에 관한 사항은 국유재산법에 따른다.

(7) 사용허가에 따른 철도시설의 사용료 등(제34조의2)

① 철도시설을 사용하려는 자가 법 제31조 제1항에 따라 관리청의 허가를 받아 철도시설을 사용하는 경우 같은 조 제2항 본문에 따라 관리청이 징수할 수 있는 철도시설의 사용료는 국유재산법 제32조에 따른다.

> **더 알아보기**
>
> 사용료(국유재산법 제32조)
> ① 행정재산을 사용허가한 때에는 대통령령으로 정하는 요율(料率)과 산출방법에 따라 매년 사용료를 징수한다. 다만, 연간 사용료가 대통령령으로 정하는 금액 이하인 경우에는 사용허가기간의 사용료를 일시에 통합 징수할 수 있다.
> ② 제1항의 사용료는 대통령령으로 정하는 바에 따라 나누어 내게 할 수 있다. 이 경우 연간 사용료가 대통령령으로 정하는 금액 이상인 경우에는 사용허가(허가를 갱신하는 경우를 포함한다)할 때에 그 허가를 받는 자에게 대통령령으로 정하는 금액의 범위에서 보증금을 예치하게 하거나 이행보증조치를 하도록 하여야 한다.
> ③ 중앙관서의 장이 제30조에 따른 사용허가에 관한 업무를 지방자치단체의 장에게 위임한 경우에는 제42조 제6항을 준용한다.
> ④ 제1항 단서에 따라 사용료를 일시에 통합 징수하는 경우에 사용허가기간 중의 사용료가 증가 또는 감소되더라도 사용료를 추가로 징수하거나 반환하지 아니한다.

② **사용료의 면제** : 관리청은 법 제31조 제2항 단서에 따라 지방자치단체가 직접 공용·공공용 또는 비영리 공익사업용으로 철도시설을 사용하려는 경우에는 다음 각 호의 구분에 따른 기준에 따라 사용료를 면제할 수 있다.

1. 철도시설을 취득하는 조건으로 사용하려는 경우로서 사용허가기간이 1년 이내인 사용허가의 경우 : 사용료의 전부
2. 제1호에서 정한 사용허가 외의 사용허가의 경우 : 사용료의 100분의 60

③ 사용허가에 따른 철도시설 사용료의 징수기준 및 절차 등에 관하여 이 영에서 규정된 것을 제외하고는 국유재산법에 따른다.

(8) 철도시설의 사용계약(제35조)

① 법 제31조 제1항에 따른 철도시설의 사용계약에는 다음 각 호의 사항이 포함되어야 한다.
1. 사용기간·대상시설·사용조건 및 사용료
2. 대상시설의 제3자에 대한 사용승낙의 범위·조건
3. 상호책임 및 계약위반 시 조치사항
4. 분쟁 발생 시 조정절차
5. 비상사태 발생 시 조치
6. 계약의 갱신에 관한 사항
7. 계약내용에 대한 비밀누설금지에 관한 사항

② 법 제3조 제2호 가목부터 라목까지에서 규정한 **철도시설**("선로 등")에 대한 법 제31조 제1항에 따른 **사용계약**("선로 등 사용계약")을 체결하려는 경우에는 다음 각 호의 기준을 모두 충족해야 한다.
1. 해당 선로 등을 여객 또는 화물운송 목적으로 사용하려는 경우일 것
2. 사용기간이 5년을 초과하지 않을 것

③ 선로 등에 대한 제1항 제1호에 따른 사용조건에는 다음 각 호의 사항이 포함되어야 하며, 그 사용조건은 제24조 제1항에 따른 선로배분지침에 위반되는 내용이어서는 안 된다.
1. 투입되는 철도차량의 종류 및 길이
2. 철도차량의 일일운행횟수·운행개시시각·운행종료시각 및 운행간격
3. 출발역·정차역 및 종착역
4. 철도운영의 안전에 관한 사항
5. 철도여객 또는 화물운송서비스의 수준

④ 철도시설관리자는 법 제31조 제1항에 따라 철도시설을 사용하려는 자와 사용계약을 체결하여 철도시설을 사용하게 하려는 경우에는 미리 그 사실을 공고해야 한다.

(9) 사용계약에 따른 선로 등의 사용료 등(제36조)

① 철도시설관리자는 제35조 제1항 제1호에 따른 선로 등의 사용료를 정하는 경우에는 다음 각 호의 한도를 초과하지 않는 범위에서 선로 등의 유지보수비용 등 관련 비용을 회수할 수 있도록 해야 한다. 다만, 사회기반시설에 대한 민간투자법 제26조에 따라 사회기반시설관리운영권을 설정받은 철도시설관리자는 같은 법에서 정하는 바에 따라 선로 등의 사용료를 정해야 한다.
1. 국가 또는 지방자치단체가 건설사업비의 전액을 부담한 선로 등 : 해당 선로 등에 대한 **유지보수비용의 총액**
2. 제1호의 선로 등 외의 선로 등 : 해당 선로 등에 대한 **유지보수비용 총액**과 **총건설사업비**(조사비·설계비·공사비·보상비 및 그 밖에 건설에 소요된 비용의 합계액에서 국가·지방자치단체 또는 법 제37조 제1항에 따라 수익자가 부담한 비용을 제외한 금액을 말한다)의 **합계액**

사회기반시설의 관리운영권(사회기반시설에 대한 민간투자법 제26조)

① 주무관청은 제4조 제1호 또는 제2호에 따른 방식으로 사회기반시설사업을 시행한 사업시행자가 제22조에 따라 준공확인을 받은 경우에는 제25조 제1항에 따라 무상으로 사용·수익할 수 있는 기간 동안 해당 시설을 유지·관리하고 시설사용자로부터 사용료를 징수할 수 있는 사회기반시설관리운영권("관리운영권")을 그 사업시행자에게 설정할 수 있다.

② 제1항에 따라 사업시행자가 관리운영권을 설정받았을 때에는 대통령령으로 정하는 바에 따라 주무관청에 등록하여야 한다.

③ 제1항 및 제2항에 따라 관리운영권을 등록한 사업시행자는 해당 시설의 적절한 유지·관리에 관하여 책임을 진다.

④ 제3항에 따른 유지·관리에 필요한 사항은 대통령령으로 정한다.

② 철도시설관리자는 제1항 각 호 외의 부분 본문에 따라 선로 등의 사용료를 정하는 경우에는 다음 각 호의 사항을 고려할 수 있다.

1. 선로등급·선로용량 등 선로 등의 상태
2. 운행하는 철도차량의 종류 및 중량
3. 철도차량의 운행시간대 및 운행횟수
4. 철도사고의 발생빈도 및 정도
5. 철도서비스의 수준
6. 철도관리의 효율성 및 공익성

(10) 선로 등 사용계약 체결의 절차(제37조)

① 서류의 제출 : 제35조 제2항의 규정에 의한 선로 등 사용계약을 체결하고자 하는 자("사용신청자")는 선로 등의 사용목적을 기재한 선로 등 사용계약신청서에 다음 각 호의 서류를 첨부하여 철도시설관리자에게 제출하여야 한다.

1. 철도여객 또는 화물운송사업의 자격을 증명할 수 있는 서류
2. 철도여객 또는 화물운송사업계획서
3. 철도차량·운영시설의 규격 및 안전성을 확인할 수 있는 서류

② 협의일정의 통보 : 철도시설관리자는 제1항의 규정에 의하여 선로 등 사용계약신청서를 제출받은 날부터 1월 이내에 사용신청자에게 선로 등 사용계약의 체결에 관한 협의일정을 통보하여야 한다.

③ 자료의 제공 : 철도시설관리자는 사용신청자가 철도시설에 관한 자료의 제공을 요청하는 경우에는 특별한 이유가 없는 한 이에 응하여야 한다.

④ 승인 : 철도시설관리자는 사용신청자와 선로 등 사용계약을 체결하고자 하는 경우에는 미리 국토교통부장관의 승인을 받아야 한다. 선로 등 사용계약의 내용을 변경하는 경우에도 또한 같다.

(11) 선로 등 사용계약의 갱신(제38조)

① 신청 기간 : 선로 등 사용계약을 체결하여 선로 등을 사용하고 있는 자("선로 등 사용계약자")는 그 선로 등을 계속하여 사용하고자 하는 경우에는 사용기간이 만료되기 10월 전까지 선로 등 사용계약의 갱신을 신청하여야 한다.

② 협의 : 철도시설관리자는 제1항의 규정에 의하여 선로 등 사용계약자가 선로 등 사용계약의 갱신을 신청한 때에는 특별한 사유가 없는 한 그 선로 등의 사용에 관하여 우선적으로 협의하여야 한다. 이 경우 제35조 제4항의 규정은 이를 적용하지 아니한다.

③ 제35조 제1항 내지 제3항, 제36조 및 제37조의 규정은 선로 등 사용계약의 갱신에 관하여 이를 준용한다.

(12) 철도시설의 사용승낙(제39조)

① 협의 : 제35조 제1항의 규정에 의한 철도시설의 사용계약을 체결한 자("시설사용계약자")는 그 사용계약을 체결한 철도시설의 일부에 대하여 법 제31조 제1항의 규정에 의하여 제3자에게 그 사용을 승낙할 수 있다. 이 경우 철도시설관리자와 미리 협의하여야 한다.

② 사용승낙의 통보 : 시설사용계약자는 제1항의 규정에 의하여 제3자에게 사용승낙을 한 경우에는 그 내용을 철도시설관리자에게 통보하여야 한다.

6. 공익적 기능

(1) 공익서비스비용 보상예산의 확보(제40조)

① 서류의 제출 : 철도운영자는 매년 3월 말까지 국가가 법 제32조 제1항의 규정에 의하여 다음 연도에 부담하여야 하는 공익서비스비용("국가부담비용")의 추정액, 당해 공익서비스의 내용 그 밖의 필요한 사항을 기재한 국가부담비용추정서를 국토교통부장관에게 제출하여야 한다. 이 경우 철도운영자가 국가부담비용의 추정액을 산정함에 있어서는 법 제33조 제1항의 규정에 의한 보상계약 등을 고려하여야 한다.

② 국토교통부장관은 제1항의 규정에 의하여 국가부담비용추정서를 제출받은 때에는 관계 행정기관의 장과 협의하여 다음 연도의 국토교통부소관 일반회계에 국가부담비용을 계상하여야 한다.

③ 국토교통부장관은 제2항의 규정에 의한 국가부담비용을 정하는 때에는 제1항의 규정에 의한 국가부담비용의 추정액, 전년도에 부담한 국가부담비용, 관련법령의 규정 또는 법 제33조 제1항의 규정에 의한 보상계약 등을 고려하여야 한다.

(2) 국가부담비용의 지급(제41조)

① 서류의 제출 : 철도운영자는 국가부담비용의 지급을 신청하고자 하는 때에는 국토교통부장관이 지정하는 기간 내에 국가부담비용지급신청서에 다음 각 호의 서류를 첨부하여 국토교통부장관에게 제출하여야 한다.

1. 국가부담비용지급신청액 및 산정내역서
2. 당해 연도의 예상수입·지출명세서
3. 최근 2년간 지급받은 국가부담비용내역서
4. 원가계산서

② 국가부담비용의 지급 : 국토교통부장관은 제1항의 규정에 의하여 국가부담비용지급신청서를 제출받은 때에는 이를 검토하여 반기마다 반기 초에 국가부담비용을 지급하여야 한다.

(3) 국가부담비용의 정산(제42조)

① 서류의 제출 : 제41조 제2항의 규정에 의하여 국가부담비용을 지급받은 철도운영자는 당해 반기가 끝난 후 30일 이내에 국가부담비용정산서에 다음 각 호의 서류를 첨부하여 **국토교통부장관에게 제출**하여야 한다.
  1. 수입·지출명세서
  2. 수입·지출증빙서류
  3. 그 밖에 현금흐름표 등 회계관련 서류
② 전문기관의 확인 : 국토교통부장관은 제1항의 규정에 의하여 국가부담비용정산서를 제출받은 때에는 법 제33조 제4항의 규정에 의한 전문기관 등으로 하여금 이를 확인하게 할 수 있다.

(4) 회계의 구분 등(제43조)

① 다른 회계와의 구분 : 국가부담비용을 지급받는 철도운영자는 법 제32조 제2항 제2호의 규정에 의한 노선 및 역에 대한 회계를 다른 회계와 구분하여 경리하여야 한다.
② 회계연도 : 국가부담비용을 지급받는 철도운영자의 회계연도는 정부의 회계연도에 따른다.

(5) 특정노선 폐지 등의 승인신청서의 첨부서류(제44조)

철도시설관리자와 철도운영자가 법 제34조 제2항의 규정에 의하여 국토교통부장관에게 승인신청서를 제출하는 때에는 다음 각 호의 사항을 기재한 서류를 첨부하여야 한다.
1. 승인신청 사유
2. 등급별·시간대별 철도차량의 운행빈도, 역수, 종사자수 등 운영현황
3. 과거 6월 이상의 기간 동안의 1일 평균 철도서비스 수요
4. 과거 1년 이상의 기간 동안의 수입·비용 및 영업손실액에 관한 회계보고서
5. 향후 5년 동안의 1일 평균 철도서비스 수요에 대한 전망
6. 과거 5년 동안의 공익서비스비용의 전체규모 및 법 제32조 제1항의 규정에 의한 원인제공자가 부담한 공익서비스 비용의 규모
7. 대체수송수단의 이용가능성

(6) 실태조사(제45조)

① 실태조사의 실시 : 국토교통부장관은 법 제34조 제2항의 규정에 의한 승인신청을 받은 때에는 당해 노선 및 역의 운영현황 또는 철도서비스의 제공현황에 관하여 **실태조사를 실시하여야** 한다.
② 실태조사의 참여 : 국토교통부장관은 필요한 경우에는 관계 지방자치단체 또는 관련 전문기관을 제1항의 규정에 의한 **실태조사에 참여시킬** 수 있다.
③ 실태조사의 보고 : 국토교통부장관은 제1항의 규정에 의한 실태조사의 결과를 위원회에 보고하여야 한다.

(7) 특정노선 폐지 등의 공고(제46조)

국토교통부장관은 법 제34조 제3항의 규정에 의하여 승인을 한 때에는 그 승인이 있은 날부터 1월 이내에 폐지되는 특정노선 및 역 또는 제한·중지되는 철도서비스의 내용과 그 사유를 **국토교통부령**이 정하는 바에 따라 공고하여야 한다.

(8) 특정노선 폐지 등에 따른 수송대책의 수립(제47조)

국토교통부장관 또는 관계 행정기관의 장은 특정노선 및 역의 폐지 또는 철도서비스의 제한·중지 등의 조치로 인하여 영향을 받는 지역 중에서 대체수송수단이 없거나 현저히 부족하여 수송서비스에 심각한 지장이 초래되는 지역에 대하여는 법 제34조 제4항의 규정에 의하여 다음 각 호의 사항이 포함된 수송대책을 수립·시행하여야 한다.
1. 수송여건 분석
2. 대체수송수단의 운행횟수 증대, 노선조정 또는 추가 투입
3. 대체수송에 필요한 재원조달
4. 그 밖에 수송대책의 효율적 시행을 위하여 필요한 사항

(9) 철도서비스의 제한 또는 중지에 따른 신규운영자의 선정(제48조)

① 신규운영자의 선정 : 국토교통부장관은 철도운영자인 승인신청자("기존운영자")가 법 제34조 제1항의 규정에 의하여 제한 또는 중지하고자 하는 특정노선 및 역에 관한 철도서비스를 **새로운 철도운영자**("신규운영자")로 하여금 제공하게 하는 것이 타당하다고 인정하는 때에는 법 제34조 제4항의 규정에 의하여 신규운영자를 선정할 수 있다.
② 선정 방법 : 국토교통부장관은 제1항의 규정에 의하여 신규운영자를 선정하고자 하는 때에는 법 제32조 제1항의 규정에 의한 원인제공자와 협의하여 **경쟁에 의한 방법**으로 신규운영자를 선정하여야 한다.
③ 서류의 제공 : 원인제공자는 신규운영자와 법 제33조의 규정에 의한 보상계약을 체결하여야 하며, 기존운영자는 당해 철도서비스 등에 관한 **인수인계서류를 작성**하여 **신규운영자에게 제공**하여야 한다.
④ 제2항 및 제3항의 규정에 의한 신규운영자 선정의 구체적인 방법, 인수인계절차 그 밖의 필요한 사항은 **국토교통부령**으로 정한다.

(10) 비상사태 시 처분(제49조)

법 제36조 제1항 제7호에서 "대통령령이 정하는 사항"이라 함은 다음 각 호의 사항을 말한다.
1. 철도시설의 임시사용
2. 철도시설의 사용제한 및 접근 통제
3. 철도시설의 긴급복구 및 복구지원
4. 철도역 및 철도차량에 대한 수색 등

7. 보칙

(1) 권한의 위탁(제50조)

① 국토교통부장관은 법 제38조 본문의 규정에 의하여 법 제12조 제2항의 규정에 의한 철도산업정보센터의 설치·운영업무를 다음 각 호의 자 중에서 **국토교통부령**이 정하는 자에게 위탁한다.
   1. 정부출연연구기관 등의 설립·운영 및 육성에 관한 법률 또는 과학기술분야정부출연연구기관 등의 설립·운영 및 육성에 관한 법률에 의한 정부출연연구기관
   2. 국가철도공단
② 국토교통부장관은 법 제38조 본문의 규정에 의하여 **철도시설유지보수 시행업무를 철도청장에게 위탁**한다.
③ 국토교통부장관은 법 제38조 본문의 규정에 의하여 제24조 제4항의 규정에 의한 철도교통관제시설의 관리업무 및 철도교통관제업무를 다음 각 호의 자 중에서 **국토교통부령**이 정하는 자에게 위탁한다.
   1. 국가철도공단
   2. 철도운영자

8. 벌칙

(1) 과태료(제51조)

① **통지 방법** : 국토교통부장관이 법 제42조 제2항의 규정에 의하여 과태료를 부과하는 때에는 당해 위반행위를 조사·확인한 후 위반사실·과태료 금액·이의제기의 방법 및 기간 등을 **서면으로 명시**하여 이를 납부할 것을 과태료처분대상자에게 **통지**하여야 한다.
② **의견진술** : 국토교통부장관은 제1항의 규정에 의하여 과태료를 부과하고자 하는 때에는 10일 이상의 기간을 정하여 과태료처분대상자에게 **구술 또는 서면에 의한 의견진술의 기회**를 주어야 한다. 이 경우 지정된 기일까지 의견진술이 없는 때에는 의견이 없는 것으로 본다.
③ **금액 산정** : 국토교통부장관은 과태료의 금액을 정함에 있어서는 당해 위반행위의 **동기·정도·횟수** 등을 참작하여야 한다.
④ **징수절차** : 과태료의 징수절차는 **국토교통부령**으로 정한다.

CHAPTER 03 한국철도공사법

※ 수록 기준 : 법제처 법률 제15460호(시행 2019.3.14.)

1. 목적 및 법인격, 사무소

(1) 목적(제1조)

한국철도공사법은 한국철도공사를 설립하여 철도 운영의 전문성과 효율성을 높임으로써 철도산업과 국민경제의 발전에 이바지함을 목적으로 한다.

(2) 법인격(제2조)

한국철도공사("공사")는 법인으로 한다.

(3) 사무소(제3조)

① 공사의 주된 사무소의 소재지는 정관으로 정한다.
② 공사는 업무수행을 위하여 필요하면 이사회의 의결을 거쳐 필요한 곳에 하부조직을 둘 수 있다.

2. 자본금 및 등기

(1) 자본금 및 출자(제4조)

① 공사의 자본금은 22조 원으로 하고, 그 전부를 정부가 출자한다.
② 제1항에 따른 자본금의 납입 시기와 방법은 기획재정부장관이 정하는 바에 따른다.
③ 국가는 국유재산법에도 불구하고 철도산업발전기본법 제22조 제1항 제1호에 따른 운영자산을 공사에 현물로 출자한다.
④ 제3항에 따라 국가가 공사에 출자를 할 때에는 국유재산의 현물출자에 관한 법률에 따른다.

(2) 등기(제5조)

① 공사는 주된 사무소의 소재지에서 설립등기를 함으로써 성립한다.
② 제1항에 따른 공사의 설립등기와 하부조직의 설치·이전 및 변경 등기, 그 밖에 공사의 등기에 필요한 사항은 대통령령으로 정한다.
③ 공사는 등기가 필요한 사항에 관하여는 등기하기 전에는 제3자에게 대항하지 못한다.

3. 대리·대행 및 금지

(1) 대리·대행(제7조)

정관으로 정하는 바에 따라 사장이 지정한 공사의 직원은 사장을 대신하여 공사의 업무에 관한 재판상 또는 재판 외의 모든 행위를 할 수 있다.

(2) 비밀 누설·도용의 금지(제8조)

공사의 임직원이거나 임직원이었던 사람은 그 직무상 알게 된 비밀을 누설하거나 도용하여서는 아니 된다.

(3) 유사명칭의 사용금지(제8조의2)

한국철도공사법에 따른 공사가 아닌 자는 한국철도공사 또는 이와 유사한 명칭을 사용하지 못한다.

4. 사업 및 자산

(1) 사업(제9조)

① 한국철도공사의 사업 내용
1. 철도여객사업, 화물운송사업, 철도와 다른 교통수단의 연계운송사업
2. 철도 장비와 철도용품의 제작·판매·정비 및 임대사업
3. 철도차량의 정비 및 임대사업
4. 철도시설의 유지·보수 등 국가·지방자치단체 또는 공공법인 등으로부터 위탁받은 사업
5. 역세권 및 공사의 자산을 활용한 개발·운영 사업으로서 대통령령으로 정하는 사업
6. 철도의 건설 및 철도시설 유지관리에 관한 법률 제2조 제6호 가목의 역시설 개발 및 운영사업으로서 대통령령으로 정하는 사업
7. 물류정책기본법에 따른 물류사업으로서 대통령령으로 정하는 사업
8. 관광진흥법에 따른 관광사업으로서 대통령령으로 정하는 사업
9. 제1호부터 제8호까지의 사업과 관련한 조사·연구, 정보화, 기술 개발 및 인력 양성에 관한 사업
10. 제1호부터 제9호까지의 사업에 딸린 사업으로서 대통령령으로 정하는 사업

> **더 알아보기**
>
> 철도시설(철도의 건설 및 철도시설 유지관리에 관한 법률 제2조 제6호 가목)
> "철도시설"이란 다음 각 목의 어느 하나에 해당하는 시설(부지를 포함한다)을 말한다.
> 가. 철도의 선로(선로에 딸리는 시설을 포함한다), 역시설(물류시설, 환승 시설 및 역사(驛舍)와 같은 건물에 있는 판매시설·업무시설·근린생활시설·숙박시설·문화 및 집회시설 등을 포함한다) 및 철도 운영을 위한 건축물·건축설비

② 공사는 국외에서 제1항 각 호의 사업을 할 수 있다.
③ 공사는 이사회의 의결을 거쳐 예산의 범위에서 공사의 업무와 관련된 사업에 투자·융자·보조 또는 출연할 수 있다.

(2) 손익금의 처리(제10조)

① 공사는 매 사업연도 결산 결과 이익금이 생기면 다음 각 호의 순서로 처리하여야 한다.

    1. 이월결손금의 보전(補塡)

    2. 자본금의 2분의 1이 될 때까지 이익금의 10분의 2 이상을 이익준비금으로 적립

    3. 자본금과 같은 액수가 될 때까지 이익금의 10분의 2 이상을 사업확장적립금으로 적립

    4. 국고에 납입

② 공사는 매 사업연도 결산 결과 손실금이 생기면 제1항 제3호에 따른 **사업확장적립금**으로 보전하고 그 적립금으로도 부족하면 같은 항 제2호에 따른 **이익준비금**으로 보전하되, 보전미달액은 다음 사업연도로 **이월**(移越)한다.

③ 제1항 제2호 및 제3호에 따른 이익준비금과 사업확장적립금은 대통령령으로 정하는 바에 따라 **자본금**으로 전입할 수 있다.

(3) 사채의 발행 등(제11조)

① **사채의 발행** : 공사는 이사회의 의결을 거쳐 사채를 발행할 수 있다.

② **발행액의 범위** : 사채의 발행액은 공사의 자본금과 적립금을 합한 금액의 5배를 초과하지 못한다.

③ **보증** : 국가는 공사가 발행하는 사채의 원리금 상환을 보증할 수 있다.

④ **소멸시효** : 사채의 소멸시효는 원금은 5년, 이자는 2년이 지나면 완성한다.

⑤ **승인** : 공사는 공공기관의 운영에 관한 법률 제40조 제3항에 따라 예산이 확정되면 2개월 이내에 해당 연도에 발행할 사채의 목적·규모·용도 등이 포함된 사채발행 운용계획을 수립하여 이사회의 의결을 거쳐 **국토교통부장관의 승인**을 받아야 한다. 운용계획을 변경하려는 경우에도 또한 같다.

더 알아보기

예산의 편성(공공기관의 운영에 관한 법률 제40조 제3항)

기관장은 신규 투자사업 및 자본출자에 대한 예산을 편성하기 위하여 대통령령으로 정하는 바에 따라 미리 예비타당성조사를 실시하여야 한다. 다만, 다음 각 호의 어느 하나에 해당하는 경우에는 예비타당성조사 대상에서 제외한다.

1. 정부예산이 지원되는 사업 중 국가재정법 제38조에 따라 예비타당성조사를 실시하는 사업
2. 남북교류협력에 관계되거나 국가 간 협약중약에 따라 추진하는 사업
3. 도로 유지보수, 노후 상수도 개량 등 기존 시설의 효용 증진을 위한 단순개량 및 유지보수 사업
4. 재난 및 안전관리 기본법 제3조 제1호에 따른 재난("재난")복구 지원, 시설 안정성 확보, 보건 식품 안전 문제 등으로 시급한 추진이 필요한 사업
5. 재난예방을 위하여 시급한 추진이 필요한 사업으로서 국회 소관 상임위원회의 동의를 받은 사업
6. 법령에 따라 추진하여야 하는 사업
7. 지역균형발전, 긴급한 경제적·사회적 상황 대응 등을 위하여 국가 정책적으로 추진이 필요한 사업으로서 다음 각 목의 요건을 모두 갖춘 사업. 이 경우, 예비타당성조사 면제 사업의 내역 및 사유를 지체 없이 국회 소관 상임위원회에 보고하여야 한다.
    가. 사업 목적 및 규모, 추진방안 등 구체적인 사업계획이 수립된 사업
    나. 국가 정책적으로 추진이 필요하여 국무회의를 거쳐 확정된 사업

(4) 보조금 등(제12조)

국가는 공사의 경영 안정 및 철도차량·장비의 현대화 등을 위하여 재정 지원이 필요하다고 인정하면 예산의 범위에서 사업에 필요한 비용의 일부를 보조하거나 재정자금의 융자 또는 사채 인수를 할 수 있다.

(5) 역세권 개발사업(제13조)

공사는 철도사업과 관련하여 일반업무시설, 판매시설, 주차장, 여객자동차터미널 및 화물터미널 등 철도 이용자에게 편의를 제공하기 위한 역세권 개발사업을 할 수 있고, 정부는 필요한 경우에 행정적·재정적 지원을 할 수 있다.

(6) 국유재산의 무상대부 등(제14조)

① 국유재산의 무상대부 : 국가는 다음 각 호의 어느 하나에 해당하는 공사의 사업을 효율적으로 수행하기 위하여 국토교통부장관이 필요하다고 인정하면 국유재산법에도 불구하고 공사에 국유재산(물품을 포함한다. 이하 같다)을 무상으로 대부(貸付)하거나 사용·수익하게 할 수 있다.
  1. 제9조 제1항 제1호부터 제4호까지의 규정에 따른 사업
  2. 철도산업발전기본법 제3조 제2호 가목의 역시설의 개발 및 운영사업
② 국가는 국유재산법에도 불구하고 제1항에 따라 대부하거나 사용·수익을 허가한 국유재산에 건물이나 그 밖의 영구시설물을 축조하게 할 수 있다.
③ 제1항에 따른 대부 또는 사용·수익 허가의 조건 및 절차에 관하여 필요한 사항은 대통령령으로 정한다.

(7) 국유재산의 전대 등(제15조)

① 국유재산의 전대 : 공사는 제9조에 따른 사업을 효율적으로 수행하기 위하여 필요하면 제14조에 따라 대부받거나 사용·수익을 허가받은 국유재산을 전대(轉貸)할 수 있다.
② 승인 : 공사는 제1항에 따른 전대를 하려면 미리 국토교통부장관의 승인을 받아야 한다. 이를 변경하려는 경우에도 또한 같다.
③ 제1항에 따라 전대를 받은 자는 재산을 다른 사람에게 대부하거나 사용·수익하게 하지 못한다.
④ 제1항에 따라 전대를 받은 자는 해당 재산에 건물이나 그 밖의 영구시설물을 축조하지 못한다. 다만, 국토교통부장관이 행정 목적 또는 공사의 사업 수행에 필요하다고 인정하는 시설물의 축조는 그러하지 아니하다.

5. 지도·감독 및 자료제공, 등기 촉탁

(1) 지도·감독(제16조)

국토교통부장관은 공사의 업무 중 다음 각 호의 사항과 그와 관련되는 업무에 대하여 지도·감독한다.
1. 연도별 사업계획 및 예산에 관한 사항
2. 철도서비스 품질 개선에 관한 사항
3. 철도사업계획의 이행에 관한 사항
4. 철도시설·철도차량·열차운행 등 철도의 안전을 확보하기 위한 사항
5. 그 밖에 다른 법령에서 정하는 사항

(2) 자료제공의 요청(제17조)

① 자료제공의 요청 : 공사는 업무상 필요하다고 인정하면 관계 행정기관이나 철도사업과 관련되는 기관·단체 등에 자료의 제공을 요청할 수 있다.

② 제1항에 따라 자료의 제공을 요청받은 자는 특별한 사유가 없으면 그 요청에 따라야 한다.

(3) 등기 촉탁의 대위(제18조)

공사가 제9조 제1항 제4호에 따라 국가 또는 지방자치단체로부터 위탁받은 사업과 관련하여 국가 또는 지방자치단체가 취득한 부동산에 관한 권리를 부동산등기법 제98조에 따라 등기하여야 하는 경우 공사는 국가 또는 지방자치단체를 대위(代位)하여 등기를 촉탁할 수 있다.

> **더 알아보기**
>
> 관공서의 촉탁에 따른 등기(부동산등기법 제98조)
> ① 국가 또는 지방자치단체가 등기권리자인 경우에는 국가 또는 지방자치단체는 등기의무자의 승낙을 받아 해당 등기를 지체 없이 등기소에 촉탁하여야 한다.
> ② 국가 또는 지방자치단체가 등기의무자인 경우에는 국가 또는 지방자치단체는 등기권리자의 청구에 따라 지체 없이 해당 등기를 등기소에 촉탁하여야 한다.

6. 벌칙

(1) 벌칙(제19조)

제8조를 위반한 자는 2년 이하의 징역 또는 2천만 원 이하의 벌금에 처한다.

> **더 알아보기**
>
> 비밀 누설·도용의 금지(한국철도공사법 제8조)
> 공사의 임직원이거나 임직원이었던 사람은 그 직무상 알게 된 비밀을 누설하거나 도용하여서는 아니 된다.

(2) 과태료(제20조)

① 제8조의2를 위반한 자에게는 500만 원 이하의 과태료를 부과한다.

> **더 알아보기**
>
> 유사명칭의 사용금지(한국철도공사법 제8조의2)
> 공사가 아닌 자는 한국철도공사 또는 이와 유사한 명칭을 사용하지 못한다.

② 제1항에 따른 과태료는 **국토교통부장관**이 부과·징수한다.

CHAPTER 04 한국철도공사법 시행령

※ 수록 기준 : 법제처 대통령령 제35228호(시행 2025.1.31.)

1. 목적 및 등기

(1) 목적(제1조)

이 영은 한국철도공사법에서 위임된 사항과 그 시행에 관하여 필요한 사항을 규정함을 목적으로 한다.

(2) 설립등기(제2조)

한국철도공사법("법") 제5조 제2항의 규정에 의한 한국철도공사("공사")의 설립등기사항은 다음 각 호와 같다.

1. 설립목적
2. 명칭
3. 주된 사무소 및 하부조직의 소재지
4. 자본금
5. 임원의 성명 및 주소
6. 공고의 방법

(3) 하부조직의 설치등기(제3조)

공사는 하부조직을 설치한 경우에는 설치 후 2주일 이내에 주된 사무소의 소재지에서 설치된 하부조직의 명칭, 소재지 및 설치 연월일을 등기해야 한다.

(4) 이전등기(제4조)

① 공사는 주된 사무소를 이전한 경우에는 이전 후 2주일 이내에 종전 소재지 또는 새 소재지에서 새 소재지와 이전 연월일을 등기해야 한다.
② 공사는 하부조직을 이전한 경우에는 이전 후 2주일 이내에 주된 사무소의 소재지에서 새 소재지와 이전 연월일을 등기해야 한다.

(5) 변경등기(제5조)

공사는 제2조 각 호 또는 제3조의 등기사항이 변경된 경우(제4조에 따른 이전등기에 해당하는 경우는 제외한다)에는 변경 후 2주일 이내에 주된 사무소의 소재지에서 변경사항을 등기해야 한다.

(6) 대리·대행인의 선임등기(제6조)

① 공사는 사장이 법 제7조에 따라 사장을 대신해 공사의 업무에 관한 재판상 또는 재판 외의 행위를 할 수 있는 직원("대리·대행인")을 선임한 경우에는 선임 후 2주일 이내에 주된 사무소의 소재지에서 다음 각 호의 사항을 등기해야 한다. 등기한 사항이 변경된 경우에도 또한 같다.
  1. 대리·대행인의 성명 및 주소
  2. 대리·대행인을 둔 주된 사무소 또는 하부조직의 명칭 및 소재지
  3. 대리·대행인의 권한을 제한한 때에는 그 제한의 내용
② 공사는 사장이 법 제7조에 따라 선임한 대리·대행인을 해임한 경우에는 해임 후 2주일 이내에 주된 사무소의 소재지에서 그 해임한 뜻을 등기해야 한다.

(7) 등기신청서의 첨부서류(제7조)

제2조 내지 제6조의 규정에 의한 각 등기의 신청서에는 다음 각 호의 구분에 따른 서류를 첨부하여야 한다.
  1. 제2조의 규정에 의한 공사의 설립등기의 경우에는 공사의 정관, 자본금의 납입액 및 임원의 자격을 증명하는 서류
  2. 제3조의 규정에 의한 하부조직의 설치등기의 경우에는 하부조직의 설치를 증명하는 서류
  3. 제4조의 규정에 의한 이전등기의 경우에는 주된 사무소 또는 하부조직의 이전을 증명하는 서류
  4. 제5조의 규정에 의한 변경등기의 경우에는 그 변경된 사항을 증명하는 서류
  5. 제6조의 규정에 의한 대리·대행인의 선임·변경 또는 해임의 등기의 경우에는 그 선임·변경 또는 해임이 법 제7조의 규정에 의한 것임을 증명하는 서류와 대리·대행인이 제6조 제1항 제3호의 규정에 의하여 그 권한이 제한된 때에는 그 제한을 증명하는 서류

2. 사업 및 자산

(1) 역세권 개발·운영 사업 등(제7조의2)

① 법 제9조 제1항 제5호에서 "대통령령으로 정하는 사업"이란 다음 각 호에 따른 사업을 말한다.
  1. 역세권 개발·운영 사업 : 역세권의 개발 및 이용에 관한 법률 제2조 제2호에 따른 역세권 개발 사업 및 운영 사업
  2. 공사의 자산을 활용한 개발·운영 사업 : 철도이용객의 편의를 증진하기 위한 시설의 개발·운영 사업

더 알아보기

역세권 개발사업(역세권의 개발 및 이용에 관한 법률 제2조 제2호)
"역세권 개발사업"이란 역세권 개발구역에서 철도역 등 철도시설 및 주거·교육·보건·복지·관광·문화·상업·체육 등의 기능을 가지는 단지 조성 및 시설 설치를 위하여 시행하는 사업을 말한다.

② 법 제9조 제1항 제6호에서 "대통령령으로 정하는 사업"이란 다음 각 호의 시설을 개발·운영하는 사업을 말한다.
1. 물류정책기본법 제2조 제1항 제4호의 물류시설 중 철도운영이나 철도와 다른 교통수단과의 연계운송을 위한 시설
2. 도시교통정비 촉진법 제2조 제3호에 따른 환승시설
3. 역사와 같은 건물 안에 있는 시설로서 건축법 시행령 제3조의5에 따른 건축물 중 제1종 근린생활시설, 제2종 근린생활시설, 문화 및 집회시설, 판매시설, 운수시설, 의료시설, 운동시설, 업무시설, 숙박시설, 창고시설, 자동차관련시설, 관광휴게시설과 그 밖에 철도이용객의 편의를 증진하기 위한 시설

더 알아보기

물류시설(물류정책기본법 제2조 제1항 제4호)
"물류시설"이란 물류에 필요한 다음 각 목의 시설을 말한다.
가. 화물의 운송·보관·하역을 위한 시설
나. 화물의 운송·보관·하역 등에 부가되는 가공·조립·분류·수리·포장·상표부착·판매·정보통신 등을 위한 시설
다. 물류의 공동화·자동화 및 정보화를 위한 시설
라. 가목부터 다목까지의 시설이 모여 있는 물류터미널 및 물류단지

환승시설(도시교통정비 촉진법 제2조 제3호)
"환승시설"이란 교통수단의 이용자가 다른 교통수단을 편리하게 이용할 수 있게 하기 위하여 철도역·도시철도역·정류소·여객자동차터미널 및 화물터미널 등의 기능을 복합적으로 제공하는 시설을 말한다.

③ 법 제9조 제1항 제7호에서 "대통령령으로 정하는 사업"이란 물류정책기본법 제2조 제1항 제2호의 물류사업 중 다음 각 호의 사업을 말한다.
1. 철도운영을 위한 사업
2. 철도와 다른 교통수단과의 연계운송을 위한 사업
3. 다음 각 목의 자산을 이용하는 사업으로서 물류정책기본법 시행령 별표 1의 물류시설운영업 및 물류서비스업
가. 철도산업발전기본법 제3조 제2호의 **철도시설**("철도시설") 또는 철도부지
나. 그 밖에 공사가 소유하고 있는 시설, 장비 또는 부지

물류사업(물류정책기본법 제2조 제1항 제2호)

"물류사업"이란 화주(貨主)의 수요에 따라 유상(有償)으로 물류활동을 영위하는 것을 업(業)으로 하는 것으로 다음 각 목의 사업을 말한다.

가. 자동차·철도차량·선박·항공기 또는 파이프라인 등의 운송수단을 통하여 화물을 운송하는 화물운송업

나. 물류터미널이나 창고 등의 물류시설을 운영하는 물류시설운영업

다. 화물운송의 주선(周旋), 물류장비의 임대, 물류정보의 처리 또는 물류컨설팅 등의 업무를 하는 물류서비스업

라. 가목부터 다목까지의 물류사업을 종합적·복합적으로 영위하는 종합물류서비스업

물류시설운영업 및 물류서비스업(물류정책기본법 시행령 별표 1 일부)

물류시설운영업	창고업 (공동집배송센터운영업 포함)	일반창고업, 냉장 및 냉동 창고업, 농·수산물 창고업, 위험물품보관업, 그 밖의 창고업
	물류터미널운영업	복합물류터미널, 일반물류터미널, 해상터미널, 공항화물터미널, 화물차전용터미널, 컨테이너화물조작장(CFS), 컨테이너장치장(CY), 물류단지, 집배송단지 등 물류시설의 운영업
물류서비스업	화물취급업(하역업 포함)	화물의 하역, 포장, 가공, 조립, 상표부착, 프로그램 설치, 품질검사 등 부가적인 물류업
	화물주선업	국제물류주선업, 화물자동차운송주선사업
	물류장비임대업	운송장비임대업, 산업용 기계·장비 임대업, 운반용기 임대업, 화물자동차임대업, 화물선박임대업, 화물항공기임대업, 운반·적치·하역장비 임대업, 컨테이너·파렛트 등 포장용기 임대업, 선박대여업
	물류정보처리업	물류정보 데이터베이스 구축, 물류지원 소프트웨어 개발·운영, 물류 관련 전자문서 처리업
	물류컨설팅업	물류 관련 업무프로세스 개선 관련 컨설팅, 자동창고, 물류자동화 설비 등 도입 관련 컨설팅, 물류 관련 정보시스템 도입 관련 컨설팅
	해운부대사업	해운대리점업, 해운중개업, 선박관리업
	항만운송관련업	항만용역업, 선용품공급업, 선박연료공급업, 선박수리업, 컨테이너 수리업, 예선업
	항만운송사업	항만하역사업, 검수사업, 감정사업, 검량사업

④ 법 제9조 제1항 제8호에서 "대통령령으로 정하는 사업"이란 관광진흥법 제3조에서 정한 관광사업(카지노업은 제외한다)으로서 철도운영과 관련된 사업을 말한다.

더 알아보기

관광사업의 종류(관광진흥법 제3조)
관광사업의 종류는 다음 각 호와 같다.
1. 여행업 : 여행자 또는 운송시설·숙박시설, 그 밖에 여행에 딸리는 시설의 경영자 등을 위하여 그 시설 이용 알선이나 계약 체결의 대리, 여행에 관한 안내, 그 밖의 여행 편의를 제공하는 업
2. 관광숙박업 : 다음 각 목에서 규정하는 업
   가. 호텔업 : 관광객의 숙박에 적합한 시설을 갖추어 이를 관광객에게 제공하거나 숙박에 딸리는 음식·운동·오락·휴양·공연 또는 연수에 적합한 시설 등을 함께 갖추어 이를 이용하게 하는 업
   나. 휴양 콘도미니엄업 : 관광객의 숙박과 취사에 적합한 시설을 갖추어 이를 그 시설의 회원이나 소유자 등, 그 밖의 관광객에게 제공하거나 숙박에 딸리는 음식·운동·오락·휴양·공연 또는 연수에 적합한 시설 등을 함께 갖추어 이를 이용하게 하는 업
3. 관광객 이용시설업 : 다음 각 목에서 규정하는 업
   가. 관광객을 위하여 음식·운동·오락·휴양·문화·예술 또는 레저 등에 적합한 시설을 갖추어 이를 관광객에게 이용하게 하는 업
   나. 대통령령으로 정하는 2종 이상의 시설과 관광숙박업의 시설("관광숙박시설") 등을 함께 갖추어 이를 회원이나 그 밖의 관광객에게 이용하게 하는 업
   다. 야영장업 : 야영에 적합한 시설 및 설비 등을 갖추고 야영편의를 제공하는 시설(청소년활동 진흥법 제10조 제1호 마목에 따른 청소년야영장은 제외한다)을 관광객에게 이용하게 하는 업
4. 국제회의업 : 대규모 관광 수요를 유발하여 관광산업 진흥에 기여하는 국제회의(세미나·토론회·전시회·기업회의 등을 포함한다. 이하 같다)를 개최할 수 있는 시설을 설치·운영하거나 국제회의의 기획·준비·진행 및 그 밖에 이와 관련된 업무를 위탁받아 대행하는 업
5. 카지노업 : 전문 영업장을 갖추고 주사위·트럼프·슬롯머신 등 특정한 기구 등을 이용하여 우연의 결과에 따라 특정인에게 재산상의 이익을 주고 다른 참가자에게 손실을 주는 행위 등을 하는 업
6. 유원시설업(遊園施設業) : 유기시설(遊技施設)이나 유기기구(遊技機具)를 갖추어 이를 관광객에게 이용하게 하는 업(다른 영업을 경영하면서 관광객의 유치 또는 광고 등을 목적으로 유기시설이나 유기기구를 설치하여 이를 이용하게 하는 경우를 포함한다)
7. 관광 편의시설업 : 제1호부터 제6호까지의 규정에 따른 관광사업 외에 관광진흥에 이바지할 수 있다고 인정되는 사업이나 시설 등을 운영하는 업

⑤ 법 제9조 제1항 제10호에서 "대통령령으로 정하는 사업"이란 다음 각 호의 사업을 말한다.
1. 철도시설 또는 철도부지나 같은 조 제4호의 철도차량 등을 이용하는 광고사업
2. 철도시설을 이용한 정보통신 기반시설 구축 및 활용 사업
3. 철도운영과 관련한 엔지니어링 활동
4. 철도운영과 관련한 정기간행물 사업, 정보매체 사업
5. 다른 법령의 규정에 따라 공사가 시행할 수 있는 사업
6. 그 밖에 철도운영의 전문성과 효율성을 높이기 위하여 필요한 사업

(2) 이익준비금 등의 자본금전입(제8조)

① 승인 : 법 제10조 제3항의 규정에 의하여 이익준비금 또는 사업확장적립금을 자본금으로 전입하고자 하는 때에는 이사회의 의결을 거쳐 기획재정부장관의 승인을 얻어야 한다.

② 보고 : 제1항의 규정에 의하여 이익준비금 또는 사업확장적립금을 자본금에 전입한 때에는 공사는 그 사실을 국토교통부장관에게 보고하여야 한다.

(3) 사채의 발행방법(제9조)

공사가 법 제11조 제1항의 규정에 의하여 사채를 발행하고자 하는 때에는 모집·총액인수 또는 매출의 방법에 의한다.

(4) 사채의 응모 등(제10조)

① 사채청약서의 작성 : 사채의 모집에 응하고자 하는 자는 **사채청약서 2통**에 그 인수하고자 하는 사채의 **수·인수가액**과 청약자의 주소를 기재하고 기명날인하여야 한다. 다만, 사채의 최저가액을 정하여 발행하는 경우에는 그 응모가액을 기재하여야 한다.

② 사채청약서의 기재사항 : 사채청약서는 사장이 이를 작성하고 다음 각 호의 사항을 기재해야 한다.
1. 공사의 명칭
2. 사채의 발행총액
3. 사채의 종류별 액면금액
4. 사채의 이율
5. 사채상환의 방법 및 시기
6. 이자지급의 방법 및 시기
7. 사채의 발행가액 또는 그 최저가액
8. 이미 발행한 사채 중 상환되지 아니한 사채가 있는 때에는 그 총액
9. 사채모집의 위탁을 받은 회사가 있을 때에는 그 상호 및 주소

(5) 사채의 발행총액(제11조)

공사가 법 제11조 제1항의 규정에 의하여 사채를 발행함에 있어서 실제로 응모된 총액이 사채청약서에 기재한 **사채발행총액**에 미달하는 때에도 사채를 발행한다는 뜻을 **사채청약서**에 **표시할 수 있다.** 이 경우 그 응모총액을 사채의 발행총액으로 한다.

(6) 총액인수의 방법 등(제12조)

공사가 계약에 의하여 특정인에게 사채의 총액을 인수시키는 경우에는 제10조의 규정을 적용하지 아니한다. 사채모집의 위탁을 받은 회사가 사채의 일부를 인수하는 경우에는 그 인수분에 대하여도 또한 같다.

(7) 매출의 방법(제13조)

공사가 매출의 방법으로 사채를 발행하는 경우에는 매출기간과 제10조 제2항 제1호·제3호 내지 제7호의 사항을 미리 공고하여야 한다.

(8) 사채인수가액의 납입 등(제14조)

① 사채의 납입 : 공사는 사채의 응모가 완료된 때에는 지체 없이 응모자가 인수한 사채의 전액을 납입시켜야 한다.

② 사채모집의 위탁을 받은 회사는 자기명의로 공사를 위하여 제1항 및 제10조 제2항의 규정에 의한 행위를 할 수 있다.

(9) 채권의 발행 및 기재사항(제15조)

① 채권의 발행 : 채권은 사채의 인수가액 전액이 납입된 후가 아니면 이를 발행하지 못한다.

② 채권의 기재사항 : 채권에는 다음 각 호의 사항을 기재하고, 사장이 기명날인하여야 한다. 다만, 매출의 방법에 의하여 사채를 발행하는 경우에는 제10조 제2항 제2호의 사항은 이를 기재하지 아니한다.

1. 제10조 제2항 제1호 내지 제6호의 사항
2. 채권번호
3. 채권의 발행연월일

(10) 채권의 형식(제16조)

채권은 무기명식으로 한다. 다만, 응모자 또는 소지인의 청구에 의하여 기명식으로 할 수 있다.

(11) 사채원부(제17조)

① 사채원부의 기재사항 : 공사는 주된 사무소에 사채원부를 비치하고, 다음 각 호의 사항을 기재해야 한다.

1. 채권의 종류별 수와 번호
2. 채권의 발행연월일
3. 제10조 제2항 제2호 내지 제6호 및 제9호의 사항

② 채권이 기명식인 때에는 사채원부에 제1항 각 호의 사항 외에 다음 각 호의 사항을 기재해야 한다.

1. 채권소유자의 성명과 주소
2. 채권의 취득연월일

③ 채권의 소유자 또는 소지인은 공사의 근무시간 중 언제든지 사채원부의 열람을 요구할 수 있다.

(12) 이권흠결의 경우의 공제(제18조)

① 이권(利券)이 있는 무기명식의 사채를 상환하는 경우에 이권이 흠결된 때에는 그 이권에 상당한 금액을 상환액으로부터 공제한다.

② 제1항의 규정에 의한 이권소지인은 그 이권과 상환으로 공제된 금액의 지급을 청구할 수 있다.

(13) 사채권자 등에 대한 통지 등(제19조)

① 사채를 발행하기 전의 그 응모자 또는 사채를 교부받을 권리를 가진 자에 대한 통지 또는 최고는 사채청약서에 기재된 주소로 하여야 한다. 다만, 따로 주소를 공사에 통지한 경우에는 그 주소로 하여야 한다.

② 기명식채권의 소유자에 대한 통지 또는 최고는 사채원부에 기재된 주소로 하여야 한다. 다만, 따로 주소를 공사에 통지한 경우에는 그 주소로 하여야 한다.

③ 무기명식채권의 소지자에 대한 통지 또는 최고는 공고의 방법에 의한다. 다만, 그 소재를 알 수 있는 경우에는 이에 의하지 아니할 수 있다.

(14) 국유재산의 무상대부 등(제20조)

① 법 제14조 제1항의 규정에 의한 국유재산의 무상사용·수익은 당해 **국유재산관리청의 허가**에 의하며, 무상대부의 조건 및 절차 등에 관하여는 당해 **국유재산관리청과 공사 간의 계약**에 의한다.

② 국유재산의 무상대부 또는 무상사용·수익에 관하여 법 및 이 영에 규정된 것 외에는 국유재산법의 규정에 의한다.

(15) 국유재산의 전대의 절차 등(제21조)

공사는 법 제14조 제1항의 규정에 의하여 대부받거나 사용·수익의 허가를 받은 국유재산을 법 제15조 제1항의 규정에 의하여 전대(轉貸)하고자 하는 경우에는 다음 각 호의 사항이 기재된 **승인신청서**를 **국토교통부장관**에게 제출하여야 한다.

1. 전대재산의 표시(도면을 포함한다)
2. 전대를 받을 자의 전대재산 사용목적
3. 전대기간
4. 사용료 및 그 산출근거
5. 전대를 받을 자의 사업계획서

※ 수록 기준 : 법제처 법률 제20702호(시행 2025.1.21.)

01 총칙

1. 목적 및 정의

(1) 목적(제1조)

철도사업법은 철도사업에 관한 질서를 확립하고 효율적인 운영 여건을 조성함으로써 철도사업의 건전한 발전과 철도이용자의 편의를 도모하여 국민경제의 발전에 이바지함을 목적으로 한다.

(2) 정의(제2조)

철도사업법에서 사용하는 용어의 뜻은 다음과 같다.

1. **철도** : 철도산업발전기본법 제3조 제1호에 따른 철도를 말한다.
2. **철도시설** : 철도산업발전기본법 제3조 제2호에 따른 철도시설을 말한다.
3. **철도차량** : 철도산업발전기본법 제3조 제4호에 따른 철도차량을 말한다.
4. **사업용철도** : 철도사업을 목적으로 설치하거나 운영하는 철도를 말한다.
5. **전용철도** : 다른 사람의 수요에 따른 영업을 목적으로 하지 아니하고 자신의 수요에 따라 특수 목적을 수행하기 위하여 설치하거나 운영하는 철도를 말한다.
6. **철도사업** : 다른 사람의 수요에 응하여 철도차량을 사용하여 유상(有償)으로 여객이나 화물을 운송하는 사업을 말한다.
7. **철도운수종사자** : 철도운송과 관련하여 승무(乘務, 동력차 운전과 열차 내 승무를 말한다. 이하 같다) 및 역무서비스를 제공하는 직원을 말한다.
8. **철도사업자** : 한국철도공사법에 따라 설립된 **한국철도공사**("철도공사") 및 제5조에 따라 철도사업 면허를 받은 자를 말한다.
9. **전용철도운영자** : 제34조에 따라 전용철도 등록을 한 자를 말한다.

(3) 다른 법률과의 관계(제3조)

철도사업에 관하여 다른 법률에 특별한 규정이 있는 경우를 제외하고는 철도사업법에서 정하는 바에 따른다.

(4) 조약과의 관계(제3조의2)

국제철도(대한민국을 포함한 둘 이상의 국가에 걸쳐 운행되는 철도를 말한다)를 이용한 화물 및 여객 운송에 관하여 대한민국과 **외국** 간 체결된 조약에 철도사업법과 다른 규정이 있는 때에는 그 조약의 규정에 따른다.

1. 철도차량의 유형 및 면허

(1) 사업용철도노선의 고시 등(제4조)

① 고시 내용 : 국토교통부장관은 사업용철도노선의 노선번호, 노선명, 기점(起點), 종점(終點), 중요 경과지(정차역을 포함한다)와 그 밖에 필요한 사항을 **국토교통부령으로** 정하는 바에 따라 **지정·고시** 하여야 한다.

② 분류 방법 : 국토교통부장관은 제1항에 따라 사업용철도노선을 지정·고시하는 경우 사업용철도노선 을 다음 각 호의 구분에 따라 분류할 수 있다.

    1. 운행지역과 운행거리에 따른 분류

        가. 간선(幹線)철도

        나. 지선(支線)철도

    2. 운행속도에 따른 분류

        가. 고속철도노선

        나. 준고속철도노선

        다. 일반철도노선

③ 제2항에 따른 사업용철도노선 분류의 기준이 되는 운행지역, 운행거리 및 운행속도는 **국토교통부령으** 로 정한다.

(2) 철도차량의 유형 분류(제4조의2)

국토교통부장관은 철도 운임 상한의 산정, 철도차량의 효율적인 관리 등을 위하여 철도차량을 국토교통 부령으로 정하는 운행속도에 따라 다음 각 호의 구분에 따른 유형으로 분류할 수 있다.

1. 고속철도차량

2. 준고속철도차량

3. 일반철도차량

(3) 면허 등(제5조)

① 면허 : 철도사업을 경영하려는 자는 제4조 제1항에 따라 지정·고시된 사업용철도노선을 정하여 **국토 교통부장관의 면허를** 받아야 한다. 이 경우 국토교통부장관은 철도의 공공성과 안전을 강화하고 이용 자 편의를 증진시키기 위하여 **국토교통부령으로** 정하는 바에 따라 필요한 부담을 붙일 수 있다.

② 서류의 제출 : 제1항에 따른 면허를 받으려는 자는 국토교통부령으로 정하는 바에 따라 사업계획서를 첨부한 **면허신청서를** 국토교통부장관에게 제출하여야 한다.

③ 철도사업의 면허를 받을 수 있는 자는 **법인으로** 한다.

(4) 면허의 기준(제6조)

철도사업의 면허기준은 다음 각 호와 같다.

1. 해당 사업의 시작으로 철도교통의 안전에 지장을 줄 염려가 없을 것

2. 해당 사업의 운행계획이 그 운행 구간의 철도 수송 수요와 수송력 공급 및 이용자의 편의에 적합할 것

3. 신청자가 해당 사업을 수행할 수 있는 재정적 능력이 있을 것
4. 해당 사업에 사용할 철도차량의 대수(臺數), 사용연한 및 규격이 국토교통부령으로 정하는 기준에 맞을 것

(5) 결격사유(제7조)

다음 각 호의 어느 하나에 해당하는 법인은 철도사업의 면허를 받을 수 없다.
1. 법인의 임원 중 다음 각 목의 어느 하나에 해당하는 사람이 있는 법인
   가. 피성년후견인 또는 피한정후견인
   나. 파산선고를 받고 복권되지 아니한 사람
   다. 철도사업법 또는 대통령령으로 정하는 철도 관계 법령을 위반하여 금고 이상의 실형을 선고받고 그 집행이 끝나거나(끝난 것으로 보는 경우를 포함한다) 면제된 날부터 2년이 지나지 아니한 사람
   라. 철도사업법 또는 대통령령으로 정하는 철도 관계 법령을 위반하여 금고 이상의 형의 집행유예를 선고받고 그 유예 기간 중에 있는 사람
2. 제16조 제1항에 따라 철도사업의 면허가 취소된 후 그 취소일로부터 2년이 지나지 아니한 법인. 다만, 제1호 가목 또는 나목에 해당하여 철도사업의 면허가 취소된 경우는 제외한다.

2. 운임·요금

(1) 운송 시작의 의무(제8조)

철도사업자는 국토교통부장관이 지정하는 날 또는 기간에 운송을 시작하여야 한다. 다만, 천재지변이나 그 밖의 불가피한 사유로 철도사업자가 국토교통부장관이 지정하는 날 또는 기간에 운송을 시작할 수 없는 경우에는 국토교통부장관의 승인을 받아 날짜를 연기하거나 기간을 연장할 수 있다.

(2) 여객 운임·요금의 신고 등(제9조)

① 신고 : 철도사업자는 여객에 대한 운임(여객운송에 대한 직접적인 대가를 말하며, 여객운송과 관련된 설비·용역에 대한 대가는 제외한다. 이하 같다)·요금("여객 운임·요금")을 국토교통부장관에게 신고하여야 한다. 이를 변경하려는 경우에도 같다.
② 고려 사항 : 철도사업자는 여객 운임·요금을 정하거나 변경하는 경우에는 원가(原價)와 버스 등 다른 교통수단의 여객 운임·요금과의 형평성 등을 고려하여야 한다. 이 경우 여객에 대한 운임은 제4조 제2항에 따른 사업용철도노선의 분류, 제4조의2에 따른 철도차량의 유형 등을 고려하여 국토교통부장관이 지정·고시한 상한을 초과하여서는 아니 된다.
③ 여객 운임의 상한 : 국토교통부장관은 제2항에 따라 여객 운임의 상한을 지정하려면 미리 기획재정부장관과 협의하여야 한다.
④ 통지 : 국토교통부장관은 제1항에 따른 신고 또는 변경신고를 받은 날부터 3일 이내에 신고수리 여부를 신고인에게 통지하여야 한다.
⑤ 공표 방법 : 철도사업자는 제1항에 따라 신고 또는 변경신고를 한 여객 운임·요금을 그 시행 1주일 이전에 인터넷 홈페이지, 관계 역·영업소 및 사업소 등 일반인이 잘 볼 수 있는 곳에 게시하여야 한다.

(3) 여객 운임·요금의 감면(제9조의2)

① 감면 : 철도사업자는 재해복구를 위한 긴급지원, 여객 유치를 위한 기념행사, 그 밖에 철도사업의 경영상 필요하다고 인정되는 경우에는 일정한 기간과 대상을 정하여 제9조 제1항에 따라 신고한 여객 운임·요금을 감면할 수 있다.

② 공표 방법 : 철도사업자는 제1항에 따라 여객 운임·요금을 감면하는 경우에는 그 시행 3일 이전에 감면 사항을 인터넷 홈페이지, 관계 역·영업소 및 사업소 등 일반인이 잘 볼 수 있는 곳에 게시하여야 한다. 다만, 긴급한 경우에는 미리 게시하지 아니할 수 있다.

(4) 부가 운임의 징수(제10조)

① 열차 이용의 부가 운임 : 철도사업자는 열차를 이용하는 여객이 정당한 운임·요금을 지급하지 아니하고 열차를 이용한 경우에는 승차 구간에 해당하는 운임 외에 그의 30배의 범위에서 부가 운임을 징수할 수 있다.

② 화물의 부가 운임 : 철도사업자는 송하인(送荷人)이 운송장에 적은 화물의 품명·중량·용적 또는 개수에 따라 계산한 운임이 정당한 사유 없이 정상 운임보다 적은 경우에는 송하인에게 그 부족 운임 외에 그 부족 운임의 5배의 범위에서 부가 운임을 징수할 수 있다.

③ 신고 : 철도사업자는 제1항 및 제2항에 따른 부가 운임을 징수하려는 경우에는 사전에 부가 운임의 징수 대상 행위, 열차의 종류 및 운행 구간 등에 따른 부가 운임 산정기준을 정하고 제11조에 따른 철도사업약관에 포함하여 국토교통부장관에게 신고하여야 한다.

④ 통지 : 국토교통부장관은 제3항에 따른 신고를 받은 날부터 3일 이내에 신고수리 여부를 신고인에게 통지하여야 한다.

⑤ 제1항 및 제2항에 따른 부가 운임의 징수 대상자는 이를 성실하게 납부하여야 한다.

(5) 승차권 등 부정판매의 금지(제10조의2)

철도사업자 또는 철도사업자로부터 승차권 판매위탁을 받은 자가 아닌 자는 철도사업자가 발행한 승차권 또는 할인권·교환권 등 승차권에 준하는 증서를 상습 또는 영업으로 자신이 구입한 가격을 초과한 금액으로 다른 사람에게 판매하거나 이를 알선하여서는 아니 된다.

3. 철도사업

(1) 철도사업약관(제11조)

① 신고 : 철도사업자는 철도사업약관을 정하여 국토교통부장관에게 신고하여야 한다. 이를 변경하려는 경우에도 같다.

② 제1항에 따른 철도사업약관의 기재 사항 등에 필요한 사항은 국토교통부령으로 정한다.

③ 통지 : 국토교통부장관은 제1항에 따른 신고 또는 변경신고를 받은 날부터 3일 이내에 신고수리 여부를 신고인에게 통지하여야 한다.

(2) 사업계획의 변경(제12조)

① 신고 : 철도사업자는 사업계획을 변경하려는 경우에는 **국토교통부장관에게 신고하여야 한다.** 다만, **대통령령으로 정하는 중요 사항을 변경하려는 경우에는 국토교통부장관의 인가를 받아야 한다.**

② 변경의 제한 : 국토교통부장관은 철도사업자가 다음 각 호의 어느 하나에 해당하는 경우에는 제1항에 따른 사업계획의 변경을 제한할 수 있다.

   1. 제8조에 따라 국토교통부장관이 지정한 날 또는 기간에 운송을 시작하지 아니한 경우
   2. 제16조에 따라 노선 운행중지, 운행제한, 감차(減車) 등을 수반하는 사업계획 변경명령을 받은 후 1년이 지나지 아니한 경우
   3. 제21조에 따른 개선명령을 받고 이행하지 아니한 경우
   4. 철도사고(철도안전법 제2조 제11호에 따른 철도사고를 말한다. 이하 같다)의 규모 또는 발생 빈도가 대통령령으로 정하는 기준 이상인 경우

더 알아보기

> 철도사고(철도안전법 제2조 제11호)
> "철도사고"란 철도운영 또는 철도시설관리와 관련하여 사람이 죽거나 다치거나 물건이 파손되는 사고로, 국토교통부령으로 정하는 것을 말한다.

③ 제1항과 제2항에 따른 사업계획 변경의 절차 · 기준과 그 밖에 필요한 사항은 국토교통부령으로 정한다.

④ 통지 : 국토교통부장관은 제1항 본문에 따른 **신고를 받은 날부터 3일 이내에 신고수리 여부를 신고인에게 통지하여야 한다.**

(3) 공동운수협정(제13조)

① 신고 : 철도사업자는 다른 철도사업자와 공동경영에 관한 계약이나 그 밖의 운수에 관한 협정("공동운수협정")을 체결하거나 변경하려는 경우에는 국토교통부령으로 정하는 바에 따라 **국토교통부장관의 인가를 받아야 한다.** 다만, **국토교통부령으로 정하는 경미한 사항을 변경하려는 경우에는 국토교통부령으로 정하는 바에 따라 국토교통부장관에게 신고하여야 한다.**

② 국토교통부장관은 제1항 본문에 따라 공동운수협정을 인가하려면 **미리 공정거래위원회와 협의하여야 한다.**

③ 통지 : 국토교통부장관은 제1항 단서에 따른 **신고를 받은 날부터 3일 이내에 신고수리 여부를 신고인에게 통지하여야 한다.**

(4) 사업의 양도 · 양수 등(제14조)

① 양도 · 양수의 인가 : 철도사업자는 그 철도사업을 양도 · 양수하려는 경우에는 **국토교통부장관의 인가를 받아야 한다.**

② 합병의 인가 : 철도사업자는 다른 철도사업자 또는 철도사업 외의 사업을 경영하는 자와 **합병하려는 경우에는 국토교통부장관의 인가를 받아야 한다.**

③ 지위의 승계 : 제1항이나 제2항에 따른 인가를 받은 경우 철도사업을 양수한 자는 철도사업을 양도한 자의 철도사업자로서의 지위를 승계하며, 합병으로 설립되거나 존속하는 법인은 합병으로 소멸되는 법인의 철도사업자로서의 지위를 승계한다.

④ 제1항과 제2항의 인가에 관하여는 제7조를 준용한다.

(5) 사업의 휴업·폐업(제15조)

① 신고 : 철도사업자가 그 사업의 전부 또는 일부를 휴업 또는 폐업하려는 경우에는 국토교통부령으로 정하는 바에 따라 **국토교통부장관의 허가를 받아야 한다.** 다만, 선로 또는 교량의 파괴, 철도시설의 개량, 그 밖의 정당한 사유로 휴업하는 경우에는 국토교통부령으로 정하는 바에 따라 **국토교통부장관에게 신고하여야 한다.**

② 휴업기간 : 제1항에 따른 휴업기간은 6개월을 넘을 수 없다. 다만, 제1항 단서에 따른 휴업의 경우에는 예외로 한다.

③ 휴업 사유의 소멸 : 제1항에 따라 허가를 받거나 신고한 휴업기간 중이라도 휴업 사유가 소멸된 경우에는 **국토교통부장관에게 신고하고 사업을 재개(再開)**할 수 있다.

④ 통지 : 국토교통부장관은 제1항 단서 및 제3항에 따른 신고를 받은 날부터 60일 이내에 신고수리 여부를 신고인에게 통지하여야 한다.

⑤ 공표 방법 : 철도사업자는 철도사업의 전부 또는 일부를 휴업 또는 폐업하려는 경우에는 대통령령으로 정하는 바에 따라 휴업 또는 폐업하는 사업의 내용과 그 기간 등을 인터넷 홈페이지, 관계 역·영업소 및 사업소 등 일반인이 잘 볼 수 있는 곳에 게시하여야 한다.

4. 처분 및 책임

(1) 면허취소 등(제16조)

① 국토교통부장관은 철도사업자가 다음 각 호의 어느 하나에 해당하는 경우에는 **면허를 취소**하거나 6개월 이내의 기간을 정하여 사업의 전부 또는 일부의 정지를 명하거나, 노선 운행중지·운행제한·감차 등을 수반하는 **사업계획의 변경을 명할 수 있다.** 다만, 제4호 및 제7호의 경우에는 면허를 취소하여야 한다.

1. 면허받은 사항을 정당한 사유 없이 시행하지 아니한 경우
2. 사업 경영의 불확실 또는 자산상태의 현저한 불량이나 그 밖의 사유로 사업을 계속하는 것이 적합하지 아니할 경우
3. 고의 또는 중대한 과실에 의한 철도사고로 대통령령으로 정하는 다수의 사상자(死傷者)가 발생한 경우
4. 거짓이나 그 밖의 부정한 방법으로 제5조에 따른 철도사업의 면허를 받은 경우
5. 제5조 제1항 후단에 따라 면허에 붙인 부담을 위반한 경우
6. 제6조에 따른 철도사업의 면허기준에 미달하게 된 경우. 다만, 3개월 이내에 그 기준을 충족시킨 경우에는 예외로 한다.
7. 철도사업자의 임원 중 제7조 제1호 각 목의 어느 하나의 결격사유에 해당하게 된 사람이 있는 경우. 다만, 3개월 이내에 그 임원을 바꾸어 임명한 경우에는 예외로 한다.
8. 제8조를 위반하여 국토교통부장관이 지정한 날 또는 기간에 운송을 시작하지 아니한 경우
9. 제15조에 따른 휴업 또는 폐업의 허가를 받지 아니하거나 신고를 하지 아니하고 영업을 하지 아니한 경우
10. 제20조 제1항에 따른 준수사항을 1년 이내에 3회 이상 위반한 경우
11. 제21조에 따른 개선명령을 위반한 경우
12. 제23조에 따른 명의 대여 금지를 위반한 경우

② 제1항에 따른 처분의 기준 및 절차와 그 밖에 필요한 사항은 **국토교통부령**으로 정한다.

③ 국토교통부장관은 제1항에 따라 철도사업의 **면허를 취소**하려면 **청문**을 하여야 한다.

(2) 과징금 처분(제17조)

① 국토교통부장관은 제16조 제1항에 따라 철도사업자에게 사업정지처분을 하여야 하는 경우로서 그 사업정지처분이 그 철도사업자가 제공하는 철도서비스의 이용자에게 심한 불편을 주거나 그 밖에 공익을 해칠 우려가 있을 때에는 그 사업정지처분을 갈음하여 **1억 원 이하**의 **과징금**을 부과 · 징수할 수 있다.

② 제1항에 따라 과징금을 부과하는 위반행위의 종류, 과징금의 부과기준 · 징수방법 등 필요한 사항은 **대통령령**으로 정한다.

③ 국토교통부장관은 제1항에 따라 과징금 부과처분을 받은 자가 납부기한까지 과징금을 내지 아니하면 **국세 체납처분의 예**에 따라 징수한다.

④ 제1항에 따라 징수한 과징금은 다음 각 호 외의 용도로는 사용할 수 없다.

　　1. 철도사업 종사자의 양성 · 교육훈련이나 그 밖의 자질향상을 위한 시설 및 철도사업 종사자에 대한 지도업무의 수행을 위한 시설의 건설 · 운영

　　2. 철도사업의 경영개선이나 그 밖에 철도사업의 발전을 위하여 필요한 사업

　　3. 제1호 및 제2호의 목적을 위한 보조 또는 융자

⑤ 국토교통부장관은 과징금으로 징수한 금액의 **운용계획**을 수립하여 **시행**하여야 한다.

⑥ 제4항과 제5항에 따른 과징금 사용의 절차, 운용계획의 수립 · 시행에 관한 사항과 그 밖에 필요한 사항은 **국토교통부령**으로 정한다.

(3) 철도차량 표시(제18조)

철도사업자는 철도사업에 사용되는 철도차량에 **철도사업자의 명칭**과 그 밖에 **국토교통부령**으로 정하는 사항을 표시하여야 한다.

(4) 우편물 등의 운송(제19조)

철도사업자는 여객 또는 화물 운송에 부수(附隨)하여 우편물과 신문 등을 운송할 수 있다.

(5) 철도사업자의 준수사항(제20조)

① 철도사업자는 철도안전법 제21조에 따른 요건을 갖추지 아니한 사람을 운전업무에 종사하게 하여서는 아니 된다.

② 철도사업자는 사업계획을 성실하게 이행하여야 하며, 부당한 운송 조건을 제시하거나 정당한 사유 없이 운송계약의 체결을 거부하는 등 철도운송 질서를 해치는 행위를 하여서는 아니 된다.

③ 철도사업자는 **여객 운임표, 여객 요금표, 감면 사항 및 철도사업약관**을 인터넷 홈페이지에 게시하고 관계 역 · 영업소 및 사업소 등에 갖추어 두어야 하며, 이용자가 요구하는 경우에는 제시하여야 한다.

④ 제1항부터 제3항까지에 따른 준수사항 외에 운송의 안전과 여객 및 화주(貨主)의 편의를 위하여 철도사업자가 준수하여야 할 사항은 **국토교통부령**으로 정한다.

더 알아보기

운전업무 실무수습(철도안전법 제21조)
철도차량의 운전업무에 종사하려는 사람은 국토교통부령으로 정하는 바에 따라 실무수습을 이수하여야 한다.

(6) 사업의 개선명령(제21조)

국토교통부장관은 원활한 철도운송, 서비스의 개선 및 운송의 안전과 그 밖에 공공복리의 증진을 위하여 필요하다고 인정하는 경우에는 철도사업자에게 다음 각 호의 사항을 명할 수 있다.
1. 사업계획의 변경
2. 철도차량 및 운송관련 장비·시설의 개선
3. 운임·요금 징수 방식의 개선
4. 철도사업약관의 변경
5. 공동운수협정의 체결
6. 철도차량 및 철도사고에 관한 손해배상을 위한 보험에의 가입
7. 안전운송의 확보 및 서비스의 향상을 위하여 필요한 조치
8. 철도운수종사자의 양성 및 자질향상을 위한 교육

(7) 철도운수종사자의 준수사항(제22조)

철도사업에 종사하는 철도운수종사자는 다음 각 호의 어느 하나에 해당하는 행위를 하여서는 아니 된다.
1. 정당한 사유 없이 여객 또는 화물의 운송을 거부하거나 여객 또는 화물을 중도에서 내리게 하는 행위
2. 부당한 운임 또는 요금을 요구하거나 받는 행위
3. 그 밖에 안전운행과 여객 및 화주의 편의를 위하여 철도운수종사자가 준수하여야 할 사항으로서 국토교통부령으로 정하는 사항을 위반하는 행위

(8) 명의 대여의 금지(제23조)

철도사업자는 타인에게 자기의 성명 또는 상호를 사용하여 철도사업을 경영하게 하여서는 아니 된다.

(9) 철도화물 운송에 관한 책임(제24조)

① 손해배상책임 : 철도사업자의 화물의 멸실·훼손 또는 인도(引導)의 지연에 대한 손해배상책임에 관하여는 상법 제135조를 준용한다.
② 화물의 멸실 기준 : 제1항을 적용할 때에 화물이 인도 기한을 지난 후 3개월 이내에 인도되지 아니한 경우에는 그 화물은 멸실된 것으로 본다.

더 알아보기

손해배상책임(상법 제135조)
운송인은 자기 또는 운송주선인이나 사용인, 그 밖에 운송을 위하여 사용한 자가 운송물의 수령, 인도, 보관 및 운송에 관하여 주의를 게을리 하지 아니하였음을 증명하지 아니하면 운송물의 멸실, 훼손 또는 연착으로 인한 손해를 배상할 책임이 있다.

1. 민자철도의 운영

(1) 민자철도의 유지·관리 및 운영에 관한 기준 등(제25조)

① 기준의 고시 : 국토교통부장관은 철도의 건설 및 철도시설 유지관리에 관한 법률 제2조 제2호부터 제4호까지에 따른 고속철도, 광역철도 및 일반철도로서 사회기반시설에 대한 민간투자법 제2조 제6호에 따른 **민간투자사업**으로 건설된 철도("민자철도")의 관리운영권을 사회기반시설에 대한 민간투자법 제26조 제1항에 따라 설정받은 자("민자철도사업자")가 해당 민자철도를 안전하고 효율적으로 유지·관리할 수 있도록 민자철도의 유지·관리 및 운영에 관한 기준을 정하여 고시하여야 한다.

> **더 알아보기**
>
> **고속철도 및 광역철도, 일반철도(철도의 건설 및 철도시설 유지관리에 관한 법률 제2조 제2호부터 제4호)**
> 2. "고속철도"란 열차가 주요 구간을 시속 200km 이상으로 주행하는 철도로서 국토교통부장관이 그 노선을 지정·고시하는 철도를 말한다.
> 3. "광역철도"란 대도시권 광역교통관리에 관한 특별법 제2조 제2호 나목에 따른 철도를 말한다.
> 4. "일반철도"란 고속철도와 도시철도법에 따른 도시철도를 제외한 철도를 말한다.
>
> **민간투자사업(사회기반시설에 대한 민간투자법 제2조 제6호)**
> "민간투자사업"이란 제9조에 따라 민간부문이 제안하는 사업 또는 제10조에 따른 민간투자시설사업기본계획에 따라 제8호에 따른 사업시행자가 시행하는 사회기반시설사업을 말한다. 다만, 국가재정법 제23조에 따른 계속비에 의한 정부발주사업 중 초과시공(국가와 계약상대자가 미리 협의한 한도액 범위에서 해당 연도 사업비를 초과하여 시공하는 것을 말한다. 이하 같다)되는 부분은 민간투자사업으로 본다.
>
> **민자철도사업자(사회기반시설에 대한 민간투자법 제26조 제1항)**
> 주무관청은 제4조 제1호 또는 제2호에 따른 방식으로 사회기반시설사업을 시행한 사업시행자가 제22조에 따라 준공확인을 받은 경우에는 제25조 제1항에 따라 무상으로 사용·수익할 수 있는 기간 동안 해당 시설을 유지·관리하고 시설사용자로부터 사용료를 징수할 수 있는 사회기반시설관리운영권("관리운영권")을 그 사업시행자에게 설정할 수 있다.

② 민자철도사업자는 민자철도의 안전하고 효율적인 유지·관리와 이용자 편의를 도모하기 위하여 제1항에 따라 고시된 기준을 준수하여야 한다.

③ **운영평가** : 국토교통부장관은 제1항에 따른 민자철도의 유지·관리 및 운영에 관한 기준에 따라 **매년** 소관 민자철도에 대하여 **운영평가**를 실시하여야 한다.

④ 국토교통부장관은 제3항에 따른 운영평가 결과에 따라 민자철도에 관한 **유지·관리 및 체계 개선** 등 필요한 조치를 민자철도사업자에게 명할 수 있다.

⑤ **보고** : 민자철도사업자는 제4항에 따른 명령을 이행하고 그 결과를 **국토교통부장관에게 보고**하여야 한다.

⑥ 제3항에 따른 운영평가의 절차, 방법 및 그 밖에 필요한 사항은 **국토교통부령**으로 정한다.

(2) 민자철도사업자에 대한 과징금 처분(제25조의2)

① 국토교통부장관은 민자철도사업자가 다음 각 호의 어느 하나에 해당하는 경우에는 1억 원 이하의 과징금을 부과·징수할 수 있다.

1. 제25조 제2항을 위반하여 민자철도의 유지·관리 및 운영에 관한 기준을 준수하지 아니한 경우
2. 제25조 제5항을 위반하여 명령을 이행하지 아니하거나 그 결과를 보고하지 아니한 경우

② 제1항에 따라 과징금을 부과하는 위반행위의 종류와 위반 정도 등에 따른 과징금의 금액 및 징수방법 등에 필요한 사항은 **대통령령**으로 정한다.

③ 국토교통부장관은 제1항에 따라 과징금 부과처분을 받은 자가 납부기한까지 과징금을 내지 아니하면 국세강제징수의 예에 따라 징수한다.

④ 제1항에 따라 징수한 과징금의 용도 등에 관하여는 제17조 제4항부터 제6항까지를 준용한다.

(3) 사정변경 등에 따른 실시협약의 변경 요구 등(제25조의3)

① 소명 및 해소 대책의 요구 : 국토교통부장관은 중대한 사정변경 또는 민자철도사업자의 위법한 행위 등 다음 각 호의 어느 하나에 해당하는 사유가 발생한 경우 민자철도사업자에게 그 **사유를 소명하거나 해소 대책을 수립할 것을 요구**할 수 있다.

1. 민자철도사업자가 사회기반시설에 대한 민간투자법 제2조 제7호에 따른 **실시협약("실시협약")**에서 정한 자기자본의 비율을 대통령령으로 정하는 기준 미만으로 변경한 경우. 다만, 같은 조 제5호에 따른 주무관청의 승인을 받아 변경한 경우는 제외한다.
2. 민자철도사업자가 대통령령으로 정하는 기준을 초과한 이자율로 자금을 차입한 경우
3. 교통여건이 현저히 변화되는 등 실시협약의 기초가 되는 사실 또는 상황에 중대한 변경이 생긴 경우로서 대통령령으로 정하는 경우

더 알아보기

실시협약(사회기반시설에 대한 민간투자법 제2조 제7호)
"실시협약"이란 이 법에 따라 주무관청과 민간투자사업을 시행하려는 자 간에 사업시행의 조건 등에 관하여 체결하는 계약을 말한다.

② 소명 및 해소 대책의 기간 : 제1항에 따른 요구를 받은 민자철도사업자는 국토교통부장관이 요구한 날부터 30일 이내에 그 사유를 소명하거나 해소 대책을 수립하여야 한다.

③ 실시협약의 변경 : 국토교통부장관은 다음 각 호의 어느 하나에 해당하는 경우 제25조의5에 따른 **민자철도 관리지원센터의 자문**을 거쳐 **실시협약의 변경** 등을 요구할 수 있다.

1. 민자철도사업자가 제2항에 따른 소명을 하지 아니하거나 그 소명이 충분하지 아니한 경우
2. 민자철도사업자가 제2항에 따른 해소 대책을 수립하지 아니한 경우
3. 제2항에 따른 해소 대책으로는 제1항에 따른 사유를 해소할 수 없거나 해소하기 곤란하다고 판단되는 경우

④ 국토교통부장관은 민자철도사업자가 제3항에 따른 요구에 따르지 아니하는 경우 정부지급금, 실시협약에 따른 보조금 및 재정지원금의 전부 또는 일부를 지급하지 아니할 수 있다.

(4) 민자철도사업자에 대한 지원(제25조의4)

국토교통부장관은 정책의 변경 또는 법령의 개정 등으로 인하여 민자철도사업자가 부담하여야 하는 비용이 추가로 발생하는 경우 그 비용의 전부 또는 일부를 지원할 수 있다.

(5) 민자철도 관리지원센터의 지정 등(제25조의5)

① 민자철도 관리지원센터의 지정 : 국토교통부장관은 민자철도에 대한 감독 업무를 효율적으로 수행하기 위하여 다음 각 호의 어느 하나에 해당하는 기관을 민자철도에 대한 전문성을 고려하여 **민자철도 관리지원센터**("관리지원센터")로 지정할 수 있다.
  1. 정부출연연구기관 등의 설립·운영 및 육성에 관한 법률에 따른 정부출연연구기관
  2. 공공기관의 운영에 관한 법률에 따른 공공기관
② 민자지원 관리지원센터의 업무 내용
  1. 민자철도의 교통수요 예측, 적정 요금 또는 운임 및 운영비 산출과 관련한 자문 및 지원
  2. 제25조 제1항에 따른 민자철도의 유지·관리 및 운영에 관한 기준과 관련한 자문 및 지원
  3. 제25조 제3항에 따른 운영평가와 관련한 자문 및 지원
  4. 제25조의3 제3항에 따른 실시협약 변경 등의 요구와 관련한 자문 및 지원
  5. 제5항에 따라 국토교통부장관이 위탁하는 업무
  6. 그 밖에 철도사업법에 따른 민자철도에 관한 감독 지원을 위하여 국토교통부령으로 정하는 업무
③ 업무의 지원 : 국토교통부장관은 관리지원센터가 업무를 수행하는 데에 필요한 비용을 **예산의 범위에서** 지원할 수 있다.
④ 지정의 취소 : 국토교통부장관은 관리지원센터가 다음 각 호의 어느 하나에 해당하는 경우에는 지정을 취소할 수 있다. 다만, 제1호에 해당하는 경우에는 지정을 취소하여야 한다.
  1. 거짓이나 그 밖의 부정한 방법으로 지정을 받은 경우
  2. 지정받은 사항을 위반하여 업무를 수행한 경우
⑤ 업무의 위탁 : 국토교통부장관은 민자철도와 관련하여 철도사업법과 사회기반시설에 대한 민간투자법에 따른 업무로서 **국토교통부령으로 정하는 업무**를 관리지원센터에 위탁할 수 있다.

(6) 국회에 대한 보고 등(제25조의6)

① 보고서의 제출 : 국토교통부장관은 사회기반시설에 대한 민간투자법 제53조에 따라 국가가 재정을 지원한 민자철도의 건설 및 유지·관리 현황에 관한 보고서를 작성하여 **매년 5월 31일까지** 국회 소관 상임위원회에 제출하여야 한다.

> **더 알아보기**
>
> **재정지원(사회기반시설에 대한 민간투자법 제53조)**
> 국가 또는 지방자치단체는 귀속시설사업을 원활하게 시행하기 위하여 필요하면 대통령령으로 정하는 경우에 한정하여 사업시행자에게 보조금을 지급하거나 장기대부를 할 수 있다.

② 자료의 제출 : 국토교통부장관은 제1항에 따른 보고서를 작성하기 위하여 민자철도사업자에게 필요한 자료의 제출을 요구할 수 있다.

1. 철도서비스의 평가

(1) 철도서비스의 품질평가 등(제26조)

① 품질평가 : 국토교통부장관은 공공복리의 증진과 철도서비스 이용자의 권익보호를 위하여 철도사업자가 제공하는 철도서비스에 대하여 적정한 철도서비스 기준을 정하고, 그에 따라 철도사업자가 제공하는 철도서비스의 품질을 평가하여야 한다.

② 제1항에 따른 철도서비스의 기준, 품질평가의 항목·절차 등에 필요한 사항은 **국토교통부령**으로 정한다.

(2) 평가 결과의 공표 및 활용(제27조)

① 공표 방법 : 국토교통부장관은 제26조에 따른 철도서비스의 품질을 평가한 경우에는 그 평가 결과를 **대통령령**으로 정하는 바에 따라 신문 등 대중매체를 통하여 **공표**하여야 한다.

② 국토교통부장관은 철도서비스의 품질평가 결과에 따라 제21조에 따른 사업 개선명령 등 필요한 조치를 할 수 있다.

(3) 우수 철도서비스 인증(제28조)

① 우수 철도서비스 인증 : 국토교통부장관은 공정거래위원회와 협의하여 철도사업자 간 경쟁을 제한하지 아니하는 범위에서 철도서비스의 질적 향상을 촉진하기 위하여 우수 철도서비스에 대한 인증을 할 수 있다.

② 인증 사실의 홍보 : 제1항에 따라 인증을 받은 철도사업자는 그 인증의 내용을 나타내는 표지("우수서비스마크")를 철도차량, 역시설 또는 철도 용품 등에 붙이거나 인증 사실을 홍보할 수 있다.

③ 제1항에 따라 인증을 받은 자가 아니면 우수서비스마크 또는 이와 유사한 표지를 철도차량, 역시설 또는 철도 용품 등에 붙이거나 인증 사실을 홍보하여서는 아니 된다.

④ 우수 철도서비스 인증의 절차, 인증기준, 우수서비스마크, 인증의 사후관리에 관한 사항과 그 밖에 인증에 필요한 사항은 **국토교통부령**으로 정한다.

(4) 평가업무 등의 위탁(제29조)

국토교통부장관은 효율적인 철도 서비스 품질평가 체제를 구축하기 위하여 필요한 경우에는 관계 전문기관 등에 철도서비스 품질에 대한 조사·평가·연구 등의 업무와 제28조 제1항에 따른 우수 철도서비스 인증에 필요한 심사업무를 위탁할 수 있다.

(5) 자료 등의 요청(제30조)

① 실지조사 : 국토교통부장관이나 제29조에 따라 평가업무 등을 위탁받은 자는 철도서비스의 평가 등을 할 때 철도사업자에게 관련 자료 또는 의견 제출 등을 요구하거나 철도서비스에 대한 **실지조사(實地調査)**를 할 수 있다.

② 자료 및 의견의 제출 : 제1항에 따라 자료 또는 의견 제출 등을 요구받은 관련 철도사업자는 특별한 사유가 없으면 이에 따라야 한다.

2. 철도서비스의 운영

(1) 철도시설의 공동 활용(제31조)

공공교통을 목적으로 하는 선로 및 다음 각 호의 공동 사용시설을 관리하는 자는 철도사업자가 그 시설의 공동 활용에 관한 요청을 하는 경우 협정을 체결하여 이용할 수 있게 하여야 한다.
1. 철도역 및 역시설(물류시설, 환승시설 및 편의시설 등을 포함한다)
2. 철도차량의 정비·검사·점검·보관 등 유지관리를 위한 시설
3. 사고의 복구 및 구조·피난을 위한 설비
4. 열차의 조성 또는 분리 등을 위한 시설
5. 철도 운영에 필요한 정보통신 설비

(2) 회계의 구분(제32조)

① 철도사업자는 철도사업 외의 사업을 경영하는 경우에는 철도사업에 관한 회계와 철도사업 외의 사업에 관한 회계를 구분하여 경리하여야 한다.
② 철도사업자는 철도운영의 효율화와 회계처리의 투명성을 제고하기 위하여 국토교통부령으로 정하는 바에 따라 철도사업의 종류별·노선별로 회계를 구분하여 경리하여야 한다.

(3) 벌칙 적용 시의 공무원 의제(제33조)

제29조에 따라 위탁받은 업무에 종사하는 관계 전문기관 등의 임원 및 직원은 형법 제129조부터 제132조까지의 규정을 적용할 때에는 공무원으로 본다.

더 알아보기

수뢰, 사전수뢰(형법 제129조)
① 공무원 또는 중재인이 그 직무에 관하여 뇌물을 수수, 요구 또는 약속한 때에는 5년 이하의 징역 또는 10년 이하의 자격정지에 처한다.
② 공무원 또는 중재인이 될 자가 그 담당할 직무에 관하여 청탁을 받고 뇌물을 수수, 요구 또는 약속한 후 공무원 또는 중재인이 된 때에는 3년 이하의 징역 또는 7년 이하의 자격정지에 처한다.

제3자뇌물제공(형법 제130조)
공무원 또는 중재인이 그 직무에 관하여 부정한 청탁을 받고 제3자에게 뇌물을 공여하게 하거나 공여를 요구 또는 약속한 때에는 5년 이하의 징역 또는 10년 이하의 자격정지에 처한다.

수뢰후부정처사, 사후수뢰(형법 제131조)
① 공무원 또는 중재인이 전 2조의 죄를 범하여 부정한 행위를 한 때에는 1년 이상의 유기징역에 처한다.
② 공무원 또는 중재인이 그 직무상 부정한 행위를 한 후 뇌물을 수수, 요구 또는 약속하거나 제3자에게 이를 공여하게 하거나 공여를 요구 또는 약속한 때에도 전항의 형과 같다.
③ 공무원 또는 중재인이었던 자가 그 재직 중에 청탁을 받고 직무상 부정한 행위를 한 후 뇌물을 수수, 요구 또는 약속한 때에는 5년 이하의 징역 또는 10년 이하의 자격정지에 처한다.
④ 전 3항의 경우에는 10년 이하의 자격정지를 병과할 수 있다.

알선수뢰(형법 제132조)
공무원이 그 지위를 이용하여 다른 공무원의 직무에 속한 사항의 알선에 관하여 뇌물을 수수, 요구 또는 약속한 때에는 3년 이하의 징역 또는 7년 이하의 자격정지에 처한다.

1. 전용철도의 운영

(1) 등록(제34조)

① 전용철도를 운영하려는 자는 국토교통부령으로 정하는 바에 따라 **전용철도의 건설·운전·보안 및 운송에 관한 사항이 포함된 운영계획서를 첨부하여 국토교통부장관에게 등록을 하여야 한다.** 등록사항을 변경하려는 경우에도 같다. 다만 대통령령으로 정하는 경미한 변경의 경우에는 예외로 한다.

② 전용철도의 등록기준과 등록절차 등에 관하여 필요한 사항은 **국토교통부령**으로 정한다.

③ 국토교통부장관은 제2항에 따른 등록기준을 적용할 때에 환경오염, 주변 여건 등 지역적 특성을 고려할 필요가 있거나 그 밖에 공익상 필요하다고 인정하는 경우에는 등록을 제한하거나 부담을 붙일 수 있다.

(2) 결격사유(제35조)

다음 각 호의 어느 하나에 해당하는 자는 전용철도를 등록할 수 없다. 법인인 경우 그 임원 중에 다음 각 호의 어느 하나에 해당하는 자가 있는 경우에도 같다.

1. 제7조 제1호 각 목의 어느 하나에 해당하는 사람

2. 철도사업법에 따라 전용철도의 등록이 취소된 후 그 취소일로부터 1년이 지나지 아니한 자

(3) 전용철도 운영의 양도·양수 등(제36조)

① 양도·양수의 신고 : 전용철도의 운영을 **양도·양수**하려는 자는 국토교통부령으로 정하는 바에 따라 **국토교통부장관에게 신고**하여야 한다.

② 합병의 신고 : 전용철도의 등록을 한 법인이 **합병**하려는 경우에는 국토교통부령으로 정하는 바에 따라 **국토교통부장관에게 신고**하여야 한다.

③ 통지 : 국토교통부장관은 제1항 및 제2항에 따른 **신고를 받은 날부터 30일 이내**에 신고수리 여부를 신고인에게 통지하여야 한다.

④ 지위의 승계 : 제1항 또는 제2항에 따른 신고가 수리된 경우 전용철도의 운영을 양수한 자는 전용철도의 운영을 양도한 자의 전용철도운영자로서의 지위를 승계하며, 합병으로 설립되거나 존속하는 법인은 합병으로 소멸되는 법인의 전용철도운영자로서의 지위를 승계한다.

⑤ 제1항과 제2항의 신고에 관하여는 제35조를 준용한다.

(4) 전용철도 운영의 상속(제37조)

① 운영 상속의 신고 : 전용철도운영자가 사망한 경우 상속인이 그 **전용철도의 운영을 계속**하려는 경우에는 피상속인이 사망한 날부터 3개월 이내에 국토교통부장관에게 신고하여야 한다.

② 통지 : 국토교통부장관은 제1항에 따른 신고를 받은 날부터 10일 이내에 신고수리 여부를 신고인에게 통지하여야 한다.

③ 제1항에 따른 신고가 수리된 경우 상속인은 피상속인의 **전용철도운영자로서의 지위를 승계**하며, 피상속인이 사망한 날부터 신고가 수리된 날까지의 기간 동안은 피상속인의 전용철도 등록은 상속인의 등록으로 본다.

④ 제1항의 신고에 관하여는 제35조를 준용한다. 다만, 제35조 각 호의 어느 하나에 해당하는 상속인이 피상속인이 사망한 날부터 3개월 이내에 그 전용철도의 운영을 다른 사람에게 양도한 경우 피상속인의 사망일부터 양도일까지의 기간에 있어서 피상속인의 전용철도 등록은 상속인의 등록으로 본다.

(5) 전용철도 운영의 휴업 · 폐업(제38조)

전용철도운영자가 그 운영의 전부 또는 일부를 휴업 또는 폐업한 경우에는 1개월 이내에 국토교통부장관에게 신고하여야 한다.

(6) 전용철도 운영의 개선명령(제39조)

국토교통부장관은 전용철도 운영의 건전한 발전을 위하여 필요하다고 인정하는 경우에는 전용철도운영자에게 다음 각 호의 사항을 명할 수 있다.
1. 사업장의 이전
2. 시설 또는 운영의 개선

(7) 등록의 취소 · 정지(제40조)

국토교통부장관은 전용철도운영자가 다음 각 호의 어느 하나에 해당하는 경우에는 그 등록을 취소하거나 1년 이내의 기간을 정하여 그 운영의 전부 또는 일부의 정지를 명할 수 있다. 다만, 제1호에 해당하는 경우에는 등록을 취소하여야 한다.
1. 거짓이나 그 밖의 부정한 방법으로 제34조에 따른 등록을 한 경우
2. 제34조 제2항에 따른 등록기준에 미달하거나 같은 조 제3항에 따른 부담을 이행하지 아니한 경우
3. 휴업신고나 폐업신고를 하지 아니하고 3개월 이상 전용철도를 운영하지 아니한 경우

(8) 준용규정(제41조)

전용철도에 관하여는 제16조 제3항과 제23조를 준용한다. 이 경우 "철도사업의 면허"는 "전용철도의 등록"으로, "철도사업자"는 "전용철도운영자"로, "철도사업"은 "전용철도의 운영"으로 본다.

---

06 국유철도시설의 활용 · 지원 등

1. 점용허가

(1) 점용허가(제42조)

① 점용허가 : 국토교통부장관은 국가가 소유 · 관리하는 철도시설에 건물이나 그 밖의 시설물("시설물")을 설치하려는 자에게 국유재산법 제18조에도 불구하고 대통령령으로 정하는 바에 따라 시설물의 종류 및 기간 등을 정하여 점용허가를 할 수 있다.

더 알아보기

영구시설물의 축조 금지(국유재산법 제18조)

① 국가 외의 자는 국유재산에 건물, 교량 등 구조물과 그 밖의 영구시설물을 축조하지 못한다. 다만, 다음 각 호의 어느 하나에 해당하는 경우에는 그러하지 아니하다.

1. 기부를 조건으로 축조하는 경우
2. 다른 법률에 따라 국가에 소유권이 귀속되는 공공시설을 축조하는 경우
2의2. 제50조 제2항에 따라 매각대금을 나누어 내고 있는 일반재산으로서 대통령령으로 정하는 경우
3. 지방자치단체나 지방공기업법에 따른 지방공기업("지방공기업")이 사회기반시설에 대한 민간투자법 제2조 제1호의 사회기반시설 중 주민생활을 위한 문화시설, 생활체육시설 등 기획재정부령으로 정하는 사회기반시설을 해당 국유재산 소관 중앙관서의 장과 협의를 거쳐 총괄청의 승인을 받아 축조하는 경우
4. 제59조의2에 따라 개발하는 경우
5. 법률 제4347호 지방교육자치에 관한 법률 시행 전에 설립한 초등학교·중학교·고등학교 및 특수학교에 총괄청 및 관련 중앙관서의 장과 협의를 거쳐 교육부장관의 승인을 받아 학교시설사업 촉진법 제2조 제1호에 따른 학교시설을 증축 또는 개축하는 경우
6. 그 밖에 국유재산의 사용 및 이용에 지장이 없고 국유재산의 활용가치를 높일 수 있는 경우로서 대부계약의 사용목적을 달성하기 위하여 중앙관서의 장 등이 필요하다고 인정하는 경우

② 제1항 단서에 따라 영구시설물의 축조를 허용하는 경우에는 대통령령으로 정하는 기준 및 절차에 따라 그 영구시설물의 철거 등 원상회복에 필요한 비용의 상당액에 대하여 이행을 보증하는 조치를 하게 하여야 한다.

② 점용허가의 기준 : 제1항에 따른 점용허가는 철도사업자와 철도사업자가 출자·보조 또는 출연한 사업을 경영하는 자에게만 하며, 시설물의 종류와 경영하려는 사업이 철도사업에 지장을 주지 아니하여야 한다.

(2) 점용허가의 취소(제42조의2)

① 점용허가의 취소 : 국토교통부장관은 제42조 제1항에 따른 점용허가를 받은 자가 다음 각 호의 어느 하나에 해당하면 그 점용허가를 취소할 수 있다.

1. 점용허가 목적과 다른 목적으로 철도시설을 점용한 경우
2. 제42조 제2항을 위반하여 시설물의 종류와 경영하는 사업이 철도사업에 지장을 주게 된 경우
3. 점용허가를 받은 날부터 1년 이내에 해당 점용허가의 목적이 된 공사에 착수하지 아니한 경우. 다만, 정당한 사유가 있는 경우에는 1년의 범위에서 공사의 착수기간을 연장할 수 있다.
4. 제44조에 따른 점용료를 납부하지 아니하는 경우
5. 점용허가를 받은 자가 스스로 점용허가의 취소를 신청하는 경우

② 제1항에 따른 점용허가 취소의 절차 및 방법은 **국토교통부령**으로 정한다.

(3) 시설물 설치의 대행(제43조)

국토교통부장관은 제42조에 따라 **점용허가를 받은 자**("점용허가를 받은 자")가 설치하려는 시설물의 전부 또는 일부가 철도시설 관리에 관계되는 경우에는 점용허가를 받은 자의 부담으로 그의 위탁을 받아 시설물을 직접 설치하거나 국가철도공단법에 따라 설립된 **국가철도공단**으로 하여금 설치하게 할 수 있다.

(4) 점용료(제44조)

① **점용료의 부과** : 국토교통부장관은 **대통령령**으로 정하는 바에 따라 점용허가를 받은 자에게 **점용료를** 부과한다.

② **점용료의 감면** : 제1항에도 불구하고 점용허가를 받은 자가 다음 각 호에 해당하는 경우에는 대통령령으로 정하는 바에 따라 점용료를 감면할 수 있다.

　1. 국가에 무상으로 양도하거나 제공하기 위한 시설물을 설치하기 위하여 점용허가를 받은 경우
　2. 제1호의 시설물을 설치하기 위한 경우로서 공사기간 중에 점용허가를 받거나 임시 시설물을 설치하기 위하여 점용허가를 받은 경우
　3. 공공주택 특별법에 따른 공공주택을 건설하기 위하여 점용허가를 받은 경우
　4. 재해, 그 밖의 특별한 사정으로 본래의 철도 점용 목적을 달성할 수 없는 경우
　5. 국민경제에 중대한 영향을 미치는 공익사업으로서 대통령령으로 정하는 사업을 위하여 점용허가를 받은 경우

③ **점용료 징수 업무의 위탁** : 국토교통부장관이 철도산업발전기본법 제19조 제2항에 따라 철도시설의 건설 및 관리 등에 관한 업무의 일부를 국가철도공단법에 따른 국가철도공단으로 하여금 대행하게 한 경우 제1항에 따른 **점용료 징수에 관한 업무를** 위탁할 수 있다.

④ 국토교통부장관은 점용허가를 받은 자가 제1항에 따른 점용료를 내지 아니하면 **국세 체납처분의 예에** 따라 징수한다.

(5) 변상금의 징수(제44조의2)

국토교통부장관은 제42조 제1항에 따른 점용허가를 받지 아니하고 철도시설을 점용한 자에 대하여 제44조 제1항에 따른 점용료의 100분의 120에 해당하는 **금액을 변상금으로 징수할 수 있다.** 이 경우 변상금의 징수에 관하여는 제44조 제3항을 준용한다.

(6) 권리와 의무의 이전(제45조)

제42조에 따른 점용허가로 인하여 발생한 권리와 의무를 이전하려는 경우에는 대통령령으로 정하는 바에 따라 **국토교통부장관의 인가를** 받아야 한다.

(7) 원상회복의무(제46조)

① **원상회복의무** : 점용허가를 받은 자는 **점용허가기간이 만료되거나 제42조의2 제1항에 따라 점용허가가 취소된 경우에는 점용허가된 철도 재산을 원상(原狀)으로** 회복하여야 한다. 다만, 국토교통부장관은 원상으로 회복할 수 없거나 원상회복이 부적당하다고 인정하는 경우에는 원상회복의무를 면제할 수 있다.

② 국토교통부장관은 점용허가를 받은 자가 제1항 본문에 따른 원상회복을 하지 아니하는 경우에는 행정대집행법에 따라 시설물을 철거하거나 그 밖에 필요한 조치를 할 수 있다.

③ 국토교통부장관은 제1항 단서에 따라 **원상회복의무를 면제하는 경우에는 해당 철도 재산에 설치된 시설물 등의 무상 국가귀속을** 조건으로 할 수 있다.

(8) 국가귀속 시설물의 사용허가기간 등에 관한 특례(제46조의2)

① **사용허가의 기간** : 제46조 제3항에 따라 국가 귀속된 시설물을 국유재산법에 따라 사용허가하려는 경우 그 허가의 기간은 같은 법 제35조에도 불구하고 10년 이내로 한다.

② **사용허가의 갱신** : 제1항에 따른 허가기간이 끝난 시설물에 대해서는 10년을 초과하지 아니하는 범위 에서 1회에 한하여 종전의 사용허가를 갱신할 수 있다.

③ 제1항에 따른 사용허가를 받은 자는 국유재산법 제30조 제2항에도 불구하고 그 사용허가의 용도나 목적에 위배되지 않는 범위에서 **국토교통부장관의 승인**을 받아 해당 시설물의 일부를 다른 사람에게 사용·수익하게 할 수 있다.

더 알아보기

사용허가(국유재산법 제30조)

① 중앙관서의 장은 다음 각 호의 범위에서만 행정재산의 사용허가를 할 수 있다.

　1. 공용·공공용·기업용 재산 : 그 용도나 목적에 장애가 되지 아니하는 범위

　2. 보존용 재산 : 보존목적의 수행에 필요한 범위

② 제1항에 따라 사용허가를 받은 자는 그 재산을 다른 사람에게 사용·수익하게 하여서는 아니 된다. 다만, 다음 각 호의 어느 하나에 해당하는 경우에는 중앙관서의 장의 승인을 받아 다른 사람에게 사용·수익하게 할 수 있다.

　1. 기부를 받은 재산에 대하여 사용허가를 받은 자가 그 재산의 기부자이거나 그 상속인, 그 밖의 포괄승계인인 경우

　2. 지방자치단체나 지방공기업이 행정재산에 대하여 제18조 제1항 제3호에 따른 사회기반시설로 사용·수익하기 위한 사용허가를 받은 후 이를 지방공기업 등 대통령령으로 정하는 기관으로 하여금 사용·수익하게 하는 경우

③ 중앙관서의 장은 제2항 단서에 따른 사용·수익이 그 용도나 목적에 장애가 되거나 원상회복이 어렵다고 인정되면 승인하여서는 아니 된다.

07　보칙

1. 보고 및 검사

(1) 보고·검사 등(제47조)

① **보고 및 서류의 제출** : 국토교통부장관은 필요하다고 인정하면 철도사업자와 전용철도운영자에게 해당 철도사업 또는 전용철도의 운영에 관한 사항이나 철도차량의 소유 또는 사용에 관한 사항에 대하여 보고나 서류 제출을 명할 수 있다.

② **공무원의 검사** : 국토교통부장관은 필요하다고 인정하면 소속 공무원으로 하여금 철도사업자 및 전용 철도운영자의 장부, 서류, 시설 또는 그 밖의 물건을 검사하게 할 수 있다.

③ **공무원의 증표** : 제2항에 따라 검사를 하는 공무원은 그 권한을 표시하는 증표를 지니고 이를 관계인 에게 보여 주어야 한다.

④ 제3항에 따른 증표에 관하여 필요한 사항은 **국토교통부령**으로 정한다.

(2) 정보 제공 요청(제47조의2)

① 국토교통부장관은 제10조의2에 따른 승차권 등 부정판매의 금지를 위하여 필요한 경우 관계 중앙행정 기관의 장, 지방자치단체의 장, 공공기관의 운영에 관한 법률 제4조에 따른 공공기관의 장, 법인·단체의 장, 개인에게 승차권 등 부정판매의 금지 의무를 위반하였거나, 위반하였다고 의심할만한 상당한 이유가 있는 자에 대한 다음 각 호의 정보 제공을 요청할 수 있다.

  1. 성명, 주민등록법 제7조의2 제1항에 따른 주민등록번호, 주소 및 전화번호(휴대전화번호를 포함한다) 등 인적사항
  2. 승차권 구매이력

② 제1항에 따른 정보 제공 요청을 받은 자는 정당한 사유가 없으면 이에 따라야 한다.

2. 수수료 및 규제의 재검토

(1) 수수료(제48조)

철도사업법에 따른 면허·인가를 받으려는 자, 등록·신고를 하려는 자, 면허증·인가서·등록증·인증서 또는 허가서의 재발급을 신청하는 자는 **국토교통부령**으로 정하는 수수료를 내야 한다.

(2) 규제의 재검토(제48조의2)

국토교통부장관은 다음 각 호의 사항에 대하여 2014년 1월 1일을 기준으로 3년마다(매 3년이 되는 해의 기준일과 같은 날 전까지를 말한다) 그 타당성을 검토하여 개선 등의 조치를 하여야 한다.

1. 제9조에 따른 여객 운임·요금의 신고 등
2. 제10조 제1항 및 제2항에 따른 부가 운임의 상한
3. 제21조에 따른 사업의 개선명령
4. 제39조에 따른 전용철도 운영의 개선명령

08   벌칙

1. 벌칙

(1) 벌칙(제49조)

① 다음 각 호의 어느 하나에 해당하는 자는 **2년 이하의 징역 또는 2천만 원 이하의 벌금**에 처한다.

  1. 제5조 제1항에 따른 면허를 받지 아니하고 철도사업을 경영한 자
  2. 거짓이나 그 밖의 부정한 방법으로 제5조 제1항에 따른 철도사업의 면허를 받은 자

더 알아보기

면허 등(철도사업법 제5조 제1항)
철도사업을 경영하려는 자는 제4조 제1항에 따라 지정·고시된 사업용철도노선을 정하여 국토교통부장관의 면허를 받아야 한다. 이 경우 국토교통부장관은 철도의 공공성과 안전을 강화하고 이용자 편의를 증진시키기 위하여 국토교통부령으로 정하는 바에 따라 필요한 부담을 붙일 수 있다.

3. 제16조 제1항에 따른 사업정지처분기간 중에 철도사업을 경영한 자
4. 제16조 제1항에 따른 사업계획의 변경명령을 위반한 자

면허취소 등(철도사업법 제16조 제1항)
국토교통부장관은 철도사업자가 다음 각 호의 어느 하나에 해당하는 경우에는 면허를 취소하거나, 6개월 이내의 기간을 정하여 사업의 전부 또는 일부의 정지를 명하거나, 노선 운행중지ㆍ운행제한ㆍ감차 등을 수반하는 사업계획의 변경을 명할 수 있다. 다만, 제4호 및 제7호의 경우에는 면허를 취소하여야 한다.
1. 면허받은 사항을 정당한 사유 없이 시행하지 아니한 경우
2. 사업 경영의 불확실 또는 자산상태의 현저한 불량이나 그 밖의 사유로 사업을 계속하는 것이 적합하지 아니할 경우
3. 고의 또는 중대한 과실에 의한 철도사고로 대통령령으로 정하는 다수의 사상자(死傷者)가 발생한 경우
4. 거짓이나 그 밖의 부정한 방법으로 제5조에 따른 철도사업의 면허를 받은 경우
5. 제5조 제1항 후단에 따라 면허에 붙인 부담을 위반한 경우
6. 제6조에 따른 철도사업의 면허기준에 미달하게 된 경우. 다만, 3개월 이내에 그 기준을 충족시킨 경우에는 예외로 한다.
7. 철도사업자의 임원 중 제7조 제1호 각 목의 어느 하나의 결격사유에 해당하게 된 사람이 있는 경우. 다만, 3개월 이내에 그 임원을 바꾸어 임명한 경우에는 예외로 한다.
8. 제8조를 위반하여 국토교통부장관이 지정한 날 또는 기간에 운송을 시작하지 아니한 경우
9. 제15조에 따른 휴업 또는 폐업의 허가를 받지 아니하거나 신고를 하지 아니하고 영업을 하지 아니한 경우
10. 제20조 제1항에 따른 준수사항을 1년 이내에 3회 이상 위반한 경우
11. 제21조에 따른 개선명령을 위반한 경우
12. 제23조에 따른 명의 대여 금지를 위반한 경우

5. 제23조(제41조에서 준용하는 경우를 포함한다)를 위반하여 타인에게 자기의 성명 또는 상호를 대여하여 철도사업을 경영하게 한 자

명의 대여의 금지(철도사업법 제23조)
철도사업자는 타인에게 자기의 성명 또는 상호를 사용하여 철도사업을 경영하게 하여서는 아니 된다.

6. 제31조를 위반하여 철도사업자의 공동 활용에 관한 요청을 정당한 사유 없이 거부한 자

철도시설의 공동 활용(철도사업법 제31조)
공공교통을 목적으로 하는 선로 및 다음 각 호의 공동 사용시설을 관리하는 자는 철도사업자가 그 시설의 공동 활용에 관한 요청을 하는 경우 협정을 체결하여 이용할 수 있게 하여야 한다.
1. 철도역 및 역시설(물류시설, 환승시설 및 편의시설 등을 포함한다)
2. 철도차량의 정비ㆍ검사ㆍ점검ㆍ보관 등 유지관리를 위한 시설
3. 사고의 복구 및 구조ㆍ피난을 위한 설비
4. 열차의 조성 또는 분리 등을 위한 시설
5. 철도 운영에 필요한 정보통신 설비

② 다음 각 호의 어느 하나에 해당하는 자는 1년 이하의 징역 또는 1천만 원 이하의 벌금에 처한다.
 1. 제34조 제1항을 위반하여 등록을 하지 아니하고 전용철도를 운영한 자
 2. 거짓이나 그 밖의 부정한 방법으로 제34조 제1항에 따른 전용철도의 등록을 한 자

> **더 알아보기**
>
> 등록(철도사업법 제34조 제1항)
> 전용철도를 운영하려는 자는 국토교통부령으로 정하는 바에 따라 전용철도의 건설·운전·보안 및 운송에 관한
> 사항이 포함된 운영계획서를 첨부하여 국토교통부장관에게 등록을 하여야 한다. 등록사항을 변경하려는 경우에도
> 같다. 다만 대통령령으로 정하는 경미한 변경의 경우에는 예외로 한다.

③ 다음 각 호의 어느 하나에 해당하는 자는 1천만 원 이하의 벌금에 처한다.
 1. 제13조를 위반하여 국토교통부장관의 인가를 받지 아니하고 공동운수협정을 체결하거나 변경한 자

> **더 알아보기**
>
> 공동운수협정(철도사업법 제13조)
> ① 철도사업자는 다른 철도사업자와 공동경영에 관한 계약이나 그 밖의 운수에 관한 협정("공동운수협정")을 체결
> 하거나 변경하려는 경우에는 국토교통부령으로 정하는 바에 따라 국토교통부장관의 인가를 받아야 한다. 다만,
> 국토교통부령으로 정하는 경미한 사항을 변경하려는 경우에는 국토교통부령으로 정하는 바에 따라 국토교통부
> 장관에게 신고하여야 한다.
> ② 국토교통부장관은 제1항 본문에 따라 공동운수협정을 인가하려면 미리 공정거래위원회와 협의하여야 한다.
> ③ 국토교통부장관은 제1항 단서에 따른 신고를 받은 날부터 3일 이내에 신고수리 여부를 신고인에게 통지하여야
> 한다.

 2. 삭제
 3. 제28조 제3항을 위반하여 우수서비스마크 또는 이와 유사한 표지를 철도차량 등에 붙이거나 인증 사실을 홍보한 자

> **더 알아보기**
>
> 우수 철도서비스 인증(철도사업법 제28조 제3항)
> 철도사업법 제28조 제1항에 따라 인증을 받은 자가 아니면 우수서비스마크 또는 이와 유사한 표지를 철도차량,
> 역시설 또는 철도 용품 등에 붙이거나 인증 사실을 홍보하여서는 아니 된다.

2. 양벌규정 및 과태료

(1) 양벌규정(제50조)

 법인의 대표자나 법인 또는 개인의 대리인, 사용인, 그 밖의 종업원이 그 법인 또는 개인의 업무에 관하여 제49조의 위반행위를 하면 그 행위자를 벌하는 외에 그 법인 또는 개인에게도 해당 조문의 벌금형을 과(科)한다. 다만, 법인 또는 개인이 그 위반행위를 방지하기 위하여 해당 업무에 관하여 상당한 주의와 감독을 게을리 하지 아니한 경우에는 그러하지 아니하다.

(2) 과태료(제51조)

① 다음 각 호의 어느 하나에 해당하는 자에게는 1천만 원 이하의 과태료를 부과한다.

1. 제9조 제1항에 따른 여객 운임·요금의 신고를 하지 아니한 자

> **더 알아보기**
>
> 여객 운임·요금의 신고 등(철도사업법 제9조 제1항)
> 철도사업자는 여객에 대한 운임(여객운송에 대한 직접적인 대가를 말하며, 여객운송과 관련된 설비·용역에 대한 대가는 제외한다. 이하 같다)·요금("여객 운임·요금")을 국토교통부장관에게 신고하여야 한다. 이를 변경하려는 경우에도 같다.

2. 제11조 제1항에 따른 철도사업약관을 신고하지 아니하거나 신고한 철도사업약관을 이행하지 아니한 자

> **더 알아보기**
>
> 철도사업약관(철도사업법 제11조 제1항)
> 철도사업자는 철도사업약관을 정하여 국토교통부장관에게 신고하여야 한다. 이를 변경하려는 경우에도 같다.

3. 제12조에 따른 인가를 받지 아니하거나 신고를 하지 아니하고 사업계획을 변경한 자

> **더 알아보기**
>
> 사업계획의 변경(철도사업법 제12조)
> ① 철도사업자는 사업계획을 변경하려는 경우에는 국토교통부장관에게 신고하여야 한다. 다만, 대통령령으로 정하는 중요 사항을 변경하려는 경우에는 국토교통부장관의 인가를 받아야 한다.
> ② 국토교통부장관은 철도사업자가 다음 각 호의 어느 하나에 해당하는 경우에는 제1항에 따른 사업계획의 변경을 제한할 수 있다.
>   1. 제8조에 따라 국토교통부장관이 지정한 날 또는 기간에 운송을 시작하지 아니한 경우
>   2. 제16조에 따라 노선 운행중지, 운행제한, 감차(減車) 등을 수반하는 사업계획 변경명령을 받은 후 1년이 지나지 아니한 경우
>   3. 제21조에 따른 개선명령을 받고 이행하지 아니한 경우
>   4. 철도사고(철도안전법 제2조 제11호에 따른 철도사고를 말한다. 이하 같다)의 규모 또는 발생 빈도가 대통령령으로 정하는 기준 이상인 경우
> ③ 제1항과 제2항에 따른 사업계획 변경의 절차·기준과 그 밖에 필요한 사항은 국토교통부령으로 정한다.
> ④ 국토교통부장관은 제1항 본문에 따른 신고를 받은 날부터 3일 이내에 신고수리 여부를 신고인에게 통지하여야 한다.

4. 제10조의2를 위반하여 상습 또는 영업으로 승차권 또는 이에 준하는 증서를 자신이 구입한 가격을 초과한 금액으로 다른 사람에게 판매하거나 이를 알선한 자

> **더 알아보기**
>
> 승차권 등 부정판매의 금지(철도사업법 제10조의2)
> 철도사업자 또는 철도사업자로부터 승차권 판매위탁을 받은 자가 아닌 자는 철도사업자가 발행한 승차권 또는 할인권·교환권 등 승차권에 준하는 증서를 상습 또는 영업으로 자신이 구입한 가격을 초과한 금액으로 다른 사람에게 판매하거나 이를 알선하여서는 아니 된다.

② 다음 각 호의 어느 하나에 해당하는 자에게는 500만 원 이하의 과태료를 부과한다.

1. 제18조에 따른 사업용철도차량의 표시를 하지 아니한 철도사업자

더 알아보기

철도차량 표시(철도사업법 제18조)
철도사업자는 철도사업에 사용되는 철도차량에 철도사업자의 명칭과 그 밖에 국토교통부령으로 정하는 사항을 표시하여야 한다.

2. 삭제
3. 제32조 제1항 또는 제2항을 위반하여 회계를 구분하여 경리하지 아니한 자

더 알아보기

회계의 구분(철도사업법 제32조)
① 철도사업자는 철도사업 외의 사업을 경영하는 경우에는 철도사업에 관한 회계와 철도사업 외의 사업에 관한 회계를 구분하여 경리하여야 한다.
② 철도사업자는 철도운영의 효율화와 회계처리의 투명성을 제고하기 위하여 국토교통부령으로 정하는 바에 따라 철도사업의 종류별·노선별로 회계를 구분하여 경리하여야 한다.

4. 정당한 사유 없이 제47조 제1항에 따른 명령을 이행하지 아니하거나 제47조 제2항에 따른 검사를 거부·방해 또는 기피한 자

더 알아보기

보고·검사 등(철도사업법 제47조)
① 국토교통부장관은 필요하다고 인정하면 철도사업자와 전용철도운영자에게 해당 철도사업 또는 전용철도의 운영에 관한 사항이나 철도차량의 소유 또는 사용에 관한 사항에 대하여 보고나 서류 제출을 명할 수 있다.
② 국토교통부장관은 필요하다고 인정하면 소속 공무원으로 하여금 철도사업자 및 전용철도운영자의 장부, 서류, 시설 또는 그 밖의 물건을 검사하게 할 수 있다.
③ 제2항에 따라 검사를 하는 공무원은 그 권한을 표시하는 증표를 지니고 이를 관계인에게 보여 주어야 한다.
④ 제3항에 따른 증표에 관하여 필요한 사항은 국토교통부령으로 정한다.

③ 다음 각 호의 어느 하나에 해당하는 자에게는 100만 원 이하의 과태료를 부과한다.

   1. 제20조 제2항부터 제4항까지에 따른 준수사항을 위반한 자

더 알아보기

철도사업자의 준수사항(철도사업법 제20조)
① 철도사업자는 철도안전법 제21조에 따른 요건을 갖추지 아니한 사람을 운전업무에 종사하게 하여서는 아니 된다.
② 철도사업자는 사업계획을 성실하게 이행하여야 하며, 부당한 운송 조건을 제시하거나 정당한 사유 없이 운송계약의 체결을 거부하는 등 철도운송 질서를 해치는 행위를 하여서는 아니 된다.
③ 철도사업자는 여객 운임표, 여객 요금표, 감면 사항 및 철도사업약관을 인터넷 홈페이지에 게시하고 관계 역·영업소 및 사업소 등에 갖추어 두어야 하며, 이용자가 요구하는 경우에는 제시하여야 한다.
④ 제1항부터 제3항까지에 따른 준수사항 외에 운송의 안전과 여객 및 화주(貨主)의 편의를 위하여 철도사업자가 준수하여야 할 사항은 국토교통부령으로 정한다.

   2. 삭제

④ 제22조를 위반한 철도운수종사자 및 그가 소속된 철도사업자에게는 50만 원 이하의 과태료를 부과한다.

더 알아보기

철도운수종사자의 준수사항(철도사업법 제22조)
철도사업에 종사하는 철도운수종사자는 다음 각 호의 어느 하나에 해당하는 행위를 하여서는 아니 된다.
1. 정당한 사유 없이 여객 또는 화물의 운송을 거부하거나 여객 또는 화물을 중도에서 내리게 하는 행위
2. 부당한 운임 또는 요금을 요구하거나 받는 행위
3. 그 밖에 안전운행과 여객 및 화주의 편의를 위하여 철도운수종사자가 준수하여야 할 사항으로서 국토교통부령으로 정하는 사항을 위반하는 행위

⑤ 제1항부터 제4항까지의 규정에 따른 과태료는 대통령령으로 정하는 바에 따라 국토교통부장관이 부과·징수한다.

CHAPTER 06 철도사업법 시행령

※ 수록 기준 : 법제처 대통령령 제33795호(시행 2024.1.1.)

1. 목적 및 관계 법령

(1) 목적(제1조)

이 영은 철도사업법에서 위임된 사항과 그 시행에 관하여 필요한 사항을 규정함을 목적으로 한다.

(2) 철도 관계 법령(제2조)

철도사업법("법") 제7조 제1호 다목 및 라목에서 "대통령령으로 정하는 철도 관계 법령"이란 각각 다음 각 호의 법령을 말한다.
1. 철도산업발전기본법
2. 철도안전법
3. 도시철도법
4. 국가철도공단법
5. 한국철도공사법

2. 운임 · 요금

(1) 여객 운임 · 요금의 신고(제3조)

① 서류의 제출 : 철도사업자는 법 제9조 제1항에 따라 여객에 대한 운임 · 요금("여객 운임 · 요금")의 신고 또는 변경신고를 하려는 경우에는 국토교통부령으로 정하는 여객 운임 · 요금신고서 또는 변경신고서에 다음 각 호의 서류를 첨부하여 **국토교통부장관에게 제출하여야 한다.**
  1. 여객 운임 · 요금표
  2. 여객 운임 · 요금 신 · 구대비표 및 변경사유를 기재한 서류(여객 운임 · 요금을 변경하는 경우에 한정한다)

② 협의 : 철도사업자는 사업용철도를 도시철도법에 의한 도시철도운영자가 운영하는 도시철도와 연결하여 운행하려는 때에는 법 제9조 제1항에 따라 여객 운임 · 요금의 신고 또는 변경신고를 하기 전에 여객 운임 · 요금 및 그 변경시기에 관하여 **미리 당해 도시철도운영자와 협의하여야 한다.**

(2) 여객 운임의 상한지정 등(제4조)

① 상한지정기준 및 공표 방법 : 국토교통부장관은 법 제9조 제2항 후단에 따라 여객에 대한 운임("여객 운임")의 상한을 지정하는 때에는 **물가상승률, 원가수준, 다른 교통수단과의 형평성,** 법 제4조 제2항에 따른 **사업용철도노선**("사업용철도노선")의 분류와 법 제4조의2에 따른 **철도차량의 유형** 등을 고려하여야 하며, 여객 운임의 상한을 지정한 경우에는 이를 관보에 고시하여야 한다.

② 의견 : 국토교통부장관은 제1항에 따라 여객 운임의 상한을 지정하기 위하여 철도산업발전기본법 제6조에 따른 **철도산업위원회** 또는 **철도나 교통 관련 전문기관 및 전문가의 의견**을 들을 수 있다.

③ 삭제

④ 삭제

⑤ 서류의 제출 : 국토교통부장관이 여객 운임의 상한을 지정하려는 때에는 철도사업자로 하여금 원가계산 그 밖에 여객 운임의 산출기초를 기재한 서류를 제출하게 할 수 있다.

⑥ 국토교통부장관은 사업용철도노선과 도시철도법에 의한 도시철도가 연결되어 운행되는 구간에 대하여 제1항에 따른 여객 운임의 상한을 지정하는 경우에는 도시철도법 제31조 제1항에 따라 **특별시장·광역시장·특별자치시장·도지사 또는 특별자치도지사**가 정하는 도시철도 운임의 범위와 조화를 이루도록 하여야 한다.

> **더 알아보기**
>
> 운임의 신고 등(도시철도법 제31조)
> ① 도시철도운송사업자는 도시철도의 운임을 정하거나 변경하는 경우에는 원가(原價)와 버스 등 다른 교통수단 운임과의 형평성 등을 고려하여 시·도지사가 정한 범위에서 운임을 정하여 시·도지사에게 신고하여야 하며, 신고를 받은 시·도지사는 그 내용을 검토하여 이 법에 적합하면 신고를 받은 날부터 국토교통부령으로 정하는 기간 이내에 신고를 수리하여야 한다.
> ② 도시철도운영자는 도시철도의 운임을 정하거나 변경하는 경우 그 사항을 시행 1주일 이전에 예고하는 등 도시철도 이용자에게 불편이 없도록 필요한 조치를 하여야 한다.

3. 철도사업

(1) 사업계획의 중요한 사항의 변경(제5조)

법 제12조 제1항 단서에서 "대통령령으로 정하는 중요 사항을 변경하려는 경우"란 다음 각 호의 어느 하나에 해당하는 경우를 말한다.

1. 철도이용수요가 적어 수지균형의 확보가 극히 곤란한 벽지 노선으로서 철도산업발전기본법 제33조 제1항에 따라 공익서비스비용의 보상에 관한 계약이 체결된 노선의 **철도운송서비스**(철도여객운송서비스 또는 철도화물운송서비스를 말한다)의 종류를 변경하거나 다른 종류의 철도운송서비스를 추가하는 경우

2. 운행구간의 변경(여객열차의 경우에 한한다)

3. 사업용철도노선별로 여객열차의 **정차역**을 신설 또는 폐지하거나 10분의 2 이상 변경하는 경우

4. 사업용철도노선별로 10분의 1 이상의 운행횟수의 변경(여객열차의 경우에 한한다). 다만, 공휴일·방학기간 등 수송수요와 열차운행계획상의 수송력과 현저한 차이가 있는 경우로서 3월 이내의 기간 동안 운행횟수를 변경하는 경우를 제외한다.

(2) 사업계획의 변경을 제한할 수 있는 철도사고의 기준(제6조)

법 제12조 제2항 제4호에서 "대통령령으로 정하는 기준"이란 사업계획의 변경을 신청한 날이 포함된 연도의 직전 연도의 열차운행거리 100만 km당 철도사고(철도사업자 또는 그 소속 종사자의 고의 또는 과실에 의한 철도사고를 말한다. 이하 같다)로 인한 사망자 수 또는 철도사고의 발생횟수가 최근(직전연도를 제외한다) 5년간 평균보다 10분의 2 이상 증가한 경우를 말한다.

(3) 사업의 휴업 · 폐업 내용의 게시(제7조)

철도사업자는 법 제15조 제1항에 따라 철도사업의 휴업 또는 폐업의 허가를 받은 때에는 그 허가를 받은 날부터 7일 이내에 법 제15조 제4항에 따라 다음 각 호의 사항을 철도사업자의 인터넷 홈페이지, 관계 역 · 영업소 및 사업소 등 일반인이 잘 볼 수 있는 곳에 게시하여야 한다. 다만, 법 제15조 제1항 단서에 따라 휴업을 신고하는 경우에는 해당 사유가 발생한 때에 즉시 다음 각 호의 사항을 게시하여야 한다.
1. 휴업 또는 폐업하는 철도사업의 내용 및 그 사유
2. 휴업의 경우 그 기간
3. 대체교통수단 안내
4. 그 밖에 휴업 또는 폐업과 관련하여 철도사업자가 공중에게 알려야 할 필요성이 있다고 인정하는 사항이 있는 경우 그에 관한 사항

4. 면허취소 및 과징금

(1) 면허취소 또는 사업정지 등의 처분대상이 되는 사상자 수(제8조)

법 제16조 제1항 제3호에서 "대통령령으로 정하는 다수의 사상자(死傷者)가 발생한 경우"란 1회 철도사고로 사망자 5명 이상이 발생하게 된 경우를 말한다.

(2) 철도사업자에 대한 과징금의 부과기준(제9조)

법 제17조 제1항에 따라 사업정지처분에 갈음하여 과징금을 부과하는 위반행위의 종류와 정도에 따른 과징금의 금액은 별표 1과 같다.
1. 일반기준
　가. 국토교통부장관은 철도사업자의 사업규모, 사업지역의 특수성, 철도사업자 또는 그 종사자의 과실의 정도와 위반행위의 내용 및 횟수 등을 고려하여 제2호에 따른 과징금 금액의 2분의 1 범위에서 그 금액을 줄이거나 늘릴 수 있다.
　나. 가목에 따라 과징금을 늘리는 경우 과징금 금액의 총액은 법 제17조 제1항에 따른 과징금 금액의 상한을 넘을 수 없다.

2. 개별기준

(단위 : 만 원)

위반행위	근거 법조문	과징금 금액
가. 면허를 받은 사항을 정당한 사유 없이 시행하지 않은 경우	법 제16조 제1항 제1호	300
나. 사업경영의 불확실 또는 자산상태의 현저한 불량이나 그 밖의 사유로 사업을 계속하는 것이 적합하지 않은 경우	법 제16조 제1항 제2호	500
다. 철도사업자 또는 그 소속 종사자의 고의 또는 중대한 과실에 의하여 다음 각 목의 사고가 발생한 경우	법 제16조 제1항 제3호	
1) 1회의 철도사고로 인한 사망자가 40명 이상인 경우		5,000
2) 1회의 철도사고로 인한 사망자가 20명 이상 40명 미만인 경우		2,000
3) 1회의 철도사고로 인한 사망자가 10명 이상 20명 미만인 경우		1,000
4) 1회의 철도사고로 인한 사망자가 5명 이상 10명 미만인 경우		500
라. 법 제5조 제1항 후단에 따라 면허에 붙인 부담을 위반한 경우	법 제16조 제1항 제5호	1,000
마. 법 제6조에 따른 철도사업의 면허기준에 미달하게 된 때부터 3개월이 경과된 후에도 그 기준을 충족시키지 않은 경우	법 제16조 제1항 제6호	1,000
바. 법 제8조를 위반하여 국토교통부장관이 지정한 날 또는 기간에 운송을 시작하지 않은 경우	법 제16조 제1항 제8호	300
사. 법 제15조에 따른 휴업 또는 폐업의 허가를 받지 않거나 신고를 하지 않고 영업을 하지 않은 경우	법 제16조 제1항 제9호	300
아. 법 제20조 제1항에 따른 준수사항을 1년 이내에 3회 이상 위반한 경우	법 제16조 제1항 제10호	500
자. 법 제21조에 따른 개선명령을 위반한 경우	법 제16조 제1항 제11호	300
차. 법 제23조에 따른 명의대여 금지를 위반한 경우	법 제16조 제1항 제12호	300

(3) 과징금의 부과 및 납부(제10조)

① 통지 : 국토교통부장관은 법 제17조 제1항의 규정에 의하여 과징금을 부과하고자 하는 때에는 그 위반행위의 종별과 해당 과징금의 금액 등을 명시하여 이를 납부할 것을 서면으로 통지하여야 한다.

② 납부기한 : 제1항에 따른 통지를 받은 자는 20일 이내에 과징금을 국토교통부장관이 지정한 수납기관에 납부해야 한다.

③ 영수증 : 제2항의 규정에 의하여 과징금의 납부를 받은 수납기관은 납부자에게 영수증을 교부하여야 한다.

④ 과징금 수납의 통보 : 과징금의 수납기관은 제2항의 규정에 의하여 과징금을 수납한 때에는 지체 없이 그 사실을 국토교통부장관에게 통보하여야 한다.

(4) 민자철도사업자에 대한 과징금의 부과기준(제10조의2)

법 제25조의2 제1항에 따라 과징금을 부과하는 위반행위의 종류와 위반 정도 등에 따른 과징금의 금액 등 부과기준은 별표 1의2와 같다.

1. 일반기준

    가. 하나의 행위가 둘 이상의 위반행위에 해당하는 경우에는 그중 무거운 과징금의 부과기준에 따른다.

    나. 부과권자는 다음의 어느 하나에 해당하는 경우에는 제2호의 개별기준에 따른 과징금의 2분의 1 범위에서 그 금액을 줄여 부과할 수 있다. 다만, 과징금을 체납하고 있는 위반행위자에 대해서는 그렇지 않다.

        1) 위반행위가 사소한 부주의나 오류로 인한 것으로 인정되는 경우

        2) 위반행위자가 위반행위를 바로 정정하거나 시정하여 법 위반상태를 해소한 경우

        3) 그 밖에 위반행위의 내용·정도, 위반행위 동기와 그 결과 등을 고려하여 과징금 금액을 줄일 필요가 있다고 인정되는 경우

    다. 부과권자는 다음의 어느 하나에 해당하는 경우에는 제2호의 개별기준에 따른 과징금의 2분의 1 범위에서 그 금액을 늘려 부과할 수 있다. 다만, 늘려 부과하는 경우에도 법 제25조의2 제1항에 따른 과징금의 상한을 넘을 수 없다.

        1) 위반의 내용·정도가 중대하여 이용자 등에게 미치는 피해가 크다고 인정되는 경우

        2) 법 위반상태의 기간이 6개월 이상인 경우

        3) 그 밖에 위반행위의 정도, 위반행위 동기와 그 결과 등을 고려하여 과징금 금액을 늘릴 필요가 있다고 인정되는 경우

2. 개별기준

(단위 : 만 원)

위반행위	근거 법조문	과징금 금액
가. 법 제25조 제2항을 위반하여 민자철도의 유지·관리 및 운영에 관한 기준을 준수하지 않은 경우	법 제25조의2 제1항 제1호	
1) 철도의 일부 또는 전체의 기능을 상실한 경우		
가) 철도의 일부 또는 전체의 기능을 상실한 기간이 1일 이상 7일 미만인 경우		2,000
나) 철도의 일부 또는 전체의 기능을 상실한 기간이 7일 이상 15일 미만인 경우		4,000
다) 철도의 일부 또는 전체의 기능을 상실한 기간이 15일 이상인 경우		10,000
2) 해당 철도에서 사고가 발생했거나 운행에 위험을 초래하는 결과가 발생한 경우		1,000
나. 법 제25조 제5항을 위반하여 명령을 이행하지 않거나 그 결과를 보고하지 않은 경우	법 제25조의2 제1항 제2호	1,000

(5) 과징금의 부과 및 납부(제10조의3)

법 제25조 제1항에 따른 민자철도사업자("민자철도사업자")에 대한 과징금의 부과 및 납부에 관하여는 제10조를 준용한다. 이 경우 "법 제17조 제1항"은 "법 제25조의2 제1항"으로 본다.

(6) 사정변경 등에 따른 실시협약의 변경 요구 등(제10조의4)

① 법 제25조의3 제1항 제1호 본문에서 "대통령령으로 정하는 기준"이란 사회기반시설에 대한 민간투자법 제7조에 따른 민간투자사업기본계획에 따라 민자철도사업자가 유지해야 하는 자기자본의 비율을 말한다.

> **더 알아보기**
>
> 민간투자사업기본계획의 수립·공고 등(사회기반시설에 대한 민간투자법 제7조)
> ① 정부는 국토의 균형개발과 산업의 경쟁력 강화 및 국민생활의 편익 증진을 도모할 수 있도록 사회기반시설에 대한 민간투자사업기본계획을 수립하고, 이를 공고(인터넷에 게재하는 방식에 의하는 경우를 포함한다)하여야 한다. 공고한 사항이 변경된 경우에도 또한 같다.
> ② 제1항의 민간투자사업기본계획은 사회기반시설과 관련된 중기·장기계획 및 국가투자사업의 우선순위에 부합되도록 하여야 하며, 민간의 창의와 효율이 발휘될 수 있는 여건을 조성하면서 공공성이 유지되도록 노력하여야 한다.
> ③ 민간투자사업기본계획의 수립·변경 및 확정 절차에 관하여 필요한 사항은 대통령령으로 정한다.

② 법 제25조의3 제1항 제2호에서 "대통령령으로 정하는 기준을 초과한 이자율"이란 다음 각 호의 이자율 중 가장 낮은 이자율을 초과한 이자율을 말한다.
  1. 대부업 등의 등록 및 금융이용자 보호에 관한 법률 시행령 제5조 제2항에 따른 이자율
  2. 이자제한법 제2조 제1항의 최고이자율에 관한 규정에 따른 최고이자율
  3. 민자철도사업자가 자금을 차입하는 때의 최고이자율에 관하여 국토교통부장관과 합의가 있는 경우에는 그 이자율

> **더 알아보기**
>
> 이자율의 제한(대부업 등의 등록 및 금융이용자 보호에 관한 법률 시행령 제5조 제2항)
> 법 제8조 제1항에서 "대통령령으로 정하는 율"이란 연 100분의 20을 말한다.
>
> 이자의 최고한도(이자제한법 제2조 제1항)
> 금전대차에 관한 계약상의 최고이자율은 연 25퍼센트를 초과하지 아니하는 범위 안에서 대통령령으로 정한다.

③ 법 제25조의3 제1항 제3호에서 "대통령령으로 정하는 경우"란 사회기반시설에 대한 민간투자법 제2조 제7호에 따른 실시협약("실시협약")의 체결 이후 다음 각 호의 경우로 인하여 연간 실제 교통량이 실시협약에서 정한 교통량의 100분의 30 이상 변경된 경우를 말한다.
  1. 해당 민자철도의 실시협약 체결 당시 예상되지 않았던 다른 철도가 연결되는 경우
  2. 해당 민자철도의 운영 여건 변화로 이용자의 안전 및 편의 등 민자철도의 기능에 심각한 지장이 초래된 경우
  3. 해당 민자철도가 국가통합교통체계효율화법 시행령 제36조 제1항에 따른 연계교통체계 영향권의 설정 범위에 포함된 경우
  4. 관련 법령이 개정되거나 민자철도에 관한 정책이 변경된 경우

5. 그 밖에 제1호부터 제4호까지에 준하는 사유로 교통 여건이 현저히 변화된 경우

> **더 알아보기**
>
> 연계교통체계 영향권의 설정 범위(국가통합교통체계효율화법 시행령 제36조 제1항)
> 법 제40조 제1항에 따른 연계교통체계 영향권의 설정 범위는 다음 각 호와 같다. 다만, 관계 행정기관의 장은 개발사업의 성격 또는 개발사업 시행지역의 여건 등을 고려하여 필요한 경우에는 연계교통체계 영향권을 10km 이내의 범위에서 조정할 수 있다.
> 1. 항만법 제2조 제1호에 따른 항만 : 같은 법 제2조 제4호에 따른 항만구역으로부터 40km 이내의 권역
> 2. 공항시설법 제2조 제3호에 따른 공항 : 같은 법 제2조 제4호에 따른 공항구역으로부터 40km 이내의 권역
> 3. 물류시설의 개발 및 운영에 관한 법률 제2조 제2호에 따른 물류터미널 중 복합물류터미널 : 해당 시설로부터 40km 이내의 권역
> 4. 물류시설의 개발 및 운영에 관한 법률 제2조 제6호에 따른 물류단지 : 해당 단지로부터 40km 이내의 권역
> 5. 산업입지 및 개발에 관한 법률 제2조 제8호에 따른 산업단지 : 해당 단지로부터 40km 이내의 권역
> 6. 제32조 제1항 각 호의 어느 하나에 해당하는 대규모 개발사업 : 해당 사업지로부터 30km 이내의 권역

5. 철도서비스

(1) 평가결과의 공표(제11조)

① 품질평가결과의 공표 내용 : 국토교통부장관이 법 제27조의 규정에 의하여 철도서비스의 품질평가결과를 공표하는 경우에는 다음 각 호의 사항을 포함하여야 한다.
1. 평가지표별 평가결과
2. 철도서비스의 품질 향상도
3. 철도사업자별 평가순위
4. 그 밖에 철도서비스에 대한 품질평가결과 국토교통부장관이 공표가 필요하다고 인정하는 사항

② 국토교통부장관은 철도서비스의 품질평가결과가 우수한 철도사업자 및 그 소속 종사자에게 **예산의 범위** 안에서 **포상** 등 **지원시책**을 시행할 수 있다.

(2) 전용철도 등록사항의 경미한 변경 등(제12조)

① 법 제34조 제1항 단서에서 "대통령령으로 정하는 경미한 변경의 경우"란 다음 각 호의 어느 하나에 해당하는 경우를 말한다.
1. 운행시간을 연장 또는 단축한 경우
2. 배차간격 또는 운행횟수를 단축 또는 연장한 경우
3. 10분의 1의 범위 안에서 철도차량 대수를 변경한 경우
4. 주사무소·철도차량기지를 제외한 운송관련 부대시설을 변경한 경우
5. 임원을 변경한 경우(법인에 한한다)
6. 6월의 범위 안에서 전용철도 건설기간을 조정한 경우

② 전용철도운영자는 법 제38조에 따라 전용철도 운영의 전부 또는 일부를 **휴업 또는 폐업**하는 경우 다음 각 호의 조치를 하여야 한다.

1. 휴업 또는 폐업으로 인하여 철도운행 및 철도운행의 안전에 지장을 초래하지 아니하도록 하는 조치
2. 휴업 또는 폐업으로 인하여 자연재해·환경오염 등이 가중되지 아니하도록 하는 조치

6. 점용허가

(1) 점용허가의 신청 및 점용허가기간(제13조)

① 서류의 제출 : 법 제42조 제1항의 규정에 의하여 국가가 소유·관리하는 철도시설의 점용허가를 받고 자 하는 자는 **국토교통부령**이 정하는 점용허가신청서에 다음 각 호의 서류를 첨부하여 **국토교통부장 관**에게 제출하여야 한다. 이 경우 국토교통부장관은 전자정부법 제36조 제1항에 따른 행정정보의 공동이용을 통하여 법인 등기사항증명서(법인인 경우로 한정한다)를 확인하여야 한다.
1. 사업개요에 관한 서류
2. 시설물의 건설계획 및 사용계획에 관한 서류
3. 자금조달계획에 관한 서류
4. 수지전망에 관한 서류
5. 법인의 경우 정관
6. 설치하고자 하는 시설물의 설계도서(시방서·위치도·평면도 및 주단면도를 말한다)
7. 그 밖에 참고사항을 기재한 서류

> **더 알아보기**
>
> 행정정보의 효율적 관리 및 이용(전자정부법 제36조 제1항)
> 행정기관 등의 장은 수집·보유하고 있는 행정정보를 필요로 하는 다른 행정기관 등과 공동으로 이용하여야 하며, 다른 행정기관 등으로부터 신뢰할 수 있는 행정정보를 제공받을 수 있는 경우에는 같은 내용의 정보를 따로 수집하여서는 아니 된다.

② 점용허가의 기간 : 국토교통부장관은 법 제42조 제1항의 규정에 의하여 국가가 소유·관리하는 철도 시설에 대한 점용허가를 하고자 하는 때에는 다음 각 호의 기간을 초과하여서는 아니 된다. 다만, 건물 그 밖의 시설물을 설치하는 경우 그 공사에 소요되는 기간은 이를 산입하지 아니한다.
1. 철골조·철근콘크리트조·석조 또는 이와 유사한 견고한 건물의 축조를 목적으로 하는 경우 : 50년
2. 제1호 외의 건물의 축조를 목적으로 하는 경우 : 15년
3. 건물 외의 공작물의 축조를 목적으로 하는 경우 : 5년

(2) 점용료(제14조)

① 점용료의 기준 : 법 제44조 제1항의 규정에 의한 점용료는 점용허가를 할 철도시설의 가액과 점용허가 를 받아 행하는 사업의 매출액을 기준으로 하여 산출하되, 구체적인 점용료 산정기준에 대하여는 **국토 교통부장관**이 정한다.
② 가액의 산출 및 적용 : 제1항의 규정에 의한 철도시설의 가액은 국유재산법 시행령 제42조를 준용하여 산출하되, 당해 철도시설의 가액은 산출 후 3년 이내에 한하여 적용한다.

③ **점용료의 감면** : 법 제44조 제2항에 따른 점용료의 감면은 다음 각 호의 구분에 따른다.
   1. 법 제44조 제2항 제1호 및 제2호에 해당하는 경우 : 전체 시설물 중 **국가에 무상으로 양도하거나 제공하기 위한 시설물의 비율**에 해당하는 점용료를 감면
   2. 법 제44조 제2항 제3호에 해당하는 경우 : 해당 철도시설의 부지에 대하여 **국토교통부령**으로 정하는 기준에 따른 점용료를 감면
   3. 법 제44조 제2항 제4호에 해당하는 경우 : 다음 각 목의 구분에 따른 점용료를 감면
      가. 점용허가를 받은 시설의 전부를 사용하지 못한 경우 : 해당 기간의 **점용료 전액**을 감면
      나. 점용허가를 받은 시설의 일부를 사용하지 못한 경우 : 전체 점용허가 면적에서 **사용하지 못한 시설의 면적 비율**에 따라 해당 기간 동안의 점용료를 감면
④ **납부기한** : 점용료는 매년 1월 말까지 당해 연도 해당분을 선납하여야 한다. 다만, 국토교통부장관은 부득이한 사유로 선납이 곤란하다고 인정하는 경우에는 그 납부기한을 따로 정할 수 있다.

(3) 권리와 의무의 이전(제15조)

① **서류의 제출** : 법 제42조의 규정에 의하여 점용허가를 받은 자가 법 제45조의 규정에 의하여 그 권리와 의무의 이전에 대하여 인가를 받고자 하는 때에는 **국토교통부령**이 정하는 신청서에 다음 각 호의 서류를 첨부하여 권리와 의무를 이전하고자 하는 날 3월 전까지 **국토교통부장관**에게 제출하여야 한다.
   1. 이전계약서 사본
   2. 이전가격의 명세서
② **점용허가기간** : 법 제45조의 규정에 의하여 국토교통부장관의 인가를 받아 철도시설의 점용허가로 인하여 발생한 권리와 의무를 이전한 경우 당해 권리와 의무를 이전받은 자의 점용허가기간은 권리와 의무를 이전한 자가 받은 점용허가기간의 잔여기간으로 한다.

(4) 원상회복의무(제16조)

① **원상회복기간** : 법 제42조 제1항의 규정에 의하여 철도시설의 점용허가를 받은 자는 **점용허가기간이 만료되거나 점용을 폐지한 날부터 3월 이내**에 점용허가받은 철도시설을 원상으로 회복하여야 한다. 다만, 국토교통부장관은 불가피하다고 인정하는 경우에는 원상회복 기간을 연장할 수 있다.
② **서류의 제출** : 점용허가를 받은 자가 그 점용허가기간의 만료 또는 점용의 폐지에도 불구하고 법 제46조 제1항 단서의 규정에 의하여 당해 철도시설의 전부 또는 일부에 대한 **원상회복의무를 면제받고자 하는 경우**에는 그 점용허가기간의 만료일 또는 점용폐지일 3월 전까지 그 사유를 기재한 신청서를 국토교통부장관에게 제출하여야 한다.
③ **원상회복 면제의 통보** : 국토교통부장관은 제2항의 규정에 의한 점용허가를 받은 자의 면제신청을 받은 경우 또는 직권으로 철도시설의 일부 또는 전부에 대한 원상회복의무를 면제하고자 하는 경우에는 원상회복의무를 면제하는 부분을 명시하여 **점용허가를 받은 자에게 점용허가기간의 만료일 또는 점용 폐지일까지 서면으로 통보**하여야 한다.

(5) 민감정보 및 고유식별정보의 처리(제16조의2)

국토교통부장관은 다음 각 호의 사무를 수행하기 위하여 불가피한 경우 개인정보 보호법 시행령 제18조 제2호에 따른 범죄경력자료에 해당하는 정보나 같은 영 제19조 제1호, 제2호 또는 제4호에 따른 주민등록번호, 여권번호 또는 외국인등록번호가 포함된 자료를 처리할 수 있다.

1. 법 제5조에 따른 면허에 관한 사무
2. 법 제14조에 따른 사업의 양도·양수 등에 관한 사무
3. 법 제16조에 따른 면허취소 등에 관한 사무
4. 법 제34조에 따른 전용철도 등록에 관한 사무
5. 법 제36조에 따른 전용철도 운영의 양도·양수 등에 관한 사무
6. 법 제37조에 따른 전용철도 운영의 상속에 관한 사무
7. 법 제40조에 따른 전용철도 등록의 취소에 관한 사무

더 알아보기

민감정보의 범위(개인정보 보호법 시행령 제18조)

법 제23조 제1항 각 호 외의 부분 본문에서 "대통령령으로 정하는 정보"란 다음 각 호의 어느 하나에 해당하는 정보를 말한다. 다만, 공공기관이 법 제18조 제2항 제5호부터 제9호까지의 규정에 따라 다음 각 호의 어느 하나에 해당하는 정보를 처리하는 경우의 해당 정보는 제외한다.
1. 유전자 검사 등의 결과로 얻어진 유전정보
2. 형의 실효 등에 관한 법률 제2조 제5호에 따른 범죄경력자료에 해당하는 정보
3. 개인의 신체적, 생리적, 행동적 특징에 관한 정보로서 특정 개인을 알아볼 목적으로 일정한 기술적 수단을 통해 생성한 정보
4. 인종이나 민족에 관한 정보

고유식별정보의 범위(개인정보 보호법 시행령 제19조)

법 제24조 제1항 각 호 외의 부분에서 "대통령령으로 정하는 정보"란 다음 각 호의 어느 하나에 해당하는 정보를 말한다. 다만, 공공기관이 법 제18조 제2항 제5호부터 제9호까지의 규정에 따라 다음 각 호의 어느 하나에 해당하는 정보를 처리하는 경우의 해당 정보는 제외한다.
1. 주민등록법 제7조의2 제1항에 따른 주민등록번호
2. 여권법 제7조 제1항 제1호에 따른 여권번호
3. 도로교통법 제80조에 따른 운전면허의 면허번호
4. 출입국관리법 제31조 제5항에 따른 외국인등록번호

7. 과태료

(1) 과태료의 부과기준(제17조)

법 제51조 제1항부터 제4항까지의 규정에 따른 과태료의 부과기준은 별표 2와 같다.
1. 일반기준
    가. 국토교통부장관은 다음의 어느 하나에 해당하는 경우에는 제2호의 개별기준에 따른 과태료 금액의 2분의 1 범위에서 그 금액을 줄일 수 있다. 다만, 과태료를 체납하고 있는 위반행위자의 경우에는 그렇지 않다.
        1) 위반행위자가 질서위반행위규제법 시행령 제2조의2 제1항 각 호의 어느 하나에 해당하는 경우
        2) 위반행위가 사소한 부주의나 오류 등 과실로 인한 것으로 인정되는 경우

3) 위반행위자가 법 위반상태를 시정하거나 해소하기 위하여 노력한 사실이 인정되는 경우

4) 그 밖에 위반행위의 정도, 횟수, 동기와 그 결과 등을 고려하여 과태료의 금액을 줄일 필요가 있다고 인정되는 경우

나. 국토교통부장관은 다음의 어느 하나에 해당하는 경우에는 제2호의 개별기준에 따른 과태료 금액의 2분의 1 범위에서 그 금액을 늘릴 수 있다. 다만, 과태료 금액의 총액은 법 제51조 제1항부터 제4항까지의 규정에 따른 과태료 금액의 상한을 넘을 수 없다.

1) 위반의 내용·정도가 중대하여 소비자 등에게 미치는 피해가 크다고 인정되는 경우

2) 법 위반상태의 기간이 6개월 이상인 경우

3) 그 밖에 위반행위의 정도, 위반행위의 동기와 그 결과 등을 고려하여 가중할 필요가 있다고 인정되는 경우

2. 개별기준

(단위 : 만 원)

위반행위	근거 법조문	과징금 금액
가. 법 제9조 제1항에 따른 여객 운임·요금의 신고를 하지 않은 경우	법 제51조 제1항 제1호	500
나. 법 제10조의2를 위반하여 상습 또는 영업으로 승차권 또는 이에 준하는 증서를 자신이 구입한 가격을 초과한 금액으로 다른 사람에게 판매한 경우	법 제51조 제1항 제4호	500
다. 법 제10조의2를 위반하여 상습 또는 영업으로 승차권 또는 이에 준하는 증서를 자신이 구입한 가격을 초과한 금액으로 다른 사람에게 판매하는 행위를 알선한 경우	법 제51조 제1항 제4호	500
라. 법 제11조 제1항에 따른 철도사업약관을 신고하지 않거나 신고한 철도사업약관을 이행하지 않은 경우	법 제51조 제1항 제2호	500
마. 법 제12조에 따른 인가를 받지 않거나 신고를 하지 않고 사업계획을 변경한 경우	법 제51조 제1항 제3호	500
바. 법 제18조에 따른 사업용철도차량의 표시를 하지 않은 경우	법 제51조 제2항 제1호	200
사. 법 제20조 제2항부터 제4항까지의 규정에 따른 철도사업자의 준수사항을 위반한 경우	법 제51조 제3항 제1호	100
아. 법 제22조에 따른 철도운수종사자의 준수사항을 위반한 경우	법 제51조 제4항	50
자. 삭제		
차. 삭제		
카. 법 제32조 제1항 또는 제2항을 위반하여 회계를 구분하여 경리하지 않은 경우	법 제51조 제2항 제3호	200
타. 정당한 사유 없이 법 제47조 제1항에 따른 명령을 이행하지 않거나, 법 제47조 제2항에 따른 검사를 거부·방해 또는 기피한 경우	법 제51조 제2항 제4호	300

과태료 감경(질서위반행위규제법 시행령 제2조의2 제1항)

행정청은 법 제16조에 따른 사전통지 및 의견 제출 결과 당사자가 다음 각 호의 어느 하나에 해당하는 경우에는 해당 과태료 금액의 100분의 50의 범위에서 과태료를 감경할 수 있다. 다만, 과태료를 체납하고 있는 당사자에 대해서는 그러하지 아니하다.

1. 국민기초생활 보장법 제2조에 따른 수급자
2. 한부모가족 지원법 제5조 및 제5조의2 제2항·제3항에 따른 보호대상자
3. 장애인복지법 제2조에 따른 장애인 중 장애의 정도가 심한 장애인
4. 국가유공자 등 예우 및 지원에 관한 법률 제6조의4에 따른 1급부터 3급까지의 상이등급 판정을 받은 사람
5. 미성년자

01 다음은 철도산업발전기본법상 철도의 적용범위에 대한 설명이다. 빈칸에 들어갈 수 있는 조직을 〈보기〉에서 모두 고르면?

> _____이/가 소유·건설·운영 또는 관리하는 철도

> **보기**
> ㄱ. 국가철도공단   ㄴ. 한국고속철도건설공단
> ㄷ. 지방자치단체   ㄹ. 한국철도공사

① ㄱ, ㄴ   ② ㄴ, ㄷ
③ ㄴ, ㄹ   ④ ㄱ, ㄴ, ㄹ
⑤ ㄴ, ㄷ, ㄹ

02 다음 중 한국철도공사법상 국토교통부장관의 지도·감독 업무로 옳은 것은?

① 철도운영사업에 관한 사항
② 철도사업계획의 이행에 관한 사항
③ 한국철도공사의 자산을 활용한 개발·운영 사업에 관한 사항
④ 철도와 다른 교통수단과의 연계운송을 위한 사업에 관한 사항
⑤ 철도운영과 관련한 정기간행물 사업 및 정보매체 사업에 관한 사항

03 다음 중 빈칸에 들어갈 기간으로 옳은 것은?

> 철도시설의 점용허가를 받은 자는 점용허가기간이 만료되거나 점용을 폐지한 날부터 _____ 이내에 점용허가받은 철도시설을 원상으로 회복하여야 한다.

① 1월   ② 2월
③ 3월   ④ 4월
⑤ 5월

04 다음 중 철도산업발전기본법령상 실무위원회 위원의 지명철회 사유가 아닌 것은?

① 직무와 관련된 비위사실이 있는 경우

② 파산선고를 받고 복권되지 아니한 경우

③ 심신장애로 인하여 직무를 수행할 수 없게 된 경우

④ 위원 스스로 직무를 수행하는 것이 곤란하다고 의사를 밝히는 경우

⑤ 품위손상의 사유로 인하여 위원으로 적합하지 아니하다고 인정되는 경우

05 다음 중 철도산업발전기본법상의 철도시설의 설명으로 옳지 않은 것은?

① 철도의 신호 및 열차제어설비

② 철도기술의 개발·시험을 위한 시설

③ 철도전문인력의 교육훈련을 위한 시설

④ 철도노선 간의 연계운영에 필요한 시설

⑤ 철도의 선로, 역시설(물류시설·환승시설 및 편의시설 제외)

06 다음은 한국철도공사법상 보조금에 대한 설명이다. 빈칸에 들어갈 내용으로 옳은 것은?

> 국가는 한국철도공사의 경영 안정 및 _____ 등을 위하여 재정 지원이 필요하다고
> 인정하면 예산의 범위에서 사업에 필요한 비용의 일부를 보조하거나 재정자금의 융자 또는 사채 인수
> 를 할 수 있다.

① 철도용품의 제작·판매

② 철도차량·장비의 현대화

③ 철도차량의 정비 및 임대사업

④ 철도와 다른 교통수단의 연계운송사업

⑤ 공사의 자산을 활용한 개발·운영 사업

07 다음 중 한국철도공사법상 한국철도공사의 사업에 해당하지 않는 것은?

① 철도차량의 정비 및 임대사업
② 철도차량 및 장비의 민간 위탁사업
③ 철도 장비와 철도용품의 제작·판매·정비 및 임대사업
④ 철도여객사업, 화물운송사업, 철도와 다른 교통수단의 연계운송사업
⑤ 철도시설의 유지·보수 등 국가·지방자치단체 또는 공공법인 등으로부터 위탁받은 사업

08 다음은 한국철도공사법령상 한국철도공사의 변경등기에 대한 설명이다. 빈칸에 들어갈 기간으로 옳은 것은?

> 한국철도공사는 제2조 각 호 또는 제3조의 등기사항이 변경된 경우(제4조에 따른 이전등기에 해당하는 경우는 제외한다)에는 변경 후 _____ 이내에 주된 사무소의 소재지에서 변경사항을 등기해야 한다.

① 3개월   ② 1개월
③ 3주일   ④ 2주일
⑤ 1주일

09 다음 중 철도사업법령상 철도시설의 점용허가를 받고자 할 때 점용허가신청서에 첨부해야 하는 서류가 아닌 것은?

① 자금조달계획에 관한 서류
② 철도차량의 규격 및 안정성을 확인할 수 있는 서류
③ 시설물의 건설계획 및 사용계획에 관한 서류
④ 수지전망에 관한 서류
⑤ 사업개요에 관한 서류

10 다음은 철도사업법상 운송 시작의 의무에 대한 설명이다. 빈칸 ㉠, ㉡에 들어갈 내용이 바르게 연결된 것은?

> 철도사업자는 ___㉠___ 이 지정하는 날 또는 기간에 운송을 시작하여야 한다. 다만, 천재지변이나 그 밖의 불가피한 사유로 운송을 시작할 수 없는 경우에는 ___㉡___ 의 승인을 받아 날짜를 연기하거나 기간을 연장할 수 있다.

	㉠	㉡
①	대통령	대통령
②	대통령	건설교통부장관
③	국토교통부장관	대통령
④	국토교통부장관	국토교통부장관
⑤	건설교통부장관	국토교통부장관

11 다음은 철도산업발전기본법령상 철도산업발전시행계획의 수립절차에 대한 설명이다. 빈칸에 들어갈 기간으로 옳은 것은?

> • 관계행정기관의 장은 당해 연도의 시행계획을 전년도 11월 말까지 국토교통부장관에게 제출하여야 한다.
> • 관계행정기관의 장은 전년도 시행계획의 추진실적을 _____까지 국토교통부장관에게 제출하여야 한다.

① 전년도 9월   ② 전년도 12월 말
③ 매년 2월 말   ④ 매년 6월 말
⑤ 매년 11월 말

12 다음 중 철도사업법상의 법인의 결격사유가 아닌 것은?

① 법인의 임원 중 피성년후견인에 해당하는 사람이 있는 법인
② 법인의 임원 중 파산선고를 받고 복권되지 않은 사람
③ 법인의 임원 중 철도안전법을 위반으로 금고 이상의 실형을 선고받고 그 집행이 끝난 사람
④ 철도사업의 면허가 취소된 후 그 취소일부터 2년이 지나지 아니한 법인
⑤ 법인의 임원 중 도시철도법을 위반으로 금고 이상의 형의 집행유예를 선고받고 그 유예기간 중에 있는 사람

13 다음 중 철도산업발전기본법상 국가가 철도이용자의 권익보호를 위해 강구해야 할 시책이 아닌 것은?

① 철도이용자의 재산상의 위해 방지
② 철도이용자의 권익보호를 위한 홍보
③ 철도이용자의 생명·신체의 위해방지
④ 철도이용자의 피해에 대한 신속·공정한 구제조치
⑤ 철도이용자의 철도시설 관리를 위한 교육 및 연구

14 다음 중 한국철도공사법의 내용으로 옳은 것은?

① 국가는 운영자산을 공사에 현금으로 출자한다.
② 공사의 주된 사무소의 소재지는 대통령령으로 정한다.
③ 공사의 자본금 납입시기와 방법은 대통령령으로 정한다.
④ 공사의 자본금은 22조 원으로 하고, 그 전부는 정부가 출자한다.
⑤ 공사는 주된 사무소의 소재지에서 설립신고를 함으로써 성립한다.

15 다음 중 철도산업발전기본법령상 철도산업정보센터의 업무로 옳은 것은?

① 철도산업정보의 수집·분석·보급 및 홍보
② 철도산업구조개혁추진에 따른 각종 철도의 연계 및 조정
③ 철도산업구조개혁과 관련된 철도의 건설·운영주체의 정비
④ 철도산업구조개혁과 관련된 인력조정·재원확보대책의 수립
⑤ 철도산업구조개혁추진에 따른 철도안전기준의 정비 및 안전정책의 수립

16 다음 중 한국철도공사법령상 역시설 개발 및 운영 사업이 아닌 것은?

① 환승시설 개발 사업
② 역세권 개발 사업 및 운영 사업
③ 물류시설 중 철도운영을 위한 시설 개발 사업
④ 역사와 같은 건물 안에 있는 관광휴게시설 운영 사업
⑤ 역사와 같은 건물 안에 있는 제2종 근린생활시설 운영 사업

17 다음 중 한국철도공사법령상 한국철도공사 사채 모집에 응하고자 하는 자의 필요한 서류 및 기재사항이 아닌 것은?

① 인수가액
② 사채청약서 2통
③ 청약자의 주소
④ 인수할 사채의 수
⑤ 낙약자의 등본

18 다음 중 철도사업법상 여객 운임 · 요금의 신고 등에 대한 설명으로 옳지 않은 것은?

① 여객에 대한 운임에는 여객운송과 관련된 설비 · 용역에 대한 대가가 포함된다.
② 여객 운임 · 요금은 국토교통부장관이 지정 · 고시한 상한을 초과하여서는 아니 된다.
③ 국토교통부장관은 신고받은 날부터 3일 이내에 수리 여부를 신고인에게 통지하여야 한다.
④ 철도사업자는 신고한 여객 운임 · 요금을 그 시행 1주일 이전에 관계 역에 게시하여야 한다.
⑤ 철도사업자는 신고한 여객 운임 · 요금을 일반인이 잘 볼 수 있는 곳에 게시하여야 한다.

19 다음 중 철도산업구조개혁기본계획에서 대통령령으로 정하는 철도산업구조개혁을 위한 필요사항이 아닌 것은?

① 철도안전 및 서비스향상에 관한 사항
② 철도서비스 시장의 구조개편에 관한 사항
③ 철도산업구조개혁의 단기 추진방향에 관한 사항
④ 철도요금 · 철도시설사용료 등 가격정책에 관한 사항
⑤ 철도산업구조개혁의 추진체계 및 관계기관의 협조에 관한 사항

20 다음 중 철도산업발전기본법상 공익서비스 제공에 따른 보상계약에 대한 설명으로 옳지 않은 것은?

① 계약기간, 계약기간의 수정 · 갱신과 계약의 해지에 관한 사항
② 그 밖에 원인제공자와 철도운영자가 필요하다고 합의하는 사항
③ 철도운영자가 제공하는 철도서비스의 기준과 내용에 관한 사항
④ 철도운영자가 국가의 특수목적사업을 수행함으로써 발생되는 비용
⑤ 공익서비스 제공과 관련하여 원인제공자가 부담하여야 하는 보상내용

PART 4
최종점검 모의고사

제1회
최종점검 모의고사

■ 취약영역 분석

번호	O/×	영역	번호	O/×	영역	번호	O/×	영역
01		의사소통능력	21		수리능력	41		문제해결능력
02			22			42		
03			23			43		
04			24			44		
05			25			45		
06			26			46		
07			27			47		
08			28			48		
09			29			49		
10			30			50		
11			31			51		철도법령
12			32			52		
13			33			53		
14			34			54		
15			35		문제해결능력	55		
16			36			56		
17			37			57		
18			38			58		
19		수리능력	39			59		
20			40			60		

평가문항	60문항	평가시간	70분
시작시간	:	종료시간	:
취약영역			

제1회 최종점검 모의고사

📋 문항 수 : 60문항   🕐 응시시간 : 70분

정답 및 해설 p.060

01   직업기초능력평가

※ 다음 글을 읽고 이어지는 질문에 답하시오. [1~2]

일본의 한 완구 회사가 개발한 '바우링 걸'은 개 짖는 소리를 인간의 언어로 번역하는 기계이다. 이런 기계를 제작하려면 동물들이 어떻게 자신의 의사를 표현하는지를 알아야 하는데, 이에 관한 연구는 동물행동학에서 가장 중심이 되는 부분이다. 동물행동학 학자들은 동일한 상황에서 일관되게 반복되는 동물의 행동을 관찰한 경우, 일단 그것을 동물의 의사 표현으로 본다. 물론 그 구체적인 의미를 알아내는 것은 상황을 다양하게 변화시켜 가며 반복 관찰하고 그 결과를 분석한 후에야 가능하다. 이것이 가능하려면 먼저 동물들이 어떻게 의사를 표현하는지 알아야 한다. 그렇다면 동물들은 어떤 방법으로 의사를 표현할까?

먼저 시각적인 방법부터 살펴보자. 남미의 열대 정글에 서식하는 베짱이는 우리나라의 베짱이와는 달리 머리에 뿔도 나 있고 다리에 무척 날카롭고 큰 가시도 있다. 그리고 포식자가 가까이 가도 피하지 않는다. 오히려 가만히 서서 자신을 노리는 포식자에게 당당히 자기의 모습을 보여준다. 이 베짱이는 그런 모습을 취함으로써 자기를 건드리지 말라는 뜻을 전하는 것이다. 또한 열대의 호수에 사는 민물고기 시칠리드는 정면에서 보면 마치 귀처럼 보이는 부분이 있는데, 기분 상태에 따라 이곳에 점이 나타났다 사라졌다 하면서 색깔이 변한다. 이 부분에 점이 생기면 지금 기분이 안 좋다는 의사를 드러내는 것이다.

이처럼 모습이나 색깔을 통해 의사를 표현하는 정적인 방법도 있지만 행동을 통해 자신의 의사를 표현하는 동적인 방법도 있다. 까치와 가까운 새인 유럽산 어치는 머리에 있는 깃털을 얼마나 세우느냐에 따라서 마음 상태가 다르다고 한다. 기분이 아주 좋지 않거나 공격을 하려고 할 때 머리털을 가장 높이 세운다고 한다. 소리를 이용하여 자신의 의사를 표현하는 동물들도 있다. 소리를 이용하는 대표적인 방법은 경보음을 이용하는 것이다. 북미산 얼룩다람쥐 무리에는 보초를 서는 개체들이 따로 있다. 이들은 독수리 같은 맹금류를 발견하면 날카로운 소리로 경보음을 내어 동료들의 안전을 책임진다. 그리고 갈고리 모양 나방 애벌레는 다른 애벌레가 자신의 구역에 침입하면 처음에는 노처럼 생긴 뒷다리로 나뭇잎을 긁어 진동음으로 경고 메시지를 보낸다. 침입자가 더 가까이 접근하면 입으로 나뭇잎을 긁어 짧고 강한 소리를 계속 만들어낸다.

냄새를 통해 자신의 의사를 전달하는 방법도 있다. 어떤 동물은 먹이가 있는 장소를 알리거나 자신의 영역에 다른 무리가 들어오는 것을 막기 위한 수단으로 냄새를 이용하기도 한다. 둥근 꼬리 여우원숭이는 다른 동물이 자신의 영역에 들어오면 꼬리를 팔에 비빈 후 흔든다. 그러면 팔에 있는 기관에서 분비된 냄새를 풍기는 물질이 꼬리에 묻어 그 침입자에게 전달된다.

이처럼 동물들은 색깔이나 소리, 냄새 등을 통해 자신의 의사를 표현한다. 그러나 동물들이 한 가지 방법만으로 자신의 의사를 표현하는 것은 아니다. 상황에 따라 우선적으로 선택하는 것도 있지만 대부분의 경우에는 이것들을 혼용한다. 현재까지 알려진 동물의 의사 표현 방법은 양적이나 질적인 면에서 인간의 언어와 비교할 수 없을 정도로 단순하고 초라하지만 동물행동학의 연구 성과가 폭넓게 쌓이면 현재 개발된 '바우링 걸'보다 완벽한 번역기가 등장할 수도 있을 것이다.

01 다음 중 윗글에서 동물의 의사 표현 방법으로 언급되지 않은 것은?

① 행동을 이용하는 방법
② 냄새를 이용하는 방법
③ 소리를 이용하는 방법
④ 서식지를 이용하는 방법
⑤ 모습이나 색깔을 이용하는 방법

02 다음 중 윗글에 대한 독자의 반응으로 적절하지 않은 것은?

① 동물의 의사를 번역할 수 있는 기계를 언급하여 독자의 흥미를 유발하고 있군.
② 동물의 의사 표현을 어떻게 파악하는지에 대해서도 언급하여 도움이 되었어.
③ 동물의 의사 표현 방법에 대한 다양한 사례를 제시하여 이해하기가 쉽군.
④ 동물행동학에 대한 깊이 있는 연구가 축적되기를 기대하며 글을 마무리하고 있어.
⑤ 동물의 의사 표현 수단이 갖는 장단점을 대비하며 서술하여 차이점을 파악하기 쉽군.

03 다음 글의 빈칸에 들어갈 내용으로 가장 적절한 것은?

_____ 일반적으로 사람과 사람이 직접 얼굴을 맞대고 하는 접촉은 라디오나 텔레비전 등의 매체를 통한 접촉보다 결정적인 영향력을 미친다고 알려져 있다. 매체는 어떤 마음의 자세를 준비하게 하는 구실을 한다. 예를 들어 어떤 사람에게서 새 어형을 접했을 때 그것이 텔레비전에서 자주 듣던 것이면 더 쉽게 그쪽으로 마음의 문을 열게 하는 면에서 영향력을 행사하는 것이다. 하지만, 새 어형이 전파되는 것은 매체를 통해서보다 상면(相面)하는 사람과의 직접적인 접촉에 의해서라는 것이 더 일반적인 견해이다. 사람들은 한두 사람의 말만 듣고 언어 변화에 가담하지 않으며 주위의 여러 사람이 다 같은 새 어형을 쓸 때 비로소 그것을 받아들이게 된다. 매체를 통한 것보다 자주 접촉하는 사람들을 통해 언어 변화가 진전된다는 사실은 언어변화의 여러 면을 바로 이해하는 핵심적인 내용이라 해도 좋을 것이다.

① 언어 변화는 결국 접촉에 의해 진행되는 현상이다.
② 연령층으로 보면 대개 젊은 층이 언어 변화를 주도한다.
③ 접촉의 형식도 언어 변화에 영향을 미치는 요소이다.
④ 매체의 발달이 언어 변화에 중요한 영향을 미치는 것으로 알려져 있다.
⑤ 언어 변화는 외부와의 접촉이 극히 제한되어 있는 곳일수록 그 속도가 느리다.

04 다음 중 빈칸 ㉠ ~ ㉢에 들어갈 단어를 바르게 짝지은 것은?

> • 그는 부인에게 자신의 친구를 ㉠ (소개시켰다 / 소개했다).
> • 이 소설은 실제 있었던 일을 바탕으로 ㉡ (쓰인 / 쓰여진) 것이다.
> • 자전거가 마주 오던 자동차와 ㉢ (부딪혔다 / 부딪쳤다).

	㉠	㉡	㉢
①	소개시켰다	쓰인	부딪혔다
②	소개시켰다	쓰여진	부딪혔다
③	소개했다	쓰인	부딪혔다
④	소개했다	쓰인	부딪쳤다
⑤	소개했다	쓰여진	부딪쳤다

05 다음 중 효과적인 경청 방법에 대한 설명으로 적절하지 않은 것은?

① 상대방이 전달하려는 메시지가 무엇인가를 생각해보고 자신의 삶, 목적, 경험과 관련지어 본다.

② 대화를 하는 동안 시간 간격이 있으면 다음에 무엇을 말할 것인가를 추측하려고 노력해야 한다.

③ 말하는 사람의 모든 것에 집중해서 적극적으로 들어야 하며, 말하는 사람의 속도와 말을 이해하는 속도 사이에 발생하는 간격을 메우는 방법을 학습해야 한다.

④ 대화 도중에 주기적으로 대화의 내용을 요약하면 상대방이 전달하려는 메시지를 이해하고, 사상과 정보를 예측하는 데 도움이 된다.

⑤ 상대방이 말하는 사이에 질문을 하면 질문에 대한 답이 즉각적으로 이루어질 수 없으므로 되도록 질문하지 않고 상대방의 이야기에 집중한다.

06 다음 글의 주제로 가장 적절한 것은?

맹자는 다음과 같은 이야기를 전한다. 송나라의 한 농부가 밭에 나갔다 돌아오면서 처자에게 말한다. "오늘 일을 너무 많이 했다. 밭의 싹들이 빨리 자라도록 하나하나 잡아당겨줬더니 피곤하구나." 아내와 아이가 밭에 나가보았더니 싹들이 모두 말라 죽어 있었다. 이렇게 자라는 것을 억지로 돕는 일, 즉 조장(助長)을 하지 말라고 맹자는 말한다. 싹이 빨리 자라기를 바란다고 싹을 억지로 잡아올려서는 안 된다. 목적을 이루기 위해 가장 빠른 효과를 얻고 싶겠지만 이는 도리어 효과를 놓치는 길이다. 억지로 효과를 내려고 했기 때문이다. 싹이 자라기를 바라 싹을 잡아당기는 것은 이미 시작된 과정을 거스르는 일이다. 효과가 자연스럽게 나타날 가능성을 방해하고 막는 일이기 때문이다. 당연히 싹의 성장 가능성은 땅 속의 씨앗에 들어있는 것이다. 개입하고 힘을 쏟고자 하는 대신에 잠재력을 발휘할 수 있도록 하는 것이 중요하다.

피해야 할 두 개의 암초가 있다. 첫째는 싹을 잡아당겨서 직접적으로 성장을 이루려는 것이다. 이는 목적성이 있는 적극적 행동주의로써 성장의 자연스러운 과정을 존중하지 않는 것이다. 달리 말하면 효과가 숙성되도록 놔두지 않는 것이다. 둘째는 밭의 가장자리에 서서 자라는 것을 지켜보는 것이다. 싹을 잡아당겨서도 안 되고 그렇다고 단지 싹이 자라는 것을 지켜만 봐서도 안 된다. 그렇다면 무엇을 해야 하는가? 싹 밑의 잡초를 뽑고 김을 매주는 일을 해야 하는 것이다. 경작이 용이한 땅을 조성하고 공기를 통하게 함으로써 성장을 보조해야 한다. 기다리지 못함도 삼가고 아무것도 안함도 삼가야 한다. 작동 중에 있는 자연스런 성향이 발휘되도록 기다리면서도 전력을 다할 수 있도록 돕는 노력도 멈추지 말아야 한다.

① 인류사회는 자연의 한계를 극복하려는 인위적 노력에 의해 발전해 왔다.
② 싹이 스스로 성장하도록 그대로 두는 것이 수확량을 극대화하는 방법이다.
③ 어떤 일을 진행할 때 가장 중요한 것은 명확한 목적성을 설정하는 것이다.
④ 잠재력을 발휘하도록 하려면 의도적 개입과 방관적 태도 모두를 경계해야 한다.
⑤ 자연의 순조로운 운행을 방해하는 인간의 개입은 예기치 못한 화를 초래할 것이다.

07 다음 문단을 논리적 순서대로 바르게 나열한 것은?

> (가) 언어의 전파 과정에 대해 이와 같이 설명하는 것을 수면에 떨어진 물체로부터 파생된 물결이 주위로 퍼져 나가는 것과 같다 하여 '파문설(波紋說)'이라 한다.
>
> (나) 일반적으로 도시나 저지대가 방사 원점이 되는데 개신파가 퍼져나가는 속도는 지리적 제약에 따라 달라진다. 넓은 평야 지대가 발달한 지역은 그 속도가 빠른 반면, 지리적 장애물로 둘러싸인 지역은 그 속도가 느리다.
>
> (다) 언어는 정치·경제·문화 중심지로부터 그 주변 지역으로 퍼져 나간다. 전국 각 지역으로부터 사람들이 중심지로 모여들고 이들이 다시 각 지역으로 흩어져 가는 과정이 되풀이되면서 중심지의 언어가 주변 지역으로 퍼져 나가게 되는 것이다.
>
> (라) 이때 중심지로부터 주변 지역으로 퍼져 나가는 언어 세력을 '개신파(改新波)'라고 하고 세력의 중심지를 '방사원점(放射原點)'이라고 한다.

① (가) – (라) – (나) – (다)

② (가) – (라) – (다) – (나)

③ (나) – (라) – (가) – (다)

④ (다) – (가) – (나) – (라)

⑤ (다) – (가) – (라) – (나)

08 다음 글의 주장에 대한 비판으로 가장 적절한 것은?

저작권은 저자의 권익을 보호함으로써 활발한 저작 활동을 촉진하여 인류의 문화 발전에 기여하기 위한 것이다. 그러나 이렇게 공적 이익을 추구하기 위한 저작권이 현실에서는 일반적으로 지나치게 사적 재산권을 행사하는 도구로 인식되고 있다. 저작물 이용자들의 권리를 보호하기 위해 마련한 공익적 성격의 법조항도 법적 분쟁에서는 항상 사적 재산권의 논리에 밀려 왔다.

저작권 소유자 중심의 저작권 논리는 실제로 저작권이 담당해야 할 사회적 공유를 통한 문화 발전을 방해한다. 몇 해 전의 '애국가 저작권'에 대한 논란은 이러한 문제를 단적으로 보여준다. 저자 사후 50년 동안 적용되는 국내 저작권법에 따라 애국가가 포함된 〈한국 환상곡〉의 저작권이 작곡가 안익태의 유족들에게 2015년까지 주어진다는 사실이 언론을 통해 알려진 것이다. 누구나 자유롭게 이용할 수 있는 국가(國歌)마저 공공재가 아닌 개인 소유라는 사실에 많은 사람들이 놀랐다.

창작은 백지 상태에서 완전히 새로운 것을 만드는 것이 아니라 저작자와 인류가 쌓은 지식 간의 상호 작용을 통해 이루어진다. "내가 남들보다 조금 더 멀리 보고 있다면, 이는 내가 거인의 어깨 위에 올라서 있는 난쟁이이기 때문"이라는 뉴턴의 겸손은 바로 이를 말한다. 이렇듯 창작자의 저작물은 인류의 지적 자원에서 영감을 얻은 결과이다. 그러한 저작물을 다시 인류에게 되돌려 주는 데 저작권의 의의가 있다. 이러한 생각은 이미 1960년대 프랑스 철학자들에 의해 형성되었다. 예컨대 기호학자인 바르트는 '저자의 죽음'을 거론하면서 저자가 만들어 내는 텍스트는 단지 인용의 조합일 뿐 어디에도 '오리지널'은 존재하지 않는다고 단언한다.

전자 복제 기술의 발전과 디지털 혁명은 정보나 자료의 공유가 지니는 의의를 잘 보여주고 있다. 인터넷과 같은 매체 환경의 변화는 원본을 무한히 복제하고 자유롭게 이용함으로써 누구나 창작의 주체로서 새로운 문화 창조에 기여할 수 있도록 돕는다. 인터넷 환경에서 이용자는 저작물을 자유롭게 교환할 뿐 아니라 수많은 사람과 생각을 나눔으로써 새로운 창작물을 생산하고 있다. 이러한 상황은 저작권을 사적 재산권의 측면에서보다는 공익적 측면에서 바라볼 필요가 있음을 보여준다.

① 저작권의 사회적 공유에 대해 일관성 없는 주장을 하고 있다.
② 저작물이 개인의 지적·정신적 창조물임을 과소평가하고 있다.
③ 저작권의 사적 보호가 초래한 사회적 문제의 사례가 적절하지 않다.
④ 인터넷이 저작권의 사회적 공유에 미치는 영향을 드러내지 못하고 있다.
⑤ 객관적인 사실을 제시하지 않고 추측에 근거하여 논리를 전개하고 있다.

09 다음 글의 논증을 약화하는 것을 〈보기〉에서 모두 고르면?

> 인간 본성은 기나긴 진화 과정의 결과로 생긴 복잡한 전체다. 여기서 '복잡한 전체'란 그 전체가 단순한 부분들의 합보다 더 크다는 의미이다. 인간을 인간답게 만드는 것, 즉 인간에게 존엄성을 부여하는 것은 인간이 갖고 있는 개별적인 요소들이 아니라 이것들이 모여 만들어내는 복잡한 전체이다. 또한 인간 본성이라는 복잡한 전체를 구성하고 있는 하부 체계들은 상호 간에 극단적으로 밀접하게 연관되어 있다. 따라서 그중 일부라도 인위적으로 변경하면, 이는 불가피하게 전체의 통일성을 무너지게 한다. 이 때문에 과학기술을 이용해 인간 본성을 인위적으로 변경하여 지금의 인간을 보다 향상된 인간으로 만들려는 시도는 금지되어야 한다. 이런 시도를 하는 사람들은 인간이 가져야 할 훌륭함이 무엇인지 스스로 잘 안다고 생각하며, 거기에 부합하지 않는 특성들을 선택해 이를 개선하고자 한다. 그러나 인간 본성의 '좋은' 특성은 '나쁜' 특성과 밀접하게 연결되어 있기 때문에, 후자를 개선하려는 시도는 전자에 대해서도 영향을 미칠 수밖에 없다. 예를 들어, 우리가 질투심을 느끼지 못한다면 사랑 또한 느끼지 못하게 된다는 것이다. 사랑을 느끼지 못하는 인간들이 살아가는 사회에서 어떤 불행이 펼쳐질지 우리는 가늠조차 할 수 없다. 즉, 인간 본성을 선별적으로 개선하려 들면, 복잡한 전체를 무너뜨리는 위험성이 불가피하게 발생하게 된다. 따라서 우리는 인간 본성을 구성하는 어떠한 특성에 대해서도 그것을 인위적으로 개선하려는 시도에 반대해야 한다.

보기

㉠ 인간 본성은 인간이 갖는 도덕적 지위와 존엄성의 궁극적 근거이다.
㉡ 모든 인간은 자신을 포함하여 인간 본성을 지닌 모든 존재가 지금의 상태보다 더 훌륭하게 되길 희망한다.
㉢ 인간 본성의 하부 체계는 상호 분리된 모듈들로 구성되어 있기 때문에 인간 본성의 특정 부분을 인위적으로 변경하더라도 그 변화는 모듈 내로 제한된다.

① ㉠
② ㉢
③ ㉠, ㉡
④ ㉡, ㉢
⑤ ㉠, ㉡, ㉢

10 다음 글을 읽고 알 수 있는 내용으로 적절하지 않은 것은?

고전주의 예술관에 따르면 진리는 예술 작품 속에 이미 완성된 형태로 존재한다. 독자는 작가가 담아 놓은 진리를 '원형 그대로' 밝혀내야 하고 작품에 대한 독자의 감상은 언제나 작가의 의도와 일치해야 한다. 결국 고전주의 예술관에서 독자는 작품의 의미를 수동적으로 받아들이는 존재일 뿐이다. 하지만 작품의 의미를 해석하고 작가의 의도를 파악하는 존재는 결국 독자이다. 특히 현대 예술에서는 독자에 따라 작품에 대한 다양한 해석이 가능하다고 여긴다. 바로 여기서 수용미학이 등장한다. 수용미학을 처음으로 제기한 사람은 야우스이다. 그는 "문학사는 작품과 독자 간의 대화의 역사로 쓰여야 한다."라고 주장했다. 이것은 작품의 의미는 작품 속에 갇혀 있는 것이 아니라 독자에 의해 재생산되는 것임을 말한 것이다. 이로부터 문학을 감상할 때 작품과 독자의 관계에서 독자의 능동성이 강조되었다.

야우스에 의해 제기된 독자의 역할을 체계적으로 정리한 사람이 이저이다. 그는 독자의 능동적 역할을 밝히기 위해 '텍스트'와 '작품'을 구별했다. 텍스트는 독자와 만나기 전의 것을, 작품은 독자가 텍스트와의 상호작용을 통해 그 의미가 재생산된 것을 가리킨다. 그런데 이저는 텍스트에는 '빈틈'이 많다고 보았다. 이 빈틈으로 인해 텍스트는 '불명료성'을 가진다. 텍스트에 빈틈이 많다는 것은 부족하다는 의미가 아니라, 독자의 개입에 의해 언제나 새롭게 해석될 수 있다는 것을 의미한다. 텍스트가 작품이 되기 위해서는 독자 스스로 빈틈을 채우는 '구체화 과정'이 필요하다. 가령, 시에 '갈색 커피 잔'이 나온다면, 이 잔은 색깔만 가지고 있을 뿐 크기, 무게, 모양 등은 정해져 있지 않다. 반면 실재적 대상으로서 커피 잔은 무한한 속성을 갖고 있고 그 속성들은 모두 정해져 있다. 결국 텍스트에는 정해지지 않은 부분이 있기 마련이며, 이 빈틈은 독자가 스스로 채워 넣어야 할 부분인 것이다.

여기에서 이저의 독특한 독자관이 나온다. 이저는 텍스트 속에 독자의 역할이 들어 있다고 보았다. 그러나 독자가 어떠한 역할을 수행할지는 정해져 있지 않기 때문에 독자는 텍스트를 읽는 과정에서 텍스트의 내용과 형식에 끊임없이 반응한다. 이러한 상호작용 과정을 통해 독자는 작품을 재생산한다. 텍스트는 다양한 독자에 따라 다른 작품으로 태어날 수 있으며, 같은 독자라도 시간과 장소에 따라 다른 작품으로 생산될 수 있는 것이다. 이처럼 텍스트와 독자의 상호작용을 강조한 이저는 작품의 내재적 미학에서 탈피하여 작품에 대한 다양한 해석의 가능성을 열어주었다.

① 고전주의 예술관이 등장한 배경
② 고전주의 예술관에서 독자의 위상
③ 수용미학에서 작품과 독자의 관계
④ 수용미학과 이전 예술관의 차이점
⑤ 수용미학에서 작품의 재생산 방법

11 다음 글의 빈칸에 들어갈 내용으로 가장 적절한 것은?

포논(Phonon)이라는 용어는 소리(Pho-)라는 접두어에 입자(-non)라는 접미어를 붙여 만든 단어로, 실제로 포논이 고체 안에서 소리를 전달하기 때문에 이런 이름이 붙었다. 어떤 고체의 한쪽을 두드리면 포논이 전파해 반대쪽에서 소리를 들을 수 있다.

아인슈타인이 새롭게 만든 고체의 비열 공식(아인슈타인 모형)은 실험결과와 상당히 잘 맞았다. 그런데 그의 성공은 고체 내부의 진동을 포논으로 해석한 데에만 있지 않다. 그는 포논이 보존(Boson) 입자라는 사실을 간파하고, 고체 내부의 세상에 보존의 물리학(보즈 – 아인슈타인 통계)을 적용했다. 비로소 고체의 비열이 온도에 따라 달라진다는 결론을 얻을 수 있었다.

양자역학의 세계에서 입자는 스핀 상태에 따라 분류된다. 스핀이 1/2의 홀수배(1/2, 3/2, …)인 입자들은 원자로를 개발한 유명한 물리학자 엔리코 페르미의 이름을 따서 '페르미온'이라고 부른다. 오스트리아의 이론물리학자 볼프강 파울리는 페르미온들은 같은 에너지 상태를 가질 수 없고 서로 배척한다는 사실을 알아냈다(즉, 같은 에너지 상태에서는 + / – 반대의 스핀을 갖는 페르미온끼리만 같이 존재할 수 있다). 이를 '파울리의 배타원리'라고 한다. 페르미온은 대개 양성자, 중성자, 전자 같은 물질을 구성하며, 파울리의 배타원리에 따라 페르미온 입자로 이뤄진 물질은 우리가 손으로 만질 수 있다.

스핀이 0, 1, 2, … 등 정수 값인 입자도 있다. 바로 보존이다. 인도의 무명 물리학자였던 사티엔드라 나트 보즈의 이름을 본 땄다. 보즈는 페르미가 개발한 페르미 통계를 공부하고 보존의 물리학을 만들었다. 당시 그는 박사학위도 없는 무명의 물리학자여서 논문을 작성한 뒤 아인슈타인에게 편지로 보냈다. 다행히 아인슈타인은 그 논문을 쓰레기통에 넣지 않고 꼼꼼히 읽어본 뒤 자신의 생각을 첨가하고 독일어로 번역해 학술지에 제출했다. 바로 보존 입자의 물리학(보즈 – 아인슈타인 통계)이다. 이에 따르면 보존 입자는 페르미온과 달리 파울리의 배타원리를 따르지 않는다. 따라서 같은 에너지 상태를 지닌 입자라도 서로 겹쳐서 존재할 수 있다. 만져지지 않는 에너지 덩어리인 셈이다. 이들 보존 입자는 대개 힘을 매개한다.

빛 알갱이, 즉 _____ 빛은 실험을 해보면 입자의 특성을 보이지만, 질량이 없고 물질을 투과하며 만져지지 않는다. 포논은 어떨까? 원자 사이의 용수철 진동을 양자화한 것이므로 물질이 아니라 단순한 에너지의 진동으로서 파울리의 배타원리를 따르지 않는다. 즉, 포논은 광자와 마찬가지로 스핀이 0인 보존 입자다.

① 광자는 파울리의 배타원리를 따른다.

② 광자는 스핀 상태에 따라 분류할 수 없다.

③ 광자는 스핀이 1/2의 홀수배인 입자의 대표적인 예이다.

④ 광자는 보존의 대표적인 예이다.

⑤ 광자는 페르미온의 대표적인 예이다.

12 다음 글을 토대로 판단할 때, A학자의 언어체계에서 표기와 그 의미를 연결한 내용으로 적절하지 않은 것은?

> A학자는 존재하는 모든 사물을 자연적인 질서에 따라 나열하고 그것들의 지위와 본질을 표현하는 적절한 기호를 부여하면 보편언어를 만들 수 있다고 생각했다.
>
> 이를 위해 A학자는 우선 세상의 모든 사물을 40개의 '속(屬)'으로 나누고, 속을 다시 '차이(差異)'로 세분했다. 예를 들어, 8번째 속인 돌은 순서대로 아래와 같이 6개의 차이로 분류된다.
>
> (1) 가치 없는 돌
> (2) 중간 가치의 돌
> (3) 덜 투명한 가치 있는 돌
> (4) 더 투명한 가치 있는 돌
> (5) 물에 녹는 지구의 응결물
> (6) 물에 녹지 않는 지구의 응결물
>
> 이 차이는 다시 '종(種)'으로 세분화되었다. 예를 들어, '가치 없는 돌'은 그 크기, 용도에 따라서 8개의 종으로 분류되었다.
>
> 이렇게 사물을 전부 분류한 다음에 A학자는 속, 차이, 종에 문자를 대응시키고 표기하였다.
> 예를 들어, 7번째 속부터 10번째 속까지는 다음과 같이 표기된다.
>
> (7) 원소 : de
> (8) 돌 : di
> (9) 금속 : do
> (10) 잎 : gw
>
> 차이를 나타내는 표기는 첫 번째 차이부터 순서대로 b, d, g, p, t, c, z, s, n을 사용했고, 종은 순서대로 w, a, e, i, o, u, y, yi, yu를 사용했다. 따라서 'di'는 돌을 의미하고 'dib'는 가치 없는 돌을 의미하며, 'diba'는 가치 없는 돌의 두 번째 종을 의미한다.

① ditu – 물에 녹는 지구의 응결물의 여섯 번째 종
② gwpyi – 잎의 네 번째 차이의 네 번째 종
③ dige – 덜 투명한 가치 있는 돌의 세 번째 종
④ deda – 원소의 두 번째 차이의 두 번째 종
⑤ donw – 금속의 아홉 번째 차이의 첫 번째 종

13 다음 글을 읽고 알 수 있는 내용으로 적절하지 않은 것은?

인간의 사유는 특정한 기준을 바탕으로 다른 것과의 차이를 인식하는 것이라 할 수 있다. 이때의 기준을 이루는 근간(根幹)은 당연히 현실 세계의 경험과 인식이다. 하지만 인간은 현실적 경험으로 인식되지 않는 대상을 사유하기도 하는데, 그중 하나가 신화적 사유이며, 이는 상상력의 산물이다. 상상력은 통념(通念)상 현실과 대립되는 위치에 속한다. 또한, 현대 문명에서 상상력은 과학적·합리적 사고와 반대되는 사유 체계로 간주되기도 한다. 그러나 신화적 사유를 떠받치고 있는 상상력은 '현실적 – 비현실적', '논리적 – 비논리적', '합리적 – 비합리적' 등과 같은 단순한 양항 체계 속으로 환원될 수 없다.

초기 인류학에서는 근대 문명과 대비시켜 신화적 사유를 미개한 존재들의 미숙한 단계의 사고로 간주(看做)했었다. 이러한 입장을 대표하는 레비브륄에 따르면 미개인은 논리 이전의 사고방식과 비현실적 감각을 가진 존재이다. 그러나 신화 연구에 적지 않은 영향을 끼쳤고 오늘날에도 여전히 유효한 레비스트로스의 논의에 따르면 미개인과 문명인의 사고방식은 사물을 분류하는 방식과 주된 관심 영역 등이 다를 뿐, 어느 것이 더 합리적이거나 논리적이라고 할 수는 없다. 또한, 그것은 세계를 이해하는 두 가지의 서로 다른 방식 혹은 태도일 뿐이다. 신화적 사유를 비롯한 이른바 미개인의 사고방식을 가리키는 레비스트로스가 말하는 '야생의 사고'는 이러한 사고방식이 근대인 혹은 문명인 못지않게 질서와 체계에 민감하고 그 나름의 현실적, 논리적, 합리적 기반을 갖추고 있음을 함축하는 개념이다.

레비스트로스의 야생의 사고는 신화시대와 신화적 사유를 근대적 문명에 입각한 발전론적 시각이 아닌 상대주의적 시각으로 바라보았다는 점에서 의미가 크다. 그러나 그가 신화 자체의 사유 방식이나 특성을 특정 시대의 것으로 한정(限定)하는 오류를 범하고 있다는 점에 유의해야 한다. 과거 신화시대에 생겨난 신화적 사유는 신화가 재현되고 재생되는 한 여전히 시간과 공간을 뛰어넘어 현재화되고 있기 때문이다.

따라서 신화적 사유는 현실적·경험적 차원의 '진실'이나 '비진실'로 구분될 수 없다. 신화는 허구적이거나 진실한 것 모두를 '재료'로 사용할 수 있으며, 이러한 재료들은 신화적 사유 고유의 규칙과 체계에 따라 배열된다. 그러므로 신화 텍스트에서 이러한 재료들의 구성 원리를 밝히는 것은 그 신화에 반영된 신화적 사유 체계를 밝히는 것이라 할 수 있다. 또한, 이는 신화를 공유하고 전승(傳承)해 왔던 집단의 원형적 사유 체계에 접근하는 작업이라고도 할 수 있다.

① 신화적 사유는 그 고유의 규칙과 체계를 갖고 있다.
② 신화적 사유는 상상력의 산물이라 할 수 있다.
③ 신화적 사유는 특정 시대의 사유 특성에 한정된다.
④ 신화적 상상력은 상상력에 대한 통념적 인식과 차이가 있다.
⑤ 신화적 사유에 대한 레비스트로스의 논의는 의의와 한계가 있다.

14 다음 글에 대한 반론으로 가장 적절한 것은?

> 세계경제포럼의 일자리 미래 보고서는 기술이 발전함에 따라 향후 5년 간 500만 개 이상의 일자리가 사라질 것으로 경고했다. 실업률이 증가하면 사회적으로 경제적 취약 계층인 저소득층도 늘어나게 되는데, 지금까지는 '최저소득보장제'가 저소득층을 보호하는 역할을 담당해 왔다.
>
> 최저소득보장제는 경제적 취약 계층에게 일정 생계비를 보장해 주는 제도로 이를 실시할 경우 국가는 가구별 총소득에 따라 지원 가구를 선정하고 동일한 최저생계비를 보장해 준다. 가령 최저생계비를 80만 원까지 보장해 주는 국가라면, 총소득이 50만 원인 가구는 국가로부터 30만 원을 지원받아 80만 원을 보장받는 것이다. 국가에서는 이러한 최저생계비의 재원을 마련하기 위해 일정 소득을 넘어선 어느 지점부터 총소득에 대한 세금을 부과하게 된다. 이때 세금이 부과되는 기준 소득을 '면세점'이라 하는데, 총소득이 면세점을 넘는 경우 총소득 전체에 대해 세금이 부과되어 순소득이 총소득보다 줄어들게 된다.

① 저소득층은 실업률과 양의 상관관계를 보인다.
② 소득이 면세점을 넘게 되면 세금으로 인해 순소득이 기존의 소득보다 줄어들 수 있다.
③ 저소득층은 최저소득보장제를 통해 생계유지가 가능하다.
④ 면세점을 기준으로 소득에 대한 세금이 부과된다.
⑤ 국가에서 최저생계비를 보장할 경우 저소득층은 소득을 올리는 것보다 최저생계비를 보장 받는 것이 더 유리하다고 판단할 수 있다.

15 다음 문장을 논리적 순서대로 바르게 나열한 것은?

> ㉠ 또한 사전에 아무런 정보도 없이 판매자의 일방적인 설명만 듣고 물건을 구입하면 후회할 수도 있다.
> ㉡ 따라서 소비를 하기 전에 많은 정보를 수집하여 구입하려는 재화로부터 예상되는 편익을 정확하게 조사하여야 한다.
> ㉢ 그러나 일상적으로 사용하는 일부 재화를 제외하고는, 그 재화를 사용해 보기 전까지 효용을 제대로 알 수 없다.
> ㉣ 예를 들면, 처음 가는 음식점에서 주문한 음식을 실제로 먹어 보기 전까지는 음식 맛이 어떤지 알 수 없다.
> ㉤ 우리가 어떤 재화를 구입하는 이유는 그 재화를 사용함으로써 효용을 얻기 위함이다.

① ㉠ - ㉡ - ㉣ - ㉢ - ㉤
② ㉠ - ㉤ - ㉡ - ㉢ - ㉣
③ ㉤ - ㉡ - ㉠ - ㉣ - ㉢
④ ㉤ - ㉡ - ㉣ - ㉢ - ㉠
⑤ ㉤ - ㉢ - ㉣ - ㉠ - ㉡

16 다음 글을 토대로 판단할 때, 〈보기〉에서 적절한 것을 모두 고르면?

하와이 원주민들이 사용하던 토속어는 1898년 하와이가 미국에 병합된 후 미국이 하와이 학생들에게 사용을 금지하면서 급격히 소멸되었다. 그러나 하와이 원주민들이 소멸한 토속어를 부활시키기 위해 1983년 '아하 푸나나 레오'라는 기구를 설립하여 취학 전 아동부터 중학생까지의 원주민들을 대상으로 집중적으로 토속어를 교육한 결과 언어 복원에 성공했다.

한편, 언어의 다양성을 지키려는 노력뿐만 아니라 언어의 통일성을 추구하려는 노력도 있었다. 안과 의사였던 자멘호프는 유태인, 폴란드인, 독일인, 러시아인들이 서로 다른 언어를 사용함으로써 갈등과 불화가 생긴다고 판단하고 예외와 불규칙이 없는 문법과 알기 쉬운 어휘에 기초해 국제공통어 에스페란토를 만들어 1887년 발표했다. 그의 구상은 '1민족 2언어주의'에 입각하여 같은 민족끼리는 모국어를, 다른 민족과는 중립적이고 배우기 쉬운 에스페란토를 사용하자는 것이었다.

에스페란토의 문자는 영어 알파벳 26개 문자에서 Q, X, W, Y의 4개 문자를 빼고 영어 알파벳에는 없는 Ĉ, Ĝ, Ĥ, Ĵ, Ŝ, Ŭ의 6개 문자를 추가하여 만들어졌다. 문법의 경우 가급적 불규칙 변화를 없애고 각 어간에 품사 고유의 어미를 붙여 명사는 -o, 형용사는 -a, 부사는 -e, 동사원형은 -i로 끝낸다. 예를 들어 '사랑'은 amo, '사랑의'는 ama, '사랑으로'는 ame, '사랑하다'는 ami이다. 시제의 경우 어간에 과거형은 -is, 현재형은 -as, 미래형은 -os를 붙여 표현한다.

또한, 1자 1음의 원칙에 따라 하나의 문자는 하나의 소리만을 내고, 소리 나지 않는 문자도 없으며, 단어의 강세는 항상 뒤에서 두 번째 모음에 있기 때문에 사전 없이도 쉽게 읽을 수 있다. 특정한 의미를 갖는 접두사와 접미사를 활용하여 많은 단어를 파생시켜 사용하므로 단어 암기를 위한 노력이 크게 줄어드는 것도 중요한 특징이다. 아버지는 patro, 어머니는 patrino, 장인은 bopatro, 장모는 bopatrino인 것이 그 예이다.

※ 에스페란토에서 모음은 A, E, I, O, U이며 반모음은 Ŭ임

보기

ㄱ. 에스페란토의 문자는 모두 28개로 만들어졌다.
ㄴ. 미래형인 '사랑할 것이다.'는 에스페란토로 amios이다.
ㄷ. '어머니'와 '장모'를 에스페란토로 말할 때 강세가 있는 모음은 같다.
ㄹ. 자멘호프의 구상에 따르면 동일한 언어를 사용하는 하와이 원주민끼리도 에스페란토만을 써야 한다.

① ㄱ, ㄷ
② ㄱ, ㄹ
③ ㄴ, ㄹ
④ ㄱ, ㄴ, ㄷ
⑤ ㄴ, ㄷ, ㄹ

17 다음 글에서 알 수 있는 내용으로 가장 적절한 것은?

네트워크란 구성원들이 위계적이지 않으며 독자적인 의사소통망을 통해 서로 활발히 연결되어 있는 구조라고 할 수 있다. 마약밀매조직 등에 나타나는 점조직은 기초적인 형태의 네트워크이며, 정교한 형태의 네트워크로는 행위자들이 하나의 행위자에 개별적으로 연결되어 있는 '허브' 조직이나 모든 행위자들이 서로 연결되어 있는 '모든 채널' 조직이 있다. 네트워크가 복잡해질수록 이를 유지하기 위해 의사소통 체계를 구축하는 비용이 커지지만, 정부를 비롯한 외부 세력이 와해시키기도 어렵게 된다. 특정한 지도자가 없고 핵심 기능들이 여러 구성원에 중복 분산되어 있어, 조직 내의 한 지점을 공격해도 전체적인 기능이 조만간 복구되기 때문이다. 이런 네트워크의 구성원들이 이념과 목표를 공유하고 실현하는 데 필요한 것들을 직접 행동에 옮긴다면, 이러한 조직을 상대하기는 더욱 힘들어진다.

네트워크가 반드시 첨단 기술을 전제로 하는 것은 아니며, 서로 연결되어 있기만 하면 그것은 네트워크다. 그렇지만 인터넷과 통신 기술과 같은 첨단 기술의 발달은 정교한 형태의 네트워크 유지에 필요한 비용을 크게 줄여 놓았다. 이 때문에 세계의 수많은 시민 단체, 범죄 조직, 그리고 테러 단체가 과거에는 상상할 수 없었던 힘을 발휘하게 되었으며, 정치, 외교, 환경, 범죄에 이르기까지 사회의 모든 부문에 영향력을 미치고 있다. 이렇듯 네트워크를 활용하는 비국가행위자들의 영향력이 확대되면서 국가가 사회에서 차지하는 역할의 비중이 축소되었다. 반면 비국가행위자들은 정보통신 기술의 힘을 얻은 네트워크를 통해 그동안 억눌렸던 자신들의 목소리를 낼 수 있게 되었다.

이러한 변화는 두 얼굴을 가진 야누스이다. 인권과 민주주의, 그리고 평화의 확산을 위해 애쓰는 시민사회 단체들은 네트워크의 힘을 바탕으로 기존의 국가 조직이 손대지 못한 영역에서 긍정적인 변화를 이끌어낼 것이다. 반면 테러 및 범죄 조직 역시 네트워크를 통해 국가의 추격을 피해가며 전 세계로 그 활동 범위를 넓혀 나갈 것이다. 정보통신 기술의 발달과 네트워크의 등장으로 양쪽 모두 전례 없는 기회를 얻었다. 시민사회 단체들의 긍정적인 측면을 최대한 끌어내 정부의 기능을 보완, 견제하고 테러 및 범죄 조직의 발흥을 막을 수 있는 시스템을 구축하는 것이 시대의 과제가 될 것이다.

① 여러 형태의 네트워크 중 점조직의 결집력이 가장 강하다.
② 네트워크의 확산은 인류 미래에 부정적인 영향보다 긍정적인 영향을 더 크게 할 것이다.
③ 네트워크의 외부 공격에 대한 대응력은 조직의 정교성이나 복잡성과는 관계가 없을 것이다.
④ 기초적인 형태의 네트워크는 구성원의 수가 적어질수록 정교한 형태의 네트워크로 발전할 가능성이 크다.
⑤ 정교한 형태의 네트워크 유지에 들어가는 비용이 낮아진 것은 국가가 사회에 미치는 영향력이 약화되는 결과를 낳았다.

18 다음 글을 통해 알 수 있는 내용으로 적절한 것을 〈보기〉에서 모두 고르면?

기존 암 치료법은 암세포의 증식을 막는 데 초점이 맞춰져 있으나, 컴퓨터 설명 모형이 새로 나와 이와는 다른 암 치료법이 개발될 수 있다는 가능성이 제시되었다. W교수의 연구에 따르면, 종전의 공간 모형은 종양의 3차원 공간 구조를 잘 설명하지만 암세포들 간 유전 변이를 잘 설명하지는 못한다. 또 다른 종전 모형인 비공간 모형은 암세포들 간 유전 변이를 잘 설명해 종양의 진화 과정은 정교하게 그려냈지만, 종양의 3차원 공간 구조는 잡아내지 못했다. 그러나 종양의 성장과 진화를 이해하려면 종양의 3차원 공간 구조뿐만 아니라 유전 변이를 잘 설명할 수 있어야 한다.

새로 개발된 컴퓨터 설명 모형은 왜 모든 암세포들이 그토록 많은 유전 변이를 갖고 있으며, 그 가운데 약제 내성을 갖는 '주동자 변이'가 어떻게 전체 종양에 퍼지게 되는지를 잘 설명해 준다. 이 설명의 열쇠는 암세포들이 이곳저곳으로 옮겨 다닐 수 있는 능력을 갖고 있다는 데 있다. W교수는 "사실상 환자를 죽게 만드는 암의 전이는 암세포의 자체 이동 능력 때문"이라고 말한다. 종전의 공간 모형에 따르면 암세포는 빈 곳이 있을 때만 분열할 수 있고 다른 세포를 올라타고서만 다른 곳으로 옮겨갈 수 있다. 그래서 암세포가 분열할 수 있는 곳은 제한되어 있다. 하지만 새 모형에 따르면 암세포가 다른 세포의 도움 없이 빈 곳으로 이동할 수 있다. 이런 식으로 암세포는 여러 곳으로 이동하여 그곳에서 증식함으로써 새로운 유전 변이를 얻게 된다. 바로 이 때문에 종양은 종전 모형의 예상보다 더 빨리 자랄 수 있고 이상할 정도로 많은 유전 변이를 가질 수 있다.

보기

ㄱ. 컴퓨터 설명 모형은 종전의 공간 모형보다 암세포의 유전 변이를 더 잘 설명한다.
ㄴ. 종전의 공간 모형은 컴퓨터 설명 모형보다 암세포의 3차원 공간 구조를 더 잘 설명한다.
ㄷ. 종전의 공간 모형과 비공간 모형은 암세포의 자체 이동 능력을 인정하지만 이를 설명할 수 없다.

① ㄱ
② ㄴ
③ ㄱ, ㄷ
④ ㄴ, ㄷ
⑤ ㄱ, ㄴ, ㄷ

19 다음과 같이 일정한 규칙으로 수를 나열할 때 빈칸에 들어갈 수로 옳은 것은?

| 2 3 5 9 17 33 ( ) |

① 50

② 55

③ 60

④ 65

⑤ 70

20 농도가 5%인 설탕물 500g을 가열하였다. 1분 동안 가열하면 50g의 물이 증발할 때, 5분 동안 가열하면 설탕물의 농도는 얼마인가?(단, 설탕물을 가열했을 때 시간에 따라 증발하는 물의 양은 일정하다)

① 7%

② 8%

③ 9%

④ 10%

⑤ 11%

21 다음은 K헬스장의 2024년 하반기 프로그램 회원 수와 2025년 1월 예상 회원 수에 대한 자료이다. 방정식 $2a+b=c+d$가 성립할 때, 〈조건〉에 따라 b에 들어갈 회원 수는 몇 명인가?

〈K헬스장 운동 프로그램 회원 현황〉

(단위 : 명)

구분	2024년 10월	2024년 11월	2024년 12월	2025년 1월
요가	50	a	b	
G.X	90	98	c	
필라테스	106	110	126	d

조건
- 2024년 11월 요가 회원은 전월 대비 20% 증가했다.
- 2024년 하반기 필라테스 총회원 수는 G.X 총회원 수보다 37명이 더 많다.
- 2025년 1월 필라테스의 예상 회원 수는 2024년 하반기 월 평균 회원 수일 것이다.

① 110명 ② 111명
③ 112명 ④ 113명
⑤ 114명

22 다음은 임직원을 대상으로 한 휴게실 확충에 대한 의견수렴 결과이다. 이에 대한 설명으로 옳지 않은 것은?

〈휴게실 확충에 대한 찬반 의견〉

(단위 : 명)

구분	A본부		B본부	
	여성	남성	여성	남성
찬성	180	156	120	96
반대	20	44	80	104
합계	200	200	200	200

① 남성의 60% 이상이 휴게실 확충에 찬성하고 있다.
② A본부 여성의 찬성 비율은 B본부 여성의 찬성 비율의 1.5배이다.
③ B본부 전체인원 중 여성의 찬성률이 B본부 전체인원 중 남성의 찬성률보다 1.2배 이상 높다.
④ A, B본부 전체인원에서 찬성하는 비율은 성별 차이가 본부별 차이보다 크다.
⑤ A본부에 휴게실이 확충될지 B본부에 휴게실이 확충될지 알 수 없다.

23 다음은 2020 ~ 2024년 K사의 경제 분야 투자규모에 대한 자료이다. 이에 대한 설명으로 옳지 않은 것은?

〈K사의 경제 분야 투자규모〉

(단위 : 억 원, %)

구분	2020년	2021년	2022년	2023년	2024년
경제 분야 투자규모	20	24	23	22	21
총지출 대비 경제 분야 투자규모 비중	6.5	7.5	8	7	6

① 2024년 총지출은 320억 원 이상이다.
② 2021년 경제 분야 투자규모의 전년 대비 증가율은 25% 이하이다.
③ 2022년이 2023년보다 경제 분야 투자규모가 전년에 비해 큰 비율로 감소하였다.
④ 2020 ~ 2024년 동안 경제 분야에 투자한 금액은 110억 원이다.
⑤ 2021 ~ 2024년 동안 경제 분야 투자규모와 총지출 대비 경제 분야 투자규모 비중의 전년 대비 증감추이는 동일하지 않다.

24 다음은 A국과 B국의 축구 대결을 앞두고 양국의 골키퍼, 수비(중앙 수비, 측면 수비), 미드필드, 공격(중앙 공격, 측면 공격) 능력을 영역별로 평가한 결과이다. 이에 대한 설명으로 옳지 않은 것은?(단, 원 중심에서 멀어질수록 점수가 높아진다)

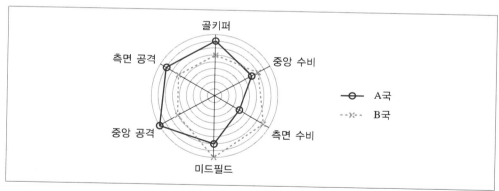

① A국은 공격보다 수비에 약점이 있다.
② B국은 미드필드보다 수비에서의 능력이 뛰어나다.
③ A국과 B국은 측면 수비 능력에서 가장 큰 차이가 난다.
④ A국과 B국 사이에 가장 작은 차이를 보이는 영역은 중앙 수비이다.
⑤ 골키퍼의 역량이 보다 뛰어난 국가는 A국이다.

※ K기업에서는 업무효율을 높이기 위해 직원들의 자기계발 현황에 대하여 논의하고자 한다. 인사업무를 담당하는 A씨는 전 직원의 자기계발 투자 시간, 투자 비용, 분야 현황을 조사하였고, 다음 자료와 같은 결과를 얻었다. 이어지는 질문에 답하시오. (단, 조사대상은 500명이다) **[25~26]**

〈자기계발 투자 시간/주〉

구분	비율(%)
1시간 이하	15.2
1시간 초과 3시간 이하	48.4
3시간 초과 6시간 이하	16.6
6시간 초과	19.8

〈자기계발 투자 비용/월〉

구분	비율(%)
5만 원 미만	8.4
5만 원 이상 10만 원 미만	40
10만 원 이상 20만 원 미만	36.7
20만 원 이상 30만 원 미만	11.4
30만 원 이상 50만 원 미만	3.5

〈자기계발 분야〉

구분	비율(%)
외국어 학습	30.2
체력단련	15.6
해당직무 전문분야	42.6
직무 외 분야	8.4
인문학 교양	3.2

25 다음 중 자료에 대한 설명으로 옳은 것은?

① K기업 직원의 반 이상은 일주일에 1시간에서 3시간 사이의 자기계발 시간을 갖는다.

② 한 달에 5만 원 미만의 비용을 자기계발에 투자하는 직원의 수가 가장 적다.

③ 총 229명의 직원들이 외국어 학습 또는 체력단련으로 자기계발을 한다.

④ 자기계발 시간을 일주일에 3시간 초과 6시간 이하를 투자하는 직원의 수는 6시간을 초과하는 직원보다 18명 적다.

⑤ 가장 많은 비율을 차지하는 자기계발 분야의 직원 수와 가장 적은 비율을 차지하는 자기계발 분야의 직원 수의 차는 177명이다.

26 A씨는 조사한 자료를 상사인 P부장에게 보고하였고 P부장은 A씨에게 다음과 같은 지시를 하였다. P부장의 지시사항을 토대로 그래프를 그린다고 할 때, 옳지 않은 것은?

> P부장 : 우선 수고가 많았어요. 자료를 검토했는데 그래프를 추가로 그리면 좋을 것 같네요. 자기
> 계발 투자 시간과 비용은 비율이 아니라 인원수로 나타내고 인원의 많고 적음을 한 눈에
> 비교하기 쉬웠으면 좋겠어요. 그리고 자기계발 분야의 그래프는 그대로 비율로 나타내되
> 차지하는 비율이 큰 분야에서 작은 분야 순서로 보기 쉽게 나타내면 좋을 것 같네요.

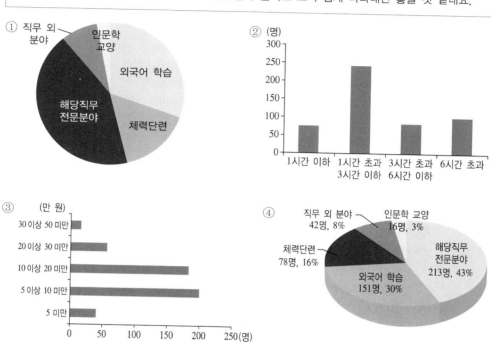

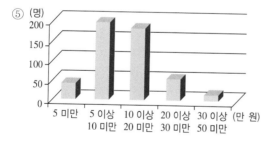

27 다음 글과 상황을 토대로 판단할 때, 갑이 납부해야 할 수수료를 바르게 연결한 것은?

특허에 관한 절차를 밟는 사람은 다음 각 호의 수수료를 내야 한다.
1. 특허출원료
    가. 특허출원을 국어로 작성된 전자문서로 제출하는 경우 : 매건 46,000원. 다만 전자문서를 특허청에서 제공하지 아니한 소프트웨어로 작성하여 제출한 경우에는 매건 56,000원으로 한다.
    나. 특허출원을 국어로 작성된 서면으로 제출하는 경우 : 매건 66,000원에 서면이 20면을 초과하는 경우 초과하는 1면마다 1,000원을 가산한 금액
    다. 특허출원을 외국어로 작성된 전자문서로 제출하는 경우 : 매건 73,000원
    라. 특허출원을 외국어로 작성된 서면으로 제출하는 경우 : 매건 93,000원에 서면이 20면을 초과하는 경우 초과하는 1면마다 1,000원을 가산한 금액
2. 특허심사청구료 : 매건 143,000원에 청구범위의 1항마다 44,000원을 가산한 금액

〈상황〉

갑은 청구범위가 3개 항으로 구성된 총 27면의 서면을 작성하여 1건의 특허출원을 하면서, 이에 대한 특허심사도 함께 청구한다.

	국어로 작성한 경우	외국어로 작성한 경우
①	66,000원	275,000원
②	73,000원	343,000원
③	348,000원	343,000원
④	348,000원	375,000원
⑤	349,000원	375,000원

28 K카드사는 카드 이용 시 제공되는 할인 서비스에 대한 기존 고객의 선호도를 조사하여 신규 상품에 적용하고자 한다. K카드사 이용 고객 2,000명을 대상으로 실시한 선호도 조사 결과가 다음과 같을 때, 이에 대한 설명으로 옳은 것을 〈보기〉에서 모두 고르면?

〈할인 서비스 선호도 조사 결과〉

(단위 : %)

할인 서비스	남성	여성	전체
주유	18	22	20
온라인 쇼핑	10	18	14
영화관	24	23	23.5
카페	8	13	10.5
제과점	22	17	19.5
편의점	18	7	12.5

※ 응답자들은 가장 선호하는 할인 서비스 항목 1개를 선택하였음

보기

ㄱ. 선호도 조사 응답자 2,000명의 남녀 비율은 동일하다.
ㄴ. 편의점 할인 서비스는 남성보다 여성 응답자가 더 선호한다.
ㄷ. 온라인 쇼핑 할인 서비스를 선택한 남성은 모두 130명이다.
ㄹ. 남성과 여성 응답자는 모두 영화관 할인 서비스를 가장 선호한다.

① ㄱ, ㄴ
② ㄱ, ㄹ
③ ㄴ, ㄷ
④ ㄴ, ㄹ
⑤ ㄷ, ㄹ

29 다음은 A씨의 술과 담배 소비량에 대한 자료이다. 조세 수입 극대화를 고려해 세금을 부여해야 할 때, 술과 담배에 부과되는 세금과 조세 총수입을 바르게 연결한 것은?

〈술, 담배 가격 및 소비량〉

구분	가격	현재 소비량	세금 부과 후 예상 소비량
술	2,000원	50병	20병
담배	4,500원	100갑	100갑

〈술, 담배 예상 세금 부과량〉

구분	종가세 하의 예상 세율	정액세 하의 예상 개당 세액
술	20%	300원
담배		800원

※ 종가세 : 가격의 일정 비율을 세금으로 부과하는 제도
※ 정액세 : 가격과 상관없이 판매될 때마다 일정한 액수의 세금을 부과하는 제도

	술	담배	조세 총수입
①	정액세	정액세	86,000원
②	정액세	종가세	96,000원
③	정액세	종가세	99,000원
④	종가세	정액세	88,000원
⑤	종가세	종가세	98,000원

30 다음은 세계 음악시장의 규모에 대한 자료이다. 〈조건〉을 토대로 2025년의 예상 음악시장 규모를 바르게 연결한 것은?(단, 소수점 둘째 자리에서 반올림한다)

〈세계 음악시장 규모〉

(단위 : 백만 달러)

구분		2020년	2021년	2022년	2023년	2024년
공연음악	후원	5,930	6,008	6,097	6,197	6,305
	티켓 판매	20,240	20,688	21,165	21,703	22,324
	소계	26,170	26,696	27,262	27,900	28,629
음반	디지털	8,719	9,432	10,180	10,905	11,544
	다운로드	5,743	5,986	6,258	6,520	6,755
	스트리밍	1,530	2,148	2,692	3,174	3,557
	모바일	1,447	1,298	1,230	1,212	1,233
	오프라인 음반	12,716	11,287	10,171	9,270	8,551
	소계	30,155	30,151	30,531	31,081	31,640
합계		56,325	56,847	57,793	58,981	60,269

조건

• 2025년 후원금은 2024년보다 1억 1천 8백만 달러, 티켓 판매는 2024년보다 7억 4천만 달러가 증가할 것으로 예상된다.
• 스트리밍 시장의 경우 빠르게 성장하는 추세로 2025년 스트리밍 시장 규모는 2020년 스트리밍 시장 규모의 2.5배가 될 것으로 예상된다.
• 오프라인 음반 시장은 점점 감소하는 추세로 2025년 오프라인 음반 시장의 규모는 2024년 대비 6%의 감소율을 보일 것으로 예상된다.

	공연음악	스트리밍	오프라인 음반
①	29,487백만 달러	3,711백만 달러	8,037.9백만 달러
②	29,487백만 달러	3,825백만 달러	8,037.9백만 달러
③	29,685백만 달러	3,825백만 달러	7,998.4백만 달러
④	29,685백만 달러	3,825백만 달러	7,998.4백만 달러
⑤	29,685백만 달러	4,371백만 달러	8,037.9백만 달러

31 다음은 주요 대상국별 김치 수출액에 대한 자료이다. 기타를 제외하고 2024년 수출액이 3번째로 많은 국가의 2023년 대비 2024년 김치 수출액의 증감률은?(단, 소수점 셋째 자리에서 반올림한다)

〈주요 대상국별 김치 수출액〉

(단위 : 천 달러, %)

구분	2023년		2024년	
	수출액	점유율	수출액	점유율
일본	44,548	60.6	47,076	59.7
미국	5,340	7.3	6,248	7.9
호주	2,273	3.1	2,059	2.6
대만	3,540	4.8	3,832	4.9
캐나다	1,346	1.8	1,152	1.5
영국	1,919	2.6	2,117	2.7
뉴질랜드	773	1.0	1,208	1.5
싱가포르	1,371	1.9	1,510	1.9
네덜란드	1,801	2.4	2,173	2.7
홍콩	4,543	6.2	4,285	5.4
기타	6,093	8.3	7,240	9.2
합계	73,547	100	78,900	100

① -5.06%
② -5.68%
③ -6.24%
④ -6.82%
⑤ -7.02%

32 다음과 같이 일정한 규칙으로 수를 나열할 때 빈칸에 들어갈 수로 옳은 것은?

5   1   (   )   2   −1   3   −4

① 2   ② 1

③ 0   ④ −1

⑤ −2

33 반도체 부품을 만드는 공장이 있는데 이 공장에는 구형기계와 신형기계, 두 종류의 기계가 있다. 구형기계 3대와 신형기계 5대를 가동했을 때는 1시간에 부품을 4,200개, 구형기계 5대와 신형기계 3대를 가동했을 때는 1시간에 부품을 3,000개를 만들 수 있다. 구형기계와 신형기계 각각 1대씩을 가동했을 때는 1시간에 몇 개의 부품을 만들 수 있는가?

① 700개   ② 800개

③ 900개   ④ 1,000개

⑤ 1,200개

34 다음과 같이 일정한 규칙으로 수를 나열할 때, 빈칸에 들어갈 수는?

18 13 10.5 9.25 ( )

① 6.5   ② 8.5

③ 8.625   ④ 9.625

⑤ 10.5

35 다음은 K도시의 버스노선 변동사항에 대한 자료이다. 〈조건〉을 참고하여 빈칸 A ~ D에 들어갈 노선을 바르게 연결한 것은?

〈버스노선 변동사항〉

구분	기존 요금	변동 요금	노선 변동사항
(A)번	1,800원	2,100원	−
(B)번	2,400원	2,400원	−
(C)번	1,600원	1,800원	연장운행
(D)번	2,100원	2,600원	−

조건

• 노선 A ~ D는 6번, 42번, 2000번, 3100번 중 하나이다.
• 변동 후 요금이 가장 비싼 노선은 2000번이다.
• 요금 변동이 없는 노선은 42번이다.
• 연장운행을 하기로 결정한 노선은 6번이다.

	A	B	C	D
①	6	42	2000	3100
②	6	42	3100	2000
③	3100	6	42	2000
④	3100	42	6	2000
⑤	3100	42	2000	6

36 다음 글과 상황을 토대로 판단할 때, 갑 ~ 병의 자동차 번호 끝자리 숫자의 합으로 가능한 최댓값은?

- K사는 자동차 요일제를 시행하고 있으며, 요일별로 운행할 수 없는 자동차 번호 끝자리 숫자는 아래와 같다.

요일	월요일	화요일	수요일	목요일	금요일
숫자	1, 2	3, 4	5, 6	7, 8	9, 0

- 미세먼지 비상저감조치가 시행될 경우 K사는 자동차 요일제가 아닌 차량 홀짝제를 시행한다. 차량 홀짝제를 시행하는 날에는 시행일이 홀수이면 자동차 번호 끝자리 숫자가 홀수인 차량만 운행할 수 있고, 시행일이 짝수이면 자동차 번호 끝자리 숫자가 홀수가 아닌 차량만 운행할 수 있다.

〈상황〉

K사의 직원인 갑, 을, 병은 12일(월)부터 16일(금)까지 5일 모두 출근했고, 12일, 13일, 14일에는 미세먼지 비상저감조치가 시행되었다. 자동차 요일제와 차량 홀짝제로 인해 자동차를 운행할 수 없는 경우를 제외하면, 3명 모두 자신이 소유한 자동차로 출근을 했다. 다음은 갑, 을, 병이 16일에 출근한 후 나눈 대화이다.

갑 : 나는 12일에 내 자동차로 출근을 했어. 따져보니 이번 주에 총 4일이나 내 자동차로 출근했어.

을 : 저는 이번 주에 이틀만 제 자동차로 출근했어요.

병 : 나는 이번 주엔 13일, 15일, 16일만 내 자동차로 출근할 수 있었어.

※ 갑, 을, 병은 자동차를 각각 1대씩 소유하고 있음

① 14
② 16
③ 18
④ 20
⑤ 22

37 게임 동호회 회장인 K씨는 주말에 진행되는 게임 행사에 동호회 회원인 A ~ E의 행사 참여 여부를 조사하려고 한다. 다음 〈조건〉을 토대로 할 때, E가 행사에 참여하지 않을 경우, 행사에 참여하는 사람은 모두 몇 명인가?

조건
- A가 행사에 참여하지 않으면 B가 행사에 참여한다.
- A가 행사에 참여하면 C는 행사에 참여하지 않는다.
- B가 행사에 참여하면 D는 행사에 참여하지 않는다.
- D가 행사에 참여하지 않으면 E가 행사에 참여한다.

① 1명
② 2명
③ 3명
④ 4명
⑤ 5명

38 다음은 국내 금융그룹의 SWOT 분석 결과이다. 이에 대응하는 전략과 그 내용을 바르게 연결한 것은?

S(강점)	W(약점)
• 탄탄한 국내 시장 지배력 • 뛰어난 위기관리 역량 • 우수한 자산건전성 지표 • 수준 높은 금융 서비스	• 은행과 이자수익에 편중된 수익구조 • 취약한 해외 비즈니스와 글로벌 경쟁력 • 낙하산식 경영진 교체와 관치금융 우려 • 외화 자금 조달 리스크
O(기회)	T(위협)
• 해외 금융시장 진출 확대 • 기술 발달에 따른 핀테크의 등장 • IT 인프라를 활용한 새로운 수익 창출 • 계열사 간 협업을 통한 금융 서비스	• 새로운 금융 서비스의 등장 • 은행의 영향력 약화 가속화 • 글로벌 금융사와의 경쟁 심화 • 비용 합리화에 따른 고객 신뢰 저하

① SO전략 : 해외 비즈니스TF팀 신설로 상반기 해외 금융시장 진출 대비
② ST전략 : 금융 서비스를 다방면으로 확대해 글로벌 경쟁사와의 경쟁에서 우위 차지
③ WO전략 : 국내의 탄탄한 시장점유율을 기반으로 핀테크 사업 진출
④ WT전략 : 국내 금융사의 우수한 자산건전성 지표를 홍보하여 고객 신뢰 회복
⑤ WT전략 : 해외 금융시장 진출을 확대하여 안정적인 외화 자금 조달을 통한 위기관리

39 정주, 경순, 민경은 여름휴가를 맞이하여 제주도, 일본, 대만 중 각각 한 곳으로 여행을 가는데, 게스트하우스 혹은 호텔에서 숙박할 수 있다. 다음 〈조건〉을 토대로 민경이의 여름휴가 장소와 숙박 장소를 바르게 연결한 것은?(단, 세 사람 모두 이미 다녀온 곳으로는 휴가를 가지 않는다)

> **조건**
> • 제주도의 호텔은 예약이 불가하여, 게스트하우스에서만 숙박할 수 있다.
> • 호텔이 아니면 잠을 못 자는 경순이는 호텔을 가장 먼저 예약했다.
> • 여행 갈 때마다 호텔에 숙박했던 정주는 이번 여행은 게스트하우스를 예약했다.
> • 대만으로 여행 가는 사람은 앱 할인으로 호텔에 숙박한다.
> • 작년에 정주는 제주도와 대만을 다녀왔다.

① 제주도 – 게스트하우스
② 제주도 – 호텔
③ 일본 – 호텔
④ 대만 – 게스트하우스
⑤ 대만 – 호텔

40 다음 글과 〈조건〉을 토대로 판단할 때, A가 구매해야 할 재료와 그 양으로 가장 적절한 것은?

A는 아내, 아들과 함께 짬뽕을 만들어 먹기로 했다. 짬뽕요리에 필요한 재료를 사기 위해 근처 전통시장에 들른 A는 아래 〈조건〉을 만족하도록 재료를 모두 구매한다. 다만 짬뽕요리에 필요한 각 재료의 절반 이상이 냉장고에 있으면 그 재료는 구매하지 않는다.

〈조건〉

• A와 아내는 각각 성인 1인분, 아들은 성인 0.5인분을 먹는다.
• 매운 음식을 잘 먹지 못하는 아내를 고려하여 '고추'라는 단어가 들어간 재료는 모두 절반만 넣는다.
• 아들은 성인 1인분의 새우를 먹는다.

〈냉장고에 있는 재료〉

면 200g, 오징어 240g, 돼지고기 100g, 양파 100g, 청양고추 15g, 고추기름 100mL, 대파 10cm, 간장 80mL, 마늘 5g

〈짬뽕요리 재료(성인 1인분 기준)〉

면 200g, 해삼 40g, 소라 30g, 오징어 60g, 돼지고기 90g, 새우 40g, 양파 60g, 양송이버섯 50g, 죽순 40g, 고추기름 20mL, 건고추 8g, 청양고추 10g, 대파 10cm, 마늘 10g, 청주 15mL

① 면 200g
② 양파 50g
③ 새우 100g
④ 건고추 7g
⑤ 돼지고기 125g

41 다음 〈조건〉을 토대로 항상 참인 것은?

조건
• 세경이는 전자공학을 전공한다.
• 원영이는 사회학을 전공한다.
• 세경이는 복수전공으로 패션디자인을 전공한다.

① 원영이는 전자공학을 전공한다.
② 세경이는 전자공학과 패션디자인을 모두 전공한다.
③ 원영이의 부전공은 패션디자인이다.
④ 세경이의 부전공은 패션디자인이다.
⑤ 원영이의 복수전공은 전자공학이다.

42 K보안회사에서는 하루 동안 A ~ G사무실의 보안점검을 실시한다. 〈조건〉을 참고할 때 E가 3번째로 점검을 받는다면, 다음 사무실 중 반드시 은행인 곳은?

조건
- 보안점검은 한 번에 한 사무실만 실시하게 되며, 하루에 같은 사무실을 중복해서 점검하지는 않는다.
- 7개의 회사는 은행 아니면 귀금속점이다.
- 귀금속점은 2회 이상 연속해서 점검하지 않는다.
- F는 B와 D를 점검하기 전에 점검한다.
- F를 점검하기 전에 점검하는 사무실 가운데 두 곳은 귀금속점이다.
- A는 6번째로 점검받는다.
- G는 C를 점검하기 전에 점검한다.

① A   ② B
③ C   ④ D
⑤ E

43 K사는 신제품의 품번을 다음과 같은 규칙에 따라 정한다. 제품에 설정된 임의의 영단어가 'INTELLECTUAL'이라면 이 제품의 품번으로 가장 적절한 것은?

〈규칙〉
- 1단계 : 알파벳 A ~ Z를 숫자 1, 2, 3, …으로 변환하여 계산한다.
- 2단계 : 제품에 설정된 임의의 영단어를 숫자로 변환한 값의 합을 구한다.
- 3단계 : 임의의 영단어 속 자음의 합에서 모음의 합을 뺀 값의 절댓값을 구한다.
- 4단계 : 2단계와 3단계의 값을 더한 다음 4로 나누어 2단계의 값에 더한다.
- 5단계 : 4단계의 값이 정수가 아닐 경우에는 소수점 첫째 자리에서 버림한다.

① 120   ② 140
③ 160   ④ 180
⑤ 200

44 K공사는 사무실 리모델링을 하면서 기획조정 1 ~ 3팀과 미래전략 1 ~ 2팀, 홍보팀, 보안팀, 인사팀의 사무실 위치를 변경하였다. 다음 〈조건〉과 같이 적용되었을 때, 변경된 사무실 위치에 대한 설명으로 옳은 것은?

1실	2실	3실	4실
복도			
5실	6실	7실	8실

조건

- 기획조정 1팀과 미래전략 2팀은 홀수실이며, 복도를 사이에 두고 마주보고 있다.
- 홍보팀은 5실이다.
- 미래전략 2팀과 인사팀은 나란히 있다.
- 보안팀은 홀수실이며, 맞은편 대각선으로 가장 먼 곳에는 인사팀이 있다.
- 기획조정 3팀과 2팀은 한 실을 건너 나란히 있고 2팀이 3팀보다 실 번호가 높다.

① 인사팀은 6실에 위치한다.
② 미래전략 2팀과 기획조정 3팀은 같은 라인에 위치한다.
③ 기획조정 1팀은 기획조정 2팀과 3팀 사이에 위치한다.
④ 미래전략 1팀은 7실에 위치한다.
⑤ 홍보팀이 있는 라인에서 가장 높은 번호의 사무실에 위치한 팀은 보안팀이다.

45 다음은 논리적 사고를 개발하기 위한 방법을 그림으로 나타낸 자료이다. 이에 대한 설명으로 가장 적절한 것은?

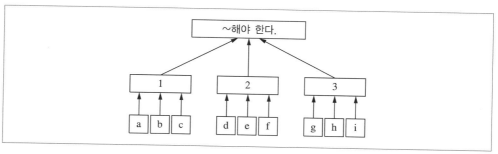

① 눈앞에 있는 정보로부터 의미를 찾아내어 가치 있는 정보를 이끌어낸다.
② 논리적으로 분해한 문제의 원인을 나무 모양으로 나열하여 문제를 해결한다.
③ 하위의 사실이나 현상부터 사고하여 상위의 주장을 만들어간다.
④ 내·외부적으로 발생되는 장점 및 단점을 종합적으로 고려하여 해결 방안을 찾는다.
⑤ '중복 없이, 누락 없이'를 통해 상위의 개념을 하위의 개념으로 논리적으로 분해한다.

46 다음 중 빈칸 ㉠ ~ ㉢에 들어갈 단어가 바르게 연결된 것은?

> ___㉠___ (이)란 업무를 수행함에 있어서 답을 요구하는 질문이나 의논하여 해결해야 되는 사항을 의미한다. ___㉠___ 은/는 흔히 ___㉡___ 와/과 구분하지 않고 사용되는데, ___㉡___ (이)란 ___㉢___ 의 원인이 되는 사항으로, 해결을 위해서 손을 써야 할 대상을 말한다.

	㉠	㉡	㉢
①	문제	문제점	결과
②	문제	문제점	문제
③	문제점	오류	문제
④	문제점	문제	문제점
⑤	문제점	문제	결과

47 K화장품 회사의 기획팀에 근무 중인 A ~ E사원은 신제품 개발 프로젝트에 대하여 회의를 진행하였으나, 별다른 해결 방안을 얻지 못했다. 다음 회의 내용을 토대로 할 때, A ~ E사원의 문제해결을 방해하는 장애요소가 잘못 연결된 것은?

> A사원 : 요즘 10대들이 선호하는 스타일을 조사해 보았습니다. 스트릿 패션이나 편한 캐주얼룩을 좋아하면서도 유행에 민감한 모습을 보이는 것으로 나타났습니다. 물론 화장품에 대한 관심은 계속해서 높아지고 있음을 알 수 있었습니다.
>
> B사원 : 10대들의 패션보다는 화장품에 대한 관심이 이번 회의에 중요하지 않을까요? 이번에 고등학교에 올라가는 제 조카는 귀여운 디자인의 화장품을 좋아하던데요. 아무래도 귀여운 디자인으로 승부를 보는 게 좋을 것 같아요.
>
> C사원 : 아! 제가 지금 좋은 생각이 떠올랐어요! 10대들의 지나친 화장품 사용을 걱정하는 학부모들을 위해 자사의 친환경적인 브랜드 이미지를 강조하는 것은 어떨까요?
>
> D사원 : 제 생각에는 구매력이 낮은 10대보다는 만족을 중시하는 '욜로' 소비성향을 보이는 20 ~ 30대를 위한 마케팅이 필요할 것 같아요.
>
> E사원 : 이번 신제품은 10대를 위한 제품이라고 하지 않았나요? 저는 신제품 광고 모델로 톱스타 F씨를 추천합니다! 어린 학생들이 좋아하는 호감형 이미지의 F씨를 모델로 쓴다면 매출은 보장되지 않을까요?

① A사원 : 너무 많은 자료를 수집하려고 노력하는 경우
② B사원 : 고정관념에 얽매이는 경우
③ C사원 : 쉽게 떠오르는 단순한 정보에 의지하는 경우
④ D사원 : 문제를 철저하게 분석하지 않는 경우
⑤ E사원 : 고정관념에 얽매이는 경우

48 다음 글과 상황을 토대로 판단할 때, 출장을 함께 갈 수 있는 직원들의 조합으로 가장 적절한 것은?

K은행 B지점에서는 3월 11일 회계감사 관련 서류 제출을 위해 본점으로 출장을 가야 한다. 오전 8시 정각 출발이 확정되어 있으며, 출발 후 B지점에 복귀하기까지 총 8시간이 소요된다. 단, 비가 오는 경우 1시간이 추가로 소요된다.
- 출장인원 중 한 명이 직접 운전하여야 하며, '1종 보통 운전면허' 소지자만 운전할 수 있다.
- 출장시간에 사내 업무가 겹치는 경우에는 출장을 갈 수 없다.
- 출장인원 중 부상자가 포함되어 있는 경우, 서류 박스 운반 지연으로 인해 30분이 추가로 소요된다.
- 차장은 책임자로서 출장인원에 적어도 한 명 포함되어야 한다.
- 주어진 조건 외에는 고려하지 않는다.

〈상황〉
- 3월 11일은 하루 종일 비가 온다.
- 3월 11일 당직 근무는 17시 10분에 시작한다.

직원	직급	운전면허	건강상태	출장 당일 사내 업무
갑	차장	1종 보통	부상	없음
을	차장	2종 보통	건강	17시 15분 계약업체 면담
병	과장	없음	건강	17시 35분 고객 상담
정	과장	1종 보통	건강	당직 근무
무	대리	2종 보통	건강	없음

① 갑, 을, 병
② 갑, 병, 정
③ 을, 병, 무
④ 을, 정, 무
⑤ 병, 정, 무

49 다음 글의 빈칸에 들어갈 말로 적절하지 않은 것은?

> 창의적 사고는 창조적인 가능성이다. 여기에는 '문제를 사전에 찾아내는 힘', '문제해결에 있어서 다각도로 힌트를 찾아내는 힘', 그리고 '문제해결을 위해 끈기 있게 도전하는 태도' 등이 포함된다. 다시 말해서 창의적 사고에는 사고력을 비롯하여 성격, 태도에 걸친 전인격적인 가능성까지도 포함된다. 이러한 창의적 사고는 창의력 교육훈련을 통해 개발할 수 있으며, _____일수록 높은 창의력을 보인다.

① 모험적   ② 적극적
③ 예술적   ④ 객관적
⑤ 자유분방적

50 김사원은 부처에 필요한 사무용품을 A문구사에서 구입하려고 한다. 품목별로 A문구사에서 진행 중인 사무용품 할인행사의 내용은 다음과 같다. 사무용품 구입 예산이 20,000원일 때, 효용의 합이 가장 높은 사무용품의 조합은?

〈사무용품 품목별 가격 및 효용〉

품목	결재판	스테이플러	볼펜 세트	멀티탭	A4용지(박스)
가격(원)	5,000	1,200	2,500	8,200	5,500
효용	40	20	35	70	50

〈A문구사의 사무용품 할인행사 내용〉

할인 요건	할인 내용
결재판 3개 이상 구매	결재판 1개 추가 증정
스테이플러 4개 이상 구매	멀티탭 1개 추가 증정
볼펜 세트 3개 이상 구매	볼펜 세트 1개 추가 증정
총 상품가격 18,000원 초과	총 결제금액에서 10% 할인

※ 각 할인은 서로 다른 할인요건에 대하여 중복적용이 가능함

① 결재판 2개, 볼펜 세트 1개, 멀티탭 1개
② 스테이플러 6개, 볼펜 세트 2개, A4용지 2박스
③ 결재판 3개, 스테이플러 1개, 볼펜 세트 1개, A4용지 1박스
④ 결재판 1개, 스테이플러 2개, 볼펜 세트 4개
⑤ 스테이플러 3개, 멀티탭 2개, A4용지 1박스

51 다음 중 철도산업발전기본법령상 선로용량의 배분에 관한 지침에 포함되어야 할 사항이 아닌 것은?

① 지역 간 열차와 지역 내 열차에 대한 선로용량의 배분
② 여객열차와 화물열차에 대한 선로용량의 배분
③ 선로의 유지보수 · 개량 및 건설을 위한 작업시간
④ 철도차량의 안전운행에 관한 사항
⑤ 다른 교통수단과의 연계수송에 관한 사항

52 다음 중 철도사업법령상 철도사업자가 철도사업의 휴업을 신고하는 경우의 게시 사항이 아닌 것은?

① 휴업 기간
② 대체교통수단 안내
③ 휴업하는 철도사업의 사유
④ 운송책임 및 배상에 관한 사항
⑤ 폐업하는 철도사업의 내용

53 다음 중 철도산업발전기본법상 철도청과 고속철도건설공단이 철도운영 등을 주된 목적으로 취득한 철도자산은?

① 시설자산   ② 운영자산
③ 위탁자산   ④ 예비자산
⑤ 기타자산

54 다음 중 한국철도공사가 철도이용자 편의를 제공하기 위한 역세권 개발 사업이 아닌 것은?

① 주차장
② 판매시설
③ 주거편의시설
④ 일반업무시설
⑤ 여객자동차터미널

55 다음 중 철도사업법상 철도사업자의 준수사항이 아닌 것은?

① 철도사업약관 등을 인터넷 홈페이지에 게시해야 한다.
② 철도운송 질서를 해치는 행위를 하여서는 아니 된다.
③ 부당한 운임을 요구하거나 받는 행위를 하여서는 아니 된다.
④ 여객 운임표를 관계 역·영업소 및 사업소 등에 갖추어 두어야 한다.
⑤ 운전업무 실무수습을 갖추지 아니한 사람을 운전업무에 종사하게 하여서는 아니 된다.

56 다음 중 철도사업법령상 철도사업자가 고의 또는 중대한 과실로 1회의 철도사고로 인해 사망자가 10명 이상 20명 미만 발생한 경우의 과징금 금액은?

① 500만 원
② 1,000만 원
③ 2,000만 원
④ 3,000만 원
⑤ 5,000만 원

57 다음 중 철도산업발전기본법상 철도시설을 사용하는 자로부터 사용료를 징수할 수 없는 자는?

① 철도청장
② 국가철도공단
③ 시설사용계약자
④ 국토교통부장관
⑤ 철도시설관리권을 설정받은 자

58 다음 중 한국철도공사법령상 한국철도공사의 채권 기재사항에 들어가야 하는 내용이 아닌 것은?

① 채권번호
② 공사의 명칭
③ 사채의 발행총액
④ 채권의 발행연월일
⑤ 이자지급 방법 및 시기의 사항

59 다음 중 한국철도공사법령상 공사의 사채 발행에 대한 설명으로 옳지 않은 것은?

① 공사가 사채를 발행하고자 하는 때에는 모집·총액인수 또는 매출의 방법에 의한다.
② 공사는 사채의 응모가 완료된 때에는 지체없이 응모자가 인수한 사채의 전액을 납입시켜야 한다.
③ 공사가 계약에 의하여 특정인에게 사채의 총액을 인수시키는 경우에는 사채 응모의 규정을 적용해야 한다.
④ 사채모집의 위탁을 받은 회사가 사채의 일부를 인수하는 경우에는 그 인수분에 대하여도 사채 응모의 규정을 적용하지 않는다.
⑤ 공사가 매출의 방법으로 사채를 발행하는 경우에는 매출기간과 공사의 명칭·사채의 종류별 액면 금액 내지 사채의 발행가액 또는 그 최저가액을 미리 공고하여야 한다.

60 다음 중 철도사업법령상 사업계획의 중요한 사항의 변경에 해당하지 않는 경우는?

① 여객열차의 운행구간 변경
② 여객열차의 경우에 사업용철도 노선별로 10분의 1 이상의 운행횟수의 변경
③ 사업용철도 노선별로 여객열차의 정차역을 신설 또는 폐지하거나 10분의 2 이상 변경하는 경우
④ 공휴일·방학기간 등 수송수요와 열차운행계획상의 수송력과 현저한 차이가 있는 경우로서 3월 이내의 기간 동안 운행횟수를 변경하는 경우
⑤ 철도이용수요가 적어 수지균형의 확보가 극히 곤란한 벽지 노선으로서 공익서비스비용의 보상에 관한 계약이 체결된 노선의 철도여객운송서비스의 종류를 변경하거나 다른 종류의 철도운송서비스를 추가하는 경우

제2회
최종점검 모의고사

※ 코레일 한국철도공사 고졸채용 최종점검 모의고사는 2024년 채용공고 및 필기 후기를 기준으로 구성한 것으로, 실제 시험과 다를 수 있습니다.

■ 취약영역 분석

번호	O/×	영역	번호	O/×	영역	번호	O/×	영역
01			21			41		
02			22			42		
03			23			43		
04			24			44		
05			25			45		
06			26			46		문제해결능력
07			27			47		
08			28		수리능력	48		
09			29			49		
10		의사소통능력	30			50		
11			31			51		
12			32			52		
13			33			53		
14			34			54		
15			35			55		
16			36			56		철도법령
17			37		문제해결능력	57		
18			38			58		
19		수리능력	39			59		
20			40			60		

평가문항	60문항	평가시간	70분
시작시간	:	종료시간	:
취약영역			

문항 수 : 60문항　　응시시간 : 70분

정답 및 해설 p.074

01　직업기초능력평가

01 다음 사례에 나타난 의사 표현에 영향을 미치는 요소에 대한 설명으로 적절하지 않은 것은?

> • 독일의 유명 가수 슈만 하이크는 "음악회에서 노래를 부를 때 심리적 긴장감을 갖지 않느냐?"라는 한 기자의 질문에 대해 "노래하기 전에 긴장감을 느끼지 않는다면, 그때는 내가 은퇴할 때이다."라고 이야기하였다.
> • 영국의 유명 작가 버나드 쇼는 젊은 시절 매우 내성적인 청년이었다. 그는 잘 아는 사람의 집을 방문할 때도 문을 두드리지 못하고 20분이나 문밖에서 망설이며 거리를 서성거렸다. 그는 자신의 내성적인 성격을 극복하기 위해 런던에서 공개되는 모든 토론에 의도적으로 참가하였고, 그 결과 장년에 이르러서 20세기 전반에 가장 재치와 자신이 넘치는 웅변가가 될 수 있었다.

① 소수인의 심리상태가 아니라, 90% 이상의 사람들이 호소하는 불안이다.
② 잘 통제하면서 표현을 한다면 청자는 더 인간답다고 생각하게 될 것이다.
③ 개인의 본질적인 문제이지만, 완전히 치유할 수 있다.
④ 분명한 원인은 아직 규명되지 않았다.
⑤ 불안을 심하게 느끼는 사람일수록 다른 사람과 접촉이 없는 직업을 선택하려 한다.

02 다음 중 밑줄 친 단어의 맞춤법이 옳은 것은?

① 나는 보약을 먹어서 기운이 <u>뻗쳤다</u>.
② 한약을 <u>다릴</u> 때는 불 조절이 중요하다.
③ 가을이 되어 찬바람이 부니 몸이 <u>으시시</u> 추워진다.
④ 밤을 새우다시피 하며 시험을 <u>치루고</u> 나니 몸살이 났다.
⑤ 그는 항상 퇴근하기 전에는 자물쇠로 서랍을 단단히 <u>잠궜다</u>.

03 의사소통이란 두 사람 이상 사이의 상호작용이다. 자신의 의도를 효과적으로 전달하는 것뿐만 아니라 상대의 의도를 제대로 파악하는 것도 매우 중요하다. 그러나 '잘 듣는 것', 즉 '경청'은 단순히 소리를 듣는 것이 아니기 때문에 생각보다 쉽지 않다. 다음 중 효과적으로 경청하는 방법이 아닌 것은?

① 상대방의 메시지를 자신의 삶과 관련시켜 본다.

② 표정, 몸짓 등 말하는 사람의 모든 것에 집중한다.

③ 들은 내용을 요약하는 것은 앞으로의 내용을 예측하는 데도 도움이 된다.

④ 대화 내용에 대해 적극적으로 질문한다.

⑤ 대화 중 상대방이 무엇을 말할 것인가 추측하는 것은 선입견을 갖게 할 가능성이 높기 때문에 지양한다.

04 다음 글의 서론과 결론을 읽고, 본론에 해당하는 부분의 문장을 논리적 순서대로 바르게 나열한 것은?

> 세상에서는 흔히 학문밖에 모르는 상아탑 속의 연구 생활을 현실을 도피한 짓이라고 비난하기 일쑤지만, 상아탑의 덕택이 큰 것임을 알아야 한다. 모든 점에서 편리해진 생활을 향락하고 있는 현대인이 있기 전에 그런 것이 가능하기 위해서도 오히려 그런 향락과는 담을 쌓고 진리 탐구에 몰두한 학자들의 상아탑 속에서의 노고가 앞서 있었던 것이다. 그렇다고 남의 향락을 위하여 스스로는 고난의 길을 일부러 걷는 것이 학자는 아니다.
>
> (가) 상아탑이 나쁜 것이 아니라, 진리를 탐구해야 할 상아탑이 제구실을 옳게 다하지 못하는 것이 탈이다.
> (나) 학자는 그저 진리를 탐구하기 위하여 학문을 하는 것뿐이다.
> (다) 학문에 진리 탐구 이외의 다른 목적이 섣불리 앞장을 설 때, 그 학문은 자유를 잃고 왜곡될 염려가 있다.
> (라) 진리 이외의 것을 목적으로 할 때, 그 학문은 한때의 신기루와도 같아 우선은 찬연함을 자랑할 수 있을지 모르나, 과연 학문이라고 할 수 있을까부터가 문제다.
> (마) 학문을 악용하기 때문에 오히려 좋지 못한 일을 하는 경우가 얼마나 많은가?
>
> 진리의 탐구가 학문의 유일한 목적일 때, 그리고 그 길로 매진할 때, 그 무엇에도 속박됨이 없는 숭고한 학적인 정신이 만난을 극복하는 기백을 길러 줄 것이요, 또 그것대로 우리의 인격 완성의 길로 통하게도 되는 것이다.

① (가) – (나) – (다) – (라) – (마)　　② (가) – (다) – (나) – (마) – (라)

③ (나) – (가) – (다) – (마) – (라)　　④ (나) – (마) – (가) – (다) – (라)

⑤ (나) – (마) – (다) – (가) – (라)

05 다음 글을 읽고 이해한 내용으로 가장 적절한 것은?

〈사고 · 재난 발생 시 대처요령〉

1. 사고나 차량고장이 발생하면 비상등을 켜고 차량을 갓길로 신속하게 이동한 후 차량의 후방에 안전삼각대 혹은 불꽃신호기를 설치하고 운전자와 동승자 모두 가드레일 밖 안전지대로 대피해야 한다. 만일 차량이동이 어려우면 차량이 정지해 있다는 신호(비상등, 삼각대, 불꽃신호기, 트렁크 열기)를 뒤따르는 차량에 알려주는 조치를 취한 후 신속히 가드레일 밖 안전지대로 대피한다.

2. 고속도로 같은 자동차 전용도로의 경우 사고차량을 갓길로 빼냈다고 해서 결코 안심할 수 있는 것은 아니다. 갓길에도 2차 사고 위험이 크므로 될 수 있는 대로 빨리 견인조치 하는 것이 가장 안전한 방법이다.

3. 사고차량을 도로 한가운데 세워 놓고 잘잘못을 따지는 사람들을 볼 수 있는데, 뒤따르는 차들이 알아서 피해가겠거니 생각하면 오산이다. 이때는 신속하게 차량을 갓길로 이동시켜야 한다. 가벼운 접촉사고임에도 불구하고 다투느라 도로에 서 있는 것은 정말 위험천만한 일이다.

4. 사고지점 통과요령 및 사고제보 방법
   - 고속도로 운전의 경우 가능한 한 시야를 넉넉하게 유지함으로써 전방의 돌발 상황에 기민하게 대처할 수 있다. 전방 돌발 상황 발견 시 비상등을 신속하게 작동하여 후행차량에게 알리고 차량의 흐름에 따라 통과하되 사고현장을 구경하기 위해 서행하거나 정차하는 일은 지양하여야 한다.
   - 돌발 상황 발생 시 한국도로공사 콜센터로 신고하고, 인명피해가 발생한 경우에는 119로 신고하여 신속하게 안전조치가 이루어질 수 있도록 하여야 한다. 아울러 후속차량의 유도나 사고수습 등을 이유로 고속도로 본선은 물론 갓길을 확보하는 사례는 2차 사고의 위험이 높으므로 지양하여야 한다.

---

① 차량 사고 시에 차량을 갓길로 이동시킨 후 운전자와 동승자 모두 가드레일 밖으로 대피한다.
② 고속도로에서 사고가 난 경우 2차 사고가 일어나지 않는 갓길로 이동시킨다.
③ 접촉사고가 일어났을 경우 사고현장의 보존을 위하여 차량 이동을 될 수 있는 대로 자제한다.
④ 돌발 상황을 발견한 경우 후행차량의 접근을 막기 위해 일시적으로 정차해야 한다.
⑤ 돌발 상황 발견 시 사고수습 차량의 이동을 위해 갓길을 확보해야 한다.

06 다음 중 빈칸 (가) ~ (마)에 들어갈 내용으로 적절하지 않은 것은?

'방언(方言)'이라는 용어는 표준어와 대립되는 개념으로 사용될 수 있다. 이때 방언이란 '교양 있는 사람들이 두루 쓰는 현대 서울말'로서의 표준어가 아닌 말, 즉 비표준어라는 뜻을 갖는다. 가령 ____(가)____는 생각에는 방언을 비표준어로서 낮잡아 보는 인식이 담겨 있다. 이러한 개념으로서의 방언은 '사투리'라는 용어로 바뀌어 쓰이는 수가 많다. '충청도 사투리', '평안도 사투리'라고 할 때의 사투리는 대개 이러한 개념으로 쓰이는 경우이다. 이때의 방언이나 사투리는 말하자면 표준어인 서울말이 아닌 어느 지역의 말을 가리키거나, 더 나아가 ____(나)____을 일컫는다. 이러한 용법에는 방언이 표준보다 열등하다는 오해와 편견이 포함되어 있다. 여기에는 표준어보다 못하다거나 세련되지 못하고 규칙에 엄격하지 않다는 것과 같은 부정적 평가가 담겨 있는 것이다. 그런가 하면 사투리는 한 지역의 언어 체계 전반을 뜻하기보다 그 지역의 말 가운데 표준어에는 없는 그 지역 특유의 언어 요소만을 일컫기도 한다. ____(다)____고 할 때의 사투리가 그러한 경우에 해당된다.

언어학에서의 방언은 한 언어를 형성하고 있는 하위 단위로서의 언어 체계 전부를 일컫는 말로 사용된다. 가령 한국어를 예로 들면 한국어를 이루고 있는 각 지역의 말 하나하나, 즉 그 지역의 언어 체계 전부를 방언이라 한다. 서울말은 이 경우 표준어이면서 한국어의 한 방언이다. 그리고 나머지 지역의 방언들은 ____(라)____. 이러한 의미에서의 '충청도 방언'은, 충청도에서만 쓰이는, 표준어에도 없고 다른 도의 말에도 없는 충청도 특유의 언어 요소만을 가리키는 것이 아니다. '충청도 방언'은 충청도의 토박이들이 전래적으로 써 온 한국어 전부를 가리킨다. 이 점에서 한국어는 ____(마)____.

① (가) : 바른말을 써야 하는 아나운서가 방언을 써서는 안 된다
② (나) : 표준어가 아닌, 세련되지 못하고 격을 갖추지 못한 말
③ (다) : 사투리를 많이 쓰는 사람과는 의사소통이 어렵다
④ (라) : 한국어라는 한 언어의 하위 단위이기 때문에 방언이다
⑤ (마) : 표준어와 지역 방언의 공통부분을 지칭하는 개념이다

07 직장 내에서의 의사소통은 반드시 필요하지만, 적절한 의사소통을 형성한다는 것은 쉽지 않다. 다음과 같은 갈등 상황을 유발하는 원인으로 가장 적절한 것은?

> 기획팀의 K대리는 팀원 3명과 함께 프로젝트를 수행하고 있다. K대리는 이번 프로젝트를 조금 여유 있게 진행할 것을 팀원들에게 요청하였다. 팀원들은 프로젝트 진행을 위해 회의를 진행하였는데, L사원과 P사원의 의견이 서로 대립하는 바람에 결론을 내리지 못한 채 회의를 마치게 되었다. K대리가 회의 내용을 살펴본 결과 L사원은 프로젝트 기획 단계에서 좀 더 꼼꼼하고 상세한 자료를 모으자는 의견이었고, 반대로 P사원은 여유 있는 시간을 프로젝트 수정·보완 단계에서 사용하자는 의견이었다.

① L사원과 P사원이 K대리의 의견을 서로 다르게 받아들였기 때문이다.
② L사원은 K대리의 고정적 메시지를 잘못 이해하고 있기 때문이다.
③ L사원과 P사원이 자신의 정보를 상대방이 이해하기 어렵게 표현하고 있기 때문이다.
④ L사원과 P사원이 서로 잘못된 정보를 전달하고 있기 때문이다.
⑤ L사원과 P사원이 서로에 대한 선입견을 갖고 있기 때문이다.

08 다음은 보행자도로의 발전방안에 대해 설명하는 기사의 일부이다. 이에 대한 내용으로 적절하지 않은 것은?

> 보행자도로에서 횡단경사를 기존 1/25 이하에서 1/50 이하로 완화하면 통행 시 한쪽 쏠림현상, 휠체어 이용자 방향 조절 불편함 등을 줄여서 보행자 및 교통약자의 통행 안전을 향상할 수 있다. 또한 보행자 통행에만 이용되는 보도의 유효 폭 최소 기준도 기존 1.2m에서 1.5m로 확대하면 보행자는 더욱 넓은 공간에서 통행할 수 있게 되고, 휠체어나 유모차 이용자도 통행할 수 있는 최소한의 보도 폭을 확보하게 된다.
> 그리고 보도 포장 등에 대한 구체적인 시공과 유지관리 방법으로 보행자 안전성에 문제가 있거나 현재 사용하지 않는 포장 재료를 삭제해야 하며, 포장공법별 시공 및 품질관리 기준을 마련해 보행자도로 특성에 맞는 시공과 관리를 할 수 있도록 해야 한다.
> 다음으로 도로관리청별로 다르게 관리하던 보행자도로에 대한 관리 기준을 포장상태 서비스 수준별로 등급(A~E)을 마련하여 관리하는 한편, 보행자도로의 경우는 일정 수준(C등급) 이상의 관리가 필요하다.
> 마지막으로 기존 '험프형 횡단보도'를 도로교통법에서 사용하는 '고원식 횡단보도'로 용어를 변경하고, 고원식 횡단보도의 정의, 설치 위치, 형식, 구조 등을 제시하여 일관성 있는 설치를 통해 자동차 운전자와 보행자의 통행 안전성을 확보할 수 있도록 해야 할 것이다.

① 보행자도로의 보도 유효 폭을 1.5m로 확대하면 휠체어 이용자도 통행할 수 있게 된다.
② 보행자도로에서 횡단경사가 완화되면 한쪽 쏠림 현상을 줄일 수 있다.
③ 보행자도로에 대한 관리 기준을 포장상태 서비스 수준별로 등급을 마련해 관리해야 한다.
④ 넓은 공간 통행을 위해 가로수를 포함한 보도의 유효 폭 최소 기준을 확대해야 한다.
⑤ 보행자도로의 포장상태 서비스 수준은 C등급 이상이 되도록 관리되어야 한다.

09 다음 글의 밑줄 친 ㉠에 대한 설명으로 가장 적절한 것은?

오늘날 유전 과학자들은 유전자의 발현에 대한 ㉠ 물음에 관심을 갖고 있다. 맥길 대학의 연구팀은 이 물음에 답하려고 연구를 수행하였다. 어미 쥐가 새끼를 핥아주는 성향에는 편차가 있다. 어떤 어미는 다른 어미보다 더 많이 핥아주었다. 많이 핥아주는 어미가 돌본 새끼들은 인색하게 핥아주는 어미가 돌본 새끼들보다 외부 스트레스에 무디게 반응했다. 게다가 인색하게 핥아주는 친어미에게서 새끼를 떼어내어 많이 핥아주는 양어미에게 두어 핥게 하면, 새끼의 스트레스 반응 정도는 양어미의 새끼 수준과 비슷해졌다.

연구팀은 어미가 누구든 많이 핥은 새끼는 그렇지 않은 새끼보다 뇌의 특정 부분, 특히 해마에서 글루코코르티코이드 수용체들, 곧 GR들이 더 많이 생겨났다는 것을 발견했다. 이렇게 생긴 GR의 수는 성체가 되어도 크게 바뀌지 않았다. GR의 수는 GR 유전자의 발현에 달려있다. 이 쥐들의 GR 유전자는 차이는 없지만 그 발현 정도에는 차이가 있을 수 있다. 이 발현을 촉진하는 인자 중 하나가 NGF 단백질인데, 많이 핥은 새끼는 그렇지 못한 새끼에 비해 NGF 수치가 더 높다.

스트레스 반응 정도는 코르티솔 민감성에 따라 결정되는데 GR이 많으면 코르티솔 민감성이 낮아지게 하는 되먹임 회로가 강화된다. 이 때문에 똑같은 스트레스를 받아도 많이 핥은 새끼는 그렇지 않은 새끼보다 더 무디게 반응한다.

① 코르티솔 유전자는 어떻게 발현되는가?
② 유전자는 어떻게 발현하여 단백질을 만드는가?
③ 핥아주는 성향의 유전자는 어떻게 발현되는가?
④ 후천 요소가 유전자의 발현에 영향을 미칠 수 있는가?
⑤ 유전자 발현에 영향을 미치는 유전 요인에는 무엇이 있는가?

※ 다음 글을 읽고 이어지는 질문에 답하시오. [10~11]

특허권은 발명에 대한 정보의 소유자가 특허 출원 및 담당관청의 심사를 통하여 획득한 특허를 일정 기간 독점적으로 사용할 수 있는 법률상 권리를 말한다. 한편 영업 비밀은 생산 방법, 판매 방법, 그 밖에 영업 활동에 유용한 기술상 또는 경영상의 정보 등으로, 일정 조건을 갖추면 법으로 보호받을 수 있다. 법으로 보호되는 특허권과 영업 비밀은 모두 지식 재산인데, 정보 통신 기술(ICT) 산업은 이 같은 지식 재산을 기반으로 창출된다. 지식 재산 보호 문제와 더불어 최근에는 ICT 다국적 기업이 지식 재산으로 거두는 수입에 대한 과세 문제가 불거지고 있다.

일부 국가에서는 ICT 다국적 기업에 대해 디지털세 도입을 진행 중이다. ⊙ 디지털세는 이를 도입한 국가에서 ICT 다국적 기업이 거둔 수입에 대해 부과하는 세금이다. 디지털세의 배경에는 법인세 감소에 대한 각국의 우려가 있다. 법인세는 국가가 기업으로부터 걷는 세금 중 가장 중요한 것으로, 재화나 서비스의 판매 등을 통해 거둔 수입에서 제반 비용을 제외하고 남은 이윤에 대해 부과하는 세금이라 할 수 있다.

많은 ICT 다국적 기업이 법인세율이 현저하게 낮은 국가에 자회사를 설립하고 그 자회사에 이윤을 몰아주는 방식으로 법인세를 회피한다는 비판이 있었다. 예를 들면 ICT 다국적 기업 K사는 법인세율이 매우 낮은 A국에 자회사를 세워 특허의 사용 권한을 부여한다. 그리고 법인세율이 A국보다 높은 B국에 설립된 K사의 자회사에서 특허 사용으로 수입이 발생하면 K사는 B국의 자회사로 하여금 A국의 자회사에 특허 사용에 대한 수수료인 로열티를 지출하도록 한다. 그 결과 K사는 B국의 자회사에 법인세가 부과될 이윤을 최소화한다. ICT 다국적 기업의 본사를 많이 보유한 국가에서도 해당 기업에 대한 법인세 징수는 문제가 된다. 그러나 그중 어떤 국가들은 ICT 다국적 기업의 활동이 해당 산업에서 자국이 주도권을 유지하는 데 중요하기 때문에라도 디지털세 도입에는 방어적이다.

ICT 산업을 주도하는 국가에서 더 중요한 문제는 ICT 지식 재산 보호의 국제적 강화일 수 있다. 이론적으로 봤을 때 지식 재산의 보호가 약할수록 유용한 지식 창출의 유인이 저해되어 지식의 진보가 정체되고, 지식 재산의 보호가 강할수록 해당 지식에 대한 접근을 막아 소수의 사람만이 혜택을 보게 된다. 전자로 발생한 손해를 유인 비용, 후자로 발생한 손해를 접근 비용이라고 한다면, 지식 재산 보호의 최적 수준은 두 비용의 합이 최소가 될 때일 것이다. 각국은 그 수준에서 자국의 지식 재산 보호 수준을 설정한다. 특허 보호 정도와 국민 소득의 관계를 보여 주는 한 연구에서는 국민 소득이 일정 수준 이상인 상태에서는 국민 소득이 증가할수록 특허 보호 정도가 강해지는 경향이 있지만, 가장 낮은 소득 수준을 벗어난 국가들은 그들보다 소득 수준이 낮은 국가들보다 오히려 특허 보호가 약한 것으로 나타났다. 이는 지식 재산 보호의 최적 수준에 대해서도 국가별 입장이 다름을 시사한다.

10 다음 중 윗글에서 언급하지 않은 것은?

① 영업 비밀의 범위
② 디지털세를 도입하게 된 배경
③ 법으로 보호되는 특허권과 영업 비밀의 공통점
④ 영업 비밀이 법적 보호 대상으로 인정받기 위한 절차
⑤ 이론적으로 지식 재산 보호의 최적 수준을 설정하는 기준

11 다음 중 윗글에서 밑줄 친 ㉠에 대한 설명으로 적절하지 않은 것은?

① 여러 국가에 자회사를 설립하는 것과 관련이 있다.

② 도입된 국가에서 ICT 다국적 기업이 거둔 수입에 대해 부과된다.

③ 지식 재산 보호와는 관련이 없다.

④ 법인세 감소에 대한 우려가 디지털세를 도입하게 된 배경이다.

⑤ ICT 다국적 기업의 본사를 많이 보유한 국가 중에는 디지털세 도입에 방어적인 곳이 있다.

12 다음 글을 통해 추론할 수 있는 내용으로 가장 적절한 것은?

사람의 눈은 지름 약 2.3cm의 크기로 앞쪽이 볼록 튀어나온 공처럼 생겼으며 탄력이 있다. 눈의 가장 바깥 부분은 흰색의 공막이 싸고 있으며 그 안쪽에 검은색의 맥락막이 있어 눈동자를 통해서만 빛이 들어가도록 되어 있다. 눈의 앞쪽은 투명한 각막으로 되어 있는데, 빛은 이 각막을 통과하여 그 안쪽에 있는 렌즈 모양의 수정체에 의해 굴절되어 초점이 맞추어져 망막에 상을 맺는다. 이 망막에는 빛의 자극을 받아들이는 시신경세포가 있다.

이 시신경세포는 원뿔 모양의 '원추세포'와 간상세포(桿狀細胞)로도 불리는 막대 모양의 '막대세포' 두 종류로 이루어진다. 원추세포는 눈조리개의 초점 부근 좁은 영역에 주로 분포되어 있으며, 그 세포 수는 막대세포에 비해 매우 적다. 이에 반해 막대세포는 망막 전체에 걸쳐 분포되어 있고 그 세포 수는 원추세포에 비해 매우 많다. 원추세포와 막대세포는 각각 다른 색깔의 빛에 민감한데, 원추세포는 파장이 500나노미터 부근의 빛(노랑)에, 막대세포는 파장이 560나노미터 부근의 빛(초록)에 가장 민감하다.

원추세포는 그 수가 많지 않으므로 우리 눈은 어두운 곳에서 색을 인식하는 능력은 많이 떨어지지만 밝은 곳에서는 제 기능을 잘 발휘하는데, 노란색 근처의 빛(붉은색 – 주황색 – 노란색 구간)이 특히 눈에 잘 띈다. 노란색이나 붉은색으로 경고나 위험 상황을 나타내는 것은 이 때문이다. 이 색들은 밝은 곳에서 눈에 잘 띄어 안전을 위해 효율적이지만 날이 어두워지면 무용지물이 될 수도 있다. 인간의 눈은 우리 주위에 가장 흔한 가시광선에 민감하도록 진화되어왔다고 할 수 있다. 즉, 우리 주위에 가장 흔하고 강한 노란빛에 민감하도록 진화해왔을 것이며, 따라서 우리가 노란색에 가장 민감함은 자연스러워 보인다. 그러나 시신경세포의 대부분은 막대세포들인데, 이 막대세포는 비타민 A에서 생긴 로돕신이라는 물질이 있어 빛을 감지할 수 있다. 로돕신은 빛을 받으면 분해되어 시신경을 자극하고, 이 자극이 대뇌에 전달되어 물체를 인식한다. 그 세포들은 비록 색을 인식하지는 못하지만, 초록색 빛을 더 민감하게 인식한다. 즉, 비록 색깔을 인식하지 못한다 할지라도 어두운 곳에서는 초록색 물체가 잘 보인다.

① 시신경세포의 로돕신이 시신경을 자극함으로써 물체의 색을 인식할 수 있다.

② 막대세포의 수보다 원추세포의 수가 많다면 밝은 곳에서도 초록색 물체가 잘 보일 것이다.

③ 눈조리개의 초점 부근 좁은 영역에 분포하는 세포는 막대 모양을 하고 있다.

④ 위험 지역에 노란색이나 붉은색의 경고등을 설치하는 것은 우리 눈의 막대세포의 수와 관련이 있다.

⑤ 어두운 터널 내에는 노란색의 경고 표지판보다 초록색의 경고 표지판을 설치하는 것이 더 효과적이다.

13 다음 글을 이해한 내용으로 적절하지 않은 것은?

> 언어도 인간처럼 생로병사의 과정을 겪는다. 언어 역시 새로 생겨나기도 하고 사멸 위기에 처하기도 하는 것이다.
>
> 하와이어도 사멸 위기를 겪었다. 하와이어의 포식 언어는 영어였다. 1778년 당시 80만 명에 달했던 하와이 원주민은 외부로부터 유입된 감기, 홍역 등의 질병과 정치·문화적 박해로 1900년에는 4만 명까지 감소했다. 당연히 하와이어의 사용자도 급감했다. 1898년에 하와이가 미국에 합병되면서부터 인구가 증가하였으나, 하와이어의 위상은 영어 공용어 교육 정책 시행으로 인하여 크게 위축되었다. 1978년부터 몰입식 공교육을 통한 하와이어 복원이 시도되고 있으나, 하와이어 모국어를 구사할 수 있는 원주민 수는 현재 1,000명 정도에 불과하다.
>
> 언어의 사멸은 급속도로 진행된다. 조사에 따르면 평균 2주에 1개 정도의 언어가 사멸하고 있다. 우비크, 쿠페뇨, 맹크스, 쿤월, 음바바람, 메로에, 컴브리아어 등이 사라진 언어이다. 이러한 상태라면 금세기 말까지 지구에 존재하는 언어 가운데 90%가 사라지게 될 것이라는 추산도 가능하다.

① 언어는 끊임없이 새로 생겨나고, 또 사라진다.

② 하와이는 미국에 합병된 후 인구가 증가하였다.

③ 하와이 원주민은 120여 년 사이에 인구가 약 $\frac{1}{20}$ 로 감소하였다.

④ 최근 미국의 교육 정책은 하와이어를 보존하기 위한 방향으로 변화되었다.

⑤ 하와이 원주민의 수는 1,900년 이후 100여 년 사이에 약 $\frac{1}{40}$ 로 감소하였다.

14 다음 사례에 나타난 A씨의 문제점으로 가장 적절한 것은?

> 안 좋은 일이 발생하면 항상 자신을 탓하는 편인 A씨는 친구가 약속 시간에 늦는 경우에도 "내가 빨리 나온 게 죄지."라고 말한다. 또한 A씨는 평소 사소한 실수에도 '죄송합니다.' '미안합니다.' 등의 표현을 입에 달고 산다. 다른 사람에 의해 발생한 실수에도 자신이 미안해하는 탓에 A씨를 잘 모르는 사람들은 A씨를 예의 바른 사람으로 평가한다. 그러나 A씨를 오랫동안 지켜본 사람들은 A씨의 그런 태도가 오히려 A씨의 이미지를 부정적으로 만들고 있다고 이야기한다.

① 무엇을 보든지 부정적으로 평가를 내린다.

② 상대의 말에 공감을 하지 않는다.

③ 낮은 자존감과 열등감으로 자기 자신을 대한다.

④ 자신의 대화 패턴을 제대로 이해하지 못한다.

⑤ 불필요한 어휘나 거부감을 주는 표현을 자주 사용한다.

15 다음 글을 이해한 내용으로 가장 적절한 것은?

> 2009년 미국의 설탕, 옥수수 시럽, 기타 천연당의 1인당 연평균 소비량은 140파운드로 독일, 프랑스보다 50%가 많았고, 중국보다는 9배가 많았다. 그런데 설탕이 비만을 야기하고 당뇨병 환자의 건강에 해롭다는 인식이 확산되면서 사카린과 같은 인공감미료의 수요가 증가하였다.
> 세계 최초의 인공감미료인 사카린은 1879년 미국 존스홉킨스대학에서 화학물질의 산화반응을 연구하다가 우연히 발견됐다. 당도가 설탕보다 약 500배 정도 높은 사카린은 대표적인 인공감미료로 체내에서 대사되지 않고 그대로 배출된다는 특징이 있다. 그런데 1977년 캐나다에서 쥐를 대상으로 한 사카린 실험 이후 유해성 논란이 촉발되었다. 사카린을 섭취한 쥐가 방광암에 걸렸기 때문이다. 그러나 사카린의 무해성을 입증한 다양한 연구결과로 인해 2001년 미국 FDA는 사카린을 다시 안전한 식품첨가물로 공식 인정하였고, 현재도 설탕의 대체재로 사용되고 있다.
> 아스파탐은 1965년 위궤양 치료제를 개발하던 중 우연히 발견된 인공감미료로 당도가 설탕보다 약 200배 높다. 그러나 아스파탐도 발암성 논란이 끊이지 않았다. 미국암협회가 안전하다고 발표했지만 이탈리아의 한 과학자가 쥐를 대상으로 한 실험에서 아스파탐이 암을 유발한다고 결론 내렸기 때문이다.

① 사카린과 아스파탐은 설탕보다 당도가 높고, 사카린은 아스파탐보다 당도가 높다.

② 사카린과 아스파탐은 모두 설탕을 대체하기 위해 거액을 투자해 개발한 인공감미료이다.

③ 사카린은 유해성 논란으로 현재 미국에서는 더는 식품첨가물로 사용되지 않고 있다.

④ 2009년 기준 중국의 설탕, 옥수수 시럽, 기타 천연당의 1인당 연평균 소비량은 20파운드 이상이었을 것이다.

⑤ 아스파탐은 암 유발 논란에 휩싸였지만, 2001년 미국 FDA로부터 안전한 식품첨가물로 처음 공식 인정받았다.

16 다음 글의 빈칸에 들어갈 내용으로 가장 적절한 것은?

몰랐지만 넘겨짚어 시험의 정답을 맞힌 경우와 제대로 알고 시험의 정답을 맞힌 경우를 구별할 수 있을까? 또 무작정 외워서 쓴 경우와 제대로 이해하고 쓴 경우는 어떤가? 전자와 후자는 서로 다르게 평가받아야 할까, 아니면 동등한 평가를 받아야 할까?

선택형 시험의 평가는 오로지 답안지에 표기된 선택지가 정답과 일치하는가의 여부에만 달려 있다. 이는 위의 첫 번째 물음이 항상 긍정으로 대답되지는 않으리라는 사실을 말해준다. 그러나 만일 시험관에게 답안지를 놓고 응시자와 면담할 기회가 주어진다면, 시험관은 응시자에게 정답지를 선택한 근거를 물음으로써 그가 문제에 관해 올바른 정보와 추론 능력을 가지고 있는지 검사할 수 있을 것이다. 예를 들어 한 응시자가 '대한민국의 수도가 어디냐'는 물음에 대해 '서울'이라고 답했다고 하자. 그렇게 답한 이유가 단지 '부모님이 사시는 도시라 이름이 익숙해서'였을 뿐, 정작 대한민국의 지리나 행정에 관해서는 아는 바 없다는 사실이 면접을 통해 드러났다고 하자. 이 경우에 시험관은 이 응시자가 대한민국의 수도에 관한 올바른 정보를 갖고 있다고 인정하기 어려울 것이다. 이 예는 응시자가 올바른 답을 제시하는 데 필요한 정보가 부족한 경우이다.

그렇다면 어떤 사람이 문제의 올바른 답을 추론해내는 데 필요한 모든 정보를 갖고 있었고 실제로도 정답을 제시했다고 해서, 그가 문제에 대한 올바른 추론 능력을 가지고 있다고 할 수 있는가? 어느 도난사건을 함께 조사한 홈즈와 왓슨이 사건의 모든 구체적인 세부사항, 예컨대 범행 현장에서 발견된 흙발자국의 토양 성분뿐 아니라 올바른 결론을 내리는 데 필요한 모든 일반적 정보, 예컨대 영국의 지역별 토양의 성분에 관한 정보 등을 똑같이 갖고 있었고, 실제로 동일한 용의자를 범인으로 지목했다고 하자. 이 경우 두 사람의 추론을 동등하게 평가해야 하는가? 그렇지 않다.

예컨대 왓슨은 모든 정보를 완비하고 있었음에도 불구하고, 이름에 모음의 수가 가장 적다는 엉터리 이유로 범인을 지목했다고 하자. 이런 경우에도 우리는 왓슨의 추론에 박수를 보낼 수 있을까? 아니다. 왜냐하면 _____

① 왓슨은 일반적으로 타당한 개인적 경험을 토대로 추론했기 때문이다.
② 왓슨은 올바른 추론의 방법을 알고 있음에도 불구하고 요행을 우선시했기 때문이다.
③ 왓슨은 추론에 필요한 전문적인 훈련을 받지 못해서 범인을 잘못 골랐기 때문이다.
④ 왓슨은 올바른 추론에 필요한 정보를 가지고 있긴 했지만 그 정보와 무관하게 범인을 지목했기 때문이다.
⑤ 왓슨은 올바른 추론에 필요한 논리적 능력은 갖추고 있음에도 불구하고 범인을 추론하는 데 필요한 관련 정보가 부족했기 때문이다.

17 A씨는 공기업 취업스터디에서 평소 입사하고 싶었던 K공사를 맡아 분석하기로 하였고, K공사의 친환경 활동에 대한 내용을 간략히 적어 발표하려고 한다. 다음 중 A씨가 정리한 글의 주제로 적절하지 않은 것은?

> 변전소 주거용 복합건물은 전자계에 의한 인체 영향 논란이 지속되는 현실에서 국민에게 전자계에 대한 올바른 정보를 제공하고 전력설비에 대한 새로운 인식을 심어주고자 도심 내에서 혐오시설로 인식되는 변전소를 지하에 배치시키고 그 위에 K공사 직원을 위한 아파트를 건설하는 사업입니다. 실제 주거용 복합건물의 전자계를 측정한 결과 우리가 일상생활에서 늘 사용하는 냉장고, TV 같은 가전제품과 비교해도 현저히 낮은 수치가 발생하는 것이 입증되었습니다. K공사는 앞으로 환경, 사람, 지역과 조화를 이루는 전력설비 건설을 계속 추진해 나갈 계획입니다.
> 현재 지중에 설치된 맨홀은 배수시설이 없고 오염물이 유입되어 대부분의 맨홀이 심각하게 오염되었으며 청소과정에서 주변지역으로 배출되기 때문에 주변환경오염에 심각한 원인이 될 수 있습니다. 이에 맨홀에서 발생하는 오수를 정화하여 방류하기 위해서 당사에서는 맨홀청소와 오수처리 작업이 동시에 가능한 장비를 개발하였습니다. 장비의 개발로 인하여 기존 작업의 문제점을 해결하였고, 작업시간의 단축을 실현하였으며, 기존 인력작업으로 인한 경제적 손실을 장비의 활용으로 개선하고, 작업의 효율성을 증대하였습니다. 본 장비의 현장적용으로 작업자의 안전, 도로결빙, 차량정체, 민원발생 등 여러 문제점을 해결할 수 있을 것입니다.
> 기존의 전주는 회색콘크리트가 자연경관과 조화를 이루지 못하여 경관을 해치는 혐오시설로 인식되어 왔습니다. 이러한 인식을 불식시키고자 자연경관에 조화를 이루도록 녹색, 적갈색의 천연광물로 만든 도료로 색칠하여 환경친화적인 전주를 만들었습니다. 앞으로도 K공사는 환경과 조화를 이루는 전력설비 건설을 계속 추진해 나갈 계획입니다.
> 서울 시내에 지상에 설치되어 있는 기기(변압기, 개폐기)에 대하여 주민들의 이설 및 설치 반대 민원이 증가하고 있습니다. 이에 K공사의 이미지를 압축한 지상기기 설치로 고객친화 홍보효과를 제고하기 위하여 기존의 특성과 기능을 유지한 채 미관을 고려한 새로운 외함을 개발하게 되었습니다. 이를 통하여 도심경관에서도 사랑받을 수 있는 설비가 되도록 지속적으로 디자인을 개발하고 확대 보급할 예정입니다.
> 가공송전선로 건설공사의 철탑을 설치하기 위하여 필요한 건설 자재는 운반용 자재 운반로를 개설하여 시공하는 것이 경제적이며 일반적으로 적용하는 공법이나, 이로 인한 산림의 훼손이 불가피함에 따라 친환경적인 시공법에 대한 도입이 적극적으로 요구되고 있습니다. K공사는 산림자원 및 자연환경 보전에 대한 인식확산에 따라 가공송전선로 건설공사 시공 시 산림의 형질변경을 최소화하고자 삭도 및 헬기를 이용하여 공사용 자재를 운반함으로써 산림자원 보전에 기여하고 있습니다.

① 친환경 주거용 복합변전소 건설
② 배전용 맨홀 청소 및 오수 처리장비 개발
③ 환경친화 칼라전주 개발 사용
④ 도심미관을 해치는 지상기기의 최소화
⑤ 삭도 및 헬기를 이용한 공사용 자재 운반

18 다음 글에 대한 반론으로 가장 적절한 것은?

> 법과 정의의 관계는 법학의 고전적인 과제 가운데 하나이다. 때와 장소에 관계없이 누구에게나 보편적으로 받아들여질 수 있는 정의롭고 도덕적인 법을 떠올리게 되는 것은 자연스러운 일이다. 전통적으로 이런 법을 '자연법'이라 부르며 논의해 왔다. 자연법은 인위적으로 제정되는 것이 아니라 인간의 경험에 앞서 존재하는 본질적인 것으로서 신의 법칙이나 우주의 질서, 또는 인간 본성에 근원을 둔다. 특히 인간의 본성에 깃든 이성, 다시 말해 참과 거짓, 선과 악을 분별할 수 있는 인간만의 자질은 자연법을 발견해 낼 수 있는 수단이 된다.
>
> 서구 중세의 신학에서는 자연법을 인간 이성에 새겨진 신의 법이라고 이해하여 종교적 권위를 중시하였다. 이후 근대의 자연법 사상에서는 신학의 의존으로부터 독립하여 자연법을 오직 이성으로써 확인할 수 있다고 보았다. 이런 경향을 열었다고 할 수 있는 그로티우스(1583~1645)는 중세의 전통을 수용하면서도 인간 이성에 따른 자연법의 기초를 확고히 하였다. 그는 이성을 통해 확인되고 인간 본성에 합치하는 법 규범은 자연법이자 신의 의지라고 말하면서, 이 자연법은 신도 변경할 수 없는 본질적인 것이라고 주장하였다. 이성의 올바른 인도를 통해 다다르게 되는 자연법은 국가와 실정법을 초월하는 규범이라고 보았다.

① 자연법은 누구에게나 받아들여질 수 있어야 한다.
② 그로티우스는 실정법과 자연법을 구별하여 다뤘다.
③ 보통 인간만이 가지고 있는 자질이 자연법이 된다.
④ 근대부터 자연법을 신학으로부터 독립적으로 취급했다.
⑤ 자연법은 명확히 확정하기 어렵기 때문에 현실적으로 효력을 갖춘 실정법만을 법으로 인정해야 한다.

19 다음과 같이 일정한 규칙으로 수를 나열할 때, B−A의 값을 구하면?

A	15	10	13	20	15	18	25	B

① 8   ② 10
③ 12   ④ 13
⑤ 15

20 영채는 배를 타고 길이가 30km인 강을 배를 타고 이동하고자 한다. 강을 거슬러 올라가는 데 걸린 시간이 5시간이고 강물의 흐르는 방향과 같은 방향으로 내려가는 데 걸린 시간이 3시간일 때, 흐르지 않는 물에서의 배의 속력은?(단, 배와 강물의 속력은 일정하다)

① 4km/h   ② 6km/h

③ 8km/h   ④ 10km/h

⑤ 12km/h

21 다음은 A ~ D사의 남녀 직원 비율을 나타낸 자료이다. 이에 대한 설명으로 옳지 않은 것은?

〈회사별 남녀 직원 비율〉

(단위 : %)

구분	A사	B사	C사	D사
남직원	54	48	42	40
여직원	46	52	58	60

① 여직원 대비 남직원 비율이 가장 높은 회사는 A이며, 가장 낮은 회사는 D이다.

② B, C, D사의 여직원 수의 합은 남직원 수의 합보다 크다.

③ A사의 남직원이 B사의 여직원보다 많다.

④ A, B, C사의 전체 직원 수가 같다면 A, C사 여직원 수의 합은 B사 여직원 수의 2배이다.

⑤ A, B사의 전체 직원 중 남직원이 차지하는 비율이 52%라면 A사의 전체 직원 수는 B사 전체 직원 수의 2배이다.

22 다음은 A, B상품의 일 년 동안의 계절별 판매량을 나타낸 그래프이다. 이에 대한 설명으로 옳지 않은 것은?

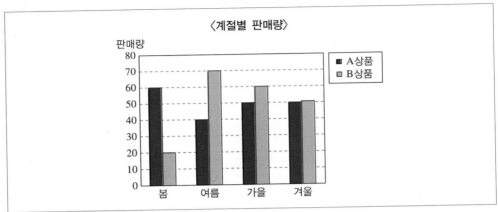

① A상품과 B상품의 연간 판매량은 모두 200 이상이다.
② A상품 판매량의 표준편차가 B상품보다 크다.
③ A상품과 B상품의 판매량의 합이 가장 적은 계절은 봄이다.
④ 두 상품의 판매량 차는 봄에서부터 시간이 지남에 따라 감소한다.
⑤ B상품은 여름에 잘 팔리는 물건이다.

23 다음은 2019년부터 2024년까지 A국의 인구성장률과 합계출산율에 대한 자료이다. 이에 대한 설명으로 옳지 않은 것은?

〈인구성장률〉

(단위 : %)

구분	2019년	2020년	2021년	2022년	2023년	2024년
인구성장률	0.53	0.46	0.63	0.53	0.45	0.39

〈합계출산율〉

(단위 : 명)

구분	2019년	2020년	2021년	2022년	2023년	2024년
합계출산율	1.297	1.187	1.205	1.239	1.172	1.052

※ 합계출산율 : 가임여성 1명이 평생 낳을 것으로 예상하는 평균 출생아 수

① A국 인구성장률은 2021년 이후로 계속해서 감소하고 있다.
② 2019년부터 2024년까지 인구성장률이 가장 낮았던 해는 합계출산율도 가장 낮았다.
③ 2020년부터 2024년까지 합계출산율과 인구성장률의 전년 대비 증감추세는 동일하다.
④ 2019년부터 2024년까지 인구성장률과 합계출산율이 두 번째로 높은 해는 2022년이다.
⑤ 2024년 인구성장률은 2021년 대비 40% 이상 감소하였다.

24 다음은 연도별 관광통역 안내사 자격증 취득현황 자료이다. 이에 대한 설명으로 옳지 않은 것을 〈보기〉에서 모두 고르면?

〈연도별 관광통역 안내사 자격증 취득현황〉

(단위 : 명)

취득연도	영어	일어	중국어	불어	독어	스페인어	러시아어	베트남어	태국어
2024년	464	153	1,418	6	3	3	6	5	15
2023년	344	137	1,963	7	3	4	5	5	17
2022년	379	266	2,468	3	1	4	6	15	35
2021년	238	244	1,160	3	4	3	4	4	8
2020년	166	278	698	2	3	2	3	–	12
2019년	156	357	370	2	2	1	5	1	4
합계	1,747	1,435	8,077	23	16	17	29	30	91

보기

ㄱ. 영어와 스페인어 관광통역 안내사 자격증 취득자는 2020년부터 2024년까지 매년 증가하였다.
ㄴ. 중국어 관광통역 안내사 자격증 취득자는 2022년부터 2024년까지 매년 일어 관광통역 안내사 자격증 취득자의 8배 이상이다.
ㄷ. 태국어 관광통역 안내사 자격증 취득자 수 대비 베트남어 관광통역 안내사 자격증 취득자 수 비율은 2021년부터 2023년까지 매년 증가하였다.
ㄹ. 불어 관광통역 안내사 자격증 취득자 수와 스페인어 관광통역 안내사 자격증 취득자 수는 2020년부터 2024년까지 전년 대비 증감추이가 동일하다.

① ㄱ
② ㄱ, ㄷ
③ ㄴ, ㄹ
④ ㄱ, ㄷ, ㄹ
⑤ ㄴ, ㄷ, ㄹ

25 A씨는 미디어 매체별 이용자 분포 자료를 토대로 보고서에 추가할 그래프를 제작하였다. 완성된 보고서를 상사에게 제출하였는데, 그래프 중에서 잘못된 것이 있다고 피드백을 받았다. 이를 참고하여 그래프를 검토할 때, 다음 중 수정이 필요한 것은 무엇인가?

〈미디어 매체별 이용자 분포〉

(단위 : %)

구분		TV	스마트폰	PC / 노트북
사례 수		7,000명	6,000명	4,000명
성별	남자	49.4	51.7	51.9
	여자	50.6	48.3	48.1
연령	10대	9.4	11.2	13.0
	20대	14.1	18.7	20.6
	30대	17.1	21.1	23.0
	40대	19.1	22.2	22.6
	50대	18.6	18.6	15.0
	60세 이상	21.7	8.2	5.8
직업	사무직	20.1	25.6	28.2
	서비스직	14.8	16.6	14.9
	생산직	20.3	17.0	13.4
	학생	13.2	16.8	19.4
	주부	20.4	17.8	18.4
	기타	0.6	0.6	0.6
	무직	10.6	5.6	5.1
소득	상	31.4	35.5	38.2
	중	45.1	49.7	48.8
	하	23.5	14.8	13.0
도시 규모	대도시	45.3	47.5	49.5
	중소도시	37.5	39.6	39.3
	군지역	17.2	12.9	11.2

① 연령대별 스마트폰 이용자 수(단위 : 명)

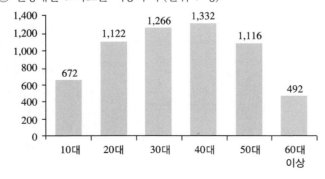

② 성별 매체이용자 수(단위 : 명)

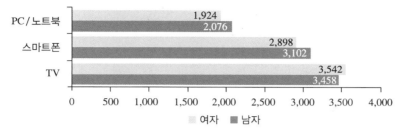

③ 매체별 소득수준 구성비

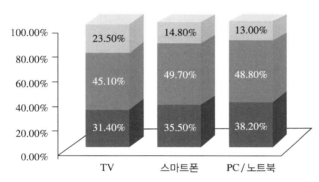

④ TV+스마트폰 이용자의 도시규모별 구성비

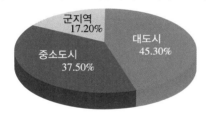

⑤ 사무직 이용자의 매체별 구성비

26 다음은 4개 지역별 여객 및 화물과 운항 현황에 대한 통계 자료이다. 이에 대한 설명으로 옳은 것은?

〈지역별 여객 및 화물 현황〉

(단위 : 명, 톤)

지역명	여객			화물		
	도착	출발	합계	도착	출발	합계
일본	3,661,457	3,683,674	7,345,131	49,302.60	49,812.30	99,114.90
미주	222	107	329	106.7	18.4	125.1
동남아	2,785,258	2,757,248	5,542,506	36,265.70	40,503.50	76,769.20
중국	1,884,697	1,834,699	3,719,396	25,217.60	31,315.80	56,533.40

〈지역별 운항 현황〉

(단위 : 편)

지역명	운항편수		
	도착	출발	합계
일본	21,425	21,433	42,858
미주	5	1	6
동남아	16,713	16,705	33,418
중국	12,427	12,446	24,873

① 중국 국제선의 출발 여객 1명당 출발 화물량은 도착 여객 1명당 도착 화물량보다 적다.

② 미주 국제선의 전체 화물 중 도착 화물이 차지하는 비중은 90%를 초과한다.

③ 동남아 국제선의 도착 운항 1편당 도착 화물량은 2톤 이상이다.

④ 중국 국제선의 도착 운항편수는 일본 국제선의 도착 운항편수의 70% 이상이다.

⑤ 각 국가의 전체 화물 중 도착 화물이 차지하는 비중은 동남아 국제선이 일본 국제선보다 높다.

27 다음은 2015 ~ 2024년 범죄별 발생건수에 대한 자료이다. 이에 대한 설명으로 옳은 것은?

〈2015 ~ 2024년 범죄별 발생건수〉

(단위 : 천 건)

구분	2015년	2016년	2017년	2018년	2019년	2020년	2021년	2022년	2023년	2024년
사기	282	272	270	266	242	235	231	234	241	239
절도	366	356	371	354	345	319	322	328	348	359
폭행	139	144	148	149	150	155	161	158	155	156
방화	5	4	2	1	2	5	2	4	5	3
살인	3	11	12	13	13	15	16	12	11	14

① 2015 ~ 2024년 동안 범죄별 발생건수의 순위는 매년 동일하다.

② 2015 ~ 2024년 동안 발생한 방화의 총 발생건수는 3만 건 미만이다.

③ 2016 ~ 2024년의 전년 대비 사기 범죄건수 증감추이는 폭행의 경우와 반대이다.

④ 2017년 전체 범죄 발생건수 중 절도가 차지하는 비율은 50% 이상이다.

⑤ 2015년 대비 2024년 전체 범죄 발생건수 감소율은 5% 이상이다.

28 다음은 2020 ~ 2024년 K국의 사회간접자본(SOC) 투자규모에 대한 자료이다. 이에 대한 설명으로 옳지 않은 것은?(단, 소수점 둘째 자리에서 반올림한다)

〈K국의 사회간접자본(SOC) 투자규모〉

(단위 : 조 원, %)

구분＼연도	2020년	2021년	2022년	2023년	2024년
SOC 투자규모	20.5	25.4	25.1	24.4	23.1
총지출 대비 SOC 투자규모 비중	7.8	8.4	8.6	7.9	6.9

① 2024년 총지출은 300조 원 이상이다.

② 2021년 SOC 투자규모의 전년 대비 증가율은 30% 이하이다.

③ 2021 ~ 2024년 동안 SOC 투자규모가 전년에 비해 가장 큰 비율로 감소한 해는 2024년이다.

④ 2021 ~ 2024년 동안 SOC 투자규모와 총지출 대비 SOC 투자규모 비중의 전년 대비 증감방향은 동일하다.

⑤ 2025년 SOC 투자규모의 전년 대비 감소율이 2024년과 동일하다면, 2025년 SOC 투자규모는 20조 원 이상이다.

29 다음은 K대학교의 전공별 졸업 후 취업률에 대한 자료이다. 이를 나타낸 그래프로 옳은 것은?

〈전공별 졸업자 취업률 현황〉

(단위 : %)

구분	2019년	2020년	2021년	2022년	2023년	2024년
사진·만화	35.7	38.2	34.1	39.2	43.2	41.0
예체능교육	40.1	48.5	45.7	43.1	42.0	45.2
응용미술	28.7	35.1	36.8	39.6	42.0	40.2
공예	44.8	45.1	42.3	40.2	41.4	44.1
무용	38.5	40.6	41.0	35.2	37.8	29.7
조형	22.5	29.4	31.5	35.7	34.5	30.3
연극영화	30.4	33.7	31.6	35.9	34.8	35.6
순수미술	28.6	28.4	30.6	31.4	32.1	32.2
성악	35.5	36.7	35.8	32.2	31.6	26.8
작곡	37.0	35.2	36.4	32.9	31.1	25.1
국악	23.4	27.8	26.7	28.9	30.7	35.1
기악	21.4	23.5	28.4	25.9	26.3	19.0
음악학	26.5	24.1	27.3	28.0	28.9	21.8
기타음악	30.1	34.2	32.7	30.4	29.0	26.5

① 사진·만화, 예체능교육, 무용, 조형, 연극영화 전공 연도별 취업률(단위 : %)

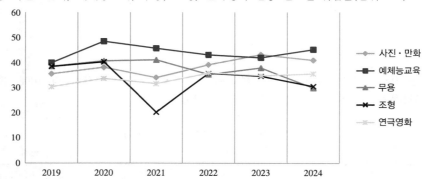

② 순수미술, 성악, 작곡, 국악, 기악, 음악학, 기타음악 전공 2019 ~ 2022년 취업률(단위 : %)

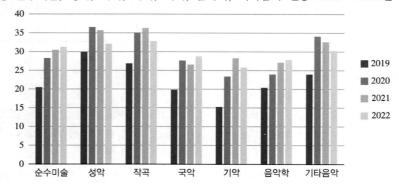

③ 2023 ~ 2024년 전공별 취업률(단위 : %)

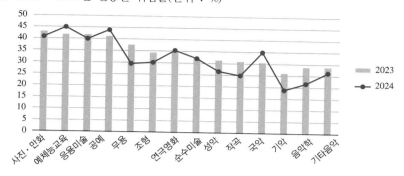

④ 응용미술, 연극영화, 순수미술, 성악, 작곡, 국악, 기악 전공 2019 ~ 2021년 취업률(단위 : %)

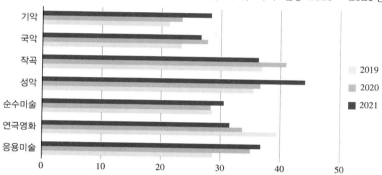

⑤ 공예, 무용, 조형, 성악, 작곡, 국악, 기악 전공 2021~2024년 누적취업률(단위 : %)

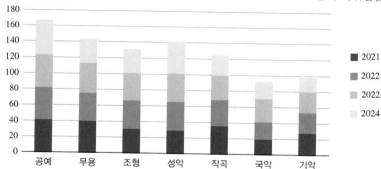

30 길이가 1cm씩 일정하게 길어지는 사각형 n개의 넓이를 모두 더하면 $255cm^2$가 된다. n개의 사각형을 연결했을 때 전체 둘레는?(단, 정사각형의 길이는 자연수이다)

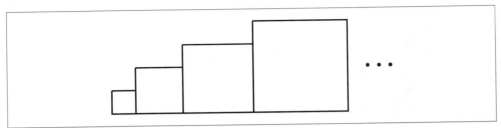

① 80cm

② 84cm

③ 88cm

④ 92cm

⑤ 96cm

31 K브랜드 공기청정기는 공기가 한 번 통과될 때마다 공기 속에 들어 있는 미세먼지를 30%씩 걸러낸다고 한다. 미세먼지 10g이 포함된 공기를 이 공기청정기에 6번 통과시킬 때, 걸러지는 미세먼지의 양은 모두 몇 g인가?(단, $0.7^6 = 0.118$로 계산한다)

① 8.80g

② 8.82g

③ 8.84g

④ 8.86g

⑤ 8.88g

32 다음은 2005년과 2024년 한국, 중국, 일본의 재화 수출액 및 수입액 자료이고, 무역수지와 무역특화지수에 대한 설명이다. 이에 대한 설명으로 옳은 것을 〈보기〉에서 모두 고르면?

〈한국, 중국, 일본의 재화 수출액 및 수입액〉

(단위 : 억 달러)

연도	재화	한국 수출액	한국 수입액	중국 수출액	중국 수입액	일본 수출액	일본 수입액
2005년	원자재	578	832	741	1,122	905	1,707
	소비재	117	104	796	138	305	847
	자본재	1,028	668	955	991	3,583	1,243
2024년	원자재	2,015	3,232	5,954	9,172	2,089	4,760
	소비재	138	375	4,083	2,119	521	1,362
	자본재	3,444	1,549	12,054	8,209	4,541	2,209

〈용어 정의〉

- (무역수지)=(수출액)−(수입액)
  - 무역수지 값이 양(+)이면 흑자, 음(−)이면 적자이다.
- (무역특화지수)=$\dfrac{(\text{수출액})-(\text{수입액})}{(\text{수출액})+(\text{수입액})}$
  - 무역특화지수의 값이 클수록 수출경쟁력이 높다.

보기

ㄱ. 2024년 한국, 중국, 일본 각각에서 원자재 무역수지는 적자이다.
ㄴ. 2024년 한국의 원자재, 소비재, 자본재 수출액은 2005년에 비해 각각 50% 이상 증가하였다.
ㄷ. 2024년 자본재 수출경쟁력은 일본이 한국보다 높다.

① ㄱ
② ㄴ
③ ㄱ, ㄴ
④ ㄱ, ㄷ
⑤ ㄴ, ㄷ

33 다음은 갑 ~ 병 통신사의 스마트폰 소매가격 및 평가점수 자료이다. 이에 대한 설명으로 옳은 것을 〈보기〉에서 모두 고르면?

〈통신사별 스마트폰의 소매가격 및 평가점수〉

(단위 : 달러, 점)

통신사	스마트폰	소매가격	평가항목					종합품질 점수
			화질	내비게이션	멀티미디어	배터리 수명	통화성능	
갑	A	150	3	3	3	3	1	13
	B	200	2	2	3	1	2	( )
	C	200	3	3	3	1	1	( )
을	D	180	3	3	3	2	1	( )
	E	100	2	3	3	2	1	11
	F	70	2	1	3	2	1	( )
병	G	200	3	3	3	2	2	( )
	H	50	3	2	3	2	1	( )
	I	150	3	2	2	3	2	12

※ 스마트폰의 종합품질점수는 해당 스마트폰의 평가항목별 평가점수의 합임

보기

ㄱ. 소매가격이 200달러인 스마트폰 중 종합품질점수가 가장 높은 스마트폰은 C이다.

ㄴ. 소매가격이 가장 낮은 스마트폰은 종합품질점수도 가장 낮다.

ㄷ. 통신사 각각에 대해서 해당 통신사 스마트폰의 통화성능 평가점수의 평균을 계산하여 통신사별로 비교하면 병이 가장 높다.

ㄹ. 평가항목별로 스마트폰 A ~ I 평가점수의 합을 계산하여 비교하면 멀티미디어가 가장 높다.

① ㄱ

② ㄷ

③ ㄱ, ㄴ

④ ㄴ, ㄹ

⑤ ㄷ, ㄹ

34 다음은 상수도 구역에 따라 수질 오염정도를 나타낸 자료이다. 이에 대한 설명으로 옳은 것은?

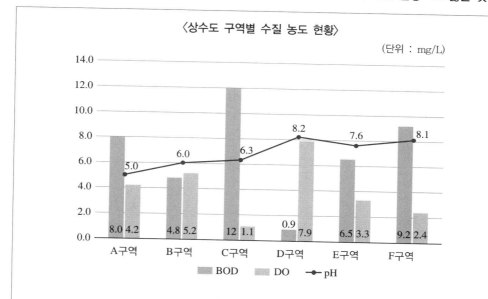

〈상수도 구역별 수질 농도 현황〉
(단위 : mg/L)

〈수질 등급 기준〉

등급	매우 좋음	좋음	약간 좋음	보통	약간 나쁨	나쁨	매우 나쁨
	1a	1b	2	3	4	5	6
DO(mg/L)	7.5 이상	5.0 이상			2.0 이상		2.0 미만
BOD(mg/L)	1 이하	2 이하	3 이하	5 이하	8 이하	10 이하	10 초과
pH	6.5 ~ 8.5				6.0 ~ 8.5		

※ DO, BOD, pH의 수치를 모두 충족하는 등급으로 결정됨
※ DO는 용존산소량, BOD는 생화학적 산소요구량을 말함

① BOD농도가 5mg/L 이하인 상수도 구역 중 3등급은 하나이다.
② pH가 가장 높은 구역의 등급은 '매우 좋음'이다.
③ 상수도 구역에서 등급이 '약간 나쁨' 또는 '나쁨'인 구역은 두 곳이다.
④ 수질 기준은 DO와 BOD의 농도가 높을수록 좋은 등급을 받는다.
⑤ 수소이온농도가 낮을수록 수질 등급은 '매우 좋음'에 가까워진다.

35 K공장에서 제조하는 볼트의 일련번호는 다음과 같이 구성된다. 일련번호는 형태 – 허용압력 – 직경 – 재질 – 용도 순으로 표시할 때, 직경이 14mm이고, 자동차에 쓰이는 스테인리스 볼트의 일련번호로 옳은 것은?

형태	나사형	육각	팔각	별
	SC	HX	OT	ST
허용압력(kg/cm^2)	10 ~ 20	21 ~ 40	41~60	61 이상
	L	M	H	P
직경(mm)	8	10	12	14
	008	010	012	014
재질	플라스틱	크롬 도금	스테인리스	티타늄
	P	CP	SS	Ti
용도	항공기	선박	자동차	일반
	A001	S010	M110	E100

① SCP014TiE100
② OTH014SSS010
③ STM012CPM110
④ HXL014SSM110
⑤ SCM012TiM110

36 자선 축구대회에 한국, 일본, 중국, 미국 대표팀이 초청되었다. 각 팀은 다음 〈조건〉에 따라 월요일부터 금요일까지 서울, 수원, 인천, 대전 경기장을 돌아가며 사용한다고 할 때, 옳지 않은 것은?

> **조건**
> • 각 경기장에는 한 팀씩 연습하며 연습을 쉬는 팀은 없다.
> • 모든 팀은 모든 구장에서 적어도 한 번 이상 연습을 해야 한다.
> • 외국에서 온 팀의 첫 훈련은 공항에서 가까운 수도권 지역에 배정한다.
> • 이동거리 최소화를 위해 각 팀은 한 번씩 경기장 한 곳을 두 번 연속해서 사용해야 한다.
> • 미국은 월요일, 화요일에 수원에서 연습을 한다.
> • 목요일에 인천에서는 아시아 팀이 연습을 할 수 없다.
> • 금요일에 중국은 서울에서, 미국은 대전에서 연습을 한다.
> • 한국은 인천에서 연속으로 연습을 한다.
> ※ 수도권은 서울, 수원, 인천을 말함

① 목요일, 금요일에 연속으로 같은 지역에서 연습하는 팀은 없다.
② 수요일에 대전에서는 일본이 연습을 한다.
③ 대전에서는 한국, 중국, 일본, 미국의 순서로 연습을 한다.
④ 한국은 화요일, 수요일에 같은 지역에서 연습을 한다.
⑤ 미국과 일본은 한 곳을 연속해서 사용하는 날이 같다.

37 K카드사는 신규 카드의 출시를 앞두고 카드 사용 시 고객에게 혜택을 제공하는 제휴 업체를 선정하기 위해 A ~ E업체에 대해 평가하였다. 다음 중 A ~ E업체의 평가 결과에 대한 설명으로 옳은 것은?

〈신규 카드 제휴 후보 업체 평가 결과〉

기준 업체	제공 혜택	혜택 제공 기간 (카드 사용일로부터)	선호도 점수	동일 혜택을 제공하는 카드 수
A마트	배송 요청 시 배송비 면제	12개월	7.5	7
B서점	서적 구매 시 10% 할인	36개월	8.2	11
C통신사	매월 통신요금 10% 할인	24개월	9.1	13
D주유소	주유 금액의 10% 포인트 적립	12개월	4.5	4
E카페	음료 구매 시 15% 할인	24개월	7.6	16

- 선호도 점수 : 기존 이용 고객들이 혜택별 선호도에 따라 부여한 점수의 평균값으로, 높은 점수일수록 선호도가 높음을 의미한다.
- 동일 혜택을 제공하는 카드 수 : K사의 기존 카드를 포함한 국내 카드사의 카드 중 동일한 혜택을 제공하는 카드의 수를 의미하며, 카드 수가 많을수록 시장 내 경쟁이 치열하다.

① 동일 혜택을 제공하는 카드 수가 많은 업체일수록 혜택 제공 기간이 길다.
② 기존 이용 고객들이 가장 선호하는 혜택은 서적 구매 시 적용되는 요금 할인 혜택이다.
③ 시장 내 경쟁이 가장 치열한 업체와 제휴할 경우 해당 혜택을 2년간 제공한다.
④ 혜택 제공 기간이 가장 긴 업체는 선호도 점수도 가장 높다.
⑤ 매월 모든 업체가 부담해야 하는 혜택 비용이 동일하다면, 혜택에 대한 총 부담 비용이 가장 큰 업체는 D주유소이다.

38 다음 중 SWOT 분석에 대해 추론한 내용으로 가장 적절한 것은?

SWOT 분석에서 강점은 경쟁기업과 비교하여 소비자로부터 강점으로 인식되는 것이 무엇인지, 약점은 경쟁기업과 비교하여 소비자로부터 약점으로 인식되는 것이 무엇인지, 기회는 외부환경에서 유리한 기회요인은 무엇인지, 위협은 외부환경에서 불리한 위협요인은 무엇인지를 찾아내는 것이다. SWOT 분석의 가장 큰 장점은 기업의 내부 및 외부 환경의 변화를 동시에 파악할 수 있다는 것이다.

① 제품의 우수한 품질은 SWOT 분석의 기회 요인으로 볼 수 있다.
② 초고령화 사회는 실버산업에 있어 기회 요인으로 볼 수 있다.
③ 기업의 비효율적인 업무 프로세스는 SWOT 분석의 위협 요인으로 볼 수 있다.
④ 살균제 달걀 논란은 빵집에게 있어 약점 요인으로 볼 수 있다.
⑤ 근육운동 열풍은 헬스장에게 있어 강점 요인으로 볼 수 있다.

39 K통신사는 Y카드사와 제휴카드를 출시하고자 한다. 제휴카드별 정보가 다음과 같을 때, 이에 대한 설명으로 옳은 것은?

〈제휴카드 출시위원회 심사 결과〉

기준 제휴카드	제공혜택	동종 혜택을 제공하는 타사 카드 개수	연간 예상필요자본 규모	신규가입 시 혜택 제공가능 기간
A카드	교통 할인	8개	40억 원	12개월
B카드	K통신사 통신요금 할인	3개	25억 원	24개월
C카드	제휴 레스토랑 할인	없음	18억 원	18개월
D카드	제휴보험사 보험료 할인	2개	11억 원	24개월

① 교통 할인을 제공하는 카드를 출시하는 경우 시장에서의 경쟁이 가장 치열할 것으로 예상된다.
② B카드를 출시하는 경우가 D카드를 출시하는 경우에 비해 자본 동원이 수월할 것이다.
③ 제휴 레스토랑 할인을 제공하는 카드를 출시하는 경우 신규가입 혜택 제공을 가장 길게 받는다.
④ 신규가입 시 혜택 제공가능 기간이 길수록 동종 혜택분야에서의 현재 카드사 간 경쟁이 치열하다.
⑤ 연간 예상필요자본규모가 작을수록, 신규가입 시 혜택 제공가능 기간이 길수록 출시 가능성이 크다면, B카드의 출시가능성이 가장 높을 것이다.

40 다음 〈조건〉을 토대로 추론했을 때, 5층에 있는 부서는?(단, 한 층에 한 부서씩 있다)

> **조건**
> • 기획조정실의 층수에서 경영지원실의 층수를 빼면 3이다.
> • 보험급여실은 경영지원실 바로 위층에 있다.
> • 급여관리실은 빅데이터운영실보다는 아래층에 있다.
> • 빅데이터운영실과 보험급여실 사이에는 두 층이 있다.
> • 경영지원실은 가장 아래층이다.

① 빅데이터운영실
② 보험급여실
③ 경영지원실
④ 기획조정실
⑤ 급여관리실

41 다음은 의류 생산공장의 생산 코드 부여 방식에 대한 자료이다. 〈보기〉에 해당하지 않는 생산 코드는 무엇인가?

〈의류 생산 코드〉

- 생산 코드 부여 방식

  [종류] – [색상] – [제조일] – [공장지역] – [수량] 순으로 16자리이다.

- 종류

티셔츠	스커트	청바지	원피스
OT	OH	OJ	OP

- 색상

검정색	붉은색	푸른색	노란색	흰색	회색
BK	RD	BL	YL	WH	GR

- 제조일

해당연도	월	일
마지막 두 자리 숫자 예 2025 → 25	01 ~ 12	01 ~ 31

- 공장지역

서울	수원	전주	창원
475	869	935	753

- 수량

100벌 이상 150벌 미만	150장 이상 200벌 미만	200장 이상 250벌 미만	250장 이상	50벌 추가 생산
aaa	aab	aba	baa	ccc

〈예시〉

– 2025년 5월 13일에 수원 공장에서 검정색 청바지 170벌을 생산하였다.
– 청바지 생산 코드 : OJBK – 250513 – 869aab

보기

㉠ 2021년 12월 4일에 붉은색 스커트를 창원 공장에서 120벌 생산했다.
㉡ 추가로 회색 티셔츠 50벌을 서울 공장에서 2022년 1월 24일에 생산했다.
㉢ 푸른색 원피스는 2022년 7월 5일 창원 공장에서 227벌 생산되었다.
㉣ 전주 공장에서 흰색 청바지 265벌을 납품일(2022년 7월 23일) 전날에 생산했다.
㉤ 티셔츠와 스커트를 노란색으로 178벌씩 수원 공장에서 2022년 4월 30일에 생산했다.

① OPGR – 220124 – 475ccc
② OJWH – 220722 – 935baa
③ OHRD – 211204 – 753aaa
④ OHYL – 220430 – 869aab
⑤ OPBL – 220705 – 753aba

42 다음은 자동차 등록번호 부여방법과 K사 직원들의 자동차 등록번호이다. 〈보기〉 중 자동차 등록번호가 잘못 부여된 것은 모두 몇 개인가?(단, K사 직원들의 자동차는 모두 비사업용 승용차이다)

〈자동차 등록번호 부여방법〉

- 차량종류 – 차량용도 – 일련번호 순으로 부여한다.
- 차량종류별 등록번호

승용차	승합차	화물차	특수차	긴급차
100 ~ 699	700 ~ 799	800 ~ 979	980 ~ 997	998 ~ 999

- 차량용도별 등록번호

구분	문자열
비사업용 (32개)	가, 나, 다, 라, 마 거, 너, 더, 러, 머, 버, 서, 어, 저 고, 노, 도, 로, 모, 보, 소, 오, 조 구, 누, 두, 루, 무, 부, 수, 우, 주
운수사업용	바, 사, 아, 자
택배사업용	배
렌터카	하, 허, 호

- 일련번호
  1000 ~ 9999 숫자 중 임의 발급

보기

- 680 더 3412
- 521 버 2124
- 431 사 3019
- 531 서 9898
- 501 라 4395
- 421 저 2031
- 241 가 0291
- 670 로 3502
- 702 나 2838
- 431 구 3050
- 600 루 1920
- 912 라 2034
- 321 우 3841
- 214 하 1800
- 450 무 8402
- 531 고 7123

① 3개
② 4개
③ 5개
④ 6개
⑤ 7개

43 다음 글과 상황을 토대로 판단할 때, K복지관에 채용될 2명의 후보자를 모두 고르면?

K복지관은 청소년업무 담당자 2명을 채용하고자 한다. 청소년 업무 담당자들은 심리상담, 위기청소년지원, 진학지도, 지역안전망구축 등 4가지 업무를 수행해야 한다. 채용되는 2명은 서로 다른 업무를 맡아 4가지 업무를 빠짐없이 분담해야 한다.

4가지 업무에 관련된 직무역량으로는 의사소통역량, 대인관계역량, 문제해결역량, 정보수집역량, 자원관리역량 등 5가지가 있다. 각 업무를 수행하기 위해서는 반드시 해당 업무에 필요한 직무역량을 모두 갖춰야 한다. 아래는 이를 표로 정리한 것이다.

업무	필요 직무역량
심리 상담	의사소통역량, 대인관계역량
위기청소년지원	의사소통역량, 문제해결역량
진학지도	문제해결역량, 정보수집역량
지역안전망구축	대인관계역량, 자원관리역량

〈상황〉

· K복지관의 채용후보자는 4명(갑, 을, 병, 정)이며, 각 채용 후보자는 5가지 직무역량 중 3가지씩을 갖추고 있다.
· 자원관리역량은 병을 제외한 모든 채용 후보자가 갖추고 있다.
· 정이 진학지도 업무를 제외한 모든 업무를 수행하려면, 의사소통역량만 추가로 갖추면 된다.
· 갑은 심리 상담 업무를 수행할 수 있고, 을과 병은 진학지도 업무를 수행할 수 있다.
· 대인관계역량을 갖춘 채용 후보자는 2명이다.

① 갑, 을
② 갑, 병
③ 을, 병
④ 을, 정
⑤ 병, 정

44 다음은 분식점에 대한 SWOT 분석 결과이다. 이에 대한 대응 방안으로 옳은 것은?

S(강점)	W(약점)
• 좋은 품질의 재료만 사용 • 청결하고 차별화된 이미지	• 타 분식점에 비해 한정된 메뉴 • 배달서비스를 제공하지 않음
O(기회)	T(위협)
• 분식점 앞에 곧 학교가 들어설 예정 • 최근 TV프로그램 섭외 요청을 받음	• 프랜차이즈 분식점들로 포화상태 • 저렴한 길거리 음식으로 취급하는 경향이 있음

① ST전략 : 비싼 재료들을 사용하여 가격을 올려 저렴한 길거리 음식이라는 인식을 바꾼다.

② WT전략 : 다른 분식점들과 차별화된 전략을 유지하기 위해 배달서비스를 시작한다.

③ SO전략 : TV프로그램에 출연해 좋은 품질의 재료만 사용한다는 점을 부각시킨다.

④ WO전략 : TV프로그램 출연용으로 다양한 메뉴를 일시적으로 개발한다.

⑤ WT전략 : 포화 상태의 시장에서 살아남기 위해 다른 가게보다 저렴한 가격으로 판매한다.

45 K공사 A ~ J직원은 교육을 받기 위해 지역본부로 이동해야 한다. 다음 〈조건〉에 따라 여러 대의 차량으로 나누어 탑승할 때, 차량 배치로 가장 적절한 것은?

> **조건**
> • 이용할 수 있는 차량은 총 3대이다.
> • A와 B는 함께 탑승할 수 없다.
> • C와 H는 함께 탑승해야 한다.
> • B가 탑승하는 차량에는 총 4명이 탑승한다.
> • F와 I가 함께 한 차에 탑승하면, H와 D도 또 다른 한 차에 함께 탑승한다.
> • G나 J는 A와 함께 탑승한다.
> • 3명, 3명, 4명으로 나누어 탑승한다.

① (C, E, H), (A, F, I), (B, D, G, J)

② (A, E, J), (B, C, D, H), (F, G, I)

③ (A, F, H, J), (C, D, I), (B, E, G)

④ (C, D, H), (F, I, J), (A, B, E, G)

⑤ (B, E, F), (A, C, G, H), (D, I, J)

46 K가게에서 오픈 행사로 50개의 에코백을 준비하였는데, 색깔이 다른 5종류의 에코백을 선착순으로 고객에게 한 개씩 증정한다. 다음의 정보가 모두 참일 때, 〈보기〉에서 옳지 않은 것을 모두 고르면?

〈정보〉

- 에코백의 색깔은 청록색, 베이지색, 검정색, 주황색, 노란색이다.
- 고객 설문조사 결과 에코백 색깔 선호도는 다음과 같고, 1위 색깔의 에코백은 전체 개수의 40%, 2위는 20% 이상 30% 이하로 준비한다.

(단위 : 명)

청록색	베이지색	검정색	주황색	노란색
22	124	65	29	30

- 3 ~ 5위 색깔의 에코백은 각각 6개 이상 준비한다.

보기

ㄱ. 검정색 에코백 10개를 준비했을 때, 경우의 수는 6가지이다.
ㄴ. 베이지색과 검정색 에코백의 개수의 합은 최대 35개이다.
ㄷ. 3 ~ 5위 색깔의 에코백은 최소 18개를 준비해야한다.
ㄹ. 오픈 행사로 준비하는 에코백이 가능한 경우는 총 12가지이다.

① ㄱ, ㄴ   ② ㄴ, ㄹ
③ ㄷ, ㄹ   ④ ㄱ, ㄴ, ㄷ
⑤ ㄴ, ㄷ, ㄹ

※ K회사에서는 다음과 같이 농촌인력중개센터를 운영하고 있다. 이어지는 질문에 답하시오. [47~49]

K회사 농촌인력중개센터는 농촌에 유·무상 인력을 종합하여 중개합니다. 일자리 참여자와 자원봉사자에게 는 맞춤형 일자리를 공급하고 농업인(구인농가)에게는 꼭 필요한 일손을 찾아드립니다.
• 자원봉사자의 경우 구인농가에서 원하는 보수와 상관없이 중개할 수 있습니다.
• 농촌인력 중개 후 K회사에서는 구인농가에는 현장실습교육비를 지원하고, 일자리 참여자(자원봉사자 제 외)에게는 교통비와 숙박비를 제공합니다. 현장실습교육비를 작업 기간 중 최대 3일간 인력 1인당 2만 원 씩 지급하고, 교통비는 작업 기간 중 일당 5천 원, 숙박비는 작업 기간 일수에서 하루를 제외하고 일당 2만 원씩 제공합니다.
• 한 사람당 농가 한 곳만 배정받는다.

〈구인농가별 세부사항〉

농가	작업	필요인력(명)	작업 기간	지역	보수
A	고추 수확 작업	1	2024.08.28 ~ 2024.09.02	경기	일당 10만 원
B	감자 파종 작업	2	2024.03.20 ~ 2024.03.21	강원	일당 10만 원
C	모내기 작업	2	2024.05.27 ~ 2024.05.28	경기	일당 20만 원
D	양파 파종 작업	1	2024.08.25.	전북	일당 8만 원
E	고구마 수확 작업	1	2024.10.03 ~ 2024.10.08	충남	일당 15만 원

〈농촌 신청 인력〉

1. 일자리 참여자

성명	연령	희망 작업	작업 가능 기간	희망 지역	희망 보수
김정현	만 35세	파종 작업	2024년 8월	없음	일당 8만 원 이상
박소리	만 29세	없음	2024년 5월	경기	일당 10만 원 이상
이진수	만 38세	없음	2024년 7 ~ 9월	없음	일당 5만 원 이상
김동혁	만 31세	수확 작업	2024년 10월	충남	일당 10만 원 이상
한성훈	만 25세	파종 작업	2024년 3 ~ 4월	없음	일당 8만 원 이상

2. 자원봉사자

성명	연령	희망 작업	봉사 가능 기간	희망 지역
서수민	만 23세	수확 작업	2024년 3월	경기
최영재	만 28세	모내기 작업	2024년 4 ~ 6월	없음

47 다음 중 원하는 인력을 모두 공급받기 어려운 농가는 어디인가?

① A농가
② B농가
③ C농가
④ D농가
⑤ E농가

48 다음 중 농촌인력 중개 후 가장 많은 보수를 지급해야 하는 농가는 어디인가?(단, 원하는 인력을 모두 공급받지 못했더라도 공급받은 인력에게는 보수를 지급한다)

① A농가
② B농가
③ C농가
④ D농가
⑤ E농가

49 다음 중 농촌인력 중개 후 K회사에서 구인농가와 일자리 참여자에게 지원할 금액은 총 얼마인가?
(단, 원하는 인력을 모두 공급받지 못했더라도 공급받은 인력만큼의 금액을 지원한다)

① 21.5만 원
② 25.4만 원
③ 48.4만 원
④ 58.5만 원
⑤ 61.5만 원

50 영희는 회사 앞의 K빌라에 혼자 살고 있다. 빌라는 A동과 B동으로 각각 5층이며, 층별로 3호까지 있다(1호, 2호, 3호). 또한 빌라에 거주하고 있는 1인 가구는 4가구(남자 2, 여자 2), 2인 가구는 3가구(노부부, 중년부부, 신혼부부), 3인 가구는 1가구, 4인 가구는 1가구이며, 같은 층에 사는 총인원은 5명을 넘지 않는다. 다음 〈조건〉을 참고할 때, 이에 대한 설명으로 옳지 않은 것은?(단, A동 5층 3호와 B동 1층 2호는 사정상 창고로 사용하고 있다)

> **조건**
> • 여고를 졸업하고 취업 준비를 위해 혼자 상경한 은희는 영희와 학교 동창이고, 혼자 사는 영희의 옆집에 산다.
> • A동에 사는 총인원은 11명으로, B동에 사는 총인원보다 5명 더 많다.
> • 부부와 아들 한 명이 사는 집은 부부와 아들과 딸이 사는 집 바로 아래에 있다.
> • 일주일 전에 결혼한 신혼부부인 희수는 4층에 살고 있으며, 같은 층 이웃은 없다.
> • 1인 가구 남자들은 모두 B동에 산다.
> • 노부부는 1층에 살고 있으며, 같은 층에는 총 4명이 산다.
> • A동 5층에는 1인 가구 여자들이 산다.

① 희수는 A동에 산다.
② 4인 가구와 3인 가구가 정확하게 몇 호에 사는지는 알 수 없다.
③ 노부부와 중년부부는 B동에 산다.
④ A동에는 중년부부가 산다.
⑤ B동에 사는 인원의 성비를 비교했을 때, 남자가 여자의 2배이다.

51 다음 중 한국철도공사법령상 등기신청서의 첨부서류가 아닌 것은?

① 공사의 설립등기의 경우에는 공사의 정관을 증명하는 서류

② 하부조직의 설치등기의 경우에는 하부조직의 설치를 증명하는 서류

③ 이전등기의 경우에는 주된 사무소 또는 하부조직의 이전을 증명하는 서류

④ 공사의 설립등기의 경우에는 공사의 자본금 납입액 및 임원자격을 증명하는 서류

⑤ 대리 · 대행인이 권한이 제한된 때에는 그 선임 · 변경 또는 해임이 대리 · 대행의 규정에 의한 것임을 증명하는 서류

52 다음은 철도사업법상 부가 운임의 징수에 대한 설명이다. 빈칸에 들어갈 내용을 순서대로 나열한 것은?

> • 철도사업자는 열차를 이용하는 여객이 정당한 운임 · 요금을 지급하지 아니하고 열차를 이용한 경우에는 승차 구간에 해당하는 운임 외에 그의 _____의 범위에서 부가 운임을 징수할 수 있다.
> • 철도사업자로부터 부가 운임 징수 산정기준과 철도사업약관을 신고받은 국토교통부장관은 신고를 받은 날부터 _____ 이내에 신고 수리 여부를 신고인에게 통지하여야 한다.

① 10배, 3일   ② 20배, 3일

③ 30배, 3일   ④ 40배, 5일

⑤ 50배, 5일

53 다음 중 철도산업발전기본법상 철도산업발전기본계획의 내용으로 옳은 것은?

① 철도산업구조개혁에 관한 중요정책 사항

② 철도운영체계의 개선에 관한 사항

③ 철도안전과 철도운영에 관한 중요정책 사항

④ 철도산업의 육성 · 발전에 관한 중요정책 사항

⑤ 철도시설관리자와 철도운영자 간 상호협력 및 조정에 관한 사항

54 다음은 한국철도공사법상 손익금의 처리에 대한 설명이다. 빈칸에 공통으로 들어갈 내용은?

> 한국철도공사는 매 사업연도 결산 결과 이익금이 생기면 다음 각 호의 순서로 처리하여야 한다.
> 1. 이월결손금의 보전(補塡)
> 2. 자본금의 2분의 1이 될 때까지 이익금의 _____ 이상을 이익준비금으로 적립
> 3. 자본금과 같은 액수가 될 때까지 이익금의 _____ 이상을 사업확장적립금으로 적립
> 4. 국고에 납입

① 10분의 2   ② 10분의 3
③ 10분의 4   ④ 20분의 5
⑤ 20분의 7

55 다음 중 철도사업법상 점용허가를 받지 않고 철도시설을 점용한 자에 대한 변상금액은?

① 점용료의 100분의 10
② 점용료의 100분의 50
③ 점용료의 100분의 100
④ 점용료의 100분의 110
⑤ 점용료의 100분의 120

56 다음 중 철도산업발전기본법령상 실무위원회에 대한 설명으로 옳지 않은 것은?

① 위원장을 포함한 20인 이내의 위원으로 구성한다.
② 실무위원회의 간사는 국토교통부장관이 국토교통부 소속 공무원 중에서 지명한다.
③ 국가철도공단의 임직원 중 국가철도공단 이사장이 지명하는 사람은 위원이 될 수 있다.
④ 철도산업위원회에서 위임한 사항의 실무적인 검토를 위하여 위원회에 실무위원회를 둔다.
⑤ 한국철도공사의 임직원 중 한국철도공사 사장이 지명한 위원의 임기는 2년으로 하되, 연임할 수 있다.

57 다음 중 한국철도공사법령상 대리 · 대행인의 선임등기 사항이 아닌 것은?

① 대리 · 대행인의 성명

② 대리 · 대행인의 주소

③ 대리 · 대행인을 둔 주된 사무소

④ 대리 · 대행인의 주민등록번호

⑤ 대리 · 대행인의 권한 제한 내용

58 다음 중 철도사업법령상 전용철도 등록사항의 경미한 변경사유가 아닌 것은?

① 임원을 변경한 경우(법인에 한함)

② 운행시간을 연장 혹은 단축한 경우

③ 운행횟수를 단축 혹은 연장한 경우

④ 10분의 1의 범위 안에서 철도차량 대수를 변경한 경우

⑤ 1년의 범위 안에서 전용철도 건설기간을 조정한 경우

59 다음은 철도산업발전기본법의 목적이다. 빈칸에 들어갈 내용으로 옳은 것은?

> 철도산업발전기본법은 철도산업의 경쟁력을 높이고 발전기반을 조성함으로써 철도산업의 _____의 향상과 국민경제의 발전에 이바지함을 목적으로 한다.

① 효과성 및 공정성   ② 신속성 및 공익성

③ 효율성 및 편익성   ④ 효율성 및 공익성

⑤ 편리성 및 신속성

60 다음 중 철도산업발전기본법령상 철도시설관리자와 철도운영자가 특정노선 폐지 등의 승인신청서를 제출할 때의 첨부서류로 옳은 것은?

① 승인신청 사유

② 과거 10년 동안의 공익서비스비용의 전체규모

③ 향후 3년 동안의 1일 평균 철도서비스 수요에 대한 전망

④ 과거 6월 이상의 기간 동안의 1달 평균 철도서비스 수요

⑤ 과거 5년 이상의 기간 동안의 수입 · 비용 및 영업손실액에 관한 회계보고서

MEMO

PART5

채용 가이드

블라인드 채용 소개

1. 블라인드 채용이란?

채용 과정에서 편견이 개입되어 불합리한 차별을 야기할 수 있는 출신지, 가족관계, 학력, 외모 등의 편견요인은 제외하고, 직무능력만을 평가하여 인재를 채용하는 방식입니다.

2. 블라인드 채용의 필요성

- 채용의 공정성에 대한 사회적 요구
  - 누구에게나 직무능력만으로 경쟁할 수 있는 균등한 고용기회를 제공해야 하나, 아직도 채용의 공정성에 대한 불신이 존재
  - 채용상 차별금지에 대한 법적 요건이 권고적 성격에서 처벌을 동반한 의무적 성격으로 강화되는 추세
  - 시민의식과 지원자의 권리의식 성숙으로 차별에 대한 법적 대응 가능성 증가
- 우수인재 채용을 통한 기업의 경쟁력 강화 필요
  - 직무능력과 무관한 학벌, 외모 위주의 선발로 우수인재 선발기회 상실 및 기업경쟁력 약화
  - 채용 과정에서 차별 없이 직무능력중심으로 선발한 우수인재 확보 필요
- 공정한 채용을 통한 사회적 비용 감소 필요
  - 편견에 의한 차별적 채용은 우수인재 선발을 저해하고 외모·학벌 지상주의 등의 심화로 불필요한 사회적 비용 증가
  - 채용에서의 공정성을 높여 사회의 신뢰수준 제고

3. 블라인드 채용의 특징

편견요인을 요구하지 않는 대신 직무능력을 평가합니다.

※ 직무능력중심 채용이란?
기업의 역량기반 채용, NCS기반 능력중심 채용과 같이 직무수행에 필요한 능력과 역량을 평가하여 선발하는 채용방식을 통칭합니다.

4. 블라인드 채용의 평가요소

직무수행에 필요한 지식, 기술, 태도 등을 과학적인 선발기법을 통해 평가합니다.

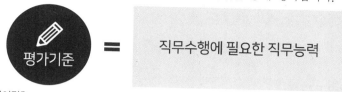

※ 과학적 선발기법이란?
   직무분석을 통해 도출된 평가요소를 서류, 필기, 면접 등을 통해 체계적으로 평가하는 방법으로 입사지원서, 자기소개서, 직무수행능력평가, 구조화 면접 등이 해당됩니다.

5. 블라인드 채용 주요 도입 내용

- 입사지원서에 인적사항 요구 금지
  - 인적사항에는 출신지역, 가족관계, 결혼여부, 재산, 취미 및 특기, 종교, 생년월일(연령), 성별, 신장 및 체중, 사진, 전공, 학교명, 학점, 외국어 점수, 추천인 등이 해당
  - 채용 직무를 수행하는 데 있어 반드시 필요하다고 인정될 경우는 제외
    예 특수경비직 채용 시 : 시력, 건강한 신체 요구
       연구직 채용 시 : 논문, 학위 요구 등
- 블라인드 면접 실시
  - 면접관에게 응시자의 출신지역, 가족관계, 학교명 등 인적사항 정보 제공 금지
  - 면접관은 응시자의 인적사항에 대한 질문 금지

6. 블라인드 채용 도입의 효과성

- 구성원의 다양성과 창의성이 높아져 기업 경쟁력 강화
  - 편견을 없애고 직무능력 중심으로 선발하므로 다양한 직원 구성 가능
  - 다양한 생각과 의견을 통하여 기업의 창의성이 높아져 기업경쟁력 강화
- 직무에 적합한 인재선발을 통한 이직률 감소 및 만족도 제고
  - 사전에 지원자들에게 구체적이고 상세한 직무요건을 제시함으로써 허수 지원이 낮아지고, 직무에 적합한 지원자 모집 가능
  - 직무에 적합한 인재가 선발되어 직무이해도가 높아져 업무효율 증대 및 만족도 제고
- 채용의 공정성과 기업이미지 제고
  - 블라인드 채용은 사회적 편견을 줄인 선발 방법으로 기업에 대한 사회적 인식 제고
  - 채용과정에서 불합리한 차별을 받지 않고 실력에 의해 공정하게 평가를 받을 것이라는 믿음을 제공하고, 지원자들은 평등한 기회와 공정한 선발과정 경험

01 채용공고문

1. 채용공고문의 변화

기존 채용공고문	변화된 채용공고문
• 취업준비생에게 불충분하고 불친절한 측면 존재 • 모집분야에 대한 명확한 직무관련 정보 및 평가기준 부재 • 해당분야에 지원하기 위한 취업준비생의 무분별한 스펙 쌓기 현상 발생	• NCS 직무분석에 기반한 채용공고를 토대로 채용전형 진행 • 지원자가 입사 후 수행하게 될 업무에 대한 자세한 정보 공지 • 직무수행내용, 직무수행 시 필요한 능력, 관련된 자격, 직업기초능력 제시 • 지원자가 해당 직무에 필요한 스펙만을 준비할 수 있도록 안내
• 모집부문 및 응시자격 • 지원서 접수 • 전형절차 • 채용조건 및 처우 • 기타사항	• 채용절차 • 채용유형별 선발분야 및 예정인원 • 전형방법 • 선발분야별 직무기술서 • 우대사항

2. 지원 유의사항 및 지원요건 확인

채용 직무에 따른 세부사항을 공고문에 명시하여 지원자에게 적격한 지원 기회를 부여함과 동시에 채용과정에서의 공정성과 신뢰성을 확보합니다.

구성	내용	확인사항
모집분야 및 규모	고용형태(인턴 계약직 등), 모집분야, 인원, 근무지역 등	채용직무가 여러 개일 경우 본인이 해당되는 직무의 채용규모 확인
응시자격	기본 자격사항, 지원조건	지원을 위한 최소자격요건을 확인하여 불필요한 지원을 예방
우대조건	법정·특별·자격증 가점	본인의 가점 여부를 검토하여 가점 획득을 위한 사항을 사실대로 기재
근무조건 및 보수	고용형태 및 고용기간, 보수, 근무지	본인이 생각하는 기대수준에 부합하는지 확인하여 불필요한 지원을 예방
시험방법	서류·필기·면접전형 등의 활용방안	전형방법 및 세부 평가기법 등을 확인하여 지원전략 준비
전형일정	접수기간, 각 전형 단계별 심사 및 합격자 발표일 등	본인의 지원 스케줄을 검토하여 차질이 없도록 준비
제출서류	입사지원서(경력·경험기술서 등), 각종 증명서 및 자격증 사본 등	지원요건 부합 여부 및 자격 증빙서류 사전에 준비
유의사항	임용취소 등의 규정	임용취소 관련 법적 또는 기관 내부 규정을 검토하여 해당여부 확인

02　직무기술서

직무기술서란 직무수행의 내용과 필요한 능력, 관련 자격, 직업기초능력 등을 상세히 기재한 것으로 입사 후 수행하게 될 업무에 대한 정보가 수록되어 있는 자료입니다.

1. 채용분야

설명

NCS 직무분류 체계에 따라 직무에 대한 「대분류 – 중분류 – 소분류 – 세분류」 체계를 확인할 수 있습니다. 채용 직무에 대한 모든 직무기술서를 첨부하게 되며 실제 수행 업무를 기준으로 세부적인 분류정보를 제공합니다.

채용분야	분류체계			
사무행정	대분류	중분류	소분류	세분류
분류코드	02. 경영·회계·사무	03. 재무·회계	01. 재무	01. 예산
				02. 자금
			02. 회계	01. 회계감사
				02. 세무

2. 능력단위

설명

직무분류 체계의 세분류 하위능력단위 중 실질적으로 수행할 업무의 능력만 구체적으로 파악할 수 있습니다.

능력단위	(예산)	03. 연간종합예산수립 04. 추정재무제표 작성 05. 확정예산 운영 06. 예산실적 관리
	(자금)	04. 자금운용
	(회계감사)	02. 자금관리 04. 결산관리 05. 회계정보시스템 운용 06. 재무분석 07. 회계감사
	(세무)	02. 결산관리 05. 부가가치세 신고 07. 법인세 신고

3. 직무수행내용

설명

세분류 영역의 기본정의를 통해 직무수행내용을 확인할 수 있습니다. 입사 후 수행할 직무내용을 구체적으로 확인할 수 있으며, 이를 통해 입사서류 작성부터 면접까지 직무에 대한 명확한 이해를 바탕으로 자신의 희망직무 인지 아닌지, 해당 직무가 자신이 알고 있던 직무가 맞는지 확인할 수 있습니다.

직무수행내용	(예산) 일정기간 예상되는 수익과 비용을 편성, 집행하며 통제하는 일
	(자금) 자금의 계획 수립, 조달, 운용을 하고 발생 가능한 위험 관리 및 성과평가
	(회계감사) 기업 및 조직 내·외부에 있는 의사결정자들이 효율적인 의사결정을 할 수 있도록 유용한 정보를 제공, 제공된 회계정보의 적정성을 파악하는 일
	(세무) 세무는 기업의 활동을 위하여 주어진 세법범위 내에서 조세부담을 최소화시키는 조세전략을 포함하고 정확한 과세소득과 과세표준 및 세액을 산출하여 과세당국에 신고·납부하는 일

4. 직무기술서 예시

태도	(예산) 정확성, 분석적 태도, 논리적 태도, 타 부서와의 협조적 태도, 설득력
	(자금) 분석적 사고력
	(회계 감사) 합리적 태도, 전략적 사고, 정확성, 적극적 협업 태도, 법률준수 태도, 분석적 태도, 신속성, 책임감, 정확한 판단력
	(세무) 규정 준수 의지, 수리적 정확성, 주의 깊은 태도
우대 자격증	공인회계사, 세무사, 컴퓨터활용능력, 변호사, 워드프로세서, 전산회계운용사, 사회조사분석사, 재경관리사, 회계관리 등
직업기초능력	의사소통능력, 문제해결능력, 자원관리능력, 대인관계능력, 정보능력, 조직이해능력

5. 직무기술서 내용별 확인사항

항목	확인사항
모집부문	해당 채용에서 선발하는 부문(분야)명 확인 예 사무행정, 전산, 전기
분류체계	지원하려는 분야의 세부직무군 확인
주요기능 및 역할	지원하려는 기업의 전사적인 기능과 역할, 산업군 확인
능력단위	지원분야의 직무수행에 관련되는 세부업무사항 확인
직무수행내용	지원분야의 직무군에 대한 상세사항 확인
전형방법	지원하려는 기업의 신입사원 선발전형 절차 확인
일반요건	교육사항을 제외한 지원 요건 확인(자격요건, 특수한 경우 연령)
교육요건	교육사항에 대한 지원요건 확인(대졸 / 초대졸 / 고졸 / 전공 요건)
필요지식	지원분야의 업무수행을 위해 요구되는 지식 관련 세부항목 확인
필요기술	지원분야의 업무수행을 위해 요구되는 기술 관련 세부항목 확인
직무수행태도	지원분야의 업무수행을 위해 요구되는 태도 관련 세부항목 확인
직업기초능력	지원분야 또는 지원기업의 조직원으로서 근무하기 위해 필요한 일반적인 능력사항 확인

1. 입사지원서의 변화

기존지원서		능력중심 채용 입사지원서
직무와 관련 없는 학점, 개인신상, 어학점수, 자격, 수상경력 등을 나열하도록 구성	VS	해당 직무수행에 꼭 필요한 정보들을 제시할 수 있도록 구성

기존지원서 항목		능력중심 채용 항목	
직무기술서	→	인적사항	성명, 연락처, 지원분야 등 작성 (평가 미반영)
직무수행내용		교육사항	직무지식과 관련된 학교교육 및 직업교육 작성
요구지식 / 기술		자격사항	직무관련 국가공인 또는 민간자격 작성
관련 자격증		경력 및 경험사항	조직에 소속되어 일정한 임금을 받거나(경력) 임금 없이(경험) 직무와 관련된 활동 내용 작성
사전직무경험			

2. 교육사항

• 지원분야 직무와 관련된 학교 교육이나 직업교육 혹은 기타교육 등 직무에 대한 지원자의 학습 여부를 평가하기 위한 항목입니다.

• 지원하고자 하는 직무의 학교 전공교육 이외에 직업교육, 기타교육 등을 기입할 수 있기 때문에 전공 제한 없이 직업교육과 기타교육을 이수하여 지원이 가능하도록 기회를 제공합니다.

(기타교육 : 학교 이외의 기관에서 개인이 이수한 교육과정 중 지원직무와 관련이 있다고 생각되는 교육내용)

구분	교육과정(과목)명	교육내용	과업(능력단위)

PART 5

3. 자격사항

- 채용공고 및 직무기술서에 제시되어 있는 자격 현황을 토대로 지원자가 해당 직무를 수행하는 데 필요한 능력을 가지고 있는지를 평가하기 위한 항목입니다.
- 채용공고 및 직무기술서에 기재된 직무관련 필수 또는 우대자격 항목을 확인하여 본인이 보유하고 있는 자격사항을 기재합니다.

자격유형	자격증명	발급기관	취득일자	자격증번호

4. 경력 및 경험사항

- 직무와 관련된 경력이나 경험 여부를 표현하도록 하여 직무와 관련한 능력을 갖추었는지를 평가하기 위한 항목입니다.
- 해당 기업에서 직무를 수행함에 있어 필요한 사항만을 기록하게 되어 있기 때문에 직무와 무관한 스펙을 갖추지 않아도 됩니다.
- 경력 : 금전적 보수를 받고 일정기간 동안 일했던 경우
- 경험 : 금전적 보수를 받지 않고 수행한 활동

※ 기업에 따라 경력 / 경험 관련 증빙자료 요구 가능

구분	조직명	직위 / 역할	활동기간(년 / 월)	주요과업 / 활동내용

Tip

입사지원서 작성 방법

○ 경력 및 경험사항 작성
- 직무기술서에 제시된 지식, 기술, 태도와 지원자의 교육사항, 경력(경험)사항, 자격사항과 연계하여 개인의 직무역량에 대해 스스로 판단 가능

○ 인적사항 최소화
- 개인의 인적사항, 학교명, 가족관계 등을 노출하지 않도록 유의

부적절한 입사지원서 작성 사례
- 학교 이메일을 기입하여 학교명 노출
- 거주지 주소에 학교 기숙사 주소를 기입하여 학교명 노출
- 자기소개서에 부모님이 재직 중인 기업명, 직위, 직업을 기입하여 가족관계 노출
- 자기소개서에 석·박사 과정에 대한 이야기를 언급하여 학력 노출
- 동아리 활동에 대한 내용을 학교명과 더불어 언급하여 학교명 노출

1. 자기소개서의 변화

- 기존의 자기소개서는 지원자의 일대기나 관심 분야, 성격의 장·단점 등 개괄적인 사항을 묻는 질문으로 구성되어 지원자가 자신의 직무능력을 제대로 표출하지 못합니다.
- 능력중심 채용의 자기소개서는 직무기술서에 제시된 직업기초능력(또는 직무수행능력)에 대한 지원자의 과거 경험을 기술하게 함으로써 평가 타당도의 확보가 가능합니다.

1. 우리 회사와 해당 지원 직무분야에 지원한 동기에 대해 기술해 주세요.
2. 자신이 경험한 다양한 사회활동에 대해 기술해 주세요.
3. 지원 직무에 대한 전문성을 키우기 위해 받은 교육과 경험 및 경력사항에 대해 기술해 주세요.
4. 인사업무 또는 팀 과제 수행 중 발생한 갈등을 원만하게 해결해 본 경험이 있습니까? 당시 상황에 대한 설명과 갈등의 대상이 되었던 상대방을 설득한 과정 및 방법을 기술해 주세요.
5. 과거에 있었던 일 중 가장 어려웠던(힘들었었던) 상황을 고르고, 어떤 방법으로 그 상황을 해결했는지를 기술해 주세요.

자기소개서 작성 방법

① 자기소개서 문항이 묻고 있는 평가 역량 추측하기

예시
- 팀 활동을 하면서 갈등 상황 시 상대방의 니즈나 의도를 명확히 파악하고 해결하여 목표 달성에 기여했던 경험에 대해서 작성해 주시기 바랍니다.
- 다른 사람이 생각해내지 못했던 문제점을 찾고 이를 해결한 경험에 대해 작성해 주시기 바랍니다.

② 해당 역량을 보여줄 수 있는 소재 찾기(시간×역량 매트릭스)

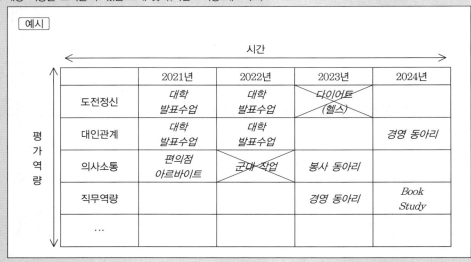

예시

		2021년	2022년	2023년	2024년
평가역량	도전정신	대학 발표수업	대학 발표수업	~~다이어트 (헬스)~~	
	대인관계	대학 발표수업	대학 발표수업		경영 동아리
	의사소통	편의점 아르바이트	~~군대 작업~~	봉사 동아리	
	직무역량			경영 동아리	Book Study
	…				

시간

③ 자기소개서 작성 Skill 익히기
- 두괄식으로 작성하기
- 구체적 사례를 사용하기
- '나'를 중심으로 작성하기
- 직무역량 강조하기
- 경험 사례의 차별성 강조하기

CHAPTER 03 인성검사 소개 및 모의테스트

01 인성검사 유형

인성검사는 지원자의 성격특성을 객관적으로 파악하고 그것이 각 기업에서 필요로 하는 인재상과 가치에 부합하는가를 평가하기 위한 검사입니다. 인성검사는 KPDI(한국인재개발진흥원), K-SAD(한국사회적성개발원), KIRBS(한국행동과학연구소), SHR(에스에이치알) 등의 전문기관을 통해 각 기업의 특성에 맞는 검사를 선택하여 실시합니다. 대표적인 인성검사의 유형에는 크게 다음과 같은 세 가지가 있으며, 채용 대행업체에 따라 달라집니다.

1. KPDI 검사

조직적응성과 직무적합성을 알아보기 위한 검사로 인성검사, 인성역량검사, 인적성검사, 직종별 인적성 검사 등의 다양한 검사 도구를 구현합니다. KPDI는 성격을 파악하고 정신건강 상태 등을 측정하고, 직무 검사는 해당 직무를 수행하기 위해 기본적으로 갖추어야 할 인지적 능력을 측정합니다. 역량검사는 특정 직무 역할을 효과적으로 수행하는 데 직접적으로 관련 있는 개인의 행동, 지식, 스킬, 가치관 등을 측정합니다.

2. KAD(Korea Aptitude Development) 검사

K-SAD(한국사회적성개발원)에서 실시하는 적성검사 프로그램입니다. 개인의 성향, 지적 능력, 기호, 관심, 흥미도를 종합적으로 분석하여 적성에 맞는 업무가 무엇인가 파악하고, 직무수행에 있어서 요구되는 기초능력과 실무능력을 분석합니다.

3. SHR 직무적성검사

직무수행에 필요한 종합적인 사고 능력을 다양한 적성검사(Paper and Pencil Test)로 평가합니다. SHR의 모든 직무능력검사는 표준화 검사입니다. 표준화 검사는 표본집단의 점수를 기초로 규준이 만들어진 검사이므로 개인의 점수를 규준에 맞추어 해석·비교하는 것이 가능합니다. S(Standardized Tests), H(Hundreds of Version), R(Reliable Norm Data)을 특징으로 하며, 직군·직급별 특성과 선발 수준에 맞추어 검사를 적용할 수 있습니다.

PART 5

인성검사는 특히 면접질문과 관련성이 높습니다. 면접관은 지원자의 인성검사 결과를 토대로 질문을 하기 때문입니다. 일관적이고 이상적인 답변을 하는 것이 가장 좋지만, 실제 시험은 매우 복잡하여 전문가라 해도 일정 성격을 유지하면서 답변을 하는 것이 힘듭니다. 또한, 인성검사에는 라이 스케일(Lie Scale) 설문이 전체 설문 속에 교묘하게 섞여 들어가 있으므로 겉치레적인 답을 하게 되면 회답태도의 허위성이 그대로 드러나게 됩니다. 예를 들어 '거짓말을 한 적이 한 번도 없다.'에 '예'로 답하고, '때로는 거짓말을 하기도 한다.'에 '예'라고 답하여 라이 스케일의 득점이 올라가게 되면 모든 회답의 신빙성이 사라지고 '자신을 돋보이게 하려는 사람'이라는 평가를 받을 수 있으므로 주의해야 합니다. 따라서 모의테스트를 통해 인성검사의 유형과 실제 시험 시 어떻게 문제를 풀어야 하는지 연습해 보고 체크한 부분 중 자신의 단점과 연결되는 부분은 면접에서 질문이 들어왔을 때 어떻게 대처해야 하는지 생각해 보는 것이 좋습니다.

03 유의사항

1. 기업의 인재상을 파악하라!

인성검사를 통해 개인의 성격 특성을 파악하고 그것이 기업의 인재상과 가치에 부합하는지를 평가하는 시험이기 때문에 해당 기업의 인재상을 먼저 파악하고 시험에 임하는 것이 좋습니다. 모의테스트에서 인재상에 맞는 가상의 인물을 설정하고 문제에 답해 보는 것도 많은 도움이 됩니다.

2. 일관성 있는 대답을 하라!

짧은 시간 안에 다양한 질문에 답을 해야 하는데, 그 안에는 중복되는 질문이 여러 번 나옵니다. 이때 앞서 자신이 체크했던 대답을 잘 기억해뒀다가 일관성 있는 답을 하는 것이 중요합니다.

3. 모든 문항에 대답하라!

많은 문제를 짧은 시간 안에 풀려다 보니 다 못 푸는 경우도 종종 생깁니다. 하지만 대답을 누락하거나 끝까지 다 못했을 경우 좋지 않은 결과를 가져올 수도 있으니 최대한 주어진 시간 안에 모든 문항에 답할 수 있도록 해야 합니다.

※ 모의테스트는 질문 및 답변 유형 연습을 위한 것으로 실제 시험과 다를 수 있습니다.
※ 인성검사는 정답이 따로 없는 유형의 검사이므로 결과지를 제공하지 않습니다.

번호	내용	예	아니요
001	나는 솔직한 편이다.	☐	☐
002	나는 리드하는 것을 좋아한다.	☐	☐
003	법을 어겨서 말썽이 된 적이 한 번도 없다.	☐	☐
004	거짓말을 한 번도 한 적이 없다.	☐	☐
005	나는 눈치가 빠르다.	☐	☐
006	나는 일을 주도하기보다는 뒤에서 지원하는 것을 선호한다.	☐	☐
007	앞일은 알 수 없기 때문에 계획은 필요하지 않다.	☐	☐
008	거짓말도 때로는 방편이라고 생각한다.	☐	☐
009	사람이 많은 술자리를 좋아한다.	☐	☐
010	걱정이 지나치게 많다.	☐	☐
011	일을 시작하기 전 재고하는 경향이 있다.	☐	☐
012	불의를 참지 못한다.	☐	☐
013	처음 만나는 사람과도 이야기를 잘 한다.	☐	☐
014	때로는 변화가 두렵다.	☐	☐
015	나는 모든 사람에게 친절하다.	☐	☐
016	힘든 일이 있을 때 술은 위로가 되지 않는다.	☐	☐
017	결정을 빨리 내리지 못해 손해를 본 경험이 있다.	☐	☐
018	기회를 잡을 준비가 되어 있다.	☐	☐
019	때로는 내가 정말 쓸모없는 사람이라고 느낀다.	☐	☐
020	누군가 나를 챙겨주는 것이 좋다.	☐	☐
021	자주 가슴이 답답하다.	☐	☐
022	나는 내가 자랑스럽다.	☐	☐
023	경험이 중요하다고 생각한다.	☐	☐
024	전자기기를 분해하고 다시 조립하는 것을 좋아한다.	☐	☐

PART 5

025	감시받고 있다는 느낌이 든다.	☐	☐
026	난처한 상황에 놓이면 그 순간을 피하고 싶다.	☐	☐
027	세상엔 믿을 사람이 없다.	☐	☐
028	잘못을 빨리 인정하는 편이다.	☐	☐
029	지도를 보고 길을 잘 찾아간다.	☐	☐
030	귓속말을 하는 사람을 보면 날 비난하고 있는 것 같다.	☐	☐
031	막무가내라는 말을 들을 때가 있다.	☐	☐
032	장래의 일을 생각하면 불안하다.	☐	☐
033	결과보다 과정이 중요하다고 생각한다.	☐	☐
034	운동은 그다지 할 필요가 없다고 생각한다.	☐	☐
035	새로운 일을 시작할 때 좀처럼 한 발을 떼지 못한다.	☐	☐
036	기분 상하는 일이 있더라도 참는 편이다.	☐	☐
037	업무능력은 성과로 평가받아야 한다고 생각한다.	☐	☐
038	머리가 맑지 못하고 무거운 느낌이 든다.	☐	☐
039	가끔 이상한 소리가 들린다.	☐	☐
040	타인이 내게 자주 고민상담을 하는 편이다.	☐	☐

※ 모의테스트는 질문 및 답변 유형 연습을 위한 것으로 실제 시험과 다를 수 있습니다.
※ 인성검사는 정답이 따로 없는 유형의 검사이므로 결과지를 제공하지 않습니다.

※ 이 성격검사의 각 문항에는 서로 다른 행동을 나타내는 네 개의 문장이 제시되어 있습니다. 이 문장들을 비교하여, 자신의 평소 행동과 가장 가까운 문장을 'ㄱ' 열에 표기하고, 가장 먼 문장을 'ㅁ' 열에 표기하십시오.

01 나는 _____

	ㄱ	ㅁ
A. 실용적인 해결책을 찾는다.	☐	☐
B. 다른 사람을 돕는 것을 좋아한다.	☐	☐
C. 세부 사항을 잘 챙긴다.	☐	☐
D. 상대의 주장에서 허점을 잘 찾는다.	☐	☐

02 나는 _____

	ㄱ	ㅁ
A. 매사에 적극적으로 임한다.	☐	☐
B. 즉흥적인 편이다.	☐	☐
C. 관찰력이 있다.	☐	☐
D. 임기응변에 강하다.	☐	☐

03 나는 _____

	ㄱ	ㅁ
A. 무서운 영화를 잘 본다.	☐	☐
B. 조용한 곳이 좋다.	☐	☐
C. 가끔 울고 싶다.	☐	☐
D. 집중력이 좋다.	☐	☐

04 나는 _____

	ㄱ	ㅁ
A. 기계를 조립하는 것을 좋아한다.	☐	☐
B. 집단에서 리드하는 역할을 맡는다.	☐	☐
C. 호기심이 많다.	☐	☐
D. 음악을 듣는 것을 좋아한다.	☐	☐

PART 5

05 나는 _____

	ㄱ	ㅁ
A. 타인을 늘 배려한다.	☐	☐
B. 감수성이 예민하다.	☐	☐
C. 즐겨하는 운동이 있다.	☐	☐
D. 일을 시작하기 전에 계획을 세운다.	☐	☐

06 나는 _____

	ㄱ	ㅁ
A. 타인에게 설명하는 것을 좋아한다.	☐	☐
B. 여행을 좋아한다.	☐	☐
C. 정적인 것이 좋다.	☐	☐
D. 남을 돕는 것에 보람을 느낀다.	☐	☐

07 나는 _____

	ㄱ	ㅁ
A. 기계를 능숙하게 다룬다.	☐	☐
B. 밤에 잠이 잘 오지 않는다.	☐	☐
C. 한 번 간 길을 잘 기억한다.	☐	☐
D. 불의를 보면 참을 수 없다.	☐	☐

08 나는 _____

	ㄱ	ㅁ
A. 종일 말을 하지 않을 때가 있다.	☐	☐
B. 사람이 많은 곳을 좋아한다.	☐	☐
C. 술을 좋아한다.	☐	☐
D. 휴양지에서 편하게 쉬고 싶다.	☐	☐

09 나는 _____

	ㄱ	ㅁ
A. 뉴스보다는 드라마를 좋아한다.	☐	☐
B. 길을 잘 찾는다.	☐	☐
C. 주말엔 집에서 쉬는 것이 좋다.	☐	☐
D. 아침에 일어나는 것이 힘들다.	☐	☐

10 나는 _____

	ㄱ	ㅁ
A. 이성적이다.	☐	☐
B. 할 일을 종종 미룬다.	☐	☐
C. 어른을 대하는 게 힘들다.	☐	☐
D. 불을 보면 매혹을 느낀다.	☐	☐

11 나는 _____

	ㄱ	ㅁ
A. 상상력이 풍부하다.	☐	☐
B. 예의 바르다는 소리를 자주 듣는다.	☐	☐
C. 사람들 앞에 서면 긴장한다.	☐	☐
D. 친구를 자주 만난다.	☐	☐

12 나는 _____

	ㄱ	ㅁ
A. 나만의 스트레스 해소 방법이 있다.	☐	☐
B. 친구가 많다.	☐	☐
C. 책을 자주 읽는다.	☐	☐
D. 활동적이다.	☐	☐

면접전형 가이드

01 면접 주요사항

1. 면접전형의 변화

기존 면접전형에서는 일상적이고 단편적인 대화나 지원자의 첫인상 및 면접관의 주관적인 판단 등에 의해서 입사 결정 여부를 판단하는 경우가 많았습니다. 이러한 면접전형은 면접 내용의 일관성이 결여되거나 직무 관련 타당성이 부족하였고, 면접에 대한 신뢰도에 영향을 주었습니다.

기존 면접(전통적 면접)		능력중심 채용 면접(구조화 면접)

• 일상적이고 단편적인 대화
• 인상, 외모 등 외부 요소의 영향
• 주관적인 판단에 의존한 총점 부여
 	
⇩
 	
• 면접 내용의 일관성 결여
• 직무관련 타당성 부족
• 주관적인 채점으로 신뢰도 저하
	VS	• 일관성
		  – 직무관련 역량에 초점을 둔 구체적 질문 목록
		  – 지원자별 동일 질문 적용
		• 구조화
		  – 면접 진행 및 평가 절차를 일정한 체계에 의해 구성
		• 표준화
		  – 평가 타당도 제고를 위한 평가 Matrix 구성
		  – 척도에 따라 항목별 채점, 개인 간 비교
		• 신뢰성
		  – 면접진행 매뉴얼에 따라 면접위원 교육 및 실습

2. 능력중심 채용의 면접 유형

① 경험 면접
- 목적 : 선발하고자 하는 직무 능력이 필요한 과거 경험을 질문합니다.
- 평가요소 : 직업기초능력과 인성 및 태도적 요소를 평가합니다.

② 상황 면접
- 목적 : 특정 상황을 제시하고 지원자의 행동을 관찰함으로써 실제 상황의 행동을 예상합니다.
- 평가요소 : 직업기초능력과 인성 및 태도적 요소를 평가합니다.

③ 발표 면접
- 목적 : 특정 주제와 관련된 지원자의 발표와 질의응답을 통해 지원자 역량을 평가합니다.
- 평가요소 : 직무수행능력과 인지적 역량(문제해결능력)을 평가합니다.

④ 토론 면접
- 목적 : 토의과제에 대한 의견수렴 과정에서 지원자의 역량과 상호작용능력을 평가합니다.
- 평가요소 : 직무수행능력과 팀워크를 평가합니다.

1. 경험 면접

① 경험 면접의 특징

- 주로 직업기초능력에 관련된 지원자의 과거 경험을 심층 질문하여 검증하는 면접입니다.
- 직무능력과 관련된 과거 경험을 평가하기 위해 심층 질문을 하며, 이 질문은 지원자의 답변에 대하여 '꼬리에 꼬리를 무는 형식'으로 진행됩니다.

> - 능력요소, 정의, 심사 기준
>   - 평가하고자 하는 능력요소, 정의, 심사기준을 확인하여 면접위원이 해당 능력요소 관련 질문을 제시합니다.
> - Opening Question
>   - 능력요소에 관련된 과거 경험을 유도하기 위한 시작 질문을 합니다.
> - Follow-up Question
>   - 지원자의 경험 수준을 구체적으로 검증하기 위한 질문입니다.
>   - 경험 수준 검증을 위한 상황(Situation), 임무(Task), 역할 및 노력(Action), 결과(Result) 등으로 질문을 구분합니다.

경험 면접의 형태

[면접관 1] [면접관 2] [면접관 3]

[면접관 1] [면접관 2] [면접관 3]

[지원자]

〈일대다 면접〉

[지원자 1] [지원자 2] [지원자 3]

〈다대다 면접〉

② 경험 면접의 구조

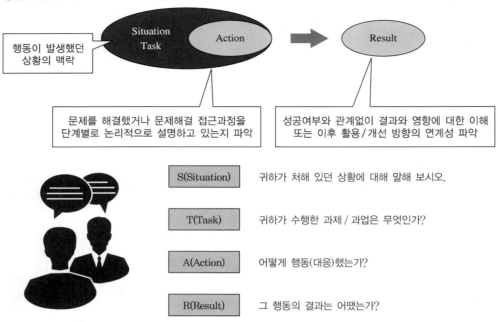

행동이 발생했던
상황의 맥락

문제를 해결했거나 문제해결 접근과정을
단계별로 논리적으로 설명하고 있는지 파악

성공여부와 관계없이 결과와 영향에 대한 이해
또는 이후 활용 / 개선 방향의 연계성 파악

S(Situation)   귀하가 처해 있던 상황에 대해 말해 보시오.

T(Task)   귀하가 수행한 과제 / 과업은 무엇인가?

A(Action)   어떻게 행동(대응)했는가?

R(Result)   그 행동의 결과는 어땠는가?

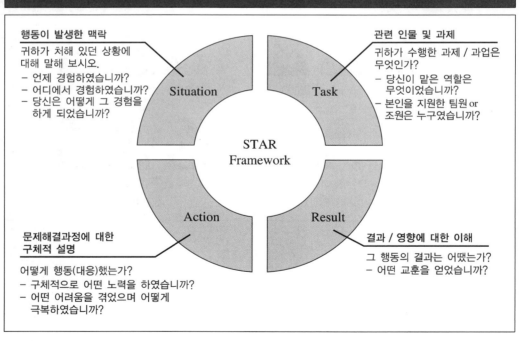

( )에 관한 과거 경험에 대하여 말해 보시오.

행동이 발생한 맥락
귀하가 처해 있던 상황에
대해 말해 보시오.
– 언제 경험하였습니까?
– 어디에서 경험하였습니까?
– 당신은 어떻게 그 경험을
  하게 되었습니까?

관련 인물 및 과제
귀하가 수행한 과제 / 과업은
무엇인가?
– 당신이 맡은 역할은
  무엇이었습니까?
– 본인을 지원한 팀원 or
  조원은 누구였습니까?

Situation

Task

STAR
Framework

Action

Result

문제해결과정에 대한
구체적 설명
어떻게 행동(대응)했는가?
– 구체적으로 어떤 노력을 하였습니까?
– 어떤 어려움을 겪었으며 어떻게
  극복하였습니까?

결과 / 영향에 대한 이해
그 행동의 결과는 어땠는가?
– 어떤 교훈을 얻었습니까?

③ 경험 면접 질문 예시(직업윤리)

시작 질문	
1	남들이 신경 쓰지 않는 부분까지 고려하여 절차대로 업무(연구)를 수행하여 성과를 낸 경험을 구체적으로 말해 보시오.
2	조직의 원칙과 절차를 철저히 준수하며 업무(연구)를 수행한 것 중 성과를 향상시킨 경험에 대해 구체적으로 말해 보시오.
3	세부적인 절차와 규칙에 주의를 기울여 실수 없이 업무(연구)를 마무리한 경험을 구체적으로 말해 보시오.
4	조직의 규칙이나 원칙을 고려하여 성실하게 일했던 경험을 구체적으로 말해 보시오.
5	타인의 실수를 바로잡고 원칙과 절차대로 수행하여 성공적으로 업무를 마무리하였던 경험에 대해 말해 보시오.

후속 질문		
상황 (Situation)	상황	구체적으로 언제, 어디에서 경험한 일인가?
		어떤 상황이었는가?
	조직	어떤 조직에 속해 있었는가?
		그 조직의 특성은 무엇이었는가?
		몇 명으로 구성된 조직이었는가?
	기간	해당 조직에서 얼마나 일했는가?
		해당 업무는 몇 개월 동안 지속되었는가?
	조직규칙	조직의 원칙이나 규칙은 무엇이었는가?
임무 (Task)	과제	과제의 목표는 무엇이었는가?
		과제에 적용되는 조직의 원칙은 무엇이었는가?
		그 규칙을 지켜야 하는 이유는 무엇이었는가?
	역할	당신이 조직에서 맡은 역할은 무엇이었는가?
		과제에서 맡은 역할은 무엇이었는가?
	문제의식	규칙을 지키지 않을 경우 생기는 문제점 / 불편함은 무엇인가?
		해당 규칙이 왜 중요하다고 생각하였는가?
역할 및 노력 (Action)	행동	업무 과정의 어떤 장면에서 규칙을 철저히 준수하였는가?
		어떻게 규정을 적용시켜 업무를 수행하였는가?
		규정은 준수하는 데 어려움은 없었는가?
	노력	그 규칙을 지키기 위해 스스로 어떤 노력을 기울였는가?
		본인의 생각이나 태도에 어떤 변화가 있었는가?
		다른 사람들은 어떤 노력을 기울였는가?
	동료관계	동료들은 규칙을 철저히 준수하고 있었는가?
		팀원들은 해당 규칙에 대해 어떻게 반응하였는가?
		규칙에 대한 태도를 개선하기 위해 어떤 노력을 하였는가?
		팀원들의 태도는 당신에게 어떤 자극을 주었는가?
	업무추진	주어진 업무를 추진하는 데 규칙이 방해되진 않았는가?
		업무수행 과정에서 규정을 어떻게 적용하였는가?
		업무 시 규정을 준수해야 한다고 생각한 이유는 무엇인가?

결과 (Result)	평가	규칙을 어느 정도나 준수하였는가?
		그렇게 준수할 수 있었던 이유는 무엇이었는가?
		업무의 성과는 어느 정도였는가?
		성과에 만족하였는가?
		비슷한 상황이 온다면 어떻게 할 것인가?
	피드백	주변 사람들로부터 어떤 평가를 받았는가?
		그러한 평가에 만족하는가?
		다른 사람에게 본인의 행동이 영향을 주었다고 생각하는가?
	교훈	업무수행 과정에서 중요한 점은 무엇이라고 생각하는가?
		이 경험을 통해 느낀 바는 무엇인가?

2. 상황 면접

① 상황 면접의 특징

직무 관련 상황을 가정하여 제시하고 이에 대한 대응능력을 직무관련성 측면에서 평가하는 면접입니다.

- 상황 면접 과제의 구성은 크게 2가지로 구분
  - 상황 제시(Description) / 문제 제시(Question or Problem)
- 현장의 실제 업무 상황을 반영하여 과제를 제시하므로 직무분석이나 직무전문가 워크숍 등을 거쳐 현장성을 높임
- 문제는 상황에 대한 기본적인 이해능력(이론적 지식)과 함께 실질적 대응이나 변수 고려능력(실천적 능력) 등을 고르게 질문해야 함

상황 면접의 형태

[면접관 1] [면접관 2]

[연기자 1] [연기자 2]   [면접관 1] [면접관 2]

[지원자]   [지원자 1] [지원자 2] [지원자 3]

〈시뮬레이션〉   〈문답형〉

② 상황 면접 예시

	인천공항 여객터미널 내에는 다양한 용도의 시설(사무실, 통신실, 식당, 전산실, 창고 면세점 등)이 설치되어 있습니다.	실제 업무 상황에 기반함
상황 제시	금년에 소방배관의 누수가 잦아 메인 배관을 교체하는 공사를 추진하고 있으며, 당신은 이번 공사의 담당자입니다.	배경 정보
	주간에는 공항 운영이 이루어져 주로 야간에만 배관 교체 공사를 수행하던 중, 시공하는 기능공의 실수로 배관 연결 부위를 잘못 건드려 고압배관의 소화수가 누출되는 사고가 발생하였으며, 이로 인해 인근 시설물에 누수에 의한 피해가 발생하였습니다.	구체적인 문제 상황
문제 제시	일반적인 소방배관의 배관연결(이음)방식과 배관의 이탈(누수)이 발생하는 원인에 대해 설명해 보시오.	문제 상황 해결을 위한 기본 지식 문항
	담당자로서 본 사고를 현장에서 긴급히 처리하는 프로세스를 제시하고, 보수완료 후 사후적 조치가 필요한 부분 및 재발방지 방안에 대해 설명해 보시오.	문제 상황 해결을 위한 추가 대응 문항

3. 발표 면접

① 발표 면접의 특징

• 직무관련 주제에 대한 지원자의 생각을 정리하여 의견을 제시하고, 발표 및 질의응답을 통해 지원자의 직무능력을 평가하는 면접입니다.

• 발표 주제는 직무와 관련된 자료로 제공되며, 일정 시간 후 지원자가 보유한 지식 및 방안에 대한 발표 및 후속 질문을 통해 직무적합성을 평가합니다.

• 주요 평가요소
  – 설득적 말하기 / 발표능력 / 문제해결능력 / 직무관련 전문성
• 이미 언론을 통해 공론화된 시사 이슈보다는 해당 직무분야에 관련된 주제가 발표면접의 과제로 선정되는 경우가 최근 들어 늘어나고 있음
• 짧은 시간 동안 주어진 과제를 빠른 속도로 분석하여 발표문을 작성하고 제한된 시간 안에 면접관에게 효과적인 발표를 진행하는 것이 핵심

발표 면접의 형태

[면접관 1] [면접관 2]

[면접관 1] [면접관 2]

[지원자]

〈개별 과제 발표〉

[지원자 1] [지원자 2] [지원자 3]

〈팀 과제 발표〉

※ 면접관에게 시각적 효과를 사용하여 메시지를 전달하는 쌍방향 커뮤니케이션 방식
※ 심층면접을 보완하기 위한 방안으로 최근 많은 기업에서 적극 도입하는 추세

② 발표 면접 예시

1. 지시문

당신은 현재 A사에서 직원들의 성과평가를 담당하고 있는 팀원이다. 인사팀은 지난주부터 사내 조직문화관련 인터뷰를 하던 도중 성과평가제도에 관련된 개선 니즈가 제일 많다는 것을 알게 되었다. 이에 팀장님은 인터뷰 결과를 종합하려 성과평가제도 개선 아이디어를 A4용지에 정리하여 신속 보고할 것을 지시하셨다. 당신에게 남은 시간은 1시간이다. 자료를 준비하는 대로 당신은 팀원들이 모인 회의실에서 5분 간 발표할 것이며, 이후 질의응답을 진행할 것이다.

2. 배경자료

〈성과평가제도 개선에 대한 인터뷰〉

최근 A사는 회사 사세의 급성장으로 인해 작년보다 매출이 두 배 성장하였고, 직원 수 또한 두 배로 증가하였다. 회사의 성장은 임금, 복지에 대한 상승 등 긍정적인 영향을 주었으나 업무의 불균형 및 성과보상의 불평등 문제가 발생하였다. 또한 수시로 입사하는 신입직원과 경력직원, 퇴사하는 직원들까지 인원들의 잦은 변동으로 인해 평가해야 할 대상이 변경되어 현재의 성과평가제도로는 공정한 평가가 어려운 상황이다.

[생산부서 김상호]
우리 팀은 지난 1년 동안 생산량이 급증했기 때문에 수십 명의 신규인력이 급하게 채용되었습니다. 이 때문에 저희 팀장님은 신규 입사자들의 이름조차 기억 못할 때가 많이 있습니다. 성과평가를 제대로 하고 있는지 의문이 듭니다.

[마케팅 부서 김흥민]
개인의 성과평가의 취지는 충분히 이해합니다. 그러나 현재 평가는 실적기반이나 정성적인 평가가 많이 포함되어 있어 객관성과 공정성에는 의문이 드는 것이 사실입니다. 이러한 상황에서 평가제도를 재수립하지 않고, 인센티브에 계속 반영한다면, 평가제도에 대한 반감이 커질 것이 분명합니다.

[교육부서 홍경민]
현재 교육부서는 인사팀과 밀접하게 일하고 있습니다. 그럼에도 인사팀에서 실시하는 성과평가제도에 대한 이해가 부족한 것 같습니다.

[기획부서 김경호 차장]
저는 저의 평가자 중 하나가 연구부서의 팀장님인데, 일 년에 몇 번 같이 일하지 않는데 어떻게 저를 평가할 수 있을까요? 특히 연구팀은 저희가 예산을 배정하는데, 저에게는 좋지만….

4. 토론 면접

① 토론 면접의 특징
- 다수의 지원자가 조를 편성해 과제에 대한 토론(토의)을 통해 결론을 도출해가는 면접입니다.
- 의사소통능력, 팀워크, 종합인성 등의 평가에 용이합니다.

> - 주요 평가요소
>   - 설득적 말하기, 경청능력, 팀워크, 종합인성
> - 의견 대립이 명확한 주제 또는 채용분야의 직무 관련 주요 현안을 주제로 과제 구성
> - 제한된 시간 내 토론을 진행해야 하므로 적극적으로 자신 있게 토론에 임하고 본인의 의견을 개진할 수 있어야 함

토론 면접의 형태

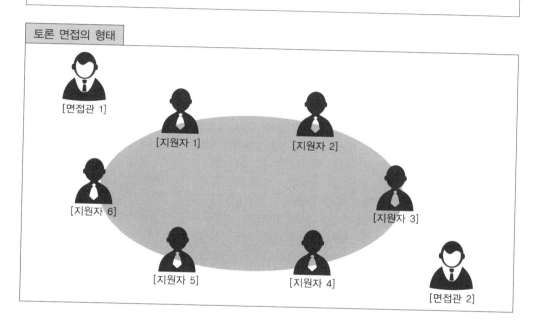

② 토론 면접 예시

고객 불만 고충처리

1. 들어가며

최근 우리 상품에 대한 고객 불만의 증가로 고객고충처리 TF가 만들어졌고 당신은 여기에 지원해 배치받았다. 당신의 업무는 불만을 가진 고객을 만나서 애로사항을 듣고 처리해 주는 일이다. 주된 업무로는 고객의 니즈를 파악해 방향성을 제시해 주고 그 해결책을 마련하는 일이다. 하지만 경우에 따라서 고객의 주관적인 의견으로 인해 제대로 된 방향으로 의사결정을 하지 못할 때가 있다. 이럴 경우 설득이나 논쟁을 해서라도 의견을 관철시키는 것이 좋을지 아니면 고객의 의견대로 진행하는 것이 좋을지 결정해야 할 때가 있다. 만약 당신이라면 이러한 상황에서 어떤 결정을 내릴 것인지 여부를 자유롭게 토론해 보시오.

2. 1분 자유 발언 시 준비사항

• 당신은 의견을 자유롭게 개진할 수 있으며 이에 따른 불이익은 없습니다.

• 토론의 방향성을 이해하고, 내용의 장점과 단점이 무엇인지 문제를 명확히 말해야 합니다.

• 합리적인 근거에 기초하여 개선방안을 명확히 제시해야 합니다.

• 제시한 방안을 실행 시 예상되는 긍정적·부정적 영향요인도 동시에 고려할 필요가 있습니다.

3. 토론 시 유의사항

• 토론 주제문과 제공해드린 메모지, 볼펜만 가지고 토론장에 입장할 수 있습니다.

• 사회자의 지정 또는 발표자가 손을 들어 발언권을 획득할 수 있으며, 사회자의 통제에 따릅니다.

• 토론회가 시작되면, 팀의 의견과 논거를 정리하여 1분간의 자유발언을 할 수 있습니다. 순서는 사회자가 지정합니다. 이후에는 자유롭게 상대방에게 질문하거나 답변을 하실 수 있습니다.

• 핸드폰, 서적 등 외부 매체는 사용하실 수 없습니다.

• 논제에 벗어나는 발언이나 지나치게 공격적인 발언을 할 경우, 위에서 제시한 유의사항을 지키지 않을 경우 불이익을 받을 수 있습니다.

1. 면접 Role Play 편성

- 교육생끼리 조를 편성하여 면접관과 지원자 역할을 교대로 진행합니다.
- 지원자 입장과 면접관 입장을 모두 경험해 보면서 면접에 대한 적응력을 높일 수 있습니다.

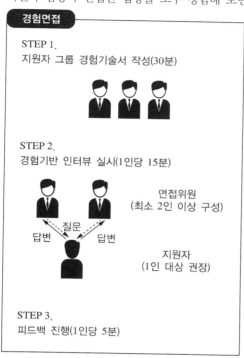

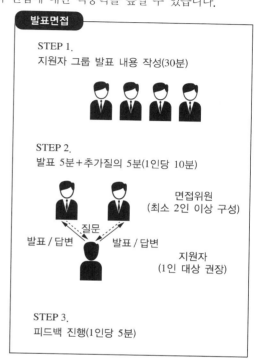

> **Tip**
>
> 면접 준비하기
> 1. 면접 유형 확인 필수
>   - 기업마다 면접 유형이 상이하기 때문에 해당 기업의 면접 유형을 확인하는 것이 좋음
>   - 일반적으로 실무진 면접, 임원면접 2차례에 거쳐 면접을 실시하는 기업이 많고 실무진 면접과 임원 면접에서 평가
>   요소가 다르기 때문에 유형에 맞는 준비방법이 필요
> 2. 후속 질문에 대한 사전 점검
>   - 블라인드 채용 면접에서는 주요 질문과 함께 후속 질문을 통해 지원자의 직무능력을 판단
>   → STAR 기법을 통한 후속 질문에 미리 대비하는 것이 필요

코레일 한국철도공사의 면접시험은 필기시험 합격자를 대상으로 인성검사를 포함하여 진행된다. 면접시험은 신입사원의 자세, 열정 및 마인드, 직무능력 등을 종합평가한다. 인성검사는 인성, 성격적 특성에 대한 검사로, 적부 판정의 방식으로 진행된다.

01 코레일 기출질문 예시답안

대표질문 ❶

노조에 대한 본인의 의견을 말해 보시오

예시답안 노조와 기업은 악어와 악어새처럼 서로 공생하는 관계라고 생각합니다. 노조는 근로자의 입장을 대변하고 더 나은 근로환경을 제공하게 해 주는 역할을 합니다. 하지만 무리한 요구로 기업의 생산성과 효율성을 저하시킨다면 그 필요성에 대해 다시 한 번 재고해 볼 필요가 있습니다. 각자의 순기능을 잘 이행해 준다면 서로를 보완해 주는 역할을 잘 해낼 것입니다.

✔ **전문가 조언**

노조에 대한 질문은 코레일 면접에서 꼭 나오는 빈출 유형입니다. 평소 코레일과 노조의 관계 흐름을 파악하고 노조의 장·단점을 잘 정리해 두어야 합니다. 면접관이 어느 입장에 서 있는지 파악하기 어려우므로 한쪽 입장에 치우치는 극단적인 의견 피력은 삼가야 합니다.

대표질문 ❷

회사에서 필요한 직무능력이 부족하다면 이를 어떻게 채워 나갈 것인가?

예시답안 개인시간을 이용해 직무능력을 채워 나가도록 하겠습니다. 매일 업무일지를 쓰며 부족한 부분을 파악한 후 업무 외 개인시간을 활용해 직무능력을 쌓도록 하겠습니다.

✔ **전문가 조언**

구체적인 상황을 제시한 게 아니라 포괄적인 직무능력에 대해 묻는 것이므로 공통적인 대답을 해야 합니다. 먼저 자신의 부족한 점을 파악한 후 업무 외 시간을 활용해 그 능력을 키우겠다고 대답해야 합니다. 또한, 주변 선배들에게 조언을 구하고 그 방향을 설정하겠다고 대답해야 합니다.

업무 배치 시 원하지 않는 지역으로 배정받게 된다면 어떻게 하겠는가?

예시답안 다른 곳에 배정받게 되더라도 그 지역 사업 본부의 특색을 알 수 있는 좋은 기회라고 생각하고 가도록 하겠습니다.

✔ **전문가 조언**

코레일에는 다양한 지역 본부가 있습니다. 각 본부에 대한 특징을 파악하고 다른 지역에 배정이 될 경우 그 경험이 본인의 성장에 어떤 도움이 될 것인지 언급해 주면 좋을 것입니다. 그 성장으로 코레일에 어떻게 기여할 수 있는지 마지막에 한 문장으로 정리해서 말한다면 금상첨화!

코레일을 홍보해 보시오

예시답안 사람·세상·미래를 잇는 대한민국 철도, '내일로, 미래로 대한민국 철도'. 앞으로 계속 기차를 이용할 젊은 친구들을 공략할 슬로건을 생각해 보았습니다. 가장 대중적으로 잘 알려진 내일로를 슬로건에 넣어 젊은 층에게 친근함으로 다가설 수 있을 것이라고 생각합니다.

✔ **전문가 조언**

코레일의 현재 미션을 숙지하고 자신이 생각하는 코레일의 슬로건을 만들어 놓습니다. 이를 토대로 홍보방법을 생각해 볼 수 있고, 기존에 이뤄지고 있는 매체 홍보방법에서 보완점을 제안하거나 새로운 매체를 활용하는 대답도 신선한 아이디어로 느껴질 수 있습니다.

개인역량이 중요한가, 팀워크가 중요한가?

예시답안 팀워크가 중요하다고 생각합니다. 한 개인이 모든 면에서 완벽할 순 없다고 생각합니다. 각자가 강점·약점을 가지고 있으므로 여러 사람이 모였을 때 서로의 부족한 점을 보완해 주며 시너지 효과를 낼 수 있을 것입니다. 한 사람이 뛰어난 것보다 여러 사람이 함께 머리를 맞댔을 때 나오는 협동력이 업무에 효율성을 높일 수 있다고 생각합니다.

✔ **전문가 조언**

회사라는 조직은 한 사람의 힘으로 돌아갈 수 없는 곳입니다. 그러므로 기업 인사 담당자는 이 질문을 통해 얼마나 조직에 잘 융화될 수 있는지 판단할 것입니다. 논리정연하게 개인역량에 대한 질문의 답을 정리해 놓는다면 어느 방향으로 대답해도 무방합니다.

1. 2024년 기출질문

[경험면접]
- 이미 완수된 작업을 창의적으로 개선한 경험이 있다면 말해 보시오.
- 작업을 창의적으로 개선했을 때 주변인의 반응에 대해 말해 보시오.
- 타인과 협업했던 경험에 대해 말해 보시오.
- 다른 사람과의 갈등을 해결한 경험이 있다면 말해 보시오.

[직무상황면접]
- 동료가 일하기 싫다며 일을 제대로 하지 않을 경우 어떻게 대처할 것인지 말해 보시오.
- 노력한 프로젝트의 결과가 안 좋을 경우 어떻게 해결할 것인지 말해 보시오.

2. 2023년 기출질문

[경험면접]
- 추가로 어필하고 싶은 본인의 역량에 대해 말해 보시오.
- 자기개발을 어떻게 하는지 말해 보시오.
- 인생을 살면서 실패해 본 경험이 있다면 말해 보시오.
- 팀워크를 발휘한 경험이 있다면 본인의 역할과 성과에 대해 말해 보시오.
- 본인의 장점과 단점은 무엇인지 말해 보시오.
- 본인의 장단점을 업무와 연관지어 말해 보시오.
- 성공이나 실패의 경험으로 얻은 교훈이 있다면 이를 직무에 어떻게 적용할 것인지 말해 보시오.
- 본인이 중요하게 생각하는 가치관에 대해 말해 보시오.
- 공공기관의 직원으로서 중요시해야 하는 덕목이나 역량에 대해 말해 보시오.
- 인간관계에서 스트레스를 받은 경험이 있다면 말해 보시오.
- 코레일의 직무를 수행하기 위해 특별히 더 노력한 부분이 있다면 말해 보시오.
- 주변 사람이 부적절한 일을 했을 때 어떻게 해결했는지 말해 보시오.

[직무상황면접]
- 상사와 가치관이 대립한다면 어떻게 해결할 것인지 말해 보시오.
- 상사가 불법적인 일을 시킨다면 어떻게 행동할 것인지 말해 보시오.

3. 2022년 기출질문

[경험면접]

- 조직에 잘 융화되었던 경험이 있다면 말해 보시오.
- 상사와 잘 맞지 않았던 경험이 있다면 말해 보시오.
- 무언가에 열정을 갖고 도전한 경험이 있다면 말해 보시오.
- 동료와의 갈등을 해결한 경험이 있다면 말해 보시오.
- 원칙을 지켰던 경험이 있다면 말해 보시오.
- UPS와 같은 장치 내 반도체소자가 파괴되었다. 그 원인을 설명해 보시오.
- 전계와 자계의 차이점을 아는 대로 설명해 보시오.
- 페란티 현상이 무엇인지 아는 대로 설명해 보시오.
- 누군가와 협력해서 일해 본 경험이 있다면 말해 보시오.
- 본인만의 장점이 무엇인지 말해 보시오.
- 원칙을 지켜 목표를 달성한 경험이 있다면 말해 보시오.
- 직무를 수행하는 데 가장 중요한 것이 무엇이라고 생각하는지 말해 보시오.
- 낯선 환경에서 본인만의 대처법을 말해 보시오.
- 코레일에 입사하기 위해 준비한 것을 말해 보시오.
- 이미 형성된 조직에 나중에 합류하여 적응한 경험이 있다면 말해 보시오.
- 자기계발을 통해 얻은 성과가 무엇인지 말해 보시오.
- 물류 활성화 방안에 대한 본인의 생각을 말해 보시오.
- 규칙이나 원칙을 지키지 않은 경험이 있다면 말해 보시오.
- 평소 여가 시간에는 어떤 활동을 하는지 말해 보시오.
- 코레일에서 가장 중요하다고 생각하는 것이 무엇인지 말해 보시오.
- 의사소통에서 가장 중요하다고 생각하는 것이 무엇인지 말해 보시오.
- 까다로운 고객을 응대했던 경험이 있다면 말해 보시오.

[직무상황면접]

- 상사가 지적환인 환호응답을 하지 않을 경우 어떻게 할 것인지 말해 보시오.
- 현장 근무를 하면서 안전에 유의한 본인의 근무 방식과 상사가 지시하는 근무 방식이 다를 경우 어떻게 할 것인지 말해 보시오.

4. 2021년 기출질문

[경험면접]
• 소통을 통해 문제를 해결한 경험이 있다면 말해 보시오.
• 공공기관에서 가장 중요하다고 생각하는 윤리가 무엇인지 말해 보시오.
• IoT가 무엇인지 아는 대로 설명해 보시오.
• 코딩이 무엇인지 아는 대로 설명해 보시오.

[직무상황면접]
• 상사가 부당한 지시를 할 경우 어떻게 대처할 것인지 말해 보시오.
• 원하지 않는 업무를 맡게 될 경우 어떻게 할 것인지 말해 보시오.
• 상사가 다른 상사가 아닌 본인에게 일을 줄 경우 어떻게 대처할 것인지 말해 보시오.
• 동료가 업무 시 부당한 방법을 사용할 경우 어떻게 할 것인지 말해 보시오.

5. 2020년 기출질문

[경험면접]
• 코레일에 대해 아는 대로 설명해 보시오.
• 최근 관심 있게 본 사회 이슈를 말해 보시오.
• 철도 부품 장비에 대해 아는 대로 설명해 보시오.
• 철도 정비 경험이 있다면 말해 보시오.
• 창의성을 발휘해 본 경험이 있다면 말해 보시오.
• 본인의 안전 의식에 대해 말해 보시오.
• 본인의 단점은 무엇이라고 생각하며, 이를 해결하기 위해 어떠한 노력을 했는지 말해 보시오.
• 남들이 꺼려하는 일을 해 본 경험이 있다면 말해 보시오.

[직무상황면접]
• 직장생활을 하다 보면 세대 차이가 발생하게 된다. 이 경우 어떻게 극복할 것인지 말해 보시오.
• 업무를 진행하면서 타 회사와 거래를 하게 되었는데, 거래하러 온 사람이 지인이었다면 어떻게 할 것인지 말해 보시오.

6. 과년도 기출질문

[경험면접]
- 1분 동안 자신을 소개해 보시오.
- 코레일에 지원하게 된 동기를 말해 보시오.
- 교대근무에 대해서 어떻게 생각하는지 말해 보시오.
- 직접 나서서 팀을 이끌기 위해 노력한 경험이 있다면 말해 보시오.
- 코레일의 문제점 및 개선방안에 대해 말해 보시오.
- 인간관계에 있어서 무엇을 중요하게 생각하는지 말해 보시오.
- 살면서 끈기를 가지고 무엇을 했던 경험이 있다면 말해 보시오.
- 살면서 가장 후회되는 일은 무엇인지 말해 보시오.
- 본인의 장점을 말해 보시오.
- 주변의 어려운 상황의 친구를 미리 파악해 도와준 경험이 있다면 말해 보시오.
- 취업을 준비하면서 힘들 때마다 스스로 노력한 부분을 말해 보시오.
- 규율을 지켰던 경험이 있다면 말해 보시오.
- 같이 지내기 가장 힘든 사람은 어떤 사람인지 말해 보시오.
- 정보를 수집할 때 어떤 방법으로 수집하는지 말해 보시오.
- 협동한 경험이 있다면 말해 보시오.
- 가장 자부심을 가지고 했던 일은 무엇인지 말해 보시오.
- 본인만의 스트레스 해소법은 무엇인지 말해 보시오.
- 진입장벽이 높았던 집단이나 단체에 들어가 본 경험이 있다면 말해 보시오.
- 좋아하는 운동이 무엇인지 말해 보시오.
- 가치관이 다른 사람과 일해 본 경험이 있다면 말해 보시오.
- 본인이 취득한 자격증을 어디에 활용할 수 있을지 말해 보시오.
- 조직에 적응하기 위해 행동한 경험이 있다면 말해 보시오.
- 프로젝트를 하면서 문제를 해결했던 경험이 있다면 말해 보시오.
- 잘 모르는 사람과 단기간으로 일할 때 어떻게 성과를 이뤄낼 것인지 말해 보시오.
- 성과는 없지만 일을 잘 마무리한 경험이 있다면 말해 보시오.
- 코레일에 입사하여 본인이 기여할 수 있는 것에는 무엇이 있을지 말해 보시오.
- 최근에 좌절한 경험이 있다면 말해 보시오.
- 팀 과제나 프로젝트를 하면서 어려움이 있었던 경험이 있다면 말해 보시오.
- 학창시절 어떤 프로젝트를 수행했는지 말해 보시오.
- 본인의 직무 경험이 무엇이며, 그 경험이 가지는 강점에 대해 말해 보시오.
- 공모전에 참가한 경험이 있다면 말해 보시오.
- 코레일 사이트는 2가지가 있다. 그중 예매와 관련 있는 사이트는 무엇인가?
- 본인 전공과 철도와의 연관성에 대해 말해 보시오.
- 나이 차이가 나는 상사와의 근무환경을 어떻게 생각하는지 말해 보시오.
- 변압기가 무엇인지 아는 대로 설명해 보시오.
- 전동기 제동방법에 대해 아는 대로 설명해 보시오.
- 가치관이 다른 사람과의 대화를 해 본 경험이 있다면 말해 보시오.
- 철도 민영화에 대한 본인의 생각을 말해 보시오.

- 보안사고 발생 시 대처법에 대해 말해 보시오.
- 살면서 가장 기뻤던 일과 슬펐던 일에 대해 말해 보시오.
- 아르바이트나 동아리를 해 본 경험과 그 경험을 통해 팀워크를 증가시키기 위해 했던 노력을 말해 보시오.
- 최근 코레일에 대해 접한 뉴스를 말해 보시오.
- 카페열차의 이용 활성화 방안에 대해 말해 보시오.
- 명절에 갑자기 취소하는 표에 대한 손해액 대책 마련 방안을 말해 보시오.

[직무상황면접]
- 입사한다면 상사의 지시에 따를 것인지 본인의 방법대로 진행할 것인지 말해 보시오.
- 의견을 고집하는 사람이 조직 내에 있으면 어떻게 할 것인지 말해 보시오.
- 신입직원으로서 업무가 익숙하지 않은데 위험한 상황에 처한다면 어떻게 해결할 것인지 말해 보시오.
- 차량을 정비할 때 동료들끼리 혼선되지 않고 일하려면 어떻게 할 것인지 말해 보시오.
- 민원이 들어오거나 차량안전에 문제가 있을 시 어떻게 할 것인지 말해 보시오.
- 공익요원이 자꾸 스마트폰을 한다. 지나가는 고객이 조언을 해도 무시하는 상황이라면 어떻게 해결할 것인지 말해 보시오.
- 교육사항과 현장의 작업방식 간 차이가 발생했을 경우 어떻게 대처할 것인지 말해 보시오.
- 코레일 환경상 하청 없이 전기직 직원이 직접 유지보수를 해야 하는 상황에서 많은 사고가 발생한다. 사고를 줄일 수 있는 획기적인 방법을 말해 보시오.
- 무임승차를 한 고객을 발견했을 경우 어떻게 대응할 것인지 말해 보시오.

답안채점 • 성적분석 서비스

모바일 OMR

도서 내 모의고사
우측 상단에 위치한
QR코드 찍기
→
로그인
하기
→
'시작하기'
클릭
→
'응시하기'
클릭
→
나의 답안을
모바일 OMR
카드에 입력
→
'성적분석 & 채점결과'
클릭
→
현재 내 실력
확인하기

도서에 수록된 모의고사에 대한
객관적인 결과(정답률, 순위)를
종합적으로 분석하여 제공합니다.

※OMR 답안채점 / 성적분석 서비스는 등록 후 30일간 사용 가능합니다.

시대에듀

공기업 취업을 위한 NCS
직업기초능력평가 시리즈

NCS부터 전공까지 완벽 학습 "통합서" 시리즈

공기업 취업의 기초부터 차근차근! 취업의 문을 여는 **Master Key!**

NCS 영역 및 유형별 체계적 학습 "집중학습" 시리즈

영역별 이론부터 유형별 모의고사까지! 단계별 학습을 통한 **Only Way!**

S

코레일
한국철도공사
고졸채용

통합기본서

편저 | SDC(Sidae Data Center)

정답 및 해설

누적 판매량
1위
기업별 NCS
시리즈

기출복원문제부터
대표기출유형 및
모의고사까지

한 권으로
마무리!

SDC
SDC는 시대에듀 데이터 센터의 약자로
약 30만 개의 NCS · 적성 문제 데이터를
바탕으로 최신 출제경향을 반영하여
문제를 출제합니다.

시대에듀

PART 1

코레일 4개년 기출복원문제

끝까지 책임진다! 시대에듀!

QR코드를 통해 도서 출간 이후 발견된 오류나 개정법령, 변경된 시험 정보, 최신기출문제, 도서 업데이트 자료 등이 있는지 확인해 보세요! **시대에듀 합격 스마트 앱**을 통해서도 알려 드리고 있으니 구글 플레이나 앱 스토어 에서 다운받아 사용하세요. 또한, 파본 도서인 경우에는 구입하신 곳에서 교환해 드립니다.

CHAPTER 01

2024 ~ 2022년 코레일 샘플문제

01   2024년 하반기

01	02	03	04	05	06				
②	②	③	④	③	⑤				

01   정답 ②

제시문은 면접에서 발생할 수 있는 여러 상황과 이를 대처하는 방법에 대해 소개하는 글이다. 먼저 (가) 문단에서 면접에서 발생할 수 있는 상황은 무엇이 있으며, 어떻게 대처해야 하는지 의문을 제시하고 있으므로 가장 먼저 와야 한다. 이어서 (가) 문단에서 제시한 의문과 관련하여 면접에서 발생할 수 있는 상황에 대해 (나), (다), (라) 세 문단을 통해 세 가지 상황과 대처 방법을 소개하고 있다. 또한 (마) 문단에서 글의 내용을 정리하고 있으므로 제시문의 전개 방식으로 가장 적절한 것은 ②이다.

02   정답 ②

기획서는 기획한 하나의 프로젝트를 문서 형태로 만들어 상대방을 설득하는 문서이다. 따라서 프로젝트의 기획 의도, 개요, 일시, 추진 일정, 소요 비용 등의 내용을 담고 있으며, 설득력을 갖춰야 하므로 소통능력, 추진력, 업무성과 등의 능력을 한눈에 파악할 수 있도록 구성해야 한다.

03   정답 ③

주어진 A ~ C물건의 무게에 대한 정보를 식으로 정리하면 다음과 같다.

$5B+C=10A \cdots$ ㉠
$3A+3C=7B \cdots$ ㉡

㉠을 정리하면

$C=10A-5B \cdots$ ㉠'

㉠'과 ㉡을 연립하면 다음과 같다.

$3A+3(10A-5B)=7B$
$\rightarrow 3A+30A-15B=7B$
$\rightarrow 33A=22B$
$\therefore 3A=2B$

이때 A물건 15개와 같은 무게를 가지는 경우를 찾아야 하므로 정리한 식에 5를 곱하여 구한다.
따라서 15A=10B이므로 A물건 15개와 무게가 같은 것은 B물건 10개이다.

04   정답 ④

안전 자산이란 금융 위험이 없는 무위험 자산을 말하며, 대표적으로 채무불이행의 위험이 없는 자산인 예금·적금·저축성 보험 등이 이에 해당한다. 주어진 자료에 따르면 예금·적금·저축성 보험의 경우 60세 이상의 연령대에서 21.3%로 두 번째로 높은 선호를 보이고 있으므로 옳지 않은 설명이다.

오답분석
① 전국의 노후 준비 방법을 비교하면 국민연금은 52.5%로 가장 많이 사용하는 방법이다.
② 부동산 운용의 경우 19 ~ 29세가 1.3%, 30 ~ 39세가 2.2%, 40 ~ 49세가 4.1%, 50 ~ 59세가 4.2%, 60세 이상이 12.2%로 연령대가 높을수록 노후 준비 비중이 높다.
③ 예금·적금·저축성 보험의 경우 남성이 16.2%, 여성이 22.8%로 여성의 선호도가 더 높다.
⑤ 연령대별 노후를 준비하고 있는 비율을 살펴보면 60세 이상이 51.6%로 가장 낮으므로 60세 이상의 연령에 대한 노후 준비 지원이 필요함을 추론할 수 있다.

05   정답 ③

주어진 규칙에 따르면 5명 모두 각자 20장을 가지고 게임을 시작하며, 라운드별로 3장씩 카드를 버릴 수 있으므로 카드를 버리는 순서를 고려하지 않고 한 사람이 20장을 모두 버리는 라운드를 구하면 된다. 한 라운드에서 3장씩 버릴 수 있고, 20÷3=6…2이므로 6라운드까지는 3장씩 카드를 버려야 한다. 이때 카드가 2장 혹은 1장이 남았다면 해당 라운드에서 카드를 모두 버릴 수 있다. 따라서 3장씩 계속 버리다가 2장이 남아 있는 6라운드에서 남은 2장의 카드까지 총 5장을 버리게 되며, 이때 카드의 수가 0장이 되어 게임이 종료된다.

06

열차별로 A도시에서 B도시까지 가는 데 걸리는 시간을 정리하면 다음과 같다.

- 열차 1 : 600km의 거리를 시속 100km로 운행하므로 6시간이 소요되며, 10분씩 2번 정차하므로 총 6시간 20분이 소요된다.
- 열차 2 : 600km의 거리를 시속 120km로 운행하므로 5시간이 소요되며, 각각 5분, 8분, 7분 정차하므로 총 5시간 20분이 소요된다.
- 열차 3 : 600km의 거리를 시속 150km로 운행하므로 4시간이 소요되며, 15분 정차하므로 총 4시간 15분이 소요된다.
- 열차 4 : 600km의 거리를 시속 200km로 운행하므로 3시간이 소요되며, 10분씩 2번 정차하므로 총 3시간 20분이 소요된다.
- 열차 5 : 600km의 거리를 시속 300km로 운행하므로 2시간이 소요되며, 10분 정차하므로 총 2시간 10분이 소요된다.

따라서 A도시에서 B도시까지 가장 빨리 도착하는 열차는 2시간 10분이 소요되는 열차 5이다.

02 　2024년 상반기

01	02	03	04	05	06				
③	①	①	③	③	⑤				

01

정답 ③

제시문은 고혈압에 대해 설명하는 글이다. 제시된 첫 번째 문단은 혈압의 개념을 토대로 고혈압을 판단하는 기준에 대해 설명하고 있다. 그중에서도 특별한 원인이 발견되지 않는 고혈압인 본태성 고혈압에 대해 언급하고 있으므로 고혈압의 90%를 차지하는 본태성 고혈압에 대한 구체적인 설명이 이어질 것임을 유추할 수 있다. 따라서 (나) 고혈압의 90%에 해당하는 본태성 고혈압 → (다) 고혈압과 관련된 위험요인 → (라) 고혈압의 유전력 → (마) 고혈압의 5 ~ 10%에 해당하는 이차성 고혈압의 치료 가능성 → (가) 증상이 없어 치료가 어려운 고혈압의 순서로 나열해야 한다.

02

정답 ①

'언즉시야(言卽是也)'는 말하면 곧 옳다는 의미로, '말하는 것이 사리에 맞음'을 뜻한다.

오답분석

② 삼성오신(三省吾身) : 날마다 세 번 내 몸을 살핀다는 의미로, '하루에 세 번씩 자신의 행위나 생각을 반성하는 것'을 뜻한다.
③ 삼순구식(三旬九食) : 서른 날에 아홉 끼니 밖에 못 먹는다는 의미로, '가난하여 끼니를 많이 거르는 처지'를 이르는 말이다.
④ 삼고초려(三顧草廬) : 오두막집을 세 번이나 돌아본다는 의미로, '뛰어난 인재를 얻기 위해 끈기 있게 정성을 다하는 것'을 뜻한다.
⑤ 결초보은(結草報恩) : 무덤 위 풀을 묶어 은혜를 갚는다는 의미로, '은혜가 깊어 죽어서도 잊지 않고 은혜를 갚는 것'을 뜻한다.

03

정답 ①

산업별로 사업체 수를 비교하면 발전·열공급업의 사업체 수가 115,241개로 가장 많으므로 신재생에너지 산업에서 가장 많은 비중을 차지하고 있음을 알 수 있다.

오답분석
② 지역별 발전·열공급업의 사업체 수를 비교하면 전북지역이 26,681개로 가장 많지만 주어진 자료에서 발전과 열공급업의 사업체 수를 합산하여 제시하고 있으므로 전북지역에서 가장 많은 전력을 발생시키는지는 정확히 파악할 수 없다.
③ 지역별로 신재생에너지 산업의 사업체 비중을 비교하면 전북지역은 22.8%이고, 기타지역은 0%이다. 따라서 신재생에너지 산업이 전국적으로 균일하게 분포되어 있다고 보기는 어렵다.
④·⑤ 주어진 자료는 신재생에너지 산업의 사업체 수에 대한 내용만 다루고 있으므로 발전·열공급업의 부가가치 생산이 가장 높은지의 여부와 신재생에너지 산업에 대한 정부의 정책 방향은 자료를 통해 확인할 수 없다.

04

정답 ③

A씨가 40% 할인받아 구매한 항공권 5장 중 3장을 출발 2일 전에 취소하였으므로 취소한 항공권 3장의 정가를 x원이라 하면 A씨가 돌려받은 금액에 대해 다음 식이 성립한다.
$0.6x \times 0.7 = 88,200$
$\rightarrow 0.42x = 88,200$
$\therefore x = 210,000$
따라서 A씨가 취소한 항공권 3장의 정가가 210,000원이므로 항공권 1장의 정가는 70,000원이다.

05

정답 ③

고객만족도 조사 결과의 세부 지표에 따르면 많은 고객이 직원의 친절도에 대해서는 높은 평가를 주었으므로 직원 교육 프로그램 강화를 통해 서비스의 품질을 높여야 한다는 해결 방안은 적절하지 않다.

오답분석
① 고객만족도 조사 결과 대기시간 상승에 대한 고객들의 불만족이 높게 나타났으므로 직원들을 추가로 배치하여 대기시간을 줄이고자 하는 해결 방안은 적절하다.
② 고객만족도 조사 결과 제품의 다양성이 부족하다는 일부 고객들의 의견이 있었으므로 제품 라인업을 확장하여 고객의 선택지를 넓히고자 하는 해결 방안은 적절하다.
④ 고객만족도 조사 결과 최근 개설한 온라인몰의 온라인 구매 시스템이 복잡하다는 의견이 다수 있었으므로 온라인 구매 시스템의 인터페이스를 개선하여 고객들의 경험을 높이는 해결 방안은 적절하다.

⑤ 고객만족도 조사 결과 프로모션 및 할인 정보에 대한 접근성이 낮다는 의견이 있었으므로 이를 고객에게 보다 적극적으로 알리고자 하는 해결 방안은 적절하다.

06

정답 ⑤

주어진 상황과 워크숍 시간표를 고려할 때, 동시에 같은 프로그램에 참여한 팀은 동일 직무에 해당하지 않아야 한다. 즉, A, B팀과 A, C팀 그리고 B, E팀과 C, E팀은 동시에 같은 프로그램에 참여하므로 같은 직무를 할 수 없다. 이를 토대로 하여 B팀과 C팀이 같은 직무라고 가정하면, 남은 팀은 A, D, E팀이다. 이때 A, D, E팀 중에서는 동시에 같은 프로그램에 참여하는 팀이 없으므로 각각 서로 같은 직무를 할 수 있다. 따라서 B팀과 C팀이 같은 직무일 경우 D팀과 E팀이 항상 같은 직무에 해당하는지의 여부는 주어진 자료만으로는 판단할 수 없다.

오답분석
① A팀과 D팀이 같은 직무이면 남은 팀은 B, C, E팀이다. 이때, 동시에 같은 프로그램에 참여하는 B, E팀과 C, E팀은 같은 직무일 수 없다. 따라서 B팀과 C팀이 같은 직무에 해당함을 알 수 있다.
② C팀과 D팀이 같은 직무이면 남은 팀은 A, B, E팀이다. 이때, 동시에 같은 프로그램에 참여하는 A, B팀과 B, E팀은 같은 직무일 수 없다. 따라서 A팀과 E팀이 같은 직무에 해당함을 알 수 있다.
③ B팀과 D팀이 같은 직무이면 남은 팀은 A, C, E팀이다. 이때, 동시에 같은 프로그램에 참여하는 A, C팀과 C, E팀은 같은 직무일 수 없다. 따라서 A팀과 E팀이 같은 직무에 해당함을 알 수 있다.
④ D팀과 E팀이 같은 직무이면 남은 팀은 A, B, C팀이다. 이때, 동시에 같은 프로그램에 참여하는 A, B팀과 A, C팀은 같은 직무일 수 없다. 따라서 B팀과 C팀이 같은 직무에 해당함을 알 수 있다.

01	02	03	04	05	06			
②	④	③	③	⑤	④			

01

정답 ②

개정된 윤리헌장으로 '윤리실천다짐' 결의를 갖는다고 하였고, 전문 강사의 특강은 기업윤리 실천 방안을 주제로 진행하므로 특강의 주제가 개정된 윤리헌장은 아니다.

오답분석

① 윤리실천주간은 5월 30일부터 6월 5일까지 1주일 동안 진행된다.
③ 세 번째 문단에서 한국철도공사 사장은 '이해충돌방지법 시행으로 공공기관의 사회적 책임과 공직자 윤리가 더욱 중요해졌다.'라고 강조하고 있으므로 적절한 내용이다.
④ 두 번째 문단에서 한국철도공사 윤리실천주간에 진행하는 7가지 프로그램을 상세히 설명하고 있다. 마지막 부분에 의하면 '공사 내 준법·윤리경영 체계를 세우고 인권경영 지원을 위한 정책 공유와 토론의 시간을 갖는 사내 워크숍도 진행한다.'라고 하였으므로 적절한 내용이다.
⑤ 세 번째 문단에서 한국철도공사가 지난해 12월에 ○○부 산하 공공기관 최초로 준법경영시스템 국제인증을 획득하였다고 밝히고 있다.

02

정답 ④

한국철도공사의 윤리실천주간 동안 진행되는 프로그램은 '직원 윤리의식 진단', '윤리 골든벨', 'CEO의 윤리편지', '윤리실천다짐', '윤리특강', '인권존중 대국민 캠페인', '윤리·인권경영 사내 워크숍' 총 7가지이다. ㉣의 반부패 청렴문화 확산을 위한 대국민 슬로건 공모전은 윤리실천주간에 진행되는 프로그램에 해당하지 않으므로 적절하지 않다.

오답분석

① 윤리실천주간의 목적을 밝히고 있으므로 적절한 내용이다.
② 윤리실천주간의 2번째 프로그램인 윤리 골든벨에 대한 상세 내용이므로 적절하다.
③ 윤리실천주간의 6번째 프로그램인 인권존중 대국민 캠페인에 대한 상세 내용이므로 적절하다.
⑤ 앞의 내용이 한국철도공사의 윤리적인 조직문화를 위해 노력하겠다는 다짐이고, 뒤이어 이를 위한 노력에 대해 소개하고 있으므로 적절하다.

03

정답 ③

폐수처리량이 가장 적었던 연도는 204,000m³를 기록한 2021년이다. 그러나 오수처리량이 가장 적은 연도는 27,000m³를 기록한 2022년이므로 옳지 않다.

오답분석

① $2,900 \div 3,100 \times 100 = 94\%$
② 온실가스 배출량은 2020년 1,604,000tCO₂eq에서 2022년 1,542,000tCO₂eq까지 매년 감소하고 있다.
④ 3년 동안 녹색제품 구매액의 평균은 (1,700백만+2,900백만+2,400백만)÷3≒2,333백만 원이므로 약 23억 3,300만 원이다.
⑤ 에너지 사용량의 전년 대비 증감률을 구하면 다음과 같다.

- 2021년 : $\dfrac{29,000-30,000}{30,000} \times 100 = -3.33\%$
- 2022년 : $\dfrac{30,000-29,000}{29,000} \times 100 = 3.45\%$

따라서 에너지 사용량의 전년 대비 증감률의 절댓값은 2021년보다 2022년이 더 크다.

04

정답 ③

연도별 환경지표점수를 산출하면 다음과 같다.

(단위 : 점)

연도	녹색제품 구매액	에너지 사용량	폐수처리량	합계
2020년	5	5	5	15
2021년	10	10	10	30
2022년	10	5	5	20

따라서 환경지표점수가 가장 높은 연도는 2021년이고, 그 점수는 30점이다.

PART 1

05

정답 ⑤

철도차량 운행상태를 수집하여 3차원 디지털 정보로 시각화하는 것은 디지털 트윈 기술이다.

오답분석

① 중정비 정의 및 개요의 4번째 항목에서 중정비 기간 중 차량 운행은 불가능하다고 되어 있으므로 적절하다.
② 시험 검사 및 측정에서 고저온 시험기와 열화상 카메라는 온도를 사용하는 기기이므로 적절하다.
③ 절차를 확인하면 중정비는 총 7단계로 구성되며, 기능시험 및 출장검사는 3단계이므로 적절하다.
④ 중정비 정의 및 개요의 1번째 항목에서 철도차량 전반의 주요 시스템과 부품을 차량으로부터 분리해 점검한다고 했으므로 적절하다.

> RAMS
> Reliability(신뢰성), Availability(가용성), Maintain-ability(보수성), Safety(안전성) 향상을 지원·입증하기 위한 기술로, 철도차량의 부품 및 설비를 제작 – 유지보수 – 개량 – 폐기까지 각 지표에 대한 정보를 통합적으로 분석하여 철도차량의 안전관리 및 유지보수 등 전반적인 시스템 엔지니어링 방법론이다.

06

정답 ④

중정비 정기 점검 기준에 의하면 운행 연차가 3년 이상 5년 이하인 경우 (열차 등급별 정기 점검 산정 횟수)×3회의 점검을 받아야 한다. C등급의 열차 등급별 정기 점검 산정 횟수는 연간 3회이므로 4년째 운행 중인 C등급 열차의 정기 점검 산정 횟수는 $3 \times 3 = 9$회이다.

---

04 | 2022년 하반기

01	02	03	04	05	06				
②	③	⑤	③	②	③				

01

정답 ②

첫 번째 문단에서 프레이와 오스본은 '인공 지능의 발전으로 대부분의 비정형화된 업무도 컴퓨터로 대체될 수 있다.'고 보았다. 그러나 모든 비정형화된 업무가 컴퓨터로 대체될 수 있다고 보았던 것은 아니므로 적절하지 않다.

오답분석

① 제시문의 첫 문장을 통해 확인할 수 있다.
③ 두 번째 문단에서 확인할 수 있다.
④ 세 번째 문단에서 확인할 수 있다.
⑤ 마지막 문단에서 확인할 수 있다.

02

정답 ③

빈칸의 뒤의 문장에서 '하지만'이라는 접속부사로 분위기가 반전되며, 일제강점기에 서울의 옛길이 사라졌다는 내용이 이어진다. 따라서 빈칸에는 '어떤 상태나 상황을 그대로 보존하거나 변함없이 계속하여 지탱하였음'을 뜻하는 '유지(維持)'가 들어가는 것이 가장 적절하다.

오답분석

① 유래(由來) : 사물이나 일이 생겨남. 또는 그 사물이나 일이 생겨난 바
② 전파(傳播) : 전하여 널리 퍼뜨림
④ 전래(傳來) : 예로부터 전하여 내려옴
⑤ 답지(遝至) : 한군데로 몰려들거나 몰려옴

03

정답 ⑤

• 한 면의 유리창에 3종의 커튼을 다는 경우의 수 : 3가지
• 세 면의 콘크리트 벽에 7종의 그림을 거는 경우의 수
  : $_7P_3 = 7 \times 6 \times 5 = 210$가지
따라서 가능한 인테리어의 경우의 수는 $3 \times 210 = 630$가지이다.

04

정답 ③

2020년 대구의 낮 시간대 소음도는 2019년 대비 2dB 감소하였으며, 2021년 대비 2dB 감소하였다.

오답분석

① 2017 ~ 2021년 광주와 대전의 낮 시간대 소음도는 모두 65dB 이하이므로 매해 소음환경기준을 만족했다.
② 2020년 밤 시간대 소음도가 소음환경기준인 55dB 이하인 곳은 대전(54dB)뿐이다.
④ 2018년의 밤 시간대 주요 대도시 평균 소음도는 61dB로 가장 높으며, 밤 시간대 소음환경기준 55dB보다 6dB 더 높다.
⑤ 서울의 낮 시간대 평균 소음도는 68.2dB로 가장 높으며, 밤 시간대 평균 소음도는 65.8dB로, 낮 시간대 소음환경기준인 65dB 이상의 소음이 발생했다.

05

정답 ②

- 첫 번째 조건에 의해 메디컬빌딩 5층 건물 중 1층에는 약국과 편의점만 있다.
- 여섯 번째 조건에 의해 산부인과는 약국 바로 위층인 2층에 있고, 내과는 바로 위층인 3층에 있다.
- 일곱 번째 조건에 의해 산부인과는 2층 1개의 층을 모두 사용하고 있다.
- 네 번째와 일곱 번째 조건에 의해 정형외과는 4층 또는 5층에 있게 되는데, 5층에 있을 경우 마지막 조건에 위배되므로 정형외과는 4층에 있으며, 1개의 층을 모두 사용하고 있다.
- 네 번째 조건에 의해 소아과와 피부과는 정형외과 바로 아래층인 3층에 있다.
- 마지막 조건에 의해 안과와 치과는 피부과보다 높은 층인 5층에 있다.
- 다섯 번째 조건에 의해 이비인후과가 있는 층에는 진료 과가 2개 더 있어야 하므로 이비인후과는 5층에 있다.

이를 표로 정리하면 다음과 같다.

구분	건물 내부		
5층	안과	치과	이비인후과
4층	정형외과		
3층	내과	소아과	피부과
2층	산부인과		
1층	약국	편의점	

따라서 안과와 이비인후과는 같은 층에 있음을 알 수 있다.

오답분석

① 산부인과는 2층에 있다.
③ 피부과가 있는 층은 진료 과가 3개이다.
④ 이비인후과는 정형외과 바로 위층에 있다.
⑤ K씨는 이비인후과와 치과를 가야 하므로 진료를 위해 찾아야 하는 곳은 5층이다.

06

정답 ③

제시된 조건을 표로 나타내면 다음과 같다.

구분	신도림점	영등포점	여의도점
ㄱ(A)	×		
ㄴ(B)	○	○	○
ㄷ(C)		×	×
ㄹ(D)	○		○

따라서 ㄴ, ㄷ의 경우만 고려한다면, 이날 수리할 수 있었던 지점은 신도림점뿐임을 알 수 있다.

오답분석

① ㄱ, ㄴ의 경우만 고려한다면, 이날 수리할 수 있었던 지점은 영등포점 또는 여의도점이다.
② ㄱ, ㄹ의 경우만 고려한다면, 이날 영등포점의 수리 가능 여부는 알 수 없다.
④ ㄴ, ㄹ의 경우만 고려한다면, 이날 영등포점의 수리 가능 여부는 알 수 없다.
⑤ ㄷ, ㄹ의 경우만 고려한다면, 이날 수리할 수 있었던 지점은 신도림점뿐이다.

01	02	03	04						
①	⑤	⑤	④						

01

정답 ①

제시문은 과학과 종교가 대립한다는 주장을 다양한 근거를 들어 반박하고 있다. 따라서 궁극적으로 전달하고자 하는 바는 '과학이 종교와 양립할 수 없다는 의견은 타당하지 않다.'이다.

오답분석
② 과학이 종교와 양립할 수 없다는 의견이 타당하지 않다는 주장에 대한 논거이다.
③ 네 번째 문단에서 리처드 그레고리의 말이 인용되어 과학이 모든 것에 질문을 던진다는 것이 언급되기는 하지만, 근본적인 주제라고 볼 수는 없다.
④ 신학은 신에 대한 증거들을 의심하는 것이 아니라, 지속적으로 회의하고 재해석하는 학문이다.
⑤ 신학 또한 신의 존재를 입증하기 위해 과학적 증거를 찾으려 할 수 있다.

02

정답 ⑤

'준용'은 '표준으로 삼아 적용함'이라는 뜻이기 때문에 맥락상 쓰임이 적절하지 않다. 따라서 '허락하여 받아들임'의 뜻을 가진 '허용'이라고 쓰는 것이 적절하다.

03

정답 ⑤

A씨는 60km/h의 버스로 15분간 이동하였으므로 버스로 이동한 거리는 $60 \times \frac{1}{4} = 15$km이다. 그러므로 집에서 회사까지 거리는 30km이다. 이후 8시 20분에 75km/h의 택시를 타고 15km를 이동하였으므로 A씨가 집에 다시 도착하기까지 걸린 시간은 $\frac{15}{75} = \frac{1}{5}$ 시간(=12분)이며, 집에 도착한 시각은 8시 32분이다. 이때 서류를 챙겨 승용차에 타기까지 3분이 걸렸으므로 A씨는 8시 35분에 회사로 다시 출발하였다. 따라서 A씨가 회사에 9시까지 도착하기 위해서는 30km의 거리를 25분 만에 도착해야 하므로 최소 $\frac{30}{25} \times 60 = 72$km/h로 운전해야 한다.

04

정답 ④

직원 9명이 지원 가능한 경우는 다음과 같이 총 6가지이다.

구분	1지망	2지망	3지망
경우 1	기획조정부	홍보부	인사부
경우 2	기획조정부	인사부	홍보부
경우 3	홍보부	기획조정부	인사부
경우 4	홍보부	인사부	기획조정부
경우 5	인사부	기획조정부	홍보부
경우 6	인사부	홍보부	기획조정부

첫 번째 조건에 의하면 인사부를 3지망으로 지원한 직원은 없으므로 경우 1과 경우 3은 0명이다. 두 번째 조건에 의하면 경우 4는 2명, 네 번째 조건에 의하면 경우 2는 3명이다. 세 번째 조건에 의하여 경우 6을 x명, 경우 5를 $(x+2)$명이라고 할 때, 총 직원은 9명이므로 $0+3+0+2+(x+2)+x=9$가 된다. 따라서 $x=1$이다.
이를 정리하면 다음과 같다.

구분	1지망	2지망	3지망	인원
경우 1	기획조정부	홍보부	인사부	0명
경우 2	기획조정부	인사부	홍보부	3명
경우 3	홍보부	기획조정부	인사부	0명
경우 4	홍보부	인사부	기획조정부	2명
경우 5	인사부	기획조정부	홍보부	3명
경우 6	인사부	홍보부	기획조정부	1명

이를 다시 표로 정리하면 다음과 같다.

구분	1지망	2지망	3지망
기획조정부	3명	3명	3명
홍보부	2명	1명	6명
인사부	4명	5명	0명

따라서 기획조정부를 3지망으로 지원한 직원은 3명이다.

PART 1

01	02	03	04	05	06	07	08	09	10
④	③	⑤	③	③	③	④	④	③	③
11	12	13	14	15	16	17	18	19	20
④	⑤	②	②	①	③	④	⑤	③	④
21									
③									

01

정답 ④

쉼이란 대화 도중에 잠시 침묵하는 것을 말한다. 쉼을 사용하는 대표적인 경우는 다음과 같다.
• 이야기의 전이 시(흐름을 바꾸거나 다른 주제로 넘어갈 때)
• 양해, 동조, 반문의 경우
• 생략, 암시, 반성의 경우
• 여운을 남길 때
위와 같은 목적으로 쉼을 활용함으로써 논리성, 감정 제고, 동질감 등을 확보할 수 있다.
반면, 연단공포증은 면접이나 발표 등 청중 앞에서 이야기할 때 가슴이 두근거리고, 입술이 타고, 식은땀이 나고, 얼굴이 달아오르는 생리적인 현상으로, 쉼과는 관련이 없다. 연단공포증은 90% 이상의 사람들이 호소하는 불안이므로 극복하기 위해서는 연단공포증에 대한 걱정을 떨쳐내고 이러한 심리현상을 잘 통제하여 의사 표현하는 것을 연습해야 한다.

02

정답 ③

미국의 심리학자인 도널드 키슬러는 대인관계 의사소통 방식을 체크리스트로 평가하여 8가지 유형으로 구분하였다. 이 중 친화형은 따뜻하고 배려심이 깊으며, 타인과의 관계를 중시하는 유형이다. 또한 협동적이고 조화로운 성격으로, 자기희생적인 경향이 강하다.

키슬러의 대인관계 의사소통 유형
• 지배형 : 자신감이 있고 지도력이 있으나 논쟁적이고 독단이 강하여 대인 갈등을 겪을 수 있으므로 타인의 의견을 경청하고 수용하는 자세가 필요하다.
• 실리형 : 이해관계에 예민하고 성취 지향적으로 경쟁적인 데다 자기중심적이어서 타인의 입장을 배려하고 관심을 갖는 자세가 필요하다.
• 냉담형 : 이성적인 의지력이 강하고 타인의 감정에 무관심하며 피상적인 대인관계를 유지하므로 타인의 감정 상태에 관심을 가지고 긍정적인 감정을 표현하는 것이 필요하다.
• 고립형 : 혼자 있는 것을 선호하고 사회적 상황을 회피하며 지나치게 자신의 감정을 억제하므로 대인관계의 중요성을 인식하고 타인에 대한 비현실적인 두려움의 근원을 성찰하는 것이 필요하다.
• 복종형 : 수동적이고 의존적이며 자신감이 없으므로 적극적인 자기표현과 주장이 필요하다.
• 순박형 : 단순하고 솔직하며 자기주관이 부족하므로 자기주장을 하는 노력이 필요하다.
• 친화형 : 따뜻하고 인정이 많고 자기희생적이나 타인의 요구를 거절하지 못하므로 타인과의 정서적인 거리를 유지하는 노력이 필요하다.
• 사교형 : 외향적이고 인정하는 욕구가 강하며, 타인에 대한 관심이 많아서 간섭하는 경향이 있고 흥분을 잘 하므로 심리적 안정과 지나친 인정욕구에 대한 성찰이 필요하다.

03
정답 ⑤

철도사고는 달리는 도중에도 발생할 수 있으므로 먼저 인터폰을 통해 승무원에게 사고를 알리고, 열차가 멈춘 후에 안내방송에 따라 비상핸들이나 비상콕크를 돌려 문을 열고 탈출해야 한다. 만일 화재가 발생했을 경우에는 승무원에게 사고를 알리고 곧바로 119에도 신고를 해야 한다.

오답분석
① 침착함을 잃고 패닉에 빠지게 되면, 적절한 행동요령에 따라 대피하기 어렵다. 따라서 사고현장에서 대피할 때는 승무원의 안내에 따라 질서 있게 대피해야 한다.
② 화재사고 발생 시 승객들은 여유가 있을 경우 전동차 양 끝에 비치된 소화기를 통해 초기 진화를 시도해야 한다.
③ 역이 아닌 곳에서 열차가 멈췄을 경우 감전의 위험이 있으므로 반드시 승무원의 안내에 따라 반대편 선로의 열차 진입에 유의하며 대피 유도등을 따라 침착하게 비상구로 대피해야 한다.
④ 전동차에서 대피할 때는 부상자, 노약자, 임산부 등 탈출이 어려운 사람부터 먼저 대피할 수 있도록 배려하고 도와주어야 한다.

04
정답 ③

하향식 읽기 모형은 독자의 배경지식을 바탕으로 글의 맥락을 먼저 파악하는 읽기 전략이다. ③의 경우 제품 설명서를 통해 세부 기능과 버튼별 용도를 파악하고 기계를 작동시켰으므로 상향식 읽기를 수행한 사례이다. 제품 설명서를 하향식으로 읽는다면 제품 설명서를 읽기 전 제품을 보고 배경지식을 바탕으로 어떤 기능이 있는지 예측하고, 해당 기능을 수행하는 세부 방법을 제품 설명서를 통해 찾아봐야 한다.

오답분석
① 헤드라인을 먼저 읽어 배경지식을 바탕으로 전체적인 내용을 파악하고 상세 내용을 읽었으므로 하향식 읽기 모형에 해당한다.
② 회의의 주제에 대한 배경지식을 가지고 회의 안건을 예상한 후 회의 자료를 파악하였으므로 하향식 읽기 모형에 해당한다.
④ 요리에 대한 경험과 지식을 바탕으로 요리 과정을 파악하였으므로 하향식 읽기 모형에 해당한다.
⑤ 해당 분야에 대한 기본적인 지식을 바탕으로 서문이나 목차를 통해 책의 전체적인 흐름을 파악하였으므로 하향식 읽기 모형에 해당한다.

05
정답 ③

농도가 15%인 소금물 200g의 소금의 양은 $200 \times \frac{15}{100} = 30$g이고, 농도가 20%인 소금물 300g의 소금의 양은 $300 \times \frac{20}{100} = 60$g이다.

따라서 두 소금물을 섞었을 때의 농도는 $\frac{30+60}{200+300} \times 100 = \frac{90}{500} \times 100 = 18$%이다.

06
정답 ③

동성끼리 인접하지 않아야 하므로 남직원과 여직원은 모두 번갈아 앉아야 한다.
• 첫 번째, 여섯 번째 자리에 여직원 D가 앉는 경우
남직원 B가 여직원 D 옆에 앉는 경우는 1가지뿐으로, 남은 자리에 남직원, 여직원이 번갈아 앉아 경우의 수는 $2 \times 1 \times 2! \times 2! = 8$가지이다.
• 두 번째, 세 번째, 네 번째, 다섯 번째 자리에 여직원 D가 앉는 경우
각 경우에 대하여 남직원 B가 여직원 D 옆에 앉는 경우는 2가지이다. 남은 자리에 남직원, 여직원이 번갈아 앉으므로 경우의 수는 $4 \times 2 \times 2! \times 2! = 32$가지이다.
따라서 구하고자 하는 경우의 수는 $8+32 = 40$가지이다.

07
정답 ④

제시된 수열은 홀수 항일 때 $+12$, $+24$, $+48$, $\cdots$이고, 짝수 항일 때 $+20$인 수열이다.
따라서 빈칸에 들어갈 수는 $13+48 = 61$이다.

08
정답 ④

2022년에 중학교에서 고등학교로 진학한 학생의 비율은 99.7%이고, 2023년 중학교에서 고등학교로 진학한 학생의 비율은 99.6%이다. 따라서 진학한 비율이 감소하였으므로 중학교에서 고등학교로 진학하지 않은 학생의 비율은 증가하였음을 알 수 있다.

오답분석
① 중학교의 취학률이 가장 낮은 해는 97.1%인 2020년이다. 이는 97% 이상이므로 중학교의 취학률은 매년 97% 이상이다.
② 매년 초등학교의 취학률이 가장 높다.
③ 고등교육기관의 취학률은 2020년 이후로 계속해서 70% 이상을 기록하였다.
⑤ 고등교육기관의 취학률이 가장 낮은 해는 2016년이고, 고등학교의 상급학교 진학률이 가장 낮은 해 또한 2016년이다.

09

③

① B기업의 매출액이 가장 많은 때는 2024년 3월이지만, 그 래프에서는 2024년 4월의 매출액이 가장 많은 것으로 나타났다.
② 2024년 2월에는 A기업의 매출이 더 많지만, 그래프에서는 B기업이 더 많은 것으로 나타났다.
④ A기업의 매출액이 가장 적은 때는 2024년 4월이지만, 그 래프에서는 2024년 3월의 매출액이 가장 적은 것으로 나타났다.
⑤ A기업과 B기업의 매출액의 차이가 가장 큰 때는 2024년 1월이지만, 그래프에서는 2024년 5월과 6월의 매출액 차이가 더 큰 것으로 나타났다.

10

③

A~F 모두 문맥을 무시하고 일부 문구에만 집착하여 뜻을 해석하고 있으므로 '과대해석의 오류'를 범하고 있다. 과대해석의 오류는 전체적인 상황이나 맥락을 고려하지 않고 특정 단어나 문장에만 집착하여 의미를 해석하는 오류로, 글의 의미를 지나치게 확대하거나 축소하여 생각하고, 문자 그대로의 의미에만 너무 집착하여 다른 가능성이나 해석을 배제하게 되는 논리적 오류이다.

① 무지의 오류 : '신은 존재하지 않는다가 증명되지 않았으므로 신은 존재한다.'처럼 증명되지 않았다고 해서 그 반대의 주장이 참이라고 생각하는 오류이다.
② 연역법의 오류 : '조류는 날 수 있다. 펭귄은 조류이다. 따라서 펭귄은 날 수 있다.'처럼 잘못된 삼단논법에 의해 발생하는 논리적 오류이다.
④ 허수아비 공격의 오류 : '저 사람은 과거에 거짓말을 한 적이 있으니 이번에 일어난 사기 사건의 범인이다.'처럼 개별적 인과관계를 입증하지 않고 전혀 상관없는 별개의 논리를 만들어 공격하는 논리적 오류이다.
⑤ 권위나 인신공격에 의존한 논증 : '제정신을 가진 사람이면 그런 주장을 할 수가 없다.'처럼 상대방의 주장 대신 인격을 공격하거나, '최고 권위자인 A교수도 이런 말을 했습니다.'처럼 자신의 논리적인 약점을 권위자를 통해 덮으려는 논리적 오류이다.

11

④

A~E열차의 운행시간 단위를 시간 단위로, 평균 속력의 단위를 시간당 운행거리로 통일하여 정리하면 다음과 같다.

구분	운행시간	평균 속력	운행거리
A 열차	900분 =15시간	50m/s =(50×60×60)m/h =180km/h	15×180= 2,700km
B 열차	10시간 30분 =10.5시간	150km/h	10.5×150 =1,575km
C 열차	8시간	55m/s =(55×60×60)m/h =198km/h	8×198= 1,584km
D 열차	720분 =12시간	2.5km/min =(2.5×60)km/h =150km/h	12×150= 1,800km
E 열차	10시간	2.7km/min =(2.7×60)m/h =162km/h	10×162= 1,620km

따라서 C열차의 운행거리는 네 번째로 길다.

12

⑤

스마트팜 관련 정부 사업 참여 경험은 K사의 강점 요인이다. 또한 정부의 적극적인 지원은 스마트팜 시장 성장에 따른 기회 요인이다. 따라서 스마트팜 관련 정부 사업 참여 경험을 바탕으로 정부의 적극적인 지원을 확보하는 것은 내부의 강점을 통해 외부의 기회 요인을 극대화하는 SO전략에 해당한다.

①·②·③·④ 외부의 기회를 이용하여 내부의 약점을 보완하는 WO전략에 해당한다.

SWOT 분석 전략
• SO전략 : 내부 강점과 외부 기회를 극대화하는 전략
• WO전략 : 외부 기회를 이용하여 내부 약점을 강점으로 전환하는 전략
• ST전략 : 외부 위협을 최소화하기 위해 내부 강점을 극대화하는 전략
• WT전략 : 내부 약점과 외부 위협을 최소화하는 전략

13

정답 ②

K대학교 기숙사 운영위원회는 단순히 '기숙사에 문제가 있다.'라는 큰 문제에서 벗어나 식사, 시설, 통신환경이라는 세 가지 주요 문제를 파악하고 문제별로 다시 세분화하여 더욱 구체적으로 인과관계 및 구조를 파악하여 분석하고 있다. 따라서 제시문에서 나타난 문제해결 절차는 '문제 도출'이다.

문제해결 절차 5단계
1. 문제 인식 : 해결해야 할 전체 문제를 파악하여 우선순위를 정하고 선정 문제에 대한 목표를 명확히 하는 단계
2. 문제 도출 : 선정된 문제를 분석하여 해결해야 할 것이 무엇인지를 명확히 하는 단계로, 현상에 대한 문제를 분해하여 인과관계 및 구조를 파악하는 단계
3. 원인 분석 : 파악된 핵심 문제에 대한 분석을 통해 근본 원인을 도출해 내는 단계
4. 해결안 개발 : 문제로부터 도출된 근본 원인을 효과적으로 해결할 수 있는 최적의 해결 방안을 수립하는 단계
5. 실행 및 평가 : 해결안 개발을 통해 만들어진 실행계획을 실제 상황에 적용하는 단계로, 해결안을 통해 문제의 원인들을 제거해 나가는 단계

14

정답 ②

국토교통부장관은 기본계획을 수립하거나, 수립된 계획을 변경할 경우 철도산업위원회의 심의를 거쳐야 한다. 이때 대통령령으로 정하는 경미한 변경은 제외된다(철도산업발전기본법 제5조 제4항). 여기서 경미한 변경은 사업 규모·비용·기간별로 구분되며 다음과 같다(철도산업발전기본법 시행령 제4조).
- 사업 규모 : 철도시설투자사업 규모의 100분의 1의 범위 안에서의 변경
- 사업 비용 : 철도시설투자사업 총투자비용의 100분의 1의 범위 안에서의 변경
- 사업 기간 : 철도시설투자사업 기간의 <u>2년</u>의 기간 내에서의 변경

따라서 밑줄 친 경미한 변경의 기간 조건은 2년 이내의 변경이다.

15

정답 ①

철도산업발전기본법 제3조 제4호에 따르면 철도차량은 선로를 운행할 목적으로 제작된 동력차·객차·화차 및 특수차를 뜻하며, 각 차량의 뜻은 다음과 같다.
- 동력차 : 동력에 의하여 선로를 이동하는 것을 목적으로 제작된 철도차량
- 객차 : 여객, 수화물 및 우편물을 운송할 수 있는 구조로 제작된 철도차량
- 화차 : 화물을 운송할 수 있는 구조로 제작된 철도차량
- 특수차 : 특수 사용을 목적으로 제작된 사고복구용차, 작업차, 시험차 등으로, 동력차와 객차 및 화차에 속하지 않는 철도차량

따라서 동력차는 특수차와 다른 분류의 철도차량이므로 특수차에 해당하지 않는다.

특수차의 종류(철도차량기술기준 별표 2)
- 사고복구용차 : 사고복구차, 사고복구용 기중기
- 작업차 : 굴삭차, 가선차, 자갈정리차, 고압살수차 등
- 시험차 : 종합검측차, 궤도검측차, 선로점검차, 전철시험차 등

16

정답 ③

한국철도공사는 이사회의 의결을 거쳐 사채를 발행할 수 있으며, 사채의 발행액은 공사의 자본금과 적립금을 합한 금액의 <u>5배</u>를 초과하지 못한다(한국철도공사법 제11조 제1항·제2항). 따라서 최대 5배까지 가능하다.

17

정답 ④

운영자산은 영업활동이 주된 목적인 운영시설로, 운영시설과 직접 관련된 토지 및 업무용 건물이 포함되며 역사, 철도차량, 차량기지 등이 포함된다. 반면 시설자산은 사회간접자본(SOC)으로, 공공성이 있는 기반시설을 의미한다. 즉, 국가에 귀속된 시설이지만 시설사용계약을 통해 한국철도공사로 위탁된 시설로, 선로, 터널 등이 포함된다. 따라서 ㄴ, ㄷ, ㅁ은 운영자산에 해당하고, ㄱ, ㄹ은 시설자산에 해당한다.

철도자산의 구분 등(철도산업발전기본법 제22조 제1항)
국토교통부장관은 철도산업의 구조개혁을 추진하는 경우 철도청과 고속철도건설공단의 철도자산을 다음 각 호와 같이 구분하여야 한다.
1. 운영자산 : 철도청과 고속철도건설공단이 철도운영 등을 주된 목적으로 취득하였거나 관련 법령 및 계약 등에 의하여 취득하기로 한 재산·시설 및 그에 관한 권리
2. 시설자산 : 철도청과 고속철도건설공단이 철도의 기반이 되는 시설의 건설 및 관리를 주된 목적으로 취득하였거나 관련 법령 및 계약 등에 의하여 취득하기로 한 재산·시설 및 그에 관한 권리
3. 기타자산 : 제1호 및 제2호의 철도자산을 제외한 자산

18

정답 ⑤

철도시설의 건설 및 관리와 사업을 효율적으로 시행하는 것은 국가철도공단의 사업으로, 국가철도공단법의 목적이다.

[오답분석]

① 공사의 자본금은 22조 원으로 하고, 그 전부를 정부가 출자한다(한국철도공사법 제4조 제1항).
② 공사의 주된 사무소의 소재지는 정관으로 정한다(한국철도공사법 제3조 제1항).
③ 공사는 주된 사무소의 소재지에서 설립등기를 함으로써 성립한다(한국철도공사법 제5조 제1항).
④ 제3항에 따라 국가가 공사에 출자를 할 때에는 국유재산의 현물출자에 관한 법률에 따른다(한국철도공사법 제4조 제4항).

> **목적(한국철도공사법 제1조)**
> 한국철도공사법은 한국철도공사를 설립하여 철도 운영의 전문성과 효율성을 높임으로써 철도산업과 국민경제의 발전에 이바지함을 목적으로 한다.

19

정답 ③

국토교통부장관은 철도사업자가 노선 운행중지, 운행제한, 감차 등을 수반하는 사업계획 변경명령을 받은 후 1년이 지나지 아니한 경우 사업계획의 변경을 제한할 수 있다(철도사업법 제12조 제2항 제2호).

> **사업계획의 변경(철도사업법 제12조 제2항)**
> 국토교통부장관은 철도사업자가 다음 각 호의 어느 하나에 해당하는 경우에는 제1항에 따른 사업계획의 변경을 제한할 수 있다.
> 1. 제8조에 따라 국토교통부장관이 지정한 날 또는 기간에 운송을 시작하지 아니한 경우
> 2. 제16조에 따라 노선 운행중지, 운행제한, 감차(減車) 등을 수반하는 사업계획 변경명령을 받은 후 1년이 지나지 아니한 경우
> 3. 제21조에 따른 개선명령을 받고 이행하지 아니한 경우
> 4. 철도사고(철도운영 또는 철도시설관리와 관련하여 사람이 죽거나 다치거나 물건이 파손되는 사고)의 규모 또는 발생 빈도가 대통령령으로 정하는 기준(100만 km당 철도사고로 인한 사망자 수 및 철도사고의 발생횟수가 직전 연도를 제외한 최근 5년간 평균의 10분의 2) 이상인 경우

20

정답 ④

"사업용철도"란 철도사업을 목적으로 설치하거나 운영하는 철도를 말한다(철도사업법 제2조 제4호).

[오답분석]

① "전용철도"란 다른 사람의 수요에 따른 영업을 목적으로 하지 아니하고 자신의 수요에 따라 특수 목적을 수행하기 위하여 설치하거나 운영하는 철도를 말한다(철도사업법 제2조 제5호).
②·③·⑤ 법령에서 정의하지 않는 명칭이다.

21

정답 ③

K사는 국토교통부장관의 개선명령을 위반하여 철도사업법 제16조 제1항 제11호에 따라 6개월의 사업정지처분을 받았다. 그러나 K사는 이에 불복하여 사업정지처분기간 중에 철도사업을 경영하였으므로 철도사업법 제49조 제1항 제3호(사업정지처분기간 중에 철도사업을 경영)를 위반하였다. 이 경우 2년 이하의 징역 또는 2천만 원 이하의 벌금에 처해지므로 벌금의 최대 액수는 2천만 원이다.

> **벌칙(철도사업법 제49조)**
> • 2년 이하의 징역 또는 2천만 원 이하의 벌금
> - 면허를 받지 아니하고 철도사업을 경영한 자
> - 거짓이나 부정한 방법으로 철도사업의 면허를 받은 자
> - 사업정지처분기간 중에 철도사업을 경영한 자
> - 사업계획의 변경명령을 위반한 자
> - 타인에게 자기의 성명 또는 상호를 대여하여 철도사업을 경영하게 한 자
> - 철도사업자의 공동 활용에 관한 요청을 정당한 사유 없이 거부한 자
> • 1년 이하의 징역 또는 1천만 원 이하의 벌금
> - 국토교통부장관에게 등록을 하지 아니하고 전용철도를 운영한 자
> - 거짓이나 그 밖의 부정한 방법으로 전용철도의 등록을 한 자
> • 1천만 원 이하의 벌금
> - 국토교통부장관의 인가를 받지 아니하고 공동운수협정을 체결하거나 변경한 자
> - 인증을 받지 않았음에도 우수서비스마크 또는 이와 유사한 표지를 철도차량 등에 붙이거나 인증 사실을 홍보한 자

01	02	03	04	05	06	07	08	09	10
③	④	⑤	③	②	③	①	③	④	⑤
11	12	13	14	15	16	17	18	19	20
②	①	④	③	③	①	②	②	①	⑤

01
정답 ③

제시된 시는 신라시대 6두품 출신의 문인인 최치원이 지은 「촉규화」이다. 최치원은 자신을 향기 날리는 탐스런 꽃송이에 비유하여 뛰어난 학식과 재능을 뽐내고 있지만, 수레와 말 탄 사람에 비유한 높은 지위의 사람들이 자신을 외면하는 현실을 한탄하고 있다.

최치원

신라시대 6두품 출신의 문인으로, 12세에 당나라로 유학을 간 후 6년 만에 당의 빈공과에 장원으로 급제할 정도로 학문적 성취가 높았다. 그러나 당나라에서 제대로 인정을 받지 못했으며, 신라에 돌아와서도 6두품이라는 출신의 한계로 원하는 만큼의 관직에 오르지는 못하였다. 「촉규화」는 최치원이 당나라 유학시절에 지은 시로 알려져 있으며, 자신을 알아주지 않는 시대에 대한 개탄을 담고 있다. 최치원은 인간 중심의 보편성과 그에 따른 다양성을 강조하였으며, 신라의 쇠퇴로 인해 이러한 그의 정치 이념과 사상은 신라 사회에서는 실현되지 못하였으나 이후 고려 국가의 체제 정비에 영향을 미쳤다.

02
정답 ④

네 번째 문단에서 백성들이 적지 않고, 토산품이 구비되어 있지만 이로운 물건이 세상에 나오지 않고, 그렇게 하는 방법을 모르기 때문에 경제를 윤택하게 하는 것 자체를 모른다고 하였다. 따라서 조선의 경제가 윤택하지 못한 이유를 생산량이 부족해서가 아닌 유통의 부재로 보고 있다.

[오답분석]

① 세 번째 문단에서 쓸모없는 물건을 사용하여 유용한 물건을 유통하고 거래하지 않는다면 유용한 물건들이 대부분 한 곳에 묶여서 고갈될 것이라고 하며 유통이 원활하지 않은 현실을 비판하고 있다.

② 세 번째 문단에서 옛날의 성인과 제왕은 유통의 중요성을 알고 있었기 때문에 주옥과 화폐 등의 물건을 조성하여 재물이 원활하게 유통될 수 있도록 노력했다고 하며 재물 유통을 위한 성현들의 노력을 제시하고 있다.

③ 여섯 번째 문단에서 재물을 우물에 비유하여 설명하고 있다. 재물의 소비를 하지 않으면 물을 길어내지 않는 우물처럼 말라 버릴 것이며, 소비를 한다면 물을 퍼내는 우물처럼 물이 가득할 것이라며 재물에 대한 소비가 경제의 규모를 늘릴 것이라고 강조하고 있다.

⑤ 여섯 번째 문단에서 비단옷을 입지 않으면 비단을 짜는 사람과 베를 짜는 여인 등 관련 산업 자체가 황폐해질 것이라고 하고 있다. 따라서 산업의 발전을 위한 적당한 사치(소비)가 있어야 함을 제시하고 있다.

03
정답 ⑤

'말로는 친한 듯 하나 속으로는 해칠 생각이 있음'을 뜻하는 한자성어는 '口蜜腹劍(구밀복검)'이다.

• 刻舟求劍(각주구검) : 융통성 없이 현실에 맞지 않는 낡은 생각을 고집하는 어리석음

[오답분석]

① 水魚之交(수어지교) : 아주 친밀하여 떨어질 수 없는 사이
② 結草報恩(결초보은) : 죽은 뒤에라도 은혜를 잊지 않고 갚음
③ 靑出於藍(청출어람) : 제자나 후배가 스승이나 선배보다 나음
④ 指鹿爲馬(지록위마) : 윗사람을 농락하여 권세를 마음대로 함

04
정답 ③

③에서 '뿐이다'는 체언(명사, 대명사, 수사)인 '셋'을 수식하므로 조사로 사용되었다. 따라서 앞말과 붙여 써야 한다.

[오답분석]

① 종결어미 '-는지'는 앞말과 붙여 써야 한다.
② '만큼'은 용언(동사, 형용사)인 '애쓴'을 수식하므로 의존 명사로 사용되었다. 따라서 앞말과 띄어 써야 한다.
④ '큰지'와 '작은지'는 모두 연결어미 '-ㄴ지'로 쓰였으므로 앞말과 붙여 써야 한다.
⑤ '-판'은 앞의 '씨름'과 합성어를 이루므로 붙여 써야 한다.

05

'채이다'는 '차이다'의 잘못된 표기이다. 따라서 '차였다'로 표기해야 한다.
• 차이다 : 주로 남녀 관계에서 일방적으로 관계가 끊기다.

[오답분석]
① 금세 : 지금 바로. '금시에'의 준말
③ 핼쑥하다 : 얼굴에 핏기가 없고 파리하다.
④ 낯설다 : 전에 본 기억이 없어 익숙하지 아니하다.
⑤ 곰곰이 : 여러모로 깊이 생각하는 모양

06
정답 ③

한자어에서 'ㄹ' 받침 뒤에 연결되는 'ㄷ, ㅅ, ㅈ'은 된소리로 발음되므로 [몰쌍식]으로 발음해야 한다.

[오답분석]
①·④ 받침 'ㄴ'은 'ㄹ'의 앞이나 뒤에서 [ㄹ]로 발음하지만, 결단력, 공권력, 상견례 등에서는 [ㄴ]으로 발음한다.
② 받침 'ㄱ(ㄲ, ㅋ, ㄳ, ㄺ), ㄷ(ㅅ, ㅆ, ㅈ, ㅊ, ㅌ, ㅎ), ㅂ(ㅍ, ㄼ, ㄿ, ㅄ)'은 'ㄴ, ㅁ' 앞에서 [ㅇ, ㄴ, ㅁ]으로 발음한다.
⑤ 받침 'ㄷ, ㅌ(ㄾ)'이 조사나 접미사의 모음 'ㅣ'와 결합되는 경우에는 [ㅈ, ㅊ]으로 바꾸어서 뒤 음절 첫소리로 옮겨 발음한다.

07
정답 ①

$865 \times 865 + 865 \times 270 + 135 \times 138 - 405$
$= 865 \times 865 + 865 \times 270 + 135 \times 138 - 135 \times 3$
$= 865 \times (865 + 270) + 135 \times (138 - 3)$
$= 865 \times 1,135 + 135 \times 135$
$= 865 \times (1,000 + 135) + 135 \times 135$
$= 865 \times 1,000 + (865 + 135) \times 135$
$= 865,000 + 135,000$
$= 1,000,000$
따라서 식을 계산하여 나온 수의 백의 자리는 0, 십의 자리는 0, 일의 자리는 0이다.

08
정답 ③

터널의 길이를 xm라 하면 다음과 같은 식이 성립한다.
$$\frac{x+200}{60} : \frac{x+300}{90} = 10 : 7$$
$$\frac{x+300}{90} \times 10 = \frac{x+200}{60} \times 7$$
$$\rightarrow 600(x+300) = 630(x+200)$$
$$\rightarrow 30x = 54,000$$
$$\therefore x = 1,800$$
따라서 터널의 길이는 1,800m이다.

09
정답 ④

나열된 수의 규칙은 (첫 번째 수)×[(두 번째 수)−(세 번째 수)]=(네 번째 수)이다.
따라서 빈칸에 들어갈 수는 $9 \times (16-9) = 63$이다.

10
정답 ⑤

제시된 수열은 $+3, +5, +7, +9, \cdots$ 씩 증가하는 수열이다.
따라서 빈칸에 들어갈 수는 $97+21=118$이다.

11
정답 ②

A반과 B반 모두 2번의 경기를 거쳐 결승에 만나는 경우는 다음과 같다.

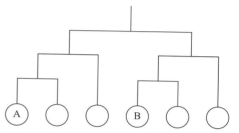

이때 남은 네 반을 배치할 때마다 모두 다른 경기가 진행되므로 구하고자 하는 경우의 수는 4!=24가지이다.

12
정답 ①

방사형 그래프는 여러 평가 항목에 대하여 중심이 같고 크기가 다양한 원 또는 다각형을 도입하여 구역을 나누고, 각 항목에 대한 도수 등을 부여하여 점을 찍은 후 그 점끼리 이어 생성된 다각형으로 자료를 분석할 수 있다. 따라서 방사형 그래프인 ①을 사용하면 항목별 균형을 쉽게 파악할 수 있다.

13
정답 ④

3월의 경우 K톨게이트를 통과한 영업용 승합차 수는 229천 대이고, 영업용 대형차 수는 139천 대이다.
$139 \times 2 = 278 > 229$이므로 3월의 영업용 승합차 수는 영업용 대형차 수의 2배 미만이다.
따라서 모든 달에서 영업용 승합차 수는 영업용 대형차 수의 2배 이상인 것은 아니므로 옳지 않은 설명이다.

① 월별 전체 승용차 수와 전체 승합차 수의 합은 다음과 같다.
- 1월 : $3,807+3,125=6,932$천 대
- 2월 : $3,555+2,708=6,263$천 대
- 3월 : $4,063+2,973=7,036$천 대
- 4월 : $4,017+3,308=7,325$천 대
- 5월 : $4,228+2,670=6,898$천 대
- 6월 : $4,053+2,893=6,946$천 대
- 7월 : $3,908+2,958=6,866$천 대
- 8월 : $4,193+3,123=7,316$천 대
- 9월 : $4,245+3,170=7,415$천 대
- 10월 : $3,977+3,073=7,050$천 대
- 11월 : $3,953+2,993=6,946$천 대
- 12월 : $3,877+3,040=6,917$천 대

따라서 전체 승용차 수와 승합차 수의 합이 가장 많은 달은 9월이고, 가장 적은 달은 2월이다.
② 4월을 제외하고 K톨게이트를 통과한 비영업용 승합차 수는 월별 3,000천 대(＝300만 대)를 넘지 않는다.
③ 모든 달에서 (영업용 대형차 수)×10 ≥ (전체 대형차 수) 이므로 영업용 대형차 수의 비율은 모든 달에서 전체 대형차 수의 10% 이상이다.
⑤ 승용차가 가장 많이 통과한 달은 9월이고, 이때 영업용 승용차 수의 비율은 9월 전체 승용차 수의 $\frac{140}{4,245}\times100 ≒ 3.3$%로 3% 이상이다.

14

첫 번째 조건에 따라 ①, ②는 70대 이상에서 도시의 여가생활 만족도(1.7점)가 같은 연령대의 농촌(ㄹ) 만족도(3.5점)보다 낮으므로 제외되고, 두 번째 조건에 따라 도시에서 10대의 여가생활 만족도는 농촌에서 10대(1.8점)의 2배보다 높으므로 $1.8\times2=3.6$점을 초과해야 하나 ④는 도시에서 10대(ㄱ)의 여가생활 만족도가 3.5점이므로 제외된다. 또한, 세 번째 조건에 따라 ⑤는 도시에서 여가생활 만족도가 가장 높은 연령대인 40대(3.9점)보다 30대(ㄴ)가 4.0점으로 높으므로 제외된다. 따라서 마지막 조건까지 모두 만족하는 것은 ③이다.

15

가격을 10,000원 인상할 때 판매량은 (10,000−160)개이고, 20,000원 인상할 때 판매량은 (10,000−320)개이다. 또한, 가격을 10,000원 인하할 때 판매량은 (10,000＋160)개이고, 20,000원 인하할 때 판매량은 (10,000＋320)개이다. 따라서 K제품의 가격이 $(500,000+10,000x)$원일 때 판매량은 $(10,000-160x)$개이므로, 총 판매금액을 y원이라 하면 $(500,000+10,000x)\times(10,000-160x)$원이 된다.
y는 x에 대한 이차식이므로 이를 표준형으로 표현하면 다음과 같다.

$$y=(500,000+10,000x)\times(10,000-160x)$$
$$=-1,600,000\times(x+50)\times(x-62.5)$$
$$=-1,600,000\times(x^2-12.5x-3,125)$$
$$=-1,600,000\times\left(x-\frac{25}{4}\right)^2+1,600,000\times\left(\frac{25}{4}\right)^2+$$
$$1,600,000\times3,125$$

따라서 $x=\frac{25}{4}$일 때 총 판매금액이 최대가 되지만 가격은 10,000원 단위로만 변경할 수 있으므로 $\frac{25}{4}$와 가장 가까운 자연수인 $x=6$일 때 총 판매금액이 최대가 되고, 제품의 가격은 $500,000+10,000\times6=560,000$원이 된다.

16

마지막 조건에 따라 C는 항상 두 번째에 도착하게 되고, 첫 번째 조건에 따라 A−B가 순서대로 도착했으므로 A, B는 첫 번째로 도착할 수 없다. 또한 두 번째 조건에 따라 D는 E보다 늦게 도착하므로 가능한 경우를 정리하면 다음과 같다.

구분	첫 번째	두 번째	세 번째	네 번째	다섯 번째
경우 1	E	C	A	B	D
경우 2	E	C	D	A	B

따라서 E는 항상 가장 먼저 도착한다.

17

전제 1의 전건(P)인 'TV를 오래 보면'은 후건(Q)인 '눈이 나빠진다.'가 성립하는 충분조건이며, 후건은 전건의 필요조건이 된다(P → Q). 그러나 삼단논법에서 단순히 전건을 부정한다고 해서 후건 또한 부정되지는 않는다(∼ P → ∼ Q, 역의 오류). 철수가 TV를 오래 보지 않아도 눈이 나빠질 수 있는 가능성은 얼마든지 있기 때문이다. 이러한 형식적 오류를 '전건 부정의 오류'라고 한다.

① 사개명사의 오류 : 삼단논법에서 개념이 4개일 때 성립하는 오류이다(A는 B이고, A와 C는 모두 D이다. 따라서 B는 C이다).
③ 후건 긍정의 오류 : 후건을 긍정한다고 전건 또한 긍정이라고 하는 오류이다(P → Q이므로 Q → P이다. 이의 오류).
④ 선언지 긍정의 오류 : 어느 한 명제를 긍정하는 것이 필연적으로 다른 명제의 부정을 도출한다고 여기는 오류이다(A는 B와 C이므로 A가 B라면 반드시 C는 아니다. ∵ B와 C 둘 다 해당할 가능성이 있음).
⑤ 매개념 부주연의 오류 : 매개념(A)이 외연 전부(B)에 대하여 성립되지 않을 때 발생하는 오류이다(A는 B이고 C는 B이므로 A는 C이다).

18
정답 ②

제시된 열차의 부산역 도착시간을 계산하면 다음과 같다.

- KTX
  8:00(서울역 출발) → 10:30(부산역 도착)
- ITX-청춘
  7:20(서울역 출발) → 8:00(대전역 도착) → 8:15(대전역 출발) → 11:05(부산역 도착)
- ITX-마음
  6:40(서울역 출발) → 7:20(대전역 도착) → 7:35(대전역 출발) → 8:15(울산역 도착) → 8:30(울산역 출발) → 11:00(부산역 도착)
- 새마을호
  6:30(서울역 출발) → 7:30(대전역 도착) → 7:40(ITX-마음 출발 대기) → 7:55(대전역 출발) → 8:55(울산역 도착) → 9:10(울산역 출발) → 10:10(동대구역 도착) → 10:25(동대구역 출발) → 11:55(부산역 도착)
- 무궁화호
  5:30(서울역 출발) → 6:50(대전역 도착) → 7:05(대전역 출발) → 8:25(울산역 도착) → 8:35(ITX-마음 출발 대기) → 8:50(울산역 출발) → 10:10(동대구역 도착) → 10:30(새마을호 출발 대기) → 10:45(동대구역 출발) → 12:25(부산역 도착)

따라서 가장 늦게 도착하는 열차는 무궁화호로, 12시 25분에 부산역에 도착한다.

오답분석

① ITX-청춘은 11시 5분에 부산역에 도착하고, ITX-마음은 11시에 부산역에 도착한다.
③ ITX-마음은 정차역인 대전역과 울산역에서 다른 열차와 시간이 겹치지 않는다.
④ 부산역에 가장 빨리 도착하는 열차는 KTX로, 10시 30분에 도착한다.
⑤ 무궁화호는 울산역에서 8시 15분에 도착한 ITX-마음으로 인해 8시 35분까지 대기하며, 동대구역에서 10시 10분에 도착한 새마을호로 인해 10시 30분까지 대기한다.

19
정답 ①

A과장과 팀원 1명은 7시 30분까지 K공사에서 사전 회의를 가져야 하므로 8시에 출발하는 KTX만 이용할 수 있다. 남은 팀원 3명은 11시 30분까지 부산역에 도착해야 하므로 10시 30분에 도착하는 KTX, 11시 5분에 도착하는 ITX-청춘, 11시에 도착하는 ITX-마음이 이용 가능한데, 이 중 가장 저렴한 열차를 이용해야 하므로 ITX-마음을 이용한다. 따라서 KTX 2인과 ITX-마음 3인의 요금을 계산하면 $(59,800 \times 2) + (42,600 \times 3) = 119,600 + 127,800 = 247,400$원이다.

20
정답 ⑤

A는 B의 부정적인 의견들을 구조화하여 B가 그러한 논리를 가지게 된 궁극적 원인인 경쟁력 부족을 찾아내었고, 이러한 원인을 해소할 수 있는 방법을 찾아 자신의 계획을 재구축하여 B에게 설명하였다. 따라서 제시문에서 나타난 논리적 사고의 구성요소는 '상대 논리의 구조화'이다.

오답분석

① 설득 : 논증을 통해 나의 생각을 다른 사람에게 이해·공감시키고, 타인이 내가 원하는 행동을 하도록 하는 것이다.
② 구체적인 생각 : 상대가 말하는 것을 잘 알 수 없을 때, 이미지를 떠올리거나 숫자를 활용하는 등 구체적인 방법을 활용하여 생각하는 것이다.
③ 생각하는 습관 : 논리적 사고를 개발하기 위해 일상적인 모든 것에서 의문점을 가지고 원인을 생각해 보는 습관이다.
④ 타인에 대한 이해 : 나와 상대의 주장이 서로 반대될 때, 상대의 주장 전부를 부정하지 않고 상대의 인격을 존중하는 것이다.

01	02	03	04	05	06	07	08	09	10
④	②	⑤	⑤	④	①	②	⑤	④	①

01
정답 ④

제시문의 두 번째 문단에 따르면 CCTV는 열차 종류에 따라 운전실에서 실시간으로 상황을 파악할 수 있는 네트워크 방식과 각 객실에서의 영상을 저장하는 개별 독립 방식으로 설치된다고 하였다. 따라서 개별 독립 방식으로 설치된 일부 열차에서는 각 객실의 상황을 실시간으로 파악하지 못할 수 있다.

오답분석

① 첫 번째 문단에 따르면 현재 운행하고 있는 열차의 모든 객실에 CCTV를 설치하겠다는 내용으로 보아, 현재 열차의 모든 객실에 CCTV가 설치되지 않았음을 유추할 수 있다.
② 첫 번째 문단에 따르면 2023년까지 모든 열차 승무원에게 바디 캠을 지급하겠다고 하였다. 이에 따라 승객이 승무원을 폭행하는 등의 범죄 발생 시 해당 상황을 녹화한 바디 캠 영상이 있어 수사의 증거자료로 사용할 수 있게 되었다.
③ 두 번째 문단에 따르면 CCTV는 사각지대 없이 설치되며 일부는 휴대 물품 보관대 주변에도 설치된다고 하였다. 따라서 인적 피해와 물적 피해 모두 파악할 수 있게 되었다.
⑤ 세 번째 문단에 따르면 CCTV 품평회와 시험을 통해 제품의 형태와 색상, 재질, 진동과 충격 등에 대한 적합성을 고려한다고 하였다.

02
정답 ②

- (가)를 기준으로 앞의 문장과 뒤의 문장이 상반되는 내용을 담고 있으므로 가장 적절한 접속어는 '하지만'이다.
- (나)를 기준으로 앞의 문장은 기차의 냉난방시설을, 뒤의 문장은 지하철의 냉난방시설을 다루고 있으므로 가장 적절한 접속어는 '반면'이다.
- (다)의 앞뒤 내용을 살펴보면, 앞선 내용의 과정들이 끝나고 난 이후의 내용이 이어지므로, 이를 이어주는 접속어인 '마침내'가 들어가는 것이 가장 적절하다.

03
정답 ⑤

제시문의 세 번째 문단에 따르면 스마트글라스 내부 센서를 통해 충격과 기울기를 감지할 수 있어 작업자에게 위험한 상황이 발생할 경우 통보 시스템을 통해 바로 파악할 수 있게 되었음을 알 수 있다.

오답분석

① 첫 번째 문단에 따르면 스마트글라스를 통한 작업자의 음성인식만으로 철도시설물의 점검이 가능해졌음을 알 수 있지만, 다섯 번째 문단에 따르면 아직 유지보수 작업은 가능하지 않음을 알 수 있다.
② 첫 번째 문단에 따르면 스마트글라스의 도입 이후에도 사람의 작업이 필요함을 알 수 있다.
③ 세 번째 문단에 따르면 스마트글라스의 도입으로 추락 사고나 그 밖의 위험한 상황을 미리 예측할 수 있어 이를 방지할 수 있게 되었음을 알 수 있지만, 실제로 안전사고 발생 횟수가 감소하였는지는 알 수 없다.
④ 두 번째 문단에 따르면 여러 단계를 거치던 기존 작업 방식에서 벗어나 스마트글라스의 도입으로 작업을 한 번에 처리할 수 있게 된 것을 통해 작업 시간이 단축되었음을 알 수 있지만, 필요한 작업 인력의 감소 여부는 알 수 없다.

04
정답 ⑤

네 번째 문단에 따르면 인공지능 등의 스마트 기술 도입으로 까치집 검출 정확도는 95%까지 상승하였으므로, 까치집 제거율 또한 상승할 것임을 예측할 수 있으나, 근본적인 문제인 까치집 생성의 감소를 기대할 수는 없다.

오답분석

① 세 번째와 네 번째 문단에 따르면 정확도가 65%에 불과했던 인공지능의 까치집 식별 능력이 딥러닝 방식의 도입으로 95%까지 상승했음을 알 수 있다.
② 세 번째 문단에서 시속 150km로 빠르게 달리는 열차에서의 까치집 식별 정확도는 65%에 불과하다는 내용으로 보아, 빠른 속도에서 인공지능의 사물 식별 정확도는 낮음을 알 수 있다.
③ 네 번째 문단에 따르면 작업자의 접근이 어려운 곳에는 드론을 띄워 까치집을 발견 및 제거하는 기술도 시범 운영하고 있다고 하였다.
④ 세 번째 문단에 따르면 실시간 까치집 자동 검출 시스템 개발로 실시간으로 위험 요인의 위치와 이미지를 작업자에게 전달할 수 있게 되었다.

05

작년 K대학교의 재학생 수는 6,800명이고 남학생 수와 여학생 수의 비가 8:9이므로, 남학생 수는 $6,800 \times \dfrac{8}{8+9}=$ 3,200명이고, 여학생 수는 $6,800 \times \dfrac{9}{8+9}=3,600$명이다.

올해 줄어든 남학생 수와 여학생 수의 비가 12:13이므로 올해 K대학교에 재학 중인 남학생 수와 여학생 수의 비는 $(3,200-12k):(3,600-13k)=7:8$이다.

$7 \times (3,600-13k)=8 \times (3,200-12k)$

→ $25,200-91k=25,600-96k$

→ $5k=400$

∴ $k=80$

따라서 올해 K대학교에 재학 중인 남학생 수는 $3,200-12 \times 80=2,240$명이고, 여학생 수는 $3,600-13 \times 80=2,560$명이므로 올해 K대학교의 전체 재학생 수는 $2,240+2,560=$ 4,800명이다.

06

A씨는 장애의 정도가 심하지 않으므로 KTX 이용 시 평일 이용에 대해서만 30% 할인을 받으며, 동반 보호자에 대한 할인은 적용되지 않는다. 그러므로 3월 11일(토) 서울 → 부산 구간의 이용 시에는 할인이 적용되지 않고, 3월 13일(월) 부산 → 서울 구간 이용 시에는 A씨만 운임의 30%를 할인받는다. 따라서 한 사람의 편도 운임을 x원이라 할 때, 두 사람의 왕복 운임($4x$)을 기준으로 $0.3x \div 4x=0.075$, 즉 7.5% 할인받았음을 알 수 있다.

07

마일리지 적립 규정에는 회원 등급에 관련된 내용이 없으며, 마일리지 적립은 지불한 운임의 액수, 더블적립 열차 탑승 여부, 선불형 교통카드 Rail+ 사용 여부에 따라서만 결정된다.

[오답분석]

① KTX 마일리지는 KTX 열차 이용 시에만 적립된다.

③ 비즈니스 등급은 기업회원 여부와 관계없이 최근 1년간의 활동내역을 기준으로 부여된다.

④ 추석 및 설 명절 특별수송 기간 탑승 건을 제외하고 4만 점을 적립하면 VIP 등급을 부여받는다.

⑤ VVIP 등급과 VIP 등급 고객은 한정된 횟수 내에서 무료 업그레이드 쿠폰으로 KTX 특실을 KTX 일반실 가격에 구매할 수 있다.

08

K공사를 통한 예약 접수는 온라인 쇼핑몰 홈페이지를 통해 가능하며, 오프라인(방문) 접수는 우리・농협은행의 창구를 통해서만 이루어진다.

[오답분석]

① 구매자를 대한민국 국적자로 제한한다는 내용은 없다.

② 단품으로 구매 시 화종별 최대 3장으로 총 9장, 세트로 구매할 때도 최대 3세트로 총 9장까지 신청이 가능하며, 세트와 단품은 중복 신청이 가능하므로 구매 가능한 최대 개수는 18장이다.

③ 우리・농협은행의 계좌가 없다면, K공사 온라인 쇼핑몰을 이용하거나 우리・농협은행에 직접 방문하여 구입할 수 있다.

④ 총 발행량은 예약 주문 이전부터 화종별 10,000장으로 미리 정해져 있다.

09

우리・농협은행 계좌 미보유자인 외국인 A씨가 예약 신청을 할 수 있는 경로는 두 가지이다. 하나는 신분증인 외국인등록증을 지참하고 우리・농협은행의 지점을 방문하여 신청하는 것이고, 다른 하나는 K공사 온라인 쇼핑몰에서 가상계좌 방식으로 신청하는 것이다.

[오답분석]

① A씨는 외국인이므로 창구 접수 시 지참해야 하는 신분증은 외국인등록증이다.

② K공사 온라인 쇼핑몰에서는 가상계좌 방식을 통해서만 예약 신청이 가능하다.

③ 홈페이지를 통한 신청이 가능한 은행은 우리은행과 농협은행뿐이다.

⑤ 우리・농협은행의 홈페이지를 통해 예약 접수를 하려면 해당 은행에 미리 계좌가 개설되어 있어야 한다.

10

3종 세트는 186,000원, 단품은 각각 63,000원이므로 5명의 구매 금액을 계산하면 다음과 같다.

- A: $(186,000 \times 2)+63,000=435,000$원
- B: $63,000 \times 8=504,000$원
- C: $(186,000 \times 2)+(63,000 \times 2)=498,000$원
- D: $186,000 \times 3=558,000$원
- E: $186,000+(63,000 \times 4)=438,000$원

따라서 가장 많은 금액을 지불한 사람은 D이며, 구매 금액은 558,000원이다.

2022년 하반기 기출복원문제

01	02	03	04	05	06	07	08	09	10
③	⑤	④	④	⑤	①	①	④	⑤	④
11	12								
⑤	②								

01

정답 ③

제시문의 중심 내용은 나이 계산법 방식이 세 가지로 혼재되어 있어 '나이 불일치'로 인한 행정서비스 및 계약상의 혼선과 법적 다툼이 발생하므로 이를 해소하고자 나이 계산 방식을 하나로 통합하자는 것이다. 또한 나이 방식이 통합되어도 일상에는 변화가 없으며 일부 법에 대해서는 기존 방식이 유지될 수 있다고 하였다. 따라서 제시문의 주제로 가장 적절한 것은 ③이다.

오답분석

① 마지막 문단의 '연 나이를 채택해 또래 집단과 동일한 기준을 적용하는 것이 오히려 혼선을 막을 수 있고 법 집행의 효율성이 담보'라는 내용에서 일부 법령에 대해서는 연나이 계산법을 유지한다는 것을 알 수 있으나, 해당 내용이 전체 글을 다루고 있다고 보기는 어렵다.

② 세 번째 문단에 따르면 나이 불일치가 야기한 혼선과 법적 다툼은 우리나라 나이 계산법으로 인한 문제가 아니라 나이 계산법 방식이 세 가지로 혼재되어 있어 발생하는 문제라고 하였다.

④ 제시문은 나이 계산법 혼용에 따른 분쟁 해결 방안을 다루기보다는 이러한 분쟁이 발생하지 않도록 나이 계산법을 하나로 통일하자는 내용을 다루고 있다.

⑤ 마지막 문단의 '법적・사회적 분쟁이 크게 줄어들 것으로 기대하고 있지만, 국민 전체가 일상적으로 체감하는 변화는 크지 않을 것'이라는 내용으로 보아 나이 계산법의 변화로 달라지는 행정서비스는 크게 없을 것으로 보이며, 글의 전체적인 주제로 보기에도 적절하지 않다.

02

정답 ⑤

마지막 문단의 '정부도 규제와 의무보다는 사업자의 자율적인 부분을 인정해 주고 사업자 노력을 드라이브 걸 수 있는 지원책을 마련하여야 한다.'라는 내용을 통해 정부는 OTT 플랫폼에 장애인 편의 기능과 관련한 규제와 의무를 줬지만, 이에 대한 지원책은 부족했음을 유추할 수 있다.

오답분석

① 세 번째 문단의 '재생 버튼에 대한 설명이 제공되는 넷플릭스도 영상 재생 시점을 10초 앞으로 또는 뒤로 이동하는 버튼은 이용하기 어렵다.'라는 내용을 통해 국내 OTT 플랫폼보다는 장애인을 위한 서비스 기능이 더 제공되고 있지만, 여전히 충분히 제공되고 있지 않음을 알 수 있다.

② 세 번째 문단을 통해 장애인들의 국내 OTT 플랫폼의 이용이 어려움을 짐작할 수는 있지만, 서비스를 제공하는지의 유무는 확인하기 어렵다.

③ 외국 OTT 플랫폼은 국내 OTT 플랫폼보다 상대적으로 장애인 편의 기능을 더 제공하고 있는 것으로 보아 장애인을 수동적인 시혜자가 아닌 능동적인 소비자로 보고 있음을 알 수 있다.

④ 제시문에서는 우리나라 장애인이 외국 장애인보다 OTT 플랫폼의 이용이 어렵다기보다는 우리나라 OTT 플랫폼이 외국 OTT 플랫폼보다 장애인이 이용하기 어렵다고 말하고 있다.

03

정답 ④

빈칸 앞의 '기증 전 단계의 고민은 물론이고 막상 기증한 뒤에'라는 내용을 통해 이는 공여자의 고민에 해당함을 알 수 있다. 따라서 빈칸 ②은 공여자가 기증 후 공여를 받는 사람, 즉 수혜자와의 관계에 대한 우려를 다루고 있다.

오답분석

① ⊙ : 생체 – 두 번째 문단에서 '신장이나 간을 기증한 공여자에게서 만성 신・간 부전의 위험이 확인됐다.'라고 하였다. 따라서 제시문은 살아있는 상태에서 기증한 생체 기증자에 대해 다루고 있음을 알 수 있다.

② ⓒ : 상한액 – 빈칸은 앞서 말한 '진료비를 지원하는 제도'을 이용하는 데 제한을 다루고 있음을 짐작할 수 있다. 따라서 하한액보다는 상한액이 들어가는 것이 문맥상 적절하다.

③ ⓒ : 불특정인 – 빈칸 앞의 '아무 조건 없이'라는 말로 볼 때,
　　문맥상 특정인보다는 불특정인이 들어가는 것이 적절하다.
⑤ ⓔ : 수요 – 빈칸 앞 문장의 '해마다 늘어가는 장기 이식
　　대기 문제'라는 내용을 통해 공급이 아닌 수요를 감당하기
　　어려운 상황임을 알 수 있다. 따라서 빈칸에 들어갈 내용
　　으로 적절한 것은 수요이다.

04　　　　　　　　　　　　　　　정답 ④

다섯 번째 문단의 '특히 여성들이 임신과 출산을 경험하는 경
우 따가운 시선을 감수해야 한다.'라는 내용으로 볼 때, 임신
으로 인한 공백 문제 등이 발생하지 않도록 법적으로 공백 기
간을 규제하는 것이 아니라 적절한 공백 기간을 제공하는 것
은 물론 임신과 출산으로 인해 퇴직하는 등 경력이 단절되지
않도록 규제하여야 한다.

오답분석
① 세 번째 문단의 '결혼과 출산, 임신을 한 여성 노동자는
　조직 전체에 부정적인 영향을 준다고 인식하는 경향이 강
　한데'라는 내용으로 볼 때 결혼과 출산, 임신과 같은 가족
　계획을 지지하는 환경으로 만들어 여성 노동자에 대한 인
　식을 개선하여야 한다.
② 네 번째 문단의 '여성 노동자가 많이 근무하는 서비스업
　등의 직업군의 경우 임금 자체가 상당히 낮게 책정되어 있
　어 남성에 비하여 많은 임금을 받지 못하는 구조'라는 내
　용으로 볼 때, 여성 노동자가 주로 종사하는 직종의 임금
　체계를 합리적으로 변화시켜야 한다.
③ 네 번째 문단의 '여성 노동자를 차별한 결과 여성들은 남
　성 노동자들보다 저임금을 받아야 하고 비교적 질이 좋지
　않은 일자리에서 일해야 하며 고위직으로 올라가는 것 역
　시 힘들고 임금 차별이 나타나게 된다.'라는 내용으로 볼
　때, 여성들 또한 남성과 마찬가지의 권리를 가질 수 있도
　록 양질의 정규직 일자리를 만들어야 한다.
⑤ 다섯 번째 문단의 '여성 노동자들을 노동자 그 자체로 보
　기보다는 여성으로 바라보는 남성들의 잘못된 시선으로
　인해 여성 노동자는 신성한 노동의 현장에서 성희롱을 당
　하고 있으며'라는 내용으로 볼 때, 여성을 대하는 인식을
　개선해야 한다.

05　　　　　　　　　　　　　　　정답 ⑤

먼저 서두에는 흥미를 유도하거나 환기시킬 수 있는 내용이
오는 것이 적절하다. 따라서 영국의 보고서 내용인 (나) 또는
OECD 조사 내용인 (다)가 서두에 오는 것이 적절하다. 하지
만 (나)의 경우 첫 문장에서의 '또한'이라는 접속사를 통해 앞
선 글이 있었음을 알 수 있으므로 서두에 오는 것이 가장 적절
한 문단은 (다)이고 이어서 (나)가 오는 것이 적절하다. 그리
고 다음으로 앞선 문단에서 다룬 성별 간 임금 격차의 이유에
해당하는 (라)가 이어지고 이에 대한 구체적 내용인 (가)가 오
는 것이 가장 적절하다.

06　　　　　　　　　　　　　　　정답 ①

첫 번째 문단의 '특히 해당 건물은 조립식 샌드위치 패널로
지어져 있어 이번 화재는 자칫 대형 산불로 이어져'라는 내용
과 빈칸 앞뒤의 '빠르게 진화되었지만', '불이 삽시간에 번져'
라는 내용을 미루어 볼 때, 해당 건물의 화재가 빠르게 진화되
었음에도 사상자가 발생한 것은 조립식 샌드위치 패널로 이루
어진 화재에 취약한 구조이기 때문으로 볼 수 있다. 따라서
빈칸에 들어갈 내용으로 가장 적절한 것은 ①이다.

오답분석
② 건조한 기후에 대한 내용은 제시문에서 찾을 수 없다.
③ 해당 건물이 불법 가건물에 해당되지만, 해당 건물의 안정
　성에 대한 내용은 제시문에서 찾을 수 없다.
④ 소방시설에 대한 내용은 제시문에서 찾을 수 없으며, 첫
　번째 문단의 '화재는 30여 분 만에 빠르게 진화되었지만'
　이라는 내용으로 보아 소방 대처가 화재에 영향을 줬다고
　보기는 어렵다.
⑤ 인적이 드문 지역에 있어 해당 건물의 존재를 파악하기는
　어려웠지만, 화재로 인한 피해를 더 크게 했다고 보기에도
　어렵다.

07　　　　　　　　　　　　　　　정답 ①

운동을 하기 전 세현이의 체지방량을 $x$kg, 근육량을 $y$kg이
라 하자.
$x+y=65 \cdots \bigcirc$
$-0.2x+0.25y=-4 \cdots \bigcirc$
$\bigcirc \times 20$을 하면 $-4x+5y=-80 \cdots \bigcirc$
$(\bigcirc \times 4)+\bigcirc$을 풀면 $9y=180$, $y=20$이고, 이 값을 $\bigcirc$에 대
입하면 $x=45$이다.
따라서 운동을 한 후 세현이의 체지방량은 운동 전에 비해
20%인 9kg이 줄어 36kg이고, 근육량은 운동 전에 비해 25%
인 5kg이 늘어 25kg이다.

08　　　　　　　　　　　　　　　정답 ④

둘레에 심는 꽃의 수가 최소가 되려면 꽃 사이의 간격이 최대
가 되어야 하므로 꽃 사이의 간격은 $140=2^2 \times 5 \times 7$, $100=$
$2^2 \times 5^2$의 최대공약수인 $2^2 \times 5=20$m가 된다. 따라서 이때
심어야 하는 꽃은 $2 \times \{(140+100) \div 20\}=24$송이다.

09　　　　　　　　　　　　　　　정답 ⑤

제품 50개 중 1개가 불량품일 확률은 $\dfrac{1}{50}$이다.

따라서 제품 2개를 고를 때 2개가 모두 불량품일 확률은
$\dfrac{1}{50} \times \dfrac{1}{50} = \dfrac{1}{2,500}$이다.

10

처음 A비커에 들어 있는 소금의 양은 $\frac{6}{100} \times 300 = 18g$이고,

처음 B비커에 들어 있는 소금의 양은 $\frac{8}{100} \times 300 = 24g$이다.

A비커에서 소금물 100g을 퍼서 B비커에 옮겨 담았으므로 옮겨진 소금의 양은 $\frac{6}{100} \times 100 = 6g$이고, A비커에 남아 있는 소금의 양은 12g이다. 따라서 B비커에 들어 있는 소금물은 400g이고, 소금의 양은 24+6=30g이다.

다시 B비커에서 소금물 80g을 퍼서 A비커에 옮겨 담았으므로 옮겨진 소금의 양은 $30 \times \frac{1}{5} = 6g$이다. 따라서 A비커의 소금물은 280g이 되고, 소금의 양은 12+6=18g이 되므로 농도는 $\frac{18}{280} \times 100 ≒ 6.4\%$가 된다.

11

1, 2, 3, 4, 5가 각각 적힌 카드에서 3장을 뽑아 만들 수 있는 세 자리 정수는 $5 \times 4 \times 3 = 60$가지이다.

이 중에서 216 이하의 정수는 백의 자리가 1일 때 $4 \times 3 = 12$가지, 백의 자리가 2일 때 213, 214, 215로 3가지이다.

따라서 216보다 큰 정수는 $60 - (12+3) = 45$가지이다.

12

제품 20개 중 3개를 꺼낼 때 불량품이 1개도 나오지 않는 확률은 $\frac{_{18}C_3}{_{20}C_3} = \frac{816}{1,140} = \frac{68}{95}$이다. 따라서 제품 3개를 꺼낼 때 적어도 1개가 불량품일 확률은 $1 - \frac{68}{95} = \frac{27}{95}$이다.

01	02	03	04	05	06	07	08	09	10
③	③	③	②	④	④	③	④	②	①

11	12	13	14	15	16	17			
④	③	②	②	④	③	⑤			

01 　　　정답 ③

문장의 형태소 중에서 조사나 선어말어미, 어말어미 등으로 쓰인 문법적 형태소의 개수를 파악해야 한다.
이, 니, 과, 에, 이, 었, 다 → 총 7개

오답분석

① 이, 을, 었, 다 → 총 4개
② 는, 가, 았, 다 → 총 4개
④ 는, 에서, 과, 를, 았, 다 → 총 6개
⑤ 에, 이, 었, 다 → 총 4개

02 　　　정답 ③

'피상적(皮相的)'은 '사물의 판단이나 파악 등이 본질에 이르지 못하고 겉으로 나타나 보이는 현상에만 관계하는 것'을 의미한다. 제시된 문장에서는 '표면적(表面的)'과 반대되는 뜻의 단어를 써야 하므로 '본질적(本質的)'이 적절하다.

오답분석

① 정례화(定例化) : 어떤 일이 일정하게 정하여진 규칙이나 관례에 따르도록 하게 하는 것
② 중장기적(中長期的) : 길지도 짧지도 않은 중간쯤 되는 기간에 걸치거나 오랜 기간에 걸치는 긴 것
④ 친환경(親環境) : 자연환경을 오염하지 않고 자연 그대로의 환경과 잘 어울리는 일. 또는 그런 행위나 철학
⑤ 숙려(熟慮) : 곰곰이 잘 생각하는 것

03 　　　정답 ③

'서슴다'는 '행동이 선뜻 결정되지 않고 머뭇대며 망설이다. 또는 선뜻 결정하지 못하고 머뭇대다.'라는 뜻으로, '서슴치 않다'가 아닌 '서슴지 않다'가 어법상 옳다.

오답분석

① '잠거라'가 아닌 '잠가라'가 되어야 어법상 옳은 문장이다.
② '담궈'가 아니라 '담가'가 되어야 어법상 옳은 문장이다.
④ '염치 불구하고'가 아니라 '염치 불고하고'가 되어야 어법상 옳은 문장이다.
⑤ '뒷뜰'이 아니라 '뒤뜰'이 되어야 어법상 옳은 문장이다.

04 　　　정답 ②

제시문의 첫 문단은 '2022 K-농산어촌 한마당'에 대해 처음 언급하며 화두를 던지는 (가)가 적절하다. 이후 K-농산어촌 한마당 행사에 대해 자세히 설명하는 (다)가 오고, 행사에서 소개된 천일염과 관련 있는 음식인 김치에 대해 언급하는 (나)가 오는 것이 자연스럽다.

05 　　　정답 ④

실험실의 수를 x개라 하면, 학생의 수는 $(20x+30)$명이다. 실험실 한 곳에 25명씩 입실시킬 경우 $(x-3)$개의 실험실은 모두 채워지고 2개의 실험실에는 아무도 들어가지 않는다. 그리고 나머지 실험실 한 곳에는 최소 1명에서 최대 25명이 들어간다. 이를 식으로 정리하면 다음과 같다.
$25(x-3)+1 \leq 20x+30 \leq 25(x-2)$
$\therefore 16 \leq x \leq 20.8$
따라서 위의 식을 만족하는 범위 내에서 가장 작은 홀수는 17이므로 최소한의 실험실은 17개이다.

06 　　　정답 ④

기존 사원증의 가로와 세로의 길이 비율이 1 : 2이므로 가로 길이를 $x$cm, 세로 길이를 $2x$cm라 하자. 기존 사원증 대비 새 사원증의 가로 길이 증가폭은 $(6-x)$cm, 세로 길이 증가폭은 $(9-2x)$cm이다. 주어진 디자인 변경 비용을 적용하여 식으로 정리하면 다음과 같다.
$2,800+\{(6-x)\times12\div0.1\}+\{(9-2x)\times22\div0.1\}=2,420$
$\rightarrow 2,800+720-120x+1,980-440x=2,420$
$\rightarrow 560x=3,080$
$\therefore x=5.5$
따라서 기존 사원증의 가로 길이는 5.5cm이고, 세로 길이는 11cm이며, 둘레는 $(5.5\times2)+(11\times2)=33$cm이다.

07

A공장에서 45시간 동안 생산된 제품은 총 45,000개이고, B 공장에서 20시간 동안 생산된 제품은 총 30,000개로 두 공장에서 생산된 제품은 총 75,000개이다. 또한, 두 공장에서 생산된 불량품은 총 $(45+20)\times45=2,925$개이다. 따라서 생산된 제품 중 불량품의 비율은 $2,925\div75,000\times100=3.9\%$이다.

08

정답 ④

연속교육은 하루 안에 진행되어야 하므로 4시간 연속교육으로 진행되어야 하는 문제해결능력 수업은 하루 전체를 사용해야 한다. 따라서 5일 중 1일은 문제해결능력 수업만 진행되며, 나머지 4일에 걸쳐 남은 세 과목의 수업을 진행한다. 수리능력 수업은 3시간 연속교육, 자원관리능력 수업은 2시간 연속교육이며, 하루 수업은 총 4교시로 구성되므로 수리능력 수업과 자원관리능력 수업은 같은 날 진행되지 않는다. 수리능력 수업의 총 교육시간은 9시간으로, 최소 3일이 필요하므로 자원관리능력 수업은 하루에 몰아서 진행해야 한다. 그러므로 문제해결능력 수업과 수리능력 수업을 배정하는 경우의 수는 $5\times4=20$가지이다. 문제해결능력 수업과 자원관리능력 수업이 진행되는 이틀을 제외한 나머지 3일간은 매일 수리능력 수업 3시간과 의사소통능력 수업 1시간이 진행되며, 수리능력 수업 후에 의사소통능력 수업을 진행하는 경우와 의사소통능력 수업을 먼저 진행하고 수리능력 수업을 진행하는 경우로 나뉜다. 따라서 이에 대한 경우의 수는 $2^3=8$가지이다. 그러므로 주어진 규칙을 만족하는 경우의 수는 모두 $5\times4\times2^3=160$가지이다.

09

정답 ②

제시된 공연장의 주말 매표 가격은 평일 매표 가격의 1.5배로 책정되므로, 지난주 1층 평일 매표 가격은 $6\div1.5=4$만 원이 된다. 따라서 지난주 1층 매표 수익은 $(4\times200\times5)+(6\times200\times2)=6,400$만 원이고, 2층 매표 수익은 $8,800-6,400=2,400$만 원이다. 이때, 2층 평일 매표 가격을 x원이라고 한다면, 2층 주말 매표 가격은 $1.5x$원이 되므로 다음 식이 성립한다.
$(x\times5)+(1.5x\times2)=2,400$
따라서 $x=3$이므로, 이 공연장의 평일 매표 가격은 3만 원이다.

10

정답 ①

조건에 따르면 A팀의 남자 직원이 여자 직원의 두 배라고 했으므로, 남자 직원은 6명, 여자 직원은 3명이 된다. 이에 동일한 성별의 2명을 뽑는 경우의 수는 다음과 같다.

• 남자 직원 2명을 뽑을 경우 : $_6C_2=\dfrac{6\times5}{2\times1}=15$가지

• 여자 직원 2명을 뽑을 경우 : $_3C_2\dfrac{3\times2}{2\times1}=3$가지

따라서 가능한 경우의 수는 18가지이다.

11

정답 ④

첫 번째 조건에서 전체 지원자 120명 중 신입직은 경력직의 2배이므로, 신입직 지원자는 80명, 경력직 지원자는 40명이다. 이어서 두 번째 조건에서 신입직 중 기획부서에 지원한 사람이 30%라고 했으므로 $80\times0.3=24$명이 되고, 신입직 중 영업부서와 회계부서에 지원한 사람은 $80-24=56$명이 된다. 또한 세 번째 조건에서 신입직 중 영업부서와 회계부서에 지원한 사람의 비율이 3 : 1이므로, 영업부서에 지원한 신입직은 $56\times\dfrac{3}{3+1}=42$명, 회계부서에 지원한 신입직은 $56\times\dfrac{1}{3+1}=14$명이 된다. 다음 네 번째 조건에 따라 기획부서에 지원한 경력직 지원자는 $120\times0.05=6$명이다. 마지막으로 다섯 번째 조건에 따라 전체 지원자 120명 중 50%에 해당하는 60명이 영업부서에 지원했다고 했으므로, 영업부서 지원자 중 경력직 지원자는 세 번째 조건에서 구한 신입직 지원자 42명을 제외한 $60-42=16$명이 되고, 회계부서에 지원한 경력직 지원자는 전체 경력직 지원자 중 기획부서와 영업부서의 지원자를 제외한 $40-(6+18)=16$명이 된다. 따라서 전체 회계부서 지원자는 $14+16=30$명이다.

12

정답 ③

먼저 장마전선이 강원도에서 인천으로 이동하기까지 소요된 시간을 구하면 (시간)$=\dfrac{(거리)}{(속도)}=\dfrac{304}{32}=9.5$시간, 즉 9시간 30분이다. 따라서 강원도에서 장마전선이 시작된 시각은 장마전선이 인천에 도달한 시각인 오후 9시 5분에서 9시간 30분 전인 오전 11시 35분이다.

13

정답 ②

기계 A와 기계 B의 생산량 비율이 2 : 3이므로, 총 생산량인 1,000개 중 기계 A가 $1,000\times\dfrac{2}{2+3}=400$개, 기계 B가 $1,000\times\dfrac{3}{2+3}=600$개를 생산하였다. 이때 기계 A의 불량률이 3%이므로 기계 A로 인해 발생한 불량품의 개수는 $400\times0.03=12$개이다. 따라서 기계 B로 인해 발생한 불량품의 개수는 $39-12=27$개이므로, 기계 B의 불량률은 $\dfrac{27}{600}\times100=4.5\%$이다.

24 • 코레일 한국철도공사 고졸채용

14

의자의 개수를 x개, 10인용 의자에서 비어있는 의자 2개를 제외한 가장 적은 인원이 앉아있는 의자의 인원을 y명이라고 하면 다음 식이 성립한다(단, $0 < y < 10$).
$(7 \times x) + 4 = \{10 \times (x-3)\} + y$
$\rightarrow 7x + 4 = 10x - 30 + y$
$\therefore 3x + y = 34$
따라서 가능한 x, y의 값과 전체 인원은 다음과 같다.
1) $x = 9$, $y = 7 \rightarrow$ (전체 인원)$= 7x + 4 = 67$명
2) $x = 10$, $y = 4 \rightarrow$ (전체 인원)$= 74$명
3) $x = 11$, $y = 1 \rightarrow$ (전체 인원)$= 81$명
따라서 가능한 최대 인원과 최소 인원의 차이는 $81 - 67 = 14$명이다.

15

먼저 가장 많은 수업시간을 할애하는 고등학생의 배치 가능한 경우는 다른 학생의 배치시간과 첫 번째 조건의 첫 수업 시작시간을 고려하여 1 ~ 4시, 3 ~ 6시의 2가지 경우만 가능하다. 따라서 고등학생의 수업 배치 경우의 수를 구하면 다음과 같다.
$2 \times 2 \times {}_4\mathrm{P}_2 = 48$가지
다음으로 중학생의 배치 가능한 경우는 고등학생이 배치된 요일을 제외한 두 요일 중 첫 번째 조건의 첫 수업 시작시간과 다섯 번째 조건의 휴게시간을 고려하여 하루는 2명이 각각 1 ~ 3시와 4 ~ 6시, 다른 하루는 남은 한 명이 1 ~ 3시 또는 3 ~ 5시 중에 배치될 수 있다. 따라서 중학생의 수업 배치 경우의 수를 구하면 다음과 같다.
• 경우 1
  A요일에 1 ~ 3시, 4 ~ 6시, B요일에 1 ~ 3시 배치
  : $3! = 3 \times 2 \times 1 = 6$가지
• 경우 2
  A요일에 1 ~ 3시, 4 ~ 6시, B요일에 4 ~ 6시 배치
  : $3! = 3 \times 2 \times 1 = 6$가지
마지막으로 초등학생의 수업 배치가 가능한 경우는 고등학생이 배치된 요일인 이틀과 중학생이 한 명만 배치된 요일에 진행된다. 따라서 가능한 경우의 수를 구하면 다음과 같다.
$3! = 3 \times 2 \times 1 = 6$가지
그러므로 가능한 경우의 수는 모두 $48 \times 6 \times 6 \times 2 = 3,456$가지이다.

16

보기의 정부 관계자들은 향후 청년의 공급이 줄어들게 되는 인구구조의 변화가 문제해결에 유리한 조건을 형성한다고 말하였다. 그러나 기사에 따르면 이러한 인구구조의 변화가 곧 문제해결이나 완화로 이어지지 않는다고 설명하고 있으므로, 정부 관계자의 태도로 ③이 가장 적절하다.

오답분석
①・② 올해부터 3 ~ 4년간 인구 문제가 부정적으로 작용할 것이라고 말하였으나, 올해가 가장 좋지 않거나 현재 문제가 해결 중에 있다는 언급은 없다.
④ 에코세대의 노동시장 진입으로 인한 청년 공급 증가에 대응해야 함을 인식하고 있다.
⑤ 일본의 상황을 참고하여 한국도 점차 좋아질 것이라고 예측하고 있을 뿐, 한국의 상황이 일본보다 낫다고 평가하는지는 알 수 없다.

17

제시문에서 지하철역 주변, 대학교, 공원 등을 이용한 현장 홍보와 방송, SNS 등을 이용한 온라인 홍보를 진행한다고 하였으며, 이러한 홍보 방식은 특정한 계층군이 아닌 일반인들을 대상으로 하는 홍보 방식이다.

오답분석
① 제시문에 등장하는 협의체에는 산업부가 포함되어 있지 않다. 포함된 기관은 국무조정실, 국토부, 행안부, 교육부, 경찰청이다.
② 전동킥보드인지 여부에 관계없이 안전기준을 충족한 개인형 이동장치여야 자전거도로 운행이 허용된다.
③ 개인형 이동장치로 인한 사망사고는 최근 3년간 지속적으로 증가하였다.
④ 13세 이상인 사람 중 원동기 면허 이상의 운전면허를 소지한 사람에 한해 개인형 이동장치 운전이 허가된다.

2021년 하반기 기출복원문제

01	02	03	04	05	06	07	08	09	10
④	①	③	⑤	④	④	④	①	④	④
11	12	13	14	15	16	17	18	19	20
③	⑤	⑤	③	②	③	④	③	④	②
21	22	23							
④	③	③							

01 　　정답 ④

제시문의 두 번째 문단에서 전기자동차 산업이 확충되고 있음을 언급하면서 구리가 전기자동차의 배터리를 만드는 데 핵심 재료임을 언급하고 있기 때문에 전기자동차 확충에 따른 구리 수요의 증가 상황이 제시문의 핵심 내용으로 적절하다.

오답분석
①·⑤ 제시문에서 언급하고 있는 내용이나 핵심 내용으로 보기는 어렵다.
② 제시문에서 '그린 열풍'을 언급하고 있으나 그 원인은 제시되어 있지 않다.
③ 제시문에서 산업금속 공급난이 우려된다고 언급하고 있으나, 그로 인한 문제는 제시되어 있지 않다.

02 　　정답 ①

제시문에서는 천재가 선천적인 재능뿐만 아니라 후천적인 노력에 의해서 만들어지는 존재라는 주장을 하고 있기 때문에 ①은 적절하지 않다.

오답분석
②·④·⑤ 제시문에서 언급된 절충적 천재(선천적 재능과 후천적 노력이 결합한 천재)에 대한 내용이다.
③ 영감을 가져다주는 것은 신적인 힘보다도 연습이라는 논지이므로 제시문과 같은 입장이다.

03 　　정답 ③

치안 불안 해소를 위해 CCTV를 설치하는 것은 정부가 사회 간접자본인 치안 서비스를 제공하는 것으로, 공공재·공공자원 실패의 해결책이라고 보기는 어렵다.

오답분석
①·② 공공재·공공자원 실패의 해결책 중에서 사용 할당을 위한 정책이라고 볼 수 있다.
④·⑤ 공공재·공공자원 실패의 해결책 중에서 사용 제한을 위한 정책이라고 볼 수 있다.

04 　　정답 ⑤

(마) 문단에서 ASMR 콘텐츠들은 공감각적인 콘텐츠로 대체될 것이라는 내용을 담고 있다.

오답분석
① 자주 접하는 사람들에 대한 내용은 찾을 수 없다.
② 트리거로 작용하는 소리는 사람에 따라 다를 수 있다.
③ 청각적 혹은 인지적 자극에 반응한 뇌가 신체 뒷부분에 분포하는 자율 신경계에 신경 전달 물질을 촉진하며 심리적 안정감을 느끼게 된다.
④ 연예인이 일반인보다 ASMR을 많이 하는지는 제시문을 통해 알 수 없다.

05 　　정답 ④

(라)의 빈칸에는 문맥상 보편화된 언어 사용은 적절하지 않다.

오답분석
① 표준어를 사용하는 이유에 대한 상세한 설명이 들어가야 하므로 적절하다.
②·③ 제시문에서 개정안에 대한 부정적인 입장을 취하고 있으므로 적절하다.
⑤ '다만' 이후로 언론이 지양해야 할 방향을 제시하는 것이 자연스러우므로 적절하다.

06 　　정답 ④

장피에르 교수 외 고대 그리스 수학자들의 학문에 대한 공통적 입장은 새로운 진리를 찾는 기쁨이라는 것이다.

오답분석
①·③ 제시문과 반대되는 내용이므로 적절하지 않다.
②·⑤ 제시문에 언급되어 있지 않아 알 수 없다.

07

박쥐가 많은 바이러스를 보유하고 있는 것은 밀도 높은 군집 생활을 하기 때문이다. 박쥐는 많은 바이러스를 보유하여 그에 대항하는 면역도 갖추었기 때문에 긴 수명을 가질 수 있었다.

오답분석

① 박쥐의 수명이 대다수의 포유동물보다 길다는 것은 맞지만, 평균적인 포유류의 수명보다 짧은지는 알 수 없다.
② 박쥐는 뛰어난 비행 능력으로 긴 거리를 비행해 다닐 수 있다.
③ 박쥐는 현재 강력한 바이러스 대항 능력을 갖추었다.
⑤ 박쥐의 면역력을 연구하여 치료제를 개발할 수 있다.

08

제시문은 고대 그리스, 헬레니즘, 로마 시대를 순서대로 나열하여 역사적 순서대로 주제의 변천에 대해 서술하고 있다.

09

밑줄 친 '이런 미학'은 사진을 통해 인간의 눈으로는 확인할 수 없는 부분의 아름다움을 느끼는 것으로, 기존 예술의 틈으로 파고들어 갈 것이라고 주장하고 있다.

10

제시문에서는 서양의 자연관은 인간이 자연보다 우월한 자연 지배관이며, 동양의 자연관은 인간과 자연을 동일선상에 놓거나 조화를 중요시한다고 설명한다. 따라서 제시문의 중심 내용으로는 '서양의 자연관과 동양의 자연관의 차이'가 가장 적절하다.

11

PRT는 무인운전을 통해 운행되므로 인건비를 절감할 수 있지만, 무인 경량전철 역시 무인으로 운전되기 때문에 무인 경량전철 대비 PRT가 인건비를 절감할 수 있는지는 알 수 없다.

오답분석

① PRT는 원하는 장소까지 논스톱으로 주행한다.
② 설치비는 경량전철에 비하여 2분의 1에서 4분의 1가량으로 크게 낮은 수준이다.
④ PRT는 크기가 지하철 및 무인 경량전철보다 작으므로 복잡한 도심 속에서도 공간을 확보하기 쉽고, 저소음인 동시에 배기가스 배출이 없다.
⑤ PRT는 2층 높이이고, 경량전철은 3층 높이이므로 탑승자의 접근성이 경량전철에 비해 용이하다.

12

민속문화는 특정 시기에 장소마다 다양하게 나타나는 경향이 있지만, 대중문화는 특정 장소에서 시기에 따라 달라지는 경향이 크다.

오답분석

① 민속문화는 고립된 촌락 지역에 거주하는 규모가 작고 동질적인 집단에 의해 전통적으로 공유된다.
② 대중문화는 대부분이 선진국, 특히 북아메리카, 서부 유럽, 일본의 산물이다.
③ 민속문화는 흔히 확인되지 않은 기원자를 통해서, 잘 알려지지 않은 시기에, 출처가 밝혀지지 않은 미상의 발상지로부터 발생한다.
④ 스포츠는 민속문화로 시작되었지만, 현대의 스포츠는 대중문화의 특징을 보여준다.

13

기타를 제외한 통합시청점유율과 기존시청점유율의 차이는 C방송사가 20.5%p로 가장 크다. A방송사는 17%p이다.

오답분석

① B는 2위, J는 10위, K는 11위로 순위가 같다.
② 기존시청점유율은 D가 20%로 가장 높다.
③ F의 기존시청점유율은 10.5%로 다섯 번째로 높다.
④ G의 차이는 6%로 기타를 제외하면 차이가 가장 작다.

14

N스크린 영향력은 다음과 같으므로 ③이 옳다.

방송사	A	B	C	D	E	F	G
N스크린 영향력	1.1	0.9	2.7	0.4	1.6	1.2	0.4
구분	다	나	마	가	라	다	가

방송사	H	I	J	K	L	기타
N스크린 영향력	0.8	0.7	1.7	1.6	4.3	1.8
구분	나	나	라	라	마	라

15

TV의 화면 비율이 $4:3$일 때, 가로와 세로의 길이를 각각 a, $b$cm라고 하면 $a=4z$이고 $b=3z$이다(z는 비례상수). 대각선의 길이를 Acm라고 하면 피타고라스 정리에 의해 $A^2=4^2 z^2+3^2 z^2$이다. 이를 정리하면 $z^2=\dfrac{A^2}{5^2}=\left(\dfrac{A}{5}\right)^2$, $z=\dfrac{A}{5}$이다. 이때 대각선의 길이가 $40\times2.5=100$cm이므로 $A=100$cm이다. 그러므로 $z=\dfrac{100}{5}=20$cm이며, a는 80cm, b는 60cm이다. 따라서 가로와 세로 길이의 차이는 $80-60=20$cm이다.

16
정답 ③

신입사원일 사건을 A, 남자일 사건을 B라고 하자.
$P(A)=0.8$, $P(A \cap B)=0.8 \times 0.4=0.32$이다.
$\therefore P(B|A)=\dfrac{P(A \cap B)}{P(A)}=\dfrac{0.32}{0.8}=0.4$
따라서 신입사원이면서 남자일 확률은 40%이다.

17
정답 ④

K씨는 400mg의 카페인 중 200mg의 카페인을 이미 섭취했으므로 200mg의 카페인을 추가적으로 섭취할 수 있다. 200mg를 넘지 않는 선에서 최소한 한 가지 종류의 커피만을 마시는 경우를 포함한 각각의 경우의 수를 계산하면 다음과 같다.

인스턴트 커피	핸드드립 커피	총 카페인
4회	0회	$(4 \times 50)+(0 \times 75)=200$mg
3회	0회	$(3 \times 50)+(0 \times 75)=150$mg
2회	1회	$(2 \times 50)+(1 \times 75)=175$mg
2회	0회	$(2 \times 50)+(0 \times 75)=100$mg
1회	2회	$(1 \times 50)+(2 \times 75)=200$mg
1회	1회	$(1 \times 50)+(1 \times 75)=125$mg
1회	0회	$(1 \times 50)+(0 \times 75)=50$mg
0회	2회	$(0 \times 50)+(2 \times 75)=150$mg
0회	1회	$(0 \times 50)+(1 \times 75)=75$mg

따라서 K씨가 마실 수 있는 커피의 경우의 수는 9가지이다.

18
정답 ③

총 6시간 30분 중 30분은 정상에서 휴식을 취했으므로 오르막길과 내리막길의 실제 이동시간은 6시간이다. 총 14km의 거리를 이동할 때 a는 오르막길에서 걸린 시간, b는 내리막길에서 걸린 시간이라고 하면 다음과 같은 식으로 나타낼 수 있다.
$a+b=6 \cdots \bigcirc$
$1.5a+4b=14 \cdots \bigcirc$
$\bigcirc$, $\bigcirc$을 연립하면 a는 4시간, b는 2시간이다.
따라서 오르막길 A의 거리는 $1.5 \times 4=6$km이다.

19
정답 ④

ㄴ. A지역에 사는 차상위계층으로, 출장 진료와 진료비를 지원받을 수 있다.
ㄹ. A지역에 사는 기초생활 수급자로, 진료비를 지원받을 수 있다.

오답분석
ㄱ. 지원 사업은 A지역 대상자만 해당되므로 B지역으로 거주지를 옮겨 지원을 받을 수 없다.
ㄷ. 지원내역 중 입원비는 제외되므로 지원받을 수 없다.

20
정답 ②

호실에 있는 환자를 정리하면 다음과 같다.

101호 A · F환자	102호 C환자	103호 E환자	104호
105호	106호 D환자	107호 B환자	108호

방 이동 시 소요되는 행동 수치가 가장 적은 순서는 '101호 − 102호 − 103호 − 107호 − 106호' 순서이다.
이때 환자 회진 순서는 다음과 같다.
A(09:40 ~ 09:50) − F(09:50 ~ 10:00) − C(10:00 ~ 10:10) − E(10:30 ~ 10:40) − B(10:40 ~ 10:50) − D(11:00 ~ 11:10)
회진 규칙에 따라 101호부터 회진을 시작하고, 같은 방에 있는 환자는 연속으로 회진하기 때문에 A환자와 F환자를 회진한다.
따라서 의사가 세 번째로 회진하는 환자는 C환자이다.

21
정답 ④

회진 순서는 A − F − C − E − B − D이므로 E환자의 회진 순서는 B환자보다 먼저이다.

오답분석
① 마지막 회진환자는 D이다.
② 네 번째 회진환자는 E이다.
③ 회진은 11시 10분에 마칠 수 있다.
⑤ 10시부터 회진을 하여도 마지막에 회진받는 환자는 바뀌지 않는다.

22
정답 ③

• (1일 평균임금)=(4 ~ 6월 임금총액)÷(근무일수) →
$\dfrac{(160만+25만)+[(160만 \div 16) \times 6]+(160만+160만+25만)}{(22+6+22)}$
=118,000원
• (총 근무일수)=31+28+31+22+6+22=140일
• (퇴직금)=$118,000 \times 30 \times \dfrac{140}{360} \fallingdotseq 1,376,667$
→ 1,376,000원(∵ 1,000원 미만 절사)
따라서 A의 퇴직금은 1,376,000원이다.

23
정답 ③

가장 먼저 오전 9시에 B과 진료를 본다면 10시에 진료가 끝나고, 셔틀을 타고 본관으로 이동하면 10시 30분이 된다. 이후 C과 진료를 이어보면 12시 30분이 되고, 점심시간 이후 바로 A과 진료를 본다면 오후 2시에 진료를 다 받을 수 있다.
따라서 가장 빠른 경로는 B − C − A 순서이다.

01	02	03	04	05	06	07	08	09	10
③	⑤	③	③	④	④	②	①	②	⑤
11	12	13	14	15	16	17	18	19	20
⑤	③	④	④	①	④	③	②	④	⑤
21	22	23	24	25	26	27	28	29	30
⑤	④	③	⑤	④	⑤	④	⑤	④	③
31	32	33	34	35					
②	②	⑤	③	②					

01
정답 ③

올더스 헉슬리에 대한 내용이다. 올더스 헉슬리는 사람들이 너무 많은 정보를 접하는 상황에 대해 두려워했지만 조지 오웰은 정보가 통제당하는 상황을 두려워했다.

[오답분석]
① 조지 오웰은 서적이 금지당하고 정보가 통제당하는 등 자유를 억압받는 상황을 두려워했다.
② 올더스 헉슬리는 스스로가 압제를 받아들인다고 생각했다.
④ 올더스 헉슬리는 즐길 거리 등을 통해 사람들을 통제할 수 있다고 보았다.
⑤ 조지 오웰은 우리가 증오하는 것이, 올더스 헉슬리는 우리가 좋아하는 것이 자신을 파멸시키는 상황을 두려워했다.

02
정답 ⑤

스마트 시티의 성공은 인공지능과의 접목을 통한 기술 향상이 아니라 시민이 행복을 느끼는 것이다.

[오답분석]
① 컨베이어 벨트 체계는 2차 산업혁명 시기부터 도입되었다.
② 과거에는 컴퓨터, 휴대전화만 연결 대상이었으나 현재 자동차, 세탁기로까지 확대되었다.
③ 정보 공유형은 3차 산업혁명 '유 시티'의 특성이다.
④ 빅데이터는 속도, 규모, 다양성으로 정의할 수 있다.

03
정답 ③

경덕왕 시기 통일된 석탑 양식은 지방으로까지 파급되지 못하고 경주에 밀집된 모습을 보였다.

[오답분석]
① 문화가 부흥할 수 있었던 배경에는 안정된 왕권과 정치제도가 바탕이 되었기 때문이다.
② 장항리 오층석탑 역시 통일 신라 경덕왕 시기 유행했던 통일된 석탑 양식으로 주조되었다.
④ 통일된 양식 이전에는 시원 양식과 전형기가 유행했다.
⑤ 1층의 탑신에 비해 2층과 3층을 낮게 만들어 체감율에 있어 안정감을 추구하였다.

04
정답 ③

선택에 따른 스트레스를 줄여주는 원산지 표시 제품의 경우 다른 제품들보다 10% 비싸지만 보통 판매량은 더 높은 것으로 집계된다.

[오답분석]
① 사람들마다 먹거리를 선택하는 기준도 다르고 같은 개인들이라도 처해있는 상황이 다르기 때문에 고려해야 될 요소가 복잡해진다.
② 최선의 선택을 할지라도 남아 있는 대안들에 대한 미련으로 후회감이 남게 된다.
④ 원산지 표시제는 익명성을 탈피시켜 궁극적으로 사회적 태만을 줄일 수 있는 방안 중의 하나이다.
⑤ 소비자들은 원산지 표시 제품을 구매함으로써 선택의 스트레스를 줄인다.

05
정답 ④

면 같은 천연섬유는 운동량이 약할 때에는 적합하지만, 운동량이 클 때는 폴리에스테르나 나일론 같은 합성섬유가 더 좋다. 합성섬유는 면보다 흡습성이 낮지만 오히려 모세관 현상으로 운동할 때 생기는 땀이 쉽게 제거되기 때문이다.

[오답분석]
① 능직법으로 짠 천은 물에 젖더라도 면섬유들이 횡축 방향으로 팽윤해 천의 세공 크기를 줄여 물이 쉽게 투과하지 못해 방수력이 늘어나며, 이에 해당하는 천으로는 벤타일이 있다.

② 수지 코팅 천을 코팅하는 막은 미세 동공막 모양을 가지고 있는 소수성 수지나 동공막을 지니지 않는 친수성 막을 사용하여 미세 동공의 크기는 수증기 분자는 통과할 수 있지만, 아주 작은 물방울은 통과할 수 없을 정도로 조절한다.

③ 마이크로 세공막의 세공 크기는 작은 물방울 크기의 20,000분의 1 정도로 작아 물방울은 통과하지 못하지만, 수증기 분자는 쉽게 통과하며, 대표적인 천으로 고어 – 텍스가 있다.

⑤ 나일론을 기초 직물로 한 섬유는 폴리에스테르보다 수분에 더 빨리 젖지만, 극세사로 천을 짜면 공기 투과성이 낮아 체온보호 성능이 우수하다. 이런 이유 때문에 등산복보다는 수영복, 사이클링복에 많이 쓰인다.

06 　정답 ④

원콜 서비스를 이용하기 위해서는 사전등록된 신용카드가 있어야 결제가 가능하다.

오답분석

① 상이등급이 있는 국가유공자만 이용 가능하다.
② 원콜 서비스를 이용하면 전화로 맞춤형 우대예약 서비스를 이용할 수 있다.
③ 신분증 외 복지카드나 유공자증을 대신 지참하여도 신청이 가능하다.
⑤ 휴대폰을 이용한 승차권 발권을 원하지 않는 경우, 전화예약을 통해 역창구 발권을 받을 수 있으므로 선택권이 존재한다.

07 　정답 ②

ㄱ. 전화를 통한 예약의 경우, 승차권 예약은 ARS가 아닌 상담원을 통해 이루어진다.
ㄷ. 예약된 승차권은 본인 외 사용은 무임승차로 간주되며, 양도가 가능한지는 자료에서 확인할 수 없다.

오답분석

ㄴ. 경우에 따라 승차권 대용문자 혹은 승차권 대용문자＋스마트폰 티켓으로 복수의 방식으로 발급받을 수 있다.
ㄹ. 반기별 예약 부도 실적이 3회 이상인 경우 다음 산정일까지 우대서비스가 제한된다.

08 　정답 ①

제시문에서는 일반적인 의미와 다른 나라의 사례를 통해 대체의학의 정의를 이야기하면서 크게 세 가지 유형으로 대체의학의 종류를 설명하고 있다. 따라서 '대체의학의 의미와 종류'가 제시문의 제목으로 가장 적절하다.

오답분석

② 대체의학의 문제점은 언급되지 않았다.
③ 대체의학으로 인한 부작용 사례는 언급되지 않았다.
④ 대체의학의 한계나 개선방향에 대해 언급하지 않았다.
⑤ 대체의학의 연구 현황과 미래에 대해 언급하지 않았다.

09 　정답 ②

플라톤 시기는 이제 막 알파벳이 보급되고, 문자문화가 전래의 구술적 신화문화를 대체하기 시작한 시기였다.

오답분석

① 타무스 왕은 문자를 죽었다고 표현하며, 생동감 있고 살아 있는 기억력을 퇴보시킬 것이라 보았다.
③ 문자와 글쓰기는 콘텍스트를 떠나 비현실적이고 비자연적인 세계 속에서 수동적으로 이뤄진다고 보았다.
④ 물리적인 강제의 억압에 의해 말살될 위기에 처한 진리의 소리는 기념비적인 언술행위의 문자화를 통해서 저장되어야 한다고 보는 입장이 있으므로 적절하지 않다.
⑤ 문화적 기억력에 대한 성찰과 가치 판단이 부재하다면 새로운 매체는 단지 댓글 파노라마에 불과할 것이라고 보았다.

10 　정답 ⑤

부모의 학력이 자녀의 소득에 영향을 미치는 것은 환경적 요인에 의한 결정이다. 이러한 현상이 심화될 경우 빈부격차의 대물림 현상이 심해질 것으로 바라보고 있다.

오답분석

① 개인의 학력과 능력은 노력뿐만 아니라 환경적 요인, 운 등 다양한 요소에 의해 결정된다.
② 사회민주주의 국가는 조세 정책을 통해 기회균등화 효과를 거두고 있다.
③ 세율을 보다 높이고 대신 이전지출의 크기를 늘리는 것이 세율을 낮추고 이전지출을 줄이는 것에 비해 재분배 효과가 더욱 클 것으로 전망된다.
④ 분배정의론의 관점에서는 환경적 요인에 의해 나타난 불리함에 대해서 개인에게 책임을 묻는 것이 정당하지 않다고 주장하고 있다.

11

15일에는 준공식이 예정되어 있으나, 첫 운행이 언제부터인지에 대한 정보는 제시되고 있지 않다.

오답분석
① 코엑스 아셈볼룸에서 철도종합시험선로의 준공을 기념하는 국제 심포지엄이 열렸다.
② 시험용 철도선로가 아닌 영업선로를 사용했기 때문에 실제 운행 중인 열차와의 사고 위험성이 존재했다.
③ 세계 최초로 고속·일반철도 차량용 교류전력(AC)과 도시철도 전동차용 직류전력(DC)을 모두 공급할 수 있도록 설비했다.
④ 기존에는 해외 수출을 위해 성능시험을 현지에서 실시하곤 했다.

12

정답 ③

올해에는 보조금 지급 기준을 낮춘다는 내용을 통해 알 수 있다.

오답분석
① 대상자 선정은 4월 중에 이루어진다.
② 우수물류기업의 경우 예산의 50% 내에서 이루어지며, 중소기업이 예산의 20% 내에서 우선 선정된다.
④ 전체가 아닌 증가 물량의 100%이다.
⑤ 2010년부터 시작된 사업으로 작년까지 감소한 탄소 배출량이 약 194만 톤이다.

13

정답 ④

외국인이 마스크를 구매할 경우 외국인등록증뿐만 아니라 건강보험증도 함께 보여줘야 한다.

오답분석
① 4월 27일부터 마스크를 3장까지 구매할 수 있게 된 건 맞지만, 지정된 날에만 구입이 가능하다.
② 만 10살 이하 동거인의 마스크를 구매하기 위해선 주민등록등본 혹은 가족관계증명서와 함께 대리 구매자의 신분증을 제시해야 한다.
③ 지정된 날에만 마스크 구매가 가능하며, 별도의 추가 구매는 불가능하다.
⑤ 임신부의 경우 대리 구매자의 신분증, 주민등록등본, 임신확인서 3개를 지참해야 대리 구매가 가능하다.

14

정답 ④

제시문에서 시골개, 떠돌이개 등이 지속적으로 유입되었다는 내용을 통해 추론할 수 있다.

오답분석
① 2018년 이후부터의 수치를 제시하고 있기 때문에 이전에도 그랬는지는 알 수 없다.
② 지난해 경기 지역이 가장 많은 유기견 수를 기록했다는 내용만 알 수 있을 뿐, 항상 그랬는지는 알 수 없다.
③ 2016년부터 2019년까지는 꾸준히 증가하는 추세였으나, 작년에는 12만 8,719마리로 감소했음을 알 수 있다.
⑤ 유기견 번식장에 대한 규제가 필요하다는 주장을 통해 적절한 규제가 이루어지지 않음을 짐작할 수 있다.

15

정답 ①

A, B, C팀의 사원 수를 각각 a명, b명, c명으로 가정하자. 이때 A, B, C의 총 근무 만족도 점수는 각각 $80a$, $90b$, $40c$이다. A팀과 B팀의 근무 만족도, B팀과 C팀의 근무 만족도에 대한 평균 점수가 제공되었으므로 A팀과 B팀의 근무 만족도 평균이 88인 것을 이용하면 다음 식이 성립한다.

$$\frac{80a+90b}{a+b}=88$$

$$\rightarrow 80a+90b=88a+88b$$

$$\rightarrow 2b=8a$$

$$\therefore b=4a$$

B팀과 C팀의 근무 만족도 평균이 70인 것을 이용하면 다음 식이 성립한다.

$$\frac{90b+40c}{b+c}=70$$

$$\rightarrow 90b+40c=70b+70c$$

$$\rightarrow 20b=30c$$

$$\therefore 2b=3c$$

따라서 $2b=3c$이므로 식을 만족하기 위해서 c는 짝수여야 한다.

오답분석
② 근무 만족도 평균이 가장 낮은 팀은 C팀이다.
③ B팀의 사원 수는 A팀의 사원 수의 4배이다.
④ C팀의 사원 수는 A팀 사원 수의 $\frac{8}{3}$배이다.
⑤ A, B, C팀의 총 근무 만족도 점수는 $80a+90b+40c$이며, 총 사원 수는 $a+b+c$이다. 이때, b와 c를 a로 정리하여 표현하면 세 팀의 총 근무 만족도 점수 평균은

$$\frac{80a+90b+40c}{a+b+c}=\frac{80a+360a+\frac{320}{3}a}{a+4a+\frac{8}{3}a}$$

$$=\frac{240a+1,080a+320a}{3a+12a+8a}=\frac{1,640a}{23a}≒71.3$$이다.

16 정답 ④

ㄴ. 2019년, 2020년 모두 30대 이상의 여성이 남성보다 비중이 더 높다.

ㄷ. 2020년 40대 남성의 비중은 22.1%로 다른 연령대보다 비중이 높다.

오답분석

ㄱ. 2019년에는 20대 남성이 30대 남성보다 1인 가구 비중이 더 높지만, 2020년에는 20대 남성이 30대 남성보다 1인 가구의 비중이 더 낮다. 따라서 20대 남성이 30대 남성보다 1인 가구의 비중이 더 높은지는 알 수 없다.

ㄹ. 2년 이내 1인 생활을 종료하는 1인 가구의 비중은 2019년에는 증가하였으나, 2020년에는 감소하였다.

17 정답 ③

ㄴ. 자동차 1대당 가격은 $\dfrac{\text{(수출액)}}{\text{(수출 대수)}}$으로 계산할 수 있다.

- A사 : $\dfrac{1,630,000}{532} \fallingdotseq 3,064$만 달러
- B사 : $\dfrac{1,530,000}{904} \fallingdotseq 1,692$만 달러
- C사 : $\dfrac{3,220,000}{153} \fallingdotseq 21,046$만 달러
- D사 : $\dfrac{2,530,000}{963} \fallingdotseq 2,627$만 달러
- E사 : $\dfrac{2,620,000}{2,201} \fallingdotseq 1,190$만 달러

따라서 2020년 1분기에 가장 고가의 차를 수출한 회사는 C사이다.

ㄷ. C사의 자동차 수출 대수는 계속 감소하다가 2020년 3분기에 증가하였다.

오답분석

ㄱ. 2019년 3분기 전체 자동차 수출액은 1,200백만 달러로 2020년 3분기 전체 자동차 수출액인 1,335백만 달러보다 적다.

ㄹ. E사의 자동차 수출액은 2019년 3분기 이후 계속 증가하였다.

18 정답 ②

- ㉠ : 532+904+153+963+2,201=4,753
- ㉡ : 2×(342+452)=1,588
- ㉢ : 2,201+(2,365×2)+2,707=9,638
- ∴ ㉠+㉡+㉢=4,753+1,588+9,638=15,979

19 정답 ④

오전 8시에 좌회전 신호가 켜졌으므로 다음 좌회전 신호가 켜질 때까지 20+100+70=190초가 걸린다. 1시간 후인 오전 9시 정각의 신호를 물었으므로 오전 8시부터 60×60=3,600초 후이다.

3,600초=(190×18)+180이므로 좌회전, 직진, 정지 신호가 순서대로 18번 반복되고 180초 후에는 정지 신호가 켜져 있을 것이다.

180초(남은 시간)−20초(좌회전 신호)−100(직진 신호)=60초(정지 신호 70초 켜져 있는 중)

20 정답 ⑤

모두 최소 1개 이상의 알파벳, 숫자, 특수문자로 구성이 되어 있기 때문에 다른 조건인 비밀번호로 사용된 숫자들이 소수인지를 확인하여야 한다. ①∼⑤의 숫자는 2, 3, 5, 7, 17, 31, 41, 59, 73, 91이 포함되어 있으며, 이 중 91은 7과 13으로 약분이 되어 소수가 아니다. 따라서 91이 들어있는 ⑤는 비밀번호로 사용될 수 없다.

21 정답 ⑤

한국의 자동차 1대당 인구 수는 2.9명으로 러시아와 스페인 전체 인구에서의 자동차 1대당 인구 수인 $\dfrac{14,190+4,582}{3,835+2,864}$ $=\dfrac{18,772}{6,699} \fallingdotseq 2.8$명보다 많다.

오답분석

① 중국의 자동차 1대당 인구 수는 28.3명으로 멕시코의 자동차 1대당 인구 수의 $\dfrac{28.3}{4.2} \fallingdotseq 6.7$배이다.

② 폴란드의 자동차 1대당 인구 수는 2명이다.

③ 한국의 자동차 1대당 인구 수는 2.9명으로 미국과 일본의 자동차 1대당 인구 수의 합인 1.2+1.7=2.9명과 같다.

④ 러시아와 스페인 전체 인구에서의 자동차 1대당 인구 수는 2.8명이므로 폴란드의 자동차 1대당 인구 수인 2명보다 많다.

22

기타수입은 방송사 매출액의 $\frac{10,568}{942,790}\times100\fallingdotseq1.1\%$이다.

오답분석

① 방송사 매출액은 전체 매출액의 $\frac{942,790}{1,531,422}\times100\fallingdotseq61.6\%$이다.

② 라이선스 수입은 전체 매출액의 $\frac{7,577}{1,531,422}\times100\fallingdotseq0.5\%$이다.

③ 방송사 이외 매출액은 전체 매출액의 $\frac{588,632}{1,531,422}\times100\fallingdotseq38.4\%$이다.

⑤ 연도별 매출액 추이를 보면 2016년이 가장 낮다.

23

정답 ③

(가) ~ (마) 중 계산이 가능한 매출을 주어진 정보를 이용하여 구한다. 먼저 (가)는 2018년 총매출액으로, 방송사 매출액과 방송사 이외 매출액을 더한 값인 1,143,498십억 원이다. (다)는 방송사 매출액을 모두 더한 값으로 855,874십억 원임을 알 수 있으며, (나)는 2019년 총매출액으로, 방송사 매출액과 방송사 이외 매출액을 더한 값인 1,428,813십억 원이 된다. (마)는 방송사 이외 매출액의 소계에서 판매수입을 제외한 값인 212,341십억 원이다. 이때, 주어진 정보만으로는 (라)의 매출액을 알 수 없다.

오답분석

① (가)는 1,143,498십억 원으로 (나)의 1,428,813십억 원보다 작다.

② (다)는 855,874십억 원으로 2018년 방송사 매출액과의 차이는 100,000십억 원 이상이다.

④ (마)는 212,341십억 원으로 2020년 방송사 이외 판매수입보다 작다.

⑤ 2019년 방송사 매출액 판매수입은 819,351십억 원으로 212,341십억 원의 3배 이상이다.

24

정답 ⑤

i) 7명이 조건에 따라서 앉는 경우의 수
운전석에 앉을 수 있는 사람은 3명이고 조수석에는 부장님이 앉지 않으므로 가능한 경우의 수는 $3\times5\times5!=1,800$가지이다.

ii) K씨가 부장님 옆에 앉지 않을 경우의 수
전체 경우의 수에서 부장님과 옆에 앉는 경우를 빼면 A씨가 부장님 옆에 앉지 않는 경우가 되므로 K씨가 부장님 옆에 앉는 경우의 수를 구하면 다음과 같다.
K씨가 운전석에 앉거나 조수석에 앉으면 부장님은 운전을 하지 못하고 조수석에 앉지 않으므로 부장님 옆에 앉지 않는다. 즉, K씨가 부장님 옆에 앉을 수 있는 경우는

가운데 줄에서의 2가지 경우와 마지막 줄에서의 1가지 경우가 있다. K씨가 부장님 옆에 앉는 경우는 총 3가지이고, 서로 자리를 바꿔서 앉는 경우까지 2×3가지이다. 운전석에는 K를 제외한 2명이 앉을 수 있고, 조수석을 포함한 나머지 4자리에 4명이 앉는 경우의 수는 4!가지이다. 그러므로 K씨가 부장님 옆에 앉는 경우의 수는 $2\times3\times2\times4!=288$가지이다.
따라서 K씨가 부장님 옆에 앉지 않을 경우의 수는 1,800−288 =1,512가지이므로 K씨가 부장님의 옆자리에 앉지 않을 확률은 $\frac{1,512}{1,800}=0.84$이다.

25

정답 ④

4×6 사이즈는 x장, 5×7 사이즈는 y장, 8×10 사이즈는 z장을 인화한다고 하면 $150x+300y+1,000z=21,000$원이다. 모든 사이즈를 최소 1장씩 인화하므로 $x+1=x'$, $y+1=y'$, $z+1=z'$라고 하면 $150x'+300y'+1,000z'=19,550$원이다. 십 원 단위는 300원과 1,000원으로 나올 수 없는 금액이므로 4×6 사이즈 1장을 더 인화할 것으로 보고, 나머지 금액을 300원과 1,000원으로 인화할 수 있는지 확인한다. 19,400원에서 백 원 단위는 1,000원으로 인화할 수 없으므로 300원으로 인화해야 한다. 5×7 사이즈인 $300\times8=2,400$원을 제외하면 $19,400-2,400=17,000$원이 남는데 나머지는 1,000원으로 인화할 수 있으나, 5×7 사이즈를 최대로 인화해야 하므로 300의 배수인 $300\times50=15,000$원을 추가로 인화한다. 나머지 2,000원은 8×10 사이즈로 인화한다. 따라서 5×7 사이즈는 최대 $1+8+50=59$장을 인화할 수 있다.

26

정답 ⑤

공적마스크를 구매할 수 있는 날은 7일마다 돌아온다. 이때, 36일은 (7×5)+1이므로 2차 마스크 구매 요일은 1차 마스크 구매 요일과 하루 차이임을 알 수 있다. 이때, 1차 마스크 구매는 평일에 이루어졌다고 하였으므로, A씨가 2차로 마스크를 구매한 요일은 토요일이 된다. 따라서 1차로 구매한 요일은 금요일이고, 출생 연도 끝자리는 5이거나 0이다. 또한, A씨의 1차 마스크 구매 날짜는 3월 13일이며, 36일 이후는 4월 18일이다. 따라서 주말을 제외하고 공적마스크를 구매할 수 있는 날짜는 3/13, 3/20, 3/27, 4/3, 4/10, 4/17, 4/24, 5/1, 5/8, 5/15, … 이다.

27 　　정답 ④

2번 이상 같은 지역을 신청할 수 없고, D는 1년 차와 2년 차에 수도권 지역에서 근무하였으므로 3년 차에는 지방으로 가야 한다. 따라서 D는 신청지로 배정받지 못할 것이다.

오답분석

① B는 1년 차 근무를 마친 A가 신청한 종로를 제외한 어느 곳이나 갈 수 있으므로 신청지인 영등포로 이동하게 될 것이다.

② C보다 E가 전년도 평가가 높으므로 E는 여의도로, C는 지방으로 이동할 것이다.

③ 1년 차 신입은 전년도 평가 점수가 100점이므로 신청한 근무지에서 근무할 수 있다. 따라서 A는 입사 시 1년 차 근무지로 대구를 선택했음을 알 수 있다.

⑤ D는 규정에 부합하지 않게 신청했으므로 C가 제주로 이동한다면, 남은 지역인 광주나 대구로 이동하게 된다.

28 　　정답 ⑤

주어진 조건에 따라 시각별 고객 수의 변화 및 함께 온 일행들이 앉은 테이블을 정리하면 다음과 같다.

시각	새로운 고객	기존 고객
09:20	2(2인용)	0
10:10	1(4인용)	2(2인용)
12:40	3(4인용)	0
13:30	5(6인용)	3(4인용)
14:20	4(4인용)	5(6인용)
15:10	5(6인용)	4(4인용)
16:45	2(2인용)	0
17:50	5(6인용)	0
18:40	6(입장×)	5(6인용)
19:50	1(2인용)	0

따라서 오후 3시 15분에는 오후 3시 10분에 입장하여 6인용 원탁에 앉은 5명의 고객과 오후 2시 20분에 입장하여 4인용 원탁에 앉은 4명의 고객까지 총 9명의 고객이 있을 것이다.

29 　　정답 ④

ㄴ. 오후 6시 40분에 입장한 일행은 6인용 원탁에만 앉을 수 있으나, 5시 50분에 입장한 일행이 사용 중이어서 입장이 불가하였다.

ㄹ. 오후 2시 정각에는 6인용 원탁에만 고객이 앉아 있었다.

오답분석

ㄱ. 오후 6시에는 오후 5시 50분에 입장한 고객 5명이 있다.

ㄷ. 오전 9시 20분에 2명, 오전 10시 10분에 1명, 총 3명이 방문하였다.

30 　　정답 ③

주어진 조건을 고려하면 1순위인 B를 하루 중 가장 이른 식후 시간대인 아침 식후에 복용해야 한다. 2순위이며 B와 혼용 불가능한 C는 점심 식전에 복용하며, 3순위인 A는 혼용 불가능 약을 피해 저녁 식후에 복용해야 한다. 4순위인 E는 남은 시간 중 가장 빠른 식후인 점심 식후에 복용을 시작하며, 5순위인 D는 가장 빠른 시간인 아침 식전에 복용한다.

식사	시간	1일 차	2일 차	3일 차	4일 차	5일 차
아침	식전	D	D	D	D	D
	식후	B	B	B	B	
점심	식전	C	C	C		
	식후	E	E	E	E	
저녁	식전					
	식후	A	A	A	A	

따라서 모든 약의 복용이 완료되는 시점은 5일 차 아침이다.

31 　　정답 ②

ㄱ. 혼용이 불가능한 약들을 서로 피해 복용하더라도 하루에 A~E를 모두 복용할 수 있다.

ㄷ. 최단 시일 내에 모든 약을 복용하기 위해서는 A는 혼용이 불가능한 약들을 피해 저녁에만 복용하여야 한다.

오답분석

ㄴ. D는 아침에만 복용한다.

ㄹ. A와 C를 동시에 복용하는 날은 총 3일이다.

32 　　정답 ②

ㄱ. 특수택배를 먼저 배송한 후에 보통택배 배송을 시작할 수 있으므로 2개까지 가능하다.

ㄴ. 특수택배 상품 배송 시 가 창고에 있는 특01을 배송하고, 나 창고에 있는 물품 특02, 특03을 한 번에 배송하면, 최소 10+10(휴식)+(15+10−5)=40분이 소요된다.

오답분석

ㄷ. 3개의 상품(보03, 보04, 보05)을 한 번에 배송하면, 총 시간에서 10분이 감소하므로 20+10+25−10=45분이 소요된다. 따라서 50분을 넘지 않아 가능하다.

33

정답 ⑤

주어진 조건에 따라 최소 배송 소요시간을 계산하면 특수택배 배송 완료까지 소요되는 최소 시간은 40분이다. 보통택배의 배송 소요시간을 최소화하기 위해서는 같은 창고에 있는 택배를 최대한 한 번에 배송하여야 한다. 가 창고의 보통택배 배송 소요시간은 $10+10-5=15$분이고, 휴식 시간은 10분이다. 나 창고의 보통택배 배송 소요시간은 15분이며, 휴식 시간은 10분이다. 다 창고의 보통택배 배송 소요시간은 $20+10+25-10=45$분이다. 이를 모두 합치면 배송 소요시간이 최소가 되는 전체 소요시간은 $40+15+10+15+10+45=135$분이다. 따라서 9시에 근무를 시작하므로, 11시 15분에 모든 택배의 배송이 완료된다.

34

정답 ③

ㄱ. • 인천에서 중국을 경유해서 베트남으로 가는 경우 :
$(210,000+310,000)\times0.8=416,000$원
• 인천에서 싱가포르로 직항하는 경우 : 580,000원
따라서 $580,000-416,000=164,000$원이 더 저렴하다.

ㄷ. 1) 출국 시
• 인천 – 베트남 : 341,000원
• 인천 – 중국 – 베트남 : $(210,000+310,000)$
$\times0.8=416,000$원
그러므로 직항으로 가는 것이 더 저렴하다.
2) 입국 시
• 베트남 – 인천 : 195,000원
• 베트남 – 중국 – 인천 : $(211,000+222,000)\times0.8$
$=346,400$원
그러므로 직항으로 가는 것이 더 저렴하다.
따라서 왕복 항공편 최소 비용은 $341,000+195,000=$ 536,000원으로 60만 원 미만이다.

[오답분석]

ㄴ. • 태국 : $298,000+203,000=501,000$원
• 싱가포르 : $580,000+304,000=884,000$원
• 베트남 : $341,000+195,000=536,000$원
따라서 가장 비용이 적게 드는 태국을 선택할 것이다.

35

정답 ②

직항이 중국을 경유하는 것보다 소요시간이 적으므로 직항 경로별 소요시간을 도출하면 다음과 같다.

여행지	경로	소요시간
베트남	인천 → 베트남(5시간 20분) 베트남 → 인천(2시간 50분)	8시간 10분
태국	인천 → 태국(5시간) 태국 → 인천(3시간 10분)	8시간 10분
싱가포르	인천 → 싱가포르(4시간 50분) 싱가포르 → 인천(3시간)	7시간 50분

따라서 소요시간이 가장 짧은 싱가포르로 여행을 갈 것이며, 7시간 50분이 소요될 것이다.

MEMO

PART 2

직업기초능력평가

대표기출유형 01   기출응용문제

01
정답 ③

놀이 공원이나 휴대전화 요금제 등을 미루어 생각해 볼 때, 이부가격제는 이윤 추구를 최대화하려는 기업의 가격 제도이다.

02
정답 ④

㉠ K기업이 뒤늦게 뛰어든 러시아 시장에서 현지화 전략을 통해 선두에 오를 수 있었다고 하였으므로 다른 해외 기업들보다 먼저 러시아 시장에 진출하였다는 설명은 적절하지 않다.

㉡ 2017년 294만 대에 달했던 러시아 자동차 시장은 2021년 143만 대로 150만 대가량 규모가 축소되었음을 알 수 있지만, 2024년 의 자동차 시장 규모는 알 수 없다.

㉣ K기업은 2025년 10월을 목표로 엔진공장을 설립할 계획이며, 이를 통해 현재 46% 수준인 부품의 현지화율이 높아질 것으로 기대하고 있다. 즉, 엔진공장은 현재 설립 계획에 있으므로 지난 10월 설립하였다는 내용은 적절하지 않다.

[오답분석]

㉢ K기업은 2019년 2,204명이었던 직원을 지난해인 2023년 2,309명으로 늘렸으므로 2020년부터 2023년까지 100명 이상의 직원을 더 채용하였음을 알 수 있다.

03
정답 ③

첫 번째 문단 마지막 문장인 '그럼에도 불구하고 ~ 과학혁명의 출발점이다.'를 통해 기존의 이론이 설명 못하는 현상이 존재하면 과학혁명이 발생할 수 있음을 알 수 있다.

[오답분석]

①·② 첫 번째 문단에 의하면 문제해결의 성과는 기존 이론에 훨씬 못 미치지만, 기존 이론이 설명하지 못하는 어떤 현상을 새 이론이 설명할 수 있을 때 소수의 과학자들이 새 이론을 선택하며, 이것이 과학혁명의 시작이다.

④ 두 번째 문단에서 과학자들은 이론의 심미적 특성 같은 주관적 판단에 의해 새로 제안된 이론을 선택한다고 하였다.

⑤ 마지막 문단에서 과학자 공동체는 결국 개별 과학자로 이루어진 것이라고 명시하고 있다.

04
정답 ④

담수 동물은 육상 동물과 같이 몸 밖으로 수분을 내보내고 있지만, 육상 동물의 경우에는 수분 유지를 위한 것이 아니므로 수분 유지는 공통점이 아니다.

05

마지막 문단에서 정약용은 청렴을 지키는 것의 효과로 '다른 사람에게 긍정적 효과를 미친다.', '목민관 자신에게도 좋은 결과를 가져다 준다.'라고 하였으므로 적절하다.

오답분석

① 두 번째 문단에서 '정약용은 청렴을 당위의 차원에서 주장하는 기존의 학자들과 달리 행위자 자신에게 실질적 이익이 된다는 점을 들어 설득하고자 한다.'라고 하였다.
② 두 번째 문단에서 '정약용은 "지자(知者)는 인(仁)을 이롭게 여긴다."라는 공자의 말을 빌려 "지혜로운 자는 청렴함을 이롭게 여긴다."라고 하였다.'라고 하였으므로 공자의 뜻을 계승한 것이 아니라 공자의 말을 빌려 청렴의 중요성을 강조한 것이다.
③ 두 번째 문단에서 '지혜롭고 욕심이 큰 사람은 청렴을 택하지만 지혜가 짧고 욕심이 작은 사람은 탐욕을 택한다고 설명한다.'라고 하였으므로 청렴한 사람은 욕심이 크기 때문에 탐욕에 빠지지 않는다는 내용이 적절하다.
⑤ 첫 번째 문단에서 '이황과 이이는 청렴을 사회 규율이자 개인 처세의 지침으로 강조하였다.'라고 하였으므로 이황과 이이는 청렴을 사회 규율로 보았다는 것을 알 수 있다.

대표기출유형 02 | 기출응용문제

01

현존하는 가장 오래된 실록은 전주에 전주 사고에 보관되어 있던 것으로, 강화도 마니산에 봉안되었다가 1936년 병자호란에 의해 훼손된 것을 현종 때 보수하여 숙종 때 강화도 정족산에 다시 봉안하였고, 현재 서울대학교에서 보관하고 있다.

오답분석

① 원본을 포함해 모두 5벌의 실록을 갖추게 되었으므로 재인쇄하였던 실록은 모두 4벌이다.
② 강원도 태백산에 보관하였던 실록은 서울대학교에 있다.
③ 현재 한반도에 남아 있는 실록은 강원도 태백산, 강화도 정족산, 장서각의 것으로 모두 3벌이다.
④ 적상산에 보관하였던 실록은 구황국 장서각으로 옮겨졌으며, 이는 6 · 25 전쟁 때 북한으로 옮겨져 현재 김일성종합대학에서 소장하고 있다.

02

제시문에서는 심리적 성향에서 비롯된 행위라도 결과적으로 의무와 부합할 수 있다고 하였으므로 이성의 명령에 따른 행위와 심리적 성향에 따른 행위가 결과적으로 일치하는 경우가 있을 수 있다.

오답분석

① 동물은 이성을 가지고 있지 않으며, 단지 본능적 욕구에 따라 행동할 뿐이므로 동물의 행동을 선하다거나 악하다고 평가할 수 없다. 즉, 동물의 행위는 도덕적 평가의 대상이 될 수 없다.
② 감정이나 욕구는 주관적이므로 시공간을 넘어 모든 인간에게 적용될 수 있는 보편적인 도덕의 원리가 될 수 없다.
③ 상대적인 심리적 성향에서 비롯된 행위는 도덕성과 무관하기 때문에 도덕적 행위가 될 수 없다.
⑤ 인간은 이성뿐만 아니라 감정과 욕구를 가진 존재이므로 도덕적 의무(이성)에 따라 행동하거나 심리적 성향(감정과 욕구)에 따라 행동할 수 있다.

03

정답 ③

고려 말 최무선에 의해 개발된 주화는 1448년(세종 30년) 이전까지 주화로 불렸으므로 태조의 건국 이후에도 주화로 불렸음을 알 수 있다.

오답분석

① 대신기전의 몸체 역할을 하는 대나무의 맨 위에는 발화통을 장착하고 발화통 아래에는 약통을 연결하며, 대나무 아래 끝부분에는 날개를 달았다. 따라서 대신기전은 '발화통 – 약통 – 날개'의 순서대로 구성되어 있음을 알 수 있다.
② 발화통은 폭발체일 뿐이며 목표물을 향해 날아가게 하는 역할은 약통이 담당하므로 약통이 없다면 대신기전은 목표물을 향해 날아가지 못할 것이다.
④ 대신기전의 추진력은 약통 속 화약에 불이 붙어 만들어진 연소 가스가 약통 밖으로 내뿜어질 때 만들어지므로 적절하지 않다.
⑤ 발화통까지 포함된 대신기전의 전체 길이는 약 5.6m이므로 적절하지 않다.

04

정답 ③

텔레비전 시청이 개인의 휴식에 도움이 된다는 사실은 텔레비전 시청의 긍정적인 내용일 수는 있으나 제시문의 주제인 부모와 가정의 문제와는 관련이 없다.

05

정답 ④

제시문에서는 편리성, 경제성, 객관성 등을 이유로 인공 지능 면접을 지지하고 있다. 따라서 객관성보다 면접관의 생각이나 견해가 회사 상황에 맞는 인재를 선발하는 데 적합하다는 논지로 반박하는 것이 가장 적절하다.

오답분석

①·③·⑤ 제시문의 주장에 반박하는 것이 아니라 제시문의 주장을 강화하는 근거에 해당한다.
② 인공 지능 면접에 필요한 기술과 인간적 공감의 관계는 제시문에서 주장한 내용이 아니므로 반박의 근거로도 적절하지 않다.

06

정답 ④

마지막 문단에 따르면, 모든 동물이나 식물종을 보존할 수 없는 것과 같이 언어 소멸 역시 막기 어려운 측면이 있으며, 그럼에도 불구하고 이를 그저 바라만 볼 수는 없다고 하였다. 즉, 언어 소멸 방지의 어려움을 동물이나 식물종을 완전히 보존하기 어려운 것에 비유한 것이지, 언어 소멸 자체가 자연스럽고 필연적인 현상인 것은 아니다.

오답분석

① 첫 번째 문단에 따르면, 전 세계적으로 3,000개의 언어가 소멸해 가고 있으며, 이 중에서 약 600개의 언어는 사용자 수가 10만 명을 넘으므로 비교적 안전한 상태이다. 따라서 나머지 약 2,400개의 언어는 사용자 수가 10만 명이 넘지 않는다고 추측할 수 있다.
② 두 번째 문단의 마지막 문장에 의해, 히브리어는 지속적으로 공식어로 사용할 의지에 따라 부활한 언어임을 알 수 있다.
③ 마지막 문단 두 번째 줄의 '가령, 어떤 ~ 초래할 수도 있다.'를 통해 알 수 있다.
⑤ 두 번째 문단에서 '토착 언어 사용자들의 거주지가 파괴되고 종족 말살과 동화(同化)교육이 이루어지며, 사용 인구가 급격히 감소하는 것' 이외에도 전자 매체의 확산이 언어 소멸의 원인이 된다고 하였다. 따라서 타의적·물리적 압력에 의해서만 언어 소멸이 이루어지는 것은 아님을 알 수 있다.

01

정답   ⑤

제시문을 통해 조선 시대 금속활자는 왕실의 위엄과 권위를 상징하는 것임을 알 수 있다. 특히 정조는 왕실의 위엄을 나타내기 위한 을묘원행을 기념하는 의궤 인쇄를 정리자로 인쇄하고, 화성 행차의 의미를 부각하기 위해 그해의 방목만을 정리자로 간행했다. 이를 통해 정리자는 정조가 가장 중시한 금속활자였다는 것을 알 수 있으며, 나머지 선택지는 제시문의 단서만으로는 추론할 수 없다.

02

정답   ③

빈칸 뒤의 문장은 최근 선진국에서는 스마트팩토리로 인해 해외로 나간 자국 기업들이 다시 본국으로 돌아오는 현상인 '리쇼어링'이 가속화되고 있다는 내용이다. 즉, 스마트팩토리의 발전이 공장의 위치를 해외에서 본국으로 변화시키고 있으므로 빈칸에는 ③이 가장 적절하다.

03

정답   ①

빈칸 앞 내용은 왼손보다 오른손을 선호하는 이유에 대한 가설을 제시하고, 이러한 가설이 근본적인 설명을 하지 못한다고 말한다. 그러면서 빈칸 뒷부분에서 글쓴이는 왼손이 아닌 '오른손만을 선호'하는 이유에 대한 자신의 생각을 드러내고 있다. 즉, 앞의 가설대로 단순한 기능 분담이라면 먹는 일에 왼손을 사용하는 사회도 존재해야 하는데, 그렇지 않기 때문에 반박하고 있음을 추론해 볼 수 있으므로 빈칸에는 사람들이 오른손만 선호하고 왼손을 선호하지 않는다는 주장이 나타나야 한다. 따라서 빈칸에 들어갈 내용으로는 ①이 가장 적절하다.

04

정답   ⑤

단순히 젊은 세대의 문화만을 존중하거나 기존 세대의 문화만을 따르는 것이 아닌 두 문화가 어우러질 수 있도록 기업 차원에서 분위기를 만드는 것이 문제의 본질적인 해결법으로 가장 적절하다.

[오답분석]
① 급여 받은 만큼만 일하게 되는 악순환이 반복될 것이므로 글에서 언급된 문제를 해결하는 기업 차원의 방법으로는 적절하지 않다.
② 기업의 전반적인 생산성 향상을 이룰 수 없으므로 기업 차원의 방법으로 적절하지 않다.
③ 젊은 세대의 채용을 기피하는 분위기가 생길 수 있으므로 적절하지 않다.
④ 젊은 세대의 특성을 받아들이기만 하면, 전반적인 생산성 향상과 같은 기업의 이득은 배제하게 되는 문제점이 발생한다.

05

정답   ③

제시문은 태양의 온도를 일정하게 유지해 주는 에너지원에 대한 설명이다. 태양의 온도가 일정하게 유지되는 이유는 태양 중심부의 온도가 올라가 핵융합 에너지가 늘어나면 에너지의 압력으로 수소를 밖으로 밀어내어 중심부의 밀도와 온도를 낮춰주기 때문이다. 즉, 태양 내부에서 중력과 핵융합 반응의 평형상태가 유지되기 때문에 태양은 50억 년간 빛을 낼 수 있었고, 앞으로도 50억 년 이상 더 빛날 수 있는 것이다. 따라서 빈칸에 들어갈 내용으로 '태양이 오랫동안 안정적으로 빛을 낼 수 있게 된다.'가 가장 적절하다.

01

 정답 ⑤

비위 맞추기는 상대방을 위로하기 위해서 혹은 비위를 맞추기 위해서 너무 빨리 동의하는 것으로 그 의도는 좋지만, 지지하고 동의하는 데 너무 치중함으로써 상대방에게 자신의 생각이나 감정을 충분히 표현할 시간을 주지 못하게 된다.

오답분석

① 걸러내기 : 듣고 싶지 않은 것들을 막아버리는 것이다.
② 다른 생각하기 : 상대방이 말을 할 때 자꾸 다른 생각을 하는 것이다.
③ 조언하기 : 다른 사람의 문제를 본인이 해결해 주고자 지나치게 조언하고 끼어드는 것이다.
④ 자존심 세우기 : 자신이 잘못했다는 말을 받아들이지 않기 위해 거짓말을 하고, 고함을 지르고, 주제를 바꾸고, 변명을 하게 되는 것이다.

02

정답 ⑤

피드백은 상대방이 원하는 경우 대인관계에 있어서 그의 행동을 개선할 수 있는 기회를 제공해 줄 수 있다. 하지만 부정적이고 비판적인 피드백만을 계속적으로 주는 경우에는 오히려 역효과가 나타날 수 있으므로 피드백을 줄 때 상대방의 긍정적인 면과 부정적인 면을 균형 있게 전달하도록 유의하여야 한다.

수리능력

PART 2

대표기출유형 01 **기출응용문제**

01

정답 ④

농도가 15%인 소금물의 양을 xg이라고 가정하고, 소금의 양에 대한 식을 세우면 다음과 같다.
$0.1 \times 200 + 0.15 \times x = 0.13 \times (200 + x)$
→ $20 + 0.15x = 26 + 0.13x$
→ $0.02x = 6$
∴ $x = 300$
따라서 농도가 15%인 소금물은 300g이 필요하다.

02

정답 ①

수진이가 1층부터 6층까지 쉬지 않고 올라갈 때 35초가 걸린다고 하였으므로, 한 층을 올라가는 데 걸리는 시간은 $\frac{35}{5} = 7$초이다.
6층부터 12층까지 올라가는 데 $7 \times 6 = 42$초가 걸리고, 6층부터는 한 층을 올라갈 때마다 5초씩 쉰다고 했으므로, 쉬는 시간은 $5 \times 5 = 25$초이다.($\because$ 6층에서는 쉬지 않는다) 따라서 수진이가 1층부터 12층까지 올라가는 데 걸린 시간은 $35 + 42 + 25 = 102$초이다.

03

정답 ①

두 사람이 함께 일을 하는 데 걸리는 기간을 x일이라고 하고 전체 일의 양을 1이라고 할 때, 대리가 하루에 진행하는 업무의 양은 $\frac{1}{16}$, 사원이 하루에 진행하는 업무의 양은 $\frac{1}{48}$이므로 다음과 같은 식이 성립한다.
$\left(\frac{1}{16} + \frac{1}{48}\right)x = 1$ → $x = 12$
따라서 두 사람이 함께 일을 하는 데 걸리는 기간은 12일이다.

04

정답 ②

A지점과 B지점 사이의 거리를 xm라고 하자.

• 10m 간격으로 심을 때 필요한 나무의 수 : $\left(\dfrac{x}{10}+1\right)$그루

• 5m 간격으로 심을 때 필요한 나무의 수 : $\left(\dfrac{x}{5}+1\right)$그루

10m 간격으로 심으면 10그루가 남고 5m 간격으로 심으면 5그루가 모자란다고 했으므로 다음과 같은 식이 성립한다.

$\dfrac{x}{10}+1+10=\dfrac{x}{5}+1-5$

$\therefore \ x=150$

따라서 A지점과 B지점 사이의 거리는 150m이다.

05

정답 ①

열차의 이동 거리는 200+40=240m이므로, 열차의 속력은 $\dfrac{240}{10}=24$m/s이다. 길이가 320m인 터널을 통과한다고 하였으므로,

총이동거리는 320+40=360m이고, 속력은 24m/s이므로, 걸린 시간은 $\dfrac{360}{24}=15$초이다.

06

정답 ④

두 수의 곱이 짝수인 경우는 (짝수, 홀수), (홀수, 짝수), (짝수, 짝수)이고, 두 수의 곱이 홀수인 경우는 (홀수, 홀수)이다.

a, b의 곱이 짝수일 확률은 1−(a, b의 곱이 홀수일 확률)이다. 따라서 a와 b의 곱이 짝수일 확률은 $1-\left(\dfrac{1}{3}\times\dfrac{2}{5}\right)=\dfrac{13}{15}$이다.

07

정답 ④

아버지의 자리가 결정되면 그 맞은편은 어머니 자리로 고정된다. 어머니와 아버지의 자리가 고정되므로 아버지의 자리를 고정 후 남은 네 자리는 어떻게 앉아도 같아지는 경우가 생기지 않는다. 따라서 네 자리에 앉는 경우의 수는 4!=24가지이다.

08

정답 ④

A, B, C에 해당되는 청소 주기 6, 8, 9일의 최소공배수는 2×3×4×3=72일이다. 9월은 30일, 10월은 31일까지 있으므로 9월 10일에 청소를 하고 72일 이후인 11월 21일에 세 사람이 같이 청소하게 된다.

09

정답 ④

제시된 그림의 운동장 둘레는 왼쪽과 오른쪽 반원을 합친 지름이 50m인 원의 원주(지름×원주율)와 위, 아래 직선거리 90m를 더하면 된다. 따라서 학생이 운동장 한 바퀴를 달린 거리는 (50×3)+(90×2)=330m이다.

01

정답 ④

제시된 수열은 −2, ×2, −3, ×3, −4, ×4 …인 규칙으로 이루어진 수열이다.
따라서 (   )=35×4=140이다.

02

정답 ③

제시된 수열은 앞의 항에 (×3+1)을 적용하는 수열이다.
따라서 (   )=121×3+1=364이다.

03

정답 ①

제시된 수열은 홀수 항에는 2를 곱하고 짝수 항에는 3을 곱하는 수열이다.
따라서 (   )=4×2=8이다.

01

정답 ①

5급 공무원과 7급 공무원 채용인원 모두 2017년부터 2021년까지 전년 대비 증가했고, 2022년에는 전년 대비 감소했다.

오답분석

ㄴ. 2014 ~ 2024년 동안 채용인원이 가장 적은 해는 5급과 7급 공무원 모두 2014년이며, 가장 많은 해는 2021년이다. 따라서 2021년과 2014년의 채용인원 차이는 5급 공무원이 28−18=10백 명, 7급 공무원은 49−31=18백 명으로 7급 공무원이 더 크다.

ㄷ. 2015년부터 2024년까지 전년 대비 채용인원의 증감량이 가장 많은 해는 5급 공무원의 경우 2022년에 전년 대비 23−28=−5 백 명이 감소했고, 7급 공무원의 경우 2015년에 전년 대비 38−31=7백 명이 증가했다.

ㄹ. 2022년 채용인원은 5급 공무원이 23백 명, 7급 공무원이 47백 명으로 7급 공무원 채용인원이 5급 공무원 채용인원의 2배인 23×2=46백 명보다 많다.

02

정답 ③

D국의 여성 대학진학률이 4%p 상승하면 15%로 대학진학률 격차지수가 1이 되어 D국의 간이 성평등지수는 $\frac{1.7}{2}=0.85$가 된다.

오답분석

ㄱ. A국의 여성 평균소득과 남성 평균소득이 각각 1,000달러씩 증가하면 A국의 평균소득 격차지수는 $\frac{9,000}{17,000}≒0.530$이 되고, 간이 성평등지수는 0.770이 된다.

ㄴ. B국의 여성 대학진학률이 85%이면 대학진학률 격차지수가 1이 되고, 간이 성평등지수는 0.8이므로 C국(0.82)보다 낮다.

03

월간 용돈을 5만 원 미만으로 받는 비율은 중학생 89.4%, 고등학생 60%로 중학생이 고등학생보다 높다.

오답분석

① 용돈을 받는 남학생과 여학생의 비율은 각각 82.9%, 85.4%이므로 여학생이 더 높다.
③ 고등학교 전체 인원을 100명이라 한다면 그중에 용돈을 받는 학생은 약 80.8명이다. 80.8명 중에 용돈을 5만 원 이상 받는 학생의 비율은 40%이므로 80.8×0.4≒32.3명이다.
④ 전체에서 금전출납부의 기록, 미기록 비율은 각각 30%, 70%이므로 기록하는 비율이 더 낮다.
⑤ 용돈을 받지 않는 중학생과 고등학생 비율은 각각 12.4%, 19.2%로 용돈을 받지 않는 고등학생 비율이 더 높다.

04

자료는 비율을 나타내기 때문에 실업자의 수는 알 수 없다.

오답분석

② 실업자 비율은 2%p 증가하였다.
③ 경제활동인구 비율은 80%에서 70%로 감소하였다.
④ 취업자 비율은 12%p 감소한 반면, 실업자 비율은 2%p 증가하였기 때문에 취업자 비율의 증감폭이 더 크다.
⑤ 비경제활동인구의 비율은 20%에서 30%로 10%p 증가하였다

05

세 지역 모두 핵가족 가구 비중이 더 높으므로, 확대가족 가구 수보다 핵가족 가구 수가 더 많다.

오답분석

① 핵가족 가구의 비중이 가장 높은 곳은 71%인 B지역이다.
② 1인 가구는 기타 가구의 일부이므로, 1인 가구만의 비중은 알 수 없다.
③ 확대가족 가구의 비중이 가장 높은 곳은 C지역이지만 이 수치는 어디까지나 비중이므로 가구 수는 알 수 없다.
⑤ 부부 가구의 구성비는 B지역이 가장 높다.

06

A기업
• 화물자동차 : 200,000+(1,000×5×100)+(100×5×100)=750,000원
• 철도 : 150,000+(900×5×100)+(300×5×100)=750,000원
• 연안해송 : 100,000+(800×5×100)+(500×5×100)=750,000원

B기업
• 화물자동차 : 200,000+(1,000×1×200)+(100×1×200)=420,000원
• 철도 : 150,000+(900×1×200)+(300×1×200)=390,000원
• 연안해송 : 100,000+(800×1×200)+(500×1×200)=360,000원

따라서 A는 모든 수단에서 동일하고, B는 연안해송이 가장 저렴하다.

07

2024년 이전 신문 선호에서 2024년 이후 인터넷으로 바꾼 구성원은 20명이다.

오답분석

① 2024년 이후 인터넷을 선호하는 구성원 수는 145명이고, 2022년 이전은 100명이라고 하더라도 2024년 이후의 구성원 수가 2024년 이전의 구성원 수를 모두 포함한다고 보기는 어렵다.
② 2024년 전·후로 가장 선호하지 않는 언론매체는 신문이다.
③ 2024년 이후에 가장 선호하는 언론매체는 TV이다.
⑤ TV에서 라디오를 선호하게 된 구성원 수는 15명으로, 인터넷에서 라디오를 선호하게 된 구성원 수인 10명보다 많다.

08

직급별 사원 수를 알 수 없으므로 전 사원의 주 평균 야근 빈도는 구할 수 없다.

오답분석

① 자료를 통해 알 수 있다.
③ 0.2시간은 60분×0.2=12분이다. 따라서 4.2시간은 4시간 12분이다.
④ 대리급 사원은 주 평균 1.8일 야근을 하고 주 평균 6.3시간을 야간 근무하므로, 야근 1회 시 6.3÷1.8=3.5시간 근무로 가장 긴 시간 동안 일한다.
⑤ 0.8시간은 48분이므로 조건에 따라 1시간으로 야근수당을 계산한다. 따라서 과장급 사원의 주 평균 야근 시간은 5시간이므로 5×10,000원=50,000원을 받는다.

대표기출유형 04 기출응용문제

01

전년 대비 난민 인정자 증감률을 구하면 다음과 같다.
• 2022년

- 남자 : $\dfrac{35-39}{39}\times100 ≒ -10.3\%$

- 여자 : $\dfrac{22-21}{21}\times100 ≒ 4.8\%$

• 2023년

- 남자 : $\dfrac{62-35}{35}\times100 ≒ 77.1\%$

- 여자 : $\dfrac{32-22}{22}\times100 ≒ 45.5\%$

• 2024년

- 남자 : $\dfrac{54-62}{62}\times100 ≒ 12.9\%$

- 여자 : $\dfrac{51-32}{32}\times100 ≒ 59.4\%$

따라서 ②의 2023년과 2024년의 수치가 옳지 않다.

02

자료에 따르면 2023년 3/4분기의 저축은행 총자산순이익률이 −0.9%인 반면, 그래프에서는 0%로 나타나 있다.

대표기출유형 01   기출응용문제

01
정답 ⑤

'약속을 지킨다.'를 A, '다른 사람에게 신뢰감을 준다.'를 B, '메모하는 습관'을 C라고 하면, 전제1은 ~A → ~B, 전제2는 ~C → ~A이므로 ~C → ~A → ~B가 성립한다. ~C → ~B의 대우인 B → C 또한 참이므로 '다른 사람에게 신뢰감을 주려면 메모하는 습관이 있어야 한다.'가 적절하다.

02
정답 ③

상준이는 토ㆍ일요일에 운동하지 못하고, 금요일 오후에 운동을 했다. 또한 월요일과 금요일에는 이틀 연속으로 할 수 없으므로 월요일, 목요일에는 운동을 할 수 없다. 따라서 상준이는 화요일(오전), 수요일(오전), 금요일(오후)에 운동을 하였다.

03
정답 ④

B를 주문한 손님들만 D를 추가로 주문할 수 있으므로 A를 주문한 사람은 D를 주문할 수 없다. 따라서 가장 적절한 것은 ④이다.

04
정답 ④

C사원과 E사원의 근무 연수를 정확히 알 수 없으므로 근무 연수가 높은 순서대로 나열하면 'B − A − C − E − D' 또는 'B − A − E − C − D'가 된다. 따라서 근무 연수가 가장 높은 B사원의 경우 주어진 조건에 따라 최대 근무 연수인 4년 차에 해당한다.

05
정답 ③

주어진 조건을 정리해 보면 다음과 같다.

구분	A	B	C	D
경우 1	호밀식빵	우유식빵	밤식빵	옥수수식빵
경우 2	호밀식빵	밤식빵	우유식빵	옥수수식빵

따라서 항상 참인 것은 ③이다.

오답분석

①ㆍ②ㆍ④ㆍ⑤ 주어진 조건만으로는 판단하기 힘들다.

06

정답 ③

주어진 조건을 정리하면 1층은 어린이 문헌정보실과 가족 문헌정보실, 5층은 보존서고실, 4층은 일반 열람실이 된다. 남은 곳은 제1문헌정보실과 제2문헌정보실인데 3층은 2층에 연결된 계단을 통해서만 이동이 가능하므로 엘리베이터로 이동이 가능한 제1문헌정보실이 2층이 되고, 계단을 통해서만 이동이 가능한 3층이 제2문헌정보실이 된다.

1층	2층	3층	4층	5층
어린이 문헌정보실, 가족 문헌정보실	제1문헌정보실	제2문헌정보실	일반 열람실	보존서고실

따라서 빅데이터 관련 도서는 정보통신, 웹, 네트워크 코너에서 찾을 수 있으므로 3층 제2문헌정보실로 가야 한다.

대표기출유형 02 기출응용문제

01

정답 ④

'KS90101-2'는 아동용 10kg 이하의 자전거로, 109동 101호 입주민이 2번째로 등록한 자전거이다.

[오답분석]
① 등록순서를 제외한 일련번호는 7자리로 구성되어야 하며, 종류와 무게 구분 번호의 자리가 서로 바뀌어야 한다.
② 등록순서를 제외한 일련번호는 7자리로 구성되어야 한다.
③ 자전거 무게를 구분하는 두 번째 자리에는 L, M, S 중 하나만 올 수 있다.
⑤ 등록순서는 1자리로 기재한다.

02

정답 ④

마지막의 숫자는 동일 세대주가 자전거를 등록한 순서를 나타내므로 해당 자전거는 2번째로 등록한 자전거임을 알 수 있다. 따라서 자전거를 2대 이상 등록한 입주민의 자전거이다.

[오답분석]
① 'T'를 통해 산악용 자전거임을 알 수 있다.
② 'M'을 통해 자전거의 무게는 10kg 초과 20kg 미만임을 알 수 있다.
③ 104동 1205호에 거주하는 입주민의 자전거이다.
⑤ 자전거 등록대수 제한에 대한 정보는 나와 있지 않다.

03

정답 ⑤

규칙에 따라 사용할 수 있는 숫자는 1, 5, 6을 제외한 나머지 2, 3, 4, 7, 8, 9의 총 6개이다. (한 자릿수)×(두 자릿수)=156이 되는 수를 알기 위해서는 156의 소인수를 구해보면 된다. 156의 소인수는 3, 2^2, 13으로 여기서 156이 되는 수의 곱 중에 조건을 만족하는 것은 2×78과 4×39이다. 따라서 선택지 중에 A팀 또는 B팀에 들어갈 수 있는 암호배열은 39이다.

04

조건에 따라 소괄호 안에 있는 부분을 순서대로 풀이하면 다음과 같다.

'1 A 5'에서 A는 좌우의 두 수를 더하는 것이지만, 더한 값이 10 미만이면 좌우에 있는 두 수를 곱해야 한다. 1+5=6이 10 미만이므로 두 수를 곱하여 5가 된다.

'3 C 4'에서 C는 좌우의 두 수를 곱하는 것이지만 곱한 값이 10 미만일 경우 좌우에 있는 두 수를 더한다. 이 경우 3×4=12가 10 이상이므로 12가 된다.

중괄호를 풀어보면 '5 B 12'이다. B는 좌우에 있는 두 수 가운데 큰 수에서 작은 수를 빼는 것이지만, 두 수가 같거나 뺀 값이 10 미만이면 두 수를 곱한다. 12-5=7이 10 미만이므로 두 수를 곱해야 한다. 따라서 60이 된다.

'60 D 6'에서 D는 좌우에 있는 두 수 가운데 큰 수를 작은 수로 나누는 것이지만, 두 수가 같거나 나눈 값이 10 미만이면 두 수를 곱해야 한다. 이 경우 나눈 값이 10이 되므로 답은 10이다.

05

간선노선과 보조간선노선을 구분하여 노선번호를 부여하면 다음과 같다.

- 간선노선
  - 동서를 연결하는 경우 : (가), (나)에 해당하며, 남에서 북으로 가면서 숫자가 증가하고 끝자리에는 0을 부여하므로 (가)는 20, (나)는 10이다.
  - 남북을 연결하는 경우 : (다), (라)에 해당하며, 서에서 동으로 가면서 숫자가 증가하고 끝자리에는 5를 부여하므로 (다)는 15, (라)는 25이다.
- 보조간선노선
  - (마) : 남북을 연결하는 모양에 가까우므로, (마)의 첫자리는 남쪽 시작점의 간선노선인 (다)의 첫자리와 같은 1이 되어야 하고, 끝자리는 5를 제외한 홀수를 부여해야 하므로, 가능한 노선번호는 11, 13, 17, 19이다.
  - (바) : 동서를 연결하는 모양에 가까우므로, (바)의 첫자리는 바로 아래쪽에 있는 간선노선인 (나)의 첫자리와 같은 1이 되어야 하고, 끝자리는 0을 제외한 짝수를 부여해야 하므로, 가능한 노선번호는 12, 14, 16, 18이다.

따라서 가능한 조합은 ①이다.

대표기출유형 03 기출응용문제

01

재무팀이 2종목에서 이긴 상황에서 기획팀이 최대의 승점을 얻을 수 있는 경우는 다음과 같다.

ⅰ) 재무팀과의 맞대결을 펼친 단체줄넘기에서 승리
ⅱ) 족구에서는 기획팀이 재무팀에 패배
ⅲ) 피구에서는 재무팀이 인사팀에 승리
ⅳ) 제기차기에서는 기획팀이 인사팀에 승리

이때 재무팀이 얻은 승점은 280점인데 반해 기획팀은 270점에 그치므로 기획팀이 종합 우승을 할 수는 없게 된다.

(오답분석)

① 법무팀은 모든 종목에서 결승에 진출하지 못했으므로 현재까지 얻은 120점이 최종 획득점수이다. 이때 기획팀의 경우 진출한 3종목의 결승전에서 모두 패하더라도 210점을 획득하므로 법무팀보다 승점이 높게 된다. 따라서 법무팀은 남은 경기결과에 상관없이 종합 우승을 할 수 없다.

③ 기획팀이 남은 경기에서 모두 지게 되면 얻게 되는 승점은 210점이며, 피구에서 인사팀이 재무팀을 이겼다고 가정하더라도 재무팀의 승점은 290점이 된다. 이 경우 인사팀이 얻게 되는 승점은 220점에 불과하므로 결국 재무팀이 종합 우승을 차지하게 된다.

④ 재무팀이 남은 경기에서 모두 패하면 얻게 되는 승점은 220점이며, 기획팀과 인사팀의 승점은 마지막 제기차기의 결승결과에 따라 달라지게 된다. 만약 인사팀이 승리하게 되면 인사팀은 220점, 기획팀은 280점을 얻게 되고, 기획팀이 승리하게 되면 인사팀은 200점, 기획팀은 300점을 얻게 된다. 이를 정리하면 다음과 같다.
　ⅰ) 인사팀 승리 : 기획팀(280점), 재무팀(220점), 인사팀(220점)
　ⅱ) 기획팀 승리 : 기획팀(300점), 재무팀(220점), 인사팀(200점)
　따라서 인사팀이 승리하는 경우와 기획팀이 승리하는 경우 모두 재무팀이 종합 준우승을 차지하게 되므로 옳은 내용이다.

⑤ 인사팀이 남은 경기인 피구와 제기차기에서 모두 이긴다면 인사팀이 얻을 수 있는 승점 합계는 220점이며, 이 두 종목에서 재무팀은 80점, 기획팀은 70점을 확보하게 된다. 그런데 단체줄넘기와 족구 모두 기획팀과 재무팀이 결승에 진출한 상태이므로 어느 조합의 결과가 나오더라도 두 팀의 종합승점은 220점을 넘게 된다. 따라서 인사팀은 종합 우승을 할 수 없다.

02
정답 ④

ㄱ. 리조트 1박 기준 성수기 일반요금이 낮은 리조트일수록 성수기 무기명 회원할인율도 낮아 회원요금이 낮다.

ㄴ. 리조트 1박 기준 B리조트의 회원요금 중 가장 비싼 값은 성수기 무기명 회원요금이고, 가장 싼 값은 비수기 기명 회원요금이다. 따라서 두 금액의 차이는 $350 \times (1-0.25) - 250 \times (1-0.45) = 125$천 원, 125,000원이다.

ㄹ. 리조트 1박 기준 비수기 기명 회원요금과 비수기 무기명 회원요금 차이가 가장 작은 리조트는 E리조트이며, 성수기 기명 회원요금과 성수기 무기명 회원요금 차이도 가장 작다.

오답분석

ㄷ. 리조트 1박 기준 A리조트와 E리조트의 기명 회원요금은 성수기가 비수기의 2배보다 많다.

03
정답 ③

• 유주임 : 반도체 업종의 경우, 2위로 뽑힌 애로요인의 구성비가 12.0%이므로 3위인 애로요인의 구성비는 12.0% 미만임을 알 수 있다. 따라서 반도체 업종에서 1위, 2위 애로요인이 아닌 '수출대상국의 경기부진'은 12.0% 미만일 것이며, 전기 · 전자제품 업종의 구성비는 14.0%이므로 옳은 설명이다.

• 최사원 : 농수산물 업종의 경우 1위 애로요인으로 원화환율 변동성 확대가 뽑혔으며, 생활용품 업종의 경우 해당 사유가 2위 안에 포함되지 않고, 이 사유의 구성비도 농수산물에 비해 낮다.

오답분석

• 김대리 : 기계류와 반도체 업종에서 각각 1순위 애로요인으로 뽑은 항목은 서로 다르다. 따라서 두 업종에 모두 속하는 K기업이 주요 수출 애로요인 1순위로 어떤 항목을 뽑았을지는 자료만으로는 알 수 없다.

• 박과장 : 7개의 업종 중 4개의 업종에서 원재료 가격상승이 주요 수출 애로요인 1위로 뽑혔지만, 업종별 기업의 수를 알 수는 없으므로, 해당 자료만으로 각 항목에 응답한 전체 업종별 기업의 수도 알 수 없다.

04
정답 ①

자아 인식, 자기 관리, 공인 자격 쌓기 등의 평가 기준을 통해 A사원이 B사원보다 스스로 관리하고 개발하는 능력이 우수하다는 것을 알 수 있다.

05
정답 ⑤

버팀목 대출은 지역별 차등 지원이므로 지역별 문의가 필요하고, 월 최대 30만 원씩 2년간 대출이 가능한 것은 주거안정 월세대출이다.

MEMO

PART 3

철도법령

01	02	03	04	05	06	07	08	09	10	11	12	13	14	15	16	17	18	19	20
④	②	③	②	⑤	②	②	④	②	④	③	③	⑤	④	①	②	⑤	①	③	④

01

정답 ④

적용범위(철도산업발전기본법 제2조)
이 법은 다음 각 호의 어느 하나에 해당하는 철도에 대하여 적용한다.
1. 국가 및 한국고속철도건설공단법에 의하여 설립된 한국고속철도건설공단이 소유·건설·운영 또는 관리하는 철도
2. 제20조 제3항에 따라 설립되는 국가철도공단 및 제21조 제3항에 따라 설립되는 한국철도공사가 소유·건설·운영 또는 관리하는 철도

02

정답 ②

지도·감독(한국철도공사법 제16조)
국토교통부장관은 한국철도공사의 업무 중 다음 각 호의 사항과 그와 관련되는 업무에 대하여 지도·감독한다.
1. 연도별 사업계획 및 예산에 관한 사항
2. 철도서비스 품질 개선에 관한 사항
3. 철도사업계획의 이행에 관한 사항
4. 철도시설·철도차량·열차운행 등 철도의 안전을 확보하기 위한 사항
5. 그 밖에 다른 법령에서 정하는 사항

03

정답 ③

법 제42조 제1항의 규정에 의하여 철도시설의 점용허가를 받은 자는 점용허가기간이 만료되거나 점용을 폐지한 날부터 3월 이내에 점용허가받은 철도시설을 원상으로 회복하여야 한다. 다만, 국토교통부장관이 불가피하다고 인정하는 경우에는 원상회복 기간을 연장할 수 있다(철도사업법 시행령 제16조 제1항).

04

정답 ②

실무위원회 위원의 해촉 등(철도산업발전기본법 시행령 제10조의2)
실무위원회의 구성 등의 규정에 따라 위원을 지명한 자는 위원이 다음 각 호의 어느 하나에 해당하는 경우에는 그 지명을 철회할 수 있다.
1. 심신장애로 인하여 직무를 수행할 수 없게 된 경우
2. 직무와 관련된 비위사실이 있는 경우
3. 직무태만, 품위손상이나 그 밖의 사유로 인하여 위원으로 적합하지 아니하다고 인정되는 경우
4. 위원 스스로 직무를 수행하는 것이 곤란하다고 의사를 밝히는 경우

05

정답 ⑤

철도시설(철도산업발전기본법 제3조 제2호)

'철도시설'은 다음의 어느 하나에 해당하는 시설(부지를 포함한다)을 말한다.

• 철도의 선로(선로에 부대되는 시설을 포함), 역시설(물류시설·환승시설 및 편의시설 등을 포함) 및 철도운영을 위한 건축물·건축설비

• 선로 및 철도차량을 보수·정비하기 위한 선로보수기지, 차량정비기지 및 차량유치시설

• 철도의 전철전력설비, 정보통신설비, 신호 및 열차제어설비

• 철도노선 간 또는 다른 교통수단과의 연계운영에 필요한 시설

• 철도기술의 개발·시험 및 연구를 위한 시설

• 철도경영연수 및 철도전문인력의 교육훈련을 위한 시설

• 그 밖에 철도의 건설·유지보수 및 운영을 위한 시설로서 대통령령으로 정하는 시설

06

정답 ②

보조금 등(한국철도공사법 제12조)

국가는 한국철도공사의 경영 안정 및 <u>철도차량·장비의 현대화</u> 등을 위하여 재정 지원이 필요하다고 인정하면 예산의 범위에서 사업에 필요한 비용의 일부를 보조하거나 재정자금의 융자 또는 사채 인수를 할 수 있다.

07

정답 ②

사업(한국철도공사법 제9조 제1항)

한국철도공사는 다음 각 호의 사업을 한다.

1. 철도여객사업, 화물운송사업, 철도와 다른 교통수단의 연계운송사업
2. 철도 장비와 철도용품의 제작·판매·정비 및 임대사업
3. 철도차량의 정비 및 임대사업
4. 철도시설의 유지·보수 등 국가·지방자치단체 또는 공공법인 등으로부터 위탁받은 사업
5. 역세권 및 공사의 자산을 활용한 개발·운영 사업으로서 대통령령으로 정하는 사업
6. 철도의 건설 및 철도시설 유지관리에 관한 법률 제2조 제6호 가목의 역시설 개발 및 운영 사업으로서 대통령령으로 정하는 사업
7. 물류정책기본법에 따른 물류사업으로서 대통령령으로 정하는 사업
8. 관광진흥법에 따른 관광사업으로서 대통령령으로 정하는 사업
9. 제1호부터 제8호까지의 사업과 관련한 조사·연구, 정보화, 기술 개발 및 인력 양성에 관한 사업
10. 제1호부터 제9호까지의 사업에 딸린 사업으로서 대통령령으로 정하는 사업

08

정답 ④

변경등기(한국철도공사법 시행령 제5조)

한국철도공사는 제2조 각 호 또는 제3조의 등기사항이 변경된 경우(제4조에 따른 이전등기에 해당하는 경우는 제외한다)에는 변경 후 <u>2주일</u> 이내에 주된 사무소의 소재지에서 변경사항을 등기해야 한다.

09

정답 ②

점용허가의 신청 및 점용허가기간(철도사업법 시행령 제13조 제1항)

법 제42조 제1항의 규정에 의하여 국가가 소유·관리하는 철도시설의 점용허가를 받고자 하는 자는 국토교통부령이 정하는 점용허가신청서에 다음 각 호의 서류를 첨부하여 국토교통부장관에게 제출하여야 한다.

1. 사업개요에 관한 서류
2. 시설물의 건설계획 및 사용계획에 관한 서류
3. 자금조달계획에 관한 서류
4. 수지전망에 관한 서류
5. 법인의 경우 정관

6. 설치하고자 하는 시설물의 설계도서(시방서·위치도·평면도 및 주단면도를 말한다)
7. 그 밖에 참고사항을 기재한 서류

10
정답 ④

운송 시작의 의무(철도사업법 제8조)
철도사업자는 <u>국토교통부장관(㉠)</u>이 지정하는 날 또는 기간에 운송을 시작하여야 한다. 다만, 천재지변이나 그 밖의 불가피한 사유로 철도사업자가 국토교통부장관이 지정하는 날 또는 기간에 운송을 시작할 수 없는 경우에는 <u>국토교통부장관(㉡)</u>의 승인을 받아 날짜를 연기하거나 기간을 연장할 수 있다.

11
정답 ③

철도산업발전시행계획의 수립절차 등(철도산업발전기본법 시행령 제5조)
① 관계행정기관의 장은 당해 연도의 시행계획을 전년도 11월 말까지 국토교통부장관에게 제출하여야 한다.
② 관계행정기관의 장은 전년도 시행계획의 추진실적을 <u>매년 2월 말까지</u> 국토교통부장관에게 제출하여야 한다.

12
정답 ③

법인의 임원 중 철도사업법 또는 대통령령으로 정하는 철도 관계 법령(철도산업발전기본법, 철도안전법, 도시철도법, 국가철도공단법, 한국철도공사법)을 위반하여 금고 이상의 실형을 선고받고 그 집행이 끝나거나(끝난 것으로 보는 경우를 포함한다) 면제된 날부터 2년이 지나지 아니한 사람에 해당하는 사람이 있는 법인은 철도사업의 면허를 받을 수 없다(철도사업법 제7조 제1호 다목).

13
정답 ⑤

철도이용자의 권익보호 등(철도산업발전기본법 제16조)
국가는 철도이용자의 권익보호를 위하여 다음 각 호의 시책을 강구하여야 한다.
1. 철도이용자의 권익보호를 위한 홍보·교육 및 연구
2. 철도이용자의 생명·신체 및 재산상의 위해 방지
3. 철도이용자의 불만 및 피해에 대한 신속·공정한 구제조치
4. 그 밖에 철도이용자 보호와 관련된 사항

14
정답 ④

한국철도공사의 자본금은 22조 원으로 하고, 그 전부를 정부가 출자한다(한국철도공사법 제4조 제1항).

[오답분석]
① 국가는 운영자산을 공사에 현물로 출자한다(한국철도공사법 제4조 제3항).
② 공사의 주된 사무소의 소재지는 정관으로 정한다(한국철도공사법 제3조 제1항).
③ 공사의 자본금 납입시기와 방법은 기획재정부장관이 정하는 바에 따른다(한국철도공사법 제4조 제2항).
⑤ 공사는 주된 사무소의 소재지에서 설립등기를 함으로써 성립한다(한국철도공사법 제5조 제1항).

15
정답 ①

철도산업정보센터의 업무 등(철도산업발전기본법 시행령 제16조 제1항)
철도산업의 정보화 촉진 규정에 의한 철도산업정보센터는 다음 각 호의 업무를 행한다.
1. 철도산업정보의 수집·분석·보급 및 홍보
2. 철도산업의 국제동향 파악 및 국제협력사업의 지원

16

정답 ②

역세권 및 한국철도공사의 자산을 활용한 개발·운영 사업이다(한국철도공사법 시행령 제7조의2 제1항).

역세권 개발·운영 사업 등(한국철도공사법 시행령 제7조의2 제2항)
법 제9조 제1항 제6호에서 역시설 개발 및 운영 사업으로서 대통령령으로 정하는 사업이란 다음 각 호의 시설을 개발·운영하는 사업을 말한다.
1. 물류정책기본법 제2조 제1항 제4호의 물류시설 중 철도운영이나 철도와 다른 교통수단과의 연계운송을 위한 시설
2. 도시교통정비촉진법 제2조 제3호에 따른 환승시설
3. 역사와 같은 건물 안에 있는 시설로서 건축법 시행령 제3조의5에 따른 건축물 중 제1종 근린생활시설, 제2종 근린생활시설, 문화 및 집회시설, 판매시설, 운수시설, 의료시설, 운동시설, 업무시설, 숙박시설, 창고시설, 자동차 관련 시설, 관광휴게시설과 그 밖에 철도이용객의 편의를 증진하기 위한 시설

17

정답 ⑤

사채의 모집에 응하고자 하는 자는 사채청약서 2통에 그 인수하고자 하는 사채의 수·인수가액과 청약자의 주소를 기재하고 기명날인하여야 한다. 다만, 사채의 최저가액을 정하여 발행하는 경우에는 그 응모가액을 기재하여야 한다(한국철도공사법 시행령 제10조 제1항).

18

정답 ①

여객에 대한 운임이란 여객운송에 대한 직접적인 대가를 말하며, 여객운송과 관련된 설비·용역에 대한 대가는 제외한다(철도사업법 제9조 제1항).

19

정답 ③

철도산업구조개혁의 중장기 추진방향에 관한 사항이다.

철도산업구조개혁기본계획의 내용(철도산업발전기본법 시행령 제25조)
철도산업구조개혁을 위하여 필요한 사항으로서 대통령령으로 정하는 사항은 다음 각 호의 사항을 말한다.
1. 철도서비스 시장의 구조개편에 관한 사항
2. 철도요금·철도시설사용료 등 가격정책에 관한 사항
3. 철도안전 및 서비스향상에 관한 사항
4. 철도산업구조개혁의 추진체계 및 관계기관의 협조에 관한 사항
5. 철도산업구조개혁의 중장기 추진방향에 관한 사항
6. 그 밖에 국토교통부장관이 철도산업구조개혁의 추진을 위하여 필요하다고 인정하는 사항

20

정답 ④

철도운영자가 국가의 특수목적사업을 수행함으로써 발생하는 비용은 원인제공자가 부담하는 공익서비스 비용 범위이다(철도산업발전기본법 제32조 제2항 제3호).

공익서비스 제공에 따른 보상계약의 체결(철도산업발전기본법 제33조 제2항)
제1항에 따른 보상계약에는 다음의 사항이 포함되어야 한다.
• 철도운영자가 제공하는 철도서비스의 기준과 내용에 관한 사항
• 공익서비스 제공과 관련하여 원인제공자가 부담하여야 하는 보상내용 및 보상방법 등에 관한 사항
• 계약기간 및 계약기간의 수정·갱신과 계약의 해지에 관한 사항
• 그 밖에 원인제공자와 철도운영자가 필요하다고 합의하는 사항

PART 4

최종점검 모의고사

01 직업기초능력평가

01	02	03	04	05	06	07	08	09	10	11	12	13	14	15	16	17	18	19	20
④	⑤	③	④	⑤	④	⑤	②	②	①	④	②	③	⑤	⑤	①	⑤	①	④	④
21	22	23	24	25	26	27	28	29	30	31	32	33	34	35	36	37	38	39	40
②	④	③	②	③	①	④	②	⑤	②	②	①	③	③	④	④	②	②	①	⑤
41	42	43	44	45	46	47	48	49	50										
②	③	④	③	③	②	④	④	④	④										

01 문서 내용 이해
정답 ④

제시문에서 동물의 의사 표현 방법으로 제시한 것은 색깔이나 모습, 행동을 통한 시각적 방법과 소리를 이용하는 방법, 냄새를 이용하는 방법이다. 서식지와 관련된 내용은 제시되어 있지 않다.

02 내용 추론
정답 ⑤

제시문은 동물의 네 가지 의사 표현 수단을 구체적 사례를 들어가며 제시하고 있는 글이다. 하지만 이러한 의사 표현 방법의 장단점을 대조하며 서술하고 있지는 않다.

03 빈칸 삽입
정답 ③

'얼굴을 맞대고 하는 접촉이 매체를 통한 접촉보다 결정적인 영향력을 미친다.', '새 어형이 전파되는 것은 매체를 통해서보다 사람과의 직접적인 접촉에 의해서라는 것이 더 일반적인 견해이다.' '매체를 통한 것보다 자주 접촉하는 사람들을 통해 언어 변화가 진전된다는 사실은 언어 변화의 여러 면을 바로 이해하는 핵심적인 내용이라 해도 좋을 것이다.' 모두 '접촉의 형식도 언어 변화에 영향을 미치는 요소이다.'로 종합할 수 있다.

04 맞춤법
정답 ④

㉠ '소개하다'는 '서로 모르는 사람들 사이에서 양편이 알고 지내도록 관계를 맺어 주다.'의 의미로 단어 자체가 사동의 의미를 지니고 있으므로 '소개시켰다'가 아닌 '소개했다'가 적절한 표현이다.
㉡ '쓰여지다'는 피동 접사 '-이-'와 '-어지다'가 결합한 이중 피동 표현이므로 '쓰여진'이 아닌 '쓰인'이 적절한 표현이다.
㉢ '부딪치다'는 '무엇과 무엇이 힘 있게 마주 닿거나 마주 대다'의 의미인 '부딪다'를 강조하여 이르는 말이고, '부딪히다'는 '부딪다'의 피동사이다. 따라서 의미상 '부딪쳤다'가 들어가야 한다.

05   경청

정답 ⑤

좋은 경청은 상대방과 상호작용하고, 말한 내용에 관해 생각하고, 무엇을 말할지 기대하는 것을 의미한다. 질문에 대한 답이 즉각적으로 이루어질 수 없다고 하더라도 질문을 하려고 하면 오히려 경청하는 데 적극적 태도를 갖게 되고 집중력이 높아질 수 있다.

06   글의 주제

정답 ④

마지막 문단에 '기다리지 못함도 삼가고 아무것도 안함도 삼가야 한다. 작동 중에 있는 자연스런 성향이 발휘되도록 기다리면서도 전력을 다할 수 있도록 돕는 노력도 멈추지 말아야 한다.'를 보면 '잠재력을 발휘하도록 하려면 의도적 개입과 방관적 태도 모두를 경계해야 한다.'가 제시문의 중심 주제로 가장 적절하다.

[오답분석]

① 인위적 노력을 가하는 것은 일을 '조장(助長)'하지 말라고 한 맹자의 말과 반대된다.
② 싹이 성장하도록 기다리는 것도 중요하지만 '전력을 다할 수 있도록 돕는 노력'도 해야 한다.
③ 명확한 목적성을 강조하는 부분은 제시문에 나와 있지 않다.
⑤ 맹자는 '싹 밑의 잡초를 뽑고, 김을 매주는 일'을 통해 '성장을 보조해야 한다'라고 말하며 적당한 인간의 개입이 필요함을 말하고 있다.

07   문단 나열

정답 ⑤

제시문은 언어가 주변 지역으로 전파되는 원리 중 한 가지인 파문설을 소개하고, 사용되는 용어와 이에 대한 구체적인 설명을 하고 있다. 따라서 (다) 언어가 주변 지역으로 퍼져 나가는 원리 → (가) 이러한 원리대로 언어의 전파 과정을 설명하는 파문설 → (라) 파문설에서 사용되는 용어 → (나) 파문설에서 사용되는 용어의 구체적인 설명 순으로 나열되어야 한다.

08   내용 추론

정답 ②

제시문에서는 저작권 소유자 중심의 저작권 논리를 비판하며 저작권의 의의를 가지려면 저작물이 사회적으로 공유되어야 한다고 주장하고 있다. 따라서 이에 대한 비판으로 ②가 가장 적절하다.

09   내용 추론

정답 ②

제시문은 '인간 본성을 구성하는 하부 체계들은 서로 극단적으로 밀접하게 연관되어 있기 때문에 어느 일부를 인위적으로 개선하려 한다면 인간 본성이라는 전체가 변화되어 결국 무너지는 위험에 처한다.'고 주장한다. 그러므로 ⓒ처럼 하부 체계가 서로 분리되어 특정 부분의 변화가 다른 부분에 영향을 끼치지 못한다는 것은 제시문의 논증을 약화시킨다.

[오답분석]

㉠ 제시문에서 인간이 갖고 있는 개별적인 요소들이 모여 만들어낸 인간 본성이라는 복잡한 전체는 인간에게 존엄성을 부여한다고 했으므로, 인간 본성은 인간의 도덕적 지위와 존엄성의 근거가 된다고 볼 수 있다. 따라서 제시문의 논지를 강화한다.
ⓛ 제시문의 논증과 관련이 없다.

10   문서 내용 이해

정답 ①

[오답분석]

② 첫 번째 문단의 '독자는 작품의 의미를 수동적으로 받아들이는 존재'에서 알 수 있다.
③ 두 번째와 네 번째 문단의 '독자의 능동성', '독자 스스로 빈틈을 채우는 구체화 과정'을 통해 알 수 있다.
④ 첫 번째 문단에서 수용미학이 등장한 배경이 고전주의 예술관과 관련된다는 내용과, 두 번째 문단에서 '작품의 의미는 작품 속에 갇혀 있는 것이 아니라 독자에 의해 재생산'된다는 내용을 통해 알 수 있다.
⑤ 마지막 문단을 통해 알 수 있다.

11 빈칸 삽입
정답 ④

빈칸의 전 문단에서 '보존 입자는 페르미온과 달리 파울리의 배타원리를 따르지 않는다. 따라서 같은 에너지 상태를 지닌 입자라도 서로 겹쳐서 존재할 수 있다. 만져지지 않는 에너지 덩어리인 셈이다.'라고 하였고, 빈칸 다음 문장에서 '빛은 실험을 해보면 입자의 특성을 보이지만, 질량이 없고 물질을 투과하며 만져지지 않는다.'라고 하였다. 또한 마지막 문장에서 '포논은 광자와 마찬가지로 스핀이 0인 보존 입자다.'라고 하였으므로 광자는 스핀이 0인 보존 입자라는 것을 알 수 있다. 따라서 빈칸에 들어갈 내용으로는 ④가 가장 적절하다.

오답분석
① 광자가 파울리의 배타원리를 따른다면, 파울리의 배타원리에 따라 페르미온 입자로 이뤄진 물질은 우리가 손으로 만질 수 있어야 한다. 그러나 광자는 질량이 없고 물질을 투과하며 만져지지 않는다고 하였으므로 적절하지 않은 내용이다.
② '포논은 광자와 마찬가지로 스핀이 0인 보존 입자다.'라는 문장에서 광자는 스핀 상태에 따라 분류할 수 있는 입자임을 알 수 있다.
③ 스핀이 1/2의 홀수배인 입자들은 페르미온이라고 하였고, 광자는 스핀이 0인 보존 입자이므로 적절하지 않은 내용이다.

12 내용 추론
정답 ②

'gw'는 10번째 속인 잎을 의미하며, 'p'는 네 번째 차이, 'yi'는 여덟 번째 종을 의미한다. 따라서 'gwpyi'는 잎의 네 번째 차이의 여덟 번째 종을 의미한다.

13 문서 내용 이해
정답 ③

제시문에서 레비스트로스는 신화 자체의 사유 방식이나 특성을 특정 시대의 것으로 한정하는 오류를 범하고 있다고 언급하였다. 과거 신화시대에 생겨난 신화적 사유는 신화가 재현되고 재생되는 한 여전히 시간과 공간을 뛰어 넘어 현재화되고 있다.

14 내용 추론
정답 ⑤

최저소득보장제가 저소득층의 생계를 지원하나, 성장 또한 제한할 수 있다는 점을 한계로 지적할 수 있다.

오답분석
① 실업률이 증가하면 사회적으로 경제적 취약 계층인 저소득층도 늘어나게 된다.
② 총소득이 면세점을 넘는 경우 총소득 전체에 대해 세금이 부과되어 순소득이 총소득보다 줄어들게 된다.
③ 최저소득보장제는 경제적 취약 계층에게 일정 생계비를 보장해 주는 제도이다.
④ 세금이 부과되는 기준 소득을 '면세점'이라 한다.

15 문단 나열
정답 ⑤

ⓜ은 주제문장, ⓒ은 ⓜ에 대한 반론, ⓔ과 ⓖ은 ⓒ에 대한 부연설명, ⓛ은 ⓒ·ⓔ에 대한 결론이다. 따라서 ⓜ - ⓒ - ⓔ - ⓖ - ⓛ의 순서로 나열되어야 한다.

16 내용 추론
정답 ①

ㄱ. 에스페란토의 문자는 영어 알파벳 26개 문자에서 4개 문자를 빼고, 6개 문자를 추가하였으므로 총 26−4+6=28개의 문자로 만들어졌다.

ㄷ. 단어의 강세는 항상 뒤에서 두 번째 모음에 있다고 하였으므로 '어머니(patrino)'와 '장모(bopatrino)'에서 강세가 있는 모음은 뒤에서 두 번째 모음인 i로 서로 같다.

[오답분석]

ㄴ. 에스페란토는 어간에 품사 고유의 어미를 붙이는데, 명사 '사랑(amo)'의 경우 명사를 나타내는 '−o'를 붙인 것이다. 따라서 어간은 'am−'인 것을 알 수 있다. 또한, 미래 시제를 나타내는 경우는 어간에 '−os'를 붙인다. 따라서 에스페란토로 '사랑할 것이다.'는 어간 'am−'에 '−os'가 결합한 'amos'이다.

ㄹ. 자멘호프의 구상은 '1민족 2언어주의'에 입각하여 같은 민족끼리는 모국어를, 다른 민족과는 에스페란토를 사용하자는 것이었다. 따라서 동일한 언어를 사용하는 하와이 원주민끼리는 모국어를 사용해야 한다.

17 문서 내용 이해
정답 ⑤

두 번째 문단에 따르면 정교한 형태의 네트워크 유지에 필요한 비용이 줄어듦에 따라 시민 단체, 범죄 조직 등 비국가행위자들의 영향력이 사회 모든 부문으로 확대되면서 국가가 사회에서 차지하는 역할의 비중이 축소되었음을 알 수 있다.

[오답분석]

① 네트워크가 복잡해질수록 결집력이 강해지므로 가장 기초적인 형태의 네트워크인 점조직의 결집력은 '허브' 조직이나 '모든 채널' 조직에 비해 상대적으로 약하다.

② 네트워크의 확산이 인류 미래에 긍정적・부정적 영향을 미칠 것을 예상하고 있으나, 영향력의 크기를 서로 비교하는 내용은 찾아볼 수 없으므로 알 수 없다.

③ 조직의 네트워크가 복잡해질수록 외부 세력이 조직을 와해시키기 어려워지므로 네트워크의 외부 공격에 대한 대응력은 조직의 정교성 또는 복잡성과 관계가 있음을 알 수 있다.

④ 조직 구성원 수에 따른 네트워크의 발전 가능성은 제시문에 나타나 있지 않으므로 알 수 없다.

18 문서 내용 이해
정답 ①

제시문에 따르면 종전의 공간 모형은 암세포 간 유전 변이를 잘 설명하지 못하였는데, 새로 개발된 컴퓨터 설명 모형은 모든 암세포들이 왜 그토록 많은 유전 변이를 갖고 있으며, '주동자 변이'가 어떻게 전체 종양에 퍼지게 되는지를 잘 설명해 준다고 하였다. 따라서 컴퓨터 설명 모형이 종전의 공간 모형보다 암세포의 유전 변이를 더 잘 설명하는 것을 알 수 있다.

[오답분석]

ㄴ. 첫 번째 문단에 따르면 종전의 공간 모형은 종양의 3차원 공간 구조를 잘 설명하였으나, 공간 모형이 컴퓨터 설명 모형보다 더 잘 설명하는지에 대한 언급은 없다.

ㄷ. 마지막 문단에서 종전의 공간 모형에 따르면 암세포는 다른 세포를 올라타고서만 다른 곳으로 옮겨갈 수 있다고 하였으므로 암세포의 자체 이동 능력을 인정하지 않은 것을 알 수 있다.

19 수열 규칙
정답 ④

제시된 수열은 앞의 항에 1, 2, 4, 8, 16, 32, …을 더하는 수열이다.
따라서 (   )=33+32=65이다.

20 응용 수리

5%의 설탕물 500g에 들어있는 설탕의 양은 $\dfrac{5}{100} \times 500 = 25g$이고, 5분 동안 가열한 뒤 남은 설탕물의 양은 $500 - (50 \times 5) = 250g$이다.

따라서 가열한 후 남은 설탕물의 농도는 $\dfrac{25}{250} \times 100 = 10\%$이다.

21 자료 계산

정답 ②

• 첫 번째 조건 : $a = 50 \times 1.2 = 60$이므로 60명이다.
• 두 번째 조건 : $(90 + 98 + c) + 37 = 106 + 110 + 126 \rightarrow c = 342 - 225 = 117$이므로 117명이다.
• 세 번째 조건 : $d = \dfrac{106 + 110 + 126}{3} = \dfrac{342}{3} = 114$이므로 114명이다.

b를 구하기 위해 방정식 $2a + b = c + d$에 a, c, d에 해당되는 수를 대입하면 $2 \times 60 + b = 117 + 114 \rightarrow b = 231 - 120 \rightarrow b = 111$이 므로 111명이다.

22 자료 이해

정답 ④

A, B본부 전체인원 800명 중 찬성하는 비율로 차이를 알아보는 것이므로 인원 차이만 비교해도 된다. 따라서 전체 여성과 남성의 찬성인원 차이는 $300 - 252 = 48$명이며, 본부별 차이는 $336 - 216 = 120$명으로 성별이 아닌 본부별 차이가 더 크다.

[오답분석]

① 두 본부 남성이 휴게실 확충에 찬성하는 비율은 $\dfrac{156 + 96}{400} \times 100 = 63\%$이므로 60% 이상이다.

② A본부 여성의 찬성 비율은 $\dfrac{180}{200} \times 100 = 90\%$이고, B본부는 $\dfrac{120}{200} \times 100 = 60\%$이다. 따라서 A본부 여성의 찬성 비율이 B본부 여성의 찬성 비율의 1.5배임을 알 수 있다.

③ B본부 전체인원 중 여성의 찬성률은 $\dfrac{120}{400} \times 100 = 30\%$로, 남성의 찬성률 $\dfrac{96}{400} \times 100 = 24\%$의 1.25배이다.

⑤ A본부가 B본부보다 찬성이 많지만, 휴게실 확충에 대해 제시된 자료만으로는 알 수 없다.

23 자료 이해

정답 ③

• 2022년 전년 대비 감소율 : $\dfrac{23 - 24}{24} \times 100 ≒ -4.17\%$

• 2023년 전년 대비 감소율 : $\dfrac{22 - 23}{23} \times 100 ≒ -4.35\%$

따라서 2023년이 2022년보다 더 큰 비율로 감소하였다.

[오답분석]

① 2024년 총지출을 a억 원이라고 가정하면, $a \times 0.06 = 21$억 $\rightarrow a = \dfrac{21}{0.06} = 3500$이므로 총지출은 350억 원이다.

② 2021년 경제 분야 투자규모의 전년 대비 증가율은 $\dfrac{24 - 20}{20} \times 100 = 20\%$이다.

④ 2020 ~ 2024년 동안 경제 분야에 투자한 금액은 $20 + 24 + 23 + 22 + 21 = 110$억 원이다.

⑤ 2021 ~ 2024년 동안 경제 분야 투자규모의 전년 대비 증감추이는 '증가 – 감소 – 감소 – 감소'이고, 총지출 대비 경제 분야 투자규모 비중의 경우 '증가 – 증가 – 감소 – 감소'이다.

24 자료 이해

②

원 중심에서 멀어질수록 점수가 높아지는데, B국의 경우 수비보다 미드필드가 원 중심에서 먼 곳에 표시가 되어 있으므로 B국은 수비보다 미드필드에서의 능력이 뛰어남을 알 수 있다.

25 자료 이해

정답 ③

• 외국어 학습을 하는 직원의 수 : $500 \times \dfrac{30.2}{100} = 151$명

• 체력단련을 하는 직원의 수 : $500 \times \dfrac{15.6}{100} = 78$명

따라서 외국어 학습 또는 체력단련을 하는 직원의 수는 $151 + 78 = 229$명이다.

[오답분석]

① 일주일에 1시간에서 3시간 사이의 자기계발 시간을 갖는 직원의 비율은 48.4%이므로 전체 직원의 반이 넘지 않는다.

② 자기계발에 30만 원에서 50만 원을 투자하는 직원의 수가 가장 적다.

④ • 자기계발에 3시간 초과 6시간 이하를 투자하는 직원의 수 : $500 \times \dfrac{16.6}{100} = 83$명

• 자기계발에 6시간을 초과하는 직원의 수 : $500 \times \dfrac{19.8}{100} = 99$명

따라서 3시간 초과 6시간 이하를 투자하는 직원은 6시간을 초과하는 직원보다 $99 - 83 = 16$명 적다.

⑤ 가장 많은 비율을 차지하는 자기계발 분야는 해당직무 전문분야이고, 가장 적은 비율을 차지하는 자기계발 분야는 인문학 교양이다.

• 해당직무 전문분야로 자기계발을 하는 직원의 수 : $500 \times \dfrac{42.6}{100} = 213$명

• 인문학 교양으로 자기계발을 하는 직원의 수 : $500 \times \dfrac{3.2}{100} = 16$명

따라서 직원 수의 차이는 $213 - 16 = 197$명이다.

26 자료 변환

정답 ①

원 그래프는 부분과 부분, 부분과 전체 사이의 비율을 쉽게 알아볼 수 있는 특징을 가지고 있다. 그러나 ①은 비율의 크기가 큰 순서로 배열하지 않았고, 비율 표시도 하지 않았으므로 옳지 않다.

27 자료 계산

정답 ④

제시된 상황에서는 전자문서가 아닌 서면으로 제출하였으므로 특허출원료 산정 시 '나'와 '라'조항이 적용된다.
1) 국어로 작성한 경우
   • 특허출원료 : $66,000 + (7 \times 1,000) = 73,000$원
   • 특허심사청구료 : $143,000 + (44,000 \times 3) = 275,000$원
   ∴ 수수료 총액 : $73,000 + 275,000 = 348,000$원
2) 외국어로 작성한 경우
   • 특허출원료 : $93,000 + (7 \times 1,000) = 100,000$원
   • 특허심사청구료 : $275,000$원
   ∴ 수수료 총액 : $100,000 + 275,000 = 375,000$원

제1회 최종점검 모의고사 • **65**

28 자료 이해

ㄱ. 응답자 2,000명 중 남성을 x명, 여성을 y명이라고 하면, 주유 할인을 선택한 응답자는 $2,000 \times 0.2 = 400$명이므로 $0.18x + 0.22y = 400$으로 나타낼 수 있다.

$x + y = 2,000 \cdots \bigcirc$

$0.18x + 0.22y = 400 \cdots \bigcirc$

$\bigcirc$과 $\bigcirc$을 연립하여 풀면 $x = 1,000$, $y = 1,000$으로 남성과 여성의 비율이 동일함을 알 수 있다.

ㄹ. 가장 많은 남성 응답자(24%)가 영화관 할인을 선택하였으며, 여성 역시 가장 많은 응답자(23%)가 영화관 할인을 선택하였다.

오답분석

ㄴ. 남성의 경우 응답자의 18%인 180명이 편의점 할인을 선택하였고, 여성의 경우 7%인 70명이 편의점 할인을 선택하였다. 따라서 편의점 할인 서비스는 여성보다 남성 응답자가 더 선호하는 것을 알 수 있다.

ㄷ. 남성 응답자 수는 1,000명이므로 온라인 쇼핑 할인을 선택한 남성은 $1,000 \times 0.1 = 100$명이다.

29 자료 계산

• 술에 부과되는 세금
- 종가세 부과 시 : $2,000 \times 20 \times 0.2 = 8,000$원
- 정액세 부과 시 : $300 \times 20 = 6,000$원

• 담배에 부과되는 세금
- 종가세 부과 시 : $4,500 \times 100 \times 0.2 = 90,000$원
- 정액세 부과 시 : $800 \times 100 = 80,000$원

그러므로 조세 수입을 극대화시키기 위해서 술과 담배 모두 종가세를 부여해야 한다. 따라서 종가세 부과 시 조세 총수입은 $8,000 + 90,000 = 98,000$원이다.

30 자료 계산

• 공연음악 시장 규모 : 2025년의 예상 후원금은 $6,305 + 118 = 6,423$백만 달러이고, 티켓 판매 시장은 $22,324 + 740 = 23,064$백만 달러이다. 따라서 2025년 공연음악 시장 규모는 $6,423 + 23,064 = 29,487$백만 달러이다.

• 스트리밍 시장 규모 : 2020년 스트리밍 시장의 규모가 1,530백만 달러이므로, 2025년의 스트리밍 시장 규모는 $1,530 \times 2.5 = 3,825$백만 달러이다.

• 오프라인 음반 시장 규모 : 2025년 오프라인 음반 시장 규모를 x백만 달러라고 하면 $\frac{x - 8,551}{8,551} \times 100 = -6\% \rightarrow x = -\frac{6}{100} \times 8,551 + 8,551 \fallingdotseq 8,037.9$이다. 따라서 2025년 오프라인 음반 시장 규모는 8,037.9백만 달러이다.

31 자료 계산

2024년 김치 수출액이 3번째로 많은 국가는 홍콩이다. 홍콩의 2023년 대비 2024년 수출액의 증감률은 $\frac{4,285 - 4,543}{4,543} \times 100 \fallingdotseq -5.68\%$이다.

32 수열 규칙

제시된 수열은 홀수 항은 -3이고, 짝수 항은 $+1$인 수열이다.

따라서 ( ) $= 5 - 3 = 2$이다.

33 응용 수리

정답 ③

구형기계와 신형기계가 1시간 동안 만들 수 있는 부품의 수를 각각 x개, y개라고 하자.

$3x+5y=4,200 \cdots \bigcirc$

$5x+3y=3,000 \cdots \bigcirc$

$\bigcirc$과 $\bigcirc$을 연립하여 식을 정리하면 $x=150$, $y=750$이다.

따라서 $x+y=900$개이다.

34 수열 규칙

정답 ③

제시된 수열은 (앞의 항+8)÷2=(다음 항)인 수열이다.

따라서 (   )=(9.25+8)÷2=8.625이다.

35 자료 해석

정답 ④

변동 후 요금이 가장 비싼 노선은 D이므로 D가 2000번이다. 또한, 요금 변동이 없는 노선은 B이므로 B가 42번이다. 연장운행을 하기로 결정한 노선은 C이므로 C가 6번이다. 따라서 A가 남은 번호인 3100번이다.

36 자료 해석

정답 ④

미세먼지 비상저감조치가 시행될 경우 자동차 요일제가 아닌 차량 홀짝제가 시행되므로 12일, 13일, 14일에는 차량 홀짝제만 시행되었음을 알 수 있다. 따라서 이를 토대로 갑, 을, 병의 자동차 번호 끝자리를 추론하면 다음과 같다.

1) 갑 : 짝수인 차량만 운행할 수 있는 12일에 자동차로 출근하였으므로 자동차 번호 끝자리 숫자가 짝수임을 알 수 있다. 또한 12일을 포함하여 총 4일을 자동차로 출근하였으므로 홀수인 차량만 운행할 수 있는 13일인 화요일 하루만 제외하고 나머지 요일에 모두 차량을 운행했음을 알 수 있다. 이를 정리하면 다음과 같다.

요일	월요일 (12일)	화요일 (13일)	수요일 (14일)	목요일 (15일)	금요일 (16일)
차량 운행 여부	○	×	○	○	○

그러므로 홀수와 목·금요일에 운행할 수 없는 숫자를 제외하면 갑의 자동차 번호 끝자리로 가능한 숫자는 2, 4, 6이다.

2) 을 : 자동차 요일제와 차량 홀짝제로 인해 자동차를 운행할 수 없는 경우를 제외하고 모두 자신의 자동차로 출근했으므로 차량 홀짝제가 시행된 12일, 13일, 14일 중 하루 이상은 반드시 자동차로 출근하였음을 알 수 있다. 이때, 을은 이번 주에 이틀만 자동차로 출근하였으므로 차량 홀짝제 시행일 중 홀수인 13일 하루만 차량을 운행하였고, 나머지 15일 또는 16일 중에서도 하루만 차량을 운행하였음을 알 수 있다. 이를 정리하면 다음과 같다.

요일	월요일 (12일)	화요일 (13일)	수요일 (14일)	목요일 (15일)	금요일 (16일)
차량 운행 여부	×	○	×	○	×
				×	○

그러므로 을의 자동차 번호 끝자리로 가능한 숫자는 홀수인 7 또는 9이다.

3) 병 : 홀수인 차량만 운행할 수 있는 13일에 자동차로 출근하였으므로 자동차 번호 끝자리 숫자가 홀수임을 알 수 있다. 또한 15일과 16일에도 자동차로 출근하였으므로 목요일과 금요일에 운행할 수 없는 숫자 중 홀수인 7, 9 역시 제외됨을 알 수 있다. 이를 정리하면 다음과 같다.

요일	월요일 (12일)	화요일 (13일)	수요일 (14일)	목요일 (15일)	금요일 (16일)
차량 운행 여부	×	○	×	○	○

그러므로 병의 자동차 번호 끝자리로 가능한 숫자는 1, 3, 5이다.

따라서 갑, 을, 병의 자동차 번호 끝자리 숫자의 합으로 가능한 최댓값은 6+9+5=20이다.

PART 4

37 명제 추론

제시된 조건을 기호로 정리하면 다음과 같다.

• ~A → B
• A → ~C
• B → ~D
• ~D → E

E가 행사에 참여하지 않는 경우, 네 번째 조건의 대우인 ~E → D에 따라 D가 행사에 참여한다. D가 행사에 참여하면 세 번째 조건의 대우인 D → ~B에 따라 B는 행사에 참여하지 않는다. 또한, B가 행사에 참여하지 않으면 첫 번째 조건의 대우에 따라 A가 행사에 참여하고, A가 행사에 참여하면 두 번째 조건에 따라 C는 행사에 참여하지 않는다. 따라서 E가 행사에 참여하지 않을 경우 행사에 참여하는 사람은 A와 D 2명이다.

38 SWOT 분석

수준 높은 금융 서비스를 통해 글로벌 경쟁에서 우위를 차지하는 것은 강점을 이용해 글로벌 금융사와의 경쟁 심화라는 위협을 극복하는 ST전략이다.

오답분석

① 해외 비즈니스TF팀을 신설해 해외 금융시장 진출을 확대하는 것은 글로벌 경쟁력이 낮다는 약점을 극복하고 해외 금융시장 진출 확대라는 기회를 활용하는 WO전략이다.
③ 탄탄한 국내 시장점유율이 국내 금융그룹의 핀테크 사업 진출의 기반이 되는 것은 강점을 통해 기회를 살리는 SO전략이다.
④ 우수한 자산건전성 지표를 홍보하여 고객 신뢰를 회복하는 것은 강점으로 위협을 극복하는 ST전략이다.
⑤ 외화 자금 조달 리스크가 약점이므로 기회를 통해 약점을 보완하는 WO전략이다.

39 명제 추론

주어진 조건을 표로 나타내면 다음과 같다.

구분	제주도	일본	대만
정주		게스트하우스	
경순			호텔
민경	게스트하우스		

따라서 민경이가 가는 곳은 제주도이고, 게스트하우스에서 숙박한다.

40 자료 해석

돼지고기는 2.5인분인 225g이 필요하다. 현재 냉장고에는 필요한 양의 절반인 112.5g 이하의 돼지고기 100g이 있으므로 125g을 구매해야 한다.

오답분석

① 면은 2.5인분인 500g이 필요하다. 현재 냉장고에는 필요한 양의 절반인 250g 이하의 면 200g이 있으므로 300g을 구매해야 한다.
② 양파는 2.5인분인 150g이 필요하다. 현재 냉장고에는 양파 100g이 있으므로 50g을 구매해야 하지만 필요한 양의 절반인 75g 이상이 냉장고에 있으므로 양파는 구매하지 않는다.
③ 아들이 성인 1인분의 새우를 먹으므로 새우는 3인분인 120g이 필요하다. 현재 냉장고에는 새우가 없으므로 새우 120g을 구매해야 한다.
④ 매운 음식을 잘 먹지 못하는 아내로 인해 건고추는 절반만 넣으므로 4×2.5=10g이 필요하다. 현재 냉장고에는 건고추가 없으므로 건고추 10g을 구매해야 한다.

41 명제 추론

정답 ②

주어진 조건을 통해 '세경이는 전자공학과 패션디자인을 모두 전공하며, 원영이는 사회학을 전공한다.'를 유추할 수 있다.

42 명제 추론

정답 ③

다섯 번째 조건에 의해, F의 점검 순서는 네 번째 이후이다. 또한 네 번째·여섯 번째 조건에 의해, F가 네 번째로 점검받음을 알 수 있다. 주어진 조건을 이용하여 가능한 경우를 나타내면 다음과 같다.

- G－C－E－F－B－A－D
- G－C－E－F－D－A－B

따라서 두 번째·세 번째·다섯 번째 조건에 의해 G, E는 귀금속점이고, C는 은행이다.

43 규칙 적용

정답 ④

알파벳 순서에 따라 숫자로 변환하면 다음과 같다.

A	B	C	D	E	F	G	H	I	J	K	L	M
1	2	3	4	5	6	7	8	9	10	11	12	13
N	O	P	Q	R	S	T	U	V	W	X	Y	Z
14	15	16	17	18	19	20	21	22	23	24	25	26

'INTELLECTUAL'의 품번을 규칙에 따라 정리하면 다음과 같다.

- 1단계 : 9(I), 14(N), 20(T), 5(E), 12(L), 12(L), 5(E), 3(C), 20(T), 21(U), 1(A), 12(L)
- 2단계 : $9+14+20+5+12+12+5+3+20+21+1+12=134$
- 3단계 : $|(14+20+12+12+3+20+12)-(9+5+5+21+1)|=|93-41|=52$
- 4단계 : $(134+52)\div4+134=46.5+134=180.5$
- 5단계 : 180.5를 소수점 첫째 자리에서 버림하면 180이다.

따라서 제품의 품번은 '180'이다.

44 명제 추론

정답 ③

다음의 논리 순서를 따라 주어진 조건을 정리하면 다음과 같다.

- 두 번째 조건 : 홍보팀은 5실에 위치한다.
- 첫 번째 조건 : 홍보팀이 5실에 위치하므로, 마주보는 홀수실인 3실 또는 7실에 기획조정 1팀과 미래전략 2팀이 각각 위치한다.
- 네 번째 조건 : 보안팀은 남은 홀수실인 1실에 위치하고, 이에 따라 인사팀은 8실에 위치한다.
- 세 번째 조건 : 7실에 미래전략 2팀, 3실에 기획조정 1팀이 위치한다.
- 다섯 번째 조건 : 2실에 기획조정 3팀, 4실에 기획조정 2팀이 위치하고, 남은 6실에는 자연스럽게 미래전략 1팀이 위치함을 알 수 있다.

이 사실을 종합하여 사무실을 배치하면 다음과 같다.

1실 – 보안팀	2실 – 기획조정 3팀	3실 – 기획조정 1팀	4실 – 기획조정 2팀
복도			
5실 – 홍보팀	6실 – 미래전략 1팀	7실 – 미래전략 2팀	8실 – 인사팀

따라서 기획조정 1팀(3실)은 기획조정 2팀(4실)과 3팀(2실) 사이에 위치한다.

오답분석

① 인사팀은 8실에 위치한다.
② 미래전략 2팀과 기획조정 3팀은 복도를 사이에 두고 위치한다.
④ 미래전략 1팀은 6실에 위치한다.
⑤ 홍보팀이 있는 라인에서 가장 높은 번호의 사무실은 8실로 인사팀이 위치한다.

45 창의적 사고 　　　　　　　　　　　　　　　　　　　　　　　　　　　　　　　정답 ③

자료에 나타난 논리적 사고 개발 방법은 피라미드 구조 방법으로, 하위의 사실이나 현상부터 사고함으로써 상위의 주장을 만들어간다. 그림의 'a ~ i'와 같은 보조 메시지들을 통해 주요 메인 메시지인 '1 ~ 3'을 얻고, 다시 메인 메시지를 종합한 최종적인 정보를 도출해낸다.

오답분석

① So What 기법에 대한 설명이다.
② Logic Tree 기법에 대한 설명이다.
④ SWOT 기법에 대한 설명이다.
⑤ MECE 기법에 대한 설명이다.

46 문제 유형 　　　　　　　　　　　　　　　　　　　　　　　　　　　　　　　정답 ②

문제란 업무를 수행함에 있어서 답을 요구하는 질문이나 의논하여 해결해야 되는 사항을 의미한다. 문제는 흔히 문제점과 구분하지 않고 사용되는데, 문제점이란 문제의 원인이 되는 사항으로 해결을 위해서 손을 써야 할 대상을 말한다.

47 문제 유형 　　　　　　　　　　　　　　　　　　　　　　　　　　　　　　　정답 ④

D사원을 제외한 A·B·C·E사원의 발언을 보면 K화장품 회사의 신제품은 10대를 겨냥하고 있음을 알 수 있다. D사원은 이러한 제품의 타깃층을 무시한 채 단순히 소비성향에 따라 20 ~ 30대를 위한 마케팅이 필요하다고 주장하고 있다. 따라서 D사원은 자신이 알고 있는 단순한 정보에 의존하여 잘못된 판단을 하고 있음을 알 수 있다.

48 상황 판단 　　　　　　　　　　　　　　　　　　　　　　　　　　　　　　　정답 ④

출장을 가는 3월 11일은 하루 종일 비가 오므로 1시간이 추가로 소요되어 출발 후 B지점에 복귀까지 총 9시간이 소요된다. 따라서 출장인원은 아침 8시 정각에 출발하여 9시간 후인 17시에 B지점으로 도착하게 된다. ④의 경우 '1종 보통 운전면허'를 지닌 정과 차장인 을이 포함되므로 첫 번째 조건과 네 번째 조건을 만족한다. 또한 출장인원에 부상자가 포함되지 않아 17시에 복귀할 수 있으므로 을과 정의 17시 15분과 17시 10분에 시작하는 사내 업무가 출장시간과 겹치지 않는다. 따라서 을, 정, 무는 함께 출장을 갈 수 있다.

오답분석

① 출장인원 중 부상자인 갑이 포함되어 있는 경우 30분이 추가로 소요되므로 B지점에 17시 30분에 도착하게 된다. 이때, 17시 15분에 계약업체 면담이 있는 을은 출장시간과 사내 업무가 겹쳐 갑과 함께 출장을 갈 수 없다.
② B지점에 17시 30분에 도착하게 되므로 17시 10분에 당직 근무를 시작해야 하는 정은 갑과 함께 출장을 갈 수 없다.
③ 출장인원 중 '1종 보통 운전면허' 소지자만 운전할 수 있으므로 '2종 보통 운전면허'를 지닌 을, 무와 면허가 없는 병은 함께 출장을 갈 수 없다.
⑤ 출장인원 중 적어도 한 명은 차장이어야 하므로 과장인 병, 정과 대리인 무는 함께 출장을 갈 수 없다.

49 창의적 사고 　　　　　　　　　　　　　　　　　　　　　　　　　　　　　　　정답 ④

기존의 정보를 객관적으로 분석하는 것은 논리적 사고 또는 비판적 사고와 관련이 있다. 창의적 사고에는 성격, 태도에 걸친 전인격적 가능성이 포함되므로 모험심과 호기심이 많고 집념과 끈기가 있으며, 적극적·예술적·자유분방적일수록 높은 창의력을 보인다.

50 자료 해석

각 조합에 대해 할인행사가 적용된 총 결제금액과 총효용을 산출하면 다음과 같다.

조합	총 결제금액	총효용
①	$(5,000 \times 2 + 2,500 \times 1 + 8,200 \times 1) \times 90\% = 18,630$원	$80 + 35 + 70 = 185$
②	$(1,200 \times 6 + 2,500 \times 2 + 5,500 \times 2) \times 90\% = 20,880$원	−
③	$(5,000 \times 3 + 1,200 \times 1 + 2,500 \times 1 + 5,500 \times 1) \times 90\% = 21,780$원	−
④	$5,000 \times 1 + 1,200 \times 2 + 2,500 \times 4 = 17,400$원	$220 + 35 = 255$
⑤	$(1,200 \times 3 + 8,200 \times 2 + 5,500 \times 1) \times 90\% = 22,950$원	−

①과 ④ 외의 조합의 경우, 할인을 적용받아도 결제금액이 예산범위를 초과하므로 구입이 불가능하다. 따라서 ①과 ④ 중 효용의 합이 더 높은 것은 총효용이 255인 ④이다.

---

02 철도법령

51	52	53	54	55	56	57	58	59	60										
⑤	④	②	③	③	②	①	③	③	④										

51

선로배분지침의 수립 등(철도산업발전기본법 시행령 제24조 제1항·제2항)

① 국토교통부장관은 법 제17조 제2항의 규정에 의하여 철도시설관리자와 철도운영자가 안전하고 효율적으로 선로를 사용할 수 있도록 하기 위하여 선로용량의 배분에 관한 지침(이하 선로배분지침)을 수립·고시하여야 한다.

② 제1항의 규정에 의한 선로배분지침에는 다음 각 호의 사항이 포함되어야 한다.
1. 여객열차와 화물열차에 대한 선로용량의 배분
2. 지역 간 열차와 지역 내 열차에 대한 선로용량의 배분
3. 선로의 유지보수·개량 및 건설을 위한 작업시간
4. 철도차량의 안전운행에 관한 사항
5. 그 밖에 선로의 효율적 활용을 위하여 필요한 사항

52

사업의 휴업·폐업 내용의 게시(철도사업법 시행령 제7조)

철도사업자는 법 제15조 제1항에 따라 철도사업의 휴업 또는 폐업의 허가를 받은 때에는 그 허가를 받은 날부터 7일 이내에 법 제15조 제4항에 따라 다음 각 호의 사항을 철도사업자의 인터넷 홈페이지, 관계 역·영업소 및 사업소 등 일반인이 잘 볼 수 있는 곳에 게시하여야 한다. 다만, 선로 또는 교량의 파괴, 철도시설의 개량, 그 밖의 정당한 사유로 휴업을 신고하는 경우에는 해당 사유가 발생한 때에 즉시 다음 각 호의 사항을 게시하여야 한다.
1. 휴업 또는 폐업하는 철도사업의 내용 및 그 사유
2. 휴업의 경우 그 기간
3. 대체교통수단 안내
4. 그 밖에 휴업 또는 폐업과 관련하여 철도사업자가 공중에게 알려야 할 필요성이 있다고 인정하는 사항이 있는 경우 그에 관한 사항

제1회 최종점검 모의고사 • 71

53

정답 ②

철도청과 고속철도건설공단이 철도운영 등을 주된 목적으로 취득하였거나 관련 법령 및 계약 등에 의하여 취득하기로 한 재산·시설 및 그에 관한 권리는 <u>운영자산</u>에 해당한다(철도산업발전기본법 제22조 제1항).

> **철도자산의 구분(철도산업발전기본법 제22조 제1항)**
> 국토교통부장관은 철도산업의 구조개혁을 추진하는 경우 철도청과 고속철도건설공단의 철도자산을 다음 각 호와 같이 구분하여야 한다.
> 1. 운영자산 : 철도청과 고속철도건설공단이 철도운영 등을 주된 목적으로 취득하였거나 관련 법령 및 계약 등에 의하여 취득하기로 한 재산·시설 및 그에 관한 권리
> 2. 시설자산 : 철도청과 고속철도건설공단이 철도의 기반이 되는 시설의 건설 및 관리를 주된 목적으로 취득하였거나 관련 법령 및 계약 등에 의하여 취득하기로 한 재산·시설 및 그에 관한 권리
> 3. 기타자산 : 제1호 및 제2호의 철도자산을 제외한 자산

54

정답 ③

역세권 개발 사업(한국철도공사법 제13조)
한국철도공사는 철도사업과 관련하여 일반업무시설, 판매시설, 주차장, 여객자동차터미널 및 화물터미널 등 철도이용자에게 편의를 제공하기 위한 역세권 개발 사업을 할 수 있고, 정부는 필요한 경우에 행정적·재정적 지원을 할 수 있다.

55

정답 ③

철도운수종사자의 준수사항이다(철도사업법 제22조 제2호).

> **철도사업자의 준수사항(철도사업법 제20조)**
> ① 철도사업자는 운전업무 실무수습에 따른 요건을 갖추지 아니한 사람을 운전업무에 종사하게 하여서는 아니 된다.
> ② 철도사업자는 사업계획을 성실하게 이행하여야 하며, 부당한 운송 조건을 제시하거나 정당한 사유 없이 운송계약의 체결을 거부하는 등 철도운송 질서를 해치는 행위를 하여서는 아니 된다.
> ③ 철도사업자는 여객 운임표, 여객 요금표, 감면 사항 및 철도사업약관을 인터넷 홈페이지에 게시하고 관계 역·영업소 및 사업소 등에 갖추어 두어야 하며, 이용자가 요구하는 경우에는 제시하여야 한다.
> ④ 제1항부터 제3항까지에 따른 준수사항 외에 운송의 안전과 여객 및 화주(貨主)의 편의를 위하여 철도사업자가 준수하여야 할 사항은 국토교통부령으로 정한다.

56

정답 ②

철도사업자에 대한 과징금의 부과기준(철도사업법 시행령 제9조 별표 1)
철도사업자 또는 그 소속 종사자의 고의 또는 중대한 과실에 의하여 다음의 사고가 발생한 경우
• 1회의 철도사고로 인한 사망자가 40명 이상인 경우 : 5,000만 원
• 1회의 철도사고로 인한 사망자가 20명 이상 40명 미만인 경우 : 2,000만 원
• 1회의 철도사고로 인한 사망자가 10명 이상 20명 미만인 경우 : <u>1,000만 원</u>
• 1회의 철도사고로 인한 사망자가 5명 이상 10명 미만인 경우 : 500만 원

57

철도시설관리자 또는 시설사용계약자는 철도시설을 사용하는 자로부터 사용료를 징수할 수 있다(철도산업발전기본법 제31조 제2항).

> **철도시설관리자(철도산업발전기본법 제3조 제9호)**
> "철도시설관리자"라 함은 철도시설의 건설 및 관리 등에 관한 업무를 수행하는 자로서 다음 각 목의 어느 하나에 해당하는
> 자를 말한다.
> 가. 제19조에 따른 관리청(국토교통부장관)
> 나. 제20조 제3항에 따라 설립된 국가철도공단
> 다. 제26조 제1항에 따라 철도시설관리권을 설정받은 자
> 라. 가목부터 다목까지의 자로부터 철도시설의 관리를 대행·위임 또는 위탁받은 자

58

채권의 발행 및 기재사항(한국철도공사법 시행령 제15조 제2항)
채권에는 다음 각 호의 사항을 기재하고, 사장이 기명날인하여야 한다. 다만, 매출의 방법에 의하여 사채를 발행하는 경우에는
사채의 발행총액은 이를 기재하지 아니한다.
1. 공사의 명칭 내지 이자지급의 방법 및 시기의 사항
2. 채권번호
3. 채권의 발행연월일

59

총액인수의 방법 등(한국철도공사법 시행령 제12조)
공사가 계약에 의하여 특정인에게 사채의 총액을 인수시키는 경우에는 제10조(사채의 응모 등)의 규정을 적용하지 아니한다. 사채
모집의 위탁을 받은 회사가 사채의 일부를 인수하는 경우에는 그 인수분에 대하여도 또한 같다.

[오답분석]

① 한국철도공사법 시행령 제9조
② 한국철도공사법 시행령 제14조 제1항
④ 한국철도공사법 시행령 제12조
⑤ 한국철도공사법 시행령 제13조

60

공휴일·방학기간 등 수송수요와 열차운행계획상의 수송력과 현저한 차이가 있는 경우로서 3월 이내의 기간 동안 운행횟수를 변경
하는 경우는 중요사항을 변경하려는 경우에서 제외한다(철도사업법 시행령 제5조 제4호 후단).

제2회 최종점검 모의고사

01 직업기초능력평가

01	02	03	04	05	06	07	08	09	10	11	12	13	14	15	16	17	18	19	20
③	①	⑤	③	①	⑤	①	④	④	④	①	⑤	⑤	③	①	④	④	⑤	③	③
21	22	23	24	25	26	27	28	29	30	31	32	33	34	35	36	37	38	39	40
③	②	⑤	④	④	③	③	④	③	③	②	①	⑤	②	④	②	③	②	①	①
41	42	43	44	45	46	47	48	49	50										
①	③	②	③	②	②	②	⑤	④	④										

01 의사 표현

정답 ③

사례에 나타난 의사 표현에 영향을 미치는 요소는 연단공포증이다. 연단공포증은 90% 이상의 사람들이 호소하는 불안이므로, 이러한 심리현상을 잘 통제하면서 구두표현을 한다면 청자는 그것을 더 인간다운 것으로 생각하게 될 것이다. 이러한 공포증은 본질적인 것이기 때문에 완전히 치유할 수는 없으나, 노력에 의해서 심리적 불안을 얼마간 유화시킬 수 있다. 따라서 완전히 치유할 수 있다는 ③은 적절하지 않다.

02 맞춤법

정답 ①

오답분석
② 다릴 → 달일
③ 으시시 → 으스스
④ 치루고 → 치르고
⑤ 잠궜다 → 잠갔다

03 경청

정답 ⑤

상대방의 이야기를 들으면서 앞으로의 내용을 추측해보는 것은 지양할 태도가 아니다. 특히 시간 여유가 있을 때, 상대방이 무엇을 말할 것인가 추측하는 것은 그동안 들었던 내용을 정리하고 대화에 집중하는 데 도움이 된다.

04 문단 나열

정답 ③

서론의 끝이 '그렇다고 남의 향락을 위하여 스스로는 고난의 길을 일부러 걷는 것이 학자는 아니다.'이므로 이어질 내용은 학자가 학문을 하는 이유를 설명하는 (나)가 적절하다. 그 다음으로 (가) 상아탑이 제구실을 못함 → (다) 학문의 목적은 진리 탐구 → (마) 학문 악용의 폐단 → (라) 학문에 대한 의문 제기로 나열되어야 한다.

05 문서 내용 이해

오답분석

② 차량을 갓길로 이동시킨다고 2차 사고가 일어나지 않는 것이 아니다. 갓길에서도 2차 사고가 일어날 가능성이 크므로 빨리 견인조치를 해야 한다.

③ 도로에서 사고가 일어났을 경우 뒤따르는 차에 의해 2차 사고가 유발될 수 있으므로 신속하게 차량을 갓길로 이동시켜야 한다.

④ 돌발 상황 발견 시 비상등을 작동하여 후행차량에 알려야 한다.

⑤ 돌발 상황 발생 시 사고수습을 위하여 고속도로 본선·갓길을 확보하는 것은 2차 사고로 이어질 수 있으므로 지양하여야 한다.

06 빈칸 삽입

두 번째 문단에서 '한국어를 예로 들면 한국어를 이루고 있는 각 지역의 말 하나하나, 즉 그 지역의 언어 체계 전부를 방언이라 한다.'는 내용과 '충청도 방언은 충청도 특유의 언어 요소만을 가리키는 것이 아니라 충청도의 토박이들이 전래적으로 써 온 한국어 전부를 가리킨다.'는 내용을 통해 한국어는 표준어와 지역 방언 전체를 아우르는 개념이라고 이해할 수 있다. 따라서 (마)에서의 '공통부분'은 적절하지 않은 내용이며, '표준어와 지역 방언의 전체를 지칭하는 개념'이라고 고쳐야 한다.

오답분석

① (가)의 바로 뒷부분에 '방언을 비표준어로서 낮잡아 보는 인식이 담겨 있다.'고 했는데, 이는 ①에서 제시한 내용과 의미가 통한다.

② (나)의 바로 다음 문장에서 '이러한 용법에는 방언이 표준어보다 열등하다는 오해와 편견이 포함되어 있다.'고 했으므로 (나)에는 방언을 낮추어 부른다는 의미가 들어가야 한다.

③ (다)의 바로 앞 문장에서 '사투리는 그 지역의 말 가운데 표준어에는 없는, 그 지역 특유의 언어 요소만을 일컫기도 한다.'고 설명했으므로 (다)에서는 다른 지역과 같지 않은 성질을 강조해야 한다.

④ 두 번째 문단에서 '한국어를 이루고 있는 각 지역의 말 하나하나, 즉 그 지역의 언어 체계 전부를 방언이라 한다.'고 설명했으므로 각 지역의 방언은 한국어의 하위 단위로 볼 수 있다.

07 의사 표현

조직은 다양한 사회적 경험과 사회적 지위를 토대로 한 개인의 집단이므로 동일한 내용을 제시하더라도 각 구성원은 서로 다르게 받아들이고 반응한다. 그렇기 때문에 조직 내에서 적절한 의사소통을 형성한다는 것은 결코 쉬운 일이 아니다.

오답분석

② 메시지는 고정되고 단단한 덩어리가 아니라 유동적이고 가변적인 요소이기 때문에 상호작용에 따라 다양하게 변형될 수 있다.

③·④·⑤ 제시된 갈등 상황에서는 표현 방식의 문제보다는 서로 다른 의견이 문제가 되고 있으므로 적절하지 않다.

08 문서 내용 이해

보행자 통행에만 이용되는 보도의 유효 폭 최소 기준을 기존 1.2m에서 1.5m로 확대하면 보행자는 더욱 넓은 공간에서 통행할 수 있게 되지만, 보도의 유효 폭에 가로수를 포함한다는 내용은 명시되어 있지 않다.

오답분석

① 보도의 유효 폭 최소 기준을 기존 1.2m에서 1.5m로 확대하면, 휠체어나 유모차 이용자도 통행할 수 있는 최소한의 보도 폭을 확보하게 된다.

② 횡단경사를 기존 1/25 이하에서 1/50 이하로 완화하면, 통행 시 한쪽 쏠림현상을 줄일 수 있다.

③ 도로관리청별로 다르게 관리하던 보행자도로에 대한 관리 기준을 포장상태 서비스 수준별로 등급(A ~ E)을 마련하여 관리해야 한다.

⑤ 보행자도로의 경우 일정 수준(C등급) 이상의 관리가 필요하다.

09 내용 추론 | 정답 ④

제시문에 따르면 한 연구팀은 유전자의 발현에 대한 물음에 답하기 위해 유전자의 발현에 대해 연구했고, 그 결과 어미에게 많이 핥인 새끼가 그렇지 않은 새끼보다 GR 유전자의 발현을 촉진하는 NGF 단백질 수치가 더 높다는 것을 발견했다. 즉, 연구팀이 발견한 것은 '어미에게 많이 핥인 정도'라는 후천 요소가 'GR 유전자 발현'에 영향을 미친다는 것이다. 따라서 '후천 요소가 유전자의 발현에 영향을 미칠 수 있는가?'가 가장 적절하다.

10 문서 내용 이해 | 정답 ④

첫 번째 문단에서 영업 비밀의 범위와 영업 비밀이 법적 보호 대상으로 인정받기 위해 일정 조건을 갖추어야 한다는 것은 언급하고 있으나 영업 비밀이 법적 보호 대상으로 인정받기 위한 절차는 언급되어 있지 않다.

오답분석

① 첫 번째 문단에서 영업 비밀은 생산 방법, 판매 방법, 그 밖에 영업 활동에 유용한 기술상 또는 경영상의 정보 등이라고 언급하고 있다.
② 두 번째 문단에서 디지털세를 도입하게 된 배경에는 국가가 기업으로부터 걷는 세금 중 가장 중요한 법인세의 감소에 대한 각국의 우려가 있다고 언급하고 있다.
③ 첫 번째 문단에서 법으로 보호되는 특허권과 영업 비밀은 모두 지식 재산이라고 언급하고 있다.
⑤ 마지막 문단에서 지식 재산 보호의 최적 수준은 유인 비용과 접근 비용의 합이 최소가 될 때라고 언급하고 있다.

11 내용 추론 | 정답 ①

세 번째 문단에 따르면 ICT 다국적 기업이 여러 국가에 자회사를 설립하는 이유는 디지털세 때문이 아닌 법인세를 피하기 위해서이다.

오답분석

② 두 번째 문단에서 디지털세는 이를 도입한 국가에서 ICT 다국적 기업이 거둔 수입에 대해 부과되는 세금이라고 언급하고 있다.
③ 첫 번째 문단과 두 번째 문단에 따르면 일부 국가에서 디지털세 도입을 진행하는 것은 지식 재산 보호를 위해서가 아니라 ICT 다국적 기업이 지식 재산으로 거두는 수입에 대한 과세 문제를 해결하기 위해서이다.
④ 두 번째 문단에 '디지털세의 배경에는 법인세 감소에 대한 각국의 우려가 있다.'는 내용이 나와 있다.
⑤ 세 번째 문단에서 ICT 다국적 기업의 본사를 많이 보유한 국가 중 어떤 국가들은 디지털세 도입에는 방어적이라고 언급하고 있다.

12 내용 추론 | 정답 ⑤

우리 눈은 원추세포를 통해 밝은 곳에서의 노란색 빛을 인식하고, 어두운 곳에서는 막대세포를 통해 초록색 물체를 더 민감하게 인식한다. 또한 밝은 곳에서 눈에 잘 띄던 노란색 경고 표지판은 날이 어두워지면 무용지물이 될 수도 있으므로 어두운 터널 내에는 초록색의 경고 표지판을 설치하는 것이 더 효과적일 것이다.

오답분석

① 막대세포의 로돕신은 빛을 받으면 분해되어 시신경을 자극하고, 이 자극이 대뇌에 전달되어 초록색 빛을 민감하게 인식하지만, 색을 인식하지는 못한다.
② 원추세포는 노란빛에 민감하며, 초록빛에 민감한 세포는 막대세포이다.
③ 눈조리개의 초점 부근 좁은 영역에 주로 분포되어 있는 세포는 원뿔 모양의 원추세포이다.
④ 우리 눈에는 파장이 500나노미터 부근인 노랑 빛에 민감한 원추세포의 수가 많지 않아 어두운 곳보다 밝은 곳에서 인식 기능이 발휘된다. 따라서 밝은 곳에서 눈에 잘 띄는 노란색이나 붉은색으로 경고나 위험 상황을 나타내는 것은 막대세포가 아닌 원추세포의 수와 관련이 있다.

13 문서 내용 이해

정답 ⑤

제시문에 따르면 1900년 하와이 원주민의 수는 4만 명이었으며, 현재 하와이어 모국어를 구사할 수 있는 원주민의 수는 1,000명 정도이다. 그러나 하와이 원주민의 수가 1,000명인 것은 아니므로 ⑤는 적절하지 않다.

14 의사 표현

정답 ③

A씨는 안 좋은 일이 생겨도 자신을 탓하고, 사소한 실수에도 사과를 반복한다. 즉, A씨는 자기 자신을 낮은 자존감과 열등감으로 대하고 있다. 성공하는 사람의 이미지를 위해서는 자신을 너무 과소평가하지 말아야 한다. 특히, A씨와 같이 평소에 '죄송합니다.'나 '미안합니다.'를 입에 달고 사는 사람들의 경우 얼핏 보면 예의 바르게 보일 수 있으나, 꼭 필요한 경우가 아니라면 그렇게 해서 자신의 모습을 비하하지 않도록 해야 한다.

15 문서 내용 이해

정답 ①

사카린은 설탕보다 당도가 약 500배 정도 높고, 아스파탐의 당도는 설탕보다 약 200배 이상 높다. 따라서 사카린과 아스파탐 모두 설탕보다 당도가 높고, 사카린은 아스파탐보다 당도가 높다.

오답분석

② 사카린은 화학물질의 산화반응을 연구하던 중에, 아스파탐은 위궤양 치료제를 개발하던 중에 우연히 발견되었다.
③ 사카린은 무해성이 입증되어 미국 FDA의 인증을 받았지만, 아스파탐은 이탈리아의 한 과학자에 의해 발암성 논란이 일고 있다.
④ 2009년 미국의 설탕, 옥수수 시럽, 기타 천연당의 1인당 연평균 소비량인 140파운드는 중국보다 9배 많은 수치이므로, 2009년 중국의 소비량은 15파운드였을 것이다.
⑤ 아스파탐은 미국암협회가 안전하다고 발표했지만, 이탈리아의 과학자가 쥐를 대상으로 한 실험에서 아스파탐이 암을 유발한다고 내린 결론 때문에 논란이 끊이지 않고 있다.

16 빈칸 삽입

정답 ④

빈칸에 들어갈 진술을 판단하기 위해 앞의 문단에서 제기한 질문의 형태에 유의하여 파악하면, '올바른 답을 추론해 내는 데 필요한 모든 정보와 정답 제시가 올바른 추론능력의 필요충분조건은 아니다.'라는 문장이 제시문의 중심내용임을 알 수 있다. 그렇다면 왓슨의 어리석음은 추론에 필요한 정보를 활용하지 못한 데에 있는 것이다.

오답분석

① 왓슨의 문제는 정보를 올바로 추론하지 못한 데 있다.
② 왓슨은 올바른 추론의 방법을 알고 있지 못했다.
③ 왓슨이 전문적인 추론 훈련을 받지 못했다는 정보는 없다.
⑤ 왓슨은 추론에 필요한 관련 정보를 가지고 있었다.

17 글의 주제

지상기기에 K공사의 이미지를 압축한 디자인을 적용한 새로운 외함을 개발했으며 지속적으로 디자인을 개발하고 확대 보급한다고 하였다. 따라서 도심미관에 적합한 지상기기 외함 개발이 적절한 주제이다.

18 내용 추론

정답 ⑤

제시문은 자연법의 권위를 중요하게 생각하는 주장들을 담고 있다. 그러나 자연법은 인간의 경험에 근거하기 때문에 구체적으로 정의하기 어렵다는 문제점을 가지고 있다. 따라서 제시문에 대한 반론으로 가장 적절한 것은 ⑤이다.

[오답분석]
① 때와 장소에 관계없이 누구에게나 보편적으로 받아들여질 수 있는 정의롭고 도덕적인 법을 자연법이라 정의한다.
② 그로티우스는 이성의 올바른 인도를 통해 다다르게 되는 자연법은 국가와 실정법을 초월하는 규범이라고 보았다.
③ 특히 인간의 본성에 깃든 이성, 다시 말해 참과 거짓, 선과 악을 분별할 수 있는 인간만의 자질은 자연법을 발견해 낼 수 있는 수단이 된다고 밝히고 있다.
④ 근대의 자연법 사상에서는 신학의 의존으로부터 독립하여 자연법을 오직 이성으로써 확인할 수 있다고 보았다고 한다.

19 수열 규칙

정답 ③

제시된 수열은 $+7$, -5, $+3$이 반복되는 수열이다.
B는 $25-5=20$, A는 $15-7=8$이다.
따라서 $20-8=12$이다.

20 응용 수리

정답 ③

배의 속력을 $x$km/h, 강물의 유속을 $y$km/h라 하면 다음과 같은 식이 성립한다.
$5(x-y)=30 \cdots \bigcirc$
$3(x+y)=30 \cdots \bigcirc$
$\bigcirc$, $\bigcirc$을 연립하면 $x=8$, $y=2$이다.
따라서 배의 속력은 8km/h이다.

21 자료 이해

정답 ③

A사와 B사의 전체 직원 수를 알 수 없으므로, 비율만으로는 판단할 수 없다.

[오답분석]
① 여직원 대비 남직원 비율은 여직원 비율이 높을수록, 남직원 비율이 낮을수록 값이 작아진다. 따라서 여직원 비율이 가장 높으면서, 남직원 비율이 가장 낮은 D사가 최저이고, 남직원 비율이 여직원 비율보다 높은 A사가 최고이다.
② B, C, D사 각각 남직원보다 여직원의 비율이 높다. 따라서 B, C, D사 모두 남직원 수보다 여직원 수가 많다. 따라서 B, C, D사의 직원 수를 다 합했을 때도 남직원 수는 여직원 수보다 적다.
④ A, B, C사의 각각 전체 직원 수를 a명이라 하면, 여직원의 수는 각각 $0.46a$, $0.52a$, $0.58a$이다. 따라서 $0.46a+0.58a=2\times 0.52a$이므로 옳은 설명이다.
⑤ A사의 전체 직원 수를 a명, B사의 전체 직원 수를 b명이라 하면, A사의 남직원 수는 $0.54a$, B사의 남직원 수는 $0.48b$이다.
$$\frac{0.54a+0.48b}{a+b}\times 100=52$$
$\rightarrow 54a+48b=52(a+b)$
$\therefore a=2b$
따라서 A사의 전체 직원 수는 B사 전체 직원 수의 2배이다.

78 • 코레일 한국철도공사 고졸채용

22 자료 이해

정답 ②

자료의 분포는 B상품이 더 고르지 못하므로 표준편차는 B상품이 더 크다.

오답분석

① • A : 60+40+50+50=200
   • B : 20+70+60+51=201
③ 봄 판매량의 합은 80으로 가장 적다.
④ 시간이 지남에 따라 두 상품의 판매량 차는 점차 감소한다.
⑤ 여름에 B상품의 판매량이 가장 많다.

23 자료 이해

정답 ⑤

2021년 인구성장률은 0.63%, 2024년 인구성장률 0.39%이다. 2024년 인구성장률은 2021년 인구성장률에서 40% 감소한 값인 $0.63 \times (1-0.4)=0.378$%보다 값이 크므로 40% 미만으로 감소하였다.

오답분석

① 자료를 보면 2021년 이후 인구성장률이 매년 감소하고 있으므로 옳은 설명이다.
② 2019년부터 2024년까지 인구성장률이 가장 낮았던 해는 2024년이며, 합계출산율도 2024년에 가장 낮았다.
③ 인구성장률과 합계출산율은 모두 2020년에는 전년 대비 감소하고, 2021년에는 전년 대비 증가하였으므로 옳은 설명이다.
④ 인구성장률이 높은 순서로 나열하면 2021년 – 2019년, 2022년 – 2020년 – 2023년 – 2024년이다. 합계출산율이 높은 순서로 나열하면 2019년 – 2022년 – 2021년 – 2020년 – 2023년 – 2024년이다. 따라서 인구성장률과 합계출산율이 두 번째로 높은 해는 2022년이다.

24 자료 이해

정답 ④

ㄱ. 영어 관광통역 안내사 자격증 취득자는 2023년에 344명으로 전년 대비 감소하였으며, 스페인어 관광통역 안내사 자격증 취득자는 2023년에 전년 대비 동일하였고, 2024년에 3명으로 전년 대비 감소하였다.

ㄷ. 태국어 관광통역 안내사 자격증 취득자 수 대비 베트남어 관광통역 안내사 자격증 취득자 수의 비율은 2021년에 $\frac{4}{8} \times 100=$ 50%, 2022년에 $\frac{15}{35} \times 100 ≒ 42.9$%이므로 2022년에 전년 대비 감소하였다.

ㄹ. 2022년에 불어 관광통역 안내사 자격증 취득자 수는 전년 대비 동일한 반면, 스페인어 관광통역 안내사 자격증 취득자 수는 전년 대비 증가하였다.

오답분석

ㄴ. 2022 ~ 2024년의 일어 관광통역 안내사 자격증 취득자 수의 8배는 각각 2,128명, 1,096명, 1,224명인데, 중국어 관광통역 안내사 자격증 취득자 수는 2,468명, 1,963명, 1,418명이므로 각각 8배 이상이다.

TV+스마트폰 이용자의 도시규모별 구성비는 다음과 같다.

구분	TV	스마트폰
사례 수	7,000명	6,000명
대도시	45.3%	47.5%
중소도시	37.5%	39.6%
군지역	17.2%	12.9%

- 대도시 : $\left(45.3\% \times \dfrac{7,000}{13,000} + 47.5\% \times \dfrac{6,000}{13,000}\right) \times 100 ≒ 46.32\%$

- 중소도시 : $\left(37.5\% \times \dfrac{7,000}{13,000} + 39.6\% \times \dfrac{6,000}{13,000}\right) \times 100 ≒ 38.47\%$

- 군지역 : $\left(17.2\% \times \dfrac{7,000}{13,000} + 12.9\% \times \dfrac{6,000}{13,000}\right) \times 100 ≒ 15.22\%$

오답분석

① 연령대별 스마트폰 이용자 비율에 사례 수(조사인원)를 곱하면 이용자 수를 구할 수 있다.
② 매체별 성별 이용자 비율에 사례 수(조사인원)를 곱하면 구할 수 있다.
③ 주어진 표에서 확인할 수 있다.
⑤ 각 사례 수(조사인원)에서 사무직에 종사하는 대상의 수를 도출한 뒤, 매체별 비율을 산출하여야 한다.

구분	TV	스마트폰	PC / 노트북
사례 수(a)	7,000명	6,000명	4,000명
사무직 비율(b)	20.1%	25.6%	28.2%
사무직 대상수 ($a \times b = c$)	1,407명	1,536명	1,128명
합계(d)		4,071명	
비율($c \div d \times 100$)	34.56%	37.73%	27.71%

동남아 국제선의 도착 운항 1편당 도착 화물량은 $\dfrac{36,265.7}{16,713} ≒ 2.17$톤이므로 옳은 설명이다.

오답분석

① 중국 국제선의 출발 여객 1명당 출발 화물량은 $\dfrac{31,315.8}{1,834,699} ≒ 0.017$톤이며, 도착 여객 1명당 도착 화물량은 $\dfrac{25,217.6}{1,884,697} ≒$ 0.013톤이므로 옳지 않은 설명이다.

② 미주 국제선의 전체 화물 중 도착 화물이 차지하는 비중은 $\dfrac{106.7}{125.1} \times 100 ≒ 85.3\%$로 90%보다 작다.

④ 중국 국제선의 도착 운항편수(12,427편)는 일본 국제선의 도착 운항편수의 70%인 $21,425 \times 0.7 ≒ 14,997.5$편 미만이다.

⑤ 각 국제선의 전체 화물 중 도착 화물이 차지하는 비중은 일본 국제선이 $\dfrac{49,302.6}{99,114.9} \times 100 ≒ 49.7\%$이고, 동남아 국제선은

$\dfrac{36,265.7}{76,769.2} \times 100 ≒ 47.2\%$이다. 따라서 동남아 국제선이 일본 국제선보다 비중이 낮다.

27 자료 이해

정답 ③

2016 ~ 2024년까지 전년 대비 사기와 폭행의 범죄건수 증감추이는 다음과 같이 서로 반대를 나타낸다.

구분	2016	2017	2018	2019	2020	2021	2022	2023	2024
사기	감소	감소	감소	감소	감소	감소	증가	증가	감소
폭행	증가	증가	증가	증가	증가	증가	감소	감소	증가

오답분석

① 2016 ~ 2024년 범죄별 발생건수의 1 ~ 5위는 '절도, 사기, 폭행, 살인, 방화' 순서이나 2015년의 경우 '절도, 사기, 폭행, 방화, 살인' 순서로 다르다.

② 2015 ~ 2024년 동안 발생한 방화의 총 발생건수는 $5+4+2+1+2+5+2+4+5+3=33$천 건으로 3만 건 이상이다.

④ 2017년 전체 범죄 발생건수는 $270+371+148+2+12=803$천 건이며, 이 중 절도의 범죄건수가 차지하는 비율은 $\frac{371}{803}\times100≒46.2\%$로 50% 미만이다.

⑤ 2015년 전체 범죄 발생건수는 $282+366+139+5+3=795$천 건이고, 2024년에는 $239+359+156+3+14=771$천 건이다.

따라서 2015년 대비 2024년 전체 범죄 발생건수 감소율은 $\frac{771-795}{795}\times100≒-3\%$로 5% 미만이다.

28 자료 이해

정답 ④

2021 ~ 2024년 동안 SOC 투자규모의 전년 대비 증감방향은 '증가 – 감소 – 감소 – 감소'이고, 총지출 대비 SOC 투자규모 비중은 '증가 – 증가 – 감소 – 감소'이다.

오답분석

① 2024년 총지출을 a조 원이라고 가정하면 $a\times0.069=23.1$조 원이므로, $a=\frac{23.1}{0.069}≒334.8$이므로 300조 원 이상이다.

② 2021년 SOC 투자규모의 전년 대비 증가율은 $\frac{25.4-20.5}{20.5}\times100≒23.9\%$이므로 30% 이하이다.

③ 2021 ~ 2024년 동안 SOC 투자규모가 전년에 비해 가장 큰 비율로 감소한 해는 2024년이다.
- 2022년 : $\frac{25.1-25.4}{25.4}\times100≒-1.2\%$
- 2023년 : $\frac{24.4-25.1}{25.1}\times100≒-2.8\%$
- 2024년 : $\frac{23.1-24.4}{24.4}\times100≒-5.3\%$

⑤ 2025년 SOC 투자규모의 전년 대비 감소율이 2024년과 동일하다면, 2025년 SOC 투자규모는 $23.1\times(1-0.053)≒21.9$조 원이다.

29 자료 변환

정답 ③

오답분석

① 조형 전공의 2019년, 2020년 취업률은 자료보다 높고, 2021년 취업률은 자료보다 낮다.
② 2019년 모든 전공의 취업률이 자료보다 낮다.
④ 2019년 연극영화 전공, 2020년 작곡 전공, 2021년 성악 전공 취업률이 자료보다 높다.
⑤ 성악 전공의 취업률 누적 수치는 자료보다 높고, 국악 전공은 낮다.

PART 4

30 응용 수리   정답 ③

가장 큰 정각형의 한 변의 길이를 $a$cm라고 하자. 가장 큰 정사각형의 넓이가 255cm²을 넘으면 안되므로 $a<16$cm이다. 다음으로 가장 큰 $a$cm 정사각형과 그 다음으로 큰 $(a-1)$cm 정사각형의 넓이를 더했을 때, 255cm²을 넘지 않아야 한다.

$15^2+14^2=225+196=421$cm² → ×
$14^2+13^2=196+169=365$cm² → ×
$13^2+12^2=169+144=313$cm² → ×
$12^2+11^2=144+121=265$cm² → ×
$11^2+10^2=121+100=221$cm² → ○

이런 방법으로 개수를 늘리면서 a, $(a-1)$, $(a-2)$, …의 넓이 합을 구하면 다음과 같다.

$11^2+10^2+9^2=121+100+81=302$cm² → ×
$10^2+9^2+8^2+7^2=100+81+64+49=294$cm² → ×
$9^2+8^2+7^2+6^2+5^2=81+64+49+36+25=255$cm² → ○

정사각형의 한 변의 길이는 각각 5, 6, 7, 8, 9cm이다.
이 사각형의 둘레를 구하면 세로 길이는 9cm이고, 가로 길이는 $5+6+7+8+9=35$cm이다.
따라서 $(35+9)\times2=44\times2=88$cm이다.

31 응용 수리   정답 ②

공기청정기에 1번 통과할 때 미세먼지의 $\dfrac{3}{10}$이 걸러지므로 걸러지지 않는 미세먼지의 양은 $\dfrac{7}{10}$이다.

공기청정기에 2번 통과할 때 걸러지는 미세먼지의 양은 1번째에서 걸러지지 않은 $\dfrac{7}{10}$의 $\dfrac{3}{10}$만큼 걸러지고 $\dfrac{7}{10}\times\dfrac{7}{10}=(\dfrac{7}{10})^2$만큼 걸러지지 않는다.

공기청정기에 3번 통과할 때 걸러지는 미세먼지의 양은 2번째에서 걸러지지 않은 $(\dfrac{7}{10})^2$의 $\dfrac{3}{10}$만큼 걸러지고 $(\dfrac{7}{10})^3$만큼 걸러지지 않는다.

따라서 걸러지는 미세먼지의 양은 공비가 $\dfrac{7}{10}$인 등비수열이다.

초항이 $10\times\dfrac{3}{10}=3$이므로 공기청정기를 6번 통과할 때 걸러지는 미세먼지의 총합은 $\dfrac{3(1-0.7^6)}{1-0.7}=\dfrac{3\times(1-0.118)}{0.3}=8.82$g이다.

32 자료 이해   정답 ①

2024년 한국, 중국, 일본 모두 원자재 수출액이 수입액보다 적으므로 원자재 무역수지는 적자이다.

오답분석

ㄴ. 2024년 한국의 소비재 수출액은 138억 달러로 2005년 수출액의 1.5배인 $117\times1.5=175.5$억 달러보다 적다.

ㄷ. 2024년 자본재 수출경쟁력은 일본이 한국보다 낮다.

　• 일본 : $\dfrac{4,541-2,209}{4,541+2,209}\fallingdotseq0.35$

　• 한국 : $\dfrac{3,444-1,549}{3,444+1,549}\fallingdotseq0.38$

33

ㄷ. 통신사별 스마트폰의 통화성능 평가점수의 평균을 계산하면 다음과 같다.

- 갑 : $\dfrac{1+2+1}{3}=\dfrac{4}{3}$

- 을 : $\dfrac{1+1+1}{3}=1$

- 병 : $\dfrac{2+1+2}{3}=\dfrac{5}{3}$

따라서 병 통신사가 가장 높다.

ㄹ. 평가점수 항목별 합은 화질은 24점, 내비게이션은 22점, 멀티미디어는 26점, 배터리 수명은 18점, 통화성능은 12점으로 멀티미디어의 총합이 가장 높다.

[오답분석]

ㄱ. 소매가격이 200달러인 스마트폰은 B, C, G이다. 이중 종합품질점수는 B는 2+2+3+1+2=10점, C는 3+3+3+1+1=11점, G는 3+3+3+2+2=13점으로 G스마트폰이 가장 높다.

ㄴ. 소매가격이 가장 낮은 스마트폰은 50달러인 H이며, 종합품질점수는 3+2+3+2+1=11점으로 9점인 F보다 높다.

34

상수도 구역별 농도 및 pH에 맞는 등급을 정리하면 다음 표와 같다.

구분	A구역	B구역	C구역	D구역	E구역	F구역
DO(mg/L)	4.2	5.2	1.1	7.9	3.3	2.4
BOD(mg/L)	8.0	4.8	12	0.9	6.5	9.2
pH	5.0	6.0	6.3	8.2	7.6	8.1
등급	pH 수치가 기준 범위에 속하지 않는다.	약간 나쁨	매우 나쁨	매우 좋음	약간 나쁨	나쁨
		4	6	1a	4	5

pH가 가장 높은 구역은 8.2인 D구역이며, BOD농도는 0.9mg/L, DO농도는 7.9mg/L이므로 수질 등급 기준표에서 D구역이 해당하는 등급은 '매우 좋음'인 1a등급이다.

[오답분석]

① BOD농도가 5mg/L 이하인 상수도 구역은 B구역과 D구역이며, 3등급은 없다.

③ 상수도 구역에서 등급이 '약간 나쁨(4등급)' 또는 '나쁨(5등급)'인 구역은 B, E, F구역으로 세 곳이다.

④ 수질 등급 기준을 보면 DO농도는 높을수록, BOD농도는 낮을수록 좋은 등급을 받는다.

⑤ 수소이온농도가 높을수록 pH의 수치는 0에 가까워지고, '매우 좋음' 등급의 pH 수치 범위는 6.5 ~ 8.5이기 때문에 옳지 않은 내용이다.

35

[오답분석]

① 재질이 티타늄, 용도가 일반이므로 옳지 않다.

② 용도가 선박이므로 옳지 않다.

③ 재질이 크롬 도금, 직경이 12mm이므로 옳지 않다.

⑤ 재질이 티타늄, 직경이 12mm이므로 옳지 않다.

36 명제 추론

다음의 논리 순서를 따라 주어진 조건을 정리하면 다음과 같다.

- 세 번째 조건 : 한국은 월요일에 대전에서 연습을 한다.
- 다섯 번째 조건 : 미국은 월요일과 화요일에 수원에서 연습을 한다.
- 여섯 번째 조건 : 미국은 목요일에 인천에서 연습을 한다.
- 일곱 번째 조건 : 금요일에 중국과 미국은 각각 서울과 대전에서 연습을 한다.
- 여덟 번째 조건 : 한국은 월요일에 대전에서 연습하므로, 화요일과 수요일에 이틀 연속으로 인천에서 연습을 한다.

이때, 미국은 자연스럽게 수요일에 서울에서 연습함을 유추할 수 있고, 한국은 금요일에 인천에서 연습을 할 수 없으므로, 목요일에는 서울에서, 금요일에는 수원에서 연습함을 알 수 있다. 그리고 만약 중국이 수요일과 목요일에 이틀 연속으로 수원에서 연습을 하게 되면 일본은 수원에서 연습을 못하게 되므로, 중국은 월요일과 목요일에 각각 인천과 수원에서 연습하고, 화요일과 수요일에 대전에서 이틀 연속으로 연습해야 함을 유추할 수 있다. 나머지는 일본이 모두 연습하면 된다. 이 사실을 종합하여 주어진 조건을 표로 정리하면 다음과 같다.

구분	월요일	화요일	수요일	목요일	금요일
서울	일본	일본	미국	한국	중국
수원	미국	미국	일본	중국	한국
인천	중국	한국	한국	미국	일본
대전	한국	중국	중국	일본	미국

따라서 수요일에 대전에서는 중국이 연습을 한다.

37 자료 해석

시장 내 경쟁이 가장 치열한 업체는 동일 혜택을 제공하는 카드 수가 가장 많은 E카페로, E카페의 혜택 제공 기간은 2년(24개월)이다.

오답분석

① B서점의 경우 E카페보다 동일 혜택을 제공하는 카드 수가 적지만, 혜택 제공 기간은 더 길다.
② 선호도 점수 가장 높은 혜택은 C통신사의 통신요금 할인 혜택이다.
④ 혜택 제공 기간이 가장 긴 업체는 B서점이지만, 선호도 점수가 가장 높은 업체는 C통신사이다.
⑤ 매월 모든 업체가 부담해야 하는 혜택 비용이 동일하다면, 혜택에 대한 총 부담 비용이 가장 큰 업체는 혜택 제공 기간이 가장 긴 B서점이다.

38 SWOT 분석

초고령화 사회는 실버산업(기업)을 기준으로 외부환경 요소로 볼 수 있으며, 기회 요인이다.

39 자료 해석

교통 할인을 제공하는 A카드는 동종 혜택을 제공하는 카드의 개수가 가장 많으므로 시장에서의 경쟁이 가장 치열할 것이라 예상할 수 있다.

오답분석

② B카드를 출시하는 경우보다 연간 예상필요자본 규모가 더 작은 D카드를 출시하는 경우에 자본 동원이 더 수월할 것이다.
③ 제휴 레스토랑 할인을 제공하는 C카드의 신규가입 시 혜택 제공가능 기간은 18개월로, 24개월인 B카드와 D카드보다 짧다. 따라서 월평균 유지비용이 가장 큰 제휴카드는 B카드가 아니라 A카드이다.
④ A카드와 B카드를 비교해보면, 신규가입 시 혜택 제공가능 기간은 B카드가 2배로 더 길지만, 동종 혜택을 제공하는 타사 카드 개수는 A카드가 가장 많다. 따라서 신규 가입 시 혜택 제공가능 기간이 길수록 동종 혜택분야에서의 현재 카드 간 경쟁이 치열하다고 보기 어렵다.
⑤ D카드의 경우 신규가입 시 혜택 제공가능 기간은 B카드와 동일하지만, 연간 예상필요자본 규모는 B카드보다 작다. 따라서 D카드가 B카드보다 출시가능성이 높으므로 옳지 않은 설명이다.

40 명제 추론

다음의 논리 순서를 따라 주어진 조건을 정리하면 다음과 같다.
- 다섯 번째 조건 : 1층에 경영지원실이 위치한다.
- 첫 번째 조건 : 1층에 경영지원실이 위치하므로 4층에 기획조정실이 위치한다.
- 두 번째 조건 : 2층에 보험급여실이 위치한다.
- 네 번째, 다섯 번째 조건 : 3층에 급여관리실, 5층에 빅데이터운영실이 위치한다.

따라서 1층부터 순서대로 '경영지원실 – 보험급여실 – 급여관리실 – 기획조정실 – 빅데이터운영실'이 위치하므로 5층에 있는 부서는 빅데이터운영실이다.

41 규칙 적용

의류 종류 코드에서 'OP(원피스)'를 'OT(티셔츠)'로 수정해야 하므로 ①의 생산 코드를 'OTGR – 220124 – 475ccc'로 수정해야 한다.

[오답분석]

㉠ 스커트는 'OH', 붉은색은 'RD', 제조일은 '211204', 창원은 '753', 수량은 'aaa'이므로 ③의 생산 코드는 'OHRD – 211204 – 753aaa'로 옳다.

㉢ 원피스는 'OP', 푸른색은 'BL', 제조일은 '220705', 창원은 '753', 수량은 'aba'이므로 ⑤의 생산 코드는 'OPBL – 220705 – 753aba'로 옳다.

㉣ 납품일(2022년 7월 23일) 전날에 생산했으므로 생산날짜는 2022년 7월 22일이다. 따라서 ②의 생산 코드는 'OJWH – 220722 – 935baa'로 옳다.

㉤ 티셔츠의 생산 코드는 ④와 같이 'OTYL – 220430 – 869aab'로 옳으며, 스커트의 생산 코드는 'OHYL – 220430 – 869aab'이다.

42 규칙 적용

- 702 나 2838 : '702'는 승합차에 부여되는 자동차 등록번호이다.
- 431 사 3019 : '사'는 운수사업용 차량에 부여되는 자동차 등록번호이다.
- 912 라 2034 : '912'는 화물차에 부여되는 자동차 등록번호이다.
- 214 하 1800 : '하'는 렌터카에 부여되는 자동차 등록번호이다.
- 241 가 0291 : '0291'은 발급될 수 없는 일련번호이다.

따라서 보기에서 비사업용 승용차의 자동차 등록번호로 잘못 부여된 것은 모두 5개이다.

43 자료 해석

주어진 상황에 따라 갑 ~ 정이 갖춘 직무역량을 정리하면 다음과 같다.

구분	의사소통역량	대인관계역량	문제해결역량	정보수집역량	자원관리역량
갑	○	○	×	×	○
을	×	×	○	○	○
병	○	×	○	○	×
정	×	○	○	×	○

이를 토대로 하면 갑 ~ 정의 수행 가능한 업무는 다음과 같다.
- 갑 : 심리 상담, 지역안전망구축
- 을 : 진학지도
- 병 : 위기청소년지원, 진학지도
- 정 : 지역안전망구축

따라서 서로 다른 업무를 맡으면서 4가지 업무를 분담할 수 있는 후보는 갑과 병뿐이므로 K복지관에 채용될 후보자는 갑, 병이다.

44   SWOT 분석

정답 ③

SO전략은 강점을 살려 기회를 포착하는 전략이므로 TV프로그램에 출연하여 좋은 품질의 재료만 사용한다는 점을 홍보하는 것이 적절하다.

45   명제 추론

정답 ②

오답분석

① F와 I가 함께 탑승했으므로 H와 D도 함께 탑승해야 하고, G나 J는 A와 탑승해야 한다.
③ C와 H는 함께 탑승해야 하고, B가 탑승하는 차에는 4명이 탑승해야 한다.
④ A와 B는 함께 탑승할 수 없다.
⑤ B가 탑승하는 차에는 4명이 탑승해야 한다.

46   명제 추론

정답 ②

정보에서 에코백 색깔의 순위를 1위부터 나열하면 '베이지색 – 검정색 – 노란색 – 주황색 – 청록색'이다. 두 번째 정보에서 1위인 베이지색 에코백의 개수는 50개 중 40%이므로 $50 \times 0.4 = 20$개를 준비하고, 2위인 검정색은 전체 개수의 20% 이상 30% 이하이므로 10개 이상 15개 이하 준비가 가능하다.
그런데 마지막 정보에서 3위 이하로 노란색, 주황색, 청록색은 6개 이상씩 준비해야 하기 때문에 검정색 에코백은 최대 $50 - 20 - (6 \times 3) = 12$개를 준비할 수 있다. 따라서 검정색 개수에 따라 노란색, 주황색, 청록색 에코백 개수를 정리하면 다음과 같다.
ⅰ) 검정색 에코백을 10개 준비할 경우의 수는 6가지이다.

(단위 : 개)

노란색	주황색	청록색
6	7	7
7	6	7
7	7	6
6	6	8
6	8	6
8	6	6

ⅱ) 검정색 에코백을 11개 준비할 경우의 수는 3가지이다.

(단위 : 개)

노란색	주황색	청록색
6	6	7
6	7	6
7	6	6

ⅲ) 검정색 에코백을 12개 준비할 경우의 수는 1가지이다.

(단위 : 개)

노란색	주황색	청록색
6	6	6

ㄴ. 검정색은 10개 이상 15개 이하 범위이지만 노란색, 주황색, 청록색을 각각 6개 이상씩 준비해야 하므로 12개까지 가능하다.
    따라서 베이지색은 20개, 검정색은 최대 12개로, 이 두 가지 색의 최대 개수의 합은 $20 + 12 = 32$개이다.
ㄹ. 오픈 행사로 준비하는 에코백의 경우의 수는 총 10가지이다.

오답분석

ㄱ. 검정색 에코백을 10개 준비했을 경우 가능한 경우의 수는 6가지이다.
ㄷ. 3위부터 5위까지는 6개 이상씩 준비해야 하므로 최소 $6 \times 3 = 18$개를 준비해야 한다.

47 자료 해석

정답 ②

농촌 신청 인력을 순서대로 정리하면, 김정현은 8월에 진행되는 파종 작업이면서 일당이 8만 원 이상인 D농가(양파 파종 작업)와 연결된다. 희망 작업이 없는 박소리는 5월에 경기에서 진행되고 일당이 10만 원 이상인 C농가(모내기 작업)에 배정되고, 마찬가지로 희망 작업이 없는 이진수는 7~9월에 진행되는 일당이 5만 원 이상인 A농가(고추 수확 작업)에서 일하게 된다. 김동혁은 10월에 충남에서 진행되는 수확 작업이면서 일당이 10만 원 이상인 E농가(고구마 수확 작업)에 배정되고, 한성훈은 3~4월에 진행되는 파종 작업이면서 일당이 8만 원 이상인 곳을 원하므로 B농가(감자 파종 작업)와 연결된다. 자원봉사자 서수민은 봉사 가능 기간 및 지역에 부합하는 농가가 없어 배정할 수 없다. 마지막으로 자원봉사자 최영재는 4~6월에 진행되는 모내기 작업인 C농가에서 일하게 될 것이다.

따라서 B농가는 2명이 필요인력이지만 조건을 만족하는 인력이 1명뿐이므로 원하는 인력을 모두 공급받기 어려운 농가이다.

48 자료 해석

정답 ⑤

각 농가가 농촌인력 중개 후 보수를 지급해야 하는 금액을 구하면 다음과 같다.
- A농가 : 이진수(1명)에게 6일간(8월 28~2일) 일당 10만 원 제공 → 60만 원
- B농가 : 한성훈(1명)에게 2일간(3월 20~21일) 일당 10만 원 제공 → 20만 원
- C농가 : 박소리(1명)에게 2일간(5월 27~28일) 일당 20만 원 제공 → 40만 원, 최영재는 자원봉사자이므로 보수를 지급하지 않는다.
- D농가 : 김정현(1명)에게 1일간(8월 25일) 일당 8만 원 제공 → 8만 원
- E농가 : 김동혁(1명)에게 6일간(10월 3~8일) 일당 15만 원 제공 → 90만 원

따라서 가장 많은 보수를 지급해야 하는 농가는 E농가이다.

49 자료 해석

정답 ④

구인농가에는 현장실습교육비를 최대 3일간 인력 1인당 2만 원씩 지급하고, 일자리 참여자에게 교통비는 일당 5천 원, 숙박비는 작업일수에서 하루를 제외하고 일당 2만 원씩 제공한다. 교통비와 숙박비 지급에서 자원봉사자는 제외하면 다음과 같이 계산할 수 있다.
- 이진수 : A농가 6일간 작업, $(3 \times 2) + (6 \times 0.5) + (5 \times 2) = 19$만 원
- 한성훈 : B농가 2일간 작업, $(2 \times 2) + (2 \times 0.5) + (1 \times 2) = 7$만 원
- 박소리 : C농가 2일간 작업, $(2 \times 2) + (2 \times 0.5) + (1 \times 2) = 7$만 원
- 김정현 : D농가 1일간 작업, $(1 \times 2) + (1 \times 0.5) = 2.5$만 원
- 김동혁 : E농가 6일간 작업, $(3 \times 2) + (6 \times 0.5) + (5 \times 2) = 19$만 원

최영재는 C농가에서 2일간 작업하지만 자원봉사자로 교통비와 숙박비를 제외한 현장실습교육비($2 \times 2 = 4$만 원)만 지급받는다. 따라서 K회사에서 지급하는 지원금은 총 $19 + 7 + 7 + 2.5 + 19 + 4 = 58.5$만 원이다.

50

명제 추론

주어진 조건을 정리하면 다음과 같다.

〈A동〉 - 11명 거주

구분	1호	2호	3호
5층	영희(1) / 은희(1)		창고
4층		신혼부부(2)	
3층			
2층			
1층			
	3인 가구(3), 4인 가구(4)		

〈B동〉 - 6명 거주

구분	1호	2호	3호
5층			
4층			
3층			
2층			
1층	노부부(2) / 중년부부(2)	창고	중년부부(2) / 노부부(2)
	1인 가구(남), 1인 가구(남)		

따라서 A동에는 영희 · 은희(여자 1인 가구), 신혼부부(2인 가구), 3인 가구, 4인 가구가 거주하고(총 11명), B동에는 노부부(2인 가구), 중년부부(2인 가구), 남자 1인 가구 2가구가 거주한다.(총 6명)

오답분석
① 얼마 전에 결혼한 희수는 신혼부부로 A동 4층에 거주한다.
② 3인 가구와 4인 가구가 서로 위 · 아래층에 사는 것은 알 수 있지만, 정확한 호수는 주어진 조건만으로는 알 수 없다.
③ 두 번째와 여섯 번째 조건에 따라 노부부와 중년부부는 B동 1층에 거주한다.
⑤ B동은 1인 가구 2가구(모두 남자), 노부부, 중년부부가 거주한다. 따라서 총 인원 6명 중 남자는 4명, 여자는 2명으로 남자가 여자의 2배이다.

02 철도법령

51	52	53	54	55	56	57	58	59	60										
⑤	③	②	①	⑤	⑤	④	⑤	④	①										

51

등기신청서의 첨부서류(한국철도공사법 시행령 제7조 제5호)
대리 · 대행인의 선임 · 변경 또는 해임의 등기의 경우에는 그 선임 · 변경 또는 해임이 법 제7조(대리 · 대행)의 규정에 의한 것임을 증명하는 서류와 대리 · 대행인이 그 권한이 제한된 때에는 그 제한을 증명하는 서류를 첨부해야 한다.

52

정답 ③

부가 운임의 징수(철도사업법 제10조)

• 철도사업자는 열차를 이용하는 여객이 정당한 운임·요금을 지급하지 아니하고 열차를 이용한 경우에는 승차 구간에 해당하는 운임 외에 그의 <u>30배</u>의 범위에서 부가 운임을 징수할 수 있다.

• 철도사업자는 부가 운임을 징수하려는 경우에는 사전에 부가 운임의 징수 대상 행위, 열차의 종류 및 운행 구간 등에 따른 부가 운임 산정기준을 정하고 철도사업약관에 포함하여 국토교통부장관에게 신고하여야 한다.

• 국토교통부장관은 신고를 받은 날부터 <u>3일</u> 이내에 신고수리 여부를 신고인에게 통지하여야 한다.

53

정답 ②

철도산업발전기본계획의 수립(철도산업발전기본법 제5조 제2항)

기본계획에는 다음 각 호의 사항이 포함되어야 한다.

1. 철도산업 육성시책의 기본방향에 관한 사항
2. 철도산업의 여건 및 동향전망에 관한 사항
3. 철도시설의 투자·건설·유지보수 및 이를 위한 재원확보에 관한 사항
4. 각종 철도 간의 연계수송 및 사업조정에 관한 사항
5. 철도운영체계의 개선에 관한 사항
6. 철도산업 전문인력의 양성에 관한 사항
7. 철도기술의 개발 및 활용에 관한 사항
8. 그 밖에 철도산업의 육성 및 발전에 관한 사항으로서 대통령령으로 정하는 사항

54

정답 ①

손익금의 처리(한국철도공사법 제10조 제1항)

한국철도공사는 매 사업연도 결산 결과 이익금이 생기면 다음 각 호의 순서로 처리하여야 한다.

1. 이월결손금의 보전(補塡)
2. 자본금의 2분의 1이 될 때까지 이익금의 <u>10분의 2</u> 이상을 이익준비금으로 적립
3. 자본금과 같은 액수가 될 때까지 이익금의 <u>10분의 2</u> 이상을 사업확장적립금으로 적립
4. 국고에 납입

55

정답 ⑤

변상금의 징수(철도사업법 제44조의2)

국토교통부장관은 제42조 제1항에 따른 점용허가를 받지 아니하고 철도시설을 점용한 자에 대하여 제44조 제1항에 따른 <u>점용료의 100분의 120</u>에 해당하는 금액을 변상금으로 징수할 수 있다.

56

정답 ⑤

철도산업에 관한 전문성과 경험이 풍부한 자 중에서 실무위원회의 위원장이 위촉한 위원의 임기는 2년으로 하되, 연임할 수 있다(철도산업발전기본법 시행령 제10조 제5항).

[오답분석]

① 철도산업발전기본법 시행령 제10조 제2항
② 철도산업발전기본법 시행령 제10조 제6항
③ 철도산업발전기본법 시행령 제10조 제4항 제2호
④ 철도산업발전기본법 시행령 제10조 제1항

57

정답 ④

대리·대행인의 선임등기(한국철도공사법 시행령 제6조 제1항)

한국철도공사는 사장이 법 제7조에 따라 사장을 대신해 공사의 업무에 관한 재판상 또는 재판 외의 행위를 할 수 있는 직원(이하 대리·대행인)을 선임한 경우에는 선임 후 2주일 이내에 주된 사무소의 소재지에서 다음 각 호의 사항을 등기해야 한다. 등기한 사항이 변경된 경우에도 또한 같다.

1. 대리·대행인의 성명 및 주소
2. 대리·대행인을 둔 주된 사무소 또는 하부조직의 명칭 및 소재지
3. 대리·대행인의 권한을 제한한 때에는 그 제한의 내용

58

정답 ⑤

전용철도 등록사항의 경미한 변경 등(철도사업법 시행령 제12조 제1항)

법 제34조 제1항(등록) 단서에서 대통령령으로 정하는 경미한 변경의 경우란 다음 각 호의 어느 하나에 해당하는 경우를 말한다.

1. 운행시간을 연장 또는 단축한 경우
2. 배차간격 또는 운행횟수를 단축 또는 연장한 경우
3. 10분의 1의 범위 안에서 철도차량 대수를 변경한 경우
4. 주사무소·철도차량기지를 제외한 운송관련 부대시설을 변경한 경우
5. 임원을 변경한 경우(법인에 한한다)
6. 6월의 범위 안에서 전용철도 건설기간을 조정한 경우

59

정답 ④

목적(철도산업발전기본법 제1조)

철도산업발전기본법은 철도산업의 경쟁력을 높이고 발전기반을 조성함으로써 철도산업의 효율성 및 공익성의 향상과 국민경제의 발전에 이바지함을 목적으로 한다.

60

정답 ①

특정노선 폐지 등의 승인신청서의 첨부서류(철도산업발전기본법 시행령 제44조)

특정노선을 폐지하기 위해 철도시설관리자와 철도운영자가 국토교통부장관에게 승인신청서를 제출하는 때에는 다음의 사항을 기재한 서류를 첨부하여야 한다.

- 승인신청 사유
- 등급별·시간대별 철도차량의 운행빈도, 역수, 종사자 수 등 운영현황
- 과거 6월 이상의 기간 동안의 1일 평균 철도서비스 수요
- 과거 1년 이상의 기간 동안의 수입·비용 및 영업손실액에 관한 회계보고서
- 향후 5년 동안의 1일 평균 철도서비스 수요에 대한 전망
- 과거 5년 동안의 공익서비스비용의 전체규모 및 법 제32조 제1항의 규정에 의한 원인제공자가 부담한 공익서비스 비용의 규모
- 대체수송수단의 이용가능성

코레일 한국철도공사 고졸채용 필기시험 답안카드

1	① ② ③ ④ ⑤	21	① ② ③ ④ ⑤	41	① ② ③ ④ ⑤
2	① ② ③ ④ ⑤	22	① ② ③ ④ ⑤	42	① ② ③ ④ ⑤
3	① ② ③ ④ ⑤	23	① ② ③ ④ ⑤	43	① ② ③ ④ ⑤
4	① ② ③ ④ ⑤	24	① ② ③ ④ ⑤	44	① ② ③ ④ ⑤
5	① ② ③ ④ ⑤	25	① ② ③ ④ ⑤	45	① ② ③ ④ ⑤
6	① ② ③ ④ ⑤	26	① ② ③ ④ ⑤	46	① ② ③ ④ ⑤
7	① ② ③ ④ ⑤	27	① ② ③ ④ ⑤	47	① ② ③ ④ ⑤
8	① ② ③ ④ ⑤	28	① ② ③ ④ ⑤	48	① ② ③ ④ ⑤
9	① ② ③ ④ ⑤	29	① ② ③ ④ ⑤	49	① ② ③ ④ ⑤
10	① ② ③ ④ ⑤	30	① ② ③ ④ ⑤	50	① ② ③ ④ ⑤
11	① ② ③ ④ ⑤	31	① ② ③ ④ ⑤	51	① ② ③ ④ ⑤
12	① ② ③ ④ ⑤	32	① ② ③ ④ ⑤	52	① ② ③ ④ ⑤
13	① ② ③ ④ ⑤	33	① ② ③ ④ ⑤	53	① ② ③ ④ ⑤
14	① ② ③ ④ ⑤	34	① ② ③ ④ ⑤	54	① ② ③ ④ ⑤
15	① ② ③ ④ ⑤	35	① ② ③ ④ ⑤	55	① ② ③ ④ ⑤
16	① ② ③ ④ ⑤	36	① ② ③ ④ ⑤	56	① ② ③ ④ ⑤
17	① ② ③ ④ ⑤	37	① ② ③ ④ ⑤	57	① ② ③ ④ ⑤
18	① ② ③ ④ ⑤	38	① ② ③ ④ ⑤	58	① ② ③ ④ ⑤
19	① ② ③ ④ ⑤	39	① ② ③ ④ ⑤	59	① ② ③ ④ ⑤
20	① ② ③ ④ ⑤	40	① ② ③ ④ ⑤	60	① ② ③ ④ ⑤

※ 본 답안지는 마킹연습용 모의 답안지입니다.

〈절취선〉

코레일 한국철도공사 고졸채용 필기시험 답안카드

성 명	

지원 분야	

문제지 형별기재란	
( )형	Ⓐ Ⓑ

수 험 번 호

⓪	①	②	③	④	⑤	⑥	⑦	⑧	⑨
⓪	①	②	③	④	⑤	⑥	⑦	⑧	⑨
⓪	①	②	③	④	⑤	⑥	⑦	⑧	⑨
⓪	①	②	③	④	⑤	⑥	⑦	⑧	⑨
⓪	①	②	③	④	⑤	⑥	⑦	⑧	⑨
⓪	①	②	③	④	⑤	⑥	⑦	⑧	⑨
⓪	①	②	③	④	⑤	⑥	⑦	⑧	⑨

감독위원 확인	
(인)	

번호	1	2	3	4	5	번호	1	2	3	4	5	번호	1	2	3	4	5
1	①	②	③	④	⑤	21	①	②	③	④	⑤	41	①	②	③	④	⑤
2	①	②	③	④	⑤	22	①	②	③	④	⑤	42	①	②	③	④	⑤
3	①	②	③	④	⑤	23	①	②	③	④	⑤	43	①	②	③	④	⑤
4	①	②	③	④	⑤	24	①	②	③	④	⑤	44	①	②	③	④	⑤
5	①	②	③	④	⑤	25	①	②	③	④	⑤	45	①	②	③	④	⑤
6	①	②	③	④	⑤	26	①	②	③	④	⑤	46	①	②	③	④	⑤
7	①	②	③	④	⑤	27	①	②	③	④	⑤	47	①	②	③	④	⑤
8	①	②	③	④	⑤	28	①	②	③	④	⑤	48	①	②	③	④	⑤
9	①	②	③	④	⑤	29	①	②	③	④	⑤	49	①	②	③	④	⑤
10	①	②	③	④	⑤	30	①	②	③	④	⑤	50	①	②	③	④	⑤
11	①	②	③	④	⑤	31	①	②	③	④	⑤	51	①	②	③	④	⑤
12	①	②	③	④	⑤	32	①	②	③	④	⑤	52	①	②	③	④	⑤
13	①	②	③	④	⑤	33	①	②	③	④	⑤	53	①	②	③	④	⑤
14	①	②	③	④	⑤	34	①	②	③	④	⑤	54	①	②	③	④	⑤
15	①	②	③	④	⑤	35	①	②	③	④	⑤	55	①	②	③	④	⑤
16	①	②	③	④	⑤	36	①	②	③	④	⑤	56	①	②	③	④	⑤
17	①	②	③	④	⑤	37	①	②	③	④	⑤	57	①	②	③	④	⑤
18	①	②	③	④	⑤	38	①	②	③	④	⑤	58	①	②	③	④	⑤
19	①	②	③	④	⑤	39	①	②	③	④	⑤	59	①	②	③	④	⑤
20	①	②	③	④	⑤	40	①	②	③	④	⑤	60	①	②	③	④	⑤

코레일 한국철도공사 고졸채용 필기시험 답안카드

성 명	

지원 분야	

문제지 형별기재란	( )형	Ⓐ Ⓑ

수 험 번 호							
⓪	⓪	⓪	⓪	⓪	⓪	⓪	⓪
①	①	①	①	①	①	①	①
②	②	②	②	②	②	②	②
③	③	③	③	③	③	③	③
④	④	④	④	④	④	④	④
⑤	⑤	⑤	⑤	⑤	⑤	⑤	⑤
⑥	⑥	⑥	⑥	⑥	⑥	⑥	⑥
⑦	⑦	⑦	⑦	⑦	⑦	⑦	⑦
⑧	⑧	⑧	⑧	⑧	⑧	⑧	⑧
⑨	⑨	⑨	⑨	⑨	⑨	⑨	⑨

감독위원 확인
(인)

문번	답란	문번	답란	문번	답란
1	① ② ③ ④ ⑤	21	① ② ③ ④ ⑤	41	① ② ③ ④ ⑤
2	① ② ③ ④ ⑤	22	① ② ③ ④ ⑤	42	① ② ③ ④ ⑤
3	① ② ③ ④ ⑤	23	① ② ③ ④ ⑤	43	① ② ③ ④ ⑤
4	① ② ③ ④ ⑤	24	① ② ③ ④ ⑤	44	① ② ③ ④ ⑤
5	① ② ③ ④ ⑤	25	① ② ③ ④ ⑤	45	① ② ③ ④ ⑤
6	① ② ③ ④ ⑤	26	① ② ③ ④ ⑤	46	① ② ③ ④ ⑤
7	① ② ③ ④ ⑤	27	① ② ③ ④ ⑤	47	① ② ③ ④ ⑤
8	① ② ③ ④ ⑤	28	① ② ③ ④ ⑤	48	① ② ③ ④ ⑤
9	① ② ③ ④ ⑤	29	① ② ③ ④ ⑤	49	① ② ③ ④ ⑤
10	① ② ③ ④ ⑤	30	① ② ③ ④ ⑤	50	① ② ③ ④ ⑤
11	① ② ③ ④ ⑤	31	① ② ③ ④ ⑤	51	① ② ③ ④ ⑤
12	① ② ③ ④ ⑤	32	① ② ③ ④ ⑤	52	① ② ③ ④ ⑤
13	① ② ③ ④ ⑤	33	① ② ③ ④ ⑤	53	① ② ③ ④ ⑤
14	① ② ③ ④ ⑤	34	① ② ③ ④ ⑤	54	① ② ③ ④ ⑤
15	① ② ③ ④ ⑤	35	① ② ③ ④ ⑤	55	① ② ③ ④ ⑤
16	① ② ③ ④ ⑤	36	① ② ③ ④ ⑤	56	① ② ③ ④ ⑤
17	① ② ③ ④ ⑤	37	① ② ③ ④ ⑤	57	① ② ③ ④ ⑤
18	① ② ③ ④ ⑤	38	① ② ③ ④ ⑤	58	① ② ③ ④ ⑤
19	① ② ③ ④ ⑤	39	① ② ③ ④ ⑤	59	① ② ③ ④ ⑤
20	① ② ③ ④ ⑤	40	① ② ③ ④ ⑤	60	① ② ③ ④ ⑤

※ 본 답안지는 마킹연습용 모의 답안지입니다.

코레일 한국철도공사 고졸채용 필기시험 답안카드

번호	1	2	3	4	5	번호	1	2	3	4	5	번호	1	2	3	4	5
1	①	②	③	④	⑤	21	①	②	③	④	⑤	41	①	②	③	④	⑤
2	①	②	③	④	⑤	22	①	②	③	④	⑤	42	①	②	③	④	⑤
3	①	②	③	④	⑤	23	①	②	③	④	⑤	43	①	②	③	④	⑤
4	①	②	③	④	⑤	24	①	②	③	④	⑤	44	①	②	③	④	⑤
5	①	②	③	④	⑤	25	①	②	③	④	⑤	45	①	②	③	④	⑤
6	①	②	③	④	⑤	26	①	②	③	④	⑤	46	①	②	③	④	⑤
7	①	②	③	④	⑤	27	①	②	③	④	⑤	47	①	②	③	④	⑤
8	①	②	③	④	⑤	28	①	②	③	④	⑤	48	①	②	③	④	⑤
9	①	②	③	④	⑤	29	①	②	③	④	⑤	49	①	②	③	④	⑤
10	①	②	③	④	⑤	30	①	②	③	④	⑤	50	①	②	③	④	⑤
11	①	②	③	④	⑤	31	①	②	③	④	⑤	51	①	②	③	④	⑤
12	①	②	③	④	⑤	32	①	②	③	④	⑤	52	①	②	③	④	⑤
13	①	②	③	④	⑤	33	①	②	③	④	⑤	53	①	②	③	④	⑤
14	①	②	③	④	⑤	34	①	②	③	④	⑤	54	①	②	③	④	⑤
15	①	②	③	④	⑤	35	①	②	③	④	⑤	55	①	②	③	④	⑤
16	①	②	③	④	⑤	36	①	②	③	④	⑤	56	①	②	③	④	⑤
17	①	②	③	④	⑤	37	①	②	③	④	⑤	57	①	②	③	④	⑤
18	①	②	③	④	⑤	38	①	②	③	④	⑤	58	①	②	③	④	⑤
19	①	②	③	④	⑤	39	①	②	③	④	⑤	59	①	②	③	④	⑤
20	①	②	③	④	⑤	40	①	②	③	④	⑤	60	①	②	③	④	⑤

성 명

지원 분야

문제지 형별기재란
Ⓐ
Ⓑ
(형)

수험번호

	⓪	①	②	③	④	⑤	⑥	⑦	⑧	⑨
	⓪	①	②	③	④	⑤	⑥	⑦	⑧	⑨
	⓪	①	②	③	④	⑤	⑥	⑦	⑧	⑨
	⓪	①	②	③	④	⑤	⑥	⑦	⑧	⑨
	⓪	①	②	③	④	⑤	⑥	⑦	⑧	⑨
	⓪	①	②	③	④	⑤	⑥	⑦	⑧	⑨
	⓪	①	②	③	④	⑤	⑥	⑦	⑧	⑨

감독위원 확인
(인)

시대에듀 All-New 코레일 한국철도공사 고졸채용 통합기본서

개정9판1쇄 발행	2025년 06월 20일 (인쇄 2025년 05월 13일)
초 판 발 행	2016년 10월 10일 (인쇄 2016년 09월 22일)
발 행 인	박영일
책 임 편 집	이해욱
편 저	SDC(Sidae Data Center)
편 집 진 행	여연주 · 황성연
표지디자인	김경모
편집디자인	김경원 · 장성복
발 행 처	(주)시대고시기획
출 판 등 록	제10-1521호
주 소	서울시 마포구 큰우물로 75 [도화동 538 성지 B/D] 9F
전 화	1600-3600
팩 스	02-701-8823
홈 페 이 지	www.sdedu.co.kr
I S B N	979-11-383-9379-9 (13320)
정 가	26,000원

코레일
한국철도공사
고졸채용

통합기본서

최신 출제경향 전면 반영

NEXT STEP

시대에듀가 합격을 준비하는
당신에게 제안합니다.

성공의 기회
시대에듀를 잡으십시오.

시대에듀

기회란 포착되어 활용되기 전에는 기회인지조차 알 수 없는 것이다.

- 마크 트웨인 -